火星會創立

화성회 창립을 알리는
《동아일보》 1925년 1월 12일자 기사

• 1925. 2
서울에서 인쇄공 파업지도

• 1925. 2
전조선민중운동자대회준비회 준비위원

• 1925. 4
조선공산당(제1차당) 창당, 중앙집행위원회 위원. 고려공산청년회 결성, 7인 중앙집행위원회 위원, 조직부 책임자. 모스크바동방노력자공산대학 유학생 21명을 파견(동생 오직 포함) .

• 1925. 6
일본노총특파 도선위원渡鮮委員 환영대표로 시모노세키 출장

• 1925.10
조선노농총동맹 서면대회 개최, 50인 중앙집행위원

• 1925.11
신의주사건 발생, 은신

• 1925.12
제2차 고려공산청년회 책임비서에 피선, 조직부 책임자. 고려공산청년회 강령 제정, 회칙 작성

• 1925.12
제2차 조선공산당 7인 중앙집행위원회 위원

• 1926 초
상해지역에서 여운형 · 조봉암 · 김단야 · 김찬을 만나고 귀국

• 1926. 2
제2차당 중앙집행위원

• 1926. 5
고려공산청년회 간부회에서 6·10만세운동 추진 총책으로 선정

• 1926. 5
선전문(5종) 작성, 인쇄총책 박래원에게 전달

• 1926. 6.7
체포됨

작년신의주사건에도관계잇다던
권오설 도잡히엇다

권오설이 검거되었음을 알리는
《선봉》 1926년 6월 27일자 기사

• 1927. 2
예심 종결

• 1927. 9
공판개정

• 1928. 2
7년형 구형, 5년형 확정

권오설 신원카드

• 1930. 4.17
옥중에서 순국
(만기 출옥 100여 일을 앞두고)
고향 가일마을 공동묘지에 잠듦

• 2005
건국훈장 독립장

안동독립운동기념관 자료총서 2

권오설

1

신문기사와 신문 · 공판조서

안동독립운동기념관 자료총서 2

권오설 1

신문기사와 신문 · 공판조서

푸른역사

책머리에

안동독립운동기념관은 2007년 8월 12일 문을 열면서 소중한 자료를 많이 맞이하였다. 그 가운데는 계몽운동과 노농운동을 펼치고, 6·10만세운동을 이끌어낸 권오설의 자료도 들어 있었다. 일제강점기만이 아니라 광복 이후에도 권오설의 자료를 소장하는 그 자체가 어렵고 어려운 일이었다. 이렇게 많은 자료가 살아 있을 수 있는 데는 이를 목숨만큼 귀하게 여겨 간직해온 가족, 특히 권오설의 조카자 양자인 권대용 선생님의 노력이 결정적이다. 그는 숨죽이며 갈무리해온 자료들을 조심스럽게 내놓았다. 두 번이나 원인 모를 화재를 겪은 자료라 불에 타거나 연기에 그을린 것이 많으니, 더욱 조심스럽다. 또 비록 2005년 3·1절을 맞아 독립유공자로 서훈을 받았지만, 사회주의 독립운동가의 후손이 짊어진 멍에는 완전히 벗어진 것 같지 않은 탓이다. 우리 기념관과 후손 사이에 오간 대화가 길었고, 그만큼 애를 태운 적도 많았다.

후손의 처지와 생각을 잘 알고 있기에 우리 기념관은 조급해도 조급증을 보일 수 없었다. 기다리면서 자료를 조금씩 받아 검토하면서, 좋은 자료에 흥분하기도 했다. 이제 우리 기념관은 두 번째 자료총서로서 《권오설》을 발간한다. 1권에는 신문조서와 공판조서, 신문 · 잡지와 같은 공식자료를, 2권에는 엽서와 편지자료를 담았다. 1권에 수록된 자료들은 그동안 학계에 알려진 것이 대부분이다. 이에 반해 2권에 담긴 자료는 대부분 처음 알려지는 것이다. 권오설이 부모와 형제, 그리고 동지들과 주고받은 편지와 엽서가 주를 이룬다. 이 자료들은 1920년대 안동지역의 독립운동과 서울에서 펼쳐진 노농투쟁, 그리고 조선공산당 1·2차당과 6·10만세운동의 전반적인 상황을 보여주고, 또 옥살이의 고통과 가족들의 애환을 알게 해준다. 항일투쟁기를 헤쳐나간 젊은 지성인의 민족문제 인식과 항일투쟁, 그리고 가족들의 삶에 대한 연구에 큰 도움이 될 것으로 확신한다.

한 가지 아쉬운 사실은 여기에 미처 담지 못한 자료들이 있다는 점이다. 학계에 이미 널리 알려진 일제의 정보문건은 여기에 싣지 않았다. 또 가족들끼리 주고받은 글 가운데서 권오설에 관한 자료를 더 찾아낼 수 있을 것 같지만, 더 기다릴 수 없는 행정적인 한계 때문에 이번 작업을 여기에서 멈춘다. 몇 가지 아쉬움은 나중의 작업 과제로 남긴다.

이 자료집을 묶어내는 과정에 여러 사람의 도움이 있었다. 무엇보다 자료를 제공한 권대용 선생님의 도움에 감사드린다. 용단이었음을 우리는 잘 알고 있다. 여기에 고령에도 필을 놓지 않고 한문초서 자료들을 일일이 번역해주신 이완재 선생님의 도움도 컸다. 그리고 일문자료를 번역해준 정해열 선생님과 국한문자료를 초역한 정민호 학예사, 이를 교열해준 김승균·안귀남 선생님께도 감사를 드린다. 또 1년 가까이 자료를 선별·정리하고, 교정 작업에 노력을 기울인 우리 기념관의 강윤정 학예연구실장을 비롯한 한준호 학예연구원과 김주현·최미정 전문해설사에게도 고마움을 전한다. 끝으로 무엇보다 쉽지 않은 작업에 선뜻 응해준 푸른역사 박혜숙 사장과 오정원 편집자에게도 깊은 감사를 드린다.

2010년 1월

안동독립운동기념관장 김희곤

Ⅰ. 신문자료

사회 및 대중운동

6 · 10만세운동 및 조선공산당

옥중 생활 및 순국

II. 잡지자료

III. 신문 · 공판조서 및 판결문

朝鮮總督府裁判所

목차

I. 엽서자료

II. 편지자료

1910년대 및 1920년대 전반기

1923~24년 추정

1920년대 후반기 옥중편지

III. 기타자료

권오설(1897~1930), 그의 생애와 기록

김희곤(안동대 교수 / 안동독립운동기념관장)

시작하면서

2005년 3·1절에는 특별한 일이 있었다. 사회주의운동을 벌인 인물들이 대거 독립유공자로 포상된 것이다. 항일투쟁을 벌여 나라를 되찾기 위해 몸 바쳤으나 그 길이 사회주의였다고 해서 포상하지 않았던 틀을 바꾸게 된 때가 바로 그날이었다. 반론도 적지 않았지만, 큰 걸음을 내딛은 판단에 고개를 끄덕이며 박수를 보내는 소리가 매우 컸다. 오랜 기간 사회주의운동가들에 대한 평가는 분단과 전쟁 때문에 극단적인 성향을 보였다. 더구나 정치적 환경이 이를 더욱 부채질했다. 따라서 이들에 대해 진솔하게 들여다보는 행위 그 자체도 힘든 시절을 보냈다. 그런 형편에 이들에 대해 평가하고 포상하자는 말은 꺼낼 수도 없던 나날이었다.

1980년대 이후 사회주의운동에 대한 연구는 폭넓게 진행되었다. 극단적인 주장과 갈등이 없지는 않았지만, 그것은 지극히 당연한 과정이었다. 소용돌이를 거친 뒤 점차 연구는 평정을 찾아갔고, 객관성을 띤 결과물이 뿌리를 내려갔다. 그러면서 독립유공자로 포상하자는 목소리가 힘을 얻었다. 거기에는 몇 가지 조건이 내세워졌다. 맨 먼저 독립운동가와 국가 이름으로 포상할 독립유공자를 분리해서 생각하자는 것이다. 독립운동을 했다고 모두 포상할 수 있는 것이 아니라는 점 때문이다. 다음은 사회주의운동가들 가운데 민족의 독립과 해방을 위해 투쟁한 경우 이를 항일민족투쟁으로 인정하자는 것이다. 여기에 대한민국 정부가 국가유공자로 포상하려면 한 가지 중요한 조건을 충족해야 했다. 항일투쟁의 공적이 있는 사람이라도 대한민국 정부 수립이나 그 후 존립에 해를 끼치지 않아야 한다는 전제 조건이 그것이다. 대한민국 정부가 포상하는 것이므로 그 존재를 부정한 사람에게는 포상할 수 없다는 뜻이 거기에 담겼다. 따라서 대한민국 정부를 부정하거나 북한을 편들거나, 또는 북한 정권에 참여한 인물은 포상하지 않는다는 전제가 섰다.

여기에 전형적으로 맞는 인물이 바로 권오설이다. 그의 뜻과 삶을 찾아가노라면 대한민국 정부가 왜 그를 국가유공자로 포상해야 하는지, 그 이유를 확실하게 보여준다. 우리가 그를 너무 오래 외면해왔다는 생각마저 지울 수 없게 되기도 한다.

권오설의 삶

1– 풍산 가일마을에서 태어나다

권오설의 이름은 여러 가지다. 홍일헌洪一憲·권일權一·박철희朴喆熙·김삼수金三洙·김형선金亨善 등 다양한 이름만큼이나 그의 활동도 대단했다. 호는 막난莫難이다. 뜻은 다양하게 풀이할 수 있는데, 막상 소리 내어 불러보면 그의 속뜻을 짐작할 만하다.

그는 1897년 11월 25일(양 12월 18일) 안동군 풍서면豊西面 가곡리佳谷里(현재 안동시 풍천면 가곡리)에서 태어났다. '가일' 이라고도 불리는 이 마을은 안동에서는 보기 드문 넓은 들판, 풍산들을 끼고 자리 잡았다. 그것도 살짝 비켜 산골 안으로 들어앉아 있어 북풍을 피하면서 따뜻한 햇살을 가득 받아들일 수 있는 천혜의 조건을 가진 곳이다. 이 마을은 15세기 초에 권항權恒이 입향하여 안동권씨 동성마을의 단초를 열었고, 그의 손자 권오설의 15대조인 화산花山 권주權柱는 1480년 문과에 급제하여 가일마을을 우뚝 세웠다. 또 9대조 병곡屛谷 권구權榘는 이현일의 문인이며 18세기 안동을 대표하는 학자로 이름을 떨치기도 했다. 이처럼 가일문중은 퇴계학맥을 잇고, 한편으로는 주요 명가들과 혼맥을 맺으면서 안동문화권에서 전통명가로서 자리 잡았다.

권오설이 성장하던 시절 가세는 상당히 기울어 있었다. 그의 7대조부터 점차 가세가 어려워졌고, 그가 태어날 무렵에는 논 2마지기, 밭 1마지기 정도를 소유한 빈농으로 전락한 처지였다. 그럼에도 불구하고 그의 집안은 양반유림으로서의 틀을 지키고 있었다. 조부 권준하權準河와 부친 소암小巖 권술조權述朝는 서당 훈장을 지내며 학문을 숭상하는 가풍을 지켜갔던 것이다. 그렇기 때문에 그도 부친이 운영하던 한문사숙에서 어린 시절부터 한학을 공부하고, 만 열 살이던 1907년 남명학교南明學校를 다니며 신학문과 전통 한학을 배웠다. 이 학교에서 그는 배우기도 하고, 또한 아버지를 도와 학생을 지도하기도 했다. 남명학교가 신학문도 가르쳤다는 말은 그의 부친이 전통적인 유학의 범주를 넘어섰다는 점을 의미하기도 한다. 그러다가 1909년 남명학교가 하회에 세워진 동화학교東華學校로 편입됨에 따라 그도 거기로 옮겼다. 1910년 그는 부림홍씨와 결혼하였다. 만 13세, 어린 나이였다. 그는 1914년 동화학교를 졸업한 뒤 가정 형편 때문에 진학을 늦추다가 1916년 만 19세에 대구고등보통학교(경북고등학교 전신)에 입학하였다. 집안 사정이 어려워 경주 최부자로 널리 알려진 최준의 도움을 받았

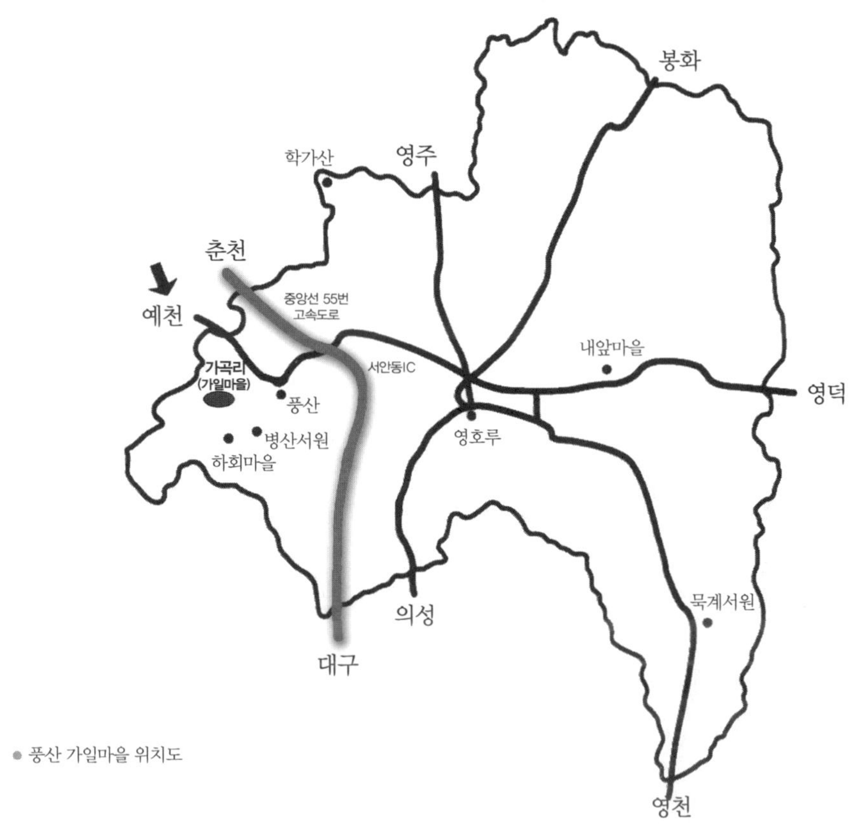

● 풍산 가일마을 위치도

● 풍산 가일마을

• 권오설 가계도

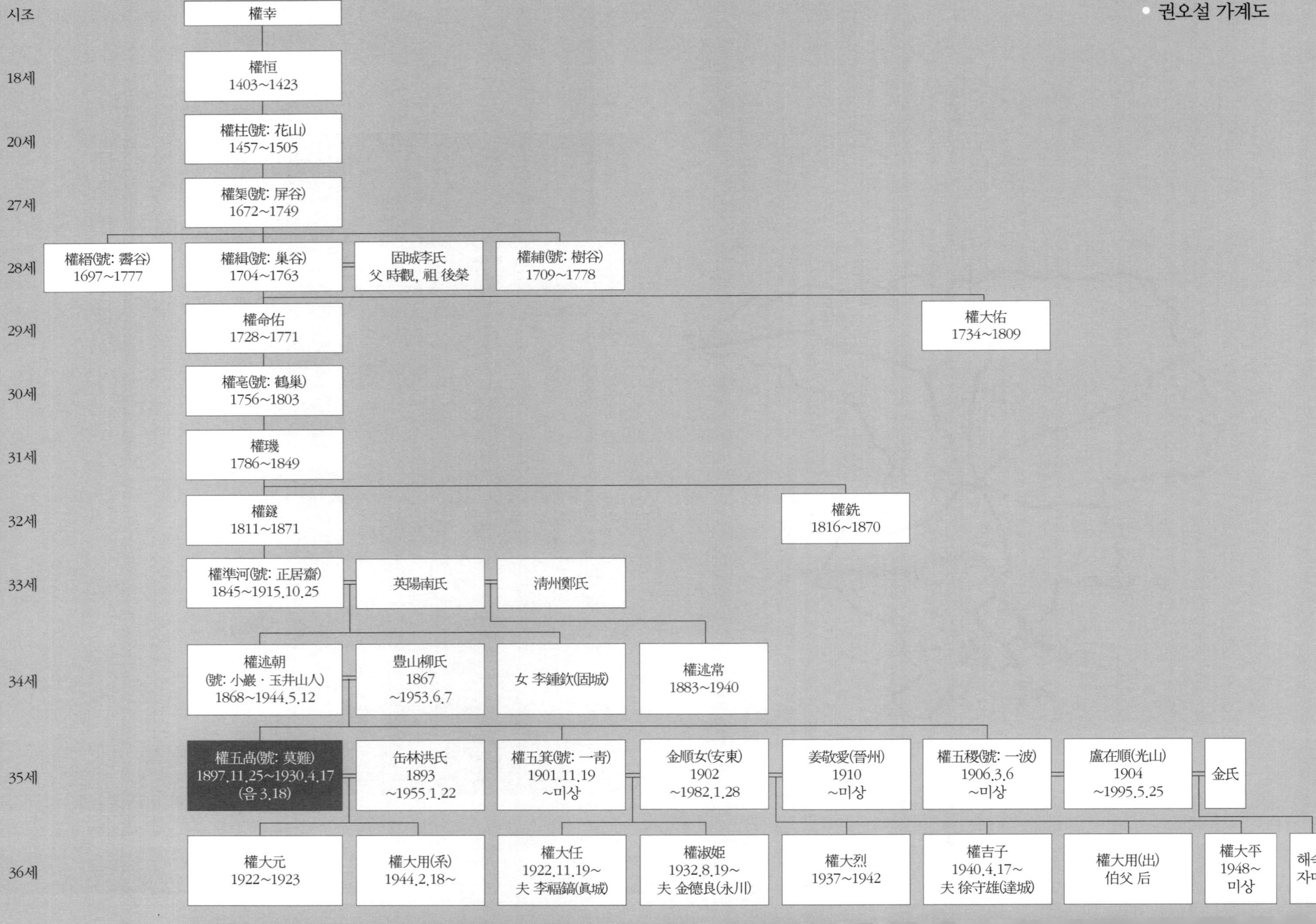

시조
18세
20세
27세
28세
29세
30세
31세
32세
33세
34세
35세
36세
權幸
權恒 1403~1423
權柱(號: 花山) 1457~1505
權榘(號: 屛谷) 1672~1749
權縉(號: 霽谷) 1697~1777
權緝(號: 巢谷) 1704~1763
固城李氏 父 時觀, 祖 後榮
權紬(號: 樹谷) 1709~1778
權命佑 1728~1771
權大佑 1734~1809
權亳(號: 鶴巢) 1756~1803
權璣 1786~1849
權鐩 1811~1871
權銑 1816~1870
權準河(號: 正居齋) 1845~1915.10.25
英陽南氏
淸州鄭氏
權述朝 (號: 小巖 · 玉井山人) 1868~1944.5.12
豊山柳氏 1867 ~1953.6.7
女 李鍾欽(固城)
權述常 1883~1940
權五卨(號: 莫難) 1897.11.25~1930.4.17 (음 3.18)
缶林洪氏 1893 ~1955.1.22
權五箕(號: 一靑) 1901.11.19 ~미상
金順女(安東) 1902 ~1982.1.28
姜敬愛(晉州) 1910 ~미상
權五稷(號: 一波) 1906.3.6 ~미상
盧在順(光山) 1904 ~1995.5.25
金氏
權大元 1922~1923
權大用(系) 1944.2.18~
權大任 1922.11.19~ 夫 李福鎬(眞城)
權淑姬 1932.8.19~ 夫 金德良(永川)
權大烈 1937~1942
權吉子 1940.4.17~ 夫 徐守雄(達城)
權大用(出) 伯父 后
權大平 1948~ 미상
해숙 자매

다는 이야기가 집안을 통해 전해진다. 그러다가 2년 만에 대구고등보통학교를 그만두었는데, 학내 문제 때문이라고 알려질 뿐이다. 그는 상경하여 중앙고등보통학교를 2학기 동안 다니다가 학자금이 모자라는 바람에 중도 퇴학하고(공판조서), 경성부기학교京城簿記學校에 입학 후 다시 퇴학하였다. 이 모두가 돈 없는 탓이었다.

서울에서 그는 어려운 시간을 보냈다. 의성 산운마을 출신 이숙李淑은 하숙집에서 자신의 밥을 권오설과 나누어 먹고 지냈다는 이야기를 《죽사회고록竹槎回顧錄》(1993)에 썼다. 하숙집 주인의 눈치까지 보면서 지내던 시절이 이 무렵이다. 마침 같은 하숙집에 머물던 전라남도 보성 출신의 어느 인사가 권오설의 사람 됨됨이와 어려운 형편을 보고 전남도청에 자리를 알선해주었다. 그래서 내려간 때가 1918년 10월이다(신문조서). 그가 어머니에게 보낸 편지에는 "보성에 있다가 도청에서 한 달에 90냥을 받고 있다"고 썼다. 뒷날 권오설이 세상을 떠난 뒤 2년 지나 맞은 대상에서 아버지는 그가 전남 광양에서 1년을 보냈다고 제문에 적었다. 이 무렵은 가일마을이 광복회에 자금을 지원했다가 쑥밭이 되는 시절이다. 가일마을로서는 외지로 나간 마을 청년이 이 문제에 엮이지 않은 다행스런 순간이기도 했을 터다. 하지만 민족문제가 권오설 앞을 그냥 비켜가지는 않았다. 오히려 직장생활을 하던 전남 광주에서 민족문제에 맞서 나가는 계기를 맞은 것이다.

2– 민족문제 눈 뜨고 교육운동 펼치다

그가 전남지방으로 가서 자리 잡은 지 5개월 뒤에 3·1운동이 일어났다. 광주에서 일어난 3·1운동에 그가 배후 인물로 지목되어 경찰에 체포된 뒤 6개월 형을 치렀다고 전해지지만, 어떤 활동을 벌였는지 알 수 없다. 판결문이나 형사기록부, 혹은 수형카드 등 어느 하나 확인되지 않는 까닭이다. 다만 그가 서대문형무소에서 순국한 이틀 뒤 《중외일보》 보도문은 그가 3·1운동과 관련하여 경찰에 잡혀 고생했다고 알려준다. 그런데 조선공산당과 6·10만세운동으로 재판을 받던 과정에서 있은 제15회 공판조서에는 전과가 없는가라는 판사의 질문에, "없다"고 답했다. 이로 미루어보면, 그가 재판을 거쳐 징역형을 받았다기보다는 구류 상태로 6개월을 고생했다고 보는 것이 옳겠다.

찬바람이 불기 시작하던 1919년 11월, 권오설은 고향 가일마을로 돌아왔다. 그는 새로운 문물을 마을 청소년에게 가르치려고 원흥의숙元興義塾이라고도 불리는 원흥학술강습소元興

學術講習所를 세웠다. 문중에서 지원하고 나섰다. 건물이야 문중 소유 재사를 사용하지만, 일단 운영비가 필요했다. 가일 8부자로 불리기도 하면서 광복회에 자금을 지원했던 권준흥權準興이 설립에 앞장섰고, 준흥의 생가 동생인 권준표權準杓가 교사로 참가하였다. 권오설 스스로 교장 겸 교사를 맡았으니, 비로소 본 마을 출신 신식교육 이수자가 마을 청소년 교육을 책임진 것이다. 이 학교에서 수학한 마을 청년 가운데 서울로 유학하는 인물들이 나왔다. 이들이 곧 1920년대 새롭게 떠올랐으니, 권오설의 영향권 속에서 성장한 인물들이다.

그의 활동은 가일마을에 국한되지 않았다. 구국교육을 안동 전체로 확산시켜가면서 농민운동과 청년운동을 펼쳐나가기 시작했다. 청소년을 키워내는 것이 내일을 향한 일이라면, 농민들과 청년들을 묶어 세우는 일은 당장 오늘 실천해야 하는 시급한 과제였다. 그것을 보는 안목이 그에게 있었다. 1920년 4월 일직서숙一直書塾과 1922년 풍산학술강습회를 설립하여 청소년을 가르친 것은 교육운동이었다. 그리고 1920년에 가곡농민조합 조직, 8월 안동청년회 집행위원, 9월 4일 안동 일직면금주회一直面禁酒會 창립과 회장 취임, 9월 23일 조선노동공제회 안동지회 입회, 1922년 풍산청년회 결성 등이 모두 그러한 길이었다. 교육만이 아니라 청년·농민·노동운동을 벌이기 시작한 시점이 바로 1920년과 그 이듬해였다.

권오설에게 새로운 도약 단계는 소작운동을 벌이던 1923년이었다. 그해 11월 11일, 그는 풍산소작인회 집행위원이 되어 본격적인 농민운동을 시작했다. 그가 본격적으로 풍산소작인회를 결성하기 앞서 거기에 필요한 인재를 키워야 했다. 그것이 바로 풍산학술강습회였다. 이 강습회에 대해 두 가지 자료가 전해지고 있다. '풍산하기강습회 청강생 명부'와 '지출장'이 그것이다. 이것은 아마 1922년이거나 그 이듬해 기록인 것 같다. 즉 풍산소작인회 결성 직전의 강습회 기록인 셈이다. 이들 기록은 권오설이 필요한 인력을 육성하고 있었음을 보여준다.

청강생 명부에는 남자 129명, 여자 13명 등 142명의 이름이 들어 있다. 주학부晝學部, 곧 '낮반' 이라는 제목으로 명단이 적힌 점이나, '지출장' 에 석유 램프와 유류비 명목 지출 사항이 있는 점으로 보아 야간부가 있

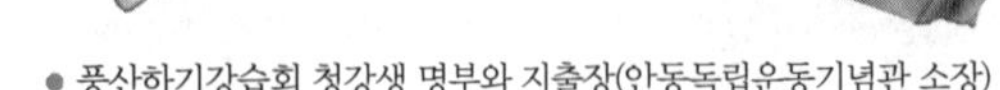

● 풍산하기강습회 청강생 명부와 지출장(안동독립운동기념관 소장)

● 풍산들 그림

● 풍산들을 둘러싼 마을

었던 것으로 생각된다. 그렇다면 청강생은 200명가량 되었으리라 추정된다. 참가자들은 '풍산들'을 둘러싼 마을, 즉 가일·소산·상리·하리 등 4개 마을 출신이 주류를 이루었고, 안교·갈전·현애·노동 등 그 주변마을 출신이 소수 참여하였다. 즉 풍산하기강습회에 참여한 수강생들은 풍산들을 둘러싼 마을 출신 청년과 여성이었고, 특히 가일과 바로 이웃 소산, 그리고 동쪽으로 건너편의 상리(우룡골)와 하리가 중심이었다는 말이다.

가일마을에서 하기강습회에 참가한 인물은 대개 권오설의 집안 형제들이다. 친동생인 오기五箕와 오직五稷을 비롯하여, 오헌五憲·오운五雲·오경五敬·오성五燮·영목寧穆 등이다. '풍산하기강습회豊山夏期講習會 청강생 명부聽講生名簿'를 보면, 이웃 소산마을 출신으로 김문현金文顯·주현周顯·국현國顯·김병천金炳千·김위규金渭圭 등이, 또 풍산들 동쪽 편 상리마을 출신은 이중철李重轍(혹은 준철準轍)·이교구李教龜(혹은 교룡教龍)·이용인李用寅·이준극李準極·이두문李斗文·이준창李準昌·이재홍李在洪·이준옥李準玉·김호근金琥根·김상학金相鶴, 하리마을은 이상봉李相鳳·이종렬李宗烈 등이며, 안교동의 권태성權泰晟 등도 확인된다. 가일마을 청년 가운데 권오운이나 권오헌의 진로를 보면 권오설의 영향력을 받았음을 알 수 있다. 얼마 뒤에 권오운이 서울로 유학하면서 6·10만세운동에 나섰고, 안교동 출신 권태성도 6·10만세운동에 앞장선 뒤, 안동지역의 사회운동에서 뚜렷한 족적을 남기게 되었다. 권오설이 풍산소작인회 결성을 앞두고 강습회를 개최한 이유가 바로 자신의 진로에 필요한 인물을 양성하는 데에도 목적을 둔 것이라 생각된다.

3- 사회운동 시작하다

풍산소작인회 결성에는 서울에서 활약하던 고향 선배들이 깊게 연관을 가졌다. 뒷산 너머 오미동 출신 김재봉金在鳳(1891~1944)과 풍산들 건너편 하리 우룡골의 이준태李準泰(1892~1950)가 바로 그들이다. 두 사람 모두 경성공업전습소 출신이다. 김재봉은 안동에서 부농에 속한 주손冑孫이고, 서울에서 《만주일보》 경성지국에서 기자로 근무한 뒤 대한민국 임시정부 지원활동을 펴다가 체포되어 징역 6개월 형을 살았다. 출옥하자마자 그는 모스크바에서 열린 극동민족대표대회에 조선노동대회 대표 이름으로 참석한 뒤, 코민테른의 지시를 받고 조선공산당 건설을 목표로 삼고 귀국했으며, 1923년 8월에는 꼬르뷰로 내지부 책임자가 되었다.

이준태는 측량기사로 활동하다가 3·1운동을 보면서 민족운동에 투신했고, 서울에서 청년운동과 노동운동을 펼치면서 위상을 탄탄하게 굳혀나갔다. 그는 1922년에 무산자동맹회를 이끌고, 신사상연구회를 만들었다. 1923년 여름에 귀국한 김재봉이 바로 신사상연구회에 가입한 것도 그 때문이다. 김재봉이 1년 넘게 국외에 있다가 서울에 돌아오자마자 쉽게 중심 위치에 설 수 있던 바탕에는 바로 이준태의 활약이 있었다. 이제 당 건설의 기반이 될 조선노농총동맹 준비에 나섰다. 고향 안동에도 하부조직이 있어야 하고, 또 뒤를 받쳐줄 인물도 필요했다. 거기에 합당한 인물이 바로 권오설과 김남수金南洙(1899~1945)였다. 김남수가 안동읍내에서 사회문제 전반에 관심을 가졌다면, 권오설은 풍산들을 중심으로 농민운동에 초점을 두었다.

1923년 11월에 풍산소작인회를 결성한 권오설이 그 대표 자격을 갖고 서울로 갔다. 가일마을에서는 원흥의숙에 동참하고 안동청년회에도 열성이던 권준표가 고향에서 권오설의 뒤를 받쳤다. 권오설에게는 집안 할아버지지만, 권준표가 한 살 많았으므로 서로 형제 같은 사이였다. 이듬해 2월에 그는 신흥청년동맹과 한양청년연맹의 중앙집행위원이 되고, 4월 조선노농총동맹에 풍산소작인회 대표로 참가한 뒤, 10인으로 구성된 상무위원회 위원을 거쳐 책임자가 되었다.

갑자기 그런 위치에 불쑥 솟아오를 수 있는 것은 아닐 것이다. 김재봉과 이준태가 그를 부르고, 그 부름에 권오설이 화답한 정황은 누가 보아도 쉽게 헤아릴 수 있다. 안동 출신 인물들이 조선 후기 내내 중앙무대에 진출한 일이 없지 않은가. 그런데 갑자기 코민테른이란 국제조직의 지시를 받아 정통성을 확보하였지만, 마음 놓고 일을 펼쳐나가기 위해서는 깊게 결속할 인물이 필요한 것은 당연했다. 거기에 적당한 인물이 바로 권오설과 김남수였다. 마침 경성고무여공파업을 지원하고 파급시키다가 김남수가 투옥된 상태였으며, 권오설이 풍산소작인회를 결성하면서 그 역할을 맡고 나섰다.

조선노농총동맹 선두에 나선 권오설은 1924년 4월 하순에 조선노농총동맹 임시대회를 열었다가 간부 26명과 함께 구속되고, 5월 3일에 무죄로 풀려나면서 일제 탄압을 겪었다. 그해 연말에는 조선노농총동맹 상무위원으로서 남부지방을 순시하면서 조직을 확대시키는 데 힘을 쏟았다. 당시에 그는 무산자동맹회와 혁청단, 불꽃사[火花社] 동인으로 활동했다. 한편 서울에서 그는 인쇄직공조합을 조직하고, 1925년에 인쇄공파업을 선두로 양말직공 · 고무직공 · 양화직공의 파업을 지도하였다. 이 무렵 안동의 풍산소작인회는 이준태가 내려와서 지도하고 있었으니 역할을 맞바꾸어 활동했던 셈이다. 그리고 화요회가 서울에서 결성된 지 두 달 만에 안동에서는 그 지방조직 성격을 지닌 화성회가 조직되었다. 여기에 그가 참가한 것은 당연하지만, 그것을 책임진 인물은 김남수였다.

1925년 4월 17일 조선공산당이 창당되었다. 두 달 앞선 2월에 권오설은 김재봉·김찬·조봉암·박헌영·김단야 등과 김재봉의 하숙집에 모여 조선공산당 창당을 결의하였다. 그리고 4월에 조선공산당이 정식으로 결성되어 김재봉이 책임비서에, 권오설은 중앙집행위원에 선출되었다. 그리고 권오설은 조선노농총동맹 대표로서 고려공산청년회 조직에 참석하여 7인중앙집행위원회 위원 및 조직부 책임자가 되었다. 또 그는 주로 청년·학생들의 규합에 노력하였고, 모스크바 동방노력자공산대학에 유학생을 파견하는 일을 추진했다. 유학생 21명 가운데 안동 출신으로 자신의 친동생 권오직과 안동 와룡 중가구동 출신 안상훈이 포함되었다. 여기에서 권오설의 영향력 일부를 확인할 수 있다.

1925년 11월 조선공산당 조직은 일제에 탐지되어 와해되었다. 주역들이 대거 검거되고 말았다. 그는 붕괴된 조직을 새로 일으키기 위해, 박헌영 다음으로 고려공산청년회 책임비서를 맡고서 조직 재정비에 나섰다. 염창렬·이병립·이지탁·박민영·김경재 등을 중앙집행위원 후보로 추천하고, 염창렬·김효종·권오상·조두원·정달헌·이병립·민창식·강균환·고윤상·윤기현 등 10명을 입당시켜 입지를 강화시켰다. 여기에 등장하는 권오상·조두원·정달헌·이병립·윤기현이 조선학생과학연구회 간부였다는 점은 권오설이 학생운동계 대표들을 장악하고 있다는 사실을 알려준다. 특히 권오상은 광복회 고문이었던 권준희의 손자요, 권오설을 따르는 집안 동생이었다.

당시 조선공산당의 판도를 보면, 이준태와 권오설이 조선공산당과 고려공산청년회를 장악하고 있었다. 여기에 해외로 망명한 김찬·김단야 등이 연결되고 있었다. 권오설은 조선공산당 임시상해부에서 들어오는 자금을 관리하고 있었으며, 이준태는 조선공산당을 장악하고 있었던 것이다.

권오설이 서울을 오르내리며 활동하던 기간에 가일마을 사람들은 풍산소작인회를 이끌어 나가고 있었다. 맨 선두에 선 지도자는 풍산들 건너 동편 마을인 우롱골 출신 이준태였다. 서울에서 김재봉에게 교두보를 확보해주고, 권오설을 불러올려 활동무대를 만들어준 이준태는 다시 안동으로 돌아와 풍산소작인회를 지도해나갔던 것이다. 풍산소작인회 자체에 가일마을에서 얼마나 많은 인물이 참여했는지 알 수 없다. 다만 풍산들을 둘러싼 마을 가운데 하회나 소산마을, 그리고 상리와 하리의 지주들이 농무회農務會를 구성하고 소작쟁의를 방해하고 나섰지만, 가일마을 지주들은 거기에 별로 참가하지 않았다. 선두에 선 권오설이나, 그의 영향 아래 성장한 청년들의 영향 때문이라 여겨진다.

4- 6·10만세운동을 이끌다

1926년 3월, 권오설은 해외 망명을 계획하였다. 조선공산당이 만주에 민족통일전선체로서 국민당을 세운다는 계획을 마련했던 것이다. 하지만 이것은 계파별 의견 차이로 중단되었다. 그러자 권오설은 5월 1일 서울에서 메이데이 시위를 기획하였다. 대대적인 연합시위를 펼치고, 그 과정에서 민족통일전선을 이루자는 것이 계획의 핵심이었다. 1926년 4월 24일에 정우회·전진회·조선청년총동맹·조선노농총동맹 대표가 모여 방법을 논의하고, 조선노농총동맹이 진행을 책임지도록 결의하였다. 그런데 다음날 갑작스런 일이 벌어졌다. 융희황제 순종이 숨을 거둔 것이다. 일제의 경계와 탄압이 엄중해지고, 민중들의 애도 분위기가 점증되자, 권오설은 김단야와 논의한 끝에 메이데이 시위를 철회하고 인산일에 대중적 시위를 일으키는 쪽으로 운동 방향을 수정하였다.

4월 말경부터 6·10만세운동이 기획되기 시작했다. 그 기획자가 바로 권오설이었다. 순종 장례에 참가함으로써 사회주의운동을 전국에 뿌리내리는 계기로 삼자는 것이 그의 생각이었다. 권오설은 1926년 5월 1일 상주 차림으로 변장하고서 압록강을 건너 안동현 역전 근처 초원에서 김단야를 만나 활동 방향을 논의하고 돌아왔다. 만세시위를 펼치는 것, 제2의 3·1운동을 일으키는 것이 그 핵심이었다. 여기에는 조선공산당의 찬동이 필요했다. 이 문제는 이준태와 협의하여 해결했다. 그러나 추진과정에서 자칫 조선공산당이 붕괴될 수도 있으므로, 일단 투쟁 지도부를 당 중앙과 분리했다는 이야기도 전해진다. 그런데 권오설은 조선노농총동맹 중진이자 학생운동계의 중심 조직인 조선학생과학연구회에도 깊은 영향력을 가지고 있었으므로, 이를 가지고 '6·10투쟁특별위원회'를 구성하였다. 권오설 지휘 아래 투쟁지도부가 조직된 것이다. 그리고서 3·1운동 당시처럼 민족운동체의 결속을 다져나갔다.

시위를 일으킬 조건은 3·1운동 당시보다 훨씬 나빴다. 3·1운동과 같은 시위가 다시는 발생하지 않게 만들기 위해 일제가 군대와 경찰을 모두 동원하였기 때문이다. 정말 물샐틈없었다. 일제 경찰은 움직일 만한 인물들을 한 사람씩 철저하게 분석하고 추적하고 있었다. 즉 3·1운동이 일어나던 무렵과는 비교될 수 없을 만큼 통제가 철저하게 이루어지고 있었다. 그런 와중에 국장 인산에 맞춰 시위를 일으킨다는 것은 사실상 불가능한 일이었다.

대중시위를 펼치자면 통일전선체 구성이 필요했다. 그 해결 방향이 천도교 진영의 구파와 조선노농총동맹, 그리고 조선학생과학연구회가 연대를 이루는 것인데, 협의과정을 거쳐 이를 달성했다. 그리고서 서로 역할을 분담했다. 천도교청년동맹이 격문 인쇄와 만세운동의 지방 확산을 맡았고, 권오설은 조선학생과학연구회에 임무와 역할을 지시하였다. 또 학생들에게 주어진 임무는 바로 인산 당일 행렬에서 시위를 이끌어내는 것이었다. 즉 만세를 선창하고 격문을 살포하여 거족적인 시위에 불을 지피는 것이다. 이를 밀고 나가기 위해 이병립·이선호·이천진·조두원 등 조선학생과학연구회 간부들이 구체적으로 논의를 거듭하였다.

여기에서 주목할 점은 안동 출신 학생, 특히 가일마을 출신 학생들이 주도적으로 참가한 사실이다. '권오설과 안동그룹' 이라고 이름 붙일 수 있을 정도다. 권오상權五尙(본명 권오돈權五敦)과 권오운權五雲은 집안 동생들이고, 권태성權泰晟은 풍산들 북쪽에 있는 풍산 안교동 출신, 그리고 이선호李先鎬는 안동 예안의 부포, 류면희柳冕熙는 예안의 삼산 출신이다. 이선호는 중앙고보 재학생으로 역시 조선학생과학연구회 상무를 맡던 핵심인물이다. 격문 배포를 맡은 그는 당일 만세를 선창하여 시위를 이끌어냈고, 이로 말미암아 옥고를 치렀다. 류면희는 중앙고보생으로, 류인식의 동생인 류만식의 아들이다. 그는 출옥한 뒤에 1929년 조선학생과학연구회 집행위원으로 활약했다. 권태성은 중앙고보 재학생이었는데, 안동유학생회장을 맡기도 했다. 앞에서도 본 것처럼, 권오운과 권태성은 상경하기 앞서 풍산하기강습회에서 권오설의 교육을 받은 인물이기도 하였다.

6·10만세운동에서 안동그룹은 권오설을 정점으로 삼고 역할을 철저하게 나누어 맡았다. 물론 이병립을 중심으로 움직인 학생들이나, 천도교 구파의 활동도 대단했다. 그런데 권오설이 이들 학생 조직을 움직이면서 가일마을 형제들을 비롯한 안동 출신 학생들을 선두에 내세웠다. 그러니 1926년은 서울에 유학한 가일마을 청년들이 6·10만세운동 한 복판에서 움직이고 있던 해였던 것이다.

만세시위가 일어나기 직전, 6월 4일에 시위준비 작업 일부가 일제 경찰에 노출되었다. 권오설이 6월 7일에 체포되고, 시위는 불발로 끝날 위기에 부딪쳤다. 하지만 인산 당일 종로4가 네거리에서 중앙고보생 이선호가 길 가운데로 뛰쳐나가며 만세를 부르기 시작했고, 이것이 제2의 3·1운동이라는 6·10만세운동의 신호탄이었다. 6·10만세운동이 확산되면서 권오상과 권오운도 체포되었다.

5- 서대문형무소에서 순국하다

권오설은 6월 7일에 종로경찰서에 체포된 뒤 힘든 재판과정을 거쳤다. 판결이 마무리된 것이 1928년 2월이니, 무려 20개월 동안 미결수 생활을 버텨내야 했다. 그는 고문에 항거하며 투쟁을 벌였고, 큰 동생 권오기가 옥바라지를 위해 동분서주했다. 더러는 안동 출신 동지인 김남수가 사식을 들여보내며 옥바라지를 도왔다. 김남수는 통일조선공산당이라는 3차당 활동으로 말미암아 구속되기 이전까지 권오설을 지원하였다.

7년형 구형에 5년형을 선고받은 권오설은 감형이 되어 1930년 7월에 출옥할 예정이었다. 그런데 출옥 100일을 앞둔 1930년 4월 17일, 그는 서대문형무소에서 갑자기 순국하였다. 숨을 거두기 전날, 전보를 받고 서울에 도착한 동생 오기가 형을 만났으나 이미 돌이킬 수 없는 상황이었다. 그래서 오기는 가출옥시켜달라고 부탁했지만 거절당했다. 그러자 동생이 감옥에서 하루만이라도 형 곁을 지키게 해달라고 빌었지만, 거절당한 것은 말할 것도 없다. 그는 피멍투성이었다고 전해진다. 두 달 전까지만 하더라도 건강하게 지낸다면서 집으로 글을 보낸 권오설이었다. 그런데 갑자기 그의 건강이 이처럼 악화된 이유는 무엇일까? 왜 이 무렵 그런 일이 벌어졌을까? 거기에는 동생 권오직이 관련되었을 것 같다.

조선공산당이 만들어지던 1925년 권오설이 앞장서서 모스크바에 유학생을 보냈다. 이는 정확한 이론으로 무장한 청년들이 있어야 한다는 필요성 때문에 나온 것이다. 그 가운데 동생 권오직이 들어 있었다. 모스크바 동방노력자공산대학을 졸업한 권오직은 1929년 가을에 국내로 잠입하여 전국적으로 활동을 펼치다가 경찰에 붙잡혔다. 그날이 1930년 2월 26일이다. 그리고 한 달 20일쯤 지나 권오설이 서대문형무소에서 순국하였다. 그렇다면 그의 최후는 권오직이 붙들린 것과 관련이 있을 것이다. 그 연관성을 캐묻는 일제 취조에 권오설이 끝까지 버티다가 참혹한 최후를 맞은 것이라 짐작해도 무리가 없다.

4월 20일 서울에서 장례가 치러졌다. 유해는 고향으로 향했고, 서푼짜리 송판으로 만든 관을 두꺼운 함석으로 곽을 만들어 감싸고 덮어 용접하여 밀봉하였다. 고향에 돌아온 그의 시신은 경찰의 반대로 정상적인 나무관에 옮겨지지 못하고 함석철관 그대로 가일마을 앞 공동묘지에 묻힐 수밖에 없었다. 그것도 봉분이 없는 평장이었다. 더구나 장례 참석이 철저하게 봉쇄되었다. 이 모두 일제 경찰의 집요한 방해와 압력 때문이었다. 그 뒤로는 비바람만이 묘소를 스쳐갈 뿐이었다. 그리고서 그의 이름을 역사무대에 다시 불러내기까지 70년 넘는 세월이 흘렀다.

● 권오설 기적비(가일마을 입구, 2001년 11월 11일 세움)

● 권오설이 묻혔던 함석철관. 이야기로 전해지던 것인데, 2008년 현장에서 수습되어 복원되었다(안동독립운동기념관 전시).

6- 그를 따른 가일마을 청년들

가일마을 청년들에게 권오설은 신선한 바람을 일깨워준 인물이다. 8부자댁은 대개 청년들을 서울로 유학 보냈다. 이 가운데 권오상은 가일마을에서 가장 세가 좋은 수곡파의 종가에서 셋째 아들로 태어났다. 그러므로 그는 누가 보아도 가일마을의 권씨문중을 대표할 만한 청년이었다. 그가 중앙고보를 졸업하고 연희전문학교 수리과數理科 1학년이 되어, 마을에서 기대를 모으고 있었다. 권오상은 1925년에 창립된 조선학생과학연구회에 가입하여 10인 위원 가운데 한 사람으로, 또 서무부 집행위원으로 활약하였다. 또 그는 신흥청년동맹과 혁청단革淸團에도 참가하였다. 더구나 그는 권오설의 추천으로 조선공산당원이 되고, 제7야체이카에 소속되어 움직였으며, 특히 권오설이 책임비서를 맡은 고려공산청년회에도 가입하여 활동하였다. 그러니 권오상은 권오설에게 가장 가까이에서 활약하는 인물이 되었다. 그래서 6·10만세운동에서는 권오설이 가장 믿을 만한 인물은 권오상이었다. 그는 연희전문학교를 중심으로 격문을 살포하고 잠적하여 한동안 일제의 집중적인 추적을 받았다. 그러다가 8월 1일 안동경찰서에 붙들린 그는 1년형을 선고받았다. 옥고를 치르다가 건강이 심하게 악화되자, 1928년 5월 15일 병보석으로 서대문형무소에서 풀려났다. 신문에는 폐병과 뇌병이라 보도되었다. 동지들이 그를 안국동 1번지에 유숙시키고 진료를 받게 하였지만, "병세가 이미 기울어 위급하므로" 5월 17일 고향으로 보냈다. 5월 19일 고향집에 도착한 그는 6월 3일 오전 7시 29세 나이로 사망하였다. 고문 후유증에다가 처참한 옥고가 가져온 결과였으니, 이는 장렬한 순국이 아닐 수 없다. 서울에서는 6월 8일 수표정水標町 42번지에 있던 조선교육협회에서 인광회隣光會 주최로 추도식이 열렸다.

권오운은 권동호權東浩의 아들이다. 동호는 수곡종손 권준희의 아들이지만 남천댁으로 양자 들었다. 그도 역시 가일 8부자 권역에 속한 인물이었다. 중앙고보를 다니던 권오운의 집(남천고택)도 세가 아주 좋았는데, 바로 그 집 마당 곁에 권오설 집이 붙어 있었다. 그는 6·10만세운동 직후에 일경에 붙잡혀 고생하였다. 풀려난 그는 이듬해 신간회 안동지회에 참가하였다. 1927년 2월 15일 서울에서 신간회가 결성되고, 그해 8월 26일 안동지회가 조직되었다. 보광학교 대강당에서 열린 총회에서 류인식이 회장, 정현모가 부회장에 뽑히고, 간사 24명이 선출되었다. 권오운은 권태석·이운호·안상길 등과 더불어 간사로 뽑혔다. 신간회 안동지회는 출발할 때 197인으로 시작했으나, 곧 700명이 넘어, 전국에서 평양지회에 이어 두 번째로 큰 지회가 되었다. 이 가운데에 권오운이 움직이고 있었던 것이다. 또한 그는 신간회와 같은 시기에 안동청년동맹에도 가입하여 활동하였다. 1927년 안동청년동맹 풍산지부 상무위원으로 활약했던 것이다. 그러나 권오운은 머지않아 세상을 떠났다. 감옥에서 나온 뒤로 몸이 좋지 않았지만, 잠시도 쉬지 않고 뛰어다니던 그였다. 그러다가 1927년 12월 23일 24세 젊은 나이에 병사한 것이다. 그런데 무슨 이유인지는 몰라도 그를 떠나보내는 장례는 해를 넘기고서도 8월이 되어서야 이루어졌다고 보도되었다(《동아일보》 1928년 8월 9일자).

서울에서 권오설을 따르던 집안 동생 두 사람, 권오상과 권오운이 저 세상으로 떠난 뒤, 권오설마저 1930년 4월 서대문형무소에서 옥사했다. 가일마을은 3년 사이에 세 사람의 주역들을 잃었으니, 기가 막힌 날들이 아닐 수 없었다.

1920년대 초기에 청년운동과 노동운동에 나선 인물로 권영식權寧植이 보인다. 그는 1910년대 후반 권준희 · 권준흥 등과 더불어 광복회에 자금을 지원했다가 재판받는 과정에서 곤욕을 치른 인물이다. 권영식은 또 안동에서 등장한 최초의 노동운동 단체 조선노동공제회朝鮮勞働共濟會 안동지회에 참가하였다. 1920년 4월 서울에서 조선노동공제회가 조직되자, 같은 해 9월 23일 안동지회가 설립되었다. 권영식은 그 의사에 선출되었다. 그는 안동청년회 소속으로 활동을 시작했고, 이 무렵에는 노동운동을 비롯한 사회혁신운동에도 뛰어든 것이다. 1921년 당시 회원은 무려 1,400명에 이르고 거두어들인 의연금이 5,000원이 넘었으니, 안동의 혁신을 꿈꾸던 청년들의 열기를 짐작할 만하다.

권오헌은 신간회 안동지회와 안동청년동맹 풍산지부에서 활동하였다. 그는 1929년 8월 강력한 투쟁을 촉구하는 글을 썼다가 일제에 붙들려 고생하고, 1929년 10월 보안법 위반으로 징역 8월에 집행유예 2년형을 선고받았다. 또 권오설의 영향을 받은 집안 청년으로 권영달權寧達도 있다. 권오설의 편지와 엽서에 간혹 등장하는 그는 어문민족주의 길을 걸었다. 경성고등상업학교(서울상대 전신) 재학 시절, 6·10만세운동으로 일경에 쫓기던 그는 학교를 그만두고, 예천 대창학교에서 교편을 잡으면서 나랏말 연구에 매달렸다. 나랏말을 되살리는 것이야말로 겨레를 지키고 나라를 되찾는 지름길이라고 판단한 때문이다. 그는 1941년 8월 《조선어문정체朝鮮語文正體》(서울 덕흥서림德興書林)를 펴내고, 〈조선문철자법朝鮮文綴字法〉(원고본)을 유작으로 남겼다.

권오설을 따른 가일청년에는 누구보다도 그의 친동생 권오직이 두드러진다. 권오상과 권오운이 일찍 세상을 떠나는 바람에 1930년대 이후 활동에 권오직만이 뚜렷하게 남았고, 또 그의 족적도 그리 만만하지 않기 때문이기도 하다. 그는 권선득權善得 · 남병철南秉喆 · 보스또

꼬프Boctokob라는 이름을 사용했고, 감옥에서 창씨된 이름으로는 행전오직幸田五稷이라 칭했다. 1906년생으로 권오설보다 아홉 살 적은 오직은 형의 영향으로 17세가 되던 1923년부터 사회운동에 참여하였다. 1924년 2월에 신흥청년동맹과 혁청단, 1925년 4월 고려공산청년회에 참여하였다. 특히 1925년 1월 14일에 서울 기독교청년회관에서 열린 혁청단 강연회를 보면, 그가 혁청단의 대표라는 사실을 확인할 수 있다. 600명이나 모인 자리에서 "제1조 조선 민중의 해방운동을 촉진한다"로 시작되는 강령을 낭독하는 것으로 시작하여 4개 주제의 강연이 이루어졌다. 그 자리에 권오직은 단장이었으니, 서울에서 터를 잡은 그의 위상을 헤아릴 수 있다.

권오설이 고려공산청년회 주역이 되면서 청년들을 모스크바 동방노력자공산대학에 유학시키는 일을 추진하자, 권오직은 여기에 참가했다. 그는 1925년 9월 이 대학에 입학했다. 여기에는 같은 안동 출신인 안상훈安相勳 등 20명이 참가했는데, 안상훈은 형 안상길安相吉과 그 사촌형제들이 대거 사회운동에 참가하여 이름을 떨친 집안 출신이다.

권오직은 모스크바에서 동방노력자공산대학에 입학하여 1929년 3월에 졸업했다. 그해 8월에 국제공산청년동맹으로부터 고려공산청년회 재조직이라는 사명을 부여받은 그는 9월과 10월 무렵에 귀국하였다. 귀국하자마자 다음 달인 11월에 조선공산당조직준비위원회를 결성하고 선전부 책임자가 된 것이다. 이어서 1930년 1월에 조선공산당 경성지구조직위원회를 결성한 그는 3·1운동 11주년 기념일을 맞아 광주학생운동으로 고조된 반일감정을 격발시키기 위해 2월에 전국 청년동맹·농민조합·노동단체에 반일격문을 찍어 돌렸다. 이로 말미암아 그는 2월 26일 일본 경찰에 체포되었다.

막내 아들이 붙잡혔다는 소식은 집안을 더욱 뒤집어놓았다. 오설은 머지않아 출옥한다는 기다림을 두고 있지만, 막내가 붙들림에 따라 부모나 형제 권오기의 삶은 기구해졌다. 권오직이 붙들린 뒤 50일 만에 권오설은 옥사했다. 형의 사망 소식을 동생은 감옥에서 들었다. 그는 1931년 10월 28일 경성지방법원에서 징역 6년형을 선고받고 옥고를 치렀다. 또 1933년 1월 26일 보안법위반 혐의로 징역 8월이 추가되었다.

1936년 4월 30일 출옥한 그는 또다시 민족운동에 나섰다. 학생들에게 '조선 독립과 공산주의 사회 건설'의 필요성을 강조하고 이를 향한 활동에 몰입하였다. 예를 들면, 1940년 6월 2일, 서울 관훈정寬勳町 13번지 한흥여관漢興旅館에서 있은 모임에서 "일제의 정책이 민족문화를 말살하는 착취정책이며, 일제 치하에서는 어떻게 하더라도 경제적 피폐를 벗어날 수 없으니, 이를 극복하려면 독립하는 길뿐이다"고 주장했다. 또 1940년 6월에도 그는 러시아와 한국을 비교하면서 독립해야 하는 당위성을 설파하였다. 그러한 자리에 있던 인물 가운데 있던 풍산 상리 출신이자 배재중학 1년생이던 이해직李海稙은 권오직에게서 받은 감화가 컸다. 1940년 12월 권오직은 다시 종로경찰서에 검거되어 징역 8년형을 선고받고 복역하다가 해방을 맞아 출옥하였다. 참으로 기나긴 고난의 행로였다.

그의 삶과 꿈을 알려주는 자료

1- 자료를 간직해온 기적 같은 이야기

대개 알 만한 사람은 권오설의 자료가 남아 있으리라 짐작조차 하지 못했다. 지나온 세월이 그런 자료를 간직한다든가 남아 있으리라 상상하기도 힘들었기 때문이다. 그런데 실제 그에 관한 자료는 다양하게 남아 있다. 물론 판결문이나 일제 정보문건, 그리고 신문기사와 같이 공공기관들이 남긴 자료들이야 남아 있고, 또 찾을 수 있다는 점은 쉽게 짐작할 수 있다. 하지만 그가 직접 남긴 자료는 예상과 다르게 상당히 많다.

그가 남긴 자료는 다양하다. 그의 인생 33년, 짧은 날이었지만 자료는 결코 적지 않다. 부모와 형제, 동지들 사이에 주고받은 편지와 엽서가 주류를 이룬다. 여기에 그가 읽고 소장하던 서적, 기고문, 강연 원고, 장부 등도 있다. 풍산학술강습회 출석부나 지출장 등이 대표적이다.

이처럼 생각 밖으로 많은 자료가 전해지는 데에는 사연이 있게 마련이다. 그것도 기막힌 사연들이다. 권오설은 3형제 가운데 장남이다. 아래에 두 동생 오기·오직이 있었다. 오기는 1901년생으로 네 살 아래, 오직은 1906년생으로 아홉 살 아래였다. 오설이 1925년 서울로 가고, 막내 동생 오직이 모스크바로 떠난 뒤, 집안을 돌보고 지키는 몫은 오로지 큰 동생 오기의 것이었다. 1926년 형이 서대문형무소에 갇힌 뒤로, 또 1930년 2월에는 동생마저 옥살이에 들어가면서 그 모든 옥바라지를 도맡은 인물이 바로 둘째 오기였다. 참으로 고단한 세월이었다. 조모와 부모, 그리고 형수가 지키는 집을 드나들면서 생계를 이어나갈 길을 찾고, 서울과 대구, 안동을 오가며 형과 동생의 옥바라지를 위해 인고의 세월을 보냈다.

하지만 이것은 광복 이후에 비하면 별 일이 아니라고 말할 수 있다. 일제의 통치를 받던 시절에야 오로지 민족문제를 해결하는, 곧 나라 찾는 것이 최고 과제였지만, 광복 이후에는 앞과 너무나 다른 문제들이 얽혀 나타났기 때문이다. 물론 항일투쟁기에 오설이 옥사하고 오직도 옥고를 치르는 과정에서 오기와 집안 가족들의 삶이 힘겨운 것이 사실이지만, 광복 이후에는 더 힘든 나날이 들이닥쳤다. 좌우갈등과 남북분단문제가 겹겹으로 얽히면서, 가일마을을 지키고 살던 가족으로서는 숨쉬기 조차 힘든 날들을 맞을 수밖에 없었다. 더구나 전쟁을 겪으면서 그 고난은 절정을 치달았고, 마을 사람들이 권오직을 따라 대거 북한으로 갔다. 오기 가족도 동생 가족과 함께 북으로 갔다. 감시와 찬바람이 휘몰아치는 속에서도 집을 지키고 남은 사람은 오로지 여자뿐이었다. 부친 권술조는 1944년 작고해버렸고, 어머니 풍산류씨, 오설의 아내 부림홍씨, 오기의 첫 아내 김순녀金順女, 오직의 첫 아내 노재순盧在順이 그들이다. 결국 집안의 서적과 자료를 지키는 일은 이들 고부들의 몫이었다.

자료는 초가집 뒤 처마 아래에 간직되었다. 그곳은 뒷집 남천고택의 담과 오설의 집 방벽 사이에 만들어진 공간이다. 그런데 어느 날 불이 났다. 집은 모두 잃었고 이 자료를 보존하는 일은 다음 세대의 몫으로 넘어왔다. 오기에게 1남 3녀가 있다. 오설의 외동아들은 일찍 죽었고, 오직에게는 두 딸이 있었다. 오기의 외아들 권대용은 백부 오설의 아들로 입양되었다. 오설의 아내자 백모이던 부림홍씨는 권대용이 만 11세 되던 1955년 작고했다. 권대용은 백부 오설과 생부 오기, 그리고 숙부 오직의 제사를 모두 받들어왔다. 그가 맡은 일은 결코 제사만이 아니었다. 바로 권오설의 3형제가 남긴 자료를 간직하는 일도 오로지 권대용의 몫이었다. 그는 야유당 뒤 비탈에 초가를 지어 자료를 간직했다. 하지만 이마저도 다시 원인 모를 화재로 잿더미가 되었다. 그 와중에 끄집어내 되살린 것이 바로 여기에 소개되는 자료들이다.

분단과 전쟁을 겪은 상황에서 사회주의운동가의 자료를 간직해온 일이 얼마나 힘든 것인지는 굳이 물어보지 않아도 알 만하다. 숱하게 잦은 경찰의 발걸음과 감시, 이웃의 멸시와 냉정한 눈길, 그 속에서 두 번이나 원인 모를 화재를 겪었다. 그 틈에서 끄집어내고 살려낸 자료들이다. 그래서 책이나 편지를 비롯한 문서들의 끝부분이 까맣게 타고 그을려 있다. 자료를 만지는 것조차 두려울 정도다. 손으로 들추어보는 것만으로도 새까맣게 타버린 모서리가 부석부석 떨어지기 때문이다. 자료 상태가 바삭바삭 타들어간 가족들의 속마음 같다. 그래서 지금까지 간직해온 사실 하나만으로도 기적 같고, 이를 지켜온 후손의 집념은 숭고하게 여겨질 정도다.

자료는 본인과 가족이 남긴 것, 신문에 보도된 것, 판결문과 일제 문서 등이 있다. 신문과

판결문 등은 그의 혁명적이자 투쟁적인 면이 가득 담겼다면, 편지와 엽서는 다정다감한 인간적인 면모가 고스란히 담겨 있다.

2- 편지

그가 남긴 유품에는 편지와 엽서가 가장 많다. 성격은 대개 세 시기로 구분된다. 첫째는 1915년 대구고등보통학교에 유학한 뒤부터 1919년 12월 고향으로 돌아올 때까지 부친과 주고받은 글인데, 그 양은 적다. 둘째는 그가 고향에서 활동하던 시기인 1920년부터 1924년 초까지의 자료들이다. 풍산학술강습소를 중심으로 오고간 편지들이 주류를 이룬다. 셋째는 1924년부터 1930년까지 글이다. 서울로 가서 조선노농총동맹에서 맹활약하고 6·10만세운동을 기획·지휘하다가 갇혀서 서대문형무소에서 옥사하기까지가 이 시기에 해당한다. 가족들과 주고받은 서신이 대부분이다. 그 가운데서도 동생 오기와 오고간 서신이 가장 많고, 부친의 글이 다음이다.

그가 쓴 편지는 국한문도 있지만, 한문 서신이 주를 이룬다. 그 가운데 봉투를 함께 남긴 자료가 많다. 봉투는 대개 누런색 종이로 만들어진 것이고, 내용물은 한지다. 편지가 쓰인 정확한 시기를 알려주는 것도 있지만, 그렇지 못한 경우도 많다. 편지 끝부분에 시기를 적어두었지만, 연도가 없고 달과 날짜만 적힌 것이 대부분이다. 그래서 시기를 찾아내기 위해 봉투 우표에 찍힌 소인을 하나하나 확인해보았다. 또 내용으로 보아 대체적인 시기가 잡히기도 한다. 하지만 끝내 그 시기를 정확하게 밝혀내지 못한 자료도 더러 있다.

첫 시기의 글은 그의 나이 10대 후반에 대구고등보통학교에 유학하던 때로부터 시작했다. 당시를 보여주는 편지로 부친에게 보낸 한문 서신이 눈에 띈다. 경주 최부자의 지원이 끊어진 뒤, 학교장을 비롯한 교사들과 친구들의 도움을 받은 사연, 그리고 그 덕에 대구에서 '유명한 신사' 서병주 댁에 들어가서 융숭한 대접을 받는 장면이 기록되어 있다. 그러면서 한 해 전의 밥값을 갚지 못한 것에 대한 걱정이 쓰여 있다. 하지만 그는 더 이상 견뎌내지 못하고 학교를 그만두었다. 서울로 올라간 그는 여러 번 학교에 도전했지만, 학비와 생활비가 없어 끝내 이를 마치지 못했다. 그러다가 1918년 다른 사람의 소개로 전남도청에 자리를 얻어 갔는데, 그 시절 집으로 보낸 편지 두 통이 남아 있다. 하나는 어머니에게 "보성이라는 데서 이곳으로 곧 와서 도청이라는 관청에 한 달 구십량씩 받고 잇습니다"라고 썼다. 그러다가 1919년 말 고향으로 돌아왔다.

고향에서 그는 계몽운동을 펴나갔다. 1920년대 초반 자료는 대개 그가 다른 지역의 동지들과 주고받은 편지들이다. 수신처나 발신처가 대개 풍산학교라거나 풍산강습소, 혹은 풍산학술강습회 등이라고 기록되었다. 안동군 일직면 소호리 처가 마을에 일직서숙一直書塾이라는 학교를 열고 근무하던 때에는 이곳으로 오간 편지가 몇 점 있다. 그러나 대개 풍산에서 지냈다. 이 시절 편지 내왕자는 대개 함께 활동하던 동지들이었다. 멀리 경남 밀양군 부북면에서 학교 일을 의논하면서 방문을 요청하는 편지도 있고, 예천군 예천면에 있던 대창학교大昌學校에서 초빙한다고 제안한 편지도 있다. 풍산학술강습소에 권오설 담임에게 보내온 결석계도 눈길을 끈다. 1923년 12월에 풍산학술강습소 5학년에 재학하던 이준창李準昌이 '담임擔任 권선생權先生'에게 다리 붓는 병으로 결석한다는 사연을 담은 자료가 그것이다. 또 이 무렵 북간도 대성중학교大成中學校에서 풍산청년회장 권오설에게 기부금을 모집한다는 뜻을 담아 보내온 편지가 있다. 나라 안팎으로 이어진 교육구국운동의 한 조각을 보는 셈이다.

셋째 시기가 되는 1924년 이후 편지는 달라졌다. 그가 풍산소작인회를 결성한 뒤 서울로 가서 노농운동에 몸을 던지면서 그랬다. 조선노농청년동맹과 관련된 것이 몇몇 남아 있다. 하지만 주된 것은 가족들과 주고받은 것들이다. 부모와 동생들 사이에 오간 것이 대부분이다. 그가 아버지에게 보낸 서신은 늘 당당하게 살아가고 있는 모습을 드러내려 애를 쓴 흔적을 느끼게 만든다. 이에 반해 아버지의 글은 돈을 제대로 지원하지 못해 그가 마음대로 날개를 펼 수 없게 만든 데 대해 안타까워하는 마음을 나타냈다. 서울에서 사회운동을 벌이기 시작하던 1924년 5월 경찰서에 붙들려가기 시작하여 그런 일이 잦아지자, 부친의 불안을 누그러뜨리려는 내용을 담은 글이 많았다.

그러다가 1926년 6월 일제에 붙들리고 서대문형무소에 들어간 뒤에는 가족들이 그에게 보낸 편지가 주를 이룬다. 형무소에서 그가 쓴 글은 봉합엽서였다. 그래서 감옥에 있던 시절의 편지자료는 부모와 동생들의 것이 대부분이다. 그 편지들은 한결같다. 건강을 염려하는 가족들의 이야기에, 부친에게는 괜찮다고 표현하면서도, 동생에게는 아픈 이야기를 털어놓았다. 이에 부친은 다음과 같이 늘 걱정하는 글을 보냈다.

> 무병하다는 말은 나를 위로하기 위한 핑계일 뿐 더위가 혹심하니 평소 병이 없는 사람도 쉽게 병이 날 일이거늘 하물며 기가 약하고 건강하지 못한 사람이 어찌 견뎌낼 수 있겠느냐? 부디 마음을 굳게 먹고 편안하게 지내기 바란다.

사식私食을 넣어달라는 간절한 부탁이 많고, 이를 위해 돈을 마련해보라고 부탁했다. 그러면서도 그는 어려우면 그만두라고 탄식하기도 했다. 자료 가운데 우편환 봉투가 남아 있다. 이는 동생이 1927년 6월에 20원을 감옥으로 보낸 것이다. 또 여름과 겨울을 맞아 옷을 보내달라는 주문이 절절하다. 겨울에는 솜을 많이 넣은 두툼한 옷을 거듭 부탁했다. 옷의 세탁도 힘든 일이었다. 옷을 밖으로 내와서 세탁하고 다시 들여보내는 일은 짧은 순간에 이루어지는 것이 아니므로, 한 번 들여보낸 옷은 상당한 시간이 지난 뒤에 밖으로 나왔던 것이다. 그는 또 다양한 책들을 주문했다. 동생은 이를 갖추어 보내느라 애를 썼다. 편지에 등장하는 책들은 《서양사개론西洋史概論》·《신자전新字典》·《영문해석연구英文解釋研究》·《노자독학강의老子獨學講義》·《세계역사의연구世界歷史の研究》·《정본중용집주正本中庸集註》·《장자남초경莊子南草經》·《세계世界의 운명運命》·《고등보통학교수신서高等普通學校修身書》·《최근最近의 자연과학自然科學》·《철학개론哲學概論》·《속수국어독본速修國語讀本》·《영어英語복겟도用사전》 등이다.

책을 구해 보내는 일은 당연히 동생 오기의 몫이었다. 1930년 2월 4일 오기가 오설에게 보낸 편지를 보면 얼마나 애를 썼는지 알 수 있다.

> 通俗世界全史는 어데서 파는지요. 新聞 廣告를 보아도 없고 다른 동무들의게 무러 보아도 모르고요. 다른 冊子라도 差入할까요.

편지자료 가운데 눈길을 끄는 것 하나는 1928년 12월 부친의 회갑일에 들어온 부조 내용을 적은 글이다. 1927년 모친의 회갑에 이어 부친 회갑일을 맞아, 그 자리에 참석하지 못한 오설이 위로와 안부의 편지를 보내면서 그 날짜에 있었던 일을 상세하게 적어 보내달라고 동생 오기에게 부탁했다. 이에 맞추어 친척들이 보내온 부조 내용이 조목조목 적혀 있다. 이는 당시 무엇을 어떻게 부조했는지 사정을 자세하게 알려준다.

3- 엽서

엽서자료는 일반엽서와 봉함엽서로 나뉜다. 일반엽서는 그가 풍산학교를 운영하던 시절의 것과 동생이 서대문형무소로 보낸 것이 주를 이룬다. 반면에 봉함엽서는 그가 서대문형무소에서 바깥으로 보낸 것이 대부분이다.

1919년 12월 고향으로 돌아온 뒤 주고받은 엽서는 한문으로 쓰인 것이 많다. 1920년 7월에는 안동청년회에서 공립보통학교에 강연회를 개최한다는 안내문이 담겼고, 안동군 일직면 소호동蘇湖洞에 일직서숙을 만들고 지내던 시절에 안동읍내에서 권형묵權寧默이 보낸 엽서에 '學校內'라는 글이 있어서 그 정황을 엿볼 수 있다. 그러다가 1921년 1월이면 권오설의 수신처가 풍산학교豊山學校로 적혀 있어, 그가 일직면에서 교육사업을 펼치던 한 면을 보여준다. 1923년 10월에는 수신처가 풍산학술강습회로 되어 있다. 발송자 조선교육협회 박춘도朴春濤가 교사로 요청한 것을 수락하지 못해 미안하다는 글이 있고, 미곡 중개업으로 자금을 마련할 터니 돈을 마련해달라는 주문도 담겨 있다. 또 조선교육협회 인우회隣友會 김일영金一泳의 글도 있다.

이 시절에 엽서에는 교육과 관련된 글이 대부분이다. 안동계명학원安東啓明學院 이운형李運衡이 보낸 글, 대구에서 권영식이 학생을 추천하여 풍산으로 보내는 글, 강습회의 근황을 문의하는 후배의 글, 밀양 정진학교 류장영이 심상소학교 국어독본 교재를 부탁하고, 또 풍산학교의 졸업식 날짜를 물으면서 밀양 방문을 청하는 글, 서울 인사동에서 이승렬李承烈이 교구제작으로 보이는 주문과 선금에 감사하는 글, 자금 마련에 실패했다는 권태석權泰錫의 글, 1923년 12월 휘문고등보통학교에서 사립풍산학교장 권오설에게 휘문고보 입학지원에 따른 일정을 답변한 글, 1924년 1월 예천군 유천柳川의 사설광명의숙私設廣明義塾 권원주權元周(금당실)가 풍산학술강습회로 보내온 연하장, 서울 수표정에서 안동 가일마을 권오운權五雲이 풍산학교 권오설에게 부탁받은 역사부도를 구입했지만 독본 11권은 서점에 없어, 전과참고서 6책은 돈이 없어 구입하지 못한 사실을 알리는 글 등이 있다.

이 시절 글을 주고받은 인물에는 뒷날 사회주의운동에 이름을 드러낸 안동군 와룡면 가구동의 안상형安相炯, 영양군 일월면 주실마을 출신으로 뒷날 신간회 동경지회장을 지내게 되는 조헌영趙憲泳, 안동군 임하면 내앞마을 김창노金昌魯 등도 눈에 띈다. 1923년과 이듬해에는 두 동생이 일본에 있었는데, 그에게 보낸 엽서가 남아 있다. 1923년 10월 오설이 일본 도쿄 선인상애회鮮人相愛會 주소로 머물던 오기에게 빨리 돌아오라고 거듭 주문하자, 오직은 걱정하지 말라고 답했고, 오기에게 한 번 다녀가라고 거듭 명하였다. 더구나 1924년 1월 관동지역에서 지진이 일어났다는 소식을 듣고서는 크게 걱정하는 글도 남아 있다.

1924년 여름에 들 무렵, 엽서는 노농운동과 관련된 내용으로 바뀌어갔다. 1924년 6월에는 마산 삼산노농연합회三山勞農聯合會에 머무는 얼마 동안 해운대에서 그를 초대하거나, 진해

소작회에서 마산으로 그에게 엽서를 보내기도 했다. 또 당시 그의 주소지가 서울 한양청년총동맹으로 기록된 엽서도 있다. 이와 관련된 사실은 1926년에서 1927년 사이에 진행된 심문과정에서도 드러난다.

1926년 6월부터 서대문형무소를 오가는 엽서가 나타나기 시작했다. 권오설이 일경에 붙들린 뒤 일주일 지난 6월 15일자로 동생 오기가 형에게 보낸 것이 첫 엽서다. 거기에는 긴박한 느낌과 함께 엽서 10장을 사서 감옥으로 넣었다는 기록이 담겨 있다. 그가 어느 동지에게 보낸 엽서에서 발신처를 "서대문 우리 속에서"라고 표현했다. 돼지우리처럼 그곳도 '우리'라는 것이다. 그 속에서 벌어지는 삶은 악조건일 수밖에 없었다. 그가 가장 애타게 주문한 것이 사식私食이라는 데서 이를 알 수 있다. 그냥 배고픈 것이 아니었다. 구속되어 일본 경찰에게 온갖 고문을 다 이겨내야 하고, 그러면서 진행되던 심문을 버텨내노라니 체력이 견뎌내기 힘들던 터였다. 그래서 동생에게 보낸 엽서에는 주위 친척들에게 부탁하여 돈을 마련하고, 사식을 넣어달라고 애타게 주문했다.

그 뒤로는 옷과 책을 부탁하는 엽서가 줄을 이었다. 계절이 바뀔 때마다 거기에 맞는 옷이 꼭 있어야 했고, 양말과 두루마기 등에 대한 글이 이어졌다. 세탁 문제는 쉽게 해결할 수 있는 것이 아니었다. 이를 해결하자면 돈이 필요했다. 그러나 그것이 그리 쉬운 일이 아니었다. 심문을 받느라, 병과 싸우느라 힘이 들자, 심하게는 동생 오기에게 "구루마를 끌더라도 돈을 구하라"고 썼다. 절박한 모습이 가슴을 아리게 만든다. 더구나 몸이 아프다는 글도 이어졌다. 왜 그렇지 않았겠는가.

편지와 마찬가지로 엽서자료에도 그가 요구한 책이 자주 등장한다. 정칙영어학교正則英語學校 교재, 서양사, 암파문고岩波文庫 철학서, 《통속세계전사通俗世界全史》, 《자해속성영어字解速成英語》, 와세다대학 통신강의록, 《언해言海》(일본어책), 《신자전新字典》 등이 그렇다. 그런데 《자조론自助論》은 차입시켰지만 반입이 허용되지 않아 오설에게 도달하지 못하는 상황도 들어 있다.

엽서자료도 그가 부모님께 가지는 죄스러운 마음이 곳곳에서 드러난다. 몸이 아픈 이야기를 쓸 때에도 부모님께는 결코 알리지 말라고 당부했다. 모친 회갑과 진갑, 부친 회갑을 감옥에서 맞는 그로서는 자신의 불효를 가슴 아파하면서, 동생에게 즐겁게 해드리라고 당부했다. 모친은 아들이 감옥에서 나오면 잔치하겠다고 답했다. 그러나 그는 아들이 감옥에 있다고 그냥 넘기면 자신이 너무 가슴 아프다면서 잔치를 거듭 부탁했다. 그러면서 그날 생기는 일들을 자세하게 알려달라고 목이 빠져라 기다렸다. 1928년 음력 11월 어머니 환갑날에 맞추어 그는 시를 적어 보냈다.

늘 푸린 솔잣나무
눈 올사록 더 푸리고
꼿감촌 아름단 풀
어름 얼되 새싹 틈은
지나간 골해 잘해도 그러 그러코
닿아올 골해 잘해도 그러 그러리
이와 같이
우리 아버님! 우리 아마님도
온갖 풍상! 가즌 고초 가운대
오늘 환갑 지나신디 오고 오는 날과 달에
한글같이 굿세고 튼튼하시와 우리 집의 바담이 갈사록 새롤진저

늘 푸른 소나무 잣나무가 눈이 올수록 더 푸르고, 곶감촌의 아름다운 풀이 얼음 얼어도 새싹 틔우는 것은 지나간 해도 그랬고 다가올 해도 그렇다네. 그러니 우리 부모님도 오늘 환갑을 지나신 뒤 늘 한결같이 굳세고 튼튼하셔서 우리 집의 바람이 날이 갈수록 새롭길 빕니다. 그렇다, 그는 차디찬 감옥 속에서나마 어머니의 환갑을, 이듬해에는 어머니의 진갑과 아버지의 환갑을 맞아 건강을 빌고 빌었다.

동생은 오직 건강에만 주의하라고 거듭 글을 썼다. 집안 걱정은 아예 하지를 말고, 오직 '형님의 몸씨', 곧 몸만을 건강하도록 유의하라고 애절하게 말했다. 그러면서 어쨌든 돈을 구해 보겠다고 다짐했다. 또 동생은 서울에서 지내는 동안 형의 명성 덕분에 많은 사람을 알게 되었다는 말도 보탰다. 동생은 돈을 마련하기 위해 대구로 가서 공인대구염매장公認大邱廉賣場에서 상업에 종사한 장면도 엽서자료가 보여준다. 그러다가 돈 마련이 어렵게 되자, 1928년 동생은 형 이름으로 되어 있는 밭 한 마지기를 팔겠다는 의견을 내놓았다. 이에 권오설은 한 번 팔면 다시 마련하기 힘드니 가능하면 팔지 말고 견뎌보라고 재삼 부탁하였다. 동생으로서는 힘든 일이었다. 옥바라지와 가족 봉양이라는 두 가지 짐이 한꺼번에 닥친 것이니 그럴 수

밖에 없었다. 그러다가 얼마 동안 동생 소식이 뚝 끊기는 일도 생겼다. 그 순간을 보여주는 엽서가 있다. 내종內從, 곧 고종사촌 류종우柳宗佑에게 보낸 엽서를 보면, 오기 소식이 끊기고 답도 없는데, 며칠 전에 감옥 건너편 산 위에서 '형님, 형님' 이라고 낮밤 울부짖는 소리 들리더니 그것이 동생 오기 목소리가 아닌지 궁금하다면서, 휴가 내서라도 상경하여 동생을 찾아 달라고 부탁하는 장면도 보인다.

그 어렵던 시절에 사식을 보내준다거나 돈을 보내주는 사람들도 여럿 있었다. 안동 출신 김남수와 권태동, 그리고 염상진의 이름이 자주 나타났다. 신문조서에 보면 돈을 들여 넣었다가 공범으로 몰리는 경우도 볼 수 있다. 그런 형국이니 감옥으로 돈을 보내는 일도 그리 자유로운 일만은 아니었다. 그런 속에서도 그를 돕는 인물들이 줄을 이었다. 또 옥중에서 그가 주고받은 엽서에는 서울에서 활약하던 여성운동가들도 보인다. 주세죽朱世竹과 조원숙趙元淑, 그리고 황신덕黃信德을 '누이' 라고 부르는 장면이 여러 차례 등장한다. 이들에게 독서의 중요성을 강조하기도 하고, 소식을 궁금해하기도 했다. 그러다가 자신을 따라 6·10만세운동에까지 동참했다가 옥고를 치르기도 했던 권오운과 권오상의 죽음 소식을 듣고 가슴을 치던 장면도 드러난다. 오운이 죽기 직전 1927년 신년에 오설은 오운에게 "가정에 있어서 성효誠孝의 자손이 되며, 동네에서는 진실한 노동자가 되기를!" 이라고 연하엽서를 보내기도 했다.

편지와 엽서 외에 전보자료도 있다. 그것이 바로 그의 옥사 소식을 전하는 것이다. 1930년 4월 17일 옥사하고, 그 다음날인 18일자로 전보가 고향에 도착했다. "작야오설옥사", 지난 밤 오설이 감옥에서 사망했다는 말이 간단하게 담겨 있다. 봉투와 용지, 소인이 뚜렷하다.

4- 기타자료

그가 남긴 문서자료는 그리 많지 않다. 하지만 무척 귀중한 것들이 들어 있어 눈길을 끈다. 그의 학창시절을 알려주는 자료가 몇 점 있다. 사립동화학교 수업증서와 졸업증서에는 그의 어릴 때 이름인 권오서權五敍로 적혀 있다. '삽앙론插秧論' 이란 모심기를 논하는 글이 남아 있다. 이것은 그가 대구고등보통학교 시절 방학 과제로 제출한 것으로 보이는데, 완본完本이 아니다. 더구나 뒷부분에는 누구의 것인지 모르는 제문이 붙어 있다.

다음으로 풍산청년회 전단傳單, 곧 알림 쪽지가 두 장 보인다. 한 장은 단결하라는 것이고, 다른 하나는 조혼을 금지하라는 것이다. 두 가지 모두 펜으로 내리 쓴 것인데, 그의 자필인지는 확실하지 않다.

우리는
서로 갈리어 딴판을 벌리지 말지어다.
서로 얼근거리어 남 보듯 하지 말지어다.
서로 멀그머니 보아 눈쌀 찌푸리지 말지어다.
갈리면,
얼근거리면,
멀그머니 보면,
업더진다.
잡바진다.
고만이다.
오직, 우리는,
서로 손목을 꽉 잡고 한 곳으로 한 길로 같이 나아갈지며,
서로 마음을 가치하여 한 뜻으로 한 일로
늘 힘쓸지며,
서로 언제던지 함끠하여, 모지고 굳세인
뭉테기를 이룰지어다.
이라하여야,
일어난다.
살지로다,
오래도록.

서로 갈라서지도, 으르렁거리지도, 멀거니 쳐다보지도 말고, 오로지 한 길, 한 일로 힘쓰라는 주문이 담겼다. 그러면서 서로 함께 힘을 합쳐서 모질고 굳세게 한 뭉치를 이루어야 일어서고 오래도록 살 수 있다고 주장했다.

풍산학술강습회와 관련한 자료가 눈길을 끈다. 우선 풍산면 하리동 이광렬李光烈 이름으로 경상북도지사에게 사설학술강습회 개설을 인가해달라고 제출한 신청서가 있다. 학습목적과

강습기간 및 장소, 강습의 정도와 구성, 강습대상자, 강사진과 그 경력, 경비 마련 방법과 수입·지출 계획이 자세하게 적혀 있다. 권오설은 강사 5명 가운데 한 사람으로 들어 있다.

풍산하기강습회 청강생 명부와 지출장은 그가 1920년대 초반에 고향에서 펼친 교육운동의 한 단면을 보여주기에 충분한 자료다. 풍산학술강습회의 하기강습회라는 존재, 거기에 남학생반과 여학생반의 명부, 낮반과 야간반의 구성, 재정 운영을 보여주는 지출장부까지 남아 있다. 원흥학술강습소를 비롯하여 일직서숙까지 여러 학교를 만들고 운영했지만, 구체적인 운영 내용을 보여주는 자료는 이것뿐이다. 또 안동강습회연합회운동회가 열리던 1924년 그에게 '사령司令'의 임무가 주어진 임명장과 편지·엽서자료를 연결시켜보면, 그의 교육구국운동의 전반적인 틀을 확인할 수 있다. 나아가 다른 지역의 동지들과 연계되는 현상도 찾을 수 있다.

다음으로 안동조선물산장려회취지서安東朝鮮物産奬勵會趣旨書는 지방에서 펼쳐진 물산장려운동의 한 단면을 보여주는 것이어서 가치가 크다. 1923년 1월 조선물산장려회가 결성되면서 그 운동은 전국적으로 확산되었다. 주요 활동은 민족자본의 육성을 강연회나 유인물 및 회지 발간을 통해 홍보하는 것이었다. 지방에서도 여기에 호응하여 지회를 만들고 나섰다. 안동에는 1923년 2월 26일 안동조선물산장려회라는 이름으로 조직되었다. 최고지도자는 류인식이요, 회장은 김원진이며, 안동유지들이 여기에 참여하였다. 안동조선물산장려회에서 중앙위원을 초빙하여 강연회를 가졌고, 위생문제를 청년회와 더불어 안동군청에 건의했다는 신문기사가 확인된다. 안동조선물산장려회가 출범하는 장면을 보여주는 중요한 자료가 바로 이 취지서다. 끝부분이 불탄 흔적을 보여주고 있어서 자료가 전해지는 과정을 보여준다. 또 혁풍단革風團 전단이 눈에 띈다. 미신을 타파하고 새 시대를 열어가자는 내용이 담겨 있다. 아마 그가 혁청단에 가입했을 때, 안동에 만들어진 것이 혁풍단이 아닌가 짐작된다.

끝으로 제문이 있다. 아버지 권술조權術祚가 아들 오설이 죽은 뒤 2년 만인 1932년 음력 3월 19일자로 쓴 제문이다. 대상을 치르면서 아들에게 영원한 이별의 한을 여기에 쏟아냈다. 그렇게도 믿고 아끼며 대견스러워하던 아들을 먼저 보낸 아버지의 통한痛恨이 절절히 배어 있다. 첫 구절부터 가슴을 저리게 만든다.

아! 원통하고 슬프도다! 내가 너와 인간세상에서 부자라는 이름으로 정해진 것이 겨우 33년인데, 이 33년 사이에 일찍이 부자의 정을 나눈 것이 어찌 일찍이 그 삼분의 일이라도 되었겠으며 노심초사한 기간을 제외하면 실로 십분의 일도 되지 않을 것이다.

어릴 때부터 총명하여 주변 사람들의 칭송을 모았던 아들이었다. 상급학교로 진학했지만 가난하여 이를 이어가기 힘들던 일, 뒷날 구속되었다는 소식에 경황없는 마음도 썼다.

비록 아홉 번 죽더라도 후회하지 않겠다는 그 초심은 차라리 몸이 해체解體되는 한이 있더라도 변하지 않고 굳게 지켰던 것이다. 그러기에 저들은 위력을 함부로 행사하고 독수毒手를 마구 써서 수족을 묶고 단근질하며 꺾고 비틀면서 이기지 못할까 두려워하는 듯하였으니, 어찌 기운이 빠지지 않을 수 있으며 목숨이 끊어지지 않을 수 있겠는가? …… 좋은 날이나 명절에 사방 이웃에서 노래와 웃음소리가 집집마다 떠들썩하게 들리면 나는 귀를 막아 가리고자 하였고, 백설 같은 떡, 구슬알 같은 쌀밥이며 사철의 맛 좋은 음식이 반 위에 올라도 나는 목구멍으로 내려가지 않았으며, 구곡의 연한 창자가 마치 녹을 듯하여도 오히려 강건한 척한 것이 네 아비였느니라.

어느 아버지가 아들을 먼저 보내고 슬프지 않을까? 나라와 겨레 위해 살다가 서른세 살, 젊고도 젊은 나이로 떠난 아들을 보낸 아버지의 심정을 어찌 쉽게 헤아릴 수 있을까? 아버지가 쓴 제문은 깊은 바다 속에서 울려나오는 무겁고도 거대한 울림과 같다.

5– 신문조서 · 공판조서 · 판결문

신문조서 및 공판조서 날짜별 목록

번호	문서제목	저필자/신문자	작성 장소/작성일
1	예심 이송 결정서	조선총독부재판소 서기 申彦浩	1926년 7월 12일
2	피의자 권오설 신문조서(제2회)	경성지방법원 검사국 조선총독부 검사 中野俊助 조선총독부재판소 서기 植山健藏	1926년 8월 16일 서대문형무소
3	피의자 권오설 신문조서(제2회)	경성지방법원 검사국 조선총독부 검사 中野俊助 조선총독부재판소 서기 植山健藏	1926년 8월 17일 서대문형무소
4	의견서	경성 종로경찰서 사법경찰관 조선총독부 경부 三輪和三郎이 경성지방법원 검사국 검사정 조선총독부 검사 長尾戒三에게 보낸 것	1926년 8월 30일

번호	문서제목	저필자/신문자	작성 장소/작성일
5	피의자 신문조서	경성 종로경찰서 사법경찰관 사무취급 도순사 高木義雄	1926년 9월 1일 서대문형무소
6	피의자 신문조서	경성지방법원 검사국 조선총독부 검사 中野俊助 조선총독부재판소 서기 植山健藏	1926년 9월 15일 서대문형무소
7	권오설 피고인 신문조서	경성지방법원 豫審掛 朝鮮總督府判事 五井範藏 朝鮮總督府 裁判所 書記 福田淸吉	1926년 10월 7일 서대문형무소
8	권오설 피고인 신문조서(제2회)	경성지방법원 豫審掛 朝鮮總督府判事 五井範藏 朝鮮總督府 裁判所 書記 福田淸吉	1926년 10월 8일 서대문형무소
9	권오설 피고인 신문조서(제3회)	경성지방법원 豫審掛 朝鮮總督府判事 五井範藏 朝鮮總督府 裁判所 書記 福田淸吉	1926년 10월 11일 서대문형무소
10	권오설 피고인 신문조서(제4회)	경성지방법원 豫審掛 朝鮮總督府判事 五井範藏 朝鮮總督府 裁判所 書記 福田淸吉	1927년 3월 5일 서대문형무소
11	권오설 피고인 신문조서(제5회)	경성지방법원 豫審掛 朝鮮總督府判事 五井範藏 朝鮮總督府 裁判所 書記 福田淸吉	1927년 3월 7일 서대문형무소
12	권오설 피고인 신문조서(제6회)	京城地方法院 豫審掛 朝鮮總督府判事 五井範藏 朝鮮總督府 裁判所 書記 福田淸吉	1927년 3월 8일 서대문형무소
13	(구류기간) 更新決定 (권오설 외 10명)	경성지방법원 형사부 재판장 조선총독부 판사 脇鐵一 조선총독부 판사 小野勝太郎 조선총독부 판사 中島仁	1927년 6월 28일
14	(구류기간) 갱신결정 (권오설 외 11명)	경성지방법원 형사부 재판장 조선총독부 판사 矢本正平 조선총독부 판사 脇鐵一 조선총독부 판사 中島仁	1927년 9월 29일
15	송달증서(權五卨)	발송자 : 경성지방법원 수신자 : 서대문형무소	1927년 9월 30일
16	출두수서 (權五卨 외 100명)	발송자 : 변호인 李升雨 · 許憲 · 李仁 · 韓相億 수신자 : 경성지방법원 형사부	1927년 10월 2일

번호	문서제목	저필자/신문자	작성 장소/작성일
17	高允相 외 91명 공판조서 (제15회)	경성지방법원 형사부 조선총독부재판소 서기 吉岩正隆 재판장 조선총독부 판사 矢本正平	1927년 10월 18일 경성지방법원
18	高允相 외 91명 공판조서 (제16회)	경성지방법원 형사부 조선총독부재판소 서기 松澤尙三 재판장 조선총독부 판사 矢本正平	1927년 10월 20일 경성지방법원
19	高允相 외 91명 공판조서 (제17회)	경성지방법원 형사부 조선총독부재판소 서기 吉岩正隆 재판장 조선총독부 판사 矢本正平	1927년 10월 22일 경성지방법원
21	판결문	경성지방법원	1928년 2월 13일 경성지방법원
20	형무소신원카드	서대문 형무소	1928년 2월 17일 서대문형무소

1번 자료는 1926년 7월 12일, 그가 신의주지방법원에서 경성지방법원의 예심으로 이송한다는 결정서다. 그 뒤로 모든 신문과 공판은 서울에서 진행되었다. 2와 3번 자료는 '이봉수李鳳洙 홍남興南 7 · 5 제1사건'이란 이름의 문서철에 들어 있는 것이고, 4에서 6번은 '정진무鄭晉武 외 22명 조공재건투쟁 협의사건'에 관련된 신문이다. 7번부터 12번까지는 예심판사의 신문조서, 13과 14번은 구류기간을 다시 연장하는 문서다. 15와 16번은 송달증서와 출두수서, 17번부터 19번까지 자료는 공판조서다.

신문과 공판 내용은 크게 두 가지로 나뉜다. 하나는 조선공산당과 고려공산청년회에 대한 내용이고, 다른 하나는 6·10만세운동에 대한 것이다. 조선공산당과 고려공산청년회의 결성과정, 조직과 구성원, 각자 맡은 활동과 권오설의 위치 등이 상세하게 담겨 있다. 특히 그가 고려공산청년회를 이끌면서 입당시킨 사람들, 각종 사회조사표를 작성하고 스스로 회칙을 만든 내용이 눈에 띈다. 또 모스크바 동방공산대학에 20여 명 청년들을 보낸 것이나 해외로부터 들어오는 자금을 받아 사업을 펼친 그의 활동과 위상이 돋보인다.

크게 보아 전반부 경찰과 검사의 심문에 대해서 밝힌 것을 공판 과정에서 뒤집는 것이 많다. 판사가 진술을 뒤집는 이유를 묻자, 그는 경찰과 검사의 요구대로 말하지 않으니 "좋아하지 않아서 거짓으로 진술했다"고 밝혔다. 고문과 협박이 계속되니, 차라리 그들이 원하는 대로 말해서 넘어간 것이다. 그는 요시노 경부보로부터 고문당하던 일을 공판과정에서 말하면서, 일일이 사실을 강조하였다. 고문당하는 바람에 앞니가 덜거덕거려 바람만 스쳐도 고통스럽다거나, 밥 굶기기, 종로경찰서에서 죽도록 두들겨 맞던 일, 다리 안쪽에 각목 2개를 끼우고 하루 밤낮을 고문당한 일, 손가락 사이에 부채를 끼우고 양쪽을 쥐어 고문당한 일 등이 그것이다.

공판조서에 나타난 그의 주장은 일제 통치를 냉철하게 비판하는 것이었다. 일제 통치가 가지는 문제를 조목조목 따지는 내용은 설득력이 대단하다. 스무한두 살 때, 고향에 고바야시라는 일본인 지주가 돈 2,000~3,000원을 가지고 와서 고리대금업을 벌여 사람들을 괴롭힌 끝에 3년 만에 500마지기 토지를 가진 지주가 되었다고 말하면서, 일제 통치의 결함을 비난했다. 이어서 그는 군벌통치와 문화정치의 가증스러움, 전국을 하나의 커다란 감옥으로 만든 폭압성, 재령평야를 사례로 들어 일제의 자원 수탈의 악질성, 식민지 교육의 노예 양성 정책, 총독정책의 사기성 등을 하나하나씩 따져 말하면서, 투쟁 이유와 목적을 분명하게 밝혔다. 그런 가운데 예심판사를 비웃는 장면도 나온다. 예심판사가 치안유지법 핵심조차 제대로 이해하지 못하면서 신문하더라고 비아냥거린 것이다.

서른 살 나이의 청년이 쏟아내는 말은 일제에 대한 도전이자 전쟁이었다. 총독정치의 결함을 맹렬하게 비난하면서 '조선인 본위'의 산업과 교육을 요구하였다. 그의 주장은 전반적으로 항일투쟁의 이유와 목적, 방향을 논리정연하게 발표한 것이었다.

6- 신문

권오설의 움직임이 보도된 신문은 《조선일보》·《동아일보》·《시대일보》·《중외일보》·《조선중앙일보》 등이다. 권오설에 관한 기사는 사회운동 전반의 동향과 같다. 그가 풍산소작인회를 결성한 뒤 서울로 가자마자 그의 동정이 신문에 오르내렸다. 1924년 5월 4일자에 그가 종로경찰서에서 풀려난 기사가 실려 있다. 조선노농총동맹이 집회금지 처분을 받았지만, 중앙집행위원이던 그가 몇몇 간부와 모여 논의하다가 종로경찰서에 붙들렸고, 십여 일 동안 취조받다가 풀려난 내용이 거기에 담겼다. 1925년 1월 안동에서 만들어진 화성회火星會 소식이 보도되었다. 이는 두 달 앞서 서울에서 결성된 화요회의 안동지회 성격을 가진 조직이다. 4월에는 종로 '적기사건赤旗事件'에 얽혀 심문을 받기도 했다. 그해 12월에는 김재봉을 비롯하여 제1차 조선공산당 핵심인물들이 검거될 당시 그도 붙들렸다가 풀려난 기사가 있다.

권오설에 관련된 보도는 역시 1926년 6월부터 집중적으로 등장했다. 6·10만세운동의 상세한 내용이 하나씩 보도되면서 권오설이 최고 기획자요 지휘자라는 사실이 매일 크게 보도되었다. 《시대일보》는 이를 '륙륙사건'이라 이름 붙였다. 6월 16일부터 7월 초까지 거의 매일 신문마다 그의 이름이 오르내렸다. 상해로 망명하여 활약하던 김단야와 연초부터 만나고 메이데이 투쟁을 준비하다가 6·10민족운동으로 방향을 바꾼 과정, 상해에서 자금이 권오설에게로 전달되고, 또 선천에서 광산을 경영하던 안정식에게서 자금을 확보한 과정 등이 자세하게 보도되었다. 이어서 경찰이 권오설이 쓴 격문을 찾아내면서 검거에 들어가는 과정 등도 알려졌다. 그러다가 1926년 7월부터는 그도 조선공산당과 관련된 인물이라는 사실이 보도되고, 그해 연말에는 공판 소식이 나오기 시작했다.

1년 뒤 권오설은 강달영·전정관·홍덕유·이준태와 더불어 종로경찰서 고등계 주임경부를 비롯한 형사들을 폭행혐의로 고소했다. 1926년 6월 14일부터 8월 10일 사이에 종로경찰서 2층 신문실과 (경기도)경찰부 신문실에서 주임경부를 비롯한 형사들에게 폭행을 당했고 이로 말미암아 권오설은 앞니 두 개가 부러지기도 했다. 일제 검사가 불기소 결정을 내리자 이들은 다시 항고했지만 기각되었다. 일제 검사가 고등계 형사들을 불기소로 처분하거나 판사가 항고를 기각한 것은 불을 보듯 뻔한 일이지만, 고문경찰들을 고소하여 취조받게 만들고 재판정에 세우는 그 자체가 '사건'이었다.

1928년 2월에는 법원 판결 내용이 보도되었다. 1928년 8월에는 권오설이 신장염으로 고생하지만 영치금이 없어 주사도 맞지 못한다거나 병감에 수용되어 있다는 내용이 알려졌다. 그러다가 1930년 4월 17일과 19일자에 그의 병환이 급하다는 것과 급성폐렴으로 옥사했다는 보도가 나왔다.

마무리하며

여기에 나라와 겨레를 살리기 위해 살다간 한 젊은이, 위대한 청년 지도자 권오설의 자료를 소개한다. 신문이나 경찰기록을 보면 그는 반듯한 논리를 가진 투사지만, 가족과 주고받은 편지와 엽서를 보면, 한없이 여린 사람이었다. 한 인간으로서 가지는 그의 면모가 오롯이 여기에 드러난다.

이 자료들은 1910년 나라를 잃은 뒤, 유학적 바탕 위에 성장하는 한 청년이 민족문제에 눈을 뜨고, 새롭게 들어온 이념을 받아들여 대응해나가는 상황을 잘 보여준다. 특히 사회주의 이념과 민족문제의 만남, 그 과정에서 사회주의운동이 왜 독립운동인가를 말해주는 내용들이 여기에 고스란히 담겨 있다. 그가 왜 포상이 되어야 했는지, 그를 왜 기려야 하는지를 이 자료들은 웅변으로 보여준다.

끝으로 자료집에 담지는 못하지만, 그가 남긴 책을 소개한다. 대부분이 불에 타거나 그슬린 흔적이 남아 있다. 그 가운데는 동생 오기와 오직이 사용하던 것도 일부 포함되어 있다. 그런데 책 앞면이나 속표지 등에 권오설이 스스로 이름을 적어둔 것도 있고, 도장을 찍어둔 것도 있다. 또 스탬프처럼 이름을 찍어둔 것도 보인다. 이처럼 그의 이름이 적힌 자료만을 보면 다음의 것들이 있다.

● 권오설이 소장한 것으로 짐작되는 《동국통감》

《訂正 算學通編》, 《代數學》, 《算術新敎科書》, 《舊約全書》, 《基督敎の宇宙觀及び人生觀》(白石喜之助), 《朝鮮佛敎略史》(權相老), 《英語辭典》, 《最新六法全書》, 《朝鮮叢書》, 《重刑東國通鑑》(제2-5책), 《史記國字解 豫約見本》(早稻田大學), 《三一神誥》(金敎獻)

수학책이 우선 눈에 들어온다. 그가 수학에 관심을 갖고 학습했는지 아니면 교육용으로

소장했는지 알 수 없다. 영어사전이 있고, 유품에는 영어학습서가 초등 · 중등 · 고등과정이 있지만, 거기에는 동생의 이름이 적혀 있다. 종교 서적으로 기독교와 불교 서적이 있다. 또 법률 서적에 이어 역사 서적이 두드러진다. 끝으로 대종교 교주 김교헌이 지은 《삼일신고》가 있다. 이 가운데에는 그가 서대문형무소에서 읽은 것도 있을 것이다. 동생과 주고받은 서신을 보면, 그가 감옥에서 동생에게 주문한 책들이 많다. 더러는 동생에게 다시 돌려주어 간직하라고 일러두는 장면도 보인다.

이 밖에도 그의 이름이 적혀 있지 않지만, 그가 간직했던 것이라 여겨지는 잡지들도 있다. 《大韓自强會月報》, 《大韓協會會報》, 《共濟》(조선노동공제회 잡지), 《嶠南教育會雜誌》 등이 그것이다. 또 《英文法捷徑》, 《哲學概論》, 《東國通鑑》 등도 그의 책이라 여겨진다. 회보를 제외한 영문법 · 철학 · 역사 서적은 그가 직접 이름을 써둔 위의 자료들과 분야가 같다.

今日朝鮮共産黨公判

萬人注視中에 一大史劇은 開幕되다

被告百單一인 全朝鮮的大秘密結社

組織, 發覺, 活動, 重要人物

신문자료

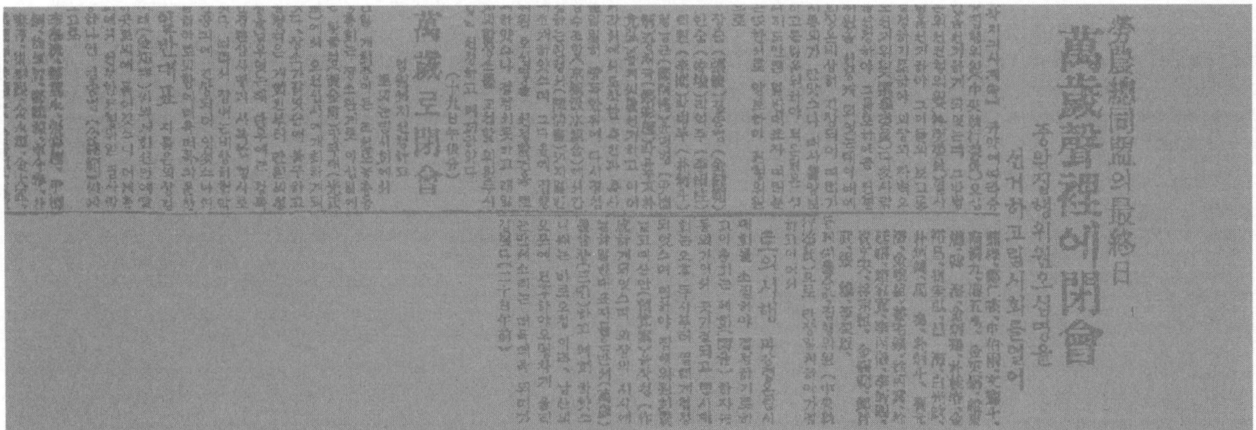

勞農總同盟의 最終日

萬歲聲裡에 閉會

중앙집행위원으 선거하고 림시회를 열어

萬歲로 閉會

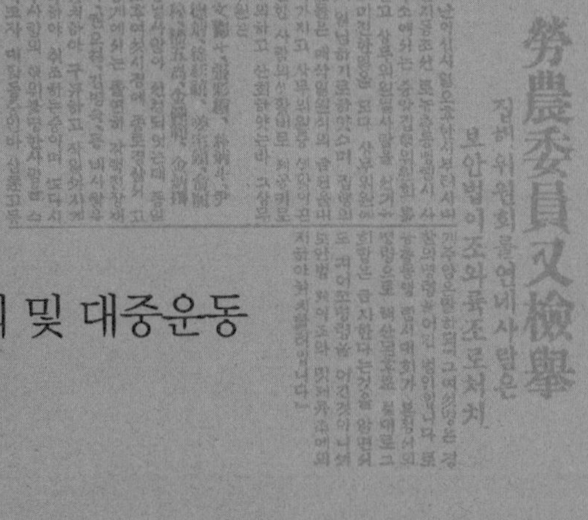

勞農委員又檢擧

집행위원회를 연 네 사람은

보안법 이조와 곡조로 처치

사회 및 대중운동

· 勞農總同盟 完成 (《동아일보》 1924년 4월 21일자)
· 勞農總同盟의 最終日 萬歲聲裡에 閉會(《시대일보》 1924년 4월 21일자)
· 勞農委員 又 檢擧 (《시대일보》 1924년 4월 26일자)
· 勞農幹部 放免 (《동아일보》 1924년 5월 4일자)
· 勞農幹部 放免 (《시대일보》 1924년 5월 4일자)
· 勞農委員 四氏는 (《조선일보》 1924년 5월 4일자)
· 勞農 綱領 返還 (《시대일보》 1924년 5월 31일자)
· 講演 禁止에 對하야 當局의 牽强附會한 答辯 (《시대일보》 1924년 6월 4일자)
· 勞農總盟 印刷物에 對한 朝三暮四의 處置 (《시대일보》 1924년 6월 7일자)
· 言論 壓迫을 彈劾 (《시대일보》 1924년 6월 9일자)
· 慶北警察部 活動 (《동아일보》 1924년 11월 20일자)
· 大邱의 格鬪事件 赤雹團 某幹部 談(《시대일보》 1924년 12월 8일자)
· 社會運動者 新年 大 懇親會 (《동아일보》 1924년 12월 23일자)
· 主義者 懇親會 (《시대일보》 1924년 12월 23일자)
· 安東縣에 思想團體 (《조선일보》 1925년 1월 11일자)
· 火星會 創立 (《동아일보》 1925년 1월 12일자)
· 新起한 火星會 發會式과 講演會 (《조선일보》 1925년 1월 13일자)
· 火星 執行委員會 (《동아일보》 1925년 1월 19일자)
· 全朝鮮民衆運動者大會 (《조선일보》 1925년 2월 18일자)
· 全朝鮮民衆運動者大會 (《동아일보》 1925년 2월 19일자)
· 洋襪職工 紀念式 盛況 (《시대일보》 1925년 7월 8일자)
· 赤旗事件으로 三氏 召喚 訊問 (《조선일보》 1925년 7월 15일자)
· 勞總 調停 講究 (《시대일보》 1925년 8월 13일자)
· 醴泉事件의 餘波 (《동아일보》 1925년 8월 21일자)
· 醴泉事件의 影響 二十三團體 決議(《시대일보》 1925년 8월 21일자)
· 「治安維持의 良心은 民衆의 自由와 進步」 (《시대일보》 1925년 8월 22일자)
· 落成式에 示威行列 (《조선일보》 1925년 9월 1일자)
· 朝鮮勞農總同盟 中央委員 選擧 (《시대일보》 1925년 11월 2일자)
· 面目 一新한 朝鮮勞總 (《동아일보》 1925년 11월 3일자)
· 朝鮮勞農總同盟 執行委員 懇談會 (《시대일보》 1925년 11월 20일자)
· 農民運動과 勞働運動을 分立 (《시대일보》 1925년 11월 21일자)
· 三名은 放還한 後 活動은 依然繼續 (《동아일보》 1925년 12월 2일자)
· 主義者 檢擧事件 日復日 擴大 (《시대일보》 1925년 12월 15일자)

《동아일보》 1924년 4월 21일자

勞農總同盟 完成

작일 오젼 황금뎡 광무대에서 계속 개회하고 집행위원 오십 인을 션뎡한 후 창립회는 종료

조선로농총동맹 창립회는 이십 일 오전 열 시 반에 황금뎡黃金町 광무대光武臺에서 계속 개회하고 의댱 김지태金知泰 씨의 사회로 전일에 선거된 전형위원 김종범金鍾範 씨외 구 인이 선거한 집행위원 오십 인을 발표하고 가부를 무른 결과 다수로 가결되엿는데 그 씨명은 아레와 갓다.

鄭雲海 · 李學洙 · 金鍾範 · 尹德炳 · 徐廷禧 · 姜宅鎭 · 徐邰晳 · 崔泰熙 · 姜達永 · 申東浩 · 申伯雨 · 金東弼 · 朴桂春 · 白光欽 · 鄭雲永 · 鄭學源 · 金永輝 · 金璟桓 · 金富坤 · 文鬱斗 · 趙東爀 · 金裕昌 · 朴秉鎬 · 張彩極 · 車今奉 · 金大鳳 · 崔重彌 · 俞龍穆 · 南潤九 · 韓海 · 崔圭弘 · 馬鳴 · 朴泰善 · 鄭淳鍾 · 鄭仁暎 · 權五卨 · 金炳璹 · 呂海 · 朴炳斗 · 崔元澤 · 崔亨天 · 張埈 · 金瓊植 · 趙容寬 · 林宗桓 · 李榮珉 · 李丙儀 · 徐丙冀 · 李炳觀 · 鄭晋武

《시대일보》 1924년 4월 21일자

勞農總同盟의 最終日 萬歲聲裡에 閉會

중앙집행위원 오십 명을 선거하고 림시회를 열어

【작지 긔사 계속】 규약에 짜라 중앙집행위원中央執行委員 오십 인을 선거하게 되엿는데 그 방법은 위선 전형위원銓衡委員 열 사람을 선거하야 그이들의 보고로 결정하기로 하야 의장의 자벽으로 선거위원選擧委員 다섯 사람을 선정하야 그들로 하야금 전형위원을 선정케 되엿는데 이때에 회장은 비상히 긴장되어 여러 가지 론의가 만앗스나 매사를 양보하고 큰일을 위하야 적은 일은 생각지도 안튼 일반대표자 여러분은 또한 서로 양보하야 전형위원으로 장준張埈 김종범金鍾範 안준安埈 리익주李翊柱 리원李園 박병두朴炳斗 정남근鄭南槿 윤덕병尹德炳 장채극張彩極 박윤홍朴允弘 등 제씨를 선거하고 이어서 각처에서 도착한 축전과 축사를 일일히 랑독한 뒤에 다시 경성급수조합京城汲水組合에서 간청하는 진정서陳情書까지 일반에 소개하얏스며 그 다음에 집행위원 오십 명을 선정할 건을 토의하얏스나 결정치 못하고 래일 회의할 장소를 교섭할 위원 두 사람을 선정하고 폐회하얏다.

(十九日 午後分)

萬歲로 閉會

임원까지 선정하고

토의는 림시회에서

연일 개최 중이든 조선로농총동맹 총회는 장소관계로 이십 일에는 황금정黃金町 광무대光武臺에서 오전 십 시에 개최하게 되엇다. 장소가 갈엿슴에 불구하고 방청석은 개회 전부터 만원의 성황을 닐우엇는데 단 우에는 정복한 경관 삼사 명과 사복한 형사로 찻다. 짜라서 장내는 비상히 험악한 공긔에 긴장되어 잇섯스나 연일하야 토의함에 더욱 더욱 긔운찬 일반대표자들은 의장 김지태金知泰 씨의 개회선언에 쌀하 곳 토의에 들어갓스니 어제 총회에서 선정한 전형위원 열 사람 중 하나인 김종범金鍾範 씨의 보고로

李學洙·鄭雲永·張彩極·尹德炳·徐部晳·鄭鶴源·車今奉·朴泰善·崔泰熙·金永輝·金大鳳·鄭■■·姜達永·金璟桓·崔重珍·鄭淳鍾·申東浩·金富坤·俞龍穆·鄭仁暎·申伯雨·文鬱斗·南潤九·權五卨·金東弼·趙東𤑖·韓海·金炳璹·朴桂春·金裕昌·崔圭弘·呂海·白光欽·朴炳鎬·馬鳴·朴炳斗·崔元澤·金瓊植·姜宅鎭·徐廷禧·趙容寬·李丙儀·李炳觀·崔亨天·林宗桓·金鍾範·鄭晋武·張埈·李榮珉

등 제씨를 중앙집행위원中央執行委員으로 만장일치하야 가결하고 이어서 토의시행과 강령은 림시대회를 소집하야 결정하기로 하고 이 총회는 폐회閉會하자는 동의가 잇서 곳 가결되고 림시대회는 오후 두 시부터 열리게 결정되엇스며 연하야 집행위원회를 열고 예산안豫算案을 작성作成하게 되엇스며 의장의 지시에 쌀하 일반대표자들은 만세萬歲를 삼창三唱하고 폐회하얏스니 째는 바로 오정이라. 남산의 오포에 전후하야 우렁차게 울리는 만세소리는 더욱 더욱 의미가 깁헛다(二十日 午前).

《시대일보》 1924년 4월 26일자

勞農委員 又 檢擧

집행위원회를 연 네 사람은 보안법 이 조와 륙 조로 처치

지난 이십사 일 오후 한 시부터 시내 견지동 조선로농총동맹 림시사무소에서는 중앙집행위원회를 열고 상무위원 열 사람을 선거하고 미진한 일을 모다 상무위원에게 일님하기로 하얏스며 집행위원들은 매삭 일 원식의 금전을 내어가지고 상무위원 중 생활이 곤난한 사람의 생활비로 제공키로 결의하고 산회하얏는 바 그 상무위원은

文鄭斗·張彩極·朴炳斗·尹德炳·徐廷禧·姜宅鎭·俞龍穆·權五卨·金鍾範·金炳濤

등 열 사람이 선정되엇는데 동일 오후 여섯 시경에 종로경찰서 고등계에서는 돌연히 강택진·장채극·권오설·김병숙 등 네 사람을 인치하야 구류하고 작일까지 게속하야 취조하는 중이며 또다시 두 사람의 행위불명한 사람을 수색코자 대 활동 중인 바 삼륜 고등게 주임은 말하되 "그 여섯 명은 경찰의 명령을 어긴 범인입니다. 로농총동맹 림시대회가 본정서의 명령으로 해산된 후로 절대로 그 회합은 금지한다는 것을 알면서도 긔어코 명령을 어긴 것이니까. 보안법 제 이 조와 밋 제 륙 조에 의지하야 처치할 터입니다"

《동아일보》 1924년 5월 4일자

勞農幹部 放免

일시 방면으로

勞農幹部放免

일시방면으로

로농총동맹의 간부로 집회금지
한것을 모혓다는리유로 종로서
에 류치되얏든 강택진(姜宅鎭)
권오설(權五卨)김병주(金炳璹)
박병두(朴丙斗)등사씨는 작삼
일에 일시방면되얏다더라

로농총동맹의 간부로 집회 금지한 것을 모혓다는 리유로 종로서에 류치되얏든 강택진姜宅鎭 권오설權五卨 김병숙金炳璹 박병두朴丙斗 등 사 씨는 작 삼 일에 일시 방면되얏다더라.

《시대일보》 1924년 5월 4일자

勞農幹部 放免

작 삼 일에 네 명만

勞農幹部放免

작삼일에네명만

조선로농총동맹간부이십몃인이
종로경찰서에 검거 되엿슴으로
그들을 구원해내고자 회의를하
다가 경찰의검지를 위반하얏다
는사실로 종로경찰서에 검속되
어취조를밧든 동간부강택진(姜
宅鎭)김병숙(金炳璹)박병두(朴
丙斗)권오설(權五卨)사씨는 작
삼일오전열한시에 장래는 과격
한운동을 하지받임과 또한로농
총동맹원으로 집회를하고자 하
는때는 반드시 경찰의량해를어
더가지고하라는 설유를듯고 방
면되엇다

조선로농총동맹 간부 이십륙 인이 종로경찰서에 검거되엇슴으로 그들을 구원해내고자 회의를 하다가 경찰의 검지를 위반하얏다는 사실로 종로경찰서에 검속되어 취조를 밧든 동 간부 강택진姜宅鎭 김병숙金炳璹 박병두朴炳斗 권오설權五卨 사 씨는 작 삼 일 오전 열한 시에 장래는 과격한 운동을 하지 말 일과 또는 로농총동맹원으로 집회를 하고자 하는 쌔는 반드시 경찰의 량해를 어더가지고 하라는 설유를 듯고 방면되엇다.

《조선일보》 1924년 5월 4일자

勞農委員 四氏는

작일에 백방되얏다

勞農委員四氏는
작일에백방되얏다
조선로농총동맹(朝鮮勞農總同盟)이집회금지를 당한후에 이튼날총동맹림시사무소에 모혀잇는 것을 죵로경찰서에서 검속되얏다 함은이미보도 한바어니와 동서에서는 이래십여일동안을나려오며 보안법(保安法)위반으로취됴를하다가 그동안강택진(姜宅鎭) 김병숙(金炳璹) 권오설(權五卨) 박병두(朴炳斗)네사람은작일에백방되고 그외에는전부셔대문형무소로보내엿다더라

죠선로농총동맹朝鮮勞農總同盟이 집회 금지를 당한 후에 이튼날 총동맹 림시사무소에 모혀잇는 것을 죵로경찰셔에서 검속되얏다 함은 이미 보도한 바어니와 동 셔에서는 이래 십여 일 동안을 나려오며 보안법保安法 위반으로 취됴를 하다가 그동안 강택진姜宅鎭 김병숙金炳璹 권오설權五卨 박병두朴炳斗 네 사람은 작일에 백방되고 그 외에는 전부 셔대문형무소로 보내엿다더라.

《시대일보》 1924년 5월 31일자

勞農 綱領 返還

강령은 오려바리라

조선로농총동맹朝鮮勞農總同盟의 강령綱領 급及 규약規約과 및 회록會錄 구백이십 부를 종로 경찰서에서 압수하엿다 함은 이미 보도한 바와 갓거니와 재작 이십구 일 오후에 동 간부 중 서정희徐廷禧 권오설權五卨 량씨가 경긔도경찰부 동東 고등과장高等課長에게 한 번 량해한 것을 엇지하야 다시 압수를 하엿는야고 질문하엿든 바 이는 경무국에서 한 일이니까 알 수는 업스나 강령의 까닭으로 압수한 모양이니 강령은 전부 오려바리고 지방에 발송하겟스면 내어주겟노라고 하야 작 삼십 일에 압수햇든 회록과 및 강령급 규약을 전부 도로 내어주엇다.

《시대일보》 1924년 6월 4일자

講演 禁止에 對하야 當局의 牽强附會한 答辭

일시 긴급령을 금일까지 남용 동맹측은 여론을 닐으킬 작정

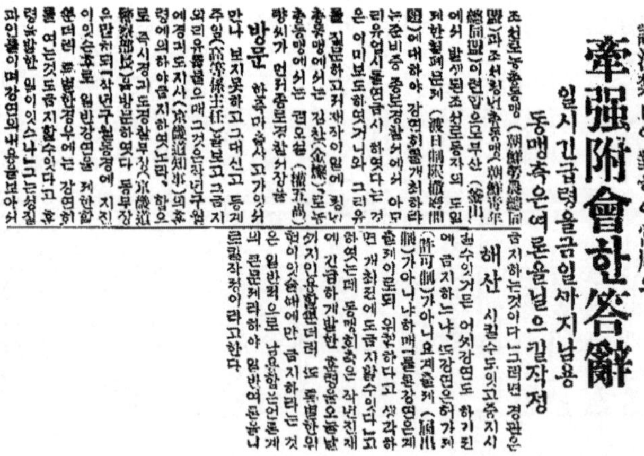
講演禁止에對하야當局의
牽强附會한答辭
일시긴급령을금일까지남용
동맹측은여론을닐으킬작정

조선로농총동맹朝鮮勞農總同盟과 조선청년총동맹朝鮮青年總同盟이 련합으로 부산釜山에서 발생된 조선로동자의 도일제한철폐문제渡日制限撤廢問題에 대하야 강연회를 개최하랴는 준비 중 종로경찰서에서 아모 리유 업시 돌연 금지하엿다는 것은 이미 보도하엿거니와 그 리유를 질문하고저 재작 이 일에 청년총동맹에서는 김찬金燦, 로농총동맹에서는 권오설權五卨 량씨가 먼저 종로경찰서장을 방문한즉 마츰 사고가 잇서 만나보지 못하고 그 대신 고등계주임高等係主任을 보고 그 금지의 리유를 물으매 그것은 작년 구월에 경긔도지사京畿道知事의 훈령에 의하야 금지하엿노라. 함으로 즉시 경긔도경찰부장京畿道警察部長을 방문하엿다. 동 부장은 말하되 "작년 구월 동경에 지진이 잇슨 후로 일반 강연을 제한할뿐더러 특별한 경우에는 강연회를 여는 것도 금지할 수 잇다고 훈령을 발한 일이 잇스나 그는 성질과 인물이며 강연의 내용을 보아서 금지하는 것이다" 그러면 경관은 해산시킬 수도 잇고 중지시킬 수 잇거든 어찌 강연도 하기 전에 금지하는냐. 또 강연은 허가제許可制가 아니요 계출제屆出制가 아니냐 하매 물론 강연은 계출제이로되 위험하다고 생각하면 개최 전에도 금지할 수 잇다고 하엿는데 동맹회 측은 작년 진재에 긴급하게 발한 훈령을 오늘날까지 인용할뿐더러 또 특별한 위험이 잇슬 째에만 금지하라는 것은 일반적으로 남용함은 언론계의 큰 문제라 하야 일반 여론을 니르킬 작정이라고 한다.

《시대일보》 1924년 6월 7일자

勞農總盟 印刷物에 對한 朝三暮四의 處置

갈팡질팡하는 당국의 무성의

조선로농총동맹朝鮮勞農總同盟에서 인쇄 배포코자 하든 동 동맹의 강령 규칙과 또는 회록 등 인쇄물에 대하야는 긔보한 바와 가티 종로경찰서의 량해가 잇서서 인쇄한 것인데 그 후에 압수를 하고 그 간부가 경긔도경찰부 동東 고등과장高等課長에게 질문을 하야 강령에 조치 못한 점이 잇스니 그것만 삭제를 하고 배부할 터이면 내어주마고 하야 그리하기로 하고 차저다가 배부하든 중 재작 오 일 오후에 종로서 고등계원이 동맹에 일으러서 또다시 상부의 명령인 바 그 인쇄물을 검열제에 의지하야 다시 허가를 맛호라고 하는 까닭에 동 간부 중 서정희徐廷禧 권오설權五卨 량씨가 작 륙 일 오전 열 시경에 총독부 경무국 환산丸山 국장에게 일으러서 그 연유를 질문하엿든 바 경찰서나 경찰부 그 사람들의 량해로만은 허가한 것이라고 할 수 업스니 정식으로 인가원을 제출하라고 하고 더욱 이약이하고자 하나 시간이 업스니 후일 다시 맛나자고 하는 까닭에 하는 수 업시 그대로 도라왓다고 한다.

《시대일보》 1924년 6월 9일자

言論 壓迫을 彈劾

이십오 단체의 구든 결의로 경찰 당국에 강경히 항의해

경찰 당국에서 조선 사람에 대한 언론言論과 집회集會를 압박하는 태도가 근래에 일으러 더욱 심하며 이에 쌀하서 사회의 여론이 분등하야 이미 보도한 바와 가티 청년총동맹青年總同盟과 로농총동맹勞農總同盟 두 단체의 발긔로 재작 칠 일 오후 세 시부터 시내 수표정水標町 조선교육협회朝鮮教育協會 안에서 경성에 잇는 각 단체 대표자회의가 열리엇다. 정각이 갓가워옴을 쌀하서 각 신문 잡지사를 비롯하야 기타 이십여 단체의 대표자들이 회장이 넘치도록 모히고 신경이 과민한 수십 명의 사복 순사들은 회장의 전후를 포위하야 공긔가 자못 긴장한 중에 회를 열매 참가한 단체가 이십 개소요 출석한 인원이 백여 명이엇다. 한신교韓愼教 씨의 개회사와 당국의 언론 집회의 압박이 극도에 달하야 우리는 손도 놀일 수가 업고 입도 버일 수가 업스니 사러 잇는 의미가 업다는 심각한 설명이 잇슨 후에 석장을 서정희徐廷禧 씨가 당선이 되어 의사를 진행하기 시작하매 위선 이 회합의 명칭을 몬저 정할 필요가 잇다는 동의가 생기어 명칭에 대한 여러 가지의 의론이 잇섯스나 결국은 언론집회압박탄핵회言論集會壓迫彈劾會라 정한 후 실행 방침에 대하야 의론이 잇섯스나 결국 다섯 명의 위원을 선정하야 별실에서 몬저 방침을 협정하야 가지고 그 의안을 토의하자는 의견이 가결되어 한신교韓愼教 · 권오설權五卨 · 리정득李正得 · 김찬金燦 · 김병로金炳魯의 오씨가 당선되어 별실에서 협의한 결과 아래와 가튼 결의문을 발표하고 만장일치로 가결하얏스며 실행위원 십삼 명을 선거하야 모든 진행 방침을 일님하엿는데 그 씨명은 별항과 갓다.

決議文

우리는 言論 及 集會에 對한 當局의 無理한 壓迫을 鞏固한 結束으로써 積極的 抗拒할 일

言論 及 集會의 壓迫에 對한 抗拒 方法은 實行委員에게 一任할 일

實行委員

韓愼敎 · 金弼秀 · 徐廷禧 · 申明均 · 李鍾天 · 金鳳國 · 尹洪烈 · 李鍾麟 · 安在鴻 · 李鳳洙 · 李仁 · 車相瓚 · 金炳魯

《동아일보》 1924년 11월 20일자

慶北警察部 活動

대구서와 연합하야 비상활동 위션 로동공제회를 가택수색

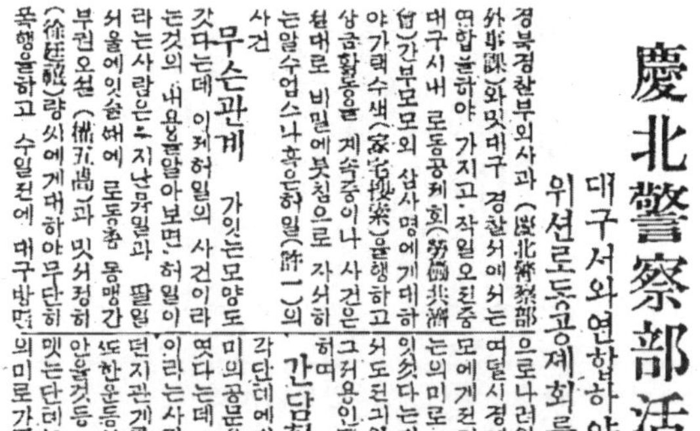

경북경찰부慶北警察部 외사과外事課와 밋 대구경찰서에서는 연합을 하야 가지고 작일 오전 중 대구 시내 로동공제회勞働共濟會 간부 모모 외 삼사 명에게 대하야 가택수색家宅搜索을 행

하고 상금활동을 계속 중이나 사건은 절대로 비밀에 붓침으로 자서히는 알 수 업스나 혹은 허일許一의 사건과 무슨 관계가 잇는 모양도 갓다는데 이제 허일의 사건이라는 것의 내용을 알아보면 허일이라는 사람은 지난 륙 일과 팔 일 서울에 잇슬 때에 로동총동맹 간부 권오설權五卨과 밋 서정희徐廷禧 량씨에게 대하야 무단히 폭행을 하고 수일 전에 대구 방면으로 나려와 잇던 중 지난 십칠 일 여덜 시경에 그곳 유력한 청년 모모에게 전긔 비행非行을 증계하는 의미로 단단히 매를 마진 일이 잇섯다는대 익의 재경 각 단톄에서도 전긔와 가튼 허일의 소위는 그저 용인할 수 업다 하야 서로 모히여 간담회를 열고 익의 전선 각 단톄에 대하야 아래와 가튼 의미의 공문을 발송할 것을 결의하엿다는데 그 모형을 말하면 허일이라는 사람을 영원히 모 단톄에던지 관계를 가지지 못하게 할 것과 쏘한 운동선상에 다시 드려노치 안을 것 등 만일에 허일과 관계를 맺는 단톄는 허일과 가치 본다는 의미로 가결하엿다더라.

《시대일보》 1924년 12월 8일자

大邱의 格鬪事件 赤雹團 某幹部 談

지난 십륙 일 밤에 대구에서 배덕수裵德秀 정운해鄭雲海 서상직徐相稷 씨 외 십여 인이 허일許一씨를 구타하얏다 함은 이미 각 신문지에 보도한 바어니와 허일 씨가 재작 상경하얏는 바 그 자세한 내용을 들은 즉 전긔 허일 씨가 적박단赤雹團 창립총회를 개최하기 위하야 조선로동총동맹 회관을 이미 빌어 노핫섯는데 다시 상무위원 권오설權五卨 씨가 거절함으로 허일 씨는 다가튼 주의단체로 어찌해 거절하느냐고 하야 언거언래에 말다툼이 생겨서 결국은 싸움이 생겻다고 하는 바 이 사건에 대하야 적박단 간부의 말을 들으면 알에와 갓다고 한다.

대구에서 닐어난 허일許一 씨의 부상사건에 대하야 오전이 잇는 모양이나 이것은 처음에 로농총동맹勞農總同盟 상무집행위원常務執行委員 서정희徐廷禧 씨를 허일許一 씨가 구타하야 비롯된 것인 바 그 원인으로 말하면 서정희 씨는 로농총동맹 간부요 정면에 나선 주의자의 자체로 일본의 군국주의軍國主義 제국주의帝國主義의 수노인 미긔행웅尾崎行雄을 태전까지 출영한 것과 또 암태소작岩泰小作 사건으로 세상을 요란케 하든 그때 동지 십삼 인이 옥중에 잇는 것을 보면서 지주地主와 관리와 가티 회합하야 협조적協助的 타협조건을 성립한 립회인이 된 까닭이며 또 권오설權五卨 씨로 말하면 회관을 빌고저 할 때에 거절을 함으로 말다툼이 된 바 경성에 잇는 건설사建設社 신흥청년동맹新興靑年同盟 로동단勞働團 화요회火曜會 등이 모여서 조선무산운동계朝鮮無産運動界의 최고 권위인 로농총동맹의 이름을 팔아서 허일許一 씨를 음해 중상한 것인데 허일은 말하기를 자긔 개인의 봉욕보다 오히려 총동맹의 권위를 손해함을 더욱 분개하는 터입니다.

《동아일보》 1924년 12월 23일자

社會運動者 新年 大 懇親會

일월 삼 일 개최

과거 일 년을 긔념하고 새해를 뜻잇게 맛기 위하야 재경사회운동자들은 신년 벽두에 간단한 다과로 대 간친회를 개최하고자 재작일 오후 일곱 시에 시내 락원동樂園洞 화요회火曜會관 안에서 경성에 잇는 사회운동자 오십사 명이 회합하야 발긔회發起會를 열고 여러 가지 토의사항討議事項과 준비사항을 결명하엿다는데 누구든지 참가할 사람은 일월 이 일 내에 시내 락원동 일백칠십삼 번디 화요회로 통지하는 것이 좃타 하며 준비위원은 아래와 갓다더라.

一. 時日 一九二五年 一月 三日 午後 六時(場所는 追後發表)

一. 會費 金 七十錢

◇ 準備委員 ▲ 權五卨 ▲ 宋奉瑀 ▲ 金若水 ▲ 金漢卿 ▲ 李奭 ▲ 權泰彙 ▲ 李忠模 ▲ 李玟漢 ▲ 朱世竹 ▲ 曹奉岩 ▲ 尹德炳

《시대일보》 1924년 12월 23일자

主義者 懇親會

오는 일월 삼 일에

쓰라린 과거 일 년을 긔념하고 새해를 뜻잇게 맛기 위하야 지난 이십일 일 오후 칠 시에 시내 락원동樂園洞 일백칠십삼 번지 화요회관火曜會舘에서 경성에 잇는 사회운동자 오십여 명이 회합하야 재경사회운동자在京社會運動者 간친회懇親會를 발긔하얏다는데 이와 가튼 회합은 운동선 통일을 위하야 매우 치하할 일이라 하며 그 자세한 내용은 알에와 갓다는 바 뜻잇는 분은 일월 이 일 내에 시내 락원동 일백칠십삼 번지 화요회火曜會 내로 통지하기를 바란다 한다.

一. 時日　一九二五年 一月 二日 下午 六時

一. 場所　追後發表

一. 會費　七拾錢式

一. 過去　一年間 運動經過 報告

一. 討議事項 ▲ 運動線 統一에 關한 件 ▲ 團體 綱領에 關한 件 ▲ 饑饉에 關한 件 ▲ 靑年運動 年齡制限에 關한 件 ▲ 兩 總同盟 集會禁止에 對한 善後策의 件 ▲ 運動線 妨害者 及 反動團體에 關한 件 ▲ 個人議案

一. 準備委員　權五卨 · 宋奉瑀 · 林元根 · 金若水 · 金漢卿 · 李奭 · 權泰彙 · 李忠模 · 李玟漢 · 朱世竹 · 曹奉岩 · 尹德貞

《조선일보》 1925년 1월 11일자

安東郡에 思想團體

火星團 創立 부패한 사히를 개조코자

安東郡에 思想團體
火星團創立
부패한사히를개조코자

경북안동읍내 금남려관(慶北安
東邑內錦南旅館)에서는 지난칠
일하오칠시반에권오설(權五卨)
권태석(權泰錫)량씨외당디유지
청년의 발긔로본군각디에 유지
청년삼십여인이히집하야신년간
친히를 개최하고 약일시반동안
각각개인의 감상담을 토한후안
동사회의부패함을통절히생각하
는동시에 이를개조키 위하야사
상단톄 화성단(火星團)을 조직
하기로발긔한후그익일안동청년
회관에서 창립총회를 개최하기
로결뎡하고 창립위원으로 권오
설권태석리준태(李準泰)김남수
(金南洙)등 사씨를 선뎡한후간
단한여흥이잇섯다더라(안동)

경북慶北 안동安東 읍내邑內 금남려관錦南旅館에서는 지난 칠 일 하오 칠 시 반에 권오설權五卨 권태석權泰錫 량씨 외 당디 유지 청년의 발긔로 본군 각디에 유지 청년 삼십여 인이 히집하야 신년간친히를 개최하고 약 일 시 반 동안 각각 개인의 감상담을 토한 후 안동 사회의 부패함을 통절히 생각하는 동시에 이를 개조키 위하야 사상단톄 화성단火星團을 조직하기로 발긔한 후 그 익일 안동청년회관에서 창립총회를 개최하기로 결명하고 창립위원으로 권오설 권태석 리준태李準泰 김남수金南洙 등 사 씨를 선명한 후 간단한 여흥이 잇섯다더라(안동).

《동아일보》 1925년 1월 12일자

火星會 創立

安東郡 內 各 團體 及 有志 諸氏는 지난 七日 午後 七時에 懇親會를 開하엿다 함은 既報한 바어니와 同 會 席上에서 權泰錫 權五卨 外 諸氏의 發起로 火星會를 組織하기로 决議하엿는데 지난 八日 午前 十一時에 同 地 錦南旅舘 內에서 二十餘 名이 모히여 火星會 創立總會를 開하엿는데 决議事項과 被選 執行委員 氏名은 如左하다고(安東).

執行委員

金元鎭 李準泰 外 七人

决議事項

一. 每月 月例會 開催의 件

二. 勞農運動의 件

三. 青年運動의 件

四. 衡平運動의 件

五. 勞働共濟會의 件

六. 圖書部 設置의 件

《조선일보》 1925년 1월 13일자

新起한 火星會 發會式과 講演會

오는 십오 일에

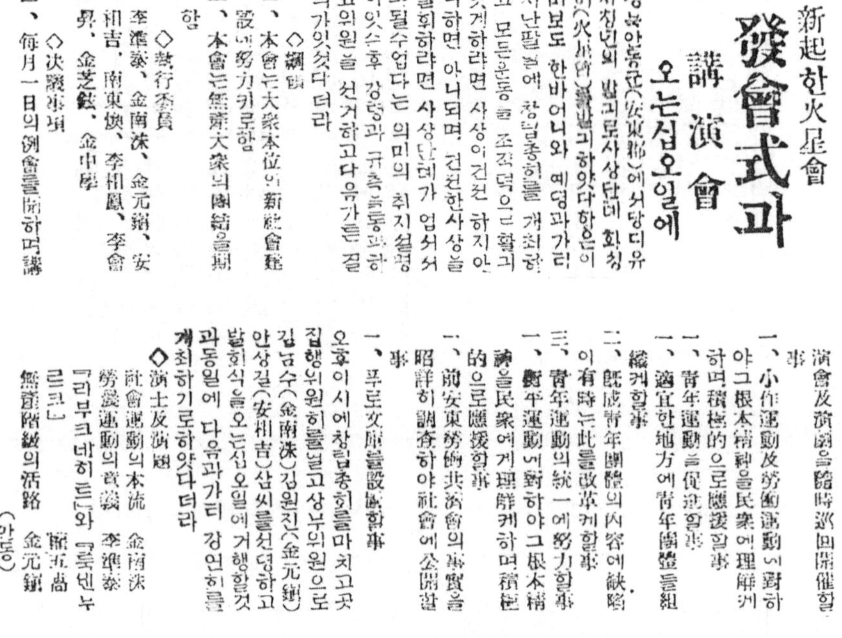

新起한火星會

發會式과

講演會

오는십오일에

경북안동군(安東郡)에서당디유지청년의발긔로사상단톄화셩회(火星會)를발긔하얏다함은이미보도한바어니와예뎡과가티지난팔일에창립총회를개최하고모든운동을조직뎍으로활긔잇게하랴면사상이건전하지아니하면아니되며건전한사상을발휘하랴면사상단톄가업서서는될수업다는의미의취지설명이잇슨후강령과규측을통과하고위원을선거하고다음가튼결의가잇섯다더라

◇綱領

一、本會는大衆本位의新社會建設에努力키로함

一、本會는無產大衆의團結을期함

◇執行委員

李準泰、金南洙、金元鎭、安相吉、南東煥、李相鳳、李會昇、金芝鉉、金中學

◇決議事項

一、每月一日의例會를開하며講演會及演劇을臨時巡回開催할事

一、小作運動及勞働運動에對하야그根本精神을民衆에理解케하며積極的으로應援할事

一、靑年運動을促進할事

一、適宜한地方에靑年團體를組織케할事

二、旣成靑年團體의內容에缺陷이有時는此를改革케할事

三、靑年運動의統一에努力할事

一、衡平運動에對하야그根本精神을民衆에게理解케하며積極的으로應援할事

一、前安東勞働共濟會의事實을照詳히調査하야社會에公開할事

一、푸로文庫를設置할事

오후이시에창립총회를마치고곳집행위원회를열고상무위원으로김남수(金南洙)김원진(金元鎭)안상길(安相吉)삼씨를선뎡하고발회식을오는십오일에거행할것과동일에다음과가티강연회를개최하기로하얏다더라

◇演士及演題

社會運動의本流 金南洙

勞農運動의意義 李準泰

『리부크네히트』와『룩센부르크』 南五尙

無產階級의活路 金元鎭

(안동)

경북 안동군安東郡에서 당디 유지청년의 발긔로 사상단톄 화성회火星會를 발긔하얏다 함은 이미 보도한 바어니와 예뎡과 가티 지난 팔 일에 창립총회를 개최하고 모든 운동을 조직뎍으로 활긔 잇게 하랴면 사상이 건전하지 아니하면 아니되며 건전한 사상을 발휘하랴면 사상단톄가 업서서는 될 수 업다는 의미의 취지 설명이 잇슨 후 강령과 규측을 통과하고 위원을 선거하고 다음 가튼 결의가 잇섯다더라.

◇ 綱領

一. 本會는 大衆本位의 新社會建設에 努力키로 함

一. 本會는 無產大衆의 團結를 期함

◇ 執行委員

李準泰 · 金南洙 · 金元鎮 · 安相吉 · 南東煥 · 李相鳳 · 李會昇 · 金芝鉉 · 金中學

◇ 决議事項

一. 每月 一日의 例會를 開하며 講演會 及 演劇을 隨時巡廻 開催할 事

一. 小作運動 及 勞働運動에 對하야 그 根本精神을 民衆에 理解케 하며 積極的으로 應援할 事

一. 靑年運動을 促進할 事

一. 適宜한 地方에 靑年團體를 組織케 할 事

一. 旣成 靑年團體의 內容에 缺陷이 有時는 此를 改革케 할 事

一. 靑年運動의 統一에 努力할 事

一. 衡平運動에 對하야 그 根本精神을 民衆에게 理解케 하며 積極的으로 應援할 事

一. 前 安東勞働共濟會의 事實을 昭詳히 調査하야 社會에 公開할 事

一. 푸로文庫를 設置할 事

오후 이 시에 창립총회를 마치고 곳 집행위원회를 열고 상무위원으로 김남수金南洙·김원진金元鎮·안상길安相吉 삼 씨를 선명하고 발회식을 오는 십오 일에 거행할 것과 동일에 다음과 가티 강연회를 개최하기로 하얏다더라.

◇ 演士 及 演題

社會運動의 本流 金南洙

勞農運動의 意義 李準泰

『리부크네히트』와 『룩센부르크』 權五卨

無産階級의 活路 金元鎮

(안동)

《동아일보》 1925년 1월 19일자

火星 執行委員會

火星執行委員會 慶北

安東에思想團體火星會가組織되
엿다함은既報한바어니와同會에
서는 지난八日創立總會에서綱
領을發表하고여러가지決議事項
이잇섯는데總會를맛치고이어午
後二時에執行委員會를開하고左
와如히常務委員三人을選擧한後
左의決議가잇섯다고(安東)
▲常務委員 金南洙、金元鎭、
安相吉
一、發會式을一月十五日에行
하기로함
一、講演會를一月十五日에開
하기로함
演士及演題는左와如함
社會運動의本流 金南洙
勞農運動의意義 李準泰
『리부크네히트』와『룩센부르
크』 權五卨
無產階級의活路 金元鎭

慶北 安東에 思想團體 火星會가 組織되엿다 함은 旣報한 바어니와 同 會에서는 지난 八日 創立總會에서 綱領을 發表하고 여러 가지 決議事項이 잇섯는데 總會를 맛치고 이어 午後 二時에 執行委員會를 開하고 左와 如히 常務委員 三人을 選擧한 後 左의 決議가 잇섯다고(安東).

▲ 常務委員 金南洙 · 金元鎭 · 安相吉

一. 發會式을 一月 十五日에 行하기로 함

一. 講演會를 一月 十五日에 開하기로 함

演士 及 演題는 左와 如함

社會運動의 本流 金南洙

勞農運動의 意義 李準泰

『리부크네히트』와 『룩센부르크』 權五卨

無産階級의 活路 金元鎭

《조선일보》 1925년 2월 18일자

全朝鮮民衆運動者大會

趣旨

우리는 歷史의 必然的 進展을 見하엿다. 또한 이 歷史의 必然이 나흔 民衆의 大衆的 行動과 組織的 力의 無限大를 確信한다. 그리고 그것이 民衆으로하여곰 理想의 彼岸에 이르게하는 것임을 [illegible] 하엿다. [illegible] 所有者가 民衆이 [illegible] 民衆을 [illegible] 運動의 實現이 잇는 것이다. 이에 朝鮮의 民衆運動도 漸次 發達하며 民衆化하려한다. 그러나 從來의 運動은 部分的이엇고 運動 各方面을 網羅한 全朝鮮的 大會가 업섯다. 그럼으로 全朝鮮運動의 統一과 根本方針을 討議코자 思想, 農民, 勞働, 靑年, 衡平, 女性 等 各 運動團體의 代表로써 全朝鮮民衆運動者大會를 開催코자 하노라

準備委員

[illegible]

全朝鮮民衆運動者大會

◇參加資格 思想、農民、勞働、靑年、衡平、女性、各團體(每團體代表三人以內)

◇參加申請期日 三月二十日까지

◇參加申請場所 京城府樂園洞一七三番地火曜會內全朝鮮民衆運動者大會準備會

◇大會時日 追後發表

◇大會場所 京城

—主催 火曜會—

全朝鮮民衆運動者大會準備會

趣旨

우리는 歷史의 必然을 發見하엿다. 짜러서 歷史의 必然이 나흔 民衆의 大衆的 行動과 創造力의 無限大를 確信한다. 그리고 그것이 民衆으로 하여금 理想의 彼岸에 이르게 하는 것임을 밝키 看破하엿다. 理想의 所有者는 民衆인 同時에 언제든지 民衆을 써나서는 運動의 實現이 업는 것이다. 이에 朝鮮의 民衆運動도 漸次 發達하여 民衆化하려 한다. 그러나 從來 이 運動을 爲한 會合은 各各 部分的이엿고 運動 各 方面을 網羅한 全朝鮮的 大會는 업섯다. 그럼으로 全朝鮮運動의 組織的 統一과 根本方針을 討議코자 思想·農民·勞働·靑年·衡平·女性 等 各 運動團體의 代表로서 全朝鮮民衆運動者大會를 開催코자 하노라.

準備委員

鄭雲海(大邱) 崔元澤(大邱) 李準泰(安東) 金南洙(安東) 張東燮(醴泉) 朴寅玉(尙州) 姜達永(晉州) 趙佑濟(晉州) 白光欽(東萊) 金明奎(馬山) 明東珪(康津) 李榮珉(順天) 朴炳斗(順天) 崔晋武(光楊) 申東浩(光州) 文泰坤(光州) 曺利煥(唐津) 曺克煥(木浦) 崔重珍(井邑) 金應時(保寧) 曺景敍(和順) 朴昌漢(仁川) 柳順根(仁川) 曺龍煥(開城) 朴吉陽(江華) 鄭順命(海州) 金璟載(黃州) 李根浩(沙里院) 金秉植(沙里院) 李蒙瑞(北栗) 金元浩(載寧) 陳秉基(平壤) 崔允鈺(平壤) 金裕昌(平壤) 吳基周(鎭南浦) 姜偉情(鎭南浦) 許炯(安州) 林亨寬(新義州) 金鴻爵(長淵) 延在瓚(南川) 方應謨(定州) 李鳳夏(鐵原) 金大鳳(襄陽) 嚴仁基(咸興) 崔昌極(穩城) 李在夏(會寧) 陳景琓(會寧) 李憲(東京) 徐炳河(高原) 洪悳裕(京城) 張志弼(京城) 閔泰興(京城) 金在奎(京城) 金商震(京城) 全無(京城) 具然欽(京城) 金漢卿(京城) 金在鳳(京城) 金隱谷(京城) 朱世竹(京城) 許貞淑(京城) 權泰彙(京城) 尹德炳(京城) 安基成(京城) 金丹冶(京城) 李奭(京城) 朴憲永(京城) 朴元根(京城) 金燦(京城) 曺奉岩(京城) 朴一秉(京城) 權五卨(京城)

◇ 參加資格　　思想·農民·勞動·靑年·女性·衡平·各 團體(每 團體代表 三人 以內)

◇ 參加申請期日　　三月 二十日까지

◇ 參加申請場所　　京城府 樂園洞 一七三番地 火曜會 內 全朝鮮民衆運動者大會準備會

◇ 大會時日　　追後發表

◇ 大會場所　　京城

={ 主催 火曜會 }=

全朝鮮民衆運動者大會準備會

《동아일보》 1925년 2월 19일자

全朝鮮民衆運動者大會

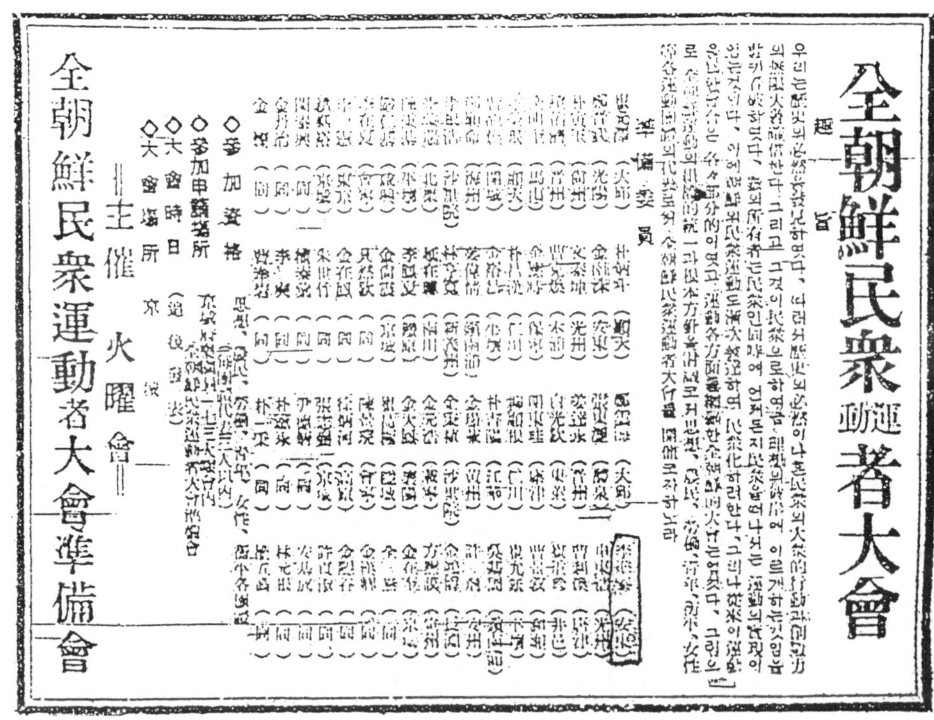

全朝鮮民衆運動者大會

趣旨

準備委員

◇參加資格 思想、勞農、衡平、女性、少年各團體

◇參加申請場所

◇大會時日 （追後發表）

◇大會場所 京城

=主催 火曜會=

全朝鮮民衆運動者大會準備會

《시대일보》 1925년 7월 8일자

洋襪職工 紀念式 盛況

‖ 각단 대표자로 뜻 깁흔 축사 유쾌한 무장여흥까지 잇서 ‖ ◇ …멀리 平壤에서도 出席

전 경성내의 양말직공洋襪職工으로 조직한 경성양말직공조합京城洋襪職工組合에서는 지난 오 일 시내 봉익동鳳翼洞 그 회관 안에서 창립創立 제이주년第二週年 긔념식紀念式을 거행하얏는데 리은식李殷植 씨의 감개무량한 식사로 오전 열한 시에 개회되어 식을 진행하는데 로총勞總 권오설權五卨 씨, 인공조합印工組合 리적효李赤曉 씨의 삼사단체의 의미 깁흔 축사가 잇슨 뒤에 회원들의 눈물 석근 감상담이 잇섯고 식을 마친 뒤에 가극무도歌劇舞蹈 등等 유쾌한 여흥을 행하면서 간단한 다과음식까지 잇서서 매우 성황으로 마치엇는데 당야에는 평양양말직공조합平壤洋襪職工組合에서도 일부러 삼사 인이 출석하얏기 때문에 더욱이 동지단체의 친목과 단결을 도모함에 깁흔 인상을 늴으켯다고 한다.

《조선일보》 1925년 7월 15일자

赤旗事件으로 三氏 召喚 訊問

아즉도 해결이 안된 듯

赤旗事件으로
三氏召喚訊問
아즉도
해결이안된듯

십사일오전에 경성디방법원'검사국(檢事局)에서는 시내화요회원(火曜會員)김찬(金燦)권오설(權五卨)량씨와북풍회원김약수(北風會員金若水)씨를호출하야 지난사월이십일밤에 종로에서이러난적긔사건(赤旗事件)에관한심문이 잇섯다는대 그내용인즉그사건에 미톄포(未逮捕)인사람이 도주한것은 사건공판이 되기전에그 서류를변호사의실수로 미리관계자가 보앗기때문에 아조피신한듯한대 전긔삼씨가그서류와 또는도피자와의무슨련락이업섯는가하는것이라는대 이로보건대 아직까지그사건은끗을내지안코비밀리에무슨활동을 계속하는듯하다더라

십사 일 오전에 경성디방법원 검사국檢事局에서는 시내 화요회원火曜會員 김찬金燦 권오설權五卨 량씨와 북풍회원北風會員 김약수金若水 씨를 호출하야 지난 사월 이십 일 밤에 종로에서 이러난 적긔사건赤旗事件에 관한 심문이 잇섯다는대 그 내용인즉 그 사건에 미톄포未逮捕인 사람이 도주한 것은 사건 공판이 되기 전에 그 서류를 변호사의 실수로 미리 관계자가 보앗기 때문에 아조 피신한 듯한대 전긔 삼씨가 그 서류와 또는 도피자와의 무슨 련락이 업섯는가 하는 것이라는대 이로 보건대 아직까지 그 사건은 끗을 내지 안코 비밀리에 무슨 활동을 계속하는 듯하다더라.

《시대일보》 1925년 8월 13일자

勞總 調停 講究

사오 명 직공 취업

문선공을 제한 외에 동맹파업을 한 직공 중에는 작일에 니르러 다시 취업한 직공도 사오 명 잇다 하며 방금 파업을 계속하고 잇는 직공은 ▲ 文選部 二十三名(全部) ▲ ■版部 十四名(十五名 中) ▲ 印刷部 十一名(十二名 中) ▲ ■道部 五名(十九名 中)으로 도합 오십사 명이라는 바 이에 대하야 로농총동맹집행위원勞農總同盟執行委員 권오설權五卨 씨는 거듭 조정책調停策을 강구하야 볼 터라고 한다.

《동아일보》 1925년 8월 21일자

醴泉事件의 餘波

◇ 각 단톄가 각디에셔 활동

聯合蹶起

례천 형평사건에 대하야 일반사회의 파란이 점점 커지는 중 경성에 잇는 조선로농총동맹朝鮮勞農總同盟을 비롯하야 사상단톄 청년단톄 로동단톄에서는 십구 일 오후 세 시에 큰 비가 나림에도 불구하고 이십삼 단톄 회원 오십여 명이 시내市內 재동齋洞 사단톄합동위원회四團體合同委員會관에 모히어 림시의댱 서뎡희徐廷禧 씨 사회로 의사를 진행할새 여러 가지 중대 문뎨의 토의가 잇슨 후 아래와 가튼 결의에 의지하야 실행하기로 하고 오후 일곱 시 반에 폐회하얏다더라.

◇ 決議文

우리는 今番 醴泉衡平分社 被襲事件에 對하야 이것은 우리 社會運動의 一部陣營이 反動分子의 손에 蹂躪된 것으로 認하고 이에 奮起하야 左記 各 項을 實行하야써 衡平運動을 徹底히 擁護하기로 決議함

一. 今番 事件에 犧牲된 同志를 慰問하고 市民의 反省을 促하기 爲하야 代表 二人을 派送할 것

一. 今番 事件은 大衆의 衡平運動의 根本義를 徹底히 理解치 못함으로부터 이러난 것임으로 우리는 演說會 其他 必要한 方法으로써 衡平運動의 意義를 宣傳하기 爲하야 努力할 것

一. 今番 事件의 煽動者를 調査하야 社會的으로 制裁할 것

◇ 實行委員

金燦 · 金若水 · 權五卨 · 李奭 · 金在鳳

◇ 出席團體

朝鮮勞農總同盟 · 火曜會 · 北風會 · 朝鮮勞働黨 · 無產者同盟 · 京城勞働聯盟 · 京城印刷職工組合 · 京城汲水夫組合 · 京城洋襪職工組合 · 京城洋靴職工組合 · 漢陽青年聯盟 · 新興青年同盟 · 京城青年會 · 京城女子青年同盟 · 鮮明青年會 · 協友青年會 · 美化青年會 · 京城靴工青年同盟 · 서울印刷職工青年同盟 · 革清團 · 朝鮮女性同友會 · 民生社 · 夜珠青年會

實行委員會

십구 일 오후 일곱 시 반에 실행위원회實行委員會를 열고 대표로 권오설權五卨 · 박래원朴來源 량씨를 선뎡하야 파송하엿다더라.

衡平社員 ■壓

종로서에서

례천醴泉사건에 분긔한 시내 와룡동臥龍洞 형평사 본부에서는 동지 십삼 명을 이십 일경에 례천으로 보내여 그 책임자들을 문책하려고 하엿스나 소관 종로서에서는 십구 일 야 그 형평본사 주요간부를 불너다가 그 일을 중지하라고 하엿다더라.

《시대일보》 1925년 8월 21일자

醴泉事件의 影響 二十三團體 決議

재작 오후에 합동회관에서 실행위원 선거, 대표파송

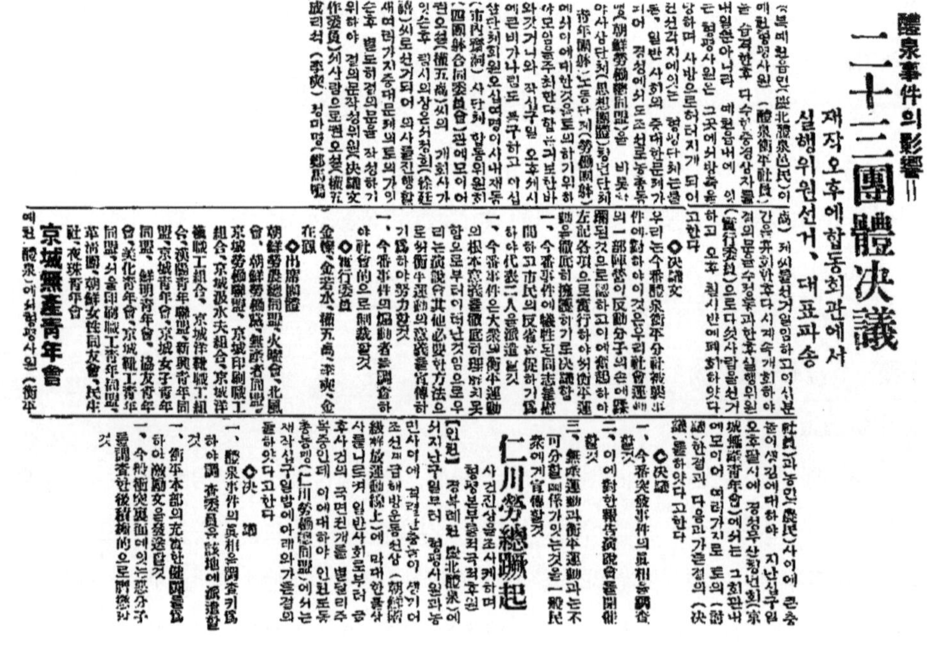

醴泉事件의影響

二十三團體決議

재작오후에합동회관에서

실행위원선거、대표파송

仁川勞總蹶起

京城無產青年會

경북慶北 예천읍민醴泉邑民이 예천형평사원醴泉衡平社員을 습격한 후 다수한 중경상자를 내일 뿐 아니라 예천 읍내에 잇는 형평사원은 그곳에서 방축을 당하며 사방으로 허터지게 되어 전선 각지에 잇는 형평단체는 물론, 일반사회의 중대한 문제가 되어 경성에서도 조선로동총동맹朝鮮勞働總同盟을 비롯하야 사상단체思想團體 청년단체靑年團體 노동단체勞働團體에서 이에 대한 것을 토의하기 위하야 모임을 주최한다 함은 긔보한 바와 갓거니와 작 십구 일 오후 세 시에 큰 비가 나림도 불구하고 이십삼 단체 회원 오십여 명이 시내市內 재동齋洞 사단체합동위원회四團體合同委員會관에 모이어 권오설權五卨 씨의 개회사가 잇슨 후 림시 의장은 서정희徐廷禧 씨로 선거되어 의사를 진행할새 여러 가지 중대문제의 토의가 잇슨 후 별도히 결의문을 작성하기 위하야 결의문決議文 작성위원作成委員 세 사람으로 권오설權五卨 리석李奭 정마명鄭馬鳴 제씨를 선거 일임하고 이십 분간을 휴회한 후 다시 계속 개회하야 결의문을 수정 통과한 후 실행위원實行委員으로 다섯 사람을 선거하고 오후 칠 시 반에 폐회하얏다고 한다.

◇ 決議文

우리는 今番 醴泉衡平分社 被襲事件에 對하야 이것은 우리 社會運動의 一部陣營이 反動分子의 손에 蹂躪된 것으로 認하고 이에 奮起하야 左記 各 項으로 實行하야써 衡平運動을 徹底히 擁護하기로 決議함

一. 今番 事件에 犧牲된 同志를 慰問하고 市民의 反省을 促하기 爲하야 代表 二人을 派遣할 것

一. 今番 事件은 大衆의 衡平運動의 根本意義를 徹底히 理解치 못함으로부터 이러난 것임으로 우리는 演說會 其他 必要한 方法으로써 衡平運動의 意義를 宣傳하기 爲하야 努力할 것

一. 今番 事件의 煽動者를 調査하야 社會的으로 制裁할 것

◇ 實行委員

金燦 · 金若水 · 權五卨 · 李奭 · 金在鳳

◇ 出席團體

朝鮮勞農總同盟 · 火曜會 · 北風會 · 朝鮮勞働黨 · 無産者同盟 · 京城勞働聯盟 · 京城印刷職工組合 · 京城汲水夫組合 · 京城洋襪職工組合 · 京城洋靴職工組合 · 漢陽靑年聯盟 · 新興靑年同盟 · 京城靑年會 · 京城女子靑年同盟 · 鮮明靑年會 · 協友靑年會 · 美化靑年會 · 京城靴工靑年同盟 · 서울印刷職工靑年同盟 · 革淸團 · 朝鮮女性同友會 · 民生社 · 夜珠靑年會

《시대일보》 1925년 8월 22일자

「治安維持의 良心은 民衆의 自由와 進步」

사회운동을 긍정은 하지만 그 수단과 방침을 고치란 말 警官 主義者 會見 經過

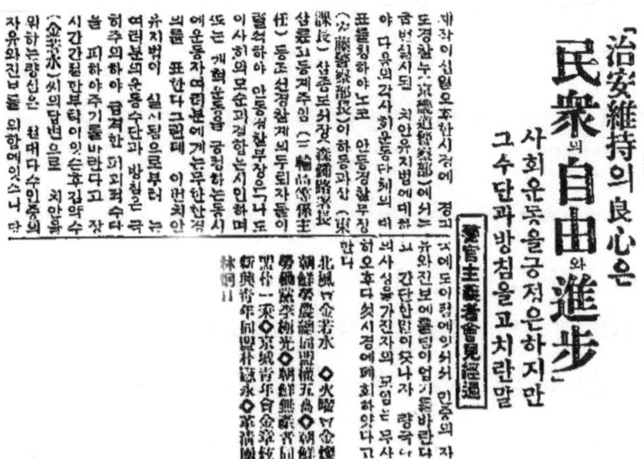

재작 이십 일 오후 한 시경에 경긔도경찰부京畿道警察部에서는 금번 실시된 치안유지법에 대하야 다음의 각 사회운동 단체의 대표를 청하야 노코 안등安藤 경찰부장警察部長 이하 동東 과장課長 삼森 종로서장鍾路署長 삼륜三輪 고등계주임高等係主任 등 조선 경찰계의 두뢰자들이 렬석하야 안등 경찰부장은 "나도 이 사회의 모순과 결함은 시인하며 또는 개혁운동을 긍정하는 동시에 운동자 여러분에게는 무한한 경의를 표한다. 그런데 이번 치안유지법이 실시됨으로부터는 여러분의 운동 수단과 방침은 극히 주의하야 급격한 파괴적 수단을 피하야 주기를 바란다"고 장시간 간절한 부탁이 잇슨 후 김약수金若水 씨의 답변으로 치안을 위하는 량심은 절대 다수인 중의 자유와 진보를 위함에 잇스니 당국에도 이 점에 잇서서 민중의 자유와 진보에 틀림이 업기를 바란다고 간단한 말이 씃나자 량극■의 사상을 가진 자의 모임은 무사히 오후 다섯 시경에 폐회하얏다고 한다.

北風會 金若水 ◇ 火曜會 金燦 朝鮮勞農總同盟 權五卨 ◇ 朝鮮勞働黨 李極光 ◇ 朝鮮無産者同盟 朴一秉 ◇ 京城青年會 金章鉉 新興青年同盟 朴憲永 ◇ 革清團 林炯日

《조선일보》 1925년 9월 1일자

落成式에 示威行列

豊山小作會 會舘을 建築하고

慶北 安東郡 豊山小作會에서는 五千餘 名 會員의 努力한 結果 當地 安郊洞에 會舘을 建築하고 落成式을 擧行한다 함은 旣報한 바와 갓거니와 豫定과 가티 지난 二十八日 下午 二時 半부터 新築 會舘에서 盛大한 祝賀式을 行하엿는대 定刻 前부터 모혀드는 群衆은 붉은 글자로 쓴 各 洞里 勞農旗와 樂隊을 先頭로 數千 群衆은 물미드시 모혀드러

場內 場外는 立錐의 餘地가 업시 되엿는 바 定刻이 되자 同 會 常務執行委員 李準泰氏의 熱烈한 式辭가 잇슨 後 李會昇 · 權五卨 · 李準悳 諸氏의 感慨無量한 感想談이 잇슨 후 來賓 祝辭에 이르러 멀리 永川에서 온 永陽青年會 代表 白基浩, 永川衡平分社 卞聖道, 安東青年聯盟 金雨田, 吉安青年會 柳淵建, 火星會 金完鎭(元鎭의 잘못), 禮安青年會 李準文, 衡平社慶北第二支社 金道天 等 諸氏의 意味깁흔 祝辭와 遠近 各 團體에서 온 祝電祝文 四十餘 通을 朗讀한 후

萬歲 三唱으로 無事히 式을 마치고 卽時 宴會席에 나아가서 各 洞里 農民의 年中行事인 ■宴兼을 同 會 洛成宴으로 興味가 津津한 後 赤色旗와 樂隊를 先頭로 數千 群衆은 市街를 도라다니며 示威行列이 잇섯는데 同 夜 十時頃에 空前의 盛況裡에 萬歲聲裡에 閉會하엿다더라(安東).

《시대일보》 1925년 11월 2일자

朝鮮勞農總同盟 中央委員 選擧

이백이십륙 인 중 오십 인 피선

작년 사월에 집회금지集會禁止를 당한 조선로농총동맹朝鮮勞農總同盟에서는 이래 각 방면으로 해금운동解禁運動을 하야 왓스나 아즉까지 해금이 되지 못하야 정긔대회定期大會도 열리지 못하게 됨으로 모든 사업의 방침은 물론이오 만긔滿期된 중앙집행위원中央執行委員의 개선改選까지 하지 못하게 되어 자못 적지 안흔 지장이 잇섯든 바 거번 전국가맹단체全國加盟團體에 대하야 위원의 개선을 직접으로 투표하는 것이 어떠하냐고 문의한 결과 절대 다수로 투표 결정케 되어 각 가맹단체에 투표용지를 보내어 대회에서 행할 형식을 서면으로 밧구어서 투표케 하는 동시에 개표위원開票委員까지도 선거하야 달라 하얏다 함은 긔보한 바와 갓거니와 과연 지난 이십 일까지 접수한 위원 선거의 투표와 개표위원開票委員의 정리를 마치게 된 바 개표위원은 서정희徐廷禧 권오설權五卨 윤덕병尹德炳 삼씨가 선거되어 작 일 일 오전 열한 시까지에 개표한 결과 피투표인被投票人 이백이십륙 인에 대한 총투표總投票 사천삼백륙십륙 점 중에 총다수로 알에와 가티 오십 인이 새로운 중앙집행위원中央執行委員으로 당선되엇다고 한다.

中央執行委員 氏名＝ 徐廷禧 · 馬鳴 · 權五卨 · 尹德炳 · 鄭雲海 · 申東培 · 金基洙 · 金富坤 · 鄭仁瑛 · 朴視淳 · 李昌洙 · 金裕昌 · 金完根 · 辛命俊 · 李益兼 · 姜達永 · 金大鳳 · 車今

奉 · ■泰容 · 金明奎 · 趙佑濟 · 李承燁 · 安基成 · 李殷植 · 曹景叔 · 裵德秀 · 李相薰 · 崔允鈺 · 陳秉基 · 申輔俊 · 蔡奎恒 · 劉斗熙 · 朴來源 · 徐丙冀 · 金有聲 · 朴楠植 · 李準泰 · 金泰植 · 金智浩 · 吳學允 · 李忠模 · 朴福永 · 金淇完 · 印東哲 · 鄭泰重 · 殷在基 · 李圭庚 · 鄭亨澤 · 車周相 · 李起浩

新任 委員會

오는 십팔 일에 소집

이상과 가티 집행위원의 개선됨을 쌀하 사무인계事務引繼라든지 새로운 사업의 계획을 세우기 위하야 신임 중앙집행위원 간담회懇談會를 오는 십팔 일에 소집하리라고 한다.

《동아일보》 1925년 11월 3일자

面目 一新한 朝鮮勞總

집행위원 오십 인을 새로 선거햇다

조선로농총동맹朝鮮勞農總同盟은 불행히 작년 사월에 집회금지集會禁止를 당한 후 그동안 각 방면으로 운동을 하엿스나 아즉까지 해금이 되지 못하엿슴으로 년년이 하는 명긔대회定期大會도 열지 못하야 모든 사업에 지장도 적지 안을뿐더러 임긔가 찬 중앙집행위원까지 개선치 못하엿슴으로 이번에는 대회에서 진행할 형식을 전국 가맹단톄加盟團體에서 즉접으로 투표를 하게 하야 그간 총동맹에서는 각 가맹단톄에 투표용지를 보내여 개표위원까지 선거하야 달라고 하엿다 함은 이미 보도한 바어니와 지난 십월 이십 일까지 위원선거의 투표와 개표위원의 투표를 정리한 결과 개표위원으로 權五卨 徐廷禧 尹德炳 삼씨가 선거되여 재작 일 일 오전 열한 시짜지에 개표를 한 결과 새로 선거된 중앙집행위원은 다음과 갓다더라.

▲ 新執行委員＝(가나다 順)

姜達永 · 金基洙 · 金富坤 · 金裕昌 · 金完根 · 金大鳳 · 金明奎 · 金有聲 · 金泰植 · 金智浩 · 金淇完 · 權五卨 · 權泰容 · 鄭雲海 · 鄭仁瑛 · 鄭泰重 · 鄭亨澤 · 趙佑濟 · 李昌洙 · 李益秉 · 李承燁 · 李殷植 · 李相薰 · 李準泰 · 李忠模 · 李圭庚 · 李起洪 · 劉斗熙 · 馬鳴 · 朴視淳 · 朴來源 · 朴楠植 · 朴福永 · 裵德秀 · 徐廷禧 · 徐丙冀 · 申東浩 · 申輔俊 · 辛命俊 · 安基成 · 印東哲 · 吳學允 · 尹德炳 · 殷在基 · 曹景淑 · 陳秉基 · 車今奉 · 車周相 · 蔡奎恒 · 崔元鈺

事務 引繼

새로운 중앙집행위원을 맛게 된 조선로농총동맹에서는 이 압호로 새로운 사업을 계획하며 진행하기 위하야 새로운 위원에게 사무를 넘기는 동시에 간친을 주톄로 오는 십팔 일에 신임 중앙집행위원 간담회懇談會를 열기로 하엿다더라.

《시대일보》 1925년 11월 20일자

朝鮮勞農總同盟 執行委員 懇談會

신문긔자 외에는 잡지긔자도 방청을 금지한 가온대에 진행

조선로농총동맹朝鮮勞農總同盟은 당국으로부터 집회 금지를 당한 후 이때까지 정식으로 모임을 열지 못하게 되어 한 해에 한 번씩 여는 대회조차 열지 못하얏슴으로 서면으로 대회의 형식을 밟아서 위원을 개선하고 신구의원이 갈리우게 된 오늘을 당하야 제륙회第六回 집행위원회執行委員會를 열고자 하얏는데 그 역시 정식으로 집회의 형식을 쪼출 수 업게 되엇기 때문에 작 십구 일 오전 열한 시부터 시내 종로 긔독교청년회관基督敎靑年會舘에서 간담회의 형식으로 회를 열엇는데 시내에 잇는 집행위원은 물론이오 수백 리 혹은 천여 리 밧게 잇는 위원들가씨 출석하야 사십여 명의 위원으로 개회하얏는데 당일 종로서鍾路署와 및 경찰부警察部 형사들가씨 현장에 림검하야 위원 밧긔ㅅ 사람은 그림자도 비취지 못하게 하얏기 때문으로 그날 시내 각 신문 잡지 긔자들도 만히 갓섯스나 신문긔자만 입장을 허락하고 잡지긔자는 못 들어가게 하얏슴으로 모다 유감으로 돌아온 사람이 얼마인지 몰른다 하며 의사진행에 들어가서 림시집행부臨時執行部로 서정희徐廷禧 권오설權五卨 정운해鄭雲海 강달영姜達永 리준태李準泰 등 오씨를 선거한 결과 서정희徐廷禧씨가 의장으로 당선되어 의사를 진행하얏는데 먼저 상무위원常務委員 권오설權五卨 씨로부터 전 회록 랑독이 잇슨 후 각 부 경과보고經過報告가 잇고 그다음 각各 지방地方 특수상황보고特殊狀況報告에 들어가서 다음의 제씨로부터 운동선에 잇서서 가장 우리의 머리에 잇지 못할 비창한 경과보고가 잇슨 후 오후 한 시 삼십오 분에 휴회休會하얏다고 한다(午後 二時 續會).

▲ 車周相(群山) ▲ 李準泰(安東) ▲ 徐廷禧(京城) ▲ 鄭泰重(求禮) ▲ 李承燁(仁川) ▲ 印東哲(金海) ▲ 蔡奎恒(咸興)

《시대일보》 1925년 11월 21일자

農民運動과 勞働運動을 分立

그 외에도 여러 가지를 결의 ◇ 勞總 執行委員 懇談會 續報

속보= 조선로농총동맹朝鮮勞農總同盟 중앙집행위원 제륙회 간담회는 십구 일 오전 열한 시부터 시내 종로 긔독교청년회관에서 열리엇는데 오후 한 시 반 휴회되기까지의 경과는 작지에 보도한 바어니와 오후 두 시부터 회의를 계속 진행케 되어 정운해鄭雲海 씨의 사회로 다음과 가튼 여러 가지 사항을 일사천리의 세로 족음도 거침업시 결의하얏다는데 이제 그 결의사항에 가장 주목되는 것은 이때까지는 로농총동맹 한 긔관으로 관할하고 통일하야 오든 농민운동農民運動과 로동운동勞働運動을 분립시키는 것인 바 그 리유를 들어보건대 조선은 공업이 발달되지 못한 까닭으로 공장 로동자는 극소수이다. 짤하서 로동운동은 발달되지 못할 상태에 잇스니 짜로 로동운동 통일긔관을 둘 필요가 업다 하야 과거에 잇서서는 로동운동도 농민운동과 함께한 긔관에서 통일하야 오든 바 실제 운동선에 잇서서 경험하야 본 결과 농민과 로동자는 가튼 피착취被搾取 계급에 잇슴에도 불구하고 현 제도 알에서는 서로 리익이 상반相反하는 경우-례하면 도시 로동자는 농촌 농민과 리익 상반하는 경으-가 만히 잇기 때문에 이 두 가지 운동을 두 부분에 난후어 하는 것이 일층 더 운동의 속도와 능률을 내일 수 잇다고 생각할뿐더러 운동선이 점점 확장됨에 짤하서 사업이 점점 복잡하야 가기 째문에 일을 분업적으로 하는 것이 가장 유리하겟다 하야 운동선 당국자들은 오랫동안 복안으로 생각하고 잇는 것이 이번에 구체안으로 나타난 것이라 하며 다시 그 두 긔관을 민첩하게 련락하기 위하야 련합위원회를 두기까지 되엇다고 한다.

= 决議 =

一. 勞働總同盟과 農民總同盟 分立의 件

一. 朝鮮勞農總同盟의 加盟團體인 中에 農民團體는 짜로이 朝鮮農民總同盟을 組織하고 勞働團體는 짜로이 鮮鮮勞働總同盟을 組織할 일

二. 朝鮮農民 · 勞働總同盟이 成立된 째에는 朝鮮勞働總同盟은 解體하고 農民 · 勞働 兩總同盟의 聯合委員會를 組織할 일

三. 中央執行委員 懇談會에서는 右 兩項이 决定된 時는 加盟團體의 可决을 要함

四. 加盟團體의 可决을 要하는 方法은 書面大會의 方法을 取할 일

五. 加盟團體의 可决을 得하기까지의 一切事務는 常務執行委員에게 一任함

一. 經濟狀況 調査의 件

前 總會决議에 依하야 各 加盟團體와 함께 各 地 經濟狀況 調査를 時急히 行할 일

一. 消費組合 設置의 件

一般 勞農階級의 利用을 圖謀키 爲하야 右 機關의 設置를 期함

一. 群山 · 咸南地方의 勞働運動總紛糾의 內容을 迅速히 調査하야 處理할 일

一. 各 地方 勞農團體 中에서 紛糾로 말미암아 서로 聲明書를 發表하는 일이 종종 잇는 바 일로부터 本 總同盟 加盟團體는 如此한 境過에 單獨 聲明書를 發表치 말고 그 紛糾의 內容을 總同盟에 報告하야 總同盟에서는 此를 公開하기로 함

一. 豫算案 通過

一. 常務委員을 投票로 改選하니 다음과 갓다.

權五卨 ▲ 徐廷禧 ▲ 尹德炳 ▲ 馬鳴 ▲ 陳秉基 ▲ 李準泰 ▲ 李忠模 ▲ 朴來源 ▲ 金有聲

《동아일보》 1925년 12월 2일자

三名은 放還한 後 活動은 依然繼續

사건은 점점 확대되여 간다 신의주서와 련락이 잇는 듯 鍾路署 主義者 檢束事件

긔보= 시내 종로서 고등게의 활동으로 부내 유수한 사상단톄의 중추라고 할 만한 림원근林元根 씨 부처 외 일곱 명을 인치하고 비밀리에서 엄중히 취됴를 한 결과 그중 권오설權五卨 주종건朱鍾建 허명숙許貞淑 씨 등 세 사람은 지난 달 삼십 일 밤에 방석하고 나마지 네 사람에 대하야는 더욱 취됴를 계속하는 중이라는데 사건의 내용은 아직까지도 자세히 알 수 업스나 신의주新義州 경찰서에서 국경 너머 안동현安東縣 근방에서 독고獨孤모라는 유명한 주의자를 톄포하야 취됴한 결과 동 서원 두 명이 지난 이십구 일 밤에 상경하야 직시 중국中國 북경北京으로부터 드러오는 청년 한 명을 검거하는 동시에 시내 종로서의 힘을 빌여 가지고 그의 관게자들을 톄포코자 하는 것이라는데 사건은 자못 확대되리라더라.

《시대일보》 1925년 12월 15일자

主義者 檢擧事件 日復日 擴大

그동안 이십여 명을 검거하고 뒤를 니어 대 활동하는 중이다 徐廷禧 氏를 또 護送

치안유지법治安維持法이란 가장 국가의 권력權力을 준렬하게 ㅂ인다는 괴법이 일조에 조선에 시행되면서부터 제령制令 제칠호第七號와 보안법保安法의 두 가지 법으로 더불어 새로 발흥하는 무산계급無産階級의 온갓 운동을 뭇질러 버리기를 일삼아 온다 함은 소연한 사실로 그 째문에 온갓 좌경운동左傾運動이 표면상으로는 잠잠하야지어 이 법령의 본색을 들어낼 사이가 업시 하야 지내오든 중 돌연이 금년이 다 가가는 십이 월에 니르러 거의 전 조선을 망라하얏다고 이르는 공산당비밀결사사건共産黨秘密結社事件이 돌발하야 시내 신흥청년총동맹新興青年總同盟을 비롯하야 화요회火曜會 조선로농총동맹朝鮮勞農總同盟 급 한양청년련맹漢陽青年聯盟 또 녀성동우회女性同友會를 비롯하야 지방으로는 대구大邱의 용진단勇進團과 평양平壤의 로동동맹회勞働同盟會 기타 신의주의국경청년회新義州國境青年會, 강화로동단체江華勞働團體 등 약 십여 단체의 령수급領袖級 인물이십여명이 계속 검거되는 한편으로 가택수색家宅搜索 등이 엄중히 시행되어 유력한 문서文書 등이 다수히 압수되어 완연히 년전 일본 계리언堺利彦 · 좌야학佐野學 등 거두 삼십여 명이 관계하얏다든 공산당 비밀결사 사건만치 조선 초유의 큰 사건으로 판명되어 간다 함은 루보한 바이어니와 또 동 사건은 점점 확대되는 모양으로 재작 십삼 일 저녁에 니르러 시내 종로서鍾路署에서는 조선로동총동맹朝鮮勞働總同盟의 간부 서정희徐廷禧 씨를 검거하야 그날 밤차로 즉시 신의주서新義州署에 압송하얏슬뿐더러 다시 모모 방면에 향하야 비밀리에 더욱 활동을 계속하는 중이라는데 이 놀라운 사건이 장차 어느 정도까지 진전될른지 일반 주의자는 물론이오 세상에서 크게 주목하는 중이라 한다.

念慮되는 團體의 將來

만일 단체의 주동이라 하면

더욱이 사건의 관계 인물들이 죄상이 판명되어 아조 사법처분司法處分을 밧게 될뿐더러 또 각자 개인으로 이 운동을 닐킨 것이 개 아니오 소속 단체를 배경으로 또는 단체 그 물건이 주동이 되어 이 일을 닐으킨 것이 판명되는 날이면 모모 단체에 대하야는 혹 어쩌한 놀랄 일이 내릴는지도 모른다 하는데 어쩌튼 동 사건의 진전 여하는 조선사회 운동상에 큰 영향을 끼치리라고 한다.

注目되는 四氏 行方

부산까지 온 김씨 그 뒤 행방이 불명

그런데 얼마 전에 로서아露西亞로부터 긔근구제자금饑饉救濟資金 이만여 원을 밧고 무산자 구제회에 활동하든 시내 북풍회北風會의 간부 김약수金若水 씨가 그 회의 용무를 씌고 일본 동경東京에 건너가 여러 가지로 일본주의자들과 빈번이 회견하고 잇든 중 사오 일 전에 용무를 다 씃마치고 조선에 돌아오는 도중에 부산釜山에까지 니르러 돌연이 행방불명이 되엇슴으로 동 회에서는 크게 놀라 방금 동경과 부산 기타 지방에 탐문한 중인 바 씨가 삼 일 전에 부산에 온 것은 사실인 터인데 한편에 이가티 놀라운 주의자 검거사건이 잇는 째임으로 매우 주목되는 일이라 하며 또 이 사건 발각과 전후하야 시내의 권오설權五卨 김찬金燦 강아긴니아(姜아긴니아) 씨 등 각 단체 간부들이 일제이 행방을 감추엇슴으로 혹은 적로행赤露行을 전하는 중인 바 어쩌튼 요지음은 자못 주의자의 행동이 주목된다고 한다.

6·10만세운동 및 조선공산당

- ○○宣言 計畫 發覺 (《시대일보》 1926년 6월 8일자)
- 學生 ○○萬歲事件 續報 國境 新義州에서도 ○○宣言書 發覺 (《시대일보》 1926년 6월 13일자)
- 某 重大事件 關係 權五卨 外 十四人 (《시대일보》 1926년 6월 15일자)
- 學生 ○○萬歲事件 續報 警察部 留置學生 連日 取調 後 押送 (《시대일보》 1926년 6월 16일자)
- 新事件 發覺 (《조선일보》 1926년 6월 16일자)
- 權五卨事件 取調着手 (《조선일보》 1926년 6월 16일자)
- 「六月事件」과 「六十萬歲」 兩系의 重要人物 (《동아일보》 1926년 6월 17일자)
- 中國紙幣 僞造團 檢擧가 計劃發覺의 端緖 (《동아일보》 1926년 6월 19일자)
- 因山 當日 ○○萬歲와 ○○宣言 事件의 眞相 (《시대일보》 1926년 6월 19일자) ·
- 亡命中 左傾派와 內外로 相互呼應 (《조선일보》 1926년 6월 19일자)
- 中國紙幣 僞造犯 逮捕가 計畫 暴露의 發端 (《조선일보》 1926년 6월 19일자)
- 一夜間에= 百卅九名 檢擧 (《조선일보》 1926년 6월 19일자)
- 檄文 發覺은 少女 發說로 資金은 上海에서 持來 (《동아일보》 1926년 6월 20일자)
- 權五卨만은= 不敬罪로 起訴? (《시대일보》 1926년 6월 20일자)
- 聖經學院 又 搜索 (《시대일보》 1926년 6월 20일자)
- 重大事件 關係者 權五卨 外 十三人 (《조선일보》 1926년 6월 20일자)
- 權五卨 關係 廿二名 (《조선일보》 1926년 6월 21일자)
- 京城驛頭에서 海外 檄文 感故堂에서 國內 檄文 (《동아일보》 1926년 6월 22일자)
- 六月事件의 關係? 二名을 또 檢擧 (《동아일보》 1926년 6월 22일자)
- 鍾(鐘)路署에서 靑年 四名 又 檢擧 (《조선일보》 1926년 6월 22일자)
- 海外 檄文의 內容은 純全한 赤化 宣傳 (《동아일보》 1926년 6월 23일자)
- 第二次 計劃된 共産黨 結社 (《동아일보》 1926년 6월 23일자)
- 兩氏 釋放 (《동아일보》 1926년 6월 23일자)
- 大風一過 한 듯 잠잠타가 又 復檢擧의 旋風! (《시대일보》 1926년 6월 23일자)
- 權五卨事件 檢事局 押送은 (《시대일보》 1926년 6월 23일자)
- 刑事隊 八方으로 活動 一段落된 時局 또騷然 (《조선일보》 1926년 6월 23일자)
- 民族主義 各 團體와 連絡 計劃 中에 發覺 (《동아일보》 1926년 6월 24일자)
- 又復 六名 檢擧 (《동아일보》 1926년 6월 24일자)
- 權五卨 關係의 事件 (《시대일보》 1926년 6월 25일자)
- 釋王寺로부터 朱女史도 檢擧 (《조선일보》 1926년 6월 25일자)
- 六月事件의 關係 第二 共産黨事件 (《동아일보》 1926년 6월 26일자)
- 작년 신의주사건에도 관계 있다던 권오설 동무도 잡히엇다 (《선봉》 1926년 6월 27일자)
- 事件 關係者는 前後 七十餘 人 (《동아일보》 1926년 6월 28일자)
- 腹背受刑의 權氏 (《동아일보》 1926년 6월 29일자)
- 權五卨 關係 重大事件 檢事 起訴는 十名쯤? (《시대일보》 1926년 6월 29일자)
- 共産黨 事件은 物的 證據不明? (《동아일보》 1926년 6월 30일자)
- 起訴되기까지의 調書만 五百頁 (《조선일보》 1926년 7월 1일자)
- 權五卨事件 一段落 (《조선일보》 1926년 7월 1일자)
- 六月事件 關係 廿八名 送局 (《동아일보》 1926년 7월 2일자)
- 千頁의 大 調書 權五卨一派 送致 (《매일신보》 1926년 7월 2일자)
- 權五卨 關係事件 十七名 檢事局 送致 (《시대일보》 1926년 7월 2일자)
- 權五卨事件 證據品만 送致 (《조선일보》 1926년 7월 2일자)
- 十餘名은 依然 留置 十七名만 送局 (《동아일보》 1926년 7월 3일자)
- 權五卨 外 十五名 嚴重警戒 中 送致 (《매일신보》 1926년 7월 3일자)
- 七十名을…… 各其 獨房에 收容 (《동아일보》 1926년 7월 4일자)
- 운동의 지휘자로 혐의받는 권오설 동무 (《선봉》 1926년 7월 4일자)
- 新義州事件과 聯絡上 合同 審理키로 內定 (《조선일보》 1926년 7월 4일자)
- 時代報의 兩氏 不拘束 釋放 (《조선일보》 1926년 7월 8일자)
- 六月事件의 十七人 明日에는 起訴될 듯 (《동아일보》 1926년 7월 11일자)
- 권오설 동무사건은 일단락을 지어 (《선봉》 1926년 7월 11일자)
- 증거품이 두 술기 (《선봉》 1926년 7월 11일자)
- 六月事件과 共産黨事件 昨日 起訴 · 豫審請求 (《동아일보》 1926년 7월 13일자)
- 共産黨과 六月事件 關係者 十二名이 豫審에 (《시대일보》 1926년 7월 13일자)
- 新義州事件과 聯絡하야 取調 (《동아일보》 1926년 7월 14일자)
- 暴風雨 一過하자 又 復檢擧의 旋風 (《동아일보》 1926년 7월 20일자) ·
- 事件의 正體는 亦是 共産黨 (《동아일보》 1926년 7월 20일자)
- 權五卨 參謀格 全正觀도 被捉 (《동아일보》 1926년 7월 22일자)
- 적화로 됴선독립을 (《신한민보》 1926년 7월 29일자)
- 작년 신의주에서 검거된 공산주의자를 서울로 옮겨 와 (《선봉》 1926년 8월 8일자)
- 각 단배를 수식하여 듕요인물 七명을 검거 (《신한민보》 1926년 8월 19일자)
- 六十萬歲事件 繼續 公判 共産黨事件 失敗로 万歲運動을 決行 (《동아일보》 1926년 11월 5일자)
- 공산당 실피로 만세운동 결힝 권오셜 一파와 련락한 리병립 (《신한민보》 1926년 12월 2일자)
- 己未運動 以後 朝鮮 初有의 秘密結社 事件 (《동아일보》 1927년 4월 3일자)
- 各 被告에 適用法律 (《동아일보》 1927년 4월 3일자)
- 朝鮮共産黨事件 (《조선일보》 1927년 4월 3일자)
- 朝鮮共産黨事件 (《조선일보》 1927년 4월 5일자)
- 朝鮮共産黨事件 (《조선일보》 1927년 4월 6일자)
- 共産黨事件 (《동아일보》 1927년 4월 6일자)
- 죠됴션 신문긔쟈대회 (《신한민보》 1927년 5월 12일자)
- 六月 十日을 앞둔 警察의 內査 (《중외일보》 1927년 6월 9일자)
- 共産黨事件 公判 延期하야 九月에 開廷 (《중외일보》 1927년 8월 5일자)
- 共産黨 組織體系 (《동아일보》 1927년 9월 13일자)
- 一百 一名 被告 (《동아일보》 1927년 9월 13일자)
- 今日 朝鮮共産黨 公判 (《조선일보》 1927년 9월 13일자)
- 百一 被告 (《조선일보》 1927년 9월 13일자)
- 中野 檢事 公訴事實 (《조선일보》 1927년 9월 14일자)
- 됴선공산당사건의 공판(續報) (《선봉》 1927년 9월 25일자)
- 101인 공판에 관련된 사람들 (《선봉》 1927년 10월 13일자)
- 共産黨 被告 五人 要路 警官을 告訴 (《동아일보》 1927년 10월 17일자)
- 因山事件만 公開를 要求 (《동아일보》 1927년 10월 19일자)
- 朝鮮共産黨 公判= 第十六日 警戒도 比前益 嚴重 群衆殺到로 大 雜沓 (《동아일보》 1927년 10월 21일자)
- 朝鮮共産黨 公判 第十七日 權五卨事件 不公開로 秘密裁判은 續開 (《조선일보》 1927년 10월 23일자)
- 共産黨 豫審判事 五正氏를 告訴準備 (《조선일보》 1927년 10월 23일자)
- 天下의 視聽을 集中한 拷問 警官 告訴事件의 展開 (《동아일보》 1927년 10월 25일자)
- 補充 調書로 李準泰 取調 (《조선일보》 1927년 10월 25일자)
- 萬人 注視 中의 拷問 警官 告訴 (《조선일보》 1927년 10월 26일자)
- 某 新事實 暴露코저 辯護士團 緊張活動 (《중외일보》 1927년 11월 1일자)
- 在東京 朝鮮人團體 要路當局에 抗議 (《조선일보》 1927년 11월 8일자)
- 拷問 警官事件 七日에 證人 訊問 (《조선일보》 1927년 11월 9일자)
- 도모지 進行 안 되는 拷問 警官 告訴審理 (《중외일보》 1927년 11월 9일자)
- 拷問 證人 取調 元橋 檢事 刑所에 (《조선일보》 1927년 11월 12일자)
- 十一日 夕刻부터 問題의 四 警官 取調 (《중외일보》 1927년 11월 13일자)
- ▲ 拷問警官告訴事件 (《중외일보》 1927년 11월 16일자)
- 공산당 사건에 피고들이 종로의 경관을 고소하여 리유는 인권 · 변호권 무시라고 (《신한민보》 1927년 11월 17일자)
- 拷問告訴 當한 四 警官 結局 不起訴 處分 (《중외일보》 1927년 11월 17일자)
- 證據가 업서서 不起訴햇소 (《중외일보》 1927년 11월 17일자)
- 再次 告訴 問題로 辯護士 密議頻頻 (《조선일보》 1927년 11월 23일자)
- 不起訴 抗告 廿三日 提出 (《조선일보》 1927년 11월 23일자)
- 拷問 警官 告訴 抗告도 却下 (《조선일보》 1927년 12월 9일자)
- 重刑을 預想하는 主要 被告 (《조선일보》 1928년 2월 13일자)
- 朝鮮共産黨 言渡 (《조선일보》 1928년 2월 13일자 호외)
- 朝鮮共産黨 被告 (《동아일보》 1928년 2월 14일자)
- 朝鮮共産黨 刑期 言渡 (《조선일보》 1928년 2월 14일자)
- ◇言渡바든 被告! (《조선일보》 1928년 2월 14일자)
- 朝鮮共産黨事件 一審 判決(《중외일보》 1928년 2월 14일자)
- 朝鮮共産黨事件 第一審 判決文(十一) (《중외일보》 1928년 3월 13일자)
- 朝鮮共産黨事件 第一審 判決文(十二) (《중외일보》 1928년 3월 14일자)
- 朝鮮共産黨事件 第一審 判決文(十三) (《중외일보》 1928년 3월 15일자)
- 朝鮮共産黨事件 第一審 判決文(十四) (《중외일보》 1928년 3월 16일자)
- 朝鮮共産黨事件 第一審 判決文(十五) (《중외일보》 1928년 3월 17일자)

《시대일보》 1926년 6월 8일자

○○宣言 計畫 發覺

九十餘 人 檢擧, ○○文 五萬張 押收 事件 發生地는 天道教堂, 學生도 關係 六日 夜深更에 會議進行 中 探知되어

○○宣言計畫發覺

九十餘人檢擧、○○文五萬張押收事件發生地는天道教堂、學生도關係六日夜深更에會議進行中探知되어

서울을중심으로전조선각지를망라하야 ○○운동이래팔년간에처음보는실로대규모의 ○○운동○○사건이 계획중에 발각되고 재작륙일오후네시부터시내종로서(鍾路署)를 중심으로 경기도경찰부(道警察部)이하 각서의대활동이 닐어나 당일오후다섯시경에 다수한경관대(警官隊)가 자동차를몰아가지고 시내 경운동 천도교본부 (慶雲洞天道敎本部)를 포위하고 ○○○○○○간부 박○○이하 약사십명을 검거하는동시에 ○○선언서(宣言書)약칠만장가량이든궤짝하나와또인쇄기계(印刷機械)와 활자(活字)가수만자든큰궤짝하나와 또그외여러가지문서를압수하야가지고본서에돌아와밤을새여가면서 엄중한취조를한결과사건은전부명백하게되어 련루자의검거가시작되어작칠일새벽에서부터수십대의경관대는 시내각처에거미줄을늘이고팔년전삼십삼인의일파와또사회운동단체의인물과 기타해외로부터온인물등열한시까지약팔십명을검거하야종 로서의이층회의실광간에감금하고계속취조중일뿐더러또한편으로 칠팔대의자동차를몰고서 각처에계속활동중인데 련루자는수백명의다수에달하는모양이라고

各團體首腦級人物

○○、○○○○등지에○○대출동

이번사건은 천도교청년동맹에서만 거사한것이아니라 해내해외유력한단체의인물들은 대부분참가한모양임으로○○운동계(○○運動系)와○○○○운동계의 두계통이악수하고서 거사한것이분명한듯하다는데 이제이미경찰의손에 검거당한인물을들어보면

▲朝鮮勞農總同盟中央執行委員李某朴某▲ 朝鮮勞働黨委員金某▲大衆運動社某 ▲朝鮮青年總同盟李某▲朝鮮農民社尹某▲新興青年同盟金某▲同李某 ▲漢陽青年聯盟權某 ▲朝鮮女性同友會趙某 ▲서울청년회 張某▲正友會全某

등으로실로각단체의령수급인물은거개망라하얏스며 또그외에도삼십삼인중의한사람이든최린(崔麟)씨도 검거당하얏다가중거물충분으로나오기는하얏지만그외의 인물수명도검거되어잇는중이라는데 수십대의○○대는○○、○○ 등중요도시에거미줄늘이듯이급거출동하야활동중이라고

서울을 중심으로 전 조선 각지를 망라하야 ○○운동 이래 팔 년간에 처음 보는 실로 대규모의 ○○운동 ○○사건이 계획 중에 발각되고 재작 륙 일 오후 네 시부터 시내 종로서鍾路署를 중심으로 경긔도경찰부道警察部 이하 각 서의 대 활동이 닐어나 당일 오후 다섯 시경에 다수한 경관대警官隊가 자동차를 몰아 가지고 시내 경운동慶雲洞 천도교본부天道教本部를 포위하고 ○○○○○○○○간부 박○○ 이하 약 사십 명을 검거하는 동시에 ○○선언서宣言書 약 칠만 장가량이 든 궤짝 하나와 또 인쇄긔계印刷機械와 활자活字가 수만 자 든 큰 궤짝 하나와 또 그외 여러 가지 문서를 압수하야 가지고 본서에 돌아와 밤을 새여 가면서 엄중한 취조를 한 결과 사건은 전부 명백하게 되어 련루자의 검거가 시작되어 작 칠 일 새벽 네 시부터 수십 대의 경관대는 시내 각 처에 거미줄을 늘이고 팔 년 전 삼십삼 인의 일과와 또 사회운동 단체의 인물과 기타 해외로부터 온 인물 등 열한 시까지 약 팔십 명을 검거하야 종로서의 이층 회의실 광간에 감금하고 계속 취조 중일뿐더러 또 한편으로 칠팔대의 자동차를 몰고서 각 처에 계속 활동 중인데 련루자는 수백 명의 다수에 달하는 모양이라고.

○○■■■■■은

各 團體 首腦級 人物

○○○○○○ 등지에 ○○ 대 출동

이번 사건은 천도교청년동맹에서만 거사한 것이 아니라 해내 해외 유력한 단체의 인물들은 대부분 참가한 모양임으로 ○○운동계(○○運動系)와 ○○○○운동계의 두 계통이 악수하고서 거사한 것이 분명한 듯하다는데 이제 이미 경찰의 손에 검거당한 인물을 들어보면

▲ 朝鮮勞農總同盟中央執行委員 李某 朴某 ▲ 朝鮮勞働黨委員 金某 ▲ 大衆運動社 某 朝鮮青年總同盟 李某 ▲ 朝鮮農民社 尹某 ▲ 新興青年同盟 金某 ▲ 同 李某 ▲ 漢陽青年聯盟 權某 ▲ 朝鮮女性同友會 趙某 ▲ 서울청년회 張某 ▲ 正友會 全某

등으로 실로 각 단체의 령수급 인물은 거개 망라하얏으며 또 그 외에도 삼십삼 인 중의 한 사람이든 최린崔麟 씨도 검거당하얏다가 증거물(불)충분으로 나오기는 하얏지만 그 외의 인물 수명도 검거되어 잇는 중이라는데 수십 대의 ○○대는 ○○ · ○○ 등 중요 도시에 거미줄 늘이듯이 급거 출동하야 활동 중이라고.

《시대일보》 1926년 6월 13일자

學生 ○○萬歲事件 續報 國境 新義州에서도 ○○宣言書 發覺

해외에서 온 문서를 경성으로 보내려다가 발각되어 다수한 사람이 련루자로 잡혓다

學生○○萬歲事件續報

國境新義州에서도 ○○宣言書發覺

해외에서온문서를경성으로보내려다가 발각되어다수한사람이련루자로잡혓다

間島에서 쫄아오는 移徙짐模樣으로 국경을넘기려다가

天道教에서發覺 首謀洪一憲逮捕 상해에서왓다가체포되엇다

【新義州】 금번 인산 째에 모 중대운동을 닐으키려고 하다가 경성부京城府 경운동慶雲洞 천도교당天道教堂에서 그 사건이 발각되기 째문에 국경國境인 신의주新義州와 안동현安東縣에서 다수한 청년들이 검거되엇다 함은 이미 본보에 보도한 바어니와 아즉 비밀에 부침으로 자세한 내용은 보도할 수가 업스나 대략 말을 듯건대 여러 해 전부터 만흔 불평을 품고 중국中國으로 건너가 여러 방면으로 활동하고 잇든 경성사람 홍일헌洪一憲이라는 청년이 상해上海에서 여러 가지의 과격한 문서와 제이회 ○○선언에 쓰려고 다수한 문서를 가지고 중국 합이빈哈爾濱으로 왓다가 얼마 전에 그곳을 써나 안동현安東縣까지는 무사히 왓스나 다수한 무장 경관들이 철통가티 경계하고 잇는 압록강鴨綠江 철교鐵橋를 건너 올수가 업슴으로 전긔 홍일헌은 자긔의 동지자서로 현재 평안북도平安北道 도청道廳에 산업과 고원으로 잇는 김항준金恒俊(三0)에게 사람을 보내어 안동현安東縣 진강산공원鎭江山公園으로 청하야 다가 금번 ○○일에 모 중대운동을 닐으킬 다수한 문서를 가지고 안동현安東縣까지 나온 전후 사실을 말한 후 자긔는 먼저 경성京城으로 올라갈 터이니 어쩌한 방법으로든지 교묘히 이 만흔 서류들을 경성까

지 비밀히 보내어 달라는 약속을 단단히 하고 홍일헌은 경성으로 돌아갓는데.

間島에서 돌아오는=

移徙짐 模様으로

국경을 넘기려다가

전긔 김항준金恒俊은 그 다수한 비밀문서들을 다 해여진 의롱衣籠 속에 너허 가지고 경성까지 직접 부치려다가 국경을 넘어오는 모든 물건들은 중로에서 엄중하게 조사하는 폐단이 간혹 잇는 고로 일을 시작하기 전에 랑패가 될가 념려하야 남만주南滿洲 방면으로부터 조선 내지로 다시 돌아오는 이사移徙짐 모양으로 맨들어 가지고 본적을 선천군宣川郡 남면南面에 두고 지금 안동현安東縣 굴남동堀南洞에 와서 운송부運送部를 경영하고 잇는 강연천姜然天(二八)에게 부탁하야 선천군내宣川郡內 모 운송점에까지 무사히 내어 보내도록 하야노코 전긔 김항준과 강연천 등 두 사람 날으는 새라도 어찌할 수 업시 철통가티 경계가 엄중한 국경의 경계망을 돌파하야 신의주新義州로 건너와서 장차 그 중대 서류들을 선천宣川 정거장으로부터 경성에 보내려든 차에 경성 경운동에 잇는 천도교당에서.

天道教에서 發覺

首謀 洪一憲 逮捕

상해에서 왓다가 체포되엇다

그 사건이 뜻밧게 발각되자 상해上海에서 나온 홍일헌이가 체포됨으로부터 경성에서는 종로경찰 서장이 형사부장 한 사람을 신의주新義州에 파송하야 전긔 김항준 강연천 두 청년을 검거하는 동시에 요시찰로 주목하든 신의주新義州 부내府內에서 본보本報 신의주지국장新義州支局長 김정련金正連 조선일보 신의주지국 긔자 뎐득현田得鉉 회사원 김득린金得麟 신만양화점직공新滿洋靴店職工 곽룡서郭龍瑞 의주군義州郡 천도교종리원天道教宗理院 종리사宗理師겸兼 농민사農民社 신의주지부장新義州支部長 김성옥金成玉 씨 등을 검거하고 다수 경관들을 안동현安東縣으로 보내어 본보本報 안동현지국安東縣支局 긔자 김필선金弼善과 조선일보 안동현지국장 백운성白雲成씨 등 다수 청년을 검거하야 신의주경찰서新義州警察署와 평안북도平安北道 경찰부警察部와 협력하야 비밀리에 취조하는 바 지난 구 일 저녁 륙 시 오십삼 분 신의주역발 직행차로 전긔 김항준 강연천 등 두 청년은 종로경찰서로 압송하고 기타 여러 청년들은 니어 취조를 진행하든 바 조선일보 안동현지국장 백운성 씨는 가택수색을 당할 째에 대한○○운동사大韓○○運動史가 발견이 되엇슴으로 그 책의 유래由來까지 조사하얏스나 모다 증거 불충분으로 지난 십 일 오후 네 시경에 무사 방면되엇다고.

《시대일보》 1926년 6월 15일자

某 重大事件 關係 權五卨 外 十四人

수일 내로 검사국에 보낼 듯

學生○○萬歲事件續報

○○萬歲關聯學生 九十二名을起訴?

某重大事件關係 權五卨外十四人 수일내로검사국에보낼듯

全州青年도 검속되엇다

許一氏放免

羅州에서身體搜索

晉州青年도 오륙명검속

德川에서도 天道教搜索

春川에서도 天道教徒搜索

因山前날밤 羅南軍人演習

城津青年도檢束

륙월 십 일을 긔회로 모종의 중대사건을 계획 중 거사 전에 발각 체포된 조선○○사건朝鮮○○事件에 대하야 경긔도경찰부道警察部와 종로서鍾路署에서는 분분주야하고 지난 륙 일 이래 열흘 동안을 취조 중이든 바 거의 씃마치엇슴으로 수일 내로 조선로농총동맹朝鮮勞農總同盟 중앙집행위원中央執行委員 권오설權五卨 씨 외 열네 사람을 검사국檢事局에 압송 긔소할 모양이라고.

《시대일보》 1926년 6월 16일자

學生 ○○萬歲事件 續報 警察部 留置學生 連日 取調 後 押送

불일내에 일단락이 된다고

學生○○萬歲事件續報

警察部留置學生 連日取調後押送

불일내에 일단락이 된다고

龍山署에서 九人釋放

칠인은십삼일에 이인은십사일에

鍾路署又活動

世醫學生과 看護婦放免

모다무사히

륙월 륙 일의 ○○선언사건○○宣言事件과 륙월 십 일의 학생○○만세사건學生○○萬歲事件에 대하야 시내 종로서鍾路署에서는 사실이 아조 현저한 사람만은 포승을 지어 수인자동차囚人自動車로 검사국檢事局에 속속 호송하는 한편으로 아즉도 검거중인 련루자의 체포에 대 활동이라는 바 더욱 작 십오 일 아츰에는 인산당일에 류치장이 좁아서 도경찰부 류치장에 일시 가두어 두엇든 학생들을 자동차로 운반하야다가 취조에 전력을 다하는 중임으로 이 학생사건이 수일 내로 일단락을 고할 터이라는 바 권오설權五卨 일파의 「륙륙사건」도 속히 락찰될 모양이라는데 현재 도경찰부 류치장에 취조를 기다리고 잇는 학생수는 스물세 사람에 달하는 터이라고.

《조선일보》 1926년 6월 16일자

新事件 發覺

‖ 텬도교, 권오설, 학생만세사건 외에 또다시 새로운 사건이 발각 ‖ 警察部 廿三名 檢擧

新事件發覺

텬도교、권오설、학생만세사건 외에또다시새로운사건이발각

警察部廿三名檢擧

순종효황뎨(純宗孝皇帝)국장을 긔회로 시내에서발생된 중대사건은 이미보도한바와가티 텬도교(天道敎)격문사건、권오설(權五卨)과격문사건、학생○○만세사건등 세가지로 이미취됴짜지 마치고 일부분은 검사국(檢事局)으로송치되얏든바 그후경긔도경찰부고등과(高等課)에서는 시내모처에서 또그와가티 국장을긔회로 소란을이르키고자 여러가지음모를 계획한형적을 발견하고활동하야 수일전에 이십삼명의청년을 검거인치하고 방금엄중취됴중이라는데 사건의 내용은 물론비밀에부침으로 보도키곤난하거니와 탐문한바에 의지하면 외부에잇는 몃몃사람과 련락을취하야가지고 국장당일에 과격문서를뿌리어 ○○운동을이르키랴다가그와가티발각된것이라는데 이에대하야 동고등과장(東高等課長)은말하되 『이사건은국장을긔회로 모종의계획을한듯한것은사실인모양이나 전번에 경찰에발각톄포된 여러가지사건과 관련된 것인줄로암니다 학생 만세사건은 이미일부분을 검사국으로보내엇스며 텬도교 기타불온문서사건도 이미 취됴가씃난모양이니 이것도 일간취됴가다씃날것이며사건의진상도 그때에야알수잇게될것이외다 하며간 그다지 중대한사건은 아니외다』하며 비밀이니여러 말할수 업다는듯이 말하기를 쓰리더라

순종효황뎨純宗孝皇帝 국장을 긔회로 시내에서 발생된 중대사건은 이미 보도한 바와 가티 텬도교天道敎 격문사건, 권오설權五卨과 격문사건, 학생○○만세사건 등 세 가지로 이미 취됴까지 마치고 일부분은 검사국檢事局으로 송치되얏든 바 그 후 경긔도경찰부 고등과高等課에서는 시내 모처에서 또 그와 가티 국장을 긔회로 소란을 이르키고자 여러 가지 음모를 계획한 형적을 발견하고 활동하야 수일 전에 이십삼 명의 청년을 검거 인치하고 방금 엄중 취됴 중이라는데 사건의 내용은 물론 비밀에 부침으로 보도키 곤난하거니와 탐문한 바에 의지하면 외부에 잇는 몃몃 사람과 련락을 취하야 가지고 국장 당일에 과격 문서를 뿌리어 ○○운동을 이르키랴다가 그와 가티 발각된 것이라는데 이에 대하야 동東 고등과장高等課長은 말하되 "이 사건은 국장을 긔회로 모종의 계획을 한 듯한 것은 사실인 모양이나 전번에 경찰에 발각 톄포된 여러 가지 사건과 관련된 것인 줄로 암니다. 학생만세사건은 이미 일부분을 검사국으로 보

내엇스며 텬도교 기타 불온문서사건도 이미 취됴가 쯧난 모양이니 이것도 일간 취됴가 다 쯧날 것이며 사건의 진상도 그때에야 알 수 잇게 될 것이외다. 하여간 그다지 중대한 사건은 아니외다" 하며 비밀이니 여러 말할 수 업다는 듯이 말하기를 쓰리더라.

《조선일보》 1926년 6월 16일자

權五卨事件 取調着手

경찰부에 잡힌 학생도 종로서로 넘기어 왓다

權五卨事件
取調着手
경찰부에잡힌학생도
종로서로넘기어왓다

륙월십일돌발한조선○○만세사건은 이래종로서 사법계에서전심전력 취됴를계속하야 대강사건의진상을 포착하엿다함은 루보한바어니와 동서 고등계에서는 전긔사건을 사법계에넘긴후권오설(權五卨)을주모로한○○○○ 음모사건의진상을탐색하기위하야 형사를 사방으로출동케한후 격렬한활동을 개시하엿다는데 십오일오전에 길야(吉野)경부보는 경긔도경찰부에이르러 권오설사건에관계된 학생리모(李某)를비롯하야 오명은동서로 다리고간후 비로소순서잇는취됴를 시작하엿다는바이사건에대하야 동일도 안등경찰부장(安藤警察部長)이종로서에일으러 삼서장과 장시간의밀의까지하엿다더라

륙월 십 일 돌발한 조선○○만세사건은 이래 종로서 사법계에서 전심전력 취됴를 계속하야 대강 사건의 진상을 포착하엿다 함은 루보한 바어니와 동 서 고등계에서는 전긔 사건을 사법계에 넘긴 후 권오설權五卨을 주모로 한 ○○○○ 음모사건의 진상을 탐색하기 위하야 형사를 사방으로 출동케 한 후 격렬한 활동을 개시하엿다는데 십오 일 오전에 길야吉野 경부보는 경긔도경찰부에 이르러 권오설사건에 관계된 학생 리모李某를 비롯하야 오 명은 동 서로 다리고 간 후 비로소 순서 잇는 취됴를 시작하엿다는 바 이 사건에 대하야 동일도 안등安藤 경찰부장警察部長이 종로서에 일으러 삼서장과 장시간의 밀의까지 하엿다더라.

《동아일보》 1926년 6월 17일자

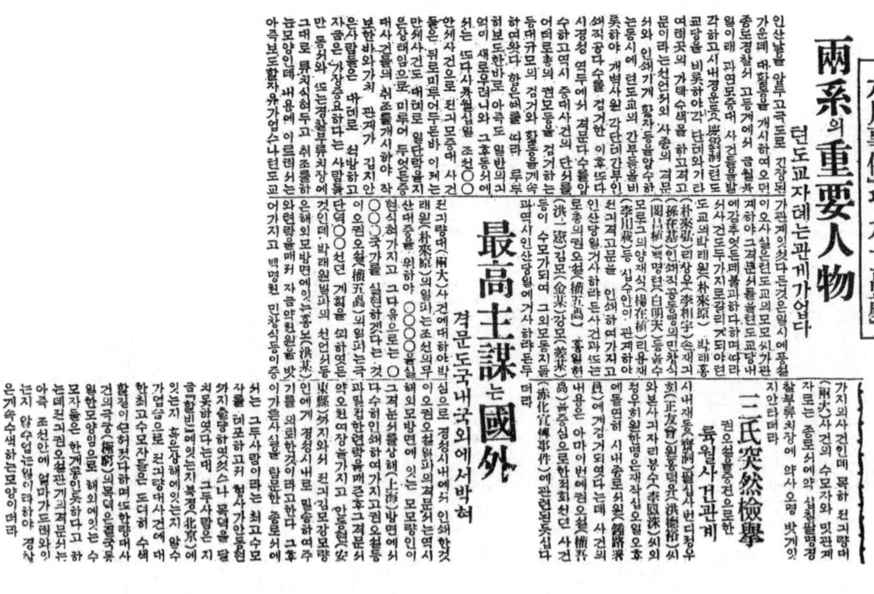

『六月事件』과 『六十萬歲』 兩系의 重要人物

텬도교 자톄는 관계가 업다

인산날을 압두고 극도로 긴장된 가운데 대 활동을 개시하여 오던 종로경찰서 고등계에서 금월 륙 일 이래 과연 모 중대사건들을 발각하고 시내 경운동慶雲洞 텬도교당을 비롯하야 각 단톄와 기타 여러 곳의 가택 수색을 하고 격고문이라는 선언서 외 사종의 격문서와 인쇄기계 활자 등을 압수하는 동시에 텬도교의 간부들을 비롯하야 개벽사원 각 단톄 간부 인쇄직공 다수를 검거한 이후 또다시 경성 역두에서 격문 다수를 압수하고 역시 중대사건의 단서를 어더 로총의 권모 등을 검거하는 등 대규모의 검거와 활동을 계속하여 왓다 함은 때를 따라 루루히 보도한 바로 아즉도 일반의 긔억이 새로우려니와 그 후 동 서에서는 또다시 륙월 십 일 조선 ㅇㅇ만세사건으로 전긔 모 중대사건들은 뒤로 미루어 두든 바 이제는 만세사건도 대톄로 일단락을 지은 상태임으로 미루어 두엇든 중대사건들의 취조를 개시하야 작보한 바와 가치 관계가 깁지 안은 사람들은 대톄로 석방하고 지금은 가장 중요하다는 사람들만 동 서와 또는 경찰부 류치장에 그대로 류치식혀 두고 취조를 하는 모양인데 내용에 이르러서는 아즉 보도할 자유가 업스나 텬도교가 관계 잇섯다든 것은 일시에 풍설이오. 사실은 텬도교의 모모씨가 관계하야 그 격문서들을 텬도교당 내에 감추엇든데 불과하다 하며 짜라서 사건도 두 가지로 갈리게 되야 텬도교의 박래원朴來源 박래홍朴來弘 리상우李相宇 손재긔孫在基 인쇄직공동맹의 민창식閔昌植 백명텬白明天 등을 수모로 그의 양재식楊在植 리용재李用載 등 십수 인이 관계하야 전긔 격고문을 인쇄하여 가지고 인산당일 거사하랴든 사건과 또는 로총의 권오설權五卨 홍일헌洪一憲 김모金某 강모姜某 등이 수모가 되여 그 외 모 동지들과 역시 인산당일에 거사하랴든 두 가지의 사건인데 목하 전긔 량대兩大사건의 수모자와 밋 관계자로는 종로서에 약 십칠팔 명 경찰부 류치장에 약 사오 명밧게 잇지 안타더라.

三氏 突然 檢擧

권오설을 중견으로 한

륙월사건 관계

시내 재동齋洞 팔십사 번디 정우회正友會원 홍덕유洪德裕 씨와 본사 긔자 리봉수李鳳洙 씨 외 정우회원 한 명은 재작 십오 일 오후에 돌연히 시내 종로서원鍾路署員에게 검거되엿다는데 사건의 내용은 아마 이번에 권오설權五卨을 중심으로 한 적화선뎐사건赤化宣傳事件에 관련된 듯십다더라.

最高 主謀는 國外

격문도 국내 국외에서 박혀

전긔 량대兩大사건에 대하야 박래원朴來源의 일파는 조선의 무산대중을 위하야 ○○○○을 실현식혀 가지고 그다음으로는 ○○○○국가를 실현하겟다는 것이오. 권오설權五卨의 일파는 극단뎍 ○○선뎐 계획을 꾀하엿든 것인데 박래원 일파의 선언서 등은 해외 모 방면에 잇는 홍모洪某와 련락을 매저 자금 약 천 원을 밧어 가지고 백명천 민창식 등이 중심으로 경성 시내에서 인쇄한 것이오. 권오설 일파의 격문서는 역시 해외 모 방면에 잇는 모모 량인이 그 격문서를 상해上海 방면에서 다수히 인쇄하여 가지고 권오설 등과 밀접한 련락을 매즌 후 그 격문서 약 오천여 장을 가지고 안동현安東縣까지 와서 전긔 김모 강모 량인에게 경성 시내로 밀송하여 주기를 의뢰한 것이라고 한다. 그 후 이 가튼 사실을 탐문한 종로서에서는 그 두 사람이라는 최고 수모자를 톄포하고저 형사가 안동현까지 출댱하엿섯스나 목뎍을 달치 못하엿다는대 그

두 사람은 지금 『할빈』에 잇는지 북경北京에 잇는지 혹은 상해에 잇는지 알 수가 업슴으로 전긔 량대사건에 대한 최고 수모자들은 도뎌히 수색할 길이 끈허젓다 하며 또한 량대사건의 극궁極窮의 목뎍은 결국 동일한 모양임으로 해외에 잇는 수모자들은 한 계통인 듯하다고 하는데 전긔 권오설 관게의 격문서는 아즉 조선 안에 얼마가 드러와 잇는지 알 수 업는 일이라 하야 경찰은 계속 수색하는 모양이더라.

《동아일보》 1926년 6월 19일자

中國紙幣 僞造團 檢擧가 計劃發覺의 端緒

계획 발각단서는 지페위조단 검거 권오설의 계획과 운동비용의 출처 (一) 六月事件의 眞相梗槪

中國紙幣僞造團檢擧가 計劃發覺의 端緒

=계획발각단서는지폐위조단검거 권오설의계획과운동비용의출처=

(一) 六月事件의眞相梗槪

發覺端緒

背後의重要人物

權九尙과安東

【緖頭一言】 륙월 륙 일 시내 종로경찰서 고등게에 경운동 텬도교당 안에서와 또는 기타 시내 수처에서 인산당일에 사용하랴던 다수한 격문서가 압수되는 동시에 그 관계자 다수가 검거되고 또 뒤를 련하야 경성역 하물게에서 역시 다수한 격문서가 동서에 압수되는 동시에 그 관계자들이 검거된 『륙월사건』에 대하야는 본보가 루루히 보도하여 온 바어니와 대개 지금까지의 보도는 경찰이 너머 비밀을 직히고 또는 총독부 당국에서 상세한 보도를 허락지 안는 범위 안에서 단편 단편뎍으로 보도하여 왓스나 이제는 그 사건의 취조도 대톄로 일단락을 고한 모양이오. 아즉 검거하지 못한 해외海外의 유력한 수모자 이삼 인은 벌서 검거할 가망이 업시 되엿슴으로 경찰에서도 취조를 급급히 하야 오난 주일 안으로는 경성디방법원 검사국으로 송치하기로 된 모양임으로 그동안 단편 단편뎍의 보도를 종합하고 또는 아즉도 절대 비밀한 가운데서 경찰이 지금까지 이 사건을 조사하엿다는 것을 탐문하야 여긔에 그 사건을 일괄뎍一括的으로 보도하야 독자 제씨의 압헤 그 대톄의 륜곽輪廓만을 알리려 합니다.= 그럼으로 이 보도가 아즉도 그 사건의 정톄正體를 그대로 들어 내놋는 것이라고는 볼 수가 업다는 것을 여긔에 미리 말해둡니다(一記者).

發覺瑞緖

그것은 륙월 사 일이엇다. 시내 종로경찰서에서는 경상북도경찰부로부터 "대판大阪에서 발각된 대규모의 중국지페 위조사건(당시 보도)의 관계 련루자 세 사람(모다 경상북도 출생)이 경성에 잠입하엿스니 톄포하여 달라"는 통지를 밧코 곳 그들을 수색하야 톄포하는 동시에 또한 가택을 수색하야 다수한 중국 위조지폐를 압수하고 그와 함께 또한 엇더한 인쇄물도 한 장을 압수하엿다. 그때는 마츰 인산날을 압두고 그날은 반듯이 무삼 중대 계획이 잇스리라 하야 인쇄물이라 하면 광고지 가튼 것에도 신경을 놀내든 동 서에서 전긔 압수하여 온 인쇄물을 그대로 내버릴 리치는 업섯다. 그러하야 엇던 형사 한 명이 그것이 무엇인가 하는 일종의 호긔심으로 열처 본 것이 천만 의외로 인산날을 긔약하야 조선○○운동과 동시에 ○○운동을 이르키자는 의미의 격문서이엇다. 그러지 안어도 인산날에 무삼 계획이 업지 안으리라는 생각으로 신경을 뇌살하여 오던 동 서에서는 과연 큰 계획이 잇는 것을 그 한 장의 격문서로 확실히 알고 대경실색하야 그 수색에 대 활동을 비롯하엿다. 그러나 그때까지는 경찰에서도 그 가튼 격문서가 텬도교당 안 손재긔孫在基의 집에 감추여 두엇스리라고는 상급想及치 못하엿섯다 한다.

權五卨과 安東

그러하야 동 서에서는 그 인쇄물을 소지하엿던 전긔 중국지페 위조범들을 엄중히 취조하야 그 출처를 무른 결과 그들은 평안북도 선천宣川에서 금광金鑛을 경영하는 안모安某(三七)라는 사람에게서 어덧다는 것을 자백하엿다. 이 말을 들은 동 서에서는 즉시 활동을 개시하야 륙월 오 일에 선천에서 전긔 안모를 톄포하야 륙 일 동 서로 압송(당시 보도)하여다 노코 엄밀히 취조하여 본 결과 그 격문서는 오월 초순경에 자긔와 전부터 사이가 친하던 경성 조선로동총동맹의 간부 권오설權五卨로부터 중대 계획에 대한 운동자금으로 오천 원의 청구를 바들 째에 그 가튼 격문서 두 장을 어덧든 것이 전긔 지페 위조범들과도 광산관계로 사이가 친하던 터임으로 얼마 전 서로 맛낫슬 째에 그중의 한 장을 주엇섯노라고 자백하엿다.

背後의 重要人物

曹奉岩 · 金丹冶 · 金燦氏도

전긔 사건에 대하야 취조의 거듭함을 짜라 얼마 전 신의주공산당사건의 관계자로 교묘히 경찰의 시선을 피하야 상해上海방면으로 멀리 다라난 조봉암曹奉岩(二七) 김찬金燦(二七) 김단야金丹冶 등 삼인이 배후의 최고 수모인 것이 판명된 모양인데 이에 대하야서도 본 호의 거듭함을 짜라 순차 보도하려 한다(계속).

《시대일보》 1926년 6월 19일자

因山 當日 ○○萬歲와 ○○宣言 事件의 眞相

신의주공산당사건이 잇슨 이래로 상해에서 이 사건이 계획되기까지 呂運亨 · 權五卨 · 金燦 · 曹奉岩이 最高로 策動

因山當日○○萬歲와 ○○宣言事件의眞相

신의주공산당사건이잇슨이래로 상해에서이사건이계획되기까지

呂運亨權五卨金燦曹奉岩이最高로策動

四體系로分派된

금번사건의대체내용

最高參謀는上海서

메이데이에機會를일코 륙월십일로다시계획하여

運動資金出處는 金鑛主安某가

發覺端緒는中國僞造紙幣로

=중대사건관계인물=

(上) 朴來源、閔昌植、孫在基、白明天、朴來弘

(中) 呂運亨、金燦、權五卨、曹奉岩

(下) 李柄立、李先鎬、李天鎭、朴斗鍾、朴河均

聖經學院中心으로 新事件又發覺

학생十餘名을引致

天道敎 사건은

儆信生五名

약 오륙십만이란 흰 옷 닙은 대중이 서울에 모여들어 연도에서 배관하고 잇슨 지난 륙월 십일의 인산당일을 긔회로 대정 팔 년 이래 팔 년 만에 처음 보는 계획적이고 쏘 대규모인 제이차 조선○○선언의 중대 계획을 하다가 거사 전에 발각되어 경찰당국의 손에 천도교본부天道教本部를 위시하야 안국동安國洞 소격동昭格洞 등 시내 각 처의 포위와 쏘 수색을 밧는 동시에 주모자인 권오설權五卨 씨와 박래원朴來源 씨 등 구십여 명의 검거와 수만 매의 ○○문이 압수가 되엇스며 쏘 그 뒤로 계속하야 인산당일에 시내 장사동長沙洞과 돈의동敦義洞 등 기타 여듧 곳에서 학생 사이에 조선 ○○만세사건이 닐어나 현장은 살풍경을 일우는 동시에 연희전문延禧專門과 중앙학교中央學校 등 칠팔 개 학교의 학생이 백여 명이 체포되어 이래 류치장과 형무소에 구금되어 잇스면서 사직司直과 경리警吏의 손에 엄중한 취조를 밧고 잇든 중 그중의 학생 사십칠 명에 대하야는 수일 전에 이미 경찰당국의 손을 써나 형무소에 수감되는 동시에 검사국에 압송되엇슬뿐더러 그 외의 권오설 일파의 사건과 박래원 일파의 사건과 쏘 남저지 학생사건도 거의 취조를 마치어 불일내로 검사국에 넘기게 되리라 할 지음에 쏘다시 돌연이 이가티 거사 전 발각으로 실패된 여러 가지 사건의 뒤를 니어 비밀리에 모 중대한 사건을 획책하다가 재작일에 경긔도경찰부의 손에 발각되어 수십 명의 학생이 검거되는 동시에 다시 천도교본부를 위시하야 서양인 운영의 여러 학교에 대한 가택 수색이 개시되어 다시 천하의 인심을 놀래이는 중인데 이제 우리는 이미 단편적으로 보도된 여러 가지 사실과 당시에 잇서 보도할 자유를 못 가지엇든 금번 사건의 조직과 체계體系와 그 경과를 일괄하야 경무당국의 허락하는 정도 안에서 보도하는 동시에 새로 닐어난 금번 중대 사실의 진상을 보도하는 바이다.

四體系로 分派된

금번 사건의 대체 내용

금번 사건은 결국 조선○○이라는 종극의 목적에 니르러는 일치하지만 처음 출발할 쌔에는 네 개의 계통에서 사건을 쑤민 것임으로 체계를 싸진다면 네 가지 사건으로 볼 수 잇스니 즉

◇ 第一事件

조선로농총동맹의 중앙집행위원 박래원朴來源을 위시하야 朴來弘 · 閔昌植 · 孫在基 · 李相宇 · 李用載 · 楊在植 · 白明天 등 수십 명이 관계한 사건

◇ 第二事件

화요회火曜會의 거두요 신의주공산당사건의 중요한 인물인 권오설權五卨 씨를 위시하야 홍일헌洪一憲 등 여러 사람이 획책한 사건

◇ 第三事件

연희전문학교 생도 李柄立 · 尹至鍊, 帝大豫科의 李天鎭, 中央의 李先鎬 · 柳冕熙 · 朴斗鍾 · 朴河均 等 백여 명 청년 학생이 중심되어 계획한 조선 ○○만세사건

◇ 第四事件

최근에 발각된 배재학당과 협성신학교와 계성학원 학생들을 중심으로 획책한 ○○문 사건인데 이상의 네 가지 사건이 모다 호상(상호) 련락이 잇섯든 것인지는 알 수 업스나 이제 경찰의 손에 몰수된 ○○문과 기타 문서 등으로 보아 그 운동의 성질을 조사하야 보건대 제일 사건은 조선○○이라는 선언서를 수십만 매 인쇄하야 전 조선에 보내려 한 것으로 그 ○○서의 문구를 보면 조선○○을 전제로 하고서

一. 教育을 朝鮮人 本位로 하자

二. 産業을 朝鮮人 本位로 하자

기타 몃 가지 조건으로 보다 구체적 사실을 렬거한 것인 바 대체로 민족주의民族主義에 갓가운 것이라 하며 제이 사건인 권오설 일파의 사건은 조선○○을 한 뒤 ○○으로 할 것이며 그 밧게 동양척식회사의 철거와 조선은행의 철거 등 일본 자본가의 ○○ 등을 언명할 것이 되어 전체의 색채가 ○○주의에 갓가운 것이라 하며 또 제삼과 제사의 사건은 위선 표면에 나타난 것으로 보아 조선○○을 하는 것에 그 목적이 잇섯다고.

最高 參謀는 上海서

메이데이에 機會를 일코

륙월 십 일로 다시 계획하여

이제 모든 사건의 경과를 보도하건대 얼마 전에 로서아 『모스크바』에 니르러 국제공산당國際共産黨의 승인을 어든 뒤 다시 조선에 들어와 조선공산당朝鮮共産黨의 조직에 착수하려다가 거사 전에 발각된 신의주공산당사건新義州共産黨事件의 수모자로 그 당시에 전 조선의 사십여 명 사회운동자가 모다 경찰당국의 손에 체포될 때에 호올로 국외國外에 망명한 권오설權五卨(二八) 씨가 가튼 동지이든 경긔도 강화도江華島 ~ 의 조봉암曹奉岩(二七) ~ 함경북도 명천군咸

北明川郡 ~ (二七)의 량씨와 ~ 조선 내지를 비밀 ~ 야 동경東京에 건너 ~ 서 다시 몸을 피하야 상해上海로 도주 하얏든 중 권씨는 다시 모 중대한 계획을 품고서 몃 날 전에 다시 조선에 들어와 경성에 잠복하고 잇스면서 긔정 계획이든 ○○운동을 하기에 착수하야 왓다. 그래서 비밀리에 동지를 규합하고서 지난 오월 일 일의 「메ㅣ데ㅣ」 날을 긔회로 닐으키려 하다가 경찰당국의 경계가 넘우 심하기에 일시 중지하얏다가 전긔 륙월 십 일을 긔회로 다시 거사하려 한 것이라는데 권씨는 이 사건을 모사할 때에 최초에 동지로 천도교의 몃몃 사람과 각 단체의 인물과 또 ○○신문사 인쇄직공인 민창식 씨 등과 공모하고서 시내 안국동 모처에 잠복하고 잇스면서 자긔가 긔초起草한 ○○문 오만여 장을 인쇄하야 전 조선 각지에 산포하려한 것이며 또 이리하는 한편에 상해에 잇는 려운형呂運亨 · 김찬 · 조봉암 등 여러 사람은 금번 사건의 총참모를 그곳에 안저하는 한편으로 수십만 매의 ○○문을 인쇄하야 특별히 밀사密使 김모金某 홍모洪某 등에 부탁하야서 안동현安東縣에까지 몸에 지니고 가게한 뒤 다시 그곳으로부터 조선 내지의 모씨가 바다서 선천宣川에까지 가저온 후 다시 그곳으로부터 닙을 속에 일만 매를 너허서 철도편으로 경성의 권씨에게 보내는 동시에 조선 각지에도 만히 밀송하얏다는데 경성의 분은 경성에서 그만 발각되엇고 또 그 외의 것도 신의주新義州와 개성開城과 평양平壤 등 여러 곳곳에서 혹은 수천 매 혹은 수만 매씩 발각 몰수하기에 니른 것이라 한다. 그러함으로 처음에 전하는 바 천도교나 개벽사는 직접으로 아모 관계가 업는 것이 판명되어 당시에 검거 당하얏든 권동진權東鎭 오세창吳世昌 리돈화李敦化 김긔전金起瀍 제씨는 방면되어 나왓스며 또 김성수金性洙 최남선崔南善 최린崔麟 등씨도 아모 관계업는 사실이 판명되어 나왓슴으로 현재 제일 사건인 박래원 일파의 관계로는 십여 명, 제이 사건 권오설 일파의 관계로는 칠팔 명, 제삼 · 제사의 학생사건으로는 약 백여 명이 구금되어 잇는 중이라고.

運動資金 出處는

金鑛主 安某가

發覺端緒는 中國 僞造紙幣로

그런데 권씨 일파는 얼마나 만흔 자금을 가지고서 이 사건을 착수하려 하얏든가? 아즉 자세한 것은 발표할 수 업스나 경찰당국의 조사에 의하면 해외로부터 온 것은 둘재 문제로 하고 위선 평안북도平北 선천宣川에서 금광金鑛을 경영하고 잇는 안모安某=慶北出生가 이 운동에 직접 참가하야 위선 돈 오천 원을 내기로 되어 그것을 ■■로 한 것이라는데 한편으로 이 돈이 원인이 되어 이 중대사건이 발각됨에 니르럿다 하는 바 그것은 지난 륙월 사 일에 시내 종로서鍾路署에서 경북경찰부慶北警察部의 의뢰로 중국위조지폐단中國僞造紙幣團의 주모자인 김모 외 두 명을 시내 모처에서 체포하는 동시에 그 집을 엄중히 수색한 결과 그때에 위조지폐 뭉텡이와 기타 어쩐 이상한 인쇄물이 발견되엇는데 그 인쇄물이 공교롭게 그 전일 천도교 본부로부터 압수한 조히 조각허고 마치 한 가지 것임을 알고 크게 놀라 범인을 엄중 취조한 결과 그 조히는 전긔 금광 경영주인 안모의 손으로부터 나온 것이 판명되엇슴으로 동 서에서는 선천에 형사를 급파하야 안모를 체포하야 취조한 결과 그것은 권오설 씨로부터 ○○운동 자금의 청구를 바닷슬 째 그 인쇄물 두 통을 받은 것으로 어찌어찌하야 그것이 전긔 위조지폐 단원의 손에 들어간 것이라는 것과 또 권씨는 방금 장사동長沙洞 모처에 잠복하고 잇스면서 이 사건을 지휘하고 잇스며 또 안국동安國洞에서 ○○문의 인쇄를 마친 뒤 인쇄물은 전부 천도교 본부에 감추어 두엇스며 그 밧게 여러 련루자의 성명이 그 입으로부터 판명되엇슴으로 이가티 륙 일 오후 네 시에 니르러 도 경찰부와 종로서의 련합 활동으로 일백여 명의 대 검거를 보게 되어 이 사건은 아조 거사 전 실패에 돌아가고 만 것이라 하는데 전긔와 가티 안모라는 금광 경영주가 공모되어 획책한 것으로 보아 자금은 얼마든지 잇섯슬 것을 알고 경찰당국에서는 새삼스럽게 놀라기를 마지 안는다고.

‖중대사건 관계인물‖

(上) 朴來源 · 閔昌植 · 孫在基 · 白明天 · 朴來弘

(中) 呂運亨 · 金燦 · 權五卨 · 曹奉岩

(下) 李柄立 · 李先鎬 · 李天鎭 · 朴斗鍾 · 朴河均

《조선일보》 1926년 6월 19일자

亡命中 左傾派와 內外로 相互呼應

금번 사건은 지금으로부터 팔 년 전에 일어낫든 삼일운동 이래 처음 잇는 큰 사건으로 속 깁흔 근저를 둔 것이라 하야 경찰당국자들은 이 사건의 진상을 뎍발하기에 전력을 다하야 불면불휴의 열광뎍 활동을 개시한 결과 이미 일부의 진상은 들어낫스나 아즉도 엄중한 취됴를 진행하는 터인데 종래에 민족뎍 운동으로서는 조선의 ○○을 긔하기는 절대로 불가능한 것을 깨달앗슴으로 조선 전국을 적화에 의하야 일본의 긔반에서 버서나고저 계획한 것은 추호의 의심을 품을 여디가 업다 하야 수색의 손을 편 결과 사건의 중심인물인 수모자 권오설權五卨

이 톄포되자 모든 사건은 명료하게 되엿다는 바 전긔 권오설은 조선공산당朝鮮共産黨을 조직코저 국제공산당國際共産黨의 승인을 엇기 위하야 막사과에까지 갓다가 륙로로 교묘하게 경성에 잠입하야 금일까지 법망을 피하면서 오월 일 일 『메ㅣ데ㅣ』를 긔하야 모종의 운동을 일으키고저 하얏스나 그에 실패한 그는 금번의 국장을 천재일우의 긔회라 하야 작년 년말에 신의주공산당사건이 폭로되엿슬 당시에 교묘하게 경계망을 버서나 일본 동경을 거처서 상해에 도망한 화요회火曜會 간부 김찬金燦 조봉암曹鳳(曹)岩 등과 련락을 취하게 되얏다(寫眞은 權五卨 趙(曹)奉岩 金燦).

《조선일보》 1926년 6월 19일자

中國紙幣 僞造犯 逮捕가 計畫 暴露의 發端

운동자금으로 쓴 오천여 원은 宣川 金鑛 安某가 提供

中國紙幣僞造犯逮捕가 計畫暴露의 發端

운동자금으로쓴오천여원은 宣川金鑛安某가提供

지난사일에 시내종로 경찰서는 경상북도 경찰부의 의뢰를받고 일본대판(大阪)에 근거를둔 중국지폐위조단의 일파경상북도 출생조선청년 세명을 톄포하야 대구로 압송하는동시에 동범인들의가택을 수색하엿든바 위조지폐사건과는 전연 다른인쇄물을발견하엿는대 동인쇄물은 이번에발각된 모중대사건 으로련도교(天道敎)본부에서압수한내용과 동일한문구를 라렬하엿슴으로 경찰당국에서는 당황망조하야 그출처를취됴하엿든바전긔지폐위됴범인과밀접관계가잇는역시경상북도출생으로평안북도선천(宣川)에서금광(金鑛)을경영하는 안모(安某)라는 사람으로부터바든사실이판명되엿슴으로종로서에서는뼈를지데차안코 즉시김(金)관본(拔本)두형사를 파견하야 전긔 안모를톄포하야 취됴하엿든바 신의주 공산당사건(新義州共產黨事件)의장본인의한사람인 권오설(權五卨)은 오월초순이래로 가장 친밀하고 상당한자금도 융통할수잇는 전긔안모에게 중대계획을 말하는동시에 오천원의금전을 어더갈뼤에안모에게준두장의인쇄물한장어전긔지폐위됴범인의손에드러가게되야그와가티뜻밧게종로서에서발견하고즉시권오설이가잠재하고잇는 시내장사동(長沙洞)모의집이 음모사건의본진이라는것과시내안국동(安國洞)민창식(閔昌植)의집에서격문을인쇄한후 그격문을 텬도교본부에은닉한일과 기타관계자의 씨명과주소가판명되얏다

지난 사일에 시내 종로경찰서는 경상북도경찰부의 의뢰를 밧고 일본 대판大阪에 근거를 둔 중국지폐위조단의 일과 경상북도 출생 조선 청년 세 명을 톄포하야 대구로 압송하는 동시에 동 범인들의 가택을 수색하엿든 바 위조지폐 사건과는 전연 다른 인쇄물을 발견하엿는데 동 인쇄물은 이번에 발각된 모 중대사건으로 텬도교天道教본부에서 압수한 내용과 동일한 문구를 라렬하엿슴으로 경찰당국에서는 당황 망조하야 그 출처를 취됴하엿든 바 전긔 지폐위됴 범인과 밀접 관계가 잇는 역시 경상북도 출생으로 평안북도 선천宣川에서 금광金鑛을 경영하는 안모安某라는 사람으로부터 바든 사실이 판명되엿슴으로 종로서에서는 째를 지톄치 안코 즉시 김金 판본坂本 두 형사를 파견하야 전긔 안모를 톄포하야 취됴하엿든 바 신의주공산당사건新義州共産黨事件의 장본인의 한 사람인 권오설權五卨은 오월 초순 이래로 가장 친밀하고 상당한 자금도 융통할 수 잇는 전긔 안모에게 중대 계획을 말하는 동시에 오천 원의 금전을 어더 갈 째에 안모에게 준 두 장의 인쇄물 한 장이 전긔 지폐위됴 범인의 손에 드러가게 되야 그와 가티 뜻밧게 종로서에서 발견하고 즉시 권오설이가 잠재하고 잇는 시내 장사동長沙洞 모의 집이 음모사건의 본진이라는 것과 시내 안국동安國洞 민창식閔昌植의 집에서 격문을 인쇄한 후 그 전부를 텬도교본부에 은익한 일과 기타 관계자의 씨명과 주소가 판명되얏다.

《조선일보》 1926년 6월 19일자

一夜間에= 百卅九名 檢擧

그들에게 뎍용될 법률은 治維法과 印刷違反

사건의 단서를 어든 종로서에서는 경긔도경찰부 고등과와 협의를 하고 삼단전법三段戰法으로 륙월 륙 일 오후 네 시에 돌연 서원을 총 출동시켜 팔방으로 수색하는 동시에 텬도교당을 포위하고 이튼날 오전 두 시까지에 주모자 권오설과 박래원朴來源을 위시하야 관계자 구십칠 명을 전부 톄포하는 동시에 용의자 사십이 명을 인치하고 다시 인쇄긔와 격문 전부를 압수하야 종로서와 동 경찰부에 수용하엿다 하며 또 취됴를 짜라 의외의 신사실이 발각될는지도 모른다 하며 이번 사건은 상해上海에 잇는 모 단톄에서 계획한 것은 전긔의 모든 사실로 명백하게 되얏다 하며 마즈막으로 그들에게 뎍용될 법률은 치안유지법 인쇄법 위반죄가 뎍용되리라 더라.

《동아일보》 1926년 6월 20일자

檄文 發覺은 少女 發說로 資金은 上海에서 持來

‖이월 하순경 상해에 갓든 권오설이가 운동자금 일천오백 원을 가지고 왓다‖ (二) 六月事件의 眞相梗槪

檄文發覺은少女發說로

資金은上海에서持來

이월하순경상해에갓든권오설이가 운동자금일천오백원을가지고왓다

(二) 六月事件의眞相梗槪

開闢社를搜索

孫少女의發說

天道教도被疑

關係人物 二 孫在基

평북 선천宣川에서 금광을 경영하는 안모安某가 권오설權五卨에게로부터 운동자금 오천 원의 청구를 밧은 것은 사실이되 그 돈을 준 형적은 업슴으로 권오설이가 톄포됨을 ᄯᅡ라 안모는 종로서로부터 석방되엿는 듯하다. 본래 이번 사건에 대한 최초의 운동자금은 금년 이월 하순경 권오설이가 경관의 시선을 피하야 교묘히 상해上海로 건너갓다가 『메이 데이』(오월 일 일)를 압두고 사월 하순경에 다시 경성으로 도라 나올 ᄯᅢ에 상해에서 김단야金丹冶 김찬金燦 조봉암曹奉岩 씨 등으로부터 돈 일천오백 원가량을 변통하여 주어 그 돈을 가지고 나와서 쓴 것이라고 경찰은 추측하는 모양이며 ᄯᅩ한 톄일차로 민족주의자와 악수하엿다는 것도 자못 의문의 사실로 처음부터 그 가튼 사실이 업섯다고 보는 것이 가장 적확한 관찰일 듯십다. 이상의 사실에 대하야는 추후로 다시 상세히 보도하려 한다.

開闢社를 搜索

중국지폐 위조단 련루의 검거로 의외의 격문서 한 장을 발견한 종로서 사법계에서는 즉시 그 사실을 서댱과 및 고등게에 말하야 고등게에서는 긔보한 바와 가치 전긔 안모를 톄포하여다가 겨우 그 단서는 엇어 노핫스나 권오설이가 어데 숨어 잇는지 ᄯᅩ는 그 가튼 격문서가 어대 감초여 잇는지 그것을 전연히 알 길이 업서서 자못 고심하엿섯슬 것이다. 그러든 ᄯᅢ에 마츰 개벽開闢 잡지 륙월호가 압수되야 그 압수된 개벽을 수색하노라고 종로서 고등게에서는 륙월 륙 일 오전에 형사들이 시내 경운동慶雲洞 텬도교당天道教堂 안 개벽사의 가택수색을 한 사실이 잇섯다.

孫少女의 發說

그ᄯᅢ는 마츰 시절이 시절이엇슴으로 텬도교를 중심으로 무삼 중대 계획이 업지 안으리라는 선입주견先入注見을 가지고 압수된 개벽을 수색하는 이 외에 ᄯᅩ 다른 무삼 목뎍을 가지고 개벽사를 수색하엿든 것도 상상하기에 어렵지 안은 일이다. 그러나 압수된 개벽 이 외에는 아모 것도 발견한 것이 업시 일단 형사들은 모다 종로서로 도라가고 그 외에 모 조선인 형사 한 사람이 슬그머니 ᄯᅱ떠러지어 그 안에 숨어 잇스며 무엇을 엿듯고 잇섯다. 바로 그ᄯᅢ에 개벽사에 모히여 잡지 제본製本을 하던 부인들이 동 교당 안 손재긔孫在璣(基)의 집에 모이여 "이번 인산날에는 란리가 난답듸다 참말 큰일이 난다는데요……" 하고 이런 말을 서로 하고 잇는 중에 손재긔의 짤 손뎡화孫貞嬅(一四)라는 처녀가 그 말을 증명하기 위하야 "그러코 말고요. 저것 좀 보세요 궤짝 속에 무엇을 잔뜩 너허 두엇는데요……" 하는 말을 무심코 하엿다.

天道教도 被疑

일시 혐의로 간부들이 잡혀

전긔 손뎡화의 말이 바로 그 집 문 밧게 숨어서서 엿듯고 잇든 형사의 고막을 직각뎍으로 울렷다. 그 말을 들은 그 형사는 과연 무엇이 잇고나 하는 놀라운 생각을 가지고 자긔는 항상 텬도교당에 갓가히 다니는 관계로 즉접 그것을 수색하지는 못하고 발자죽 소리도 내지 안으며 단숨에 종로서 고등계로 달려가서 전가튼 사실을 고발하얏다. 동 계에서는 즉시 계원들의 총 출동을 명하는 동시에 자동차 다섯 대로 다수한 형사와 정복 순사들이 텬도교당에 급행하야 교당 전톄를 에워싸고 가택을 수색하기 시작하엿다. =때는 륙 일 오후 네 시 반경= 그러하야 그 교당 안 동쪽 모퉁이에 잇는 전긔 손재긔의 집에서 석유상자石油箱子 한 개와 버들상자 한 개 속에 갓득 들어 잇는 격문서들을 압수하는 동시에 그것을 증거품으로 그날 교당에 잇는 사람이라고는 어린 아해녀자들을 물론하고 전부 오십여 명을 잡아가는 동시에 또한 텬도교당과 긔념관과 종리원과 개벽사와 청년당 사무소 외 기타 전부를 낫낫치 수색하엿다. 그러나 전긔 손재긔의 집에서 압수된 격문서 외에는 별로히 증거품으로 압수된 것은 업섯다. 이러하야 그때까지는 텬도교가 중심으로 그 외각단톄와 련락을 하야 거사하랴든 줄로만 알고 동대문 밧 상춘원常春園 텬도교 뎨사세 교주 박인호朴寅浩 씨의 가택도 수색하는 동시에 박인호 씨를 비롯하야 텬도교의 간부들을 전부 검거하엿든 것이다(계속).

關係人物 = 손재긔

《시대일보》 1926년 6월 20일자

權五卨만은= 不敬罪로 起訴?

사건은 아즉 말할 수 업스나 아마 불경죄가 될 듯하다고

권오설權五卨 일파의 사건은 경찰당국의 취조가 수일 내로 끗나고 곳 검사국에 압송 긔소될 모양이라는데 그 내용은 작지에 보도한 바와 가티 권씨가 박래원朴來源 씨 등 여러 사람과 가티 근본 문제인 조선○○운동을 획책한 이 외에 또 짜로이 가장 친근한 동지 몃 사람과 함께 실로 중대한 일을 획책하얏다는데 그 내용은 보도할 자유가 업스나 대체로 말하면 금번에 이천만 조선인이 애통하는 것은 中間削한 것으로 아마 불경죄不敬罪로 긔소될 듯하다는데 이에 대하야 경찰당국의 요로모고관要路某高官은 알에와 가티 말한다.

"사건은 아즉 말할 수 업스나 어쪄한 조선 사람의 울음이 다르다는 것과 또 ○○○에 대한 불경한 일인데 아마 긔소된다 하면 불경죄에 해당할 듯하며 또 이 사건은 박래원 일파와 공모하야 한 조선 ○○사건 외에 짤로이 별개 사건이외다"

《시대일보》 1926년 6월 20일자

聖經學院 又 搜索

배재고보 학생을 위시하야 장래를 긔약하든 사건인 듯

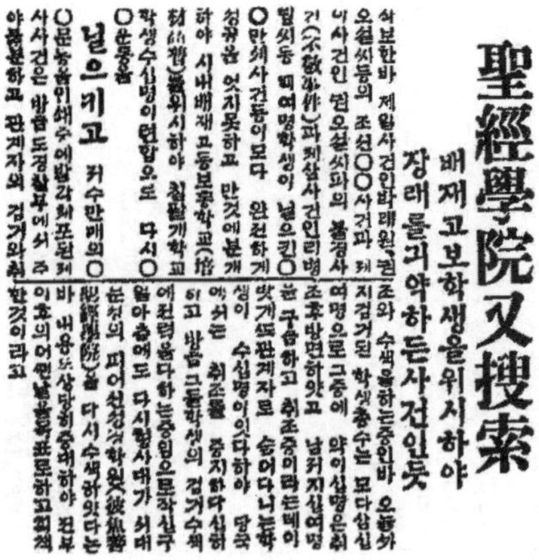

聖經學院又搜索

배재고보학생을위시하야

장래를긔약하든사건인듯

작보한 바 제일 사건인 박래원 · 권오설 씨 등의 조선○○사건과 제이 사건인 권오설 씨(일)파의 불경사건不敬事件과 제삼 사건인 리병립씨 등 백여 명 학생이 닐으킨 ○○만세사건 등이 모다 완전하게 성공을 엇지 못하고 만 것에 분개하야 시내 배재고등보통학교培材高普를 위시하야 칠팔 개 학교 수십 명이 련합으로 다시 ○○운동을 닐으키고저 수만 매의 ○○문 등을 인쇄 중에 발각 체포된 제사 사건은 방금 도경찰부에서 주야 불문하고 관계자의 검거와 취조와 수색을 하는 중인 바 오늘까지 검거된 학생 총수는 모다 삼십여 명으로 그중에 약 이십 명은 취조 후 방면하얏고 남저지 십여 명을 구금하고 취조 중이라는데 이 밧게 또 관계자로 숨어다니는 학생이 수십 명이 잇다 하야 당국에서는 취조를 중지하다 십히하고 방금 그들 학생의 검거 수색에 전력을 다하는 중임으로 작 십구 일 아츰에도 다시 형사대가 서대문성의 피어선성경학원彼魚善聖經學院을 다시 수색하얏다는 바 내용도 상당히 중대하야 전부 이후의 어썬 날을 목표로 하고 획책한 것이라고.

《조선일보》 1926년 6월 20일자

重大事件 關係者 權五卨 外 十三人

방금 종로경찰서 류치장과 도경찰부 류치장에 류치 중

重大事件關係者
權五卨外十三人
방금종로경찰서류치장과
도경찰부류치장에류치중

인산당일에일거하야 조선에○○을 이르키랴고음모를 계획한 사실이 발각되자 일백여명의엄청난 혐의자를 검거하고ㅣ어번개가티 형사대가 혹은북관(北關)혹은 국경등디에 출동하야 닥치는대로 또한 혐의자를 검거하야 일시세간의 이목을놀래인 인산전에발각된 모중대사건에대한 취됴는 이래종로서에서 불면불휴하고 계속하여온결과 십팔일까지사건은 일단락을 고하엿는데 지금혐의만밧고 검거된사람은 속속석방한후 십구일까지 전긔사건의 피의자로 십사인이 종로서류치장과 도경찰부류치장에 난우어 수용되여잇스며 그씨명은다음과 갓다더라

權五卨 朴珉英 閔昌植 李用宰 李東圭 孫在基 白明天 朴圭弘 姜延天 楊在植 安正植 廉昌烈 金昌俊 朴來源

十八日以後에
釋放된諸氏
모다여덜명이다

별항 보도한바와가티 인산전에 발각된 중대사건에대하야 혐의를밧고 오래동안 취조를밧다가 별관계가 업는것이 판명되여 십팔 십구량일에 석방된사람들은다음과갓다더라

李在益 金鍵淡 李種浩 左公林 康昌麗 尹昌夏 金芝鉉 金應鉉

인산당일에 일거하야 조선에 ○○을 이르키랴고 음모를 계획한 사실이 발각되자 일백여 명의 엄청난 혐의자를 검거하고 이어 번개가티 형사대가 혹은 북관北關 혹은 국경 등디에 출동하야 닥치는 대로 또한 혐의자를 검거하야 일시 세간의 이목을 놀래인 인산 전에 발각된 모 중대사건에 대한 취됴는 이래 종로서에서 불면불휴하고 계속하여 온 결과 십팔 일까지 사건은 일단락을 고하엿는데 지금 혐의만 밧고 검거된 사람은 속속 석방한 후 십구 일까지 전긔 사건의 피의자로 십사 인이 종로서 류치장과 도경찰부 류치장에 난우어 수용되여 잇스며 그 씨명은 다음과 갓다더라.

權五卨 朴珉英 閔昌植 李用宰 李東圭 孫在基 白明天 朴圭弘 姜延天 楊在植 安正植 廉昌烈 金昌俊 朴來源

十八日 以後에

釋放된 諸氏

모다 여덜 명이다

별항 보도한 바와 가티 인산 전에 발각된 중대사건에 대하야 혐의를 밧고 오래동안 취조를 밧다가 별 관계가 업는 것이 판명되여 십팔 십구 량일에 석방된 사람들은 다음과 갓다더라.

李在益 金德漢 李種浩 左公林 康昌範 尹昌夏 金芝鉉 金應鉉

《조선일보》 1926년 6월 21일자

權五卨 關係 廿二名

구속 십팔 명 불구속 사 명

權五卨關係
廿二名
구속십팔명
불구속사명

방금종로경찰서에서취됴중인권
오설(權五卨)음모사건의 관계
자는구속 십팔명 불구속사명이
라는데 금월중에 제령위반(制
令違反)출판법 위반 (出版法違
反)치안유지법범 (治維法犯)은
익죄(隱匿罪)로검사국으로넘길
터이라더라

방금 종로경찰서에서 취됴 중인 권오설權五卨 음모사건의 관계자는 구속 십팔 명 불구속 사 명이라는데 금월 중에 제령위반制令違反 출판법위반出版法違反 치안유지법범治維法犯 은익죄隱匿罪로 검사국으로 넘길 터이라더라.

《동아일보》 1926년 6월 22일자

京城驛頭에서 海外 檄文 感故堂에서 國內 檄文

‖ 상해에서 오든 격문은 경성역두에서 국내의 격문은 안국동 감고당서 압수 ‖ (三) 六月事件의 眞相梗槪

京城驛頭에서海外檄文

感故堂에서國內檄文

═상해에서오든격문은경성역두에서
국내의격문은안국동감고당서압수═

(三)

六月事件의眞相梗槪

印刷所의本營
感故堂을襲擊

明心堂白明天
各團印章彫刻

驛頭서沒收한
上海檄文來歷

脫身하려는瞬間에
刑事隊가襲擊
권오설이가잡히든전후사정

關係人物 三 박래원 四 민창식(下上)

그러케 텬도교당과 밋 교주 박인호朴寅浩 씨의 가택을 수색할 때에 그 격문서 오만여 장을 맛하 두엇던 고故 손병희孫秉熙 씨의 종손되는 손재긔孫在基(四八)도 검거되는 동시에 또한 이번 사건의 수모자 되는 조선로동총동맹간부요 인쇄직공조합의 위원인 전긔 박인호 씨의 아들 박래원朴來源(二三)과 그의 사촌형 되는 박래홍朴來弘(三三)도 검거된 것이다.

印刷所의 本營

感故堂을 襲擊

톄일단으로 전긔 유력한 관계자들을 검거한 종로서에서는 즉시 그들의 취조를 시작하야 또다시 거긔서 유력한 단서를 어더 가지고 일문 경성일보사京城日報社의 직공으로 역시 조선로농총동맹의 간부이오 인쇄직공조합의 위원인 시내 안국동安國洞 이십륙 번디 감고당感故堂안 민창식閔昌植(二八)의 집을 그날(륙 일) 밤 아홉 시 반경에 자동차로 엄습하야 전긔 민창식을 톄포하는 동시에 또한 그와 무엇을 밀의하고 잇든 평양平壤 출생의 역시 인쇄직공조합위원 양재식楊在植(二八)과 경성 출생의 역시 인쇄직공조합위원 리용재李用載(二一) 등도 톄포한 후 또한 가택을 수색하야 나무상자 속에 너허 그 집 고앙 속에 깁히 감초아 두엇던 소형小型 인쇄긔계印刷機械 한 대와 및 활자活字 만여 자를 압수하여 갓다. 그 인쇄긔계와 활자들을 가지고 그 집에서 전긔 격문서들을 인쇄하엿다는 것은 여긔에 다시 쓸 필요도 업는 것이다.

明心堂 白明天

各團印章彫刻

전긔 민창식 등을 검거한 동 서에서는 또다시 밤을 새여 취조를 하야 거긔서 또 단서를 어더 가지고 이번 사건 격문선언서에 서명署名한 ○○정부政府와 대한○○단大韓○○團의 인장印章을 맛하 색이엇고 또한 그 일에도 사건 주모에 간여하엿다는 평남 중화군中和郡 상원면祥原面에 원적을 두고 시내 황금뎡黃金町 일뎡목에서 명심당明心堂이라는 인쇄소와 및 인장포를 경영하는 백명텬白明天을 그날 새벽 전긔 명심당에서 또 톄포하여 갓다. 수개월 이래 가장 중대한 사건을 가장 비밀히 전부 계획하여 노핫든 것이 수일 내에 그러케 근뎌根底로부터 들치우게 되엿스나 이번 사건의 최고 주모자요 또한 책동자인 경상북도慶北 안동군安東郡 출생의 조선로동총동맹 간부 권오설權五卨(二八)은 의연히 그 종적이 묘연하엿섯다. 권오설은 작년 겨울 신의주新義州 공산당사건 이래 교묘히 종적을 감추고 단니어 우금 칠 개월 동안에 경찰의 애를 뭇칫 썩히어 오든 사람이다.

驛頭서 沒收한

上海 檄文 來歷

그러하든 차에 동 서에서는 전긔 박래원 외 여러 관계자들을 취조하는 중에서 권오설이가 지금 경성 댱사동長沙洞 일백십이 번디에 숨어 잇스며 아즉 려비가 되지 못하야 경성을 써나지 못하엿다는 말과 또는 상해上海에 잇는 려운형呂運亨 씨 외 역시 작년 겨울 신의주공산당사건으로 작년 십이월 중에 상해로 망명하여 가 잇는 김단야金丹冶 김찬金燦 씨 등으로부터 가장 과격한 공산주의 선뎐문 약 오천 매를 운송뎜에 의탁하야 텰도편으로 전긔 권오설에게 보내엿다는 등의 단서를 어더 가지고 칠 일 오후에 또다시 대 활동을 개시하야 경성역 하물계에서 니불에 싸서 궤짝 속에 깁히 봉하야 너흔 전긔 선뎐문을 압수하는 동시에 그 한편으로는 째를 어기지 안코 댱사동 백십이 번디를 습격하야 방금 어데로 다라나랴는 권오설을 톄포한 것이다.

脫身하려는 瞬間에

刑事隊가 襲擊

권오설이가 잡히든 젼후 사졍

권오설은 그동안 경성에 들어와서 모든 일을 다 계획하여 놋코 전날 상해에서 가지고 왓든 일천오백 원가량의 돈도 여러 가지 계획에 모다 써버리고 다라날 려비조차 업서서 전날 본란에 긔보된 선천宣川 광주鑛主 안정식安正植 전날 안모라고 보도된 사람에게 려비와 및 이 압흐로의 운동자금을 청구하엿던 것도 뜻대로 되지 못하야 전긔 댱사동에 숨어 잇다가 톄포되던 그날(칠 일)에야 겨우 려비가 변통되아 막 그 집을 써나 문밧그로 나아가서 다시 어대로 멀리 다라나랴 하던 차에 형사의 일대가 달려든 것이라는데 권오설은 일이 이미 그러케 되매 자긔의 운명이 다한 줄 알고 모든 것을 단념하는 듯한 대담한 태도로 형사들을 향하이 "내가 지금까지는 도망하여 다녓스나 일이 이미 이러케 되엿스니 엇절 수 업소. 여러분이 나 하나 째문에 무척 고심하여 온 모양이니 자 어서 잡아가시오" 하고 두 팔을 내벌렷다 한다. 이러케 권오설은 잡힌 것이다.

(계속)

關係人物 三 박래원(上) 四 민창식(下)

《동아일보》 1926년 6월 22일자

六月事件의 關係? 二名을 또 檢擧

로농총동맹 간부 리준태 씨와 녀성동우회 간부 조원숙 양을

六月事件의關係?
二名을또檢擧
로농총동맹간부리준태씨와
녀성동우회간부조원숙양을

조선○○운동과 동시에 ○○운동을이르키랴던『륙월사건』에대하야 그수모자권오설(權五卨)외 여러사람을 취조하는 중에잇는 종로경찰서 고등계에서는 작이십일일 아츰에또다시 조선로농총동맹간부리준태(李準泰)씨와 금월六일 동서에검거 되엿다가 석방된 녀성동우회 (女性同友會)간부조원숙(趙元淑)양을 또다시검거하야 즉시동서에 류치식히엇는데 사건내용에 대하야는례에의하야 절대비밀에 부치나『륙월사건』의취조를따라 그사건에대한관계의혐의를가지고 그와가치검거한것인듯하더라

事件關係者는
十六七人
이번주일안으로는
검사국으로넘길듯

전긔『륙월사건』에대한취조는아즉도게속되는 모양이나 검거되이후벌서 반삭이나넘엇슴 으로 취조도머더로 일단락을 고하게되야 이번주일안으로는 취조를 쯧내가지고 검사국으로 넘길이라는데 엇던곳에서 들은바에의하면 권오설은 지금여러가지사건외에 가치검거되여 잇는리상우(李相宇)와 함께또다른사건에대하야 심문을 밧는중임으로 취조가용이허 끗나지안는모양이라하며 목하그 사건의관계련루자로 검거되여잇는 사람들가운데는 이번사건을 주모한사람들을숨겨둔사람도잇고또는그계획을 도아준사람도 잇는모양임으로 검사국으로 넘길때에는 사건주모자들은 치안유지법위반(治安維持法違反)출판법위반(出版法違反) 교사(敎唆)등으로 넘기고 그외는 『범인은익』 혹은 방조(幇助)라는 범죄상『죄명』으로넘거게될듯하나 아즉은미상한데 현재그사건으로 종로서에갓처잇는 관계인물들에대하야 본사에서 조사한바에의하면 다음과갓더라

慶北安東郡出生朝鮮勞農總同盟幹部權五卨(二八)▲京城崇仁洞勞總委員朴來源([illegible])▲京城安國洞二六印工組合委員閔昌植(二六)▲平壤出生印工組委員楊在植(二八)▲同李同戒(二二)▲京城崇仁洞朴來弘(二三)▲天道敎靑年黨委員孫在基(二八)▲黃金町一丁目明心堂白明天([illegible])京城樂園洞四九李相宇([illegible])▲平北道總務員金恒俊([illegible])▲安東縣堀割南通運送店姜然天(二八)▲住所未詳李東圭▲同安正植▲同廉昌烈▲勞總李準泰▲女性同友會趙元淑

조선○○운동과 동시에 ○○운동을 일으키랴던 『륙월사건』에 대하야 그 수모자 권오설權五卨외 여러 사람을 취조하는 중에 잇는 종로경찰서 고등계에서는 작 이십일 일 아츰에 또다시 조선로농총동맹 간부 리준태李準泰 씨와 금월 륙 일 동 서에 검거되엿다가 석방된 녀성동우회女性同友會 간부 조원숙趙元淑 양을 또다시 검거하야 즉시 동 서에 류치식히엇는데 사건 내용에 대하야는 례에 의하야 절대 비밀에 부치나 『륙월사건』의 취조를 따라 그 사건에 대한 관계의 혐의를 가지고 그와 가치 검거한 것인 듯하더라.

事件 關係者는

十六七人

이번 주일 안으로는

검사국으로 넘길 듯

전긔 『륙월사건』에 대한 취조는 아즉도 계속되는 모양이나 검거된 이후 벌서 반삭이나 넘엇슴으로 취조도 대톄로 일단락을 고하게 되야 이번 주일 안으로는 취조를 전부 끗내 가지고 검사국으로 넘길이라는대 엇던 곳에서 들은 바에 의하면 권오설은 지금 여러 가지 사건 외에 가치 검거되여 잇는 리상우李相宇와 함께 또 다른 사건에 대하야 심문을 밧는 중임으로 취조가 용이히 끗나지 안는 모양이라 하며 목하 그 사건의 관게 련루자로 검거되여 잇는 사람들 가운데는 이번 사건을 주모한 사람들을 숨겨둔 사람도 잇고 또는 그 계획을 도아준 사람도 잇는 모양임으로 검사국으로 넘길 째에는 사건 주모자들은 치안유지법위반治安維持法違反 출판법위반出版法違反 교사敎唆 등으로 넘기고 그 외는 『범인은익』 혹은 방조幇助라는 법률상 『죄명』으로 넘기게 될 듯하나 아즉은 미상한데 현재 그 사건으로 종로서에 갓처 잇는 관계인물들에 대하야 본사에서 조사한 바에 의하면 다음과 갓더라.

慶北 安東郡 出生 朝鮮勞農總同盟 幹部 權五卨(二八) ▲ 京城 崇仁洞 勞總委員 朴來源(三三) 京城 安國洞 二六 印工組合委員 閔昌植(二八) ▲ 平壤 出生 印工組委員 楊在植(二八) ▲ 同 李同(用)載(二一) ▲ 京城 崇仁洞 朴來弘(三二) ▲ 天道敎靑年黨委員 孫在基(三八) ▲ 黃金町 一丁目 明心堂 白明天(二七) ▲ 京城 樂園洞 四九 李相宇(四七) ▲ 平北道廳 雇員 金恒俊(三0) ▲ 安東縣 堀割南通 運送店 姜然天(一八) ▲ 住所 未詳 李東圭 ▲ 同 安正植 ▲ 同 廉昌烈 ▲ 勞總 李準泰 ▲ 女性同友會 趙元淑

《조선일보》 1926년 6월 22일자

鐘(鍾)路署에서 靑年 四名 又 檢擧

국장 이후 잠시 조용하더니 또 청년 네 명을 검거 취됴 중 其中 李秀燁은 間島서 入國

鐘路署에서
靑年四名又檢擧
국장이후잠시조용하더니
또청년네명을검거취됴중
其中李秀燁은間島서入國

륙월륙일 이래매일 바람가티 변하여온 시국은 극도로교란되여각방면의 요시찰인 (要視察人)은 한때도마음을노치못하고 지내오던중 미리부터 여러가지 풍설을 가지고온 국장의 (國葬儀)도 일장의풍파를겪근후세상은 다소바람잔 뒤가티조용하여왓스나 오히려 일반은또다시무슨폭풍우를 예상하는것 가티지나오는터이엇는데 돌연히 이십일일오후 한시경에 시내종로서 형사대는 지난륙월 륙일일시엇더한혐의를 밧고검거 되엿다가 방면된 신흥청년동맹 (新興青年同盟)위원(委員) 김창준 (金昌俊)씨와 로총위원(勞總委員) 리준태(李準泰)씨외 녀자 청년동맹(女子青年同盟)위원조원숙(趙元淑)양을시내각처로부터검거한후 이어네시경에 시내돈의동(敦義洞) 일백 이십오번디의 일호를 동서형사[illegible]명이 엄중히 가택을 수색하는동시에 약이개월전에 간도(間島)로부터 비밀히입경한리수엽(李秀燁)(三〇)씨를종서도동행케한후엄중히취됴를시작하엿는바사건은역시권오설(權五卨)사건에 무슨 관계를가진것인듯하다더라

李秀燁本名은
金之澤
취됴결과알엇다

별항 보도한바와가티 돈의동으로부터 검거한 리수엽(李秀燁)이라는청년은 취됴한결과 그의 본명이 김지택(金之澤)으로 판명되엿다는데 이는 간도(間島)와 로령(露領)방면에서 오래동안 〇〇운동을하든청년으로 조선에 드러올때도 단순한몸으로온것이아니요 엇더한 중대사명을가지고온것으로서취됴를따라사건이 의외에 확대될는지도몰으다더라

륙월 륙 일 이래 매일 바람가티 변하여 온 시국은 극도로 교란되여 각 방면의 요시찰인要視察人은 한 째도 마음을 노치 못하고 지내오던 중 미리부터 여러 가지 풍설을 가지고 온 국장의國葬儀도 일장의 풍파를 격근 후 세상은 다소 바람 잔 뒤가티 조용하여 왓스나 오히려 일반은

또다시 무슨 폭풍우를 예상하는 것가티 지나오는 터이엿는데 돌연히 이십일 일 오후 한 시경에 시내 종로서 형사대는 지난 륙월 륙 일 일 시 엇더한 혐의를 밧고 검거되엿다가 방면된 신흥청년동맹新興青年同盟 위원委員 김창준金昌俊 씨와 로총위원勞總委員 리준태李準泰 씨외 녀자청년동맹女子青年同盟 위원 조원숙趙元淑 양을 시내 각처로부터 검거한 후 이어 네 시경에 시내 돈의동敦義洞 일백이십오 번디의 일호를 동 서 형사 륙 명이 엄중히 가택을 수색하는 동시에 약 이 개월 전에 간도間島로부터 비밀히 입경한 리수엽李秀燁(二五) 씨를 동 서로 동행케 한 후 엄중히 취됴를 시작하엿는 바 사건은 역시 권오설權五卨 사건에 무슨 관계를 가진 것인 듯 하다더라.

李秀燁 本名은

金之澤

취됴 결과 알엇다

별항 보도한 바와 가티 돈의동으로부터 검거한 리수엽李秀燁이라는 청년은 취됴한 결과 그의 본명이 김지택金之澤으로 판명되엿다는데 이는 간도間島와 로령露領 방면에서 오래동안 ㅇㅇ운동을 하든 청년으로 조선에 드러올 째도 단순한 몸으로 온 것이 아니요 엇더한 중대 사명을 가지고 온 것으로서 취됴를 짜라 사건이 의외에 확대될는지도 몰은다더라.

《동아일보》 1926년 6월 23일자

海外 檄文의 內容은 純全한 赤化 宣傳

‖ 이번 사건의 주요한 해외의 격문서는 비밀결사 공산당의 뎨일차 선뎐격문 ‖ (四) 六月事件의 眞相梗槪

海外檄文의內容은 純全한赤化宣傳

‖이번사건의주요한해외의격문서는 비밀결사공산당의뎨일차선뎐격문‖

《四》

六月事件의眞相梗槪

권오설이 가데포되며 그취조를 따라상해(上海) 려운형(呂運亨)씨등으로부터권오설에게부쳐보낸 그적화선뎐문이 엇더한 경로를밟아 경성에까지 도착되엿는가하는 사실이 드러나지 안을수가업게되엿다

平北道廳雇員 金恒俊의活動

그적화선뎐문은 오월중순경상해에서 려운형씨외그곳에 망명중에잇는 현정우회원(現正友會員)으로서 화요회계(前火曜會系)의 인물들인경상남도출생의김찬(金燦)(三八)씨와충청남도출생의김단야(金丹冶)(二七)씨와경긔도 강화도(江華島)출생의 조봉암(曺奉岩)(二七)씨들이자금을 조달하야상해에서인쇄하여가지고 그중의두사람이 그것을 휴대한후안동현(安東縣)까지와서 손수조선안에가지고 드러오랴하엿스나 국경의경계가 하도엄중한관계로뜻을일우지못하고 전일부터 독지로친히알던 신의주(新義州)에거주하는평안북도도텽고원(平北道廳雇員)김항준(金恒俊)(二○)이라는칭년을안동현으로불너내여진강산공원(鎭江山公園)에서서로맛나그선뎐문들을엇더케하면 조선안으로드려보낼수가잇겟는가를 의론하엿다

受荷人洪一憲 權氏의變名?

그러하야 김항준은 다시자긔의동지인평안북도 선천(宣川)에원적을두고안동현금화남문(安東縣錦華南門)에서 운송뎜(運送店)을경영하는 강연텬(姜然天)(二八)이라는칭년을차자 그일을의론한후 그선뎐문비밀수송에대한밀의의 수속을자긔네두사람이맛기로 하얏다일이러케이순조로되매 상해에서나왓던두사람은 그러면그선뎐문오권장을경성댱사동(京城長沙洞)홍일헌(洪一憲)이라는 사람에게로보내달라는 부탁만하고표연히안동현을떠나 또다시북경(北京)흑은할빈(哈爾賓)방면으로향하야갓다 그후그가치어려운임무를맛튼 김항준강연텬두사람은 국경방면을 항상왓다갓다하야 세관관리나 흑은국경경관들까지모다 친히아는관계로 그선뎐문을손쉽게강연텬의고향인 선천으로가지고와서는다시 거긔서그선뎐문오권장을이불속에싸서 궤짝속에너허강연텬이가 운송념하는것을리용하야 보통짐짝가치만드러텰도편으로 전긔홍일헌에게부친것이다 홍일헌은 권오설이가숨어다니든중의 변성명(變姓名)이엇는듯십다

印刷機械一臺 梨花洞서押收

이러케그전후경로가모다 탄로됨을따라 종로서고등계에서는형사한명을금월팔일오후에급거히국경방면으로 출장케하야 신의주에서 전긔김항준을안동현에서전긔강연텬을 데포하는동시에(그외에도신의주칭년수명을관계혐의자로 데포하야 신의주서에인치하엿섯스나 그후석방하엿다함)또한안동현까지도 그선뎐문을가지고나왓다가도라드러간칭년두사람을 데포하랴고북경혹은할빈까지가랴하엿다하나 이마그곳을간때이라데포할가망이업는줄알고 전긔김항준 강연텬두칭년만경성으로호송하여온것이라한다 그리고또한동서에서는 경성안에서인쇄한오종의격문서는 인쇄긔계두대로 박인줄을알고전날긔게외에 팔일오후에또다시시내안국동 감고당안에서압수된긔리화동(梨花洞)에서 역시인쇄긔게한대와 활자들을 압수하고 그와전후하야 리동규(李東圭)등도 검거되엿슴으로해외에잇서서 이미 데포할가망이 업는사람 이외에이사건의주요관계자들은 대개검거된상태에이른것이다

相應한六十萬歲 육십만세도두가지계통

그러나동서에서는 팔일오후에또다시시내 각사상단톄와조선학생회(朝鮮學生會)등을수색하는중에서 이미발견된격문서외에또다른 격문서를 발견하고학생들중심으로 이사건과상응된역시 중대계획이잇는줄은짐작하엿든모양이나 이에대하야는 도뎌히수색의손길이밋치지못하야 륙월십일(인산당일)에그와갓치학생중심의조선○○만세사건만 전과사건의실패의뒤를이어 사처에서이러난것이다 그날산포된 수천장의격문서중에는세가지의 종류가잇섯스니그두가지는 순연한조선○○만목뎍한것이오 그외한가지는사회주의뎍 색채를띄인조선○○을목뎍한의미의 것이엇섯다(계속)

▲關係人物 五、呂運亨(上) 六、曺奉岩(下)

권오설이가 톄포되며 그 취조를 ᄯᅡ라 상해上海 려운형呂運亨 씨 등으로부터 권오설에게 부처 보낸 그 적화 선면문이 엇더한 경로를 발바 경성역에ᄭᅡ지 도착되엿는가 하는 사실이 들어나지 안을 수가 업게 되엿다.

平北道廳 雇員
金恒俊의 活動

그 적화 선전문은 오월 중순경 상해에서 전긔 려운형 씨외 그곳에 망명 중에 잇는 현現 정우회원正友會員으로서 전前 화요회계火曜會系의 인물들인 경상남도 출생의 김찬金燦(二八) 씨와 충청남도 출생의 김단야金丹冶(二七) 씨와 경긔도 강화도江華島 출생의 조봉암曹奉岩(二七) 씨들이 자금을 조달하야 상해에서 인쇄하여 가지고 그중의 두 사람이 그것을 휴대한 후 안동현安東縣ᄭᅡ지 와서 손수 조선 안에 가지고 드러오랴 하엿스나 국경의 경게가 하도 엄중한 관게로 ᄯᅳᆺ을 일우지 못하고 전일부터 동지로 친히 알던 신의주新義州에 거주하는 평안북도平北 도텽道廳 고원雇員 김항준金恒俊(三0)이라는 청년을 안동현으로 불너 내여 진강산공원鎭江山公園에서 서로 맛나 그 선면문들을 엇더케 하면 조선 안으로 드러 보낼 수가 잇겟는가를 의론하엿다.

受荷人 洪一憲
權氏의 變名?

그러하야 김항준은 다시 자긔의 동지인 평안북도 선천宣川에 원적을 두고 안동현安東縣 굴할남통堀割南通에서 운송뎜運送店을 경영하는 강연텬姜然天(二八)이라는 청년을 차자 그 일을 의론한 후 그 선면문 비밀 수송에 대한 일톄의 수속을 자긔네 두 사람이 맛기로 하얏다. 일이 이러케 순조로 되매 상해에서 나왓던 두 사람은 그러면 그 선면문 오천 장을 경성京城 댱사동長沙洞 홍일헌洪一憲이라는 사람에게로 보내 달라는 부탁만 하고 표연히 안동현을 ᄯᅥ나 ᄯᅩ다시 북경北京 혹은 할빈哈爾賓 방면으로 향하야 갓다. 그 후 그가치 어려운 임무를 맛튼 김항준 강연텬 두 사람은 국경방면을 항상 왓다 갓다 하야 세관 관리나 혹은 국경 경관들ᄭᅡ지 모다 친히 아는 관게로 그 선면문을 손쉽게 강연텬의 고향인 선천으로 가지고 와서는 다시 거긔서 그 선면문 오천 장을 이불 속에 싸서 궤짝 속에 너허 강연천이가 운송뎜하는 것을 리용하야 보통 짐짝가치 만드러 털도편으로 전긔 홍일헌에게 부친 것이다. 홍일헌은 권오설이가 숨어 다니든 중의 변성명變姓名이엇는 듯십다.

印刷機械 一臺

梨花洞서 押收

이러케 그 전후 경로가 모다 탄로됨을 짜라 종로서 고등계에서는 형사 한 명을 금월 팔 일 오후에 급거히 국경방면으로 출장케 하야 신의주에서 전긔 김항준을 안동현에서 전긔 강연편을 톄포하는 동시에(그 외에도 신의주 청년 수명을 관게 혐의자로 톄포하야 신의주서에 인치하엿섯스나 그 후 석방하엿다 함) 또한 안동현까지 그 선뎐문을 가지고 나왓다가 도라 드러간 청년 두 사람을 톄포하랴고 북경 혹은 『할빈』까지 가랴 하엿섯다 하나 이미 그곳을 간대야 톄포할 가망이 업는 줄 알고 전긔 김항준 강연편 두 청년만 경성으로 호송하여 온 것이라 한다. 그리고 또한 동 서에서는 경성 안에서 인쇄한 오종의 격문서는 인쇄긔게 두 대로 박인 줄을 알고 전날 안국동 감고당 안에서 압수된 긔게 외에 팔 일 오후에 또다시 시내 리화동梨花洞에서 역시 인쇄긔게 한 대와 활자들을 압수하고 그와 전후하야 리동규李東圭 등도 검거되엿슴으로 해외에 잇서서 이미 톄포할 가망이 업는 사람 이외에 이 사건의 주요 관게자들은 대개 검거된 상태에 이른 것이다.

相應한 六十萬歲

륙십만세도 두 가지 계통

그러나 동 서에서는 팔 일 오후에 또다시 시내 각 사상단톄와 조선학생회朝鮮學生會 등을 수색하는 중에서 이미 발견된 격문서 외에 또 다른 격문서를 발견하고 학생들을 중심으로 이 사건과 상응된 역시 중대계획이 잇는 줄은 짐작하엿든 모양이나 이에 대하야는 도뎌히 수색의 손길이 밋치지 못하야 륙월 십 일(인산당일)에 그와 갓치 학생 중심의 조선○○만세사건만 전긔 사건의 실패의 뒤를 이어 사처에서 이러난 것이다. 그날 산포된 수 천장의 격문서 중에는 세 가지의 종류가 잇섯스니 그 두 가지는 순연한 조선○○만 목뎍한 것이오. 그 외 한 가지는 사회주의뎍 색채를 씌인 조선○○을 목뎍한 의미의 것이어섯다(계속).

▲ 關係人物 五. 呂連亨(上) 六. 曹奉岩(下)

《동아일보》 1926년 6월 23일자

第二次 計劃된 共産黨 結社

‖재작 이래 종로서에서 또 대 활동 뎨이 공산당결사 사건 폭로되여‖ 再次 前後 九名 檢擧

재작 이십일 일 오전에 시내 종로경찰서 고등게에서 조선로농총동맹위원 리준태李準泰 씨와 녀성동우회위원 조원숙趙元淑(二二) 양 량인을 검거하엿다 함은 작보한 바어니와 동일 오후에 동 서에서는 또다시 활동을 개시하야 시내 수창동需昌洞 구십칠 번디에서 전긔 조원숙 양의 오라비 되는 신흥청년동맹위원 조두원趙斗元(二四) 씨와 역시 신흥청년동맹위원으로 봉익동鳳翼洞 녀자긔예학교에 선생으로 잇는 김창준金昌俊 씨와 또한 녀성동우회 심원숙沈元淑 양 등을 검거하는 동시에 돈의동敦義洞 백이십오 번디의 일호 하숙옥을 돌연히 엄습하야 근일 로서아露西亞에서 나와 리수렵李秀燁이라는 변성명으로 그 집에 묵고 잇던 김지택金池澤이라는 청년을 또 검거하야 전후 여섯 사람을 동 서에 류치식힌 후 목하 취조를 하는 모양인데 사건내용에 대하야는 절대 비밀에 부치어 자세히 알 수가 업스나 권오설 등의 『륙월사건』과는 전연 다른 사건으로 권오설을 취조하던 중 돌연히 뎨이第二 공산당결사共産黨結社의 정톄가 발각되야 그가치 검거에 착수한 터인데 사건의 확대는 매우 클 듯십고 재작일 밤에도 정우회正友會위원 전해全海(二八)와 근화학교槿花學校 고등과 삼년생 조옥화趙玉花(一九)(조원숙의 동생)와 그의 부친 조석귀趙錫龜(六三) 등을 검거하고 전긔 수창동 조원숙의 집과 근화학교를 엄중히 경계하는 중이라더라.

《동아일보》 1926년 6월 23일자

兩氏 釋放

권오설 등의 『륙월사건』은 아즉도 계속하야 취조를 하는 중인데 대개 이십일 일 오후에 종로서 고등게에서는 이번 사건에 유력한 혐의를 두고 검거하엿던 박래원朴來源의 사촌형 박래홍朴來弘(三三)과 윤창하尹昌夏 등 량인은 사실상 사건에 밀접한 관게가 업섯던 것이 판명되야 석방하엿다더라.

《시대일보》 1926년 6월 23일자

大風一過 한 듯 잠잠타가 又 復檢擧의 旋風!

이십일 일부터 종로서에서 또 검거 시작 權五卨 取調 中에 新事件 發覺?

풍운이 한 번 지나간 후 잠시 잠잠안 가운데 지나오는 시내 종로서에서는 재작 이십일 일 아츰 돌연이 활동을 개시하야 시내 모처로부터 간도間島에서 들어 왓다는 리수엽李秀燁(元名 金之澤)이란 청년을 검거하는 동시에 니어서 오후 한 시경에는 다시 조선로농총동맹집행위원 朝鮮勞農總同盟執行委員 리준태李準泰씨와 녀성동우회집행위원女性同友會執行委員 조원숙趙元淑 양을 검거하얏고 뒤미처서 시내市內 봉익동鳳翼洞에 잇는 고등녀학원高等女學院으로부터 동 녀학원 선생 신흥청년동맹新興青年同盟 간부幹部 김창준金昌俊 씨와 및 한양련맹위원漢陽聯盟委員 조두원趙斗元, 녀성동우회 간부 심은숙沈恩淑 양 등을 검거하야 엄밀히 취조하는 한편 다시 계속하야 각 방으로 활동을 하는 중이라고.

事件은=

擴大할 듯

전번 사건과는

별개 관계인 듯

그런데 전긔 사건 내용에 대하야 듯는 바에 의하면 이 사건은 전번 사건과 전연 별개의 사건으로 방금 취조를 진행하고 잇는 권오설사건權五卨事件과는 아모 관계가 업다고 하니 ■■나 추측컨대 전긔 권오설을 ■■하는 중에 다시 새로운 사실이 발각되어 그와 가티 간도로부터 들어온 청년을 검거하게 되엇고 그 청년을 검거함으로부터 다시 증빙을 어더 가지고 그와 가티 다수의 관계자를 검거하기에 니른 듯하다는대 어쨌든 사건은 압흐로 점차 확대될 듯하다고.

《시대일보》 1926년 6월 23일자

權五卨事件 檢事局 押送은

일시 연긔될 듯

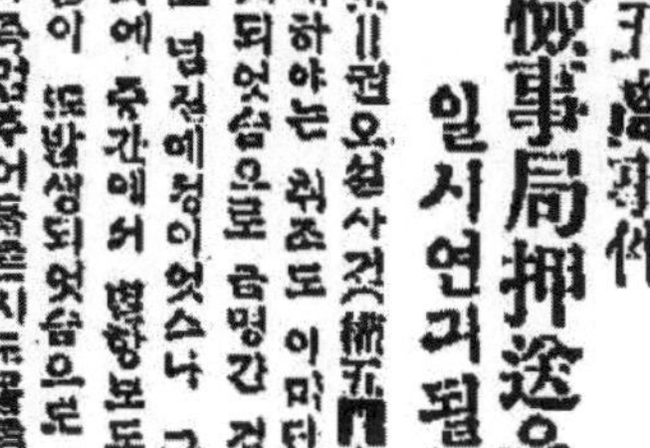
權五卨事件
檢事局押送은
일시연긔될듯

긔보=권오설사건(權五卨事件)에대하야는 취조도 이미단락을짓게되엿슴으로 금명간 검사국으로 넘길예정이엇스나 그러나 뇌외에 추간에서 [illegible]보도와가튼일이 또발생되엿슴으로 그대로[illegible]

긔보= 권오설사건權五卨事件에 대하야는 취조도 이미 단락을 짓게 되엇슴으로 금명간 검사국으로 넘길 예정이엇스나 그러나 의외에 중간에서 별항 보도와 가튼 일이 또 발생되엇슴으로 그대로 아즉 멈추어 둘른지도 몰른다고.

《조선일보》 1926년 6월 23일자

刑事隊 八方으로 活動 一段落된 時局 또 騷然

각 단톄를 수색하야 주의자 검거 重大事件 又 復發覺?

刑事隊八方으로活動 一段落된時局또騷然 각단톄를수색하야주의자검거 重大事件又復發覺?

◇……조원숙……◇

◇……조두원……◇

◇……심은숙……◇

兩主任密議

兩氏放免

이십이 일 본보 조간에 보도한 바와 가티 잔잔하여 가든 시국이 다시 요란하여지며 형사대의 활동이 또다시 시작되여 이십일 일 오전부터 시내 각처로부터 평상시에 주목하던 주의자 중 리준태李準泰 조원숙趙元淑을 시내 수창동需昌洞에서 검거한 것을 비롯하야 그 후 조원숙을 취됴한 후 즉시 그의 친부 조종귀趙鍾龜를 검거하고 이어 돈의동敦義洞 일백이십오 번디의 일호에서 리수엽李秀燁『本名 金之澤』과 김창준金昌俊을 또한 동 서로 인치하고도 형사대의 활동은 의연히 계속되여 다시 조원숙의 옵바(오빠) 조두원趙斗元을 즉시 수창동에서 어렵지 안케 검속하고 또다시 시내 재동齋洞 정우회正友會관을 습격하야 그곳에 자고 잇던 해뎐(전해)全海씨를 톄포하고 또 녀성동우회 회원 심은숙沈恩淑 조옥화趙玉華 양을 톄포한 것으로 이십일 일 활동의 최종을 마치엿는데 사건은 절대 비밀에 부침으로 상세히 보도할 자유가 업거니와 대강을 보도하면 지금으로부터 약 이 개월 전에 권오설權五卨이가 시내 적선동積善洞 방면에 잠복하여 잇슬 때 시내 종로서 형사가 전긔 장소를 습격하엿든 바 그곳에 권과 무슨 밀의를 하고 잇든 청년 학생 한 명이 문을 박차고 도망한 사실이 잇섯스며 그 청년은 현재 연희전문학교에 학뎍을 둔 조두원趙斗元으로 권과 모 중대사건을 가티 음모한 형적이 잇서 그동안 종적을 탐색하엿는데 비로소 이십일 일에 이르러 그 단서를 어더 그와 가티 급작이 활동을 시작한 결과 조두원을 잡은 것이라 하며 사건은 권과 관계 이 외에 또다시 새로운 중대사건이 발각된 모양이라더라.

署長과=

兩 主任 密議

사건은 점점 확대

별항 보도한 바와 가티 이십일 일부터 시내 종로서 공긔는 또다시 긴장되여 압흐로 무슨 폭풍우를 마지하는 것 가튼 소란을 보게 되엿는데 이십이 일 오전 열 시경에 동 서 삼서장森署長이 급거 도경찰부장警察部長을 방문하고 장시간의 밀의를 한 후 도라와 즉시 삼륜三輪 금뢰今瀨 량 주임을 서장실로 불러다가 장시간의 밀의를 하고 헤터졋는데 아마 사건의 내용은 확대되는 권오설사건에 관한 것 갓다더라.

兩氏 放免

륙월 륙 일 시내 경운동慶雲洞 텬도교天道敎본부에서 검거되여 오래동안 경찰의 취됴를 밧고 잇던 박래홍朴來弘 씨와 윤창하尹昌夏 씨는 이십일 일 오후 두 시경에 사건에 아모 관계가 업는 것이 판명되여 석방되엿다고.

曹哲氏 釋放

시내 주교뎡舟橋町 삼십칠 번디에 잇는 중앙로청中央勞靑 간부幹部 조철曹哲 씨는 지나간 칠 일에 이번 국장國葬을 압헤두고 적성회사건赤星會事件으로 본뎡本町 경찰서警察署에 검속되엿든 바 십사 일간(二週日間) 구류를 밧고 지난 이십일 일 오전 열 시경에 무사히 석방釋放되엿다고.

◇…조원숙…◇ ◇…조두원…◇ ◇…심은숙…◇

《동아일보》 1926년 6월 24일자

民族主義 各 團體와 連絡 計劃 中에 發覺

‖ 데일단으로는 ○○운동을 이르키고 데이단으로 젹화운동을 하랴다 발각 ‖ (五) 六月事件의 眞相梗槪

民族主義各團體와 連絡計劃中에 發覺

데일단으로는○○운동을이르키고 데이단으로젹화운동을하랴다발각

(五) 六月事件의眞相梗槪

上海에서密議 變裝하고入京

諸般印刷器具 日本에서買入

兩段의運動

昨今의檢擧事件 륙월사건은비로소터욱복잡

◇關係人物

그러면 이 사건의 최초부터의 그 경륜과 계획은 과연 엇더하엿든가. 때는 작년 오월경이엇다. 전일 본보에 긔보된 전前 화요회火曜會 중심인물 조봉암曹奉岩(二七) 씨는 조선공산당朝鮮共産黨 조직에 대하야 국제공산당國際共産黨의 승인을 엇고저 은밀히 조선을 떠나 로서아 『모스크바』(莫斯科)에 갓든 일이 잇서섯다. 그 후 작년 첫 겨울 그 사실내용이 모다 신의주新義州에서 발각되야 사건관계자로 사회주의자들이 다수히 검거될 때에 역시 그 사건의 주요관계자들이엇든 김찬金燦(二八) 김단야金丹冶(二七) 씨 등은 교묘히 경관의 시선을 피하야 작년 십이월 중에 경성을 떠나 동경東京을 것처 상해上海로 건너갓다.

上海에서 密議

變裝하고 入京

그때에 권오설權五卨도 교묘히 종적을 숨기고 잇다가 금년 이월 하순경에 그 역시 김찬 등의 뒤를 따라 상해上海로 건너갓섯다. 거긔서 근년 민족주의로부터 사회주의로 방향이 뎐환된 려운형呂運亨 씨 외 전긔 동지들과 모히어(려운형 씨는 김단야 등과 친한 관계로 일을 가치 의론하엿다 함) 뎨일차의 조선공산당사건이 실패된 뒤를 이어 뎨이차로 조선공산당을 조직하야 조선의 적화를 도모하기로 하고 그 선뎐방법으로는 세계 로동자들의 제일인 『메이, 데이』(오월일 일)를 긔하야 조선 안에 대규모의 적화운동을 이르키기로 계획을 세운 후 권오설은 그 운동자금 일천오백 원가량을 가지고 상해를 떠나 수염을 깍고 학생복으로 변장을 한 후 대담하게 다시 경성으로 드러온 것이다.

諸般 印刷器具

日本에서 買入

권오설이가 경성에 들어온 때는 마츰 국상이 나서 일반 인심이 모다 비감한 가운데 잠겨 잇는 때이엿섯다. 경찰은 그것을 빙자로 하고 오월 일 일에 대한 일톄 집회를 허락하지 안음으로 그날에는 거사하기가 불가능할 줄 알고 인산당일에 사람 만히 모히는 것을 긔회로 하야 거사하기로 계획을 변경한 것이다. 그러하야 자긔의 동디 박래원朴來源 등을 맛나 위선 조선 일반 민중의 심리를 끌기 위하야 뎨일단으로 ㅇㅇ운동을 이르킨 후 뎨이단으로 적화운동을 이르키기로 만단의 계획을 세운 후 운동자금 일천오백 원가량을 박래원에게 맛기어 박래원은 다시 민창식閔昌植 등과 함께 일본에서 인쇄긔게 두 대와 활자 등을 사드리어 오월 십칠 일부터 시작하야 뎨일단 ○○운동에 사용할 조선 ○○격고문 외 사종의 격문서 오만여 장을 안국동 감고당感故堂 안 민창식의 집에서 가장 비밀히 인쇄하엿든 것이다.

兩段의 運動

그것을 전부 인쇄하여 노은 뒤에는 다시 텬도교청년당天道敎靑年黨 위원인 손재긔孫在基(三八) 등과 결탁하야 륙월 삼 일 밤에 그 격문서 오만여 장을 손재긔의 집에 비밀히 가저다 두엇든 것인데 그것을 손재긔의 집에 가저다 둔 리유는 그 격문서 오만여 장은 조선○○을 목뎍한 것이엇슴으로 그것은 종교 혹은 기타 유력한 민족뎍 단톄에 전연히 맛기어 뎨일단으로는 순연한 ○○운동을 민족뎍 각 단톄의 련합으로 이르키게 하랴던 계획이엇는 듯십다. 그러하야 민족뎍 단톄를 궐기식히어 그 운동의 진두陳頭에 내세우랴고 하던 중에 사실이 발각된 듯십흐며 그와 동시에 뎨이단으로는 상해에서 드러오는 격문을 가지고 적화운동을 아울러 이르키랴던 계획이엇는 듯하다.

昨今의 檢擧事件

륙월사건은 비로소 더욱 복잡

대개 이 사건의 계획과 경륜은 이러하엿던 것으로 긔미년 삼일운동 이래 뎨이차로 가장 근뎌가 깁고 또한 그 계획과 범위가 몹시 컷던 사건인데 처음부터 사건을 계획하여 나려온 책략과 방법이며 그 밧게 여러 가지 일이 삼일운동을 계획하던 당시의 경로와 방불한 뎜이 만타고 볼 수가 잇다. 장차 사건이 엇더케나 결말이 나랴는지 이 사건의 한 계통으로 미처 검거되지 안엇든 뎨이차 조선공산당 결사사건의 관계인물들이 수일 전부터 검거되게 되야 사건은 다시 복잡하게 되얏다(完).

附記

전날 본란에 텬도교당 안 손재긔의 집에서 격문서가 발각된 것은 손뎡화孫貞嬅라는 소녀의 무의뎍 발설로 그리된 것이라고 보도되엿썻스나 하여간 녀자의 혀舌 째문에 격문이 발각된 것은 사실이되 손뎡화의 발설로 그리된 것은 안이기에 이에 명정함니다(一記者).

◇ 關係人物 七 백명텬

《동아일보》 1926년 6월 24일자

又復六名檢擧

아홉 명 이외에 또 여섯 명 검거 第二 共産黨事件 續報

『륙월사건』의 권오설權五卨 등을 취조하던 종로서 고등계에서 그 취조 중에 또다시 뎨이차의 조선공산당 조직사건이 잇다는 단서를 어더 가지고 지난 이십일 일 아츰부터 또 활동을 개시하야

女性同友會 趙元淑(二一) 朝鮮勞農總同盟 李準泰(二八) 露西亞에서 歸來한 金之澤(二四) 新興青年同盟 趙斗元(二四) 同 金昌俊(二四) 正友會 全海(二六) 女性同友會 沈恩淑(二一) 槿花學院 趙玉花(一九) 需昌洞 九七 趙斗元 父親 趙鍾龜(六三)

등 아홉 사람을 검거하엿다 함은 작지에 보도한 바어니와 동 서에서는 의연히 활동을 개시하야 재작 이십이 일 오후에 신흥청년동맹 집행위원당 김경재金璟載(二七)씨를 삼방三防에서 톄포하야 동 서로 호송하여 오는 동시에 작 이십삼 일 새벽에 동업 시대일보時代日報 사설반긔자 구연흠具然欽씨와 밋 동사 디방부댱 홍남표洪南杓 씨를 각기 그 자택에서 검거하야 동 서에 류치식히고 또한 녀성동우회 리도별李道別(二四) 양을 역시 그 자택에서 검거하는 외에 정우회 손영극孫永極 씨와 녀성동우회 뎡종명鄭鍾鳴 씨를 증인이라는 형식으로 호출하야 심문하는 중이엇다. 사건의 내용은 아즉 자세히 들어나지는 안은 모양이나 작년 뎨일차 조선○○당 조

직사건이 신의주新義州서에 발각되며 다수한 사람이 검거되야 뎨일차의 계획이 실패에 도라간 후 다시 그 뒤를 계속하야 해외에 나가 잇는 조봉암曹奉岩 씨 등과 련락하야 뎨이차 조선○○당 조직을 계획한 것이라고 경찰은 추측하는 모양인데 이 사건에 대하야 아즉도 무삼 증거품 가튼 것은 들어나지 안은 모양이며 검거는 대개 전前 화요회계火曜會系의 인물들만 하는 듯한데 아즉도 그 관계 혐의자들이 상당히 잇다 하야 동 서에서는 계속 활동하는 중이라더라.

《시대일보》 1926년 6월 25일자

權五卨 關係의 事件

십사오 명을 이삼 일 내로 검사국으로 보내게 된다

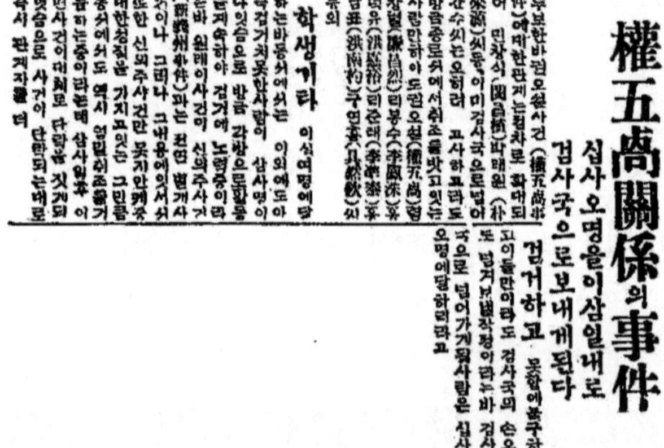
權五卨關係의事件
십사오명을이삼일내로
검사국으로보내게된다

루보한 바 권오설사건權五卨事件에 대한 관계는 점차로 확대되어 민창식閔昌植 박래원朴來源 씨 등, 이미 검사국으로 넘어간 수씨는 오히려 고사하고라도 방금 종로서에서 취조를 밧고 잇는 사람만 하야도 권오설權五卨 렴창렬廉昌烈 리봉수李鳳洙 홍덕유洪悳裕 리준태李準泰 홍남표洪南杓 구연흠具然欽 씨 등 외 학생 기타 이십여 명에 달하는 바 동 서에서는 이외에도 아즉 검거치 못한 사람이 삼사 명이나 잇슴으로 방금 각방으로 활동을 계속하야 검거에 노력 중이라든 바 원래 이 사건이 신의주사건新義州事件과는 전연 별개 사건이나 그러나 그 내용에 잇서서 또한 신의주사건만 못지안케 중대한 성질을 가지고 잇는 그만큼 동 서에서도 역시 엄밀

취조를 거듭하는 중이라는데 삼사 일 후 이번 사건이 대체로 단락을 짓게 되엇슴으로 사건이 단락되는 대로 즉시 관계자를 더 검거하고 못함에 불구하고 이들만이라도 검사국의 손으로 넘겨 보낼 작정이라는 바 검사국으로 넘어가게 될 사람은 십사오 명에 달하리라고.

《조선일보》 1926년 6월 25일자

釋王寺로부터 朱女史도 檢擧

원산에 수배한 결과로

釋王寺로부터
朱女史도檢擧
원산에수배한결과로

속보=권오설(權五卨)외 수
명을 최고간부로한 ○○○○○
사건의취됴는 그동안 시내종로
서(鍾路署)에서 엄중히 취됴를
계속하야 온다함은 루보한바어
니와 종로서에서는 지난이십삼
일 시내의검거망을 일단거두고
전선각디방에 전긔사건의 관계
자를 잡어달라고 뎐화로수배를
씌운후 이미톄포된 피의자(被
疑者)만가지고 밤을새여가며엄
중히취됴를 계속하엿스나 경찰
에서도 이러타는 물뎍증거(物
的證據)가업슴으로 사건의진상
을포착치 못하야 고심중이라는
데동서에서는 어대까지 텰뎌히
검거의손을늘일작정이나관계자
중에는 벌서종적을 감춘이도잇
서 사건은상당히 오래끌릴모양
이며 이십이일밤 원산(元山)으
로수배한 결과전일 신의주사건
(新義州事件)에 관계가 잇다는
혐의를밧고 오래동안 동디형무
소(刑務所)에서 신음하던 녀성
동우회(女性同友會) 집행위원
주세죽(朱世竹) 녀사를 석왕사
(釋王寺)로부터 톄포한후 그곳
으로부터 경성에압송하야 이십
사일오전에 시내종로서에 인치
하얏다는데 사건은아즉 가려서
는 이이상더확대될 념려는업다
더라

極東方面에
朝鮮共和國
=한재로생활이곤난한재만동포를
극동방면에이주시켜공화국건설=
勞農露國의周旋

남북만주(南北滿洲)를 위시하야북부조선의 한발이심한싸닭
에재주하는 조선사람들은생활에극도의 위협을밧게되여생도
를차자갓는 그들은다시금조선안으로도 들어오는사람도적지안
흔일변에 로농로서아와교섭한결과로농정부에서는 다액의려
비를지출하야 극동방면(極東方面)에 안주케한후농업에종사
케하야 조선인공화국(朝鮮人共和國)을 건설한후로농식(勞
農式)의훈련을하기에착수하엿다더라(봉텬뎐보)

속보= 권오설權五卨 외 수명을 최고 간부로 한 ○○○○○사건의 취됴는 그동안 시내 종로서鍾路署에서 엄중히 취됴를 계속하야 온다 함은 루보한 바어니와 종로서에서는 지난 이십삼일 시내의 검거망을 일단 거두고 전선 각 디방에 전긔 사건의 관계자를 잡어 달라고 뎐화로 수배를 씌운 후 이미 톄포된 피의자被疑者만 가지고 밤을 새여가며 엄중히 취됴를 계속하엿스나 경찰에서도 이러타는 물뎍증거物的證據가 업슴으로 사건의 진상을 포착치 못하야 고심 중이라는데 동 서에서는 어대까지 텰뎌히 검거의 손을 늘일 작정이나 관계자 중에는 벌서 종적을 감춘이도 잇서 사건은 상당히 오래 끌릴 모양이며 이십이 일 밤 원산元山으로 수배한 결과 전일 신의주사건新義州事件에 관계가 잇다는 혐의를 밧고 오래동안 동디 형무소刑務所에서 신음하던 녀성동우회女性同友會 집행위원 주세죽朱世竹 녀사를 석왕사釋王寺로부터 톄포한 후 그곳으로부터 경성에 압송하야 이십사 일 오전에 시내 종로서에 인치하얏다는데 사건은 아즉 가터서는 이 이상 더 확대될 념려는 업다더라.

《동아일보》 1926년 6월 26일자

六月事件의 關係 第二 共産黨事件

『륙월사건』을 비롯하야 그 취조 중에서 단서가 드러난 데이차로 게획된 조선공산당 조직사건 등으로 종로서 고등게에서는 아즉까지 취조를 게속하는 한편으로 그 관게 혐의자들을 검거하고저 대구大邱 원산元山 등에 지급동지를 하엿스나 그곳에 잇는 관게자들은 이미 종적을 감초고 잇는 중이엇슴으로 한 명도 잡지 못한 모양이다. 이미 동 서에 검거되엿던 녀성동우회 주세죽朱世竹 녀사는 이십오 일 중으로는 석방하리라 하며 또한 동일 정오경에는 역시 사건의 관게자를 검거하고저 동 게의 형사 세 명이 서대문 밧 모 방면으로 출동한 모양이엇는데 전긔 사건은 이제로부터 수일 내로는 권오설權五卨 이하 관게자 이십 인가량을 전부 검사국으로 넘기리라더라.

《선봉》 1926년 6월 27일자

작년 신의주사건에도 관계 있다던 권오설 동무도 잡히엇다

작년신의주사건에도관계잇다던
권오설동무도잡히엇다

이번검거에 수모자몃명을잡지못하야 경찰들이활동하던중이라는대 로동총동맹의 상무집행위원으로서 작년신의주사건(新義州事件)에도 관계가잇다던 권오설동무가 마츰내검거되엿다 경찰은 그의테포를 매우중대시한다고

이번 검거에 수모자 몇 명을 잡지 못하야 경찰들이 활동하던 중이라는데 로동총동맹의 상무집행위원으로서 작년 신의주사건新義州事件에도 관계가 있다던 권오설 동무가 마츰내 검거되엇다. 경찰은 그의 톄포를 매우 중대시한다고.

《동아일보》 1926년 6월 28일자

事件 關係者는 前後 七十餘 人

그중엔 미톄포가 반수가량 작일 오전에 세 명을 또 검거 六月事件과 共産黨事件

事件關係者는 前後七十餘人
그중엔미톄포가반수가량
작일오전에세명을또검거
六月事件과共産黨事件

「六월」사건을비롯하야 데이차로 게획된 공산당사건등으로 종로서고등게에서는 아즉도 그관게자검거에 활동을계속하는 한편으로권오설(權五卨)이하아미검거된 사람들의취조를 급급히하는중인데 작이십칠일은 일요일임에도불구하고동게원들이전부출근하야검거된사람들을취조하는한편으로또다시모디방에서리셰래(李世來)김상열(金尙說)김연덕(金然德)등삼인을톄포하여온모양이엇다 이사건의 관게자는모다칠십인 가량으로 목하동서에톄포되여 잇는사람이 약삼십삼사명이오아즉톄포하지못한사람이삼십명이상에달하는모양인데그들은대개상해(上海)혹은 그밧게먼곳으로나가잇는중임으로 도뎌히 톄포할가망이업다하며사건을검사국으로넘기기는금월삼십일경이나혹은칠월이삼일경일듯하더라

『륙월사건』을 비롯하야 데이차로 계획된 공산당사건 등으로 종로서 고등게에서는 아즉도 그 관게자 검거에 활동을 게속하는 한편으로 권오설權五卨 이하 이미 검거된 사람들의 취조를 급급히 하는 중인데 작 이십칠 일은 일요일임에도 불구하고 동 게원들이 전부 출근하야 검거된 사람들을 취조하는 한편으로 쏘다시 모 디방에서 리세래李世來 김상열金商說 김현덕金鉉德 등 삼 인을 톄포하여 온 모양이엇다. 이 사건의 관게자는 모다 칠십 인가량으로 목하 동 서에 톄포되여 잇는 사람이 약 삼십삼사 명이오 아즉 톄포하지 못한 사람이 삼십 명 이상에 달하는 모양인데 그들은 대개 상해上海 혹은 그 밧게 먼 곳으로 나가 잇는 중임으로 도뎌히 톄포할 가망이 업다 하며 사건을 검사국으로 넘기기는 금월 삼십 일경이나 혹은 칠월 이삼 일경일 듯하더라.

《동아일보》 1926년 6월 29일자

腹背受刑의 權氏

신의주 예심판사 입경하야 권오설 관계사건을 취조해【新義州 豫審判事 入京 取調】

腹背受刑의 權氏

신의주예심판사입경하야 권오설관계사건을취조해

【新義州豫審判事入京取調】

留置場에서 呻吟

목하신의주 조선○○○ 사건을 취조중에잇는 신의주디방법원(新義州地方法院)월미(越尾)예심판사는 서긔한사람을 대동하고 사오일전에 입경하야 종로경찰서고등계에서 …

목하 신의주 조선○○○ 사건을 취조 중에 잇는 신의주디방법원新義州地方法院 월미越尾 예심판사는 서긔 한 사람을 대동하고 사오 일 전에 입경하야 종로경찰서 고등게에서 전긔 사건의 증인으로 개벽사 리종린李鍾麟 김긔뎐金起田 차상찬車相瓚 정우회 손영극孫永極 녀성동우회 뎡종명鄭鍾鳴 씨 등 다섯 사람을 소환하야 작년 사월 조선긔자대회朝鮮記者大會 당시의 일을 취조한 후 그 후 련일하야 동 서에서 목하 동 서에 검거되여 잇는 『륙월사건』의 권오설權五卨 외 수인을 취조하여 가지고 작 이십팔 일 밤에 신의주로 도라갓는데 권오설의 취조가 씃낫슴을 짜라 신의주사건도 머지아니하야 예심이 씃나게 되리라 하며 권오설은 한 몸을 가지고 신의주사건과 『륙월사건』의 공판을 거듭 밧게 되엿는데 결국 복역하는데 잇서서는 두 사건 중 어느 것이든지 아즉 하나도 확뎡 판결이 나지 안엇슴으로 두 사건 중에 권오설에게 대하야 가장 형刑이 중하게 판결되는 것만 복역하게 될 모양이더라.

留置場에서 呻吟

종로서에서는 부인

『륙월사건』의 관계 피의자로 종로서 류치장에서 근 한 달 동안이나 신음하며 아즉도 계속하야 취조를 밧고 잇는 여러 사람들에 대하야 모처의 뎐하는 말을 들으면 권오설權五卨은 톄포되기 이전에도 신경쇠약으로 신음하고 잇다가 이번 톄포된 이후 련일하야 여러 날 취조에 신경쇠약이 더욱 심하여 젓슬뿐 아니라 쏘한 그 외에 여러 가지 관계로 류치장 독방에서 목하 병중에 신음하는 중으로 벌서 그동안에 의사의 진찰도 여러 번 밧엇다 하며 그 외의 모모도 병으로 신음하는 중이라는데 종로서 당국자는 부인하더라.

《시대일보》 1926년 6월 29일자

權五卨 關係 重大事件 檢事 起訴는 十名뿐?

모 소식통에서 전하는 긔소될 사람

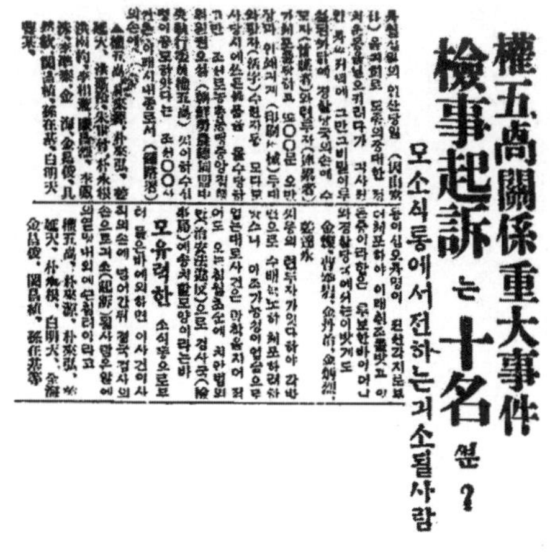

權五卨關係重大事件
檢事起訴는十名뿐?
모소식통에서전하는긔소될사람

륙월 십 일의 인산당일因山當日을 긔회로 모종의 중대한 정치운동을 닐으키려다가 긔사 전인 륙 일 저녁에 그만 그 비밀이 루설된 까닭에 경찰당국의 손에 수모자首謀者와 련루자連累者가 체포를 당하고 또 ○○문 오만 장과 인쇄긔계印刷機械 두 대와 활자活字 수천 자 등 모다 모사 당시에 쓰든 물품을 몰수당하고 만 조선로농총동맹朝鮮勞農總同盟 중앙집행위원中央執行委員 권오설權五卨씨 이하 수십 명이 공모하얏다는 조선○○사건은 이래 시내 종로서鍾路署의 손에 ▲ 權五卨 · 朴來源 · 朴來弘 · 姜延天 · 洪悳裕 · 朱世竹 · 朴永根 · 洪南杓 · 李相薰 · 廉昌烈 · 李鳳洙 · 李準泰 · 全海 · 金昌俊 · 具然欽 · 閔昌植 · 孫在基 · 白明天 · 曹某 등 이십오륙 명이 전선 각지로부터 체포하야 이래 취조를 밧고 잇든 중이라 함은 루보한 바이어니와 경찰당국에서는 이 밧게도 金燦 · 曹奉岩 · 金丹冶 · 金炳烈 · 姜達永 씨 등의 련루자가 잇다 하야 각 방면으로 수배를 노하 체포하려 하얏스나 아조 가능성이 업슴으로 업는 대로 사건은 락착을 지어 적어도 오는 칠월 초순에 치안법위반治安法違反으로 검사국檢事局에 송치할 모양이라는 바 모 유력한 소식통으로부터 들은 바에 의하면 이 사건이 사직의 손에 넘어간 뒤 결국 검사의 손으로 긔소起訴될 사람은 알에의 열 명 내외에 끈칠 터이라고.

權五卨 · 朴來源 · 朴來弘 · 姜延天 · 朴永根 · 白明天 · 全海 · 金昌俊 · 閔昌植 · 孫在基 等

〈동아일보〉 1926년 6월 30일자

共産黨 事件은 物的 證據不明?

취조가 긋나고 서류정리에 六月事件과 書類整理

共産黨事件은 物的證據不明?
취조가긋나고서류정리에
六月事件과書類整理

『륙월사건』을 비롯하야 신의주사건 이래 그듸를 계속하야 계획하엿다는 조선공산당 조직 혐의로 목하 종로서에서 그 관게 피의자로 권오설權五卨 이하 삼십여 인이 검거되야 취조를 밧는 중이라 함은 본보에 루루히 보도하여 온 바어니와 그 사건의 취조가 이미 대톄로 씃이 난 모양임으로 동 고등게에서는 부분 부분뎍으로 아즉 미흡한 것을 취조하는 한편으로 그 취조 서류정리에 몰두한 모양인데 그 서류를 정리하여 가지고는 형식에 의하야 일단 동 서 사법게로 사건을 전부 넘기어 동 게에서 다시 검사국으로 넘기게 될 모양이며 검사국으로 넘어갈 날은 아즉 뎍확히는 알기 어려우나 금명간으로 될 듯하다는데 그 취조의 내용에 대하야는 『륙월사건』은 이미 격문서도 오만 오천여 장이나 압수되엿고 그 밧게 여러 가지로 물뎍증거가 확실하야 사실이 명연하게 판명된 모양이나 신의주사건 이래 조선공산당 조직 혐의사건에 대하여는 그러한 일이 과연 잇섯는지 업섯는지도 자못 의문되는 사실로 더욱히 물뎍 증거 가튼 것은 하나도 엇은 것이 업서서 경찰도 그 증거를 엇고저 매우 머리를 썩힌 모양이나 지금까지 별로히 이러타 할만 한 증거도 업는 모양이오. 그 피의자들도 절대 사실을 부인하는 모양임으로 사건은 의문에 잠겨 잇는 듯한데 경찰은 그래도 검사국으로 넘길 모양임으로 검사국으로 넘어가서는 결국 예심에까지 가게 될 모양이더라.

《조선일보》 1926년 7월 1일자

起訴되기까지의 調書만 五百頁

명 이 일 검사국으로 송치될 六月 六日의 檢擧事件

起訴되기까지의 調書만五百頁

명이일검사국으로송치될 六月六日의檢擧事件

신의주 공산당가건의관계자 권오설(權五卨)등에 의하야 계획된순종효황제 국장견에 발각된 비밀검사 사건의 삼십오명과 그중에 아즉테포치못한 김단야(金丹冶)외 십명에관한 취됴는 이래종로 경찰서에서 하야오든바 이미톄포한 권오설(權五卨)외이십사명에 대하야는 대뎨의 취됴를마치고 주모자로 인뎡한다는 이십명내외는 칠월이일에 검사국으로 송치할터 이라는바 금번의 사건에관계한 단톄가약 십팔개 단톄나되며 그범죄사실의됴서는 실로오백여매에 달하얏다하며검사의손에서긔소될사람은약이십명가량이라더라

신의주 공산당가(사)건의 관계자 권오설權五卨 등에 의하야 계획된 순종효황뎨 국장 전에 발각된 비밀결사 사건의 삼십오 명과 그중에 아즉 톄포치 못한 김단야金丹冶 외 십 명에 관한 취됴는 이래 종로경찰서에서 하야오든 바 이미 톄포한 권오설權五卨 외 이십사 명에 대하야는 대톄의 취됴를 마치고 주모자로 인명한다는 이십 명 내외는 칠월 이 일에 검사국으로 송치할 터이라는 바 금번의 사건에 관계한 단톄가 약 십팔 개 단톄나 되여 그 범죄 사실의 됴서는 실로 오백여 매에 달하얏다 하며 검사의 손에서 긔소될 사람은 약 이십 명가량이라더라.

《조선일보》 1926년 7월 1일자

權五卨事件 一段落

칠월 이 일경에 검사국에 보내

權五卨事件
一段落
칠월이일경에
검사국에보내
검거! 취됴!로조선전국을통하
야물정이 소연하든권오설 權五
卨)의공산주의 음모사건은그동
안종로경찰서에서취됴중이든바
금명간 전부일단락을 지우게됨
으로 칠월이일에 일건서류와함
씌 검사국으로 넘길터이라는데
그중사오명은석방될듯하다더라

검거! 취됴!로 조선 전국을 통하야 물정이 소연하든 권오설權五卨의 공산주의 음모사건은 그동안 종로경찰서에서 취됴 중이든 바 금명간 전부 일단락을 지우게 됨으로 칠월 이 일에 일건서류와 함씌 검사국으로 넘길 터이라는데 그중 사오 명은 석방될 듯하다더라.

《동아일보》 1926년 7월 2일자

六月事件 關係 廿八名 送局

‖종로서에서 취조하든 륙십사건 이십팔 명은 금일 검사국에 넘겨‖未逮捕도 廿五六名

륙월 십 일 인산당일을 긔하야 조선○○운동을 이르키고 동시에 적화운동을 이르키고저 경성에서 격문 선언서 등 오만여 장을 인쇄하고 또한 상해上海에서 적화 선뎐문 오천여 장을 비밀히 경성으로 수입하다가 거사 전에 경찰에 사실이 발각되야 륙월 륙 일 이래 종로서 고등계에 그 관게 피의자들이 다수히 검거된 이후 다시 그 얼마 뒤에 신의주新義州 공산당사건 이래 그 뒤를 계속하야 또 조선공산당 조직을 계획하엿다는 혐의로 두 번재 다수한 관게 피의자들이 역시 동 서에 검거된 『륙월사건』은 그동안 근 일삭이 넘도록 동 고등게에서 가즌 수단으로 취조를 하는 중이더니 긔보한 바와 가치 지난 륙월 삼십 일로써 취조가 대톄로 씃이 낫슴으로 일일에는 천여 『폐지』나 되는 그 호한浩瀚한 긔록을 정리하야 일단 동 서 사법게로 넘기엇는데 동 사법게에서는 또다시 검사국으로 넘길 피의자들의 명부 정리와 기타 서류를 작성하여 가지고 금 이 일(엇저면 명 삼 일에 될런지도 모른다 함)에 전긔 호한한 긔록과 함께 검거된 관게 피의자 이십팔 인을 전부 경성디방법원 검사국으로 송치하리라 한다. 동 서에서는 의연히 사건의 내용을 절대 비밀에 부치며 넘어갈 사람들의 성명 가튼 것도 도모지 말하지 안는 중이니 아즉 그 넘어갈 사람들의 성명을 자세히는 알 수 업스나 본사에서 조사한 바에 의하면

勞農總同盟委員 權五卨(二八) 印工組合委員 朴來源(二三) 同 閔昌植(二八) 同 楊在植(二八)

同 李用載(二一) 天道敎靑年黨委員 孫在基(三八) 黃金町 明心堂 印舖 白明天(三二) 天道敎 前幹部 李相宇(四七) 漢陽靑年聯盟委員 權泰東(二0) 新興靑年同盟委員 廉昌烈(二四) 同 金昌俊(二四) 安正植(年齡 未詳) 朴英珉(同) 李東奎(同) 平北道廳員 金恒俊(三0) 安東縣 運送店 姜然天(二八) 正友會委員 洪悳裕(三四) 同 李鳳洙(三五) 同 全海(二六) 勞農總同盟委員會 李準泰(二七) 金之澤(二四) 新興靑年同盟委員長 金璟載(二七) 前 火曜會 洪南杓(三六) 同 具然欽(三七) 同 大邱 李相薰(年齡 未詳) 曹哲(同) 李世來(同) 金商說(同)

등 모다 이십팔 인으로 그중에 사오 인은 혹 석방될런지도 알 수 업는 상태인데 이 사건 관계인물 중에 아즉 톄포치 못한 사람이 근 삼십 인이나 되는 모양임으로 톄포된 사람과 톄포하지 못한 사람들의 성명을 자세히 긔록한 이 사건의 서류를 관게 각 경찰서에 난 호 아주 이 사건을 검사국에 넘긴 뒤에 도 경찰의 활동은 각 디의 련락으로 의연히 게속될 모양이더라.

《매일신보》 1926년 7월 2일자

千頁의 大 調書 權五卨一派 送致

죄명은 제령위반

千頁의 大調書 權五卨一派送致

죄명은 제령위반

《시대일보》 1926년 7월 2일자

權五卨 關係事件 十七名 檢事局 送致

起訴는 結局 十名 內外 될 듯 이외에도 미검거가 김단야 씨 외 십사 명

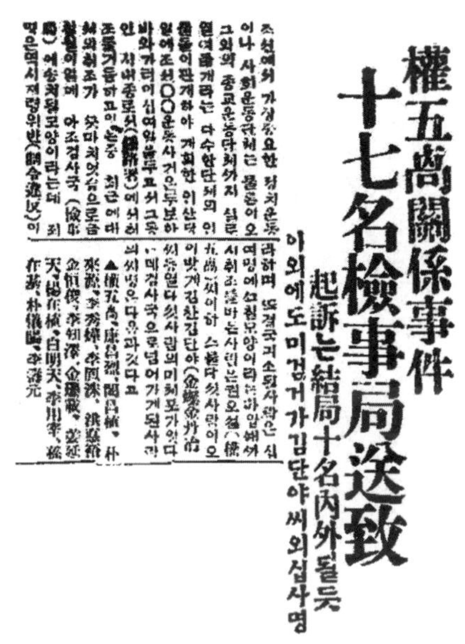

權五卨關係事件

十七名檢事局送致

起訴는結局十名內外될듯

이외에도미검거가김단야씨외십사명

조선에서 가장 중요한 정치운동이나 사회운동 단체는 물론이오 그 외의 종교운동 단체까지 실로 열여덟 개라는 다수한 단체의 인물들이 관게하야 계획한 인산당일에 조선○○운동 사건은 루보한 바와 가티 이십여 일을 두고서 그동안 시내 종로서鍾路署에서 취조를 거듭하고 잇는 중 최근에 대체의 취조가 긋마치엇슴으로 금 칠월 이 일에 아조 검사국檢事局에 송치될 모양이라는데 죄명은 역시 제령위반制令違反이라 하며 또 결국 긔소될 사람은 십여 명에 그칠 모양이라는 바 압때까지 취조를 바든 사람은 권오설權五卨 씨 이하 스물다섯 사람이오 이 밧게 김찬金燦 김단야金丹冶 씨 등 열다섯 사람의 미체포가 잇다는데 검사국으로 넘어가게 된 사람의 씨명은 다음과 갓다고

▲ 權五卨 · 廉昌烈 · 閔昌植 · 朴來源 · 李秀燁 · 李鳳洙 · 洪悳裕 · 金恒俊 · 李知澤 · 金璟載 · 姜延天 · 楊在植 · 白明天 · 李用宰 · 孫在基 · 朴義陽 · 李壽元

《조선일보》 1926년 7월 2일자

權五卨事件 證據品만 送致

被疑者는 今 二日에 검사국으로 송치할 터

權五卨事件
證據品만送致
被疑者는今二日에
검사국으로송치할터

긔보한바와가티공산당(共產黨)사건으로 종로경찰서에 검거되야 오래동안엄중한 취됴를밧던 권오설(權五卨)사건의관계자는 모다 삼십이명인바 그중톄포된사람 열일곱명과 아직톄포치못한사람 열다섯명으로서 도합삼십이명이라는데 톄포된사람 열일곱명은 그간모든취됴를 마치고 이일에검사국으로 넘기리라는바 그들의 사용한인쇄긔계(印刷機械) 와과격문서또는기타증거물품는 일일오후에 집차두대에실어 검사국으로 가져갓는데 이사건의진상은 아직발표치아니하리라더라

긔보한 바와 가티 공산당共產黨사건으로 종로경찰서에 검거되야 오래동안 엄중한 취됴를 밧던 권오설權五卨사건의 관계자는 모다 삼십이 명인 바 그중 톄포된 사람 열일곱 명과 아직 톄포치 못한 사람 열다섯 명으로서 도합 삼십이 명이라는데 톄포된 사람 열입곱 명은 그간 모든 취됴를 마치고 이 일에 검사국으로 넘기리라는 바 그들의 사용한 인쇄긔계印刷機械와 과격 문서 또는 기타 증거물품은 일일 오후에 짐차 두 대에 실어 검사국으로 가저갓는데 이 사건의 진상은 아직 발표치 아니하리라더라.

《동아일보》 1926년 7월 3일자

十餘名은 依然 留置 十七名만 送局

작 이 일에 검사국으로 압송 西大門刑務所에 收容

『륙월사건』에 대하야 그 관게 피의자들을 검사국으로 넘긴다 함은 작보한 바어니와 고등게로부터 사건을 전부 인수한 종로서 사법게에서는 위선 재작 일 일 오후 세 시경에 천여 『페지』나 넘는 대 긔록과 함께 『구루마』로 세 짐이나 되는 압수된 격문 선언서 오만 오천여 장과 인쇄긔게 등 이 사건의 증거품을 경성디방법원 검사국으로 넘긴 후 작 이 일에는 오후 두 시경부터 검사국으로 넘기기 시작하엿는데 이에 대하야 검사국에서는 리견里見 검사가 경찰의 의견서에 의하야 미리 구인장拘引狀을 다 써가지고 동일 오후에 종로서에 출당하야 거긔서 일일히 구인장을 발하야 전긔 관게 피의자들을 형무소 자동차로 서대문형무소 미결감에 수용하엿는데 당일 형무소에 수용된 사람들은

權五卨 ▲ 朴來源 ▲ 閔昌植 ▲ 楊在植 ▲ 孫在基 ▲ 白明天 ▲ 李之澤 ▲ 廉昌烈 ▲ 金璟載 ▲ 朴義陽 ▲ 朴珉瑛 ▲ 李用宰 ▲ 金恒俊 ▲ 姜然大 ▲ 洪悳裕 ▲ 李鳳洙 ▲ 李壽元 ▲ 李相宇

등 열일곱 사람인 듯하며 그들은 검사국으로 넘어가서 검사국 구류긔간인 금월 십 일 일까

지 검사의 취조를 밧고는 다시 동 법원예심으로 넘어가게 될 듯하다.

十名은 別個事件
대부분은 석방될 듯

별항 사건에 대하야 그 사건의 관계 피의자들과 전후하야 종로서에 검거된

全海 ▲ 李準泰 ▲ 安正植 ▲ 金景載 ▲ 洪南杓 ▲ 具然欽 ▲ 李相薰 ▲ 金商說 ▲ 曹哲

등 열 사람은 검사국에는 넘기지 안으면서도 작 이 일 오후까지 노여 보내지 아니하고 동서 이층 일실一室에 전부 그대로 류치를 식혀 두엇는데 그들에 대하야는 전긔 륙월사건과는 또 다른 사건으로 다시 취조를 개시할 모양 가트며 이에 대하야 동 서댱의 말을 드르면 전긔 열 사람 중에서 대개는 일간 석방하고 그중의 몃 사람만 취조를 하겟다고 하더라.

權泰東氏 釋放

신흥청년동맹의 권태동權泰東(二0)씨는 재작 일 일에 무사히 방면되엿더라.

《매일신보》1926년 7월 3일자

權五卨 外 十五名 嚴重警戒 中 送致

증거품도 산과 갓하얏다

《동아일보》 1926년 7월 4일자

十七名을…… 各其 獨房에 收容

검사 취됴는 명일부터 개시 一段落된 六月事件

『륙월사건』의 관계 피의자 중 십여 인은 종로서에 의연히 류치하고 십칠 인만 검사국으로 넘기엇다 함은 작보한 바어니와 이에 대하야 다시 한번 그 상세한 것을 보도하건대 검사국으로 넘어간 사람들은

勞農總同盟委員 慶北 安東郡 出生 住所 不定 權五卨(二八) 印工組合委員 京城 崇仁洞 一五七番地 朴來源(二三) 同 安國洞 二六番地 閔昌植(二八) 同 李用宰(二一) 同 平壤 出生 楊在植(二八) 印工青年同盟員 平南 中和郡 祥原面 出生 京城 黃金町 一丁目 明心堂 白明天(三二) 新興青年同盟 朴珉英(二五) 同 廉昌烈(二四) 正友會員 安東縣 運送店 姜然天(二六) 正友會員 平北道廳員 金恒俊(三0) 朝鮮日報 記者 正友會員 洪悳裕(三七) 東亞日報 記者 正友會委員 李鳳洙(三五) 新興青年同盟委員長 金璟載(二七) 天道教青年黨委員 慶雲洞 天道教堂 構內 孫在基(三八) 露西亞에서 歸來한 李智澤(二四) 醫學專門學校 學生科學會委員 朴儀陽(二五) 京城 長沙洞 李壽元(二六)

등 열일곱 사람(작지에 리상우李相宇도 넘어갓다 함은 오보임)인데 그들은 모다 지금 서대문형무소 미결감 독방에 각긔 난호여 수용되여 잇는 중이며 그들에 대한 취조는 리견里見 검사가 맛허 하게 되엿는데 작 삼 일에는 아즉 취조를 시작하지 안엇스며 금 사 일은 일요일임으로 명 오 일십터 취조를 개시할 예뎡이라더라.

《선봉》 1926년 7월 4일자

운동의 지휘자로 혐의받는 권오설 동무

운동의지휘자로
혐의받는권오설동무

작년신의주공산주의자검거사건으
로 종래도경찰의수색을받고있던
됴선로동총동맹 상무집행위원 권
오설동무이외에 박래원 민창식
양지식 리용재 백명천, 박래홍등
동지는 이번검거된운동자중애도
주모자혐의애든 중요인물로 권오
설동무는 지금붙어 약이개월전애
적선동방면에숨어있다가 상인(喪
人)으로변장하고 안동현애와있다
가 운동계획을꾸미어가지고 대학
생으로변장한후 경성으로들어온것
인라는대 사건은 해외와련락이있
는듯하야 특별히가혹한취됴를받게
된다고 (됴선통신)

작년 신의주 공산주의자 검거사건으로 종래 도경찰의 수색을 받고 있던 됴선로동총동맹 상무집행위원 권오설 동무 이외에 박래원 민창식 양지식 리용재 백명천 박래홍 등 동지는 이번 검거된 운동자 중애도 주모자 혐의애든 중요인물로 권오설 동무는 지금붙어 약 이 개월 전에 적선동 방면에 숨어 있다가 상인喪人으로 변장하고 안동현애 와 있다가 운동계획을 꾸미어 가지고 대학생으로 변장한 후 경성으로 들어온 것인라는대 사건은 해외와 련락이 있는 듯하야 특별히 가혹한 취됴를 받게 된다고(됴선통신).

《조선일보》 1926년 7월 4일자

新義州事件과 聯絡上 合同 審理키로 內定

신의주사건을 경성으로 올려 오거나 혹은 권오설사건은 신의주에 보낼 터 一段落된 『第二 共産黨』

지난 륙월 십 일 국장당일을 긔회로 조선에 공산주의를 선뎐하야 조선의 적화를 계획하다가 발각되어서 일시 전 조선의 물정을 소연케 하든 권오설權五卨사건은 그동안 종로경찰서에서 일단락을 지운 후 지난 이 일 오후에 경성디방법원京城地方法院 검사국檢事局으로 일건 서류와 함의 송치하엿다 함은 이미 보도한 바어니와 이 사건의 관계자는 전부 삼십 일 명으로 미톄포자와 불구속자를 합하야 십사 명이오. 구속되어 검사국으로 넘어간 사람이 십칠 명이라는데 이 사건은 루보한 바와 가티 작년 신의주사건과 일즉이 련락 계획이 잇섯든 것을 확실히 인명된 결과 결국은 두 사건을 한 곳에서 심리하는 것이 여러 가지로 편리하다 하야 신의주사건을 경성으로 올려 오든지 경성사건을 신의주로 보내든지 할 모양인데 오는 오 일부터는 리견검사里見檢事의 손으로 취됴를 개시하리라더라.

起訴 後에 決定

공판에 부친 후 작명한다고

((事件 擔任 里見檢事 談))

뎨이 공산당사건이라고 말하는 권오설權五卨사건이 검사국으로 송치되엿다 함은 별항 보도한 바어니와 이 사건을 담임하야 심문할 리견검사里見檢事는 말하되 “이 사건은 도주한 사람도 약간 잇스나 이것으로써 일단락을 고한 것이라고 생각합니다. 신의주사건과 련락관계가 잇느냐고요-아직 긔록을 보지 못하엿슴으로 자세한 내용은 알지 못할 뿐 아니라 그 내용은 말하기가 어려우나 요전에 신의주에서 예심판사豫審判事가 온 일이 잇섯스니 응당 짐작하시지오. 만일 신의주사건과 관계가 잇다 하면 이 사건이 신의주디방법원으로 가거나 신의주사건이 경성디방법원으로 오거나 하야 결국은 합하여야 하겟지오. 그러나 검사국에서 신문할 것만은 그대로 할 터임으로 그러케 된다 하드래도 공판에 부친 후 일 것이외다” 하더라.

《조선일보》 1926년 7월 8일자

時代報의 兩氏 不拘束 釋放

서류만 검사국으로

時代報의兩氏
不拘束釋放
서류만검사국으로
권오설(權五卨)사건의련루의혐
의를밧고이래종로서고등계(鍾
路署高等係)원의엄중한취됴를
바더 오든동업시대일보(時代日
報) 긔자구연흠(具然欽)홍남표
(洪南杓)량씨는 칠일 오전열한
시경에 동서에서석방 되엿는데
사건의일건서류만을경성디방법
원검사국(京城地方法院檢事局)
에 송치하고 신톄는구속치아니
한것이라더라

권오설權五卨사건의 련루의 혐의를 밧고 이래 종로서鍾路署 고등계高等係원의 엄중한 취됴를 바더 오든 동업 시대일보時代日報 긔자 구연흠具然欽 홍남표洪南杓 량씨는 칠 일 오전 열한

시 경에 동 서에서 석방되엿는데 사건의 일건서류만을 경성디방법원京城地方法院 검사국檢事局에 송치하고 신톄는 구속치 아니한 것이라더라.

《동아일보》 1926년 7월 11일자

六月事件의 十七人 明日에는 起訴될 듯

치안유지법과 출반법위반 其 中 四五人은 釋放?

六月事件의十七人
明日에는起訴될듯
치안유지법과출반법위반
其中四五人은釋放?

『륙월사건』과 『뎨이차공산당사건』등으로 목하서대문형무소에 수용되여잇는 권오설(權五卨) 이하 열여섯명에대하여는 그동안검사국의취조가대톄로일단락을고하게되엿고 또한검사국구류긔간이 명십이일로써 만긔가됨으로 십이일중에는 검사국의태도를결뎡하야 치안유지법(治安維持法)과 출판법위반(出版違反)등으로 (그중에는범인은익도잇슬듯)긔소를하야 동법원공판에 붓칠모양인데 엇저면예심을청구하게될듯도하고 그중에모모등사오인은 무사히 석방될듯도하더라

『륙월사건』과 『뎨이차 공산당사건』 등으로 목하 서대문형무소에 수용되여 잇는 권오설權五卨 이하 열여섯 명에 대하여는 그동안 검사국의 취조가 대톄로 일단락을 고하게 되엿고 또한 검사국 구류긔간이 명 십이 일로써 만긔가 됨으로 십이 일 중에는 검사국의 태도를 결뎡하야 치안유지법治安維持法과 출판법위반出版違反 등으로 (그중에는 범인 은익도 잇슬 듯) 긔소를 하야 동 법원 공판에 붓칠 모양인데 엇저면 예심을 청구하게 될 듯도 하고 그중에 모모 등 사오 인은 무사히 석방될 듯도 하더라.

《선봉》 1926년 7월 11일자

권오설 동무사건은 일단락을 지어

권오설동무사건은
일단락을지어

(一일) 검거! 취됴! 로 전됴선
을 떠들석하게하던 권오설중심취
됴사건은 일단락을 지엿다하야
검사국으로 넘기게될터이라고

(一일) 검거! 취됴!로 전 됴선을 떠들썩하게 하던 권오설 중심 취됴사건은 일단락을 지엇다 하야 검사국으로 넘기게 될 터이라고.

《선봉》 1926년 7월 11일자

증거품이 두 술기

증거품이두술기

(三일) 이번검가된동지三十여명
중에서 권오설 렴창렬 민창식
박래원 리수렵 리봉수 홍덕유
김항준 리지택 김경재 강연텬
양재식 백명텬 리웅재 손재긔
박의양 리수원등 十七인만을 검
사국으로넘기는동시 서대문형무소
에수금하엿고 다른사람들은 서류
만넘기엿는대 증거품이 짐자두를
에갓득실니어갓다라

(三일) 이번 검가(거)된 동지 三十여 명 중에서 권오설 렴창렬 민창식 박래원 리수렵 리봉수 홍덕유 김항준 리지택 김경재 강연텬 양재식 백명텬 리웅재 손재긔 박의양 리수원 등 十七인만을 검사국으로 넘기는 동시 서대문형무소에 수금하엿고 다른 사람들은 서류만 넘기엿는데 증거품이 짐자두를에 갓득 실니어 갓다라.

《동아일보》 1926년 7월 13일자

六月事件과 共產黨事件 昨日 起訴·豫審請求

‖그중에 증거 불충분한 사람 사오 인은 십이 일 중으로 무사히 석방될 듯하다‖ 結局 起訴는 十三人?

六月事件과 共產黨事件

昨日起訴、豫審請求

『그중에증거불충분한사람사오인은 십이일중으로무사히셕방될듯하다』

結局起訴는十三人?

긔보=륙월십일 인산 당일을 긔약하야 해외와련락을 매저가지고 대규모로 조선○○운동과 조선적화운동을 하는동시에 이르키랴다가 거사전 륙월륙일에 시내경운동(慶雲洞)팔십팔번디 텬도교당(天道敎堂)구내손재긔(孫在基)의집에 감초아 두엇든 격문선언서등 오만여장의 압수를당하고 또한그이튼날 륙월칠일에 경성역(京城驛)하물계(荷物係)에서 상해에서드려오든격화선뎐문 오천여장이압수된「륙월사건」과「데이차조선공산당사건」의 관계피의자로 그동안경성디방법원 검사국에서 취조를밧고잇든 권오설(權五卨)이하 십팔인은 작십이일로써 구류긔간의 만긔가되는날임으로검사국의 태도를 결정하야 그날오후에는이사건을 마타서 취조하든 리견(里見)검사가 그들의 대부분을치안유지법위반(治安維持法違反)과 출판법위반(出版法違反)으로 긔소하야 예심(豫審)을청구하기로하고 예심청구서를조안하는중이엿섯는데물론그내용에대하야는 극비 비밀에부치나탐문한바에의하면「륙월사건」으로

서울印刷職工靑年同盟執行委員、天道敎靑年黨員、京城崇仁洞一五七

朴 來 源(二五)

서울印刷職工靑年同盟常務執行委員、京城日報社職工、京城安國洞二六

閔 昌 植(二八)

서울印刷職工靑年同盟員、住所京城安國洞二六閔昌植方、本籍平安南道中和郡上道面

楊 在 植(二八)

서울印刷職工靑年同盟員、海英社印刷職工、住所京城天然洞二九、本籍京畿道楊州郡紫□面

李 川 宰(二二)

印刷彫刻業、住所京城蘭花洞一二三、本籍平安南道中和郡祥原面

白 明 天(三一)

天道敎靑年黨委員、天道敎靑年黨本部員、京城慶雲洞八八

孫 在 基(三五)

이러케여섯사람이 긔소될듯하며 또한「조선공산당」사건으로는

朝鮮共産黨員、國際共産黨員、高麗共産靑年會秘書部幹部、新興靑年同盟員、住所京城長沙洞五二朴永元方、本籍慶北安東郡豐西面

權 五 卨(二九)

海蔘威共産黨朝鮮派遣員、在海蔘威高麗共産靑年會、在京城高麗共産靑年會員、住所京城樓下洞一九一、本籍中國北間島延吉縣

朴 珉 英(三三)

露國莫斯科共産大學主義宣傳實習員、在海蔘威高麗共産靑年會員、在京城高麗共産靑年會員、中央基督敎靑年會館英語科生、住所不定、本籍平南江西郡閑龍面

李 智 鐸(二六)

朝鮮共産黨員、平北道鑛産業課員、住所新義州若竹町六、本籍平北宜川郡東面

金 恒 俊(三〇)

住所安東縣堀割南通九의一、本籍平北宜川郡安岳面、運送業

姜 延 天(二七)

正友會員、朝鮮日報地方部長、住所京城嘉會洞一八四、本籍京畿道水原郡西新面

洪 德 裕(三九)

新興靑年同盟委員、革淸黨員、本籍黃海道甕津郡南栗面

廉 昌 烈(二四)

이러케긔소되야 예심으로 너머가게될듯한데 그중에 권긔권오설은「륙월사건」에도 수모자로의셔 량편사건에관계가되야 사건은 언제던 함께심리될모양이더라

四氏釋放?

십이일중으로

또한권긔 사건에관계 혐의를밧고역시그들과 함께검사국 으로너머가이던리봉수(李鳳洙)김경재(金環載)박의양(朴儀陽)리수원(李壽元)씨등은증거불충분으로십이일오후세시나네시쯤하여 는무사히석방될듯하더라

긔보= 륙월 십 일 인산당일을 긔약하야 해외와 련락을 매저 가지고 대규모로 조선○○운동과 조선적화운동을 하는 동시에 이르키랴다가 거사 전 륙월 륙 일에 시내 경운동慶雲洞 팔십팔 번디 텬도교당天道教堂 구내 손재긔孫在基의 집에 감초아 두엇든 격문선언서 등 오만여 장

의 압수를 당하고 또한 그 이튿날 륙월 칠 일에 경성역京城驛 하물계荷物係에서 상해에서 드러오든 적화선뎐문 오천여 장이 압수된 『륙월사건』과 『뎨이차 조선공산당사건』의 관계 피의자로 그동안 경성디방법원 검사국에서 취조를 밧고 잇든 권오설權五卨 이하 십륙 인은 작 십이일로써 구류긔간의 만긔가 되는 날임으로 검사국의 태도를 결정하야 그날 오후에는 이 사건을 마타서 취조하든 리견里見 검사가 그들의 대부분을 치안유지법위반治安維持法違反과 출판법위반出版法違反으로 긔소하야 예심豫審을 청구하기로 하고 예심청구서를 초안하는 중이엿섯는데 물론 그 내용에 대하야는 절대 비밀에 부치나 탐문한 바에 의하면 『륙월사건』으로

서울印刷職工青年同盟執行委員 · 天道教青年黨員, 京城 崇仁洞 一五七 朴來源(二五)

서울印刷職工青年同盟常務執行委員 · 京城日報社職工, 京城 安國洞 二六 閔昌植(二八)

서울印刷職工青年同盟員, 住所 京城 安國洞 二六 閔昌植 方, 本籍 平安南道 中和郡 上道面 楊在植(二八)

서울印刷職工青年同盟員 · 海英社印刷職工, 住所 京城 天然洞 二九 本籍 京畿道 楊州郡 紫國面 李用宰(二二)

印刷彫刻業, 住所 京城 梨花洞 一二二, 本籍 平安南道 中和郡 祥原面 白明天(三一)

天道教青年黨委員 · 天道教製本部員, 京城 慶雲洞 八八 孫在基(三五)

이러케 여섯 사람이 긔소될 듯하며 또한 『조선공산당』 사건으로는

朝鮮共産黨員 · 國際共産黨員 高麗共産青年會秘書部幹部 · 新興青年同盟員, 住所 京城 長沙洞 五二 朴永玉 方, 本籍 慶北 安東郡 豊西面 權五卨(二九)

海蔘威共産黨朝鮮派遣員 · 在海蔘威高麗共産青年會 · 在京城高麗共産青年會員, 住所 京城 樓下洞 一九一, 本籍 中國 北間島 延吉縣 朴珉英(二三)

露國莫斯科共産大學主義宣傳■習員 · 在海蔘威高麗共産青年會員 · 在京城高麗共産青年會員 · 中央基督教青年會舘英語科生, 住所 不定, 本籍 平南 江西郡 閑龍面 李智鐸(二六)

朝鮮共産黨員 · 平北道廳産業課員, 住所 新義州 若草町 六, 本籍 平北 宣川郡 東面 金恒俊(三0)

住所 安東縣 堀割南通 九의 一, 本籍 平北 宣川郡 安岳面, 運送業 姜延天(二七)

正友會員 · 朝鮮日報 地方部長, 住所 京城 嘉會洞 一八四, 本籍 京畿道 水原郡 西新面 洪德裕(三九)

新興青年同盟委員 · 革清黨員, 本籍 黃海道 載寧郡 南栗面 廉昌烈(二四)

이러케 긔소되야 예심으로 너머가게 될 듯한데 그중에 전긔 권오설은 『룩월사건』에도 수모자로 잇서 량편사건에 관계가 되야 사건은 언제던 함께 심리될 모양이더라.

四氏 釋放

십이 일 중으로

또한 전긔 사건에 관게 혐의를 밧고 역시 그들고 함께 검사국으로 너머가 잇던 리봉수李鳳洙 김경재金璟載 박의양朴儀陽 리수원李壽元 씨 등은 증거 불충분으로 십이 일 오후 세 시나 네 시쯤하여는 무사히 석방될 듯하더라.

《시대일보》 1926년 7월 13일자

共産黨과 六月事件 關係者 十二名이 豫審에

치안유지법위반과 출판법위반으로

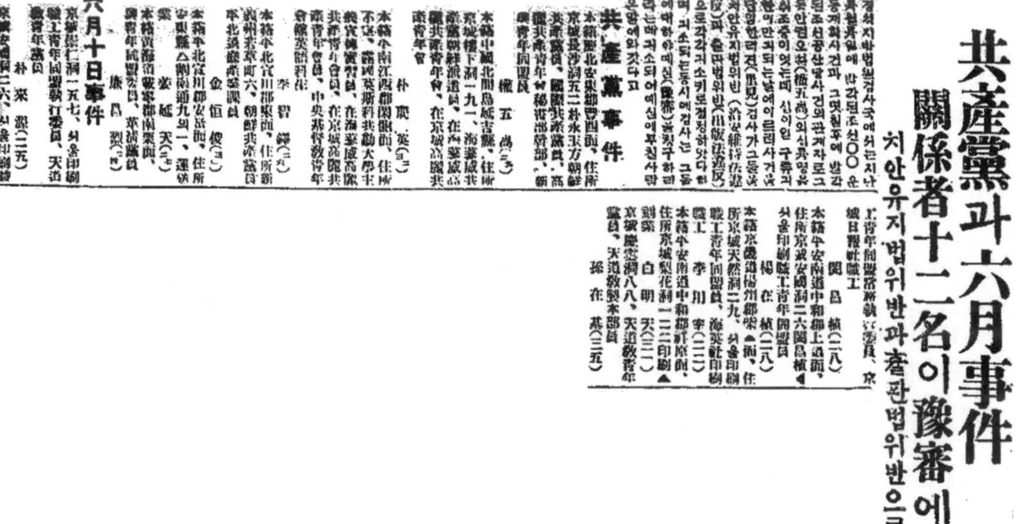

共産黨과六月事件
關係者十二名이豫審에
치안유지법위반과출판법위반으로

경성지방법원 검사국에서는 지난 륙월 륙 일애 발각된 조선○○운동 계획사건과 그 몃칠

후에 발각된 조선공산당 사건의 관계자로 그동안 권오설權五卨 외 십륙 명을 취조 중이엇는데 십이 일 구류 긔한이 만긔되는 날에 이르러 사건을 담임한 리견里見 검사가 그들을 치안유지법위반治安維持法違反과 출판법위반出版法違反으로 각각 긔소키로 결정하얏다 하며 긔소되는 동시에 검사는 그들에 대하야 예심豫審을 청구하리라는데 긔소되어 예심에 부칠 사람은 알에와 갓다고

共産黨事件

本籍 慶北 安東郡 豊四面, 住所 京城 長沙洞 五二 朴永玉 方, 朝鮮共産黨員・國際共産黨員・高麗共産青年會秘書部幹部・新興青年同盟員 權五卨(二九)

本籍 中國 北間島 延吉縣, 住所 京城 樓下洞 一九一, 海蔘威共産黨朝鮮派遣員・在海蔘威高麗共産青年會・在京城高麗共産青年會 朴珉英(三二)

本籍 平南 江西郡 閑龍面, 住所 不定, 露國莫斯科共産大學主義宣傳■習員・在海蔘威高麗共産青年會員・在京城高麗共産青年會員・中央基督教青年會館英語科生 李智鐸(二六)

本籍 平北 宣川郡 東面, 住所 新義州 若草町 六, 朝鮮共産黨員・平北道廳産業課員 金恒俊(三0)

本籍 平北 宣川郡 安岳面, 住所 安東縣 割南通 九의 一, 運送業 姜延天(二七)

本籍 黃海道 載寧郡 南栗面, (新)興青年同盟委員・革淸黨員 廉昌烈(二四)

六月十日 事件

京城 崇仁洞 一五七, 서울印刷職工青年同盟執行委員・天道教青年黨員 朴來源(二五)

京城 安國洞 二六, 서울印刷職工青年同盟常務執行委員・京城日報社職工 閔昌植(二八)

本籍 平安南道 中和郡 上道面, 住所 京城 安國洞 二六 閔昌植 ▲ 서울印刷職工青年同盟員 楊在植(二八)

本籍 京畿道 楊州郡 紫▲面, 住所 京城 天然洞 二九, 서울印刷職工青年同盟員・海英社印刷職工 李用宰(二二)

本籍 平安南道 中和郡 祥原面, 住所 京城 梨花洞 一二二 印刷▲刻業 白明天(三一)

京城 慶雲洞 八八, 天道教青年黨員・天道教製本部員 孫在基(三五)

《동아일보》 1926년 7월 14일자

新義州事件과 聯絡하야 取調

예심에 부튼 사람은 열두 명 오정 예심판사가 취됴한다 六月事件과 共産黨事件

작지 소보= 재작 십이 일 오후에 경성디방법원 검사국으로부터 치안유지법위반과 출판법 위반으로 긔소되야 동 법원 예심으로 너머간 『륙월사건』과 『뎨이차 조선공산당사건』의 관계 피의자

▲ 朴來源 閔昌植 楊在植 李用宰 白明天

▲ 權五卨 朴珉英 李智鐸 金恒俊 洪德裕 廉昌烈 金璟載

등 열두 사람은(작지에 손재긔孫在基 강연텬姜延天 량인도 긔소되리라는 것과 김경재金璟載는 석방되리라는 것은 오보엿이기 이에 명정함) 동 법원 오정五井 예심판사의 손에서 취조를 밧게 되엿는데 이에 대하야 동 법원 댱미長尾 검사정은 "처음 예심을 청구할 째에 될 수 잇는데까지는 속히 하여 달라는 희망을 하엿스니 금후 약 삼 개월 동안 안으로 씃이 날 줄 암니다. 엇저면 그보다 더 속하게 종결이 될는지도 알 수 업스며 『륙월사건』의 관계 피의자들은 신의주新義州 공산당사건과 별로히 관계가 업스나 그 수모자라 할 만한 권오설 이하 공산당사건의 여러 피의자들은 모다 밀접한 련락관게가 잇슬 뿐외라 한 계통이니 장차 예심이 씃나는 것을 보아 신의주공산당사건과 합병하야 공판에 부치게 될는지 혹은 그러케 아니 될는지 그 가부가 결명될 줄로 암니다. 예심 중에도 신의주 예심판사가 여긔에 나아와 취조를 하는 일이 잇슬 테이

지요……" 하며 신의주사건과 련락하야 예심 취조가 진행되리라는 뜻을 표시하더라.

暴雨를 마즈며

五氏 出監

불긔소와 긔소유예로

전긔 사건의 관계 혐의로 역시 그들과 갓치 검사국에서 이래 취조를 바더 오던 사오 인은 재작 십이 일 중으로 석방되리라 함은 작보한 바어니와 과연 본사本社 경제부댱經濟部長 리봉수李鳳洙 씨를 비롯하야 텬도교의 손재긔孫在基 씨와 안동현 강연텬姜延天 씨와 학생과학연구회 박의양朴儀陽 씨와 고등예비학원 생도 리수원李壽元 씨 등 다섯 사람은 불긔소 혹은 긔소유예로 그날 오후 일곱 시 반경에 악수로 퍼붓는 비를 마저가며 서대문형무소에서 출감되야 가족과 혹은 친구들의 출영 아래 각기 집으로 도라들 갓더라.

《동아일보》 1926년 7월 20일자

暴風雨 一過하자 又復檢擧의 旋風

작일 새벽부터 활동하는 종로서 各 團體 搜索, 七名 檢擧

暴風雨一過하자
又復檢擧의旋風
작일새벽부터활동하는종로서
各團體搜索、七名檢擧

『륙월사건』과『뎨이차 조선공산당사건』의 권오설權五卨 이하 십륙 인을 검거한 종로경찰서 고등게에서는 아즉 톄포하지 못한 공산당사건의 관계 련루자들을 검거하고저 그동안 비밀한 가운데 활동을 계속하여 오다가 동업 시대일보 긔자 박순병朴純秉(二五) 씨를 검거(긔보)하야 재작 십팔 일 밤에는 동 서 이층 고등게실에 동 게원 외에는 누구를 물론하고 접근을 못하게 순사 한 사람을 세우고 엄중히 경계를 하며 밤을 새여 엄밀한 취조를 하는 모양이더니 작 십구 일 새벽에는 돌연히 동 게 형사들을 전부 비상 소집을 하야 또다시 여러 단톄를 수색하는 한편으로 시내 권농동勸農洞 유도려관有道旅舘을 수색하야 그동안 톄포하고저 자못 고심하고 잇던 정우회원正友會員 강달영姜達永(四三)(동업 조선일보사 촉탁사원) 씨를 검거하는 동시에 역시 그 집에서 로동당위원勞働黨委員 좌공림佐公林(二六)씨와 정우회위원正友會委員 림형일林烱日(二七)씨를 검거하엿스며 또 그 한편으로는 시내 립정뎡笠井町 협우청년회協友靑年會의 가택을 수색하는 동시에 집회관에서 자고 잇든 동회 상무동행위원 박재범朴在凡(三0) 씨와 동 회원 김성규金成圭(三九) 씨 등을 또 검거하엿고 다시 그 한편으로는『뎨이차 공산당사건』에 련좌連坐하야 검사국에까지 넘어갓다가 결국 불긔소로 무사히 방면되엿든 본사 긔자 리봉수李鳳洙(三五) 씨를 계동桂洞 그 자택에서 또다시 검거하는 동시에 가택까지 수색을 하엿스며 역시 여러 가지 혐의로 종로서에 여러 번 검거되엿다가 나온 텬도교청년동맹天道敎靑年同盟 리황李晃(二六) 씨를 다시 검거하야 그날 오전 열 시까지 전후 일곱 사람을 검거하여다 노은 후 역시 동 이층에는 누구나 올나가지 못하도록 엄중한 경계를 하며 취조하는 중이엇고 또한 이 사건에 대하야 동 서의 삼森서댱은 그날 아츰 경찰부로 안등安藤 경찰부댱을 방문하고 여러 가지 밀의를 하는 동시에 손수 그 관계 련루자 검거에 대하야 시내 각 서가 모다 경비뎐화로 지급 통지를 하는 한편으로 기타 각디 경찰서에 지급 뎐보로 통지를 하는 등 극도로 긴장된 상태에 잇는데 이번에는 사건이 전국뎍으로 확대될 모양이더라.

《동아일보》 1926년 7월 20일자

事件의 正體는 亦是 共産黨

뎨이차 공산당사건의 정톄 刑事隊는 平北으로 急行

사건 내용에 대하야는 절대 비밀에 붓치어 아즉은 그 자세한 것을 알 수가 업스나 탐문한 바에 의하면 먼저 검사국으로 넘기어 지금 예심 중에 잇는 『륙월사건』과 『뎨이차 조선공산당 사건』에 대하야 『륙월사건』은 뎍확한 물뎍증거를 어덧스나 『뎨이차 공산당조직사건』에 대하야는 각 관계자의 미톄포未逮捕로 그때까지 확증確證을 엇지 못하고 오즉 유력한 혐의만을 두어 권오설權五卨 이하 공산당 관계의 여섯 사람은 『륙월사건』의 관계와 신의주新義州에서 검거된 조선공산당朝鮮共産黨 고려공산청년회高麗共産青年會 사건 등의 잔당殘黨으로 검사국에 넘겻든 모양이오. 『뎨이차 공산당조직사건』에 대하야는 그 후 더욱 확증을 엇고저 자못 고심하여 오며 다라난 관계자 톄포에 활동하다가 전긔와 가치 박순병씨가 톄포되야 엄중한 취조를 밧는 중에서 비로소 『뎨이차 공산당』 사건의 확증을 엇은 모양인 듯한데 이로써 사건은 크게 확대될 모양 가트며 또한 동 서에서는 이 사건의 유력한 관계 혐의자들로 전모全某 김모金某 리모李某 김모金某 외 십수 인을 목하 팔방으로 수색하는 모양이다. 그중에는 모는 평안북도 모방면에 잠복하여 잇다는 말을 듯고 형사 수명이 급거히 그곳으로 출댱을 간 모양인데 이미 검거된 사람들에게 대하야는 삼륜三輪 고등게 주임과 금뢰今瀨 경무게 주임과 길야吉野 경부보 등 동 서의 주뇌主腦들이 목하 취조를 하는 중이더라.

《동아일보》 1926년 7월 22일자

權五卨 參謨格 全正觀도 被捉

권오설과 가치 모든 일을 꿈이든 해삼위에서 들어온 전씨도 잡혀 證據書類도 多數 押收

權五卨參謨格 全正觀도 被捉

證據書類도 多數押收

主要關係人物

六名은釋放

공산당사건의 관계로 종로경찰서 고등계에서 이번 박순병朴純秉 등을 쏘다시 검거하는 중에 전번 『륙월사건』의 권오설權五卨과 가치 가장 최고 주모로 잇섯고 쏘는 신의주공산당사건 이래 뎨이차 조선공산당사건에도 역시 권오설과 가치 모든 일을 단둘이 서로 의론하며 계획하든 사람이 시내에 잠복하여 잇는 것을 발각하게 되얏다. 그는 함경남도咸南 북청군北青郡 읍내에 원적을 두고 륙칠 년 동안이나 해삼위海蔘威에 건너가 잇스며 그곳 고려공산청년회高麗共産青年會에 간부로 잇서 청년들을 지도하고 잇다가 작년 중에 조선으로 나온 전정관全正觀= (一名 全德)(二八)이라는 청년인데 그는 그동안 대개는 경성에 잇스며 표면으로는 어느 단톄에던지 입적을 하지 아니하고 배후背後에 숨어 잇서서 『륙월사건』과 『공산당사건』 등에 권오설의 참모격으로 잇섯는 듯하다고 경찰은 추측하는 모양이다. 그는 시내 루하동樓下洞 백구십일 번디 김동부金東富라는 사람의 집에 전날 『륙월사건』과 『공산당사건』의 유력한 관계

혐의자로 이미 동 서에 검거되야 목하 경성디방법원 예심에 부터 잇는 역시 해삼위海蔘威에서 나온 박민영朴珉英(二三)과 함께 하숙하고 잇다가 박민영의 톄포됨을 보고 곳 교묘히 종적을 숨기어 버렷슴으로 종로서에서는 그 역시 해삼위에서 나온 사람인 줄은 알고 검거하고저 하다가 이번에 그가 권오설과 가튼 최고 수모자이엇든 사실을 발각하고는 더욱이 그를 속히 검거하고저 약 사오 일 전부터 형사 사오 명이 전긔 김동부의 집에 잠복하야 밤낫으로 직히고 잇다가 지난 십구 일 오전 열 시경에 전긔 전정관이가 그동안의 소식을 듯고저 도라오는 것을 톄포하는 동시에 저간 그가 숨어 다니든 여러 곳을 수색하야 다수한 증거서류도 압수하엿다 한다.

主要 關係人物

별항과 가치 전정관이가 톄포되는 동시에 그 집 수인 김동부金東富도 검거되엿스며 또한 그와 전후하야 전정관과 가치 역시 해삼위海蔘威에서 나온 시내 수은동授恩洞 로동당위원勞働黨委員 고광수高光洙(二二)도 톄포되야 사건의 주요한 관계인물들은 대개 검거된 모양이나 동 서에서 모모 디방에 지급 면보로 관계자 검거를 의뢰하엿다는 수효가 오륙 장이나 된다 하는 말에 의하면 아즉도 조선 안에 잇는 관계자 중에서 검거하지 못한 사람이 오륙 명 되는 모양인데 목하 동 서에 검거되여 잇는 유력한 관계 혐의자들은

本籍 咸北 穩城郡 隱城面, 時代日報 記者 正友會員 朴純秉(二五)

本籍 慶南 晉州郡 邑內 朝鮮日報 囑託社員 正友會員 姜達永(四二)

本籍 咸南 洪原郡 邑內 住所 京城 桂洞 七三 東亞日報 記者 正友會委員 李鳳洙(三五)

本籍 濟州道 勞働黨委員 佐公林(二六)

本籍 咸南 咸興郡 咸興面 新昌理 住所 京城 笠井町 一三五 金基鍾(二六)

同上 全熙哲(二三)

本籍 濟州道 勞働黨委員 高光洙(二二)

本籍 咸南 北靑郡 邑內 全正觀(二七)

등 여덜 사람인 듯하며 그 외 디방에서 잡아온 사람이 이삼 인 된다 하나 그는 아즉 미상하다.

六名은 釋放

전긔 사건에 대하야 동 게에서는 작 이십일 일 오전에도 이층에는 엄중한 경계를 하며 취조하는 중이엇섯고 그 한편으로는 다수한 증거서류 번역에 몰두한 모양인데 사건은 아즉도 약 이십 일 후에야 검사국으로 넘기게 되리라 하며 재작 이십 일 오후에는 이 사건으로 검거되엿든 사람 중 취조에 ᄯᅡ라 다음과 가튼 여섯 사람은 모다 석방되엿더라.

▲ 女性同友會常務委員 金瑛禧

▲ 天道敎青年同盟 李晃

▲ 正友會委員 林烱日

▲ 協友青年會 朴在凡

▲ 同 金成圭 外 一人

《신한민보》 1926년 7월 29일자

적화로 됴션독립을

계획한 권오설 등

《선봉》 1926년 8월 8일자

작년 신의주에서 검거된 공산주의자를 서울로 옮겨 와

됴 선 내 디

**작년신의주에서검거된
공산주의자를서울로옮겨와**

작년십二월에 신의주경찰서에검거되어 오래동안예심에붙이어있던 공산주의자들은 이번에검거된권오설군의사건과 합동심리(合同審理)하게되어 사건이 경성디방법원예심으로넘어왓음으로 신의주형무소에서 취됴를받던 주의자동지들은 경성으로 옮겨오게되엇다는데 그들의일음을듣면: 박헌영 박길영 림원근 조리완 송중식 리형관 김경세 됴동근 댱순명 신■수 김과전 주종건 서뎡희 김재봉 송봉후 윤덕병 유진희 진병긔 독고정 김상주 (됴선통신)

작년 십二월에 신의주경찰서에 검거되어 오래동안 예심에 붙이어 있던 공산주의자들은 이번에 검거된 권오설군의 사건과 합동심리合同審理하게 되어 사건이 경성디방법원 예심으로 넘어왓음으로 신의주형무소에서 취됴를 받던 주의자 동지들은 경성으로 옮겨 오게 되엇다는데 그들의 일음을 듣면: 박헌영 박길영 림원근 조리완 송중식 리형관 김경세 됴동근 댱순명 신■수 김과전 주종건 서명희 김재봉 송봉후 윤덕병 유진희 진병긔 독고정 김상주(됴선통신).

《신한민보》 1926년 8월 19일자

각 단톄를 수식하여 듕요인물 七명을 검거

**각단톄를수식하여
듕요인물七명을검거**

六월 사건과 메二차 공산당 사건의 권오설 이하 十六인을 검거한 종로 경찰서 고등계에선 아직 톄포하지 못한 공산당 사건의 관계련두자들을 검거하고저 그 동안 비밀한 가운대 활동을 계속하여 오다가 시대일보 기자 박순병씨를 검거하야 七월 十八일밤에 엄밀한 취조를하는 모양이더니 十九일 새벽에는 [illegible] 형사들은 전부 비상소집을하야 또 여러 단톄를 수식하는 한편으로 경성 시내 유도 련관을 수색하야 그 동안 톄포하고저 잡던 고심둥에 잇든 정우회원이오 또한 됴선일보 촉탁 사원 강달영씨를 검거한 동시에 역시 그 집에서 또 듕당 위원 좌공림씨와 정우회원 림형일씨를 검거하엿스며 또 한편으로는 [illegible] 청년회 가회 수식을 한는 동시에 거기서 자고 잇슨 동회 상무 동회 위원 박래범씨와 노농회원 김선우씨등을 또 검거하엿고 다시 한편으로는 메二차 공산당 사건에 참예하야 검사국에 넘어갓다가 [illegible] 무사히 방면되어 잇슨 동아일보 기자 리봉수씨를 [illegible] 그 자택에서 검거한 동시에 가회 수가지 수식하엿스며 역시 여러가지 혐의로 종로 경찰서에 [illegible] 검거 되엿다가 나온 [illegible] 청년동맹 리황씨를 다시 검거하야 그날 오전 [illegible] 전후 일곱 사람을 검거하야 [illegible] 한 동이며 또한 이 사건에 대하야 동서의 [illegible] 서장은 그날 아참 경찰부로 [illegible] 경찰부장을 방문하고 어러가지 밀의를 한는 동시에 순수 그 관계 련두자 검거에 대하야 시내 각처가 모다 경비 대활동 지금 [illegible] 한는 한편으로 또 기타 각디 경찰서에 지금 [illegible] 한는 동 극도로 긴장된 상태에 잇스며 이번에는 사건이 전국뎍으로 확대 되리라더라

六월 사건과 뎨二차 공산당사건의 권오설 이하 十六인을 검거한 종로경찰서 고등게에서는 아직 톄포하지 못한 공산당사건의 관게 련두쟈들를 검거하고져 그동안 비밀한 가운대 활동을 계속하여 오다가 시대일브(보) 긔쟈 박순병 씨를 검거하야 七월 十八일 밤에 엄밀한 취됴를 하는 모양이더니 十九일 싀벽에는 돌연히 형사들은 젼부 비상 소집을 하야 또 여러 단톄를 수쇡하는 한편으로 경성 시닉 유도려관을 수쇡하야 그동안 톄포하고져 자뭇 고심듕에 잇든 경우회원이오 또한 됴션일보 촉탁사원 강달영 씨를 검거하는 동시에 역시 그 집에서 로동당위원 좌공림 씨와 경우회원 림형일 씨를 검거하엿스며 또 한편으로는 협우청년회의 가텩 수쇡을 하는 동시에 거기서 자고 잇는 동 회 상무동히위원 박지범 씨와 동 회원 김성규 씨 등을 또 검거하엿고 다시 한편으로는 뎨二차 공산당사건에 참에하야 검사국에 ㅅ가지 넘어갓다가 결국 불긔소로 무사히 방면되엿든 동아일보 긔쟈 리봉수 씨를 게동 그 자텩에서 검거하는 동시에 가텩 ㅅ가지 수쇡하엿스며 역시 여러 가지 혐의로 종로경찰서에 여러 번 검거되엿다가 나온 텬도교청년동밍 리황 씨를 다시 검거하야 그 날 오젼 열 시 ㅅ가지 젼후 일곱 사람을 검거하야 노은 후 엄듕한 경계를 하며 취됴를 하는 듕이며 또한 이 사건에 대하야 동 서의 삼이란 왜 서쟝은 그 날 아침 경찰부로 안등 경찰부쟝을 방문하고 여러 가지 밀의를 하는 동시에 손수 그 관게 련두쟈 검거에 대하야 시닉 각 쳐가 모다 경비 뎐화로 지급 통지를 하는 한편으로 기타 각디 경찰서에 지급 뎐보로 통지를 하는 등 극도로 긴쟝된 상틔에 잇는딕 이번에는 사건이 젼국뎍으로 확대되리라더라.

《동아일보》 1926년 11월 5일자

六十萬歲事件 繼續 公判 共産黨事件 失敗로 万歲運動을 决行

= 權五卨 一派와 聯絡하엿든 李柄立= 豫審을 免除하엿다는 檢事의 論告

륙월 십 일 조선○○만세사건의 피고 학생 리병립李柄立 외 열 명에 대한 제령위반 급 출판법위반 사건의 속행 공판은 작보한 바와 갓치 재작 삼 일 오후 한 시 오십 분부터 전날에 게속하야 경성디방법원 뎨삼호 법뎡에서 강등江藤 재판댱과 리견里見 고등법원 검사의 립회 아래 변호사 강세형姜世馨 씨외 륙씨(그 외 수씨는 사정으로 인하야 출석치 못하엿다 함)의 렬석으로 개뎡되엿섯는데 당일은 일긔가 몹시 침울하야 비까지 오락가락하얏슴에도 불구하고 일반 방텽인들은 또 구름 모히듯하야 방텽석이 차고 넘친 상태이엇슴으로 대부분은 방텽을 어더 하지 못하고 법뎡 내외를 경계하는 다수한 경관들에게 몰니어 모다 섭섭히 도라들 갓다. 방텽자 중에는 여전히 각 피고들의 친족과 관게 학교 당국자들이며 또한 주의자들이 몹시 긴장된 태도로 공판의 진행되는 것을 유심히 바라다 보고 잇섯는데 이날 공판 중에 한 가지 크게 주목할 만한 것은 지금까지 보통 세상에서는 이 학생 중심의 만세사건이 그 뒤에 별로히 무삼 배경은 업는 줄로만 알고 잇서왓스나 사실은 본래 이 사건(특히 리병립 등 평동사건)이 륙월 오 일 이래 시내 텬도교당 구내에서 격문 선언서 등 륙만여 장이 압수됨과 동시에 인산당일 민족운동과 사회운동을 일시에 이르키랴든 큰 계획이 발각되야 권오설權五卨 이하 다수한 공산당원들이 검거되여 목하 경성디방법원 예심에 걸려 잇는 그 사건과 밀접한 련락 관게를 가지고 리병립도 역시 조선공산당朝鮮共産黨원의 한 사람으로 전긔 사건이 실패에 도라간 뒤를 니어 즉시 학생 중심의 만세사건을 게획하야 실행하엿다는 사실이 검사의 론고로써 확실히 판명된 것이다.

◇ 論告要旨 ◇

본 건의 사실은 피고 황뎡환黃廷煥을 제한 외에는 전부 사실을 자백하고 오즉 황뎡환만 무산자들을 각성식히기 위하야 한 일이라 하나 그것은 한갓 쓸데업는 둔사遁辭에 지나지 못하는 것이다. 그 사실은 경찰조사 이래 일호 의심할 만한 뎜이 업시 명확한 것으로 피고들은 모다 정치뎍 변혁을 목뎍하고 한 일이니 대정大正 팔년八年 제령制令 데칠호第七號 데일조第一條 출판법出版法 데십일조第十一條 데일호第一條에 해당하며 형법刑法은 데오십사조, 데십조를 뎍용하야 중형重刑을 가하는 것이 상당하다고 생각하고 피고 류면희만은 격문서 인쇄에는 관계하지 못하엿슨 즉 그는 제령 데칠호 위반에만 해당한 것이다. 그리고 리텬진 · 리선호 량명은 격문서 인쇄에는 참여하지 안엇다 하나 이 가튼 지능智能에 관한 일은 즉접 일에는 당면하지 안엇다 하더라도 그 내정을 서로 통하고 잇섯스면 그것이 벌서 일에 참여한 것이나 하등 다른 뎜이 업는 것이다. 이제 형刑의 량뎡量定에 잇서서는 피고들의 한 행동으로 말매암아 일반 인심에 미친 영향과 그 결과는 결코 적다 할 수 업스며 더욱이 국장당일 격문서 산포로 말매암아 일반 군중은 그것이 폭발탄이라고 하야 크게 소동케까지 하엿섯는데 더욱이 피고들이 당 법뎡에서 답변하는 태도를 보면 자긔네 한 일이 씃까지 정당한 일이라고 주장하야 『마음을 곳치는』 태도가 업스며 그중에 특히 리병립에 잇서서는 긔소 당시까지는 단순히 이 사건에만 관게가 잇는 줄로 알엇섯스나 그 후 권오설權五卨 일파와 밀접한 관게가 잇서 조선공산당원의 한 사람인 줄을 알고 권오설 등과 함께 예심을 청구하랴고도 하엿섯스나 너머 가엽서서 예심까지는 청구하지 안엇섯다. 그리고 피고들은 이 사건을 그 전부터 게획하엿섯다 하나 기실 륙월 오 일 권오설 일파의 게획하엿던 격문 선언서 등 오륙만 여장이 텬도교당 구내에서 압수되야 그 일이 실패에 도라간 것을 보고 리병립이가 리선호 박하균 등과 밀의하야 거사를 한 것인즉 권오설 일파의 사건과 서로 련락 관게가 잇슨 것은 명확한 사실이라고.

론고를 맛치고 구형에 들어가 작지에 긔보한 바와 가치 리병립은 징역 삼 년, 박두종 · 박하균 · 리텬진 · 리선호 · 박룡규 · 곽대형 · 김재문 · 황명환 · 리동환 등 아홉 명은 각 징역 이 년,

류면희는 징역 일 년에 처하는 것이 상당하다 하야 이로써 구형을 맛치엇다.

《신한민보》 1926년 12월 2일자

공산당 실픽로 만셰운동 결힝 권오셜 一파와 련락한 리병립

六월 十일 대한독립 만세사건의 피고 학싱 리병립 외 열 명에 대한 공판은 지난 달 三일부터 열리엿다는딕 그듕에 한 가지 놀랄 만한 사건은 지금 ㅅ가지 보통 세상에서는 이 학싱 듕심의 만세사건이 그 뒤에 무삼 비경이 업는 줄로만 알고 잇서 왓스나 사실은 본릭 이 사건이 六월 五일 이러 경성 시닉 텬도교당 구닉에서 격문 선언서 六만여 장이 압수됨과 동시에 인산당일 민족운동과 사회운동을 일시에 이르키려들 큰 계획이 발각되여 권오설 이하 다수 공산당원들이 검거되여 목하 경성디방 왜법원 에심에 걸려 잇는 그 사건과 밀졉한 련락 관계를 가지고 리병립도 역시 됴션 공산당원의 한 사람으로 젼긔 사건이 실픽에 도라간 뒤를 니어 즉시 학싱 듕심의 만세사건을 계획하야 실힝하엿다는 사실이 검사의 론고로써 확실히 판명되엿다더라.

《동아일보》 1927년 4월 3일자

己未運動 以後 朝鮮 初有의 秘密結社 事件

己未運動以後朝鮮初有의秘密結社事件

朝鮮共産黨·高麗共産青年會內容══昨二日一部解禁

被告九十九名

前受刑十一名

太半은制令關係事件

波紋을國際的=前後四次檢擧

事件發生으로豫審終結까지年數로三年

劈頭의組織은 雅叙園서密議

第一次朝鮮共産黨

新義州事件後 範圍를더擴張

第二次로內外連絡

同志를糾合 全朝鮮連絡

第二次로細胞團體

六月事件의眞相

第一次로民族運動劃策

鬪士를養成하러 海外에廿名

以下五面

《동아일보》 1927년 4월 3일자

各 被告에 適用法律

金在鳳 · 金若水(金枓全) · 俞鎭熙 · 權五卨 · 金尙珠 · 陳秉基 · 朱鍾建 · 尹德炳 · 宋奉瑀 · 獨孤佺 · 洪悳裕 · 林元根 · 林亨寬 · 曹利煥 · 朴吉陽 · 洪瑠植 · 申哲洙 · 張順明 · 金正奎 · 黃守龍 · 金直成 · 金璂鎬 등의 비밀결사 조직의 소위는 치안유지법 뎨일조 뎨일항 목뎍의 실행에 관하야 행한 소위는 치안유지법 뎨이조…

《조선일보》 1927년 4월 3일자

朝鮮共産黨事件

豫審決定書 內容 (一)

朝鮮共産黨事件

豫審決定書內容 (一)

主文

理由

(被告人의 住所 職業 年齡은 號外에 旣報하얏기 此를 省略함) 被告 權五卨 朴來源 楊在植 閔昌植 李用宰 白明天에 對한 大正 十五年 豫第四一號 治安維持法 及 出版法違反 被告 廉昌烈 朴珉英 李智鐸 金璟載 金恒俊 洪悳裕에 對한 同年 豫 同號 治安維持法違反 被告 洪悳裕에 對한 同年 同豫 第四二號 名譽毁損 被告 權五卨에 對한 同年 豫 第四五號 治安維持法違反 及 被告 金科全 俞鎭熙 獨孤佺 陳秉基 朱鍾建 尹德炳 同 徐廷禧에 對한 同年 豫 第四六號 治安維持法違反 被告 朴憲永 林元根 林亨寬 金尙珠 曹利煥 朴吉陽 金景瑞 趙東根 申哲洙 張順明 洪瑠植에 對한 同年 豫 第四七號 治安維持法違反 被告 金在鳳에 對한 同年 豫 第四八號 治安維持法違反 被告 宋德滿에 對한 同年 豫 第四九號 治安維持法違反 被告 李鳳洙(一名 李哲)에 對한 同年 豫 第五三號 治安維持法違反 被告 獨孤佺 金景瑞에 對한 同年 豫 第五四號 傷害及暴行 被告 姜達永 李準泰 全政琯 金明奎 朴台弘 金正奎 朴一秉 金昌俊 魚秀甲 李相薰 金東富 李忠模 李在益 金世淵 具昌會 李殷植 柳淵和 高允相 李奎宋 姜均煥 李浩 金演羲 裵成龍 金瑛禧 李承鐸 朴泰善 白基浩 金有聲 裵致文 南海龍 愼均晟 趙東燦 李敏行 曹俊基 趙鏞周 薛炳浩 權五卨 李鳳洙(一名 李奭) 蔡奎恒 洪悳裕 李智鐸 朴珉英 都容浩 閔昌植 李炳立 朴來源 金璟載 朴純秉 廉昌烈에 對한 同年 豫 第五八虎 治安維持法違反 被告 權榮奎 韓廷植 吳淇燮에 對한 同年 豫 第六五號 治安維持法違反 被告 鄭晋武 崔一峰 白光欽 許永壽 辛命俊 黃守龍 金完根 金琪鎬 盧相烈 金直成 崔安燮 尹允三 鄭淳梯 金容粲 鄭順和 李鳳壽 鄭泰重 姜宗穆 金載中 文直相 鄭洪模 彭三辰 金宗信에 對한 同年 豫 第六八號 治安維持法違反 被告 李榮珉 李昌洙 朴炳斗에 對한 同年 豫 第一 二號 治安維持法違反 被告 李壽廷에 對한 昭和 二年 豫 第二號 給安維持法違反 各 被告事件에 對하야 併合豫審을 遂하고 終結決定을 左와 如히 함.

主文

被告 權五卨 朴來源 閔昌植에 對한 治安維持法違反 大正 八年 制令 第七號 出版法違反 被告 楊在植 李用宰 白明天에 對한 大正 八年 制令 第七號 及 出版法違反 被告 金恒俊 洪悳裕에 對한 大正 八年 制令 第七號 違反 被告 朴憲永 林元根 林亨寬 朴吉陽 申哲洙 張順明 洪瑠植 曹利煥 金璟載 金在鳳 廉昌烈 朴珉英 李智鐸 俞鎭熙 陳秉基 獨孤佺 尹德炳 宋德滿 金科全 朱種建 徐廷禧 姜達永 李準泰 全政琯 李鳳洙(一名 李哲) 李炳立 朴一秉 金昌俊 魚秀甲 李相薰 金

東富 李忠模 李在益 具昌會 李殷植 柳淵和 高允相 李奎宋 姜均煥 李承鐸 朴泰善 裴致文 李敏行 趙鏞周 權五尙 李浩 金演義 裴成龍 朴台弘 南海龍 愼均晟 趙東燦 曹俊基 薛炳浩 蔡奎恒 都容浩 金正奎 文相直 李鳳洙(一名 李爽) 黃守龍 金琪鎬 金尙珠 金直成 尹允三 金容粲 李鳳壽 姜宗穆 彭三辰 金宗信 金明奎 崔安燮 盧相烈 辛命俊 鄭淳梯 鄭順和 鄭泰重 金載中 崔一峰 許永壽 鄭洪模 金有聲 金完根 鄭晋武 李榮珉 李昌洙 朴炳斗 白光欽 權榮奎 韓廷植 吳洪燮 李壽延에 對한 治安維持法違反 及 被告 洪悳裕에 對한 名譽毁損의 各 被告事件은 此를 京城地方法院의 公判에 附함.

被告 獨孤佺에 對한 傷害及損害 同 金景瑞에 對한 治安維持法違反 及 傷害損害 同 趙東根 金世淵 同 金瑛禧 同 白基浩에 對한 治安維持法違反 各 被告事件은 此를 免訴함.

被告 權五卨에 對한 同 被告 朴憲永 其他의 者와 謀議한 後 帝國의 國體를 變革하고 또 私有財産制度를 否認할 目的으로써 高麗共産靑年會란 秘密結社를 조직하고 其 目的의 實行에 關하야 策動한 旨의 大正 十五年 豫 第四一號 被告事件은 此를 棄却함.

理由

第一(一) 被告 金在鳳 金科全 俞鎭熙 權五卨 金尙珠 陳秉基 朱鍾建 尹德炳 宋奉瑀 獨孤佺 洪悳裕는 曺奉岩 金燦 趙東祜와 가티 大正 十四年 四月 十七日 午後 一時頃에 京城府 黃金町 一丁目 中國料理店 雅敍園에 會合하야 朝鮮을 帝國의 ○○으로부터 ○○케 하고 또 朝鮮의 私有財産制度를 否認할 目的으로써 朝鮮共産黨이라 稱하는 秘密結社를 組織하고 趙東祜 曺奉岩 金燦의 三名을 役員銓衡委員으로 選擧하고 同 銓衡委員으로 하야금 被告 金在鳳 金科全 俞鎭熙 朱鍾建 及 趙東祜 鄭雲海 金燦 等 七名을 中央執行委員 被告 尹德炳 宋奉瑀 及 曺奉岩 等 三名을 檢査委員으로 各 選任하고 同 中央執行委員에 對하야 該共産黨의 職制 及 黨則의 制定 其他 一切를 委託하야 右 中央執行委員은 同月 下旬頃以來 二回에 亘하야 中央執行委員會를 開하고 秘書部 組織部 宣傳部를 設하고 各自의 管掌事務를 定하고 黨則의 制定其他에 對하야 協議를 凝하고 露國莫斯科의 國際共産黨과 連絡을 取하야 黨員의 募集에 努力하야써 前項目的의 實行에 관하야 種種 策動하엿는데 意外에 官憲이 此를 探知하고 續續 黨員을 檢擧하엿슴으로 因하야 同 共産黨은 將次 瓦解의 悲境에 逢着하엿스나 被告 金在鳳은 金燦과 가티 此를 憂隱하야 熟議 後 大正 十四年 十二月 中旬頃에 京城府 需昌洞 金貞淑 方에서 朝鮮共

產黨의 其 目的을 熟知하고 入黨한 被告 姜達永 李準泰와 各各 會見하고 同 目的을 悉知하고 此에 加入한 被告 李鳳洙(一名 李哲) 及 金鐵洙 洪南杓 等과 가티 幹部에 就하야 協力하야 其挽回에 努力하라고 慫慂하야 被告 姜達永 李準泰 李鳳洙(一名 李哲) 及 金鐵洙 洪南杓 等은 다 右 目的을 了知하고 朝鮮共産黨에 入黨한 被告 全政琯 權五卨 等과 相議하야 一同이 中央執行委員이 된 爾後 屢屢히 京城府 鐘路 六丁目 梁源模 方 其他에서 中央執行委員會를 開催하고 京城府 內에 九個의 『야체이카』(細胞團體) 五個의 『부락치크』(政策的集會) 東京에 日本部 上海에 上海部 滿洲에 滿洲部 露國 海蔘威에 沿海州部를 組織하고 또 豫算案 豫算編成說明書(押 第九七八號의 證 第八號) 豫算案請求書 『야체이카』(細胞團體) 『부락치크』(政策的集會) 組織原則(押 同號의 證 第二十二號 押 第 一一三四號의 證 第二號, 一四號, 二三號, 二四號) 等을 制定하고 豫算에 關한 것은 右 國際共産黨에게 送致하야 黨員을 募集한 後 右 『야체이카』 『부락치크』 等에 配置하고 全羅南道 及 慶尙南道의 道幹部를 選任하야 專혀 朝鮮共産黨의 發展에 奔騰하야써 其 目的의 實行에야 關하야 策助하얏다.

(二) 被告 廉昌烈 朴來源 朴珉英 李智鐸 閔昌植 金璟載 朴台弘 金正奎 朴一秉 金昌俊 魚秀甲 李相薰 金東富 李忠模 李在益 具昌會 李殷植 柳淵和 高允相 李奎宋 姜均煥 李浩 金演羲 裵成龍 李承燁 朴泰善 金有聲 裵致文 南海龍 愼杓晟 趙東燦 李政行 趙俊基 趙鏞周 薛炳浩 權五尙 李鳳洙(一名 李奭) 蔡奎恒 都容浩 李炳立 鄭晋武 白光欽 辛命俊 金完根 盧相烈 崔安燮 權榮奎 韓廷植 吳琪燮 李榮珉 李昌洙 朴炳斗 李壽延 等은 모다 朝鮮共産黨의 創立 後 其 目的을 熟知하고 同 共産黨에 入黨하야 被告 金明奎 朴台弘은 各 慶尙南道의 道執行委員 被告 辛命俊은 全羅南道의 道執行委員 被告 金正奎는 日本部의 責任幹部로 任命되엿고 被告 辛命俊은 同 黨員으로서 全羅南道의 道執行委員인 申東浩 金基洙 等과 共히 道執行委員會를 開하고 前 揭目的의 實行에 關하야 協議를 하고 秘書部 敎養部 責任部를 設하야 各自의 司掌事務를 定하고 光州 順天 光陽의 三個所에 各 『야체이카』(細胞團體)를 組織하고 被告 崔安燮 金有聲 趙俊基의 光州 『야체이카』도 피고 鄭晋武 金完根 辛命俊은 光陽 『야체이카』(細胞團體)로 피고 李榮珉 李昌洙 朴炳斗는 順天 『야체이카』(細胞團體)에 隷屬하고 被告 廉昌烈 朴來源 朴珉英 其餘의 被告等은 京城府 『야체이카』(細胞團體) 或은 『부락치크』(政策的集會)에 各各 配屬하엿다.

(三) 被告 金明奎 黃守龍 金尙珠 金直成 金琪鎬는 金炳善과 共히 大正 十三年 八月 十七日

慶尙南道 馬山府 城湖洞 金明奎 方에 集合하야 被告 金明奎의 發意에 依하야 朝鮮의 私有財產制度를 否認하고 共產制度의 實現을 期할 目的으로써 馬山共產黨이란 秘密結社를 創設하고 被告 金明奎를 其 責任者로 推한 爾後 時時 集會를 開하야 右 目的 實行에 關하야 協議를 하고 被告 彭三辰 金宗信은 同 目的을 熟知하고 該 共產黨에 加入하엿스나 其後 大正 十四年 八月頃에 同 被告等은 朝鮮共產黨은 前述의 目的으로써 組織된 者임의 情을 悉知하면서 馬山共產黨을 朝鮮共產黨에 併合하고저 決議하고 名稱을 朝鮮共產黨 馬山 『야체이카』(細胞團體)라 改하야써 被告 金明奎 黃守龍 金直成 金琪鎬 彭三辰 金宗信은 朝鮮共產黨에 加入하게 되엇다(繼續).

《조선일보》 1927년 4월 5일자

朝鮮共産黨事件

豫審决定書 內容 (二)

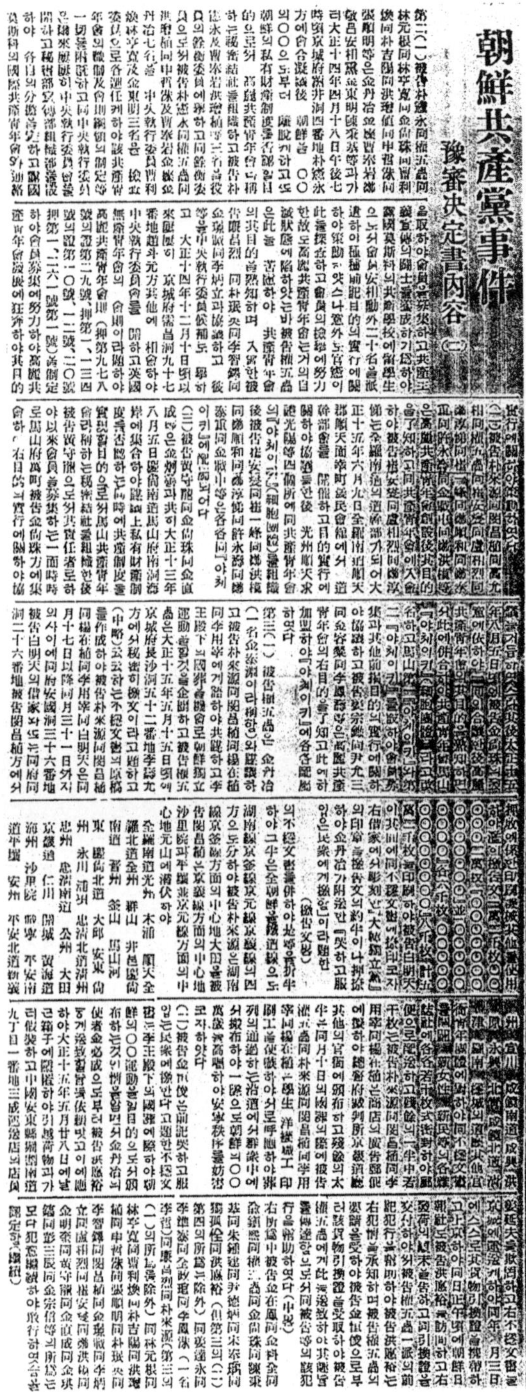

第二(一) 被告 朴憲永 同 權五卨 同 林元根 同 林亨寬 同 金尙珠 同 曹利煥 同 朴吉陽 同 洪璔植 同 申哲洙 同 張順明 等은 金丹冶 金燦 曺奉岩 鄭敬昌 安相熏 金東明 陳秉基 等과 가티 大正 十四年 四月 十八日 午後 七時頃 京城府 薰井洞 四番地 朴憲永 方에 會合 凝議後 朝鮮을 ○○의 ○○로부터 離脫케 하고 또 朝鮮의 私有財産制度를 否認할 目的으로써 高麗共産靑年會라 稱하는 秘密結社를 組織하고 被告 朴憲永 及 曺奉岩 洪璔値 等 三名을 役員의 銓衡委員에 擧하고 同 銓衡委員으로써 被告 朴憲永 同 權五卨 同 洪璔植 同 申哲洙 及 曺奉岩 金燦 金丹冶 七名을 中央執行委員 曹利煥 林亨寬 及 金東明 三名을 檢査委員으로 各 選任케 하야 該 共産靑年會의 職制 及 會則 綱領의 制定 等 一切를 附託하고 同 中央執行委員은 爾來 屢屢히 中央執行委員會를 開하고 秘書部 宣傳部 組織部를 設하야 各自의 分擔을 定하고 露國 莫斯科의 國際共産靑年會와 連絡을 取하야 會員을 募集하고 共産主義 宣傳의 闘士를 養成하기 爲하야 露國 莫斯科의 共産學校에 留學生으로서 會員 安相勳外 二十名을 派遣하야 種種 前記目的의 實行에 關하야 策動하얏스나 意外로 官憲이 此를 探査하고 會員의 檢擧에 努力한 故로 高麗共産靑年會는 거의 自滅狀態에 陷하얏는 바 被告 權五卨은 此를 苦憲하야 共産靑年會의 其 目的을 熟知하며 入當한 被告 廉昌烈 同 朴珉英 同 李智鐸 同 金璟載 同 李炳立과 協議하고 彼等을 中央執行委員 候補로 擧하고 大正 十四年 十二月 十日頃以來 屢屢히 京城府 需昌洞 九十七番地 趙斗元 方 其他에 相會하야 中央執行委員會를 開하고 英國無産靑年會의 會則이라 題하야 高麗共産靑年會 則押 第九七八號의 證 第二九號, 押 第一 · 一三四號의 證 第一 號, 一二號, 二 號 押 第一 · 二六一號, 第一號을 制定하야 會員募集에 努力하야 高麗共産靑年會 發展에 狂奔하야 其 目的 實行에 關하야 策動하엿다.

(二) 被告 朴來源 同 閔昌植 同 高允相 同 權五卨 同 崔安燮 同 盧相烈 同 鄭淳悌 同 崔一峰 同 鄭順和 同 鄭泰重 同 許永壽 同 金載中 同 鄭洪模 等은 高麗共産靑年會 創設 後 其目的을 了知하고 同 共産靑年會에 入會하야 被告 崔安燮 同 盧相烈 同 鄭淳悌는 全羅南道의 道幹部가 되어 大正 十五年 六月 九日 全羅南道 順天郡 順天面 幸町 農民會舘에서 道幹部會를 開催하고 目的實行에 關하야 協議를 한 後 光州 順天 求禮 光陽 等 四個所에 同 共産靑年會의 『야체이카』(細胞團體)를 組織한 後 被告 崔安燮 同 崔一峰 同 鄭

洪模 同 鄭順和 同 鄭淳悌 同 許永壽 同 鄭泰重 同 金載中 等은 各各 同 『야체이카』에 配屬되어다.

㈢ 被告 黃守龍 同 金尙珠 同 金直成 等은 金烔善과 共히 大正 十三年 八月 五日 慶尙南道 馬山府 南洞 海岸에 集合하야 謀議 上 私有財産制度를 否認하는 同時에 共産制度를 實現할 目的으로써 馬山共産靑年會라 稱하는 秘密結社를 組織한 後 被告 黃守龍으로써 其 責任者로 하야 以來 會員을 募集하는 一面 時時로 馬山府 萬町 被告 金尙珠 方에 集會하여 右 目的의 實行에 關하야 協議를 거듭하엿스나 其後 大正 十五年 八月 五日頃에 被告 金尙珠의 發意에 依하야 一同이 合議한 後 高麗共産靑年會의 其 目的을 熟知하면서 此에 併合하야 共産靑年會 馬山 『야체이카』(細胞團體)라고 改名하고 馬山 第一 『야체이카』와 第二 『야체이카』를 設하야 會員募集과 其他 前揭目的의 實行에 關하야 協議하고 被告 姜宗錄 同 尹允三 同 金容粲 同 李鳳壽 等은 高麗共産靑年會의 右 目的을 了知고 此에하 加盟하야 『야체이카』에 各各 配屬하엿다.

第三㈠ 被告 權五卨은 金丹冶(一名 金泰淵이라 稱함)와 謀議하고 被告 朴來源 同 閔昌植 同 楊在植 同 李用宰에게 語하야 共謀하고 李王殿下의 國葬을 機會로 朝鮮獨立運動을 할 것을 企劃하고 被告 權五卨은 大正 十五年 五月 十五日頃에 京城府 長沙洞 五十二番地 李壽允 方에서 秘密히 檄文이라고 題하고(中略) 云云하는 不穩文書의 原稿를 作成하야 被告 朴來源 同 閔昌植 同 楊在植 同 李用宰 同 白明天은 同月 十七日 以降 同月 三十一日까지의 사이에 同府 安國洞 三十六番地 被告 白明天의 借家와 또는 同府 同洞 二十六番地 被告 閔昌植 方에서 押收에 係한 印刷機械 其他를 使用하야 濫이 檄告文 一萬二千枚 ○○○○○二萬枚 『○○○○○○○○○○○○○○○』 並 『○○○○○○○○○』 各 六千枚 『○○○○○○○○○○○○○○』 八千枚 計 五萬二千枚를 印刷하야 被告 白明天이 其間에 同 不穩文書에 捺印코자 右 借家에서 彫刻한 『大韓獨立黨』의 印章을 檄告文의 約半이나 押捺하야 金丹冶가 附送한 『哭하고 服입은 民衆에게 檄함』 이라 題한(檄告文畧)의 不穩文書를 併하야 是等을 折半하야 그 半은 全朝鮮을 鐵道線으로 湖南線 京釜線 京元線 京義線의 四方으로 分하야 被告 朴來源은 湖南線 京釜線 方面의 中心地 大田을 被告 閔昌植은 京義線 方面의 中心地 沙里院과 平壤 並 京元線 方面의 中心地 元山에 潛伏하야 全羅南道 光州 木浦 順天 全羅北道 全州 群山 井邑 慶尙南道 晋

州 釜山 馬山 河東 慶尙北道 大邱 安東 尙州 永川 浦項 忠淸北道 淸州 忠州 忠淸南道 公州 大田 京畿道 仁川 開城 黃海道 海州 沙里院 載寧 平安南道 平壤 安州 平安北道 新義州 宣川 咸鏡南道 咸興 洪原 永興 北靑 咸鏡北道 淸律 羅南 穩城의 道廳 其他 官衙 靑年團體에 對하야 同 不穩文書를 開闢 新女性 新民 等의 各 雜誌社에 各各 若 千枚式 密封하야 郵便으로 配送하고 殘餘의 一半中 若 千枚는 被告 朴來源 同 閔昌植 同 李用宰 同 楊在植은 商店의 廣告 郵便에 擬하야 總督府 裁判所 京畿道廳 其他의 官衙에 頒布하고 殘餘의 太半은 同月 十日의 國葬의 際에 被告 權五卨 同 朴來源 同 閔昌植 同 李用宰 同 楊在植은 學生 洋襪職工 印刷工을 使族하야 서로 呼應하야 葬列의 通過하는 沿道에서 群衆中에서 撒布하야 一聲으로 朝鮮의 萬歲를 高唱하야 安寧秩序를 妨害코자 하얏다.

(二) 被告 金恒俊은 前記哭하고 服입은 民衆에 檄한다고 題한 不穩文書는 李王殿下의 國葬에 際하야 朝鮮의 ○○運動을 할 目的으로서 頒布하는 것인 情을 알면서 金丹冶의 使者 金必成으로부터 被告 洪悳裕에게 送致할 旨를 依賴밧고 이에 應하야 大正 十五年 五月 ■八日에 날근 籍子에 隱匿하야 引越荷物과 가티 假裝하고 中國 安東縣 掘割南道 九丁目 一番地 三成運送店의 店員 姜延天를 欺罔하고 右 不穩文書를 京城에 運送케 하야 同年 月 三日에 スヌ로 其 貨物引換證을 携帶하고 上京하야 同日 正午頃에 朝鮮日報社로 被告 洪悳裕를 訪問하고 右 發荷의 題末을 告하고 同 引換證을 交付하야써 被告 權五卨 一派의 前記犯行을 幇助하야 被告 洪悳裕는 右 犯情을 承知하며 被告 權五卨의 要請을 受하야 被告 金恒俊으로부터 該 貨物引換證을 受取하야 被告 權五卨에게 此를 送致하야 其 趣旨를 傳達함으로서 同 被告 等의 該 犯行을 幇助하엿다(中略).

右所爲中 被告 金在鳳 同 金科全 同 兪鎭熙 同 權五卨 同 金尙珠 同 陳秉基 同 朱鍾建 同 尹德炳 同 宋奉瑀 同 獨孤佺 同 洪悳裕(但 第三의 (二) 第四 의 所爲는 除外) 同 姜達永 同 李準泰 同 全政琯 同 李鳳洙(一名 李哲) 同 廉昌烈 同 朴來源(第三의 (一)의 所爲롤 除外) 同 林元根 同 林亨寬 同 曹利煥 同 朴吉陽 同 洪瑠植 同 申哲洙 同 張順明 同 朴珉英 同 李智鐸 同 閔昌植 同 金璟載 同 李炳立 同 盧相烈 同 崔安燮 同 鄭洪模 同 金明奎 同 黃守龍 同 金直成 同 金琪鎬 同 彭三辰 同 金宗信의 所爲는 모다 犯意 繼續 하야 敢行하엿슴을 認定함(繼續).

《조선일보》 1927년 4월 6일자

朝鮮共産黨事件

豫審決定書 內容 (三)

朝鮮共産黨事件

豫審決定書內容 (三)

以上被告等의所爲는公判에附할에足한犯罪의嫌疑가充分하고被告金在鳳同兪科全　同兪鎭熙同權五卨　同金尙珠同陳秉基同朱鍾建同尹德炳同宋奉瑀同獨孤佺同洪悳裕同林元根同林亨寬同曹利煥同朴吉陽同洪璔植同申哲洙同張順明同金正奎同黃寅龍同金直成同金璟載等의秘密結社組織의所爲는治安維持法第一條第一項前段의實行에關한所爲로同法第二條被告姜達永同李準泰同李鳳洙(一名李哲)同全政琯同李炳立同崔安燮同崔相烈同辛命俊同權淳燁同李智鎬同金璨黙同彭三辰同金宗信等의秘密結社의情을知한後加入한것은同法第一條第一項目的의實行에關하야한所爲는同法第二條被告權五卨同陳[illegible]烈同朴來源同朴珉英同閔昌植同朴合弘同金正奎同朴一秉同金昌俊同魚秀甲同李相薰同金東富同李忠模同李在益同具昌會同李殷植同柳淵和同高允相同李奎宋同裴均煥同李浩同金洲薰同裴成龍同李承燁同朴泰善同金有麟同[illegible]致文同南無龍同愼杓晟同趙東[illegible]同李敏行同曹俊基同趙鏞周同薛炳浩同權五尙同李鳳洙(一名李奭)同蔡奎恒同都容浩同[illegible]武同白光欽同文圭直同金世奎同金直成同金璟載同柳[illegible]奎同鄭廷楯同吳璞燮同金完根同李泰璟同李昌洙同朴炳斗同李聲延同權洪楨同崔一峰同[illegible]和同權[illegible]黨同許永[illegible]同金職中同裵宗[illegible]同尹允三同金容粲同李鳳洙等의秘密結社의情을知한後加入한所爲는同法第一條第一項에被告權五卨同朴來源同閔昌植同楊在植同李用宰等의安寧秩序를妨害한所爲는大正八年勅令第七號第一條第一項不穩文書出版의所爲는出版法第十一條第一項被告洪悳裕名譽毁損의所謂는刑法第二百卅條에該當하고同被告等의所爲中에서連結犯及一個의行爲로數個의罪名에觸하고或은再犯併合罪에係하는所爲가잇슴으로써刑法第五十五條第五十四條第一項前條第五十七條第四十七條第十條를各各適用할犯罪될것으로思料함으로刑事訴訟法第三百十二條에依하야京城地方法院公判에附하기로함

被告李泰璟同李昌洙同朴炳斗는大正十四年九月以來大正十五年六月頃까지의間에[illegible]郡[illegible]天面幸町漢民聯合會館에서帝國의國體를變革하고또私有財産制度를否認할目的으로써順天農民聯合會及無産者同盟會라는秘密組織한公訴事實은公判에附할에足한嫌疑가充分치안호나同被告等에對한前項犯罪와連結犯의關係가잇는것으로起訴되엿슴으로써特히免訴의言渡를할수업는것이라함

被告金景瑞同趙東根이高麗共産靑年會에入會하야新義州或은安東縣에居住하고該共産靑年會本部와國外派遣의同共産靑年會員[illegible]岩間에서文書其他의連絡을取하얏슴에依함

被告金世淵同金璞麟同白基浩가大正十四年四月頃부터大正十五年三月頃까지의間에朝鮮共産黨의前項目的을悉知하면서各各入黨하엿슴에因함

被告獨孤佺은大正十四年十一月二十二日新義州府內京城食堂에서朴有楨其他를毆打하고朴有楨에게對하야　治療二週間을要할傷害를加하고또同人所有眼鏡時計를損壞한旨의各公訴事實는公判에附하기에足한嫌疑가업슴으로써刑事訴訟法第三百十三條에依하야모다免訴하겟고

被告權五卨이가朴憲永其他와[illegible]議한後大正十四年四月十八日朴憲永의　居留住所에서　帝國의國體를變革하고私有財産制度를否認할目的으로써高麗共産靑年會라는秘密結社를組織하고該目的의實行에關하야煽動하엿다는旨의公訴事實(大正十五年豫第四十一號)에對하야는旣히當該判所에公訴提起가잇섯슴으로써刑事訴訟法第三百十五條에依하야公訴를棄却할것이다함

仍히主文과如히決定함

昭和二年三月三十一日

京城地方法院豫審掛判事

五井節藏

以上 被告 等의 所爲는 公判에 附함에 足한 犯罪의 嫌疑가 充分하고 被告 金在鳳 同 金枓全 同 俞鎭熙 同 權五卨 同 金尙珠 同 陳秉基 同 朱鍾建 同 尹德炳 同 宋奉瑀 同 獨孤佺 同 洪悳裕 同 林元根 同 林亨寬 同 曹利煥 同 朴吉陽 同 洪增植 同 申哲洙 同 張順明 同 金正奎 同 黃守龍 同 金直成 同 金琪鎬 等의 秘密結社組織의 所爲는 治安維持法 第一條 第一項 目的의 實行에 關한 所爲는 同法 第二條 被告 姜達永 同 李準泰 同 李鳳洙(一名 李哲) 同 全政琯 同 李炳立 同 崔安燮 同 盧相烈 同 辛命俊 同 鄭淳悌 同 李智鐸 同 金璟載 同 彭三辰 同 金宗信 等의 秘密結社의 情을 知한 後 加入한 것은 同法 第一條 第一項 目的의 實行에 關하야 한 所爲는 同法 第二條 被告 權五卨 同 廉昌烈 同 朴來源 同 朴珉英 同 閔昌植 同 朴合弘 同 金正奎 同 朴一秉 同 金昌俊 同 魚秀甲 同 李相薰 同 金東富 同 李忠模 同 李在益 同 具昌會 同 李殷植 同 柳淵和 同 高允相 同 李奎宋 同 姜均煥 同 李浩 同 金演羲 同 裵成龍 同 李承燁 同 朴泰善 同 金有聲 同 裵致文 同 南海龍 同 愼杓晟 同 趙東燦 同 李敏行 同 曹俊基 同 趙鏞周 同 薛炳浩 同 權五尙 同 李鳳洙(一名 李奭) 同 蔡奎桓 同 都容浩 同 鄭晋武 同 白光欽 同 文圭植 同 金明奎 同 金直成 同 金琪鎬 同 權榮奎 同 韓廷植 同 吳琪燮 同 金完根 同 李榮珉 同 李昌洙 同 朴炳斗 同 李壽延 同 鄭洪模 同 崔一峰 同 鄭順和 同 鄭泰熏 同 許永壽 同 金載中 同 姜宗錄 同 尹允三 同 金容粲 同 李鳳洙 等의 秘密結社의 情을 知한 後 加入한 所爲는 同法 第一條 第一項에 被告 權五卨 同 朴來源 同 閔昌植 同 楊在植 同 李用宰 等의 安寧秩序를 妨害한 所爲는 大正 八年 勅令 第七號第一條第一項 不穩文書 出版의 所爲는 出版法 第十一條 第一項 被告 洪悳裕 名譽毁損의 所謂는 刑法 第二百卅條에 該當하고 同 被告 等의 所爲 中에서 連結犯及 一個의 行爲도 數個의 罪名에 屬하고 或은 再犯併合罪에 係하는 所爲가 잇슴으로써 刑法 第五十五條 第五十四條 第一項 前條 第五十七條 第四十七條 第十條를 各各 適用 處斷할 것으로 思料함으로 刑事訴訟法 第三百二十條에 依하야 京城地方法院 公判에 附하기로 함. 被告 李榮珉 同 李昌洙 同 朴炳斗는 大正 十四年 九月以來 大正 十五年 六月頃까지의 間에 順天郡 順天面 幸町 農民聯合會 會舘에서 帝國의 國體를 變革하고 또 私有財産制度를 否認할 目的으로써 順天農民聯合會 及 無産者同盟會라는 秘密組織한 公訴事實은 公判에 附함에 足한 嫌疑가 充分치 안흐나 同 被告 等에 對한 前項犯罪와 連結犯의 關係가 잇는 것으로 起訴되엇슴으로써 特히 免訴의 言渡를 할 수 업는 것이라 함.

被告 金景瑞 同 趙東根이 高麗共産青年會에 入會하야 新義州 或은 安東縣에 居住하고 該共産青年會 本部와 國外派遣의 同 共産青年會員 曺奉岩 間에서 文書其他의 連絡을 取하얏슴에 依함.

被告 金世淵 同 金瑛禧 同 白基浩가 大正 十四年 四月頃부터 大正 十五年 三月頃까지의 間에 朝鮮共産黨의 前項目的을 悉知하면서 各各 入黨 하엿슴에 因함.

被告 金景瑞 獨孤佺은 大正 十四年 十一月 二十二日 新義州 府內 京城食堂에서 朴有楨 其他를 毆打하고 朴有楨에게 對하야 治療 二週間을 要할 傷害를 加하고 또 同人 所有 眼鏡 時計를 損壞한 旨의 各 公訴事實은 公判에 附하기에 足한 嫌疑가 업슴으로써 刑事訴訟法 第三百十三條에 依하야 모다 免訴하겟고 被告 權五卨이가 朴憲永 其他와 謀議한 後 大正 十四年 四月 十八日 朴憲永의 眉書任所에서 帝國의 國體를 變革하고 私有財産制度를 否認할 目的으로써 高麗共産青年會라는 秘密結社를 組織하고 該目的의 實行에 關하야 策動하엿다는 旨의 公訴事實(大正 十五年 豫 第四十一號)에 對하야는 旣히 當 裁判所에서 公訴提起가 잇섯슴으로써 刑事訴訟法 第三百十五條에 依하야 公訴를 棄却할 것이라 함.

仍히 主文과 如히 決定함

昭和 二年 三月 三十一日

京城地方法院 豫審掛判事

五井節藏

《동아일보》 1927년 4월 6일자

共産黨事件

豫審終結의 主文과 理由 全文

共産黨事件

豫審終結의主文과理由全文

《신한민보》 1927년 5월 12일자

젼됴션 신문긔쟈대회

아셔원에셔 당 조직

됴션 공산당이 조직되기는 일쳔구빅이십오년 사월에 젼됴션 기자대회가 경성에 기최되엿슬 쎄 각 디방으로부터 사회운동자가 다수히 모힌 것을 기회로 하야 젼부터 됴션 공산주의 운동의 사명을 ㅅ디고 히외로부터 됴션에 드러와 잇든 당시 됴션일보 기자 박헌영 김단야 림원근 등 세 사람과 및 됴션 안에 유력한 공산주의자 조봉암 권오설 김찬 홍벽식 등이 젼부터 계획하든 됴션 공산당의 조직을 구테화식히고져 비밀 듕에 협의한 결과 맛츰닉 황금뎡에 잇는 료리뎜 아셔원에셔 조직하게 되엿는딕 당일에 모힌 사람은 김약수 김재봉 김찬 유진히 김상주 조봉암 주종건 송봉우 됴동호 윤덕병 독고젼 림병기 명운히 최원티 명우진 등으로 김약수 사회하에 김재봉이 「됴션 사회운동이 잇서서 비밀결사 운동이 필요하다」는 의미의 말을 한 후 공산당 조직을 뎨의하자 만쟝이 이에 찬동하야 마츰닉 「됴션 공산당」이란 명칭을 가결하고 즉셕에서 듕앙집힝위원 닐곱 명과 검사위원 세 명을 선뎡하엿섯다.

《중외일보》 1927년 6월 9일자

六月 十日을 압둔 警察의 內査

평소 주의인물의 동정을 각 방면으로 내탐하는 중 走馬燈 가티 지난 一年

작년 이때의 조선은 경성京城을 중심으로 하야 흡흡과 살긔殺氣가 활발하얏든 때이다. 작년 사 월 이십오 일에 순종純宗께옵서 승하昇遐하신 이후 송학선宋學先의 금호문사건金虎門事件을 비롯하야 권오설權五卨이 주동한 계획 기타 십일 인산因山 당일에 닐어난 륙십만세사건六十萬歲事件 등 외의 대소 사건이 뒤니어 닐어나 당시의 모든 사건은 지금에 눈 감고 생각하드라도 과연 신경을 자극刺戟할 만한데 해가 밧귀어 금년의 그때가 눈압헤 닥쳐온 요지음은 세상이 자못 평온한 듯한 늣김을 가지게 한다. 작년 사 월 이십팔 일 금호문사건의 송학선은 그 일을 지난 지 얼마 안되어 이미 고인이 되엇고 작년 이달 륙 일 밤이 새도록 종로서 고등계의 활동이 시작되어 텬도교天道敎 대수색大搜索이 닐어나든 날도 슬그머니 지나버리고 그 계획을 미리 들킨 바 되어 작년 이달 팔 일에 장사동長沙洞 한 구석에서 소리 업시 경관의 손에 잡히인 권오설도 이날을 붉은 벽돌담이 길이길이 솟은 서대문형무소西大門刑務所 안에서 괴롭게 보낼 뿐이다. 일변 경찰은 표면으로 일 업는 듯 적적하되 기실 리면으로 륙월 십 일 내외간에 주목할 만한 사람들의 내사內査를 진행하야 경찰만은 작년 이쌔를 오히려 잇지 안는 형편이오 또한 작년의 그 큰 사건을 미리 방비할 수 잇섯다는 공로에 의하야 종로서 고등계 길야吉野 경부보가 오는 십 일(인산 한돌날)에 표창되는 것도 우연치 안흔 이상한 늣김을 주는 것이다.

《중외일보》 1927년 8월 5일자

共產黨事件 公判 延期하야 九月에 開廷

이번에는 변호사 측 신청으로 九月 十三日(火)로 決定

共產黨事件公判 延期하야 九月에 開廷

이번에는변호사측신청으로 九月十三日(火)로決定

권오설權五卨 외 구십팔 명에 관한 치안유지법위반治安維持法違反 조선공산당사건朝鮮共產黨事件과 고려공산청년회사건高麗共產靑年會事件은 해수로 삼 년의 긴 세월을 끌어 수천여 장의 방대尨大한 긔록記錄을 어더 가지고 겨우 그 예심豫審의 종결終結을 지난 사월에 보게 되엇섯는 바 그 후 혹은 긔록의 인쇄印刷 재판소의 사정 등으로 공판公判은 차즘 차즘 연긔되어 어느 쌔에나 열릴른지 막연하든 것이 얼마 전에 니르러 오는 이십오 일 오전 아홉 시로 결명되며 곳 세간에 널리 보도되엇섯스나 작 사 일에 니르러 각各 피고被告의 변호辯護를 담당한 변호사로부터의 신청에 의하야 이십오 일로 결명되엇든 공판은 다시 구월 십삼 일(화요일) 오전 아홉 시로 연긔되엇는데 재판소 당국자의 말에 의하면 구월 십삼 일 공판 긔일은 여간한 사정이 아니면 결코 변경치 아니할 작명이라 하며 재판장은 역 시본矢本 판사이오 간여 검사檢事는 중야中野 경성디방법원京城地方法院 수석검사首席檢事라더라.

《동아일보》 1927년 9월 13일자

共産黨 組織體系

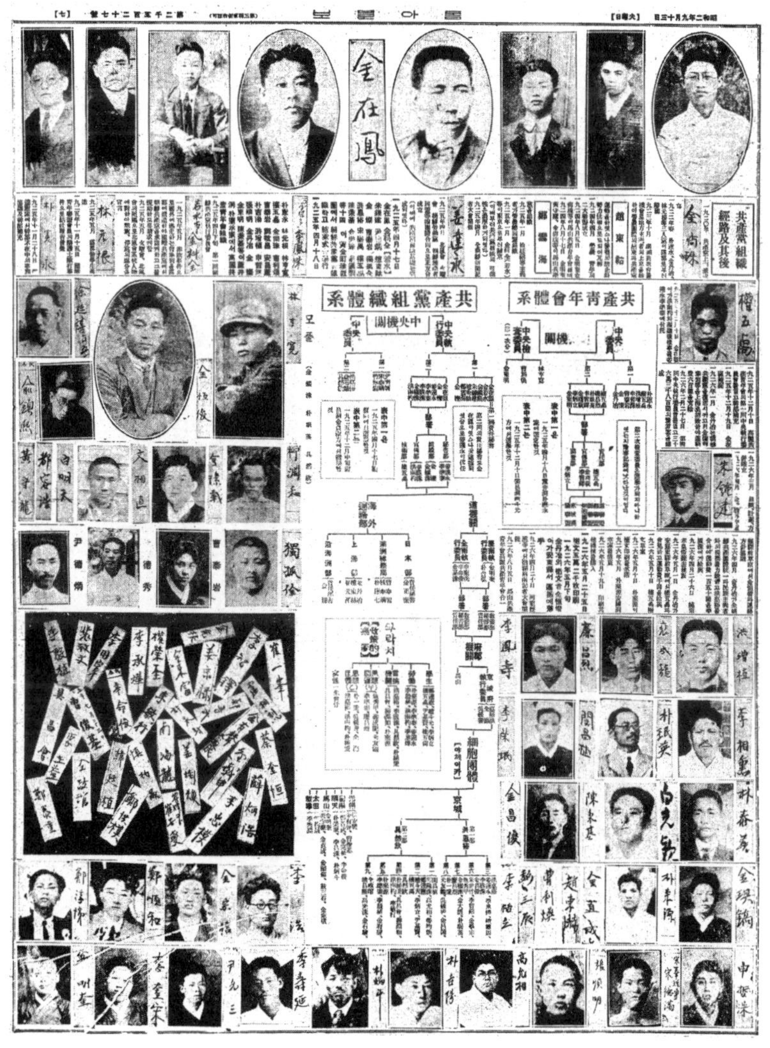

金在鳳

共產黨組織體系

共產青年會體系

《동아일보》 1927년 9월 13일자

一百 一名 被告

一百一名被告

慶北安東郡 無職 權五卨(三二)
忠南禮山郡 無職 朴瑞永(二七)
京畿道開城郡 新聞記者 林元根(二六)
平北義州郡新聞記者林亨寬(三五)
京畿道江華郡新聞記者 朴吉陽(三三)
慶北大邱府 無職 申哲洙(二四)
咸南元山府無職張水山事 張順明(二八)
京畿道高陽郡 無職 洪增植(三二)
京城府 新聞記者 曹利煥(二八)
黃海道載寧郡 無職 睦昌烈(二五)
咸北慶源郡 無職 朴珉英(二四)
平南江西郡 學生 李智鐸(二七)
黃海道黃州郡 雜誌記者 金瑛毅(二八)
京城府 無職 朴來源(二六)
京城府 印刷職工 閔昌植(二九)
平南中和郡 印刷工 楊在植(二九)
京畿道楊州郡 印刷工 李用宰(三三)
平南中和郡 印刷工 白明天(三三)
平北宣川郡 道廳員 金愼俊(三二)
慶北安東郡 無職 金在國(三七)
京畿道水原郡 新聞記者 竹笑事 洪悳裕(四一)
忠南禮山郡 無職 兪鎭熙(二四)
慶北漆谷郡 無職 陳秉基(三二)
平北義州郡新聞記者獨孤佺(二九)
京城府 無職 尹德炳(四四)
慶南河東郡宋奉瑀事宋樹讚(二七)
慶南東萊郡 無職 金若水事 金枓佺(三四)
咸南咸興郡 無職 朱鍾建(三三)
全南光州郡 無職 徐廷禧(五二)
慶南晉州郡 新聞記者 黃山事 姜達永(四一)
慶北安東郡 無職 李準泰(三四)
咸南北靑郡農全德事全政琯(二八)
咸南洪原郡 新聞記者 李哲事 李四洙(三六)
江原道通川郡 學生 李炳立(二四)
咸北鏡城郡 無職 朴春濤事 朴一秉(三五)
咸北鏡城郡 敎師 金昌俊(二八)
京畿道金浦郡 新聞記者 魚秀甲(三三)
慶北大邱府 敎師 李相薰(三三)
咸南定平郡 無職 金東富(三三)
咸南洪原郡 洋服工 李忠模(三三)
咸北會寧郡 無職 李在益(二六)
京城府 新聞社員 具昌會(三二)
京城府 洋襪職工 李殷植(三四)
慶北安東郡新聞記者柳淵和(二九)
京城府 洋襪職工 高允相(二七)
咸北城津郡雜誌記者李奎宋(二九)
京城府 印刷職工 姜均煥(二八)
京畿道富川郡 新聞記者 李承燁(三二)
江原道高城郡 無職 朴泰善(三〇)
全南木浦府 無職 裵致文(三七)
京城府 新聞記者 李敏行(二九)
京城府 新聞記者 趙鏞寬(二六)
慶北安東郡 學生 權五尙(二〇)
京城府 無職 李浩(二八)
京畿道金浦郡 無職 金[illegible](三〇)
慶北星州郡 無職 裵成龍(二七)
慶南晉州郡 農 朴台弘(三六)
慶南晉州郡道雇員 南海龍(三三)
忠南論山郡 農 權均晟(三二)
慶南河東郡 會社員 [illegible](四一)
全南和順郡 農 曹俊基(二六)
慶北大邱府 無職 鄭雲海(三二)
慶南金海郡 無職 裵德秀(三三)
全南光州郡 農 薛炳浩(三七)
咸南洪原郡新聞記者 蔡駿植事 蔡奎恒(三二)
咸南咸興郡 無職 都容浩(三三)
慶南陝川郡 學生 金正奎(二九)
京城府 新聞記者 李碩事 李鳳洙(二九)
慶北高靈郡農 文相直(三一)
慶南固城郡 金融組合書記 黃守龍(三一)
慶南馬山府 理髮業 金琪鎬(三三)
慶南馬山府新聞記者金尙珠(二六)
慶南泗川郡新聞記者金直成(二六)
慶南昌原郡 穀物商 尹烈事 尹允二(三三)
慶南馬山府 理髮業 金容燦(三三)
慶南馬山府 店員 李[illegible](二七)
慶南馬山府 理髮業 姜宗祿(二四)
慶南馬山府 新聞記者 彭三辰(二六)
慶南馬山府新聞記者申宗信(三四)
慶南馬山府新聞記者金明奎(二六)
全南光州郡 農 崔安燮(三九)
江原道襄陽郡 無職 盧一石、盧尙烈 盧相烈(三二)
全南光陽郡 米穀商 辛命俊(三四)
全南光陽郡新聞記者鄭淳悌(三六)
全南光陽郡 農 鄭順和(三三)
慶南咸陽郡新聞記者[illegible](二七)
全南光州郡 農 金載中(三四)
全南光州郡 自動車運轉手 崔一泰(二七)
全南順天郡 水手 許永燾(二〇)
全南順天郡新聞配達鄭洪模(二四)
全南光州郡 新聞記者 金庚成事 金有聲(二九)
全南光陽郡 農 金完根(五三)
全南光陽郡 農 鄭晋[illegible](四四)
全南順天郡 農 李夢瑛(四六)
全南珍島郡新聞記者李昌洙(四一)
全南順天郡新聞記者朴炳斗(四六)
慶南東萊郡新聞記者白光欽(三四)
咸南洪原郡 農 權榮奎(二六)
咸南洪原郡 農 韓廷植(三二)
咸南洪原郡 無職 吳淇燮(二五)
黃海道[illegible] [illegible]延(二五)

《조선일보》 1927년 9월 13일자

今日 朝鮮共産黨 公判

萬人注視中에 一大史劇은開幕되다

조선미증유(未曾有)의큰비밀결사(秘密結社)인 조선공산당공판은 금십삼일오전아홉시부터 열리게되엇다 재작년사월전조선긔자대회(全朝鮮記者大會)가 잇슬당시 동사월십칠일에시내황금뎡(黃金町)에잇는중국료리점아서원(雅叙園)에서 당시각사회주의단톄의 령수(領袖)를망라하야 조선공산당을조직하고 그이튿날인십팔일에 시내훈정동사번디(薰井洞)박헌영(朴憲永)의집에서 고려공산청년회(高麗共産青年會)를조직하고 역시전파가리표면(表面運動)을하는동시에 리면운동(裏面運動)으로 각디방에『야체이가』(支部)를두어활동하고 국경신의주를거치고 중국상해려운형(呂運亨)의손을거치어 아라사『모스크바』에잇는국제공산당(國際共産黨)(第三인터내슈날)과 련락하게되어○○○도밧고또는장래사회주의혁명(社會主義革命)을 위하야역군을양성코자 청년류학생을『모스크바』로 파견하다가그해십일월이십이일신의주에서 신만청년회원(新灣青年會員) 전득린(全得麟)의 실수로검거의단서가시작되어신의주서와 경성종로서의련합활동으로 톄일차로이십여명검거를보게되매 공산당책임비서로잇는김재봉(金在鳳)이가자긔가잡힐것을 예측하고후임으로강달영(姜達永)을추천하고 잡히이니강달영은 작년이월중순경에시내운이동(雲泥洞)공산당원 중의한사람인구연흠(具然欽)의집에서 톄이차로공산당을조직하야 역시표면파리면으로 운동하다가그해륙월십일순종효황제(純宗孝皇帝)인산(因山)때를타서 해외에망명하야잇는김단야(金丹冶)권오설(權五卨)등이책동하야 권오설이다시조선에들어와 다수히준비한격문으로 인산당일에크게민족운동을일으키려다가 칠일에권오설이체포되고 격문이압수되어다시 삼십여명검거되고인산당일에는 조선○○만세사건이잇섯스며칠월십구일명치뎡(明治町)에서강달영이체포되고공산당의문부인 암호문서(暗號文書)와인장(印章)이시내립정뎡일백삼십오번디에잇는보성고보학생김현철(金鉉哲)에게서 압수되어또다수한당원이전조선뎍으로잡히어검사국으로넘기어예심(豫審)에부러서 재작년첫검거당시부터해수로삼년을 걸리어금년삼월십일일에예심이결뎡되고 이래공판준비중이다가 금일의공판에붓게된것이다

今日朝鮮共産黨公判

被告百單一인全朝鮮的大秘密結社

組織、發覺、活動한重要人物

◇第一次中央幹部

◇高麗共青幹部는

◇第二次의人選은

◇馬山共産과人物

朝鮮日報號外

◇一次와再次發覺

◇被告日數三百日

◇四萬餘頁大記錄

適用法律

륙월십일 만세사건 장본인 권오설

조선 미증유未曾有의 큰 비밀결사秘密結社인 조선공산당 공판은 금 십삼 일 오전 아홉 시부터 열리게 되엇다. 재작년 사월 전조선긔자대회全朝鮮記者大會가 잇슬 당시 동 사월 십칠 일에 시내 황금명黃金町에 잇는 중국 료리점 아서원雅敍園에서 당시 각 사회주의 단톄의 령수領袖를 망라하야 조선공산당을 조직하고 그 이튼날인 십팔 일에 시내 훈정동薰井洞 사 번디 박헌영朴憲永의 집에서 고려공산청년회高麗共産青年會를 조직하고 역시 전과 가티 표면운동表面運動을 하는 동시에 리면운동裏面運動으로 각 디방에 『야체이가』(支部)를 두어 활동하고 국경 신의주를 거치고 중국 상해 려운형呂運亨의 손을 거치어 아라사 『모스쭈바』에 잇는 국제공산당國際共産黨(第三 인터내슈낼)과 련락하게 되어 ○○○도 밧고 또는 장래 사회주의혁명社會主義革命을 위하야 역군을 양성코자 청년 류학생을 『모스쭈바』로 파견하다가 그해 십일월 이십이일 신의주에서 신만청년회원新滿青年會員 전득린全得麟의 실수로 검거의 단서가 시작되어 신의주서와 경성종로서의 련합활동으로 뎨일차로 이십여 명 검거를 보게 되매 공산당 책임비서로 잇든 김재봉金在鳳이가 자긔가 잡힐 것을 예측하고 후임으로 강달영姜達永을 추천하고 잡히이니 강달영은 작년 이월 중순경에 시내 운이동雲泥洞 공산당원 중의 한 사람인 구연흠(흠)具然欽의 집에서 뎨이차로 공산당을 조직하야 역시 표면과 리면으로 운동하다가 그해 륙월 십 일 순종효황제純宗孝皇帝 인산因山 째를 타서 해외에 망명하야 잇는 김단야金丹冶 권오설權五卨 등이 책동하야 권오설이 다시 조선에 들어와 다수히 준비한 격문으로 인산당일에 크게 민족운동을 일으키려다가 칠 일에 권오설이 체포되고 격문이 압수되어 다시 삼십여 명이 검거되고 인산당일에는 조선 ○○만세사건이 잇섯스며 칠월 십구 일 명치명明治町에서 강달영이 체포되고 공산당의 문부인 암호문서暗號文書와 인장印章이 시내 립정명 일백삼십오 번디에 잇는 보성고보 학생 김현철金鉉哲에게서 압수되어 또 다수한 당원이 전 조선뎍으로 잡히어 검사국으로 넘기어 예심豫審에부터서 재작년 첫 검거 당시부터 해수로 삼년을 걸리어 금년 삼월 삼십일 일에 예심이 결명되고 이래 공판준비 중이다가 금일의 공판에 붓게 된 것이다.

《조선일보》 1927년 9월 13일자

百一 被告

辯護士豫備會議

百一被告

三種罪名

大公判과 一般訴訟人

事件關係後 海外亡命者

少年聯合會 創立準備

衣服파白米로

龍山强盜

《조선일보》 1927년 9월 14일자

中野 檢事 公訴事實

세 조항에 나눈 공소사실

중야 검사 공소사실公訴事實 요령은 알에와 갓다.

(第一) 朝鮮共產黨

一. 大正 十四年 四月 十七日 京城府 黃金町 一丁目 支那料理店 雅敍園에 金在鳳 · 金若洙 · 權五卨 · 曹奉岩 · 鄭雲海 等 集合 朝鮮共產黨을 組織한 事

(중략)

(第二) 高麗共產靑年會

一. 朴憲永 · 權五卨 · 林元根 · 金丹冶 等은 大正 十四年 四月 十八日 午後 七時 府內 薰井洞 朴憲永 方에 會合 高麗共産青年會를 組織하고

二. 權五卨 · 李炳立은 檢擧에 依하야 瓦解의 窮地에 陷한 同會를 爲하야 大正 十四年 十二月 以來 ■ ■執行委員會를 擧하고 目的達成에 努力하매 他는 情을 知하고 此에 加入하엿다.

(중략)

(第三) 天道教事件

權五卨 · 金丹冶는 故 李王坧 殿下 國葬을 期하야 不穩文書 五萬枚를 印刷하야 全鮮 各地에 送付하고 六月 十日을 期하야 一齊히 ■布 民族主義的 運動■用의 大陰謀를 企圖한 者이라.

《선봉》 1927년 9월 25일자

됴선공산당사건의 공판(續報)

악법의 재판에 반항하야 五백여 명의 주의자들이 경성에 집중 종로경찰서로부터 二쳔四백 명의 정사복경관을 법뎡 내외에 느리어 세우고 엄혹하게 경계하며 이런 재판을 위하야 특별히 개량된 큰 법뎡은 변호사 · 방텽군중으로 가득 채윗다.

됴선혁명자 령수들 일백일 인의 공판이 지난 십삼 일 경성디방법원에서 열리엇다 함은 전호에 이미 보도한 바와 · ·거니와 좀 더 자세한 보도에 의하면 이 재판은 재판장 야모도矢本란 자의 손에 걸리엇고 검사 나까노中野가 립조하엿으며 후루야古屋 변호사외 十三명 변호사가 렬석한 중에 이 재판이 열리엇다.

바로 그 전날 밤 열한 시로붙어 비를 무릅쓰고 문밖에서 날 새기를 기다리고 있던 피고의 친족들과 공산주의자들은 오전 四시에 구내로 밀려드러 갓다. 이런 사건의 재판을 위하야 특별히 개량한 대 법뎡이 방텽군중으로 갓득 채우엇다. 이날 공판을 앞두고 미리붙어 경성으로 모혀든 五百여 명의 주의자들로붙어 반항의 형새가 보이엇음으로 종로경찰서에서는 길가와 법뎡 내외에 二千四百여 명의 정사복경관을 배치하고 엄혹하게 경계하고 있다. 이러케 극도로 긴장된 공긔 속에서 오전 九시 五십 분에 이 재판이 개명되엇다. 재판장 야모도의 "좀 정숙하게 들어주" 하는 말을 잇대어 신분됴사가 있는 후 검사 나까노는 김재봉 · 김억수 등 여러 사람이 재작년 四월 十七일 됴선공산당을 조직하고 국제공산당과 련락하야 됴선 각도에 세포단톄를 배치하고 됴선 사회조직을 개혁하려던 사실과 박헌영 · 권오설 등 여러 사람이 됴선의 독립과 공산주의 실현을 위한 고려공산청년회를 조직한 일과 모스크바 공산학교에 二十여 명의 학생을 보낸 일로붙어 검거되기에 이르기까지의 공소사실을 일일이 진술한 후에 정오에 잠시 휴게하게 되어 피고들은 법뎡에 가저다엇던 「주먹밥」을 논아 먹고 오후 한 시 반에 다시 재판을 열엇다. 변호사 김태영金泰榮은 "권오설 이외 十九명이 신의주디방법원으로붙어 경성디방법원에 이송된 것은 총독의 명령이 안이엇으니 그것은 위법이며 삼심三審이 종결되지 못하엿으나 공판에 부힐 리유가 없다" 하야 반대의견을 세웟다.

《선봉》 1927년 10월 13일자

101인 공판에 관련된 사람들

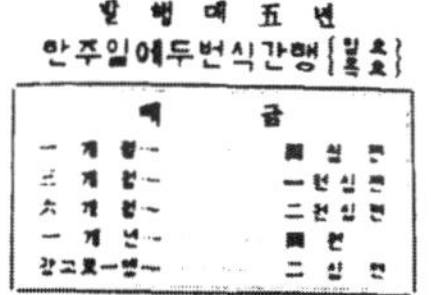

발행대五년
한주일에두번식간행

Орган Владивостонского Онружнома ВКП(б)

Авангард.

선봉

발행기관: 전동맹공산당해삼현간부

세계무산자는단합하라!

Ред. газ „АВАНГАРД" ГОРОД ВЛАДИВОСТОК ЛЕНИНСКАЯ 43

뎨二百三十九호 ● 一九二七년十월十三일 ● 木曜日 ● № 239 ● 13-го Октября 1927г.

101인비밀공판에격분하야 됴선민중은모도일어난다

일본무산계급은애써후원한다

치안유지법의철폐를웨치며 비밀공판의공개를요구하야

「됴선피압박민중의원수는 일본무산계급의원수다」라고

일본무산군중은절규

됴선총독정치를반대하는 대연설회를개최하고

◀사진설명▶

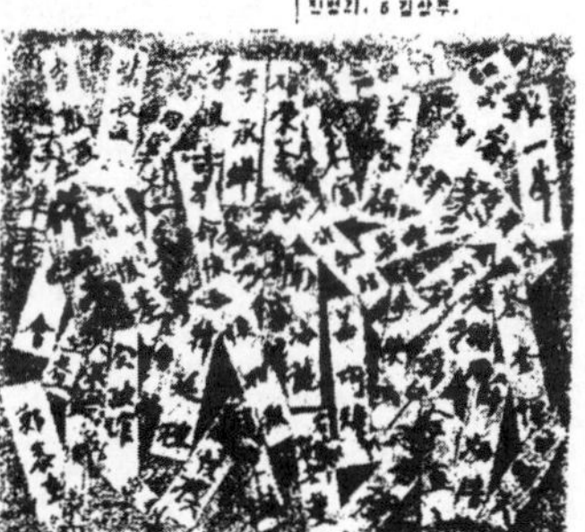

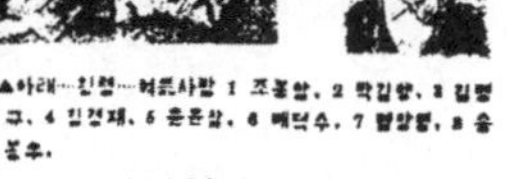

잇대어웨치는반항의고함! 101인 됴선공산당원과모든정치범들의즉시석방을요구! 일본데국주의의타도를절규!

계속하여일어나는해삼위로력군중의 101인공판반항대회

十월二十二일—신한촌쓰말린구락부에서

해삼바다에는청어가벌서난다

청어리도요사이에 만이난다

청어리와함께 희생

누구의책임이냐? 잠자는두단톄사업

정병욱동무의비통한영결식

재모쓰크바 됴선인 계취군 학생일동

기자로부터—기자에게

「기관안허무한일군! 주민에게패만한 언동하는교원허듭!」이란기사쓴동무에게!

발행자: 전동맹공산당 해삼연 간 부 (Издатель Владивостокский Окружком В. К. П.(б)
책임자: 리 백 초 (Ответственный редактор Ли—Пяк—чо)

Окрлит № 1904 Типография № 17 Тираж 2000.

《동아일보》 1927년 10월 17일자

共産黨 被告 五人 要路 警官을 告訴

辯護士 七氏를 代理人으로 昨日 京城地方法院에 提出 萬目 注視의 問題展開

共產黨被告五人 要路警官을告訴

辯護士七氏를代理人으로 昨日京城地方法院에提出

萬目注視의問題展開

「憲法과法律로 保障된人權을蹂躪」

容貸못할重大犯罪

【代理辯護士 古屋貞雄氏 談】

長尾檢事正과 裁判長歷訪

◇昨日辯護團活動

多數警官監視中 慷慨無量한情談

白光欽移院

「暴壓과專橫을 政府當局에抗議」

◇피고가족위안회광경

◇사진설명

齋藤總督을狙擊한 參議府員豫審終結

活動經路와犯行顚末

武裝하고潛入 搜索隊襲擊

警官을射

九戶에

재작 십륙 일 공판 휴명 시에 열린 변호사단의 비밀회의는 모 중대사건의 폭발될 전뎨인 듯 하다 함은 작보와 갓거니와 과연 작일 오후에 변호사 고옥古屋 씨가 대리가 되야 경관을 고소하는 공산당 피고의 고소장을 경성지방법원 검사국 숙직에게 뎨출하엿는데 그 고소장의 내용은 방금 서대문형무소에 재감 중인

▲ 權五卨 ▲ 姜達永 ▲ 全政琯 ▲ 洪悳裕 ▲ 李準泰

등 다섯 명이 변호사

布施辰治 古屋貞雄 金炳魯 李仁 金泰榮 許憲 韓國鍾

등 일곱 변호사를 대리인으로 하야 종로경찰서 고등게

主任警部 三輪和三郎 同 警部補 吉野藤藏 同 警部補 金晃圭 同 巡査部長 大森秀雄

의 네 명을 거러 형법 뎨백구십오조 폭행릉학독직暴行陵虐瀆職 죄로 고소한 것으로 고소인(공산당 피고) 등은 치안유지법위반사건의 피의자로 종로경찰서에 검거되야 그 취조를 밧는 대정 십오년 륙월 십사 일부터 팔월십 일경까지 종로경찰서 이층 신문실과 경찰부 신문실에서 전긔 피고소인 외의 매야梅野·류柳·한韓 형사 등과 가치 가진 폭행을 다하야 권오설은 암니 두 개가 불어지고 기타 피고도 중상을 당하엿다는 것인데 가치 수금되엿든 다른 피고의 증인까지 세윗다고 한다. 이와 가치 경찰관의 주요한 자를 거러 만흔 변호사가 대리인이 되야 고소를 뎨출하는 것은 근래에 드문 중대사건으로 그 사태가 엇더케 뎐개될는지 그 결과는 장차 큰 영향을 밋치게 하리라더라.

《동아일보》 1927년 10월 19일자

因山事件만 公開를 要求

권오설 외 수명에 대하야【辯護士 金泰榮氏 要求】

공산당사건의 속행 공판은 작 십팔 일 오전 열 시 십 분에 개명되여 동 십일 시 오십 분에 휴게되엇는데 변호사 김태영金泰榮 씨는 즉시 시본矢本 재판장을 방문하고 피고 권오설權五卨 외 수명의 국장國葬사건은 통용법률通用法律이 대명 팔년 제령 데칠호 출판법위반인데 이 사건은 비밀리에 속행되는 공산당사건과 분리分離하야 당연히 공개할 것을 요구하엿는 바 재판장은 이것을 협의 중이라더라.

《동아일보》 1927년 10월 21일자

朝鮮共産黨 公判= 第十六日 警戒도 比前益 嚴重 群衆殺到로 大 雜踏

權五卨事件 一部 公開說로 十一時頃에야 裁判 開廷

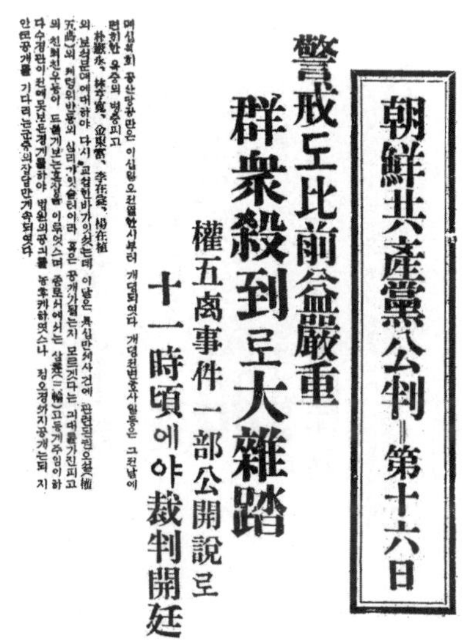

朝鮮共産黨公判=第十六日

警戒도比前益嚴重

群衆殺到로大雜踏

權五卨事件一部公開說로

十一時頃에야裁判開廷

데십륙회 공산당 공판은 이십 일 오전 열한 시부터 개명되엿다. 개명 전 변호사 일동은 그 전날에 면회한 옥중의 병중 피고

朴憲永 · 林亨寬 · 金東富 · 李在益 · 楊在植

의 보석문뎨에 대하야 다시 교섭한 바가 잇섯는데 이날은 륙십만세사건에 관련된 권오설權五卨의 제령위반 등의 심리가 잇슬 터이라 혹은 공개가 될는지 모르겟다는 긔대를 가진 피고의 친척 친우 등이 드물게 보는 혼잡을 이루엇스며 종로서에서는 삼륜三輪 고등계 주임 이하 다수 경관이 전에 못 보든 경계를 하야 법원의 공긔를 농후케 하엿스나 정오경까지 공개는 되지 안코 공개를 기다리는 군중의 잡담만 계속되엿다.

《조선일보》 1927년 10월 23일자

朝鮮共産黨 公判 第十七日 權五卨事件 不公開로 秘密裁判은 續開

일부 공개설로 군중 여전히 쇄도 正午頃에 暫時 休廷

朝鮮共産黨公判第十七日

權五卨事件不公開로

秘密裁判은續開

일부공개설로군중여전히쇄도

正午頃에暫時休廷

조선공상(산)당사건 공판 뎨십칠 일인 이십이 일은 여전히 예정한 시간대로 오전 열 시부터 경성디방법원 뎨삼호법뎡에서 의연히 공개 금지리에 개정되엇는데 권오설權五卨의 만세사건

부분 공개설은 이날도 공개되지 아니하얏는 바 가족과 지구들의 모힌 사람은 역시 전일과 가티 만헛섯스며 정오경에 일으러 잠시 휴명을 하엿다가 오후 한 시에 다시 개정하얏더라.

《조선일보》 1927년 10월 23일자

共産黨 豫審判事 五井氏를 告訴準備

고문당한 피고는 고소한 이외 다수 其他 被告도 續續 告訴

이번에 조선공산당사건이 경찰에게 검거되어 취됴바들 째에 고문拷問을 당하얏다 하야 옥중에 잇는 피고 중에 위선 권오설權五卨 홍덕유洪悳裕 전정관全政琯 강달영姜達永 리준태李準泰 등의 다섯 명이 시내 종로경찰서 삼륜三輪 고등계 주임과 길야吉野 경부와 김金 경부보와 대삼大森 형사를 상대로 고소를 뎨긔한 것은 만흔 피고 중에 그 사람들만이 고문을 당한 것이 아니라 전부가 고문을 당하얏스나 아직까지 자세히 들어난 증거가 적어서 위선 그들만 먼저 뎨긔케 한 것인 바 그 후로도 증거를 수집한 것이 만흠으로 불원간 다시 고소를 또 뎨긔하리라 하며 예심판사 오정五井 씨도 상대로 고소를 뎨긔코자 변호인들은 준비 중이라더라.

《동아일보》 1927년 10월 25일자

天下의 視聽을 集中한 拷問 警官 告訴事件의 展開

告訴人 供述 聽取로 警官 取調는 延期 ◇ 告訴人 李準泰를 다시 調查 ◇ 豫定보다 又 一日 遲延

공산당사건의 피의자로 서대문형무소에 재감 중인 권오설權五卨 이하 다섯 명이 폭행·릉학·독직죄暴行凌虐瀆職罪로 그들이 종로경찰서에 톄포되야 취조를 하든 고등계주임 삼륜三輪 경부 이하 네 경관을 걸어 경성디방법원 검사국에 고소를 뎨긔한 사건은 지난 금요일 그 사건을 담임한 원교元橋 검사가 고소인인 권오설 이하 다섯 피고를 호출하야 그날 오후 한 시 오십 분부터 저녁 여섯 시까지에 보충조사를 하고 작 이십사 일에는 피고소인인 경관들을 취조하기로 되엿든 바 고소인 중의 한 사람인 리준태李準泰로부터 다시 공술할 바가 잇다는 신청이 잇섯슴으로 원교 검사는 이십사 일 오후부터 리준태를 불러서 공술을 청취한 바가 잇섯다 하며 이로 인하야 피고소인인 경관의 취조는 연긔되엿더라.

昨日 또 被告 訪問

네 변호사가 또 감옥 방문

공산당사건의 피고들을 취조하든 경관이 고문을 하엿다 하야 우선 고문당한 증거가 력연하다는 다섯 피고의 일흠으로 뎨일차 고소를 뎨긔하고 뎨이차로 고소를 뎨긔할 차로 고문당하엿다는 피고들을 변호사들이 력방하고 공술서와 증거를 수집한다 함은 긔보한 바어니와 변호사 고옥古屋 김병로金炳魯 김태영金泰榮 가등加藤의 사씨는 작 이십사 일 오전 열한 시부터 다시 형무소를 방문하엿더라.

《조선일보》 1927년 10월 25일자

補充 調書로 李準泰 取調

피고소인 취조로 警官 取調는 遲延

補充調書로 李準泰取調

피고소인취조로

警官取調는遲延

조선공산당사건의 피고중 권오설(權五卨)강달영(姜達永)리준태(李準泰)전정관(全政琯)홍덕유(洪悳裕)의다섯명이데일차로 시내종로경찰서 고등계 주임삼륜(三輪)경부와길야(吉野)경부 김(金)경부보대삼(大森)형사등 네사람의 경관을상대로 경성디방법원장미(長尾)검사정에게데리한고문고소(拷問告訴)사건을 원교(元橋)검사가담임하야지난 이십[illegible]일에고소인(告訴人)인권리다섯사람을 경성디방법원 검사국으로불러다가증거보충됴서(證據補充調書)를작성하얏고이십사일부터는 피고소인(被告訴人)인리네경관의취됴에 착수하리라함은이미보도하얏거니와 이십일일에고소인을취됴할때에 미처다되지못한 뎜도 잇슴을뿐더러고소인중에 리준태(李準泰)는그에대하야 검사에게 진술할말이잇다고하야 이십일일에 그것을들으려하얏섯스나 그날은 해가점으럿슴으로 그만 두엇섯는데 이십사일은 리준태의말을 듯기위하야 리준태를 검사국으로다시한번호출하야취조하노라고피고소경관의취됴는하지못하얏다더라

조선공산당사건의 피고 중 권오설權五卨 강달영姜達永 리준태李準泰 전정관全政琯 홍덕유洪悳裕의 다섯 명이 뎨일차로 시내 종로경찰서 고등계주임 삼륜三輪 경부와 길야吉野 경부 김金 경부보 대삼大森 형사 등 네 사람의 경관을 상대로 경성디방법원 장미長尾 검사정에게 뎨긔한 고문고소拷問告訴사건을 원교元僑 검사가 담임하야 지난 이십일 일에 고소인告訴人인 전긔 다섯 사람을 경성디방법원 검사국으로 불러다가 증거보충됴서證據補充調書를 작성하얏고 이십사일부터는 피고소인被告訴人인 전긔 네 경관의 취됴에 착수하리라 함는 이미 보도하얏거니와 이십일 일에 고소인을 취됴할 때에 미처 다 되지 못한 뎜도 잇슬뿐더러 고소인 중에 리준태李準泰는 그에 대하야 검사에게 진술할 말이 잇다고 하야 이십일 일에 그것을 들으려 하얏섯스나 그날은 해가 점으럿슴으로 그만두엇섯는데 이십사 일은 리준태의 말을 듯기 위하야 리준태를 검사국으로 다시 한 번 호출하야 취됴하노라고 피고소 경관의 취됴는 하지 못하얏다더라.

《조선일보》 1927년 10월 26일자

萬人 注視 中의 拷問 警官 告訴

連日 奮鬪의 辯護士團 檢事 態度를 監視 검사의 취조하는 태도가 엇더한가 權五卨만은 綿密 取調

萬人注視中의拷問警官告訴

連日奮鬪의辯護士團

檢事態度를監視

검사의취조하는태도가엇더한가

權五卨만은綿密取調

被告訴警部

無事를豫斷

그러나안해넘려가애석!

拘引當할가怯낸다고

이십사 일 오전 열한 시경에 서대문형무소로 고소한 피고들을 방문하고 병중 피고들의 상황을 됴사코자 나아갓든 변호인 김태영金泰榮 김병로金炳魯 가등관일加藤貫一 고옥뎡웅古屋貞雄 등 사씨는 동일 오후 세 시경에 돌아왓는데 이십사 일에 나아갓든 것은 그 취지가 전혀 이번 고문 고소사건에 대하야 검사가 고소인告訴人인 권오설權五卨 외 네 사람을 증거보충證據補充으로 됴사할 째에 소상히 하든가 아니하든가를 물어보아서 검사의 취됴 태도를 감시하고자 나아갓섯든 바 권오설權五卨 전정관全政琯 홍덕유洪悳裕 강달영姜達永 등 네 사람은 맛나보고 리준태李準泰만은 검사국에 호출된 관계로 맛나지 못하얏다는 바 전긔 네 사람을 면회한 결과 그중에 권오설만은 자세하고 정녕하게 취됴를 바닷스나 다른 사람들은 다소 자세치 못한 듯한 혐의가 업지 안타 하야 다시 한 번 충분히 됴사하야 달라고 요구하리라 하며 리준태는 이십륙 일에 다시 나아가 면회하리라더라.

被告訴 警部

無事를 豫斷

그러나 안해 념려가 애석!

拘引當할가 怯낸다고

금번에 조선공산당사건 피고 중에 권오설權五卨 외 네 사람이 시내 종로서 삼륜三輪 고등계 주임과 길야吉野 경부와 김金 경부보와 대삼大森 순사부장을 폭행릉학독직죄暴行凌虐瀆職罪로 경성디방법원 장미長尾 검사정檢事正에게 고소를 뎨긔한 사건에 대하야 세간의 이목을 용동聳動시키는 것은 사실이나 세상의 이목보다도 고소를 당한 사람 자신들도 적지 아니한 걱정을 하는 모양인 바 이제 모씨의 전하는 바에 의하면 고소를 당한 경부 중에 모 경부는 자긔가 가장 친한 친구에게 향하야 "자긔는 사법 경찰관으로 역시 그것도 자긔가 한 짓임으로 장래 그 고소사건이 엇더케 결말 날 것을 알고 별로히 걱정치 아니하나 자긔 부인夫人은 고문拷問을 하다가 고소를 맛낫다는 소리를 듯고 그것이 올키어서 구인拘引을 당하게 되면 섬약한 녀자가 혼자서 엇지하느냐고 심려를 넘우 하니 적지 아니한 걱정이라" 고 하더라고 말하더라.

《중외일보》 1927년 11월 1일자

某 新事實 暴露코저 辯護士團 緊張活動

피고들을 방문하고 장시간 협의 問題疊生의 拷問告訴

某新事實暴露코저
辯護士團緊張活動
피고들을 방문하고 장시간 협의
問題疊生의 拷問告訴

조선공산당사건공판朝鮮共産黨事件公判과 함께 뒤니어 닐어난 고문경관拷問警官 고소문뎨告訴問題 사법권司法權 침해문뎨侵害問題 등으로 거의 침식寢食을 일코 활동과 노력을 계속하야 오든 관계 변호사단辯護士團은 최근에 니르러 오로지 침묵沈默을 지키고 이들 여러 문뎨의 그 뎐개展開에 대한 엄중한 검시檢視를 게을리 하지 아니하며 더욱이 고문경관 고소문뎨와 가튼 것은 방금 사건의 취됴를 담임한 경성디방법원京城地方法院 검사국檢事局을 한층 주시注視하야써 사법司法의 신성神聖을 일컷는 그들이 과연 어쪄한 태도를 취하는가를 감시하는 중인 바 검사국은 그동안 고소인告訴人 측인 공산당사건 피고 권오설權五卨 외 네 명을 혹은 소환召喚하야 혹은 소시로 출장하야 보충됴사補充調査를 슷마치고 뒤니어 소문엄시 피고소인被告訴人

인 고문경관 네 명을 취됴하고 그 후 전혀 적연무문寂然無問함으로 변호사 측에서는 더욱이 의심하기 비롯하는 모양이엇는데 삼십일 일 아츰에 니르러 돌연 변호사 제씨는 무슨 사건의 단서端緖를 어덧슴인지 아연 태도가 긴장하야저서 허헌許憲 고옥정웅古屋貞雄 한상억韓相億 한국종韓國鍾 등 사씨는 오전 아홉 시경에 급거 서대문형무소西大門刑務所로 이동하야 공산당 사건 피고 중 모모 몃 사람을 면회하고 무엇인지 장시간長時間 협의한 바 잇섯스며 일변 김병로金炳魯 씨외 삼씨는 경성디방법원京城地方法院 내에서 비밀히 무엇을 생각하기에 노력하얏는데 이 내용에 대하야 절대 비밀에 부처 도뎌히 보도할 수 업스나 하여간 이 결과는 다시 분화구噴火口와 가티 폭발되어 어쩌한 중대 사실을 세간에 폭로暴露케 될 것은 의심 업는 사실인 듯하더라.

《조선일보》 1927년 11월 8일자

在東京 朝鮮人團體 要路當局에 抗議

동경잇는 여덜 단톄가 련명하야 警官 拷問事件으로

在東京朝鮮人團體 要路當局에 抗議

동경잇는여덜단톄가련명하야 警官拷問事件으로

금번공산당사건피고 권오설(權五卨)외네명의 고문사건에대하야 재일본좌긔 각단톄에서는

在日朝鮮勞働總同盟
在東京朝鮮靑年同盟
在東京朝鮮留學生學友會
新興科學硏究會
在東京朝鮮女子學興會
在東京女子靑年同盟
大衆新聞社
理論鬪爭社

현정부당국인 좌긔여러 책임자에게

齋藤朝鮮總督 湯淺政務總監 田中總理大臣 矢本裁判長 長尾檢事正 元橋檢事

조선경찰의태도를반대하고날이서그책임을 감시한다는 엄중한 항의문(抗議文)을 발송하얏다더라

금번 공산당사건 피고 권오설權五卨 외 네 명의 고문사건에 대하야 재일본 좌긔 각 단톄에서는

在日朝鮮勞働總同盟

在東京朝鮮青年同盟

在東京朝鮮留學生學友會

新興科學硏究會

在東京朝鮮女子學興會

在東京女子青年同盟

大衆新聞社

理論鬪爭社

현 정부 당국인 좌긔 여러 책임자에게

齋藤 朝鮮總督 湯淺 政務總監 田中 總理大臣 矢本 裁判長 長尾 檢事正 元橋 檢事

조선 경찰의 태도를 반대하고 딸아서 그 책임을 감시한다는 엄중한 항의문抗議文을 발송하얏다더라.

《조선일보》 1927년 11월 9일자

拷問 警官事件 七日에 證人 訊問

다른 사건이 뒤달아 넘어와 元橋 檢事 措手不及

拷問警官事件

七日에 證人訊問

다른사건이뒤달아넘어와

元橋檢事措手不及

금번조선 공산당사건피고 권
오설(權五卨)외 네명이 종로경
찰서 삼륜(三輪) 고등계주임이
하 네명의 경관을 폭행능학독직
죄(暴行凌虐瀆職罪)로 고소한 사
건은 그동안 고소인(告訴人)인
권오설이하 네명의 증거 보충됴
사(證據補充調査)를 겨우마치
고 피고소경관(被告訴警官)의
취됴에 착수하랴할때에 공교히
도간도공산당(間島共産黨)사건
이 넘어와서 원교검사가 처리하
엿는데 경관고소사건은 불구속
(不拘束)으로 된것이고 간도공
산당사건은 구속(拘束)을 한것
으로 기소여부(起訴與否)에대
한 기간(期間)이 잇는 사건임으
로 그것을먼저처리 하느라고고
문고소사건은 일시취됴를 중지
하고 간도사건에 전력을다하야
이것을 처리하야 예심으로넘기
고 다시고소사건에 착수코자하
얏든바 또휘문(徽文) 고등보통
학교 맹휴생(盟休生)이 넘어왓
슴으로 또그것을 취됴하는중인
데 이사건후에는 고소사건을취
됴코자하야 위선칠일에증인(證
人)강형순(姜亨順)외 다섯사람
에게 호출장(呼出狀)을 발부하
얏는데 구일부터는 증인심문을
시작하야 그것을마친후 문뎨의
경관들도 차차취됴 하리라더라

금번 조선공산당사건의 피고 중 권오설權五卨 외 네 명이 종로경찰서 삼륜三輪 고등계 주임 이하 네 명의 경관을 폭행릉학독직죄暴行凌虐瀆職罪로 고소한 사건은 그동안 고소인告訴人인 권오설 이하 네 명의 증거보충됴사證據補充調査를 겨우 마치고 피고소被告訴 경관警官의 취됴에 착수하랴 할 째에 공교히도 간도공산당間島共産黨사건이 넘어와서 원교 검사가 처리하엿는데 경관 고소사건은 불구속不拘束으로 된 것이고 간도공산당사건은 구속拘束을 한 것으로 긔소여부起訴與否에 대한 긔간期間이 잇는 사건임으로 그것을 먼저 처리하느라고 고문 고소사건은 일시 취됴를 중지하고 간도사건에 전력을 다하야 이것을 처리하야 예심으로 넘기고 다시 고소사건에 착수코자 하얏든 바 또 휘문徽文고등보통학교 맹휴생盟休生이 넘어왓슴으로 또 그것을 취됴하는 중인데 이 사건 후에는 고소사건을 취급코자 하야 위선 칠 일에 증인證人 강형순姜亨順 외 다섯 사람에게 호출장呼出狀을 발부하얏는데 구 일부터는 증인심문을 시작하야 그것을 마친 후 문뎨의 경관들도 차차 취됴하리라더라.

《중외일보》 1927년 11월 9일자

도모지 進行 안 되는 拷問 警官 告訴審理

무슨 사건 무슨 사건하고 싼 사건 하느라고 이제 와서야 겨우 변호사 측의 증인을 호출 九日부터 證人 訊問

금번 조선공산당사건朝鮮共産黨事件 피고 중 권오설權五卨 외 네 명이 종로경찰서 삼륜三輪 고등계 주임 이하 네 명의 경관을 폭행릉욕독직죄暴行凌辱瀆職罪로 고소한 사건은 그동안 고소인告訴人인 권오설 이하 네 명의 증거보충됴사證據補充調査를 겨우 마치고 피고소被告訴 경관警官의 취됴에 착수하랴 할 때에 공교히 간도공산당間島共産黨 사건이 넘어와서 전긔 고문경관 고소사건의 취됴를 담임한 원교元橋 검사가 역시 이것을 마타 가지고 처치하게 되엇슴으로 경관 고소사건은 불구속不拘束인 채 취됴를 진행할 성질의 사건이라 하야 신톄구속을 한 간도공산당사건 더구나 검사국 구류 긔간이 일명된 이 사건 먼저 긔소여부起訴與否를 판명할 성질이라 하고 간도공산당사건을 먼저 처리하야 완료하기 위함으로부터 자연히 고문경관의 고소 문뎨는 뒤밀리우게 되엇든 결과 이제까지 하등 전하는 소식을 접할 수 업슬 뿐 아니라 간도공산당사건을 처리한 후 예심豫審으로 넘기자마자 다시 휘문徽文고등보통학교 맹휴생盟休生이 폭력행위暴力行爲 취톄령위반取締令違反으로 검사국에 넘어오며 이 또한 원교 검사가 담임케 되엇슴으로 이에 대한 취됴도 착수치 아니하면 아니될 처디에 잇는 바 이 사건 후에 또는 고소사건을 취급코자 하야 위선 칠 일에 얼마 전 고문경관 고소사건의 고소대리인告訴代理人인 변호사단辯護士團에서 신청申請한 증인환문証人喚問에 대하야 신청을 용인키로 하고 증인 여섯 사람에게 각각 호출장呼出狀을 발부하얏다 한즉 구 일부터는 증인 심문을 시작하야 그것을 마친 후 문뎨의 경관들도 차차 취됴할 모양이더라.

《조선일보》 1927년 11월 12일자

拷問 證人 取調 元橋 檢事 刑所에

형무소에 잇는 다른 피고 취조

拷問證人取調

元橋檢事刑所에

형무소에잇는다른피고취조

금번조선공산당사건피고인중에 권오설(權五卨)전정관(全政琯) 리준태(李準泰)홍덕유(洪悳裕) 강달영(姜達永)등다섯사람이스 내종로경찰서 삼륜(三輪) 길야 (吉野)대삼(大森) 김면규(金冕 圭)등네경관을 상대로경성디방 법원 검사국에데긔한 폭행릉학 독직고소사건(暴行凌虐瀆職告 訴事件)의증인중 강형순(姜亨 順)김영희(金英禧)등량씨를 위 선원교(元橋)검사가지난구일에 호출취됴하얏다함은이미보도하 얏거니와 증인을 심문한원교검 사는 다시십일아츰에 김(金) 서긔와 식산(植山)통역을 대동 하고 서대문형무소(西大門刑務 所)로출장하야 공산당사건으로 입감된 사람중에 증인이되는조 용주(趙鏞周)전정관(全政琯)등 을심문하는모양으로오후늣게야 돌아왓다더라

금번 조선공산당사건 피고인 중에 권오설權五卨 전정관全政琯 리준태李準泰 홍덕유洪悳裕 강달영姜達永 등 다섯 사람이 시내 종로경찰서 삼륜三輪 길야吉野 대삼大森 김면규金免圭 등 네 경관을 상대로 경성디방법원 검사국에 데긔한 폭행릉학독직고소사건暴行凌虐瀆職告訴事件의 증인 중 강형순姜亨順 김영희金英禧 등 량씨를 위선 원교元橋 검사가 지난 구 일에 호출 취됴 하얏다 함은 이미 보도하얏거니와 증인을 심문한 원교 검사는 다시 십일 일 아츰에 김金 서긔와 식산植山 통역을 대동하고 서대문형무소西大門刑務所로 출장하야 공산당사건으로 입감된 사람 중에 증인이 되는 조용주趙鏞周 전정관全政琯 등을 심문하는 모양으로 오후 늣게야 돌아 왓다더라.

《중외일보》 1927년 11월 13일자

十一日 夕刻부터 問題의 四警官 取調

검사가 형무소에 가서 증인 심문한 후 돌아오는 길에 길야 김 량 경부보 취됴 極秘密裡 長時 取調

조선공산당사건의 피고인들이 경찰에서 취됴를 바들 째에 종로경찰서 고등계 취됴실에서와 서긔도경찰부 숙직실에서 종로경 고등계 주임 삼륜 경부 이하 길야 경부보 김면규金冕圭 경부보 기타 대삼大森 부장 등이 당시 피의자被疑者이든 전긔 공산당사건 피고들에게 혹독하기 비길 대 업는 악형과 고문을 하얏다 하야 피고인 중 권오설權五卨 강달영姜達永 홍덕유洪德裕 전정관全政琯 등의 다섯 사람이 전긔 경관들을 상대로 폭행릉학독직죄暴行陵虐瀆職罪를 뎨긔하기에 니르러 경성디방법원 검사국에서 원교元橋 검사가 담임하야 취됴를 하게 되엇섯는데 그동안 간도공산당과 휘문맹휴생 등의 신톄구속身體拘束 사건을 먼저 처리하노라고 피고소인被告訴人의 신톄를 구속치 아니한 이 사건은 고소장이 뎨출된 지 거의 한 달이 되도록 착수치 못하얏다가 비로소 지난 구 일에 니르러서 증인 강형순姜亨順 김영희金英禧 량씨를 소환하야 취됴하고 니어 지난 십일 일에 또 홍덕유 전정관 등의 증인 심문을 하기 위하야 원교 검사가 다시 김金 서긔 식산植山 통역생 등을 대동하고 서대문형무소로 출장하얏섯는데 서대문형무소로 출장하얏든 원교 검사는 동일 오후 세 시경에 귀청歸廳하는 즉시 뎐화電話로 종로서 길야·김 량 경부보를 호출하야다가 극비밀리에 장시간 취됴를 하얏더라.

《중외일보》 1927년 11월 16일자

▲ 拷問警官告訴事件

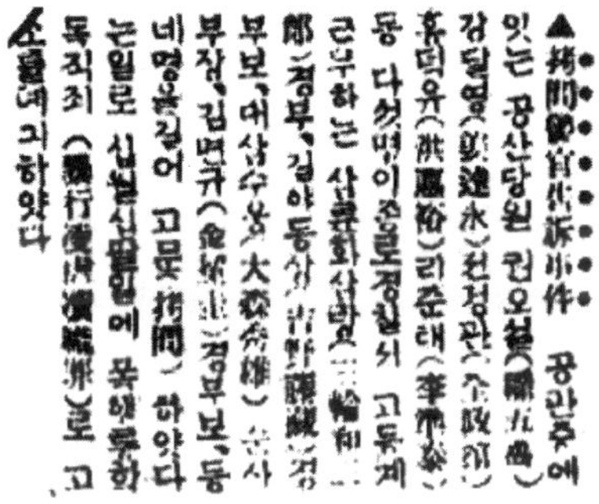

공판 중에 잇는 공산당원 권오설權五卨 강달영姜達永 전정관全政琯 홍덕유洪德裕 리준태李準泰 등 다섯 명이 종로경찰서 고등계 근무하는 삼륜화삼랑三輪和三郎 경부·길야등장吉野藤藏 경부보·대삼수웅大森秀雄 순사부장·김면규金冕圭 경부보 등 네 명을 걸어 고문拷問하얏다는 일로 십월 십팔 일에 폭행릉학독직죄暴行陵虐瀆職罪로 고소를 뎨긔하얏다.

《신한민보》 1927년 11월 17일자

공산당 사건에 피고들이 종로의 경관을 고소하여 리유는 인권·변호권 무시라고

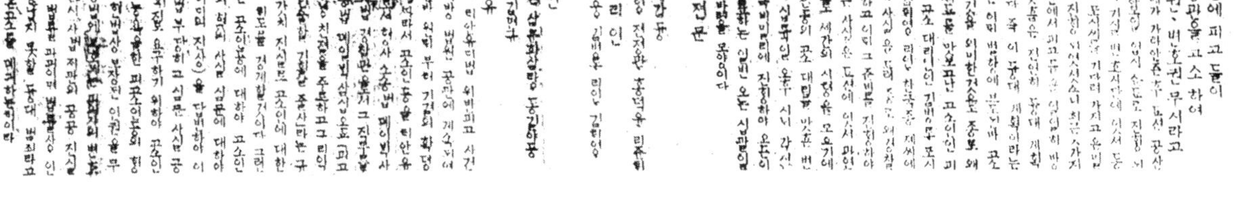

사법권 침히 문뎨가 가라안즌 후 됴션공산당 사건 공판은 아모일 업시 순됴로 진힝되는 것 갓치 보엿스나 기실 변호사단에 잇서 동경으로부터 건너온 포시 씨를 기다려 가지고 은밀히 듕대한 계획이 진힝되엿섯스니 최근 ㅅ가지 형무소로 변호사단에서 피고들을 일일히 방문 면회하엿슴과 갓흠은 젼연히 듕대 계획의 준비이엿든 것이다. 즉 이 듕대 계획이라는 것은 사건이 검거된 이릐 별항에 보도된 바 고소장 젼문에 낫타난 것을 의미한 것으로 종로 왜 경찰서의 두려운 취됴를 맛보고 난 고소인인 피고 제씨는 미리부터 고소 대리인인 김병로 포시진치 고욱졍웅 김틔영 리인 한국종 제씨에게 고소 리유와 갓흔 사실을 드러 종로 왜 경찰을 고소하기로 결심하고 이릐 그 준비를 진힝하야 온 것인딕 이와 갓흔 사실은 됴션에 잇서 과연 쳐음 되는 대 사건으로 세간의 시명을 모으기에 넉넉한 바이며 고소인 등의 고소 대립을 맛흔 변호사 제씨는 십월 십륙 일 오후 시닉 각 신문 긔자단을 모아 극비밀리에 진힝하야 오든 이 사실을 공연히 발표하는 일변 오는 십팔 일 정식으로 수속을 밟을 모양이다.

고소쟝 젼문

고소인

셔대문형무소 지감 듕

권오셜 강달영 젼졍관 홍덕유 리준틔

고소대리인

포시진치 고옥졍웅 김병로 리인 김틔영 허헌 한국종

피고소인

~삼륜화삼랑 동 길야등장 대삼수웅 김면규

고소 리유

고소인 듕에 대한 티안유디법위반 피고 사건은 목하 경셩디방법원 공판에 계속되여 공판 진힝 듕인 바 원릐부터 기■의 확뎡된 죄수가 안이며 ᄶᅡ라서 고소인 등을 티안유디법 위반 피의자로서 형사 소송법 데이조 빅사십팔됴에 의한 사법 경찰관으로서 그 직무를 힝함에 대하야 동 법 데일빅삼십오됴「피고인~명녕 친졀을 주로 하고 그 리익이 사실을 단술할 기회를 줄사」라는 규뎡에 명빅함과 갓치 진실로 고소인에 대한 란폭 불친졀의 틔도를 경계할 것이다.

그런대 피고소인 등은 고소인 듕에 대하야 고소인 등이 피고소인 등의 혐의 사실을 심문에 대하야 그 진실(젼연 ■■의 진상)을 답변하야 이를 부명하미 불법 부당히 그 심문 사실 공명의 답변을 억지로 요구하기 위하야 고소인들에게 폭힝과 능욕을 한 피고소인 등의 힝위는 고소인 등과 헌법상 보장된 인권을 무시하고 형사 소송법에 보호되는 피의자의 변호권을 무시하며 다시 사법지판의 공공 진실을 그릇되게 하는 법률 파괴이며 법률상 인도상 단연히 용납지 못할 듕대 범죄라고 확신하고 이에 본 고소를 뎨긔하는 터이라.

《중외일보》 1927년 11월 17일자

拷問 告訴 當한 四 警官 結局 不起訴 處分

理由는『證據 不充分』十五日 檢事局에서

拷問告訴當한四警官 結局不起訴處分 理由는「證據不充分」 十五日檢事局에서

조선공산당사건朝鮮共産黨事件의 피고 중 권오설權五卨 홍덕유洪德裕 강달영姜達永 리준태李準泰 전정관全政琯 등 다섯 명이 공산당 관계 변호사 許憲 布施辰治 李仁 古屋貞雄 金炳魯 金泰榮 韓國鍾 등 칠씨를 고소대리인告訴代理人으로 하야 경성디방법원京城地方法院 검사국檢事局에 종로경찰서 고등계高等係 근무勤務 三輪 警部 吉野 警部補 金冕圭 警部補 大森 巡査部長 등 다섯 명을 걸어 폭행릉학독직죄暴行陵虐瀆職罪로 고소를 뎨긔한 사건은 조선 내디뿐만이 아니오 멀리 일본 각디와 대만 기타의 해외海外 등디에서까지 주목을 하는 것이엇는데 이와 가튼 중대한 고소사건은 더욱이 문뎨 만흔 조선 경찰이 공산당 피고들을 경찰에 검거 취됴할 당시 헌법憲法이 보장保障한 바 피의자被疑者의 인권人權을 유린무시蹂躪無視하고 두려운 고문拷問을 감행敢行하얏다는 사실인 만큼 이 사건 귀결歸結에 대한 사법관헌의 태도는 가장 신중愼重 엄정嚴正함을 긔대하야 터이엇는데 결국 십오 일에 니르러 담임 검사로부터 증거證據가 업다는 간단한 리유 미테 드듸어 불긔소不起訴의 처분을 짓고 말앗다.

《중외일보》 1927년 11월 17일자

證據가 업서서 不起訴햇소

◇……元橋 檢事 談

證據가업서서
不起訴햇소
◇……元橋檢事談

고소가 뎨출된 이래 쌻지 안흔 시일時日을 쓰을어 오며 가장 신중하게 엄중하게 사건 취됴를 진행한다든 경성디방법원 검사국 원교元橋 검사는 결국 이 고문경관 고소사건을 증거가 업다는 리유로 불긔소의 처분을 지워버리자 십오 일 중야中野 검사를 통하야 고소인 측인 권오설 외 오 명에게는 비공식非公式으로 전달이 된 모양인데 이가티 중대한 사건을 결국 불긔소에 부텨버린 원교 검사를 차저간 즉 "하여간 증가 업슴으로 불긔소를 짓고 만 것임으로 다른 리유가 잇슬리치는 업습니다. 그리고 이와 가티 결명이 된 것은 서긔과書記課에서 각기 통지하게 되겟지오" 하야 장황한 말을 피하더라.

《조선일보》 1927년 11월 23일자

再次 告訴 問題로 辯護士 密議頻頻

변호사단이 형무소에 출장하야 被告 面會 後 突然緊張

再次告訴問題로
辯護士密議頻頻
변호사단이형무소에출장하야
被告面會後突然緊張

既報도와가티 고문고소사건 불긔소(拷問告訴事件不起訴)에대하야 다시복심법원에 항고(抗告)를뎨긔키로결정한조선공산당사건(朝鮮共産黨事件)관계 변호인중의 김병로(金炳魯) 고옥(古屋) 김태영(金泰榮)허헌(許憲)의 네변호사는 이십이일 오전열시부터 오후세시반까지 서대문형무소로 백여명 피고중의 약사십명의피고를 면회한후 긔피신청(忌避申請)문뎨 항고(抗告)문뎨등의제반중요문뎨에 대하야 협의하고 돌아왓다는데전긔피고중 [illegible](權五卨)외 세명의피고들은 [illegible]외네명피고와가티 역시 종로서의고문경관을 상대로 고문고소(第一告訴)를뎨긔할뜻을표명하얏다는바 서대문형무소로부터돌아온 전긔변호사단은 피고들의뜻대로 뎨이차고문고소(第二次告訴)를뎨긔할것이냐 아니냐하는 문뎨로써 목하여러가지로구수밀의(鳩首密議)를거듭하는중이라더라

별항 보도와 가티 고문고소사건拷問告訴事件 불긔소不起訴에 대하야 다시 복심법원에 항고抗告를 데긔키로 결정한 조선공산당사건朝鮮共産黨事件 관계 변호인 중의 김병로金炳魯 고옥古屋 김태영金泰榮 허헌許憲의 네 변호사는 이십이 일 오전 열 시부터 오후 세 시 반까지 서대문형무소로 백한 명 피고 중의 약 십여 명의 피고를 면회한 후 긔피신청忌避申請 문데 항고抗告 문데 등의 제반 중요 문데에 대하야 협의하고 돌아왓다는데 전긔 피고 중 렴창렬廉昌烈 외 세 명의 피고들은 권오설權五卨 외 네 명 피고와 가티 역시 종로서의 몃몃 경관을 상대로 고문고소拷問告訴를 데할긔할 뜻을 표명하얏다는 바 서대문형무소로부터 돌아온 전긔 변호사단은 피고들의 뜻대로 데이차第二次 고문고소拷問告訴를 데긔할 것이냐 아니냐라는 문데로써 목하 여러 가지로 구수밀의鳩首密議를 거듭하는 중이라더라.

《조선일보》 1927년 11월 23일자

不起訴 抗告 廿三日 提出

정식으로 복심법원에 權五卨 等 拷問告訴

不起訴抗告

廿三日提出

정식으로복심법원에

權五卨等拷問告訴

권오설(權五卨)외 다섯명의 조선공산당원이 종로서의 네경관을상대로한 고문고소사건(拷問告訴事件)이불긔소가 된이후권긔고소의 대리인인 조선공산당사건관계 변호사들은다 시복심법원(覆審法院)에 항고(抗告)를데긔하리라함은 긔보한바와갓거니와 전긔 항고문(抗告文)의작성을전부완료한 조선공산당관계변호사 들은 이십삼일오후에정식으로 경성디방 법원검사국(京城地方檢事局)에항고문을 데출 하얏다더라

권오설權五卨 외 다섯 명의 조선공산당원이 종로서의 네 경관을 상대로 한 고문고소사건拷問告訴事件이 불긔소가 된 이후 전긔 고소의 대리인인 조선공산당사건 관계 변호사들은 다시 복심법원覆審法院에 항고抗告를 뎨긔하리라 함은 긔보한 바와 갓거니와 전긔 항고문抗告文의 작성을 전부 완료한 조선공산당 관계 변호사들은 이십삼 일 오후에 정식으로 경성디방법원京城地方法院 검사국檢事局에 항고문을 뎨출하리라더라.

《조선일보》 1927년 12월 9일자

拷問 警官 告訴 抗告도 却下

팔 일에 각하되엇다 京城覆審에서

拷問警官告訴 抗告도却下

팔일에각하되엇다

京城覆審에서

判決言渡는 來月廿日頃

공산당사건共産黨事件의 피고 권오설權五卨 홍덕유洪悳裕 외 다섯 명이 종로경찰서 삼륜三輪 경부警部와 길야吉野 경부보警部補 대삼大森 부장部長과 김면규金免圭 경부보가 취됴할 때에 가혹한 고문拷問을 하엿다고 경성디방법원京城地方法院 검사국檢事局에 고소告訴를 뎨긔하야 세인의 주목을 끄을든 고문경관고소사건拷問警官告訴事件은 디방법원검사국에서 증거 불충분이란

리유로 불긔소不起訴가 된 이후 전긔 피고 대리인인 변호사단이 다시 복심법원覆審法院 검사국檢事局에 항고抗告를 하엿섯스나 역시 팔 일에 기각棄却되엇더라.

《조선일보》 1928년 2월 13일자

重刑을 預想하는 主要 被告

重刑을 預想하는 主要被告

上段右로부터

《조선일보》 1928년 2월 13일자 호외

朝鮮共産黨 言渡

朝鮮日報 號外

未曾有의大秘密結社事件

朝鮮共産黨言渡

十三日午前京城地方法院에서

鐵窓呻吟四個星霜만에刑期決定

嚴戒裏에判決된九十五被告

조선초유의비밀결사(秘密結社)로서검거이래햇수로사년동안을끌어오던백일명피고의 조선공산당(朝鮮共産黨)사건의공판은작년구월십삼일에제일회공판이열리자이래비밀공판이계속되는동안여러가지파란을 고사십칠회나되는지난달십사일에결심되어구형(求刑)까지를맞친후이십구일만인금십삼일오전열시부터 경성디방법원형사부데삼호법뎡(京城地方法院刑事部第三號法廷)에서시본(矢本)재판장주심과협(脇) 도(中島)량배석판사(陪席判事)와중야검사(中野檢事)의립회로개뎡되어구십오명피고에대한일심최후의 판결언도되었다 이날멀리천리밖게서남편의얼굴친구의얼굴자식의얼굴을잠간이라도맛나보랴는방텽객은 사복경관의번뜩이는「사벨」엄중한경계속에구름갓치몰려드러각각그판결이어찌될는지몃해징역이될것인 하고초조한가슴을태워가면서새벽부터몰려드러섯는데이제그각피고의판결언도결과는다음과깃더라

被告	檢事求刑	判決言渡
▲金在鳳	七年	六年
▲姜達永	七年	六年
▲權五卨	七年	五年
▲[illegible]	五年	四年
▲金若水	四年	四年
▲兪鎭熙	四年	四年
▲金尙珠	四年	四年
▲陳秉基	四年	四年
▲獨孤佺	四年	三年
▲鄭雲海	四年	四年
▲洪悳裕	四年	三年
▲全政琯	四年	二年六個月
▲林元根	四年	二年六個月
▲朴吉陽	四年	死亡
▲洪增植	四年	四年
▲林亨寬	四年	三年
▲尹德炳	三年	二年六個月
▲宋奉瑀	三年	二年六個月
▲李鳳洙	三年	三年
▲朴來源	三年	三年
▲閔昌植	三年	三年
▲廉昌烈	三年	二年六個月
▲朴珉英	三年	二年六個月
▲李智鐸	三年	二年六個月
▲金璟載	三年	二年六個月
▲李炳立	三年	二年
▲盧相烈	三年	二年六個月
▲文相直	三年	無罪
▲金明奎	三年	二年
▲申哲洙	三年	三年
▲張順明	三年	二年六個月
▲朴合弘	二年	一年六個月
▲金正奎	二年	二年
▲吳秀巨	二年	二年
▲朴一秉	二年	一年六個月
▲蔡奎恒	二年	一年六個月
▲都容浩	二年	二年
▲辛命俊	二年	二年
▲崔安燮	二年	二年
▲黃守龍	二年	一年六個月
▲金直成	二年	一年六個月
▲金琪鎬	一年	一年
▲鄭淳悌	二年	一年六個月
▲李用宰	一年	八個月 執行猶豫
▲白明天	一年	十個月
▲金恒俊	一年	一年
▲金昌俊	一年	一年六個月
▲李相薰	一年	一年
▲李忠模	一年	一年
▲具昌會	一年	一年六個月
▲李殷植	一年	一年
▲柳淵和	一年	二年
▲高允相	一年	一年
▲李奎宋	一年	無罪
▲姜均煥	一年	一年
▲李浩	一年	無罪
▲金[illegible]羲	一年	一年
▲裵成龍	一年	一年
▲李永燁	一年	一年
▲朴瑩善	一年	無罪
▲金有聲	一年	一年六個月
▲裵致文	一年	一年六個月
▲南海龍	一年	一年
▲愼杓晟	一年	一年
▲趙東壽	一年	一年
▲曺奎善	一年	一年
▲趙鏞周	一年	一年
▲薛炳浩	一年	無罪
▲權五尙	一年	一年
▲李興	一年	無罪
▲鄭晉武	一年	一年六個[月]
▲金完根	一年	一年
▲徐廷禧	一年	無罪
▲權榮奎	一年	無罪
▲韓廷植	一年	無罪
▲吳淇燮	一年	一年
▲李鍾琨	一年	一年六個[月]
▲李昌洙	一年	一年
▲朴炳斗	一年	一年
▲李敏行	一年	一年
▲裵德秀	一年	無罪
▲李壽延	一年	一年
▲彭三辰	一年	無罪
▲金宗信	一年	無罪
▲姜宗祿	一年	一年
▲尹允三	一年	一年
▲金容燦	一年	一年
▲李鳳壽	一年	一年
▲崔一峰	一年	一年
▲鄭順和	一年	一年
▲鄭泰重	一年	一年
▲許永壽	一年	一年
▲金載中	一年	一年
▲鄭洪模	一年	一年
▲金東富	一年	一年
▲楊在植	一年	八個月 執行猶豫

無罪와執行猶豫로

釋放될被告如左

판결이언도되는동시에미결구류(未決拘留) 자동산은최고상백육십일, 최하륙십일인바 산으로 출옥할사람으로며또무죄, 집행유 로인하야석방(釋放)케되리고는 다음과갓더

罪)▲李興▲徐廷禧▲李奎宋▲李浩▲朴泰善▲薛炳浩▲彭 [illegible]

《동아일보》 1928년 2월 14일자

朝鮮共産黨 被告

住所、姓名 刑期別

朝鮮共産黨被告

最高六年、最下八月

無罪判決十二人

百二人被告中

九十五人言渡

死亡者가三人

分離審理三人

海外亡命一人

姓名下에記入한數字는未決拘留通算할日數

《조선일보》 1928년 2월 14일자

朝鮮共産黨 刑期 言渡

檢擧以來四個星霜만에
朝鮮共産黨刑期言渡
十三日午前京城地方法院에서
最高六年無罪十二,猶豫二名
嚴戒裡判決된九十五名

조선초유의비밀결사(秘密結社)로서검거이래햇수로사년동안을끌어오든백일명피고의조선공산당(朝鮮共産黨)사건의공판은작년구월십삼일에데일회공판이열리자이래비밀공판이계속되다가그동안여러가지파란곡절을지나사실심리를마치고구형까지마친후 이십구일만인 금십삼일오전열시부터 경성디방법원형사부 데삼호법뎡(京城地方法院刑事部第三號廷)에서 시봉(矢木)재판장주심과협(脇)좌등(佐藤)량배석판사(陪席判事)와중야검사(中野檢事)의립회로 개뎡되어구십오명피고에대한일심판결을언도되엿다 이날멀리천리밧게서남녀와엇물친구외엇물자식의얼골을잠간이라도맛나보랴는방텽객은형사복경관의번뜩이는『사벨』엄중한경계속에수름가티몰려각각그 결과가어찌될는지몃해징역이될것인가하고초조한가슴을태워가면서새벽부터몰려들엇섯는데이제그각피고의판결언도결과는다음과갓더라

被告	檢事求刑	判決言渡	未決通算
▲金在鳳	七年	六年	(三百六十日)
▲姜達永	七年	六年	(一百五十日)
▲權五卨	七年	五年	(一百八十日)
▲李準泰	五年	四年	(一百五十日)
▲金若水	四年	四年	(三百六十日)
▲兪鎭熙	四年	四年	(三百六十日)
▲金尙珠	四年	四年	(三百六十日)
▲陳秉基	四年	四年	(三百六十日)
▲獨孤佺	四年	三年	(三百六十日)
▲鄭雲海	四年	四年	無
▲洪悳裕	四年	三年	(一百八十日)
▲全政琯	四年	三年六個月	(一百五十日)
▲林元根	四年	三年六個月	(三百六十日)
▲朴吉陽	四年	(死亡)	(三百六十日)
▲洪璔植	四年	四年	(三百六十日)
▲林亨寬	四年	三年	(三百六十日)
▲尹德炳	三年	二年六個月	(三百六十日)
▲宋奉瑀	三年	二年六個月	(一百五十日)
▲李鳳洙	三年	三年	(一百五十日)
▲朴來源	三年	三年	(一百八十日)
▲閔昌植	三年	三年	(一百八十日)
▲廉昌烈	三年	二年六個月	(一百八十日)
▲朴珉英	三年	二年六個月	(一百八十日)
▲李智鐸	三年	二年六個月	(一百八十日)
▲金璟載	三年	二年六個月	(一百八十日)
▲李炳立	三年	二年	無
▲盧相烈	三年	二年六個月	(一百五十日)
▲文相直	三年	無罪	
▲金明奎	三年	二年	(一百五十日)
▲申哲洙	三年	三年	(三百五十日)
▲張順明	三年	二年六個月	(三百五十日)
▲朴台弘	二年	一年六個月	(一百五十日)
▲金正奎	二年	二年	(一百五十日)
▲魚秀甲	二年	二年	(一百五十日)
▲朴一秉	二年	一年六個月	(一百五十日)
▲蔡奎恒	二年	一年六個月	(一百五十日)
▲都容浩	二年	二年	(一百五十日)
▲辛命俊	二年	二年	(一百五十日)
▲崔安燮	二年	一年六個月	(一百五十日)
▲黃守龍	二年	一年六個月	(一百五十日)
▲金直成	二年	一年六個月	(一百五十日)
▲金琪鎬	一年	一年	(一百五十日)
▲鄭淳悌	一年	一年六個月	(一百五十日)
▲李用宰	一年	八個月 執行猶豫二年	
▲白明天	一年	十個月	(一百五十日)
▲金恒俊	一年	一年六個月	(一百八十日)
▲金昌俊	一年	一年六個月	(一百五十日)
▲李相薰	一年	一年	(一百五十日)
▲李忠模	一年	一年	(一百五十日)
▲具昌會	一年	一年六個月	(一百五十日)
▲李殷植	二年	二年	(一百五十日)
▲柳淵和	一年	一年	(一百五十日)
▲葛允相	一年	一年	(一百五十日)
▲李奎宋	一年	無罪	
▲姜均煥	一年	一年	(一百五十日)
▲李浩	一年	無罪	
▲金演羲	一年	一年	(一百五十日)
▲裵成龍	一年	一年	(一百五十日)
▲李承燁	一年	一年	(一百五十日)
▲朴泰善	一年	無罪	
▲金有龍	一年	一年六個月	(一百五十日)
▲裵致文	一年	一年六個月	(一百五十日)
▲南海龍	一年	一年	(一百五十日)
▲愼杓晟	一年	一年	(一百五十日)
▲趙東祜	一年	一年	(一百五十日)
▲曺俊基	一年	一年	(一百五十日)
▲趙鏞周	一年	一年	(一百五十日)
▲薛炳浩	一年	無罪	
▲權五尙	一年	一年	(一百五十日)
▲李爽	一年	無罪	
▲鄭晋武	一年	一年六個月	(一百五十日)
▲金完根	一年	一年	(一百五十日)
▲徐廷禧	一年	無罪	
▲權榮奎	一年	無罪	
▲韓廷植	一年	無罪	
▲吳淇燮	一年	一年	(一百五十日)
▲李榮珉	一年	一年六個月	(一百八十日)
▲李昌洙	一年	一年	(一百八十日)
▲朴炳斗	一年	一年	(一百八十日)
▲李敏行	一年	一年	(一百五十日)
▲裵德秀	一年	無罪	
▲李壽延	一年	一年	(六十日)
▲彭三辰	一年	無罪	
▲金宗信	一年	無罪	
▲姜宗祿	一年	一年	(一百五十日)
▲尹允三	一年	一年	(一百五十日)
▲金容燦	一年	一年	(一百五十日)
▲李鳳壽	一年	一年	(一百五十日)
▲崔一峰	一年	一年	(一百五十日)
▲鄭順和	一年	一年	(一百五十日)
▲鄭泰重	一年	一年	(一百五十日)
▲許永壽	一年	一年	(一百五十日)
▲金賢中	一年	一年	(一百五十日)
▲鄭洪模	一年	一年	(一百五十日)
▲金東富	一年	一年	(一百五十日)
▲楊在植	一年	八個月(執行猶豫二年)	

판결이언도되는동시에 미결구류(未決拘留)일수통산은 최고삼백륙십일, 최하륙십일인바통산으로출옥한사람은업스며 또무죄, 집행유예로인하야석방(釋放)케된피고는다음과갓더라

無罪와執行猶豫로 釋放될十四被告

(無罪) ▲李爽▲徐廷禧▲李奎宋▲李浩▲朴泰善▲薛炳浩▲彭三辰▲金宗信▲裵德秀▲韓廷植▲權榮奎▲文相直

(執行猶豫) ▲楊在植▲李用宰

(以上號外再錄)

《조선일보》 1928년 2월 14일자

◇言渡바든 被告!

◇言渡바든 被告!

《중외일보》 1928년 2월 14일자

朝鮮共産黨事件 一審 判決

중외일보 昭和三年二月十四日(火曜日)

近代社會史上의一大事件인 朝鮮共産黨事件一審判決

檢擧以來實로四個星霜을經過한 昨十三日午後零時에이르러言渡

最高는懲役六年刑

사년전 십이월이십이일에 신의주에서 발생된소위신만청년회(新滿靑年會) 사건을발단으로하야 전조선적으로검거의 대선풍이일어낫고 작년구월십삼일에 공판이개정되야 또한 풍파만흔중에 만년의세월을허비한조선공산당사건은 금십삼일오후영시에 경성디방법원 형사부대삼호법뎡에서중도(中島)협(脇)량배석판사와 중야(中野)검사입회하에 시본(矢本)재판장으로부터 판결언도를 보게되엇는데 각피고에대한판결은 아래와갓더라

被告九十五名의刑期

六年以下八十一、無罪와猶豫十四

방텽인의신톄검사(上) 피고의자동차(中) 방텽인에대한경관의주의(下)

暴風雨前의靜寂가튼 判決言渡前의法廷

肅殺·不安의空氣廷內에彌滿

皮骨相接토록 衰弱한被告들

過重判決로認定

控訴手續할지도몰은다

中野檢事 控訴抛棄?

前夜부터 傍聽客雲集

適用한法律은 治維法과制令

愼重考慮하야 判決하얏노라고

矢本裁判長談

昨曉西小門町火災 一族六名燒死의慘劇

被害者는中國人

妓生出演으로一問題

共産黨判決은 本報號外發行

關係學校에서 抗議할듯

《중외일보》 1928년 3월 13일자

朝鮮共産黨事件 第一審 判決文(十一)

其 全文은 如左하다

朝鮮共産黨事件
第一審判決文 (十一)
其全文은如左하다

《중외일보》1928년 3월 14일자

朝鮮共産黨事件 第一審 判決文(十二)

其 全文은 如左하다

朝鮮共産黨事件 第一審判決文 (十二)

其全文은如左하다

《중외일보》 1928년 3월 15일자

朝鮮共産黨事件 第一審 判決文(十三)

其 全文은 如左하다

《중외일보》 1928년 3월 16일자

朝鮮共産黨事件 第一審 判決文(十四)

其 全文은 如左하다

朝鮮共産黨事件 第一審判決文 (十四)

其全文은如左하다

— 계속 —

《중외일보》 1928년 3월 17일자

朝鮮共産黨事件 第一審 判決文(十五)

其 全文은 如左하다

朝鮮共産黨事件
第一審判決文(十五)
其全文은如左하다

朝鮮共產黨 權五卨危篤

언어불통, 의식불명으로 刑의執行停止申請

一次共產黨秘書 權五卨昨夜獄死

西門刑務所病監에서

옥중 생활 및 순국

· 權五卨 危重 (《중외일보》 1928년 7월 31일자)
· 朝鮮共產黨 被告 權五卨 病勢 危重 (《동아일보》 1928년 8월 1일자)
· 朝鮮共產黨 獄況 三坪 三合에 十八名式 (《동아일보》 1928년 8월 18일자)
· 三年間 獄苦도 過去之事 (《중외일보》 1928년 8월 18일자)
· 權五卨 · 俞鎭熙 兩人 押收金 返還 請求 (《조선일보》 1928년 9월 28일자)
· 朝鮮共產黨員 十一名 又 復出監 (《중외일보》 1928년 10월 7일자)
· 西大門監獄 七百名 減刑 (《동아일보》 1928년 11월 12일자)
· 朝鮮共產黨 被告 姜達永 等도 減刑 (《중외일보》 1928년 11월 12일자)
· 共大出의 密使 五人 京畿警察에 相斷 被捉 (《중외일보》 1930년 3월 26일자)
· 共大學 出身의 權五稷 檢擧 (《중외일보》 1930년 3월 26일자)
· 服役 中의 共產黨員 權五卨 病勢 危重 (《매일신보》 1930년 4월 17일자)
· 朝鮮共產黨 權五卨 危篤 (《조선일보》 1930년 4월 17일자)
· 權五卨 危重 言語까지 不通 (《중외일보》 1930년 4월 17일자)
· 權五卨은 昏睡의 狀態 (《중외일보》 1930년 4월 18일자)
· 第一次 共產黨 權五卨 獄死 (《조선일보》 1930년 4월 19일자)
· 一次 共產黨 秘書 權五卨 昨夜 獄死 (《중외일보》 1930년 4월 19일자)
· 遺骸는 今日 新幹支會로 移來 (《중외일보》 1930년 4월 19일자)
· 『堂上에는 鶴髮의 祖母와 兩親 悲嘆』 (《중외일보》 1930년 4월 19일자)
· 權五卨 屍體 鄕第로 運柩 (《중외일보》 1930년 4월 22일자)
· 故 權五卨 屍體 安東 鄕第에 (《조선일보》 1930년 4월 25일자)
· 曹奉岩 等 十七名 豫審終結 決定書 (《조선중앙일보》 1933년 6월 4일자)
· 國際黨과 連絡하야 海內 海外서 活躍한 (《조선중앙일보》 1933년 9월 26일자)
· 鄭達憲 等 公判 經過 (《조선중앙일보》 1934년 3월 19일자)

《중외일보》 1928년 7월 31일자

權五卨 危重

맹장염과 신경쇠약이 심하다

조선공산당朝鮮共産黨 사건의 중료 관계자로 방금 서대문西大門형무소에 복역 중인 권오설權五卨은 그간 오랫동안 감옥생활에 심신이 극히 쇠약하여 오든 중 최근에 맹장염盲腸炎에 신경쇠약神經衰弱이 발하여 로역장에도 못 나다가 감방에 누어 잇다가 병감病監으로 넘어갓다는데 이가티 병세 위중하여 시급히 주사注射를 마즈려 하나 돈이 업서 못 맛고 고통을 밧고 잇다는 통지가 시내 김태영金泰永 변호사에게 잇서 동 씨는 삼십 일에 십 원을 보내 주엇다더라.

《동아일보》 1928년 8월 1일자

朝鮮共産黨 被告 權五卨 病勢 危重

신장염으로 중태에 빠저 重病監에서 治療 中

조선공산당朝鮮共産黨 사건의 중요인물로 시내 서대문형무소에서 복역 중에 잇는 권오설權五卨은 얼마 전부터 감옥에서 어든 신장염腎臟炎으로 오랫동안 신음하든 중 최근에 니르러서는 병세가 더욱 위중하야 방금 동 형무소 안 중병감에서 치료를 하는 중이라는데 동 피고는 령치금領置金 가튼 것이 업서서 주사 한 대도 맛기가 어렵기 째문에 재작일 동 사건을 담임하얏든 김태영 변호사는 현금 십오 원을 차입하야 방금 치료를 하는 중 이곳은 의료의 설비가 충분치 못함은 물론 그 밧게 여러 가지 불편한 것이 만흠으로 치료가 매우 곤난할 모양이라더라.

《동아일보》 1928년 8월 18일자

朝鮮共産黨 獄況 三坪 三合에 十八名式

삼복 더위에 하로 열한 시간식 로역 ◇ ◇ 다행히 신톄는 대개 건강 상태라고 五人은 病監에 呻吟

朝鮮共産黨獄況

三坪三合에 十八名式

삼복더위에하로열한시간식로역◇

◇다행히신톄는대개건강상태라고

五人은病監에呻吟

조선공산당 사건으로 목하복역중인 여러사람의 소식을최근출옥한사람에게들어보면현재감옥에잇는 구십여명의 그들은대개 권긔삼씨와 가티그물뜨기 봉투부치기등의일을한다는데 대개는다건강한 몸으로 지내나요사이가튼때에도 매일 열한시간의로동을 하는중임으로 책볼시간이 거의업는 것을가장고통으로 아는중이요 반수가량은독방에 잇스나 반수인사십여명은 잡방(雜房)에 잇다는데 씨는듯이 더운요사이도 삼평삼합(三坪三合)방에 십칠팔인식거처를함으로 더위의고롱이 여간아니라하며 일백팔십여명잇는공장에 변소(便所)가 두개뿐임으로 작업중에 대소변을싸는사람도만타는바 일반으로는 신문잡지를 보지못하야 사회에락오가될가하는것을 가장 안타가웁게생각하고잇다는데 목하병감(病監)에 가잇는사람은 권오설(權五卨) 송봉우(宋奉瑀) 강균환(姜均煥) 정태중(鄭泰重)신철수(申喆洙)등 다섯사람으로 모다 그리위중하지는 아니하나 수중에돈이 한푼도업서서 감옥에서주는 약이외에는 약을사 먹을수가업서 가슴을태우는중 이라하며 그중에도송봉우는 간수에게 반항하얏다하야격리병감(隔離病監)에두엇다는데 그들이 알는병은 대개신경쇠약혹폐병이라더라

조선공산당 사건으로 목하 복역 중인 여러 사람의 소식을 최근 출옥한 사람에게 들어 보면

현재 감옥에 잇는 구십여 명의 그들은 대개 전긔 삼씨와 가티 그물쓰기 봉투 부치기 등의 일을 한다는데 대개는 다 건강한 몸으로 지내나 요사이 가튼 째에도 매일 열한 시간의 로동을 하는 중임으로 책 볼 시간이 거의 업는 것을 가장 고통으로 아는 중이요 반수가량은 독방에 잇스나 반수인 사십여 명은 잡방雜房에 잇다는데 찌는 듯이 더운 요사이도 삼평三坪 삼합三合방에 십칠팔 인식 거처를 함으로 더위의 고통이 여간 아니라 하며 일백팔십여 명 잇는 공장에 변소便所가 두 개뿐임으로 작업 중에 대소변을 싸는 사람도 만타는 바 일반으로는 신문 잡지를 보지 못하야 사회에 락오가 될가 하는 것을 가장 안타가웁게 생각하고 잇다는데 목하 병감病監에 가 잇는 사람은 권오설權五卨 송봉우宋奉瑀 강균환姜均煥 정태중鄭泰重 신철수申喆洙 등 다섯 사람으로 모다 그리 위중하지는 아니하나 수중에 돈이 한 픈도 업서서 감옥에서 주는 약 이외에는 약을 사 먹을 수가 업서 가슴을 태우는 중이라 하며 그중에도 송봉우는 간수에게 반항하얏다 하야 격리병감隔離病監에 두엇다는데 그들이 알는 병은 대게 신경쇠약 혹 폐병이라더라.

《중외일보》 1928년 8월 18일자

三年間 獄苦도 過去之事

건강하게 만긔 출옥한 朝鮮共産黨員 三名

三年間獄苦도 過去之事
건강하게 만긔 출옥한 朝鮮共産黨員 三名

조선공산당朝鮮共産黨 사건의 관계인물로 대정 십오년 륙월 중순경에 경찰에 톄포된 이래 지난 이월에 판결을 바든 후 근 삼 년간 서대문西大門형무소에서 신음 중이든

平北 宣川郡 東面 路上里 金恒俊(三二)

全南 順天郡 西面 雙井里 李昌洙(四二)

全南 順天郡 西面 板橋里 朴炳斗(四五)

의 삼 명은 각 형긔 일개 년에 미결 구류일수 일백팔십 일 등 산의긔관이 만긔되여 십 일 오전 륙 시경 다수 동지들의 영접을 밧고 출감하여 방금 시내 공평동公平洞 평화여관平和旅舘에 투숙하엿든데 그들 세 명은 모다 지극히 건강하야 원긔 잇는 말로

그간은 요행 여러 동무들의 념려하여 준 덕을 극히 건강히 잇던 것을 감사히 생각합니다. 물론 감옥샤리니까 불편도 만치만 이새에는 날은 덥고 감방은 좁아서 퍽 고통되엿는데 세 평 삼홉 방에 팔 인이나 잇서야 될 곳에 십륙 명 내지 십팔 명식 잇스니까 넘어 더워서 몸에는 물이 흘읍니다. 그러고 일반 재감자는 처음 일 개월간은 작업作業이 힘든 것도 잇섯스나 지금은 그물뜨기나 봉투 부치는 것 등이 태반으로 작업에는 과히 힘들지 안코 대개는 건강 상태에 잇스나 그중 김재봉金在鳳은 폐병肺病으로 신음 중이라 하며 병감에 잇는 사람들 중에는 신철수申哲洙 권오설權五卨 강균환姜均煥 명태중鄭泰重 송봉우宋奉瑀 다섯 명인데 그 중 신철수는 퍽 회복되엇다 하고 송봉우는 신경쇠약으로 병감에 잇다가 병감 간수와 의견 충돌이 잇서 관리에게 반항하얏다고 병감 중의 감방에 너엇다 합니다. 그러고 그 외는 다른 병은 업다 합니다.

고 말하며 그들은 금명간에 각각 고향에 돌아가리라더라.

《조선일보》 1928년 9월 28일자

權五卨·兪鎭熙 兩人 押收金 返還 請求

재판소 당국의 허락으로 【不日中 現金으로 返還】

權五卨、兪鎭熙兩人
押收金返還請求
재판소당국의허락으로
【不日中現金으로返還】

조선공산당사건(朝鮮共産黨事件)으로방금 서대문형무소에서복역중에잇는 유진희 (兪鎭熙)권오설(權五卨)량인은자긔네들이검거되자 곳압수당한 자긔네들의돈(유진희는 사백오십원권오설은 구십원)에대하야얼마전에재판소당국에 그반환청구(返還請求)를하얏든바 재판소당국은결뎡(決定)으로써이를허락하야일간현금을뎐하게되리라더라

조선공산당사건朝鮮共産黨事件으로 방금 서대문형무소에서 복역 중에 잇는 유진희兪鎭熙 권오설權五卨 량인은 자긔네들이 검거되자 곳 압수당한 자긔네들의 돈(유진희는 사백오십 원 권오설은 구십 원)에 대하야 얼마 전에 재판소 당국에 그 반환청구返還請求를 하얏든 바 재판소 당국은 결뎡決定으로써 이를 허락하야 일간 현금을 전하게 되리라더라.

《중외일보》 1928년 10월 7일자

朝鮮共産黨員 十一名 又 復出監

그들이 뎐한 옥중소식 【權五卨은 病監呻吟】

뎨일차 조선공산당사건의 피고로 검거된 이래 삼개성상을 지나 형긔를 마치고 륙 일 아츰 서대문형무소에서 다수한 동지의 출영을 바더 십일 명이 원긔 왕성히 출감하엿는데 그들 중의

▲ 光州郡 同面 崔一■(二八) ▲ 同面 鄭世里 金載中(三五) ▲ 同面 奇須尾町 ■洪模(三五) ▲ 光陽郡 玉谷面 廣莫里 ■順和(二六) ▲ 同面 龜山里 金完根(五一) ▲ 順天郡 邑內里 許英壽(二八)

의 륙씨는 시내 락원동樂圓洞 춘산春山려관

▲ 馬山府 元町 尹允三(二四) ▲ 同 新町 姜宗錄(三五) ▲ 同 元町 金琪城(三四) ▲ 同 元町 李鳳洙(二四) ▲ 同 萬町 ■容■(二四)

외 오씨는 장사동長沙洞 경회려■會관에 투숙하는 중으로 감옥에 잇는 가튼 사건의 관계자들도 대개 건강한 중이나 권오설權五卨만은 건강이 조치 못하여 치료 중에 잇다더라.

《동아일보》 1928년 11월 12일자

西大門監獄 七百名 减刑

여덜 명만은 십 일 밤에 출감 朝鮮共産黨도 包含

금번 은사에 서대문형무소西大門刑務所에서 은뎐을 닙어 감형된 수인囚人은 사형死刑이 무긔형無期刑된 자가 세 명 무긔가 유긔형有期刑으로 된 자가 세 명 기타가 칠백오십일 명 전톄 칠백오십칠 명으로 남자가 칠백삼 명 녀자가 오십사 명이엇다는 바 금번 감형자 중에는 치안유지법治安維持法 위반으로 목하 동 형무소에서 복역 중인 뎨일 뎨이 조선공산당朝鮮共産黨 사건의 권오설權五卨 강달영姜達永 등의 오십여 명과 그 밧게 대정大正 팔년八年 제령制令 뎨칠호第七號 위반違反 사건의 약간 명이 끼엇다는데 사형이 무긔로 된 세 명은 모다 살인수殺人囚라는 바 십 일 은사령이 발표되자 당일 밤으로 출옥한 자는 잡수雜囚 여덜 명이엇다더라.

《중외일보》 1928년 11월 12일자

朝鮮共産黨 被告 姜達永 等도 減刑

西門刑務所 死刑囚 三名은 無期 정치사상범 등은 모다 오십여 명 京城 西門 兩處 千百九十七名

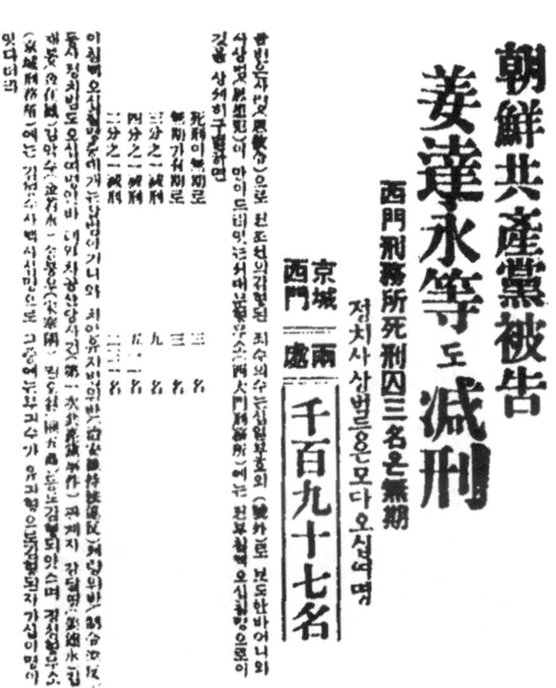
朝鮮共産黨被告
姜達永等도減刑
西門刑務所死刑囚三名은無期
정치사상범등은모다오십여명
京城 西門 兩處 千百九十七名

금번 은사령恩赦令으로 전 조선의 감형된 죄수의 수는 십일 부 호외號外로 보도한 바어니와 사상범思想犯이 만이 드러 잇는 서대문형무소西大門刑務所에는 전부 칠백오십칠 명으로 이것을 상세히 구별하면

死刑이 無期로　三名

無期가 有期로　三名

三分之一減刑　九名

四分之一減刑　五一一名

二分之一減刑　二三一名

이 칠백오십칠 명 중 대개는 잡범이거니와 치안유지법위반治安維持法違反 제령위반制令違反 동시 정치범도 오십여 명인 바 뎨일차第一次 공산당사건共産黨事件 관계자 강달영姜達永 김재봉金在鳳 김약수金若水 송봉우宋奉隅 권오설權五卨 등도 감형되얏스며 경성형무소京城刑務所에는 감형수 사백사십 명으로 그중에는 무긔수가 유긔형으로 감형된 자가 십이 명이엇다더라.

《중외일보》 1930년 3월 26일자

共大出의 密使 五人 京畿警察에 相繼 被捉

학생운동을 조종코자 오든 중의 張岳 · 朴春 · 權五稷 · 金某 · 李某 等 京鄕警察의 活動 內容

共大出의 密使五人
京畿警察에 相繼被捉
학생운동을 조종코자 오든중의
張岳、朴春、權五稷、金某、李某等
京鄕警察의 活動內容

도경찰부道警察部 고등과高等課에서는 격문사건 이후 해외에서 모종의 계획을 품고 잠입하엿든 밀사密使를 검거하는 동시에 이 사건 련락으로 시내는 물론이오 멀리 디방에까지 검거의 손은 쌧치어 삼십여 명의 주의인물들을 검거 류치하얏고 또다시 이십오 일 오전에 아연 긴장한 가운데 활동을 개시하야 시내 모처에 잠복하야 잇는 뎨일차第一次 공산당사건共産黨事件의 책임비서責任秘書인 권오설權五卨의 친뎨이오 공대共大 출신인 권오직權五稷을 검거하자 도경찰부의 공긔는 더 한층 긴장하야 잇는 터인데 전긔 권오직이란 청년이 검거되기 전 몃칠 전에 시내에서 뎨일차 공산당사건 발각 당시 로령露領으로 몸을 피하야 동디 공산대학共産大學을 졸업하고 이번에 일어난 학생운동을 긔회하야 그 역모 중대계획을 품고 잠입하야 잇든 장악長岳 박춘朴春 등 두 밀사가 검거되엿데 평양平壤과 경부선京釜線 렬차列車 안에서 검거된 청년은 다년 해외에서 그들 가티 운동을 하고 잇던 청년이라 하며 일로서 동 경찰부에 검거된 해외청년은 다섯 명에 달하는 터인 바 그 외 각 디방에서와 시내에서 검거된 사람들은 이들 밀사와 련락한 혐의로 잡힌 것인데 압흐로 몃 사람만 더 검거하면 사건은 락착이 되리라 한다.

《중외일보》 1930년 3월 26일자

共大學 出身의 權五稷 檢擧

공산당사건 관계로 복역 중인 권오설의 친데를 또 검거하여 京畿道警察部 緊張

共大學出身의
權五稷檢擧
곳산당사건관계로복역중인
권오설의친데를또검거하여
京畿道警察部緊張

해외에서 모종의 밀명을 씌고 들어온 밀사 등을 검거하야 취됴하는 경긔도경찰부 고등과에서는 또다시 이십오 일 오전에 시내 모처로 형사대가 출동하야 잠복 중에 잇는 뎨일차 공산당

사건의 관계로 목하 복역 중인 권오설權五卨의 친데인 공대共大 출신의 권오직權五稷이란 청년을 검거하고 아연 활긔를 씌인 후 대 활동 중인데 검거된 그는 이번 검거사건의 중견인물이라더라.

《매일신보》 1930년 4월 17일자

服役 中의 共産黨員 權五卨 病勢 危重

서대문형무소 당국자는 實弟를 電報로 招致

재작년부터 西大門刑務所에서 服役 中인 朝鮮 第一次 共産黨事件의 중심인물인 權五卨은 얼마 전부터 위장병과 신경병으로 알턴 바 최근에 이르러서는 병세가 날로 더하야 몇칠 전부터는 위중한 상태에 이르렀다. 형무소 당국자는 경상도 고향에 있는 실제實弟 권오기權五夔 씨를 전보로 불러왔는데 권오설은 의식이 명로치 못하며 용태는 매우 염려된다고 한다.

《조선일보》 1930년 4월 17일자

朝鮮共産黨 權五卨 危篤

언어불통, 의식불명으로 刑의 執行停止 申請

朝鮮共産黨
權五卨危篤
언어불통、의식불명으로
刑의執行停止申請

◇… 危篤設 傳하는 權五卨

제일차第一次 조선공산당朝鮮共産黨사건으로 징역懲役 칠년七年의 중형을 밧고 방금 시내 서대문형무소西大門刑務所에서 복역 중인 권오설權五卨은 최근 옥중에서 어든 신병으로 병감으로 이감되어 이래 감옥 의사의 치료를 바덧스나 아모 효과를 엇지 못할 쑨만 아니라 형무수의 보건기수도 더 치료할 수 업섯든지 작 십오 일에는 형무소 서무계에서 즉접 그의 향리인 경상북도 영주榮州에 잇는 그 아우 권오기權五夔 씨에게 전보하야 지급 상경 면회하라는 통지가 잇슴으로 즉시 그 아우 권오기 씨가 상경하야 동일(십오 일) 오후 아홉 시에 감옥에 일으러 면회面會한 결과 이미 병은 말할 수 업는 중태에 싸지고 언어불통言語不通 의식불명료意識不明瞭의 위중 상태에 잇슴으로 다시 금 십륙 일 아츰에 면회하엿스나 역시 전긔와 맛찬가지임으로 변호사 리인李仁 씨가 지급히 형무소에 출장하야 형의 집행정지刑執行停止를 교섭하는 중이라 한다.

《중외일보》 1930년 4월 17일자

權五卨 危重 言語까지 不通

친뎨가 급히 상경하야 ◇ 假出場 手續 中

데일차 조선공산당사건의 수노자로 방금 서대문형무소에서 복역 중인 권오설權五卨은 벌서 전부터 신뎨가 극히 쇠약하여 잇다로 전하여 왓는데 최근에 병세가 위중하여 젓슴으로 재작일 서대문형무소에서는 그의 고향에 뎐보로 통디하야 그의 친뎨 권오기權五夔 씨는 작일 밤 급거히 상경하야 밤 아홉 시에 서대문형무소에 그 형을 방문하엿든 바 그 형 권오설은 임이 의식이 불분명하고 언어까지 통한불다는 거이 절망상태에 싸지어 오랫동안 그리든 형과 대면은 하엿스나 하는 수 업시 눈물을 먹고 그대로 돌아와 십륙 일 곳 집행명지 신청을 하고 가출장의 수속을 하엿다.

《중외일보》 1930년 4월 18일자

權五卨은 昏睡의 狀態

그의 계씨 오길 씨가 상경 刑務所서 面會 結果

權五卨은 昏睡의 狀態

그의계씨오길씨가상경 刑務所서面會結果

조선뎨일차공산당(朝鮮第一次共産黨) 사건의 관계자로 목하서대문 형무소(西大門刑務所)에서 복역중인권오설(權五卨)은그동안 신병이위중하게되어 병감에잇다함은 긔보한바어니와 이와가튼 소식을듯고놀라 상경한그의 계씨되는 오길(五吉)씨는십륙일에 서대문형무소에일으러 면회한결과 권오설은 전연혼수상태에 빠저잇는 위독한상태에잇다더라

조선뎨일차공산당朝鮮第一次共産黨 사건의 관계자로 목하 서대문형무소西大門刑務所에서 복역 중인 권오설權五卨은 그동안 신병이 위중하게 되어 병감에 잇다 함은 긔보한 바어니와 이와 가튼 소식을 듯고 놀라 상경한 그의 계씨 되는 오길五吉 씨는 십륙 일에 서대문형무소에 일으러 면회한 결과 권오설은 전연 혼수상태에 빠저 잇는 위독한 상태에 잇다더라.

《조선일보》 1930년 4월 19일자

第一次 共産黨 權五卨 獄死

신병 중에 급성 폐염에 걸려 十七日 午後 八時에

긔보= 원적을 경상북도慶北 안동군安東郡 풍서면豊西面 가곡리佳谷里에 둔 권오설權五卨(三四)은 일즉이 조선공산당朝鮮共産黨 제일차간부第一次幹部 조직 당시에 해내외海內外로 그 당세 확장에 비상히 활동하든 중 대정 십오년 륙월 칠 일 시내 종로경찰서鍾路署에 검거된 이래 오래동안 예심을 마치고 소화 삼년 이월 십삼 일 경성지방법원京城地方法院에서 치안유지법治維法 위반죄로 징역懲役 오년五年의 중형을 밧고 이래 시내 서대문형무소西大門刑務所 독감방에서 복역하든 중 일일이 삼추 가튼 그날 그날을 지나며 장형만긔長刑滿期만 손꼽아 기다리며 침울한 세월을 보내엇스나 옥중에서 어든 병고病苦는 사정업시 더치어 최근에 급성폐염急性肺炎이라는 불치의 중증을 가하야 드듸어 십칠 일 오후 여덜 시에 감옥 안 병감病監에서 불귀의손(不歸之客)이 되고 말엇다 한다.

《중외일보》 1930년 4월 19일자

一次 共産黨 秘書 權五卨 昨夜 獄死

옥중에서 어든 불치의 폐병으로 병감에서 알타가 작야 사망하여 西門刑務所 病監에서

一次共産黨秘書
權五卨昨夜獄死
옥중에서어든불치의폐병으로
병감에서알타가작야사망하여
西門刑務所病監에서

데일차第一次 조선공산당朝鮮共産黨사건의 관계로 오 년의 형을 밧고 이래 서대문형무소西大門刑務所에서 복역 중이던 경북慶北 안동安東 출생의 권오설權五卨(三五)은 복역 중 난치의 중병인 폐병肺病을 어더 병감에서 신음하고 잇서 오던 터인데 최근에 일으러 병세는 더 한층 중태에 빠저 언어言語까지 자유롭게 통하지 못하야 그의 생명은 한 초를 닷툴 만큼 위중한 상태에 빠젓더니 드듸어 십칠 일 밤 여덜 시경에 삼십오 세를 일긔로 또는 명년 칠 월의 만긔형을 압두고 침울한 철창 속에서 그대로 세상을 써나고 말앗다. 그는 나히 열살 째에 그의 고향에서 얼마 안 되는 안동군安東郡 풍남면豊南面에 잇는 사립동화학교私立東華學校를 졸업하고 대구고보大邱高普에 입학하야 삼년에 퇴학을 한 후 잠시 전남도청全南道廳에 근무하얏다가 삼일운동三一運動 째 목포木浦에서 륙 개월의 형을 밧고 복역하얏스며 그 후에는 고향에 돌아가

사립원흥학교私立元興學校와 안동安東 일직소호강습소一直蘇湖講習所를 창설하고 몸소 교편을 잡고 잇슨 일도 잇섯스며 교원생활을 써난 후에는 사회운동에 몸을 던지어 풍산소작인조합豊山小作人組合을 창립하얏고 그다음 서울에 올러와 화요회火曜會 로총勞總 등 여러 단톄의 간부로 잇다가 공산당사건이 발각되자 검거되엇는데 당시에는 조선공산당 책임비서責任秘書로 잇섯다.

《중외일보》 1930년 4월 19일자

遺骸는 今日 新幹支會로 移來

그의 계시 권오긔 씨가 바다와 當夜는 獄中 經過

별항 보도한 옥중 부음은 동일 밤 늣게야 시내 청진동淸進洞 신간회경성지회新幹會京城支會 안에 잇는 그의 친톄인 권오긔權五冀 씨에게 전달되엇는데 이와 가튼 뜻하지 아니한 부음을 접한 씨는 일변 놀람을 마지아니하는 동시에 즉시로 형무소로 달리어 왓스나 시간이 지낫다는 리유로 거절을 당하고 할 수 업시 십팔 일 오전 열두 시 반경에 유해를 신간회경성지회 회

관으로 옴기어 왓는데 유해를 운반 당시에는 단톄관계자들은 한 사람도 뒤를 쌀치 못하게 하얏스며 오즉 서대문서 형사들만이 뒤를 쌀으고 잇섯더라.

《중외일보》 1930년 4월 19일자

『堂上에는 鶴髮의 祖母와 兩親 悲嘆』

그의 말데 권오직도 검거 중 權의 親弟 五冀氏 談

권오설의 친데인 오기五冀 씨는 비통에 어리운 낫츠로 긔자를 대하야 말하되

“수일 전부터 친형의 병이 위중하다는 소식은 밧고 보석운동을 하야 오던 중 돌연 뜻하지 아니한 옥중 부음을 밧게 되고 쌀아서 시톄까지 내 손으로 옴기어 오게까지 되엇스니 이것이 창텬의 벽력이 아니고 무엇이겟습니가. 오긔 아무 생각도 업습니다. 그저 원통하고 비통할 뿐입니다. 시골■에는 당상 학발의 조모祖母님과 량친 또는 형수가 계십니다. 물론 전보를 바드섯슬 터이니까 곳 상경하실로 암니다마는 놀라심이 오작하실 것입니까 더욱이 우에 한 분인 친형은 죽고 내 아래 아우 오직五稷은 목하 도경찰부에 검거되어 잇고 하야 집안은 모도 다란

가와 갓습니다. 령구를 선산으로 모시려 하나 비용의 ■출할 도리가 업서 아직은 엇더케 할 도리를 생각 못하고 잇습니다" 운운.

《중외일보》 1930년 4월 22일자

權五卨 屍體 鄕第로 運柩

權五卨屍體 鄕第로運柩

옥중에서 사망한 권오설(權五卨)의 시톄는 림시로신간회경성지회(新幹會京城支會)내에 두엇다함은 긔보한바어니와 수일전에 그의친족들이 올너와장의에 대한 준비를하는 일변이십일일 아침일곱시 차로 향뎨로운구하얏는데 당일정거장에는 만흔동지들의 송영이 잇섯다

옥중에서 사망한 권오설權五卨의 시톄는 림시로 신간회경성지회新幹會京城支會 내에 두엇다 함은 긔보한 바어니와 수일 전에 그의 친족들이 올너와 장의에 대한 준비를 하는 일변 이십일일 아침 일곱 시 차로 향뎨로 운구하얏는데 당일 정거장에는 만흔 동지들의 송영이 잇섯다.

《조선일보》 1930년 4월 25일자

故 權五卨 屍體 安東 鄕第에

故權五卨屍體 安東鄕第에

제일차조선공산당(第一次朝鮮共産黨)사건으로서대구형무소에서복역중 옥사한고권오설(權五卨)의시체는 지난이십일일오후여섯시차로 그게씨에게 안겨나리서즉시자동차로안동풍서면(安東豐西面)향제로도라갓다한다(례천)

제일차第一次 조선공산당朝鮮共産黨 사건으로 서대문형무(소)에서 복역 중 옥사한 고 권오설權五高의 시체는 지난 이십일 일 오후 여섯 시 차로 그 게씨에게 안겨 나리서 즉시 자동차로 안동安東 풍서면豊西面 향제로 도라갔다 한다(례천).

《조선중앙일보》 1933년 6월 4일자

曹奉岩 等 十七名 豫審終結 决定書

그 全文은 如左하다(一)

曹奉岩等十七名 豫審終結决定書

그 全文은 如左하다 (一)

《조선중앙일보》 1933년 9월 26일자

國際黨과 連絡하야 海內 海外서 活躍한

曹奉岩 · 洪南杓 等 十六名의 主要人物 活動內容

國際黨과連絡하야
海內海外서活躍한
曹奉岩、洪南杓等十六名의
主要人物活動內容

고려공산청년회高麗共靑 외 조선공산당朝鮮共黨을 처음으로 조선에 조직한 조직자의 한 사람인 조봉암曹奉岩 홍남표洪南杓 김시명金時命 외 十三명의 제一회 공판이 금 二十五일 오전 九시부터 신의주新義州 지방법원에서 열리는데 대하야는 본지 제二면의 보도와 갓거니와 이들은 조선공산당 창설이 해외 거두로서 교묘히 경계망을 버서나 해외로 망명하야 이래 八九년

동안을 상해上海 로령露領 등지에서 혹은 밀사를 파견하고 혹은 격문을 발송하는 등 조선○○운동을 위하여 활약을 계속하야왓든 것이다. 이제 그들이 해내 해외에서 ■락한 자최를 대개 소개하면 조봉암은 원래 경긔도 강화江華 출생으로 일즉이 정재달鄭在達 김찬金燦 등과 함께 동경東京에 류학할 당시부터 계급의식에 눈을 떠서 一九二二년에 공산주의국가인 쏘배트 로서아에 갓다가 동 二十三년에 조선내지에 들어와서는 로동 · 농민 · 청년운동 등 표면운동에 주력하야 오다가 一九二五년 四월 十七 · 八일에 김재봉金在鳳 김찬金燦 박헌영朴憲永과 조선공산당과 공산청년회를 조직하고 동월 十九일에 발단된 적긔赤旗사건으로 망명하얏고 홍남표洪南杓는 一九二五년 十一월 三十일에 검거되여 제一차 공산당사건 이후 강달영姜達永 권오설權五卨 구연흠具然欽 등과 함께 당 재조직에 활동하다가 익년 六十만세사건으로 다시 당의 비밀이 탈로되게 되매 동년 十一월경에 교묘히 국경을 탈출하여 망명하엿든 것이며 김명시(시명)는 원래 경남 마산馬山 출생으로 월전 경긔도경찰부에 검거되여 박헌영 등과 함께 방금 경성지방법원 예심에 회부되여 서대문형무소에 수용되여 잇는 김형선金炯善의 누의로서 『모스코바』 공산대학을 一九二九년에 마치고 전긔 조봉암 홍남표 등과 함께 상해와 로령 등지에서 동방피압박민족東方被壓迫民族 반제동맹反帝東盟 국제적색로동조합國際赤色勞組 범태평양로동조합凡太平洋勞組 유일XX상해당촉성회唯一XX上海促成會 상해한인반제동맹上海韓人反帝同盟 등 여러 회합에 참여하야 조선XX운동은 물론이어니와 극동XX운동에 ■■■활약을 하얏다.

《조선중앙일보》 1934년 3월 19일자

鄭達憲 等 公判 經過

「赤色勞組가 아니라 産業別勞組라고

秘密結社의 事實을 否認한

鄭達憲等公判經過

不就이 된 일이엇스나 일로因하야 天道敎徒 各思想團體 開闢社其他의主要人員二百餘名을檢擧한結果는 그러케 一般人心을刺戟 衝動함이되얏다

이事件의關係者는 警察의取調에依하면 主謀人權五卨을爲始하야 朴來源 閔昌植 白明天 李用宰 柳在楨等二十二名인데 其中에는不拘束이四名이라고한다。

六月十日事件

國葬當日이六月十日ㅡ 여러가지사람이 여러가지意味로 서로警告하고警戒하던날이다。關係當局에서는 한달前부터 이날警戒에着手하야 三千에갓가운警官과 萬을헤이는陸海軍隊로 當日의沿途와要所를警備하되 別로朝鮮神宮 總督府新廳舍及公園等地에는 一小隊式의兵隊를配置하얏스며 또이에先하야는 六月六日事件을 憑藉하야 市內에서 要視察要注意人物二百餘名을 미리미리拘留하야두엇다 이리하야서 國葬當日을無事히치루려하엿다。

그런데 이 [illegible] 中에서 [illegible] 高唱한 ○○萬歲事件 [illegible] 것은

卽當日午前八時 大喪가敦化門을나서 團成社를通過할際 그곳에排列되여잇던 中央高普學生으로부터 ○○萬歲를高唱하고 檄文千餘枚를撒布하는데 이로부터는 國葬行列進行됨을따라 그沿道에列立된順序로 觀水橋附近에서는세부란스專門學生 黃金町三丁目에서는延禧專門學校生、東廟附近에서는中東學校生、其外訓練院附近 新設里附近凡人들에서同一한性質의運動이니러나서關係學生二百餘名은現場에서檢擧되여 沿道의群衆은一時混亂에빠지여 當日重輕傷者가 警察部發表로一百十餘名을計하여섯다。그리고地方에서도몃곳同一運動이잇섯는中 高敞高普事件은그著例라할것이다

이學生事件은 爲先警察署로서의審問만은一段을告하엿스나 아즉檢事局으로서 發現하는中에 잇슴으로其詳細를發表할수가업스나 大概延禧專門李炳立(二三) 中央高普의李先鎬(一九) 京城帝 [illegible] 의李天鎭(二三) 中東校의黃廷煥(十九) 其他各校의學生代表몃사람들이 미리미리이일을計劃하고 當日일을順序를무려나서 그와가튼順次의 [illegible] 한 [illegible] 것이엇다

[illegible] 事에 [illegible] 一貼 二百餘名을 檢擧 [illegible]

잡지자료

2、朝鮮社會運動의今後方針如何

3、社會運動과民族運動과의今後關聯如何

當局의取締가어느때에나法令업서서못한것이아니오 是上의엇더 일이나 ...
에문에左右되는것도아닌바 이번治安維持法實施에對해서도 우리가새 ...
도업지만 이런機會에한번니야기나하고지나가는것쯤은 彼此에 ...

1、朝鮮社會運動의今後運動如何

2、朝鮮社會運動의今後方針如何

3、朝鮮의社會運動과民族運動과의今後關係如何오 하는세가지條件을들 ...
또는言論界에나선여분의意見을무럿다。 그런데 그담론이원체범위가 ...
적는말이되야서 말한그이의眞意를發치못함이만흔것은遺憾이다。

朝鮮勞農總同盟 權五卨

1治安維持法이實施된뒤에 ...
2같이오1자 이法이朝鮮에도 ...
運動이激烈함을 證明하는것이 ...
야가는것은당코一般運動家의共動 ...

丙寅義勇隊事件

六月六日事件

金...事件

· 開會 前에 禁止된 民衆運動者大會 (《개벽》 통권 제59호 1925년 5월 1일)
· 治安維持法의 實施와 今後의 朝鮮社會運動 (《개벽》 통권 제60호 1925년 6월 1일)
· 國葬 前後에 드러난 事件들 (《개벽》 통권 제71호 1926년 7월 1일)

《개벽》 통권 제59호 1925년 5월 1일

開會 前에 禁止된 民衆運動者大會

己未 以後로 처음 본 京城의 萬歲騷動

開會前에禁止된民衆運動者大會

己未以後로처음본京城의萬歲騷動

全朝鮮에散在한勞農、思想、靑年、衡平、女性等四百二十餘團體（會員數十萬餘）를網羅하야一大團結을지으랴고發起된民衆運動者大會는二個月前부터開會準備에着手하야 會務가대개完了되고四月二十日에長谷川町公會堂內에서第一聲으로發會式을行하랴다가十九日夜에그大會의準備委員權五卨、曹奉岩兩氏를本町署에서突然呼出하야同署高等係主任의命令으로治安을妨害할虞慮가잇다는口實下에 集會를禁止하엿다 同會에서는다시委員을派遣하야屢次當局에交涉하엿스나絶對不許하고그翌日에는會의代議員그들의集會까지도解散을命하엿다 이에憤慨한三百餘의代議員은警察의無理한壓迫을反抗하랴고一大示威運動을計劃하야二十日午後九時頃에團成社及優美館附近을中心으로하야數百의群衆이 赤旗를先頭로하고「民衆運動者大會萬歲、無產者萬歲」를高唱하며 夜市中으로進行하매 一般의群衆는附和合勢하야 큰騷動을닐으키니 鍾路一帶는不時에修羅場으로化하야騎馬警察隊까지出動하야 其先導者는 當夜十七名이檢束되엿다가 몃명은放釋되고金尙珠（馬山）申哲洙（大邱）鄭溶錫（京城）金永坤（京城）金昌俊（京城）安鍾奎（京城） 權吉道（京城） 全海（京城） 等諸氏는繼續取調中이다（詳細事는後機會에發表）

◇言論壓迫의奇怪한實例

民衆運動者集會에對한警察의無理한壓迫으로四月二十日夜、京城의鍾路通一帶에서己未以後로처음보는主義者萬歲騷動을닐으킨것은別報와갓거니와이날밤의그運動을取締하던警官은熱狂的으로橫行하던새에그光景을撮影하는時代日報의寫眞班記者를毆打하며朝鮮日報寫眞班記者를檢束하는等無人之境으로橫暴를敢行하야言論壓迫의奇怪한實例를보혓다。

（二十日夜補記）

全 朝鮮에 散在한 勞農 · 思想 · 青年 · 衡平 · 女性 等 四百 二十餘 團體(會員數 十萬餘)를 網羅하야 一大 團結을 지으랴고 發起된 民衆運動者大會는 二個月 前부터 開會準備에 着手하야 會務가 대개 完了되고 四月 二十日에 長谷川町 公會堂內에서 第一聲으로 發會式을 行하랴다가 十九日 夜에 그 大會의 準備委員 權五卨 曺奉岩 兩氏를 本町署에서 突然 呼出하야 同 署 高等係 主任의 命令으로 治安을 妨害할 虞慮가 잇다는 口實下에 集會를 禁止하얏다. 同 會에서는 다시 委員을 派遣하야 屢次 當局에 交涉하얏스나 絕代 不許하고 그 翌日에는 會의 代議員 그들의 集會까지도 解散을 命하얏다. 이에 憤慨한 三百餘의 代議員은 警察의 無理한 壓迫을 反抗하랴고 一大 示威運動을 計劃하야 二十日 午後 九時頃에 團成社 及 優美舘 附近을 中心으로 하야 數百의 群衆이 赤旗를 先頭로 하고 「民衆運動者大會 萬歲, 無產者 萬歲」를 高唱하며 夜 市中으로 進行하매 一般의 群衆은 附和合勢하야 큰 騷動을 닐으키니 鍾路 一帶는 不時에 修羅場으로 化하야 騎馬警察隊까지 出動하야 其 先導者는 當夜 十七名이 檢束되얏다가 몃 명은 放釋되고 金尙珠(馬山) 申哲洙(大邱) 鄭容錫(京城) 金永坤(京城) 金昌俊(京城) 安鍾奎(京城) 權吉道(京城) 全海(京城) 等 諸氏는 繼續 取調 中이다. (詳細事는 後 機會에 發表)

◇ 言論 壓迫의 奇怪한 實例

民衆運動者集會에 對한 警察의 無理한 壓迫으로 四月 二十日 夜, 京城의 鍾路通 一帶에서 己未 以後로 처음 보는 主義者 萬歲騷動을 닐으킨 것은 別報와 갓거니와 이날 밤의 그 運動을 取締하던 警官은 熱狂的으로 橫行하던 끄테 그 光景을 撮影하는 時代日報의 寫眞班 記者를 毆打하며 朝鮮日報 寫眞班 記者를 檢束하는 等 無人之境으로 橫暴를 敢行하야 言論 壓迫의 奇怪한 實例를 보혓다.

(二十日 夜 補記)

治安維持法의 實施와 今後의 朝鮮社會運動

治安維持法의實施와今後의朝鮮社會運動

1、朝鮮社會運動의今後趨勢如何

2、朝鮮社會運動의今後方針如何

3、社會運動과民族運動과의今後關聯如何

朝鮮勞農總同盟 權五卨

當局의取締가어느때에나法令업서서못한것이아니오 世上의엇더한일이나또運動이 一片法令에문에左右되는것도아닌바 이번治安維持法實施에對해서도 우리가새삼스럽게問題삼을것도업지만 이런機會에한번니야기나하고지나가는것쯤은 彼此에관치아늘듯시허서

1、朝鮮社會運動의今後趨勢如何

2、朝鮮社會運動의今後方針如何

3、朝鮮의社會運動과民族運動과의今後關聯如何오 하는세가지條件을들어써 社會運動또는言論界에나선명분의意見을무릿다。 그런대 그말됨이원체거칠性이만코또드러가지고적는말이되야서 말한그이의辭意를盡치못함이만흔것은遺憾이다。

1 治安維持法이實施됨에딸아서朝鮮社會運動의趨勢?말이오닛가 이法이朝鮮에도 實施되는것만치社會運動이激烈함을 證明하는것이올시다 運動이激烈하야가는것은決코一部運動家의活動만으로써그러케된

것이안이오 大衆의生活苦가 또한온갓事情이運動을 今日에이르게한것이올시다 大衆이 自覺함에딸아서 運動이激烈하야감은社會進化의必然的法則에基因함인즉 엇지治安維持法 그것으로大勢를막을수잇겟슴닛가 보시오저흐르는물을! 아모러巨大한岩礁가잇다고흐르는물이 흐르지안이하겟슴닛가 압헤障碍物이잇스면잇슬사록波勢는더욱激仰할것이올시다從今以後의우리運動은저 흐르는물과가치 더욱더욱힘잇게進展되리라고斷言합니다。

2

今後運動의方針? 治安維持法이 實施된다고무슨다른方針이잇겟슴닛가 元來로勞働運動이나 農民運動은組合을만히組織하는데잇고 組合의組織은 各各當面問題의解決에骨子가잇슴니다 다시말하면 小作料를減下치안이하면 勞働賃金을引上치안이하면 到底히生活할수업다는것으로써唯一의目標를삼는것이오 決코私有財産制度를 否認한다거나共産主義를實施하자는것이안인以上 治安維持法으로말미암아 組合의組織에何等影響이업다고생각합니다 그러나 現下[illegible]團體中宣言과 綱領으로보면 족음漠然한것이不無합니다 이와가튼것은 [illegible]으로實地運動[illegible]的合하도록고치게되는同時에漸次宣傳的氣分運動에서實地運動으로! 나아가게될것이올시다。

3、

民族運動者와의關聯? 從來의制令第七號는民族運動者를눌너왓고今般의治安維持法은社會運動者를막누르게될것인즉가른壓迫을밧는處地에잇서서兩運動者는接近하게될一致點이만호리라고生覺합니다。

朝鮮靑年總同盟　李　英

1

社會運動은生產階級의 生存權獲得運動이닛만 法律로因하여左右될運動이아니올시다。다만一部浮虛한氣分만은 어느程度까지影響을바둘런지 모르겟으나 그러나本體運動에잇서 影響을밧는다하면도로혀政治上으로는階段을進化한組織的運動을促成케될것이올시다。

2

現今에잇서서 우리運動의 方針을具體的으로表明할수는업습니다。그러나이惡法이如何히壓迫을[illegible]다할지라도 [illegible]本領을버리지는 아니[illegible]

朝鮮勞農總同盟

權五卨

1 治安維持法이 實施됨에 쌀아서 朝鮮社會運動의 趨勢? 말이 오닛가 이 法이 朝鮮에도 實施되는 것만치 社會運動이 激烈함을 證明하는 것이올시다. 運動이 激烈하야 가는 것은 決코 一部 運動家의 活動만으로써 그러케 된 것이 안이오 大衆의 生活苦가 쏘한 온갓 事情이 運動을 今日에 이르게 한 것이올시다. 大衆이 自覺함에 쌀아서 運動이 激烈하야 감은 社會進化의 必然的 法則에 基因함인 즉 엇지 治安維持法 그것으로 大勢를 막을 수 잇겟슴닛가 보시오 저 흐르는 물을! 아모리 巨大한 岩礁가 잇다고 흐르는 물이 흐르지 안이하겟슴닛가 압헤 障碍物이 잇스면 잇슬사록 波勢는 더욱 激仰할 것이올시다. 從今 以後의 우리 運動은 저 흐르는 물과 가치 더욱더욱 힘잇게 進展되리라고 斷言함니다.

2 今後 運動의 方針? 治安維持法이 實施된다고 무슨 다른 方針이 잇겟슴닛가 元來로 勞働運動이나 農民運動은 組合을 만히 組織하는 데 잇고 組合의 組織은 各各 當面問題의 解決에 骨子가 잇슴니다. 다시 말하면 小作料를 減下치 안이하면 勞働賃金을 引上치 안이하면 到底히 生活할 수 업다는 것으로써 唯一의 目標를 삼는 것이오 決코 私有財産制度를 否認한다거나 共産主義를 實施하자는 것이 안인 以上 治安維持法으로 말미암아 組合의 組織에 何等 影響이 업다고 생각함니다. 그러나 現下 勞農團體 中 宣言과 綱領으로 보면 족음 漠然한 것이 不無함니다. 이와 가튼 것은 具體的으로 實地運動에 的合하도록 고치게 되는 同時에 漸次 宣傳的 氣分運動에서 實地運動으로! 나아가게 될 것이올시다.

3 民族運動者와의 關聯? 從來의 制令 第七號는 民族運動者를 눌너왓고 今般의 治安維持法은 社會運動者를 막누르게 될 것인즉 가튼 壓迫을 밧는 處地에 잇서서 兩 運動者는 接近하게 될 一致點이 만흐리라고 生覺함니다.

《개벽》 통권 제71호 1926년 7월 1일

國葬 前後에 드러난 事件들

機會가잇기만을苦待하던中 同月二十五日以後 二는곳平素의計劃을斷行할때는이때라하야 二十七日부터例의洋刀를密藏하고 敎化門압헤니르러 昌德宮에出入하는齋藤總督만을엿보다가 그翌日되는二十八日午後一時頃에는 金虎門으로나오는三人乘의自働車一臺를發見하고 그三人中의一人을齋藤總督으로認하야 이에自働車에뛰여올나 그三人中의刺殺또刺傷하고 仍히現場을脫出하려하던中 數十名의巡査와憲兵의追擊을바다 그야말로녯날傳記에서봄과가튼 長時間의格鬪를繼續하다가 畢竟逮捕한바되야 그間審問을밧고잇던中 六月五日에豫審이終結되야 同二十九日第一回의公判을열리러라고한다。 그러고 連累라고는한사람도업섯다。

丙寅義勇隊事件

이번因山을機會로하야 上海丙寅義勇隊員李德三李秀峯 高俊善 金礦龍等四名이 爆彈과拳銃과檄文을가지고 朝鮮으로드리오다가 黃浦江의水上警察에잡히여 그곳日本領事館警察署로넘어간후 酷毒한審問을밧다가李德三은 드대여獄死하엿다고한다。

金翼煥事件

亦是因山때를機會로하야 自己의生命으로써 朝鮮○○運動을하기로하고 멀니東京에잇서 秘密히同志를糾合하다가 各各逮捕된事件이잇스니 이가곳金翼煥事件이엇다。 金은忠南洪城郡에서난當年二十八歲의靑年이엇는데 六月十四日 治安維持法으로起訴되야 豫審에넘기엿다。

六月六日事件

六月十日의因山을機會로하야 朝鮮사람에게民族○○社會○○의運動을 적더라도朝鮮同胞의氣分을一變식히려한그計劃中에는 靑年運動과學生運動의두便으로進行되엿슴과갓다。 그런데靑年便의計劃이中途發露된것이 곳六月六日事件이아닐가한다。 卽權五卨朴來源等을中心으로한六月六日事件은 鐵筋가튼京城의警戒網中에서 일즉부터進行되야 거긔에全責任으로關係하는몃靑年은 그야말로不眠不休로計劃의一切를進行하여왓섯다。 그런데 偶然한端緒로計劃의輪廓이드러나고 너어六月六日에備置檄文五萬餘枚의物的證據가드러남에밋처 이일은中途

—(76)—

不成이된셈이엇스나 일로因하야 天道敎會 各思想團體 開闢社其他의主要人員二百餘名을檢擧한結果는 크게一般人心을刺戟 衝動함이되얏다

이事件의關係者는 警察의取調에依하면 主謀人權五卨을爲始하야 朴來源 閔昌植 白明天 李用宰 楊在植等二十二名인데 其中에는不拘束이四名이라고한다。

六月十日事件

國葬當日이六月十日! 여러가지사람이 여러가지意味로 서의苦待하고警戒하던날이다。 關係當局에서는 한달前부터 이날警戒에着手하야 三千에갓가운警官과 萬을헤이는陸海軍隊로 當日의沿途와要所를警備하되 別로朝鮮神宮 總督府新廳舍塔洞公園等地에는一小隊式의兵隊를配置하얏스며 또이에先하야는 六月六日事件을 憑藉하야 市內에서 要視察要注意人物二百餘名을 미리미리處置하엿섯다。 이리하야서 國葬當日을無事히치루려하엿다。

그런데 이와가튼嚴重警戒中에서 學生들의萬歲高唱、○○宣言書撒布事件이생겻다。

即當日午前八時 大轝가敦化門을나서 開闢社前을通過한後 그곳에羅列되여잇던 中央高普學生으로브터○○萬歲를高唱하고 檄文千餘張을撒布하엿는데 이로부터는 國葬行列進行됨을따라 그沿途에列立된順序로觀水橋附近에서는세부란스專門學校生 黃金町三丁目에서는延禧專門學校生、東廟附近에서는中東學校生、其外訓鍊院附近 新設里附近等凡八處에서同一한性質의運動이니러나서關係學生中二百餘名은現場에서檢擧되며 沿途의群衆은一時混亂에빠지여 當日重輕傷者가 警察部發表로一百五十餘名을計하여섯다。 그리고地方에서도몃곳同一한運動이잇섯는中 高敞高普事件은그著例라할것이다

이學生事件은 爲先警察署로서의審問만은一段落을告하엿스나 아즉檢事局으로서 審理하는中에잇슴으로其詳細를發表할수가업스나 大概延禧專門의李炳立(二三) 中央高普의李先鎬(一九) 京城帝大의李天鎭(二三) 中東校의黃廷煥(十九) 其他各校의學生代表몃사람들이 미리미리이날을計劃하고當日일할順序를무미여서 그와가튼順次順次의萬歲를부르고檄文을뿌린것이엿다。

이事件에關聯된學生은一時二百餘名을檢束하엿스

六月 六日 事件

六月 十日의 因山을 機會로 하야 朝鮮사람에게 民族 ○○社會 ○○의 運動을 적더라도 朝鮮同胞의 氣分을 一變식히려 한 그 計劃 中에는 靑年運動과 學生運動의 두 便으로 進行되엿슴과 갓다. 그런데 靑年便의 計劃이 中途 發露된 것이 곳 六月 六日 事件이 아닐가 한다. 즉 權五卨 朴來源 等을 中心으로 한 六月 六日 事件은 鐵筩가튼 京城의 警戒網 中에서 일즉부터 進行되야 거긔에 全責任으로 關係하는 몃 靑年은 그야말로 不眠不休로 計劃의 一切를 進行하여 왓섯다. 그런데 偶然한 端緖로 計劃의 輪廓이 드러나고 니어 六月 六日에 備置檄文 五萬餘 枚의 物的 證據가 드러남에 밋처 이 일은 中途 不成이 된 셈이엇스나 일로 因하야 天道敎會 各 思想團體 開闢社 其他의 主要人員 二百餘 名을 檢擧한 結果는 크게 一般 人心을 刺戟衝動함이 되얏다.

이 事件의 關係者는 警察의 取調에 依하면 主謀人 權五卨을 爲始하야 朴來源 閔昌植 白明天 李用宰 楊在植 等 二十二名인데 其 中에는 不拘束이 四名이라고 한다.

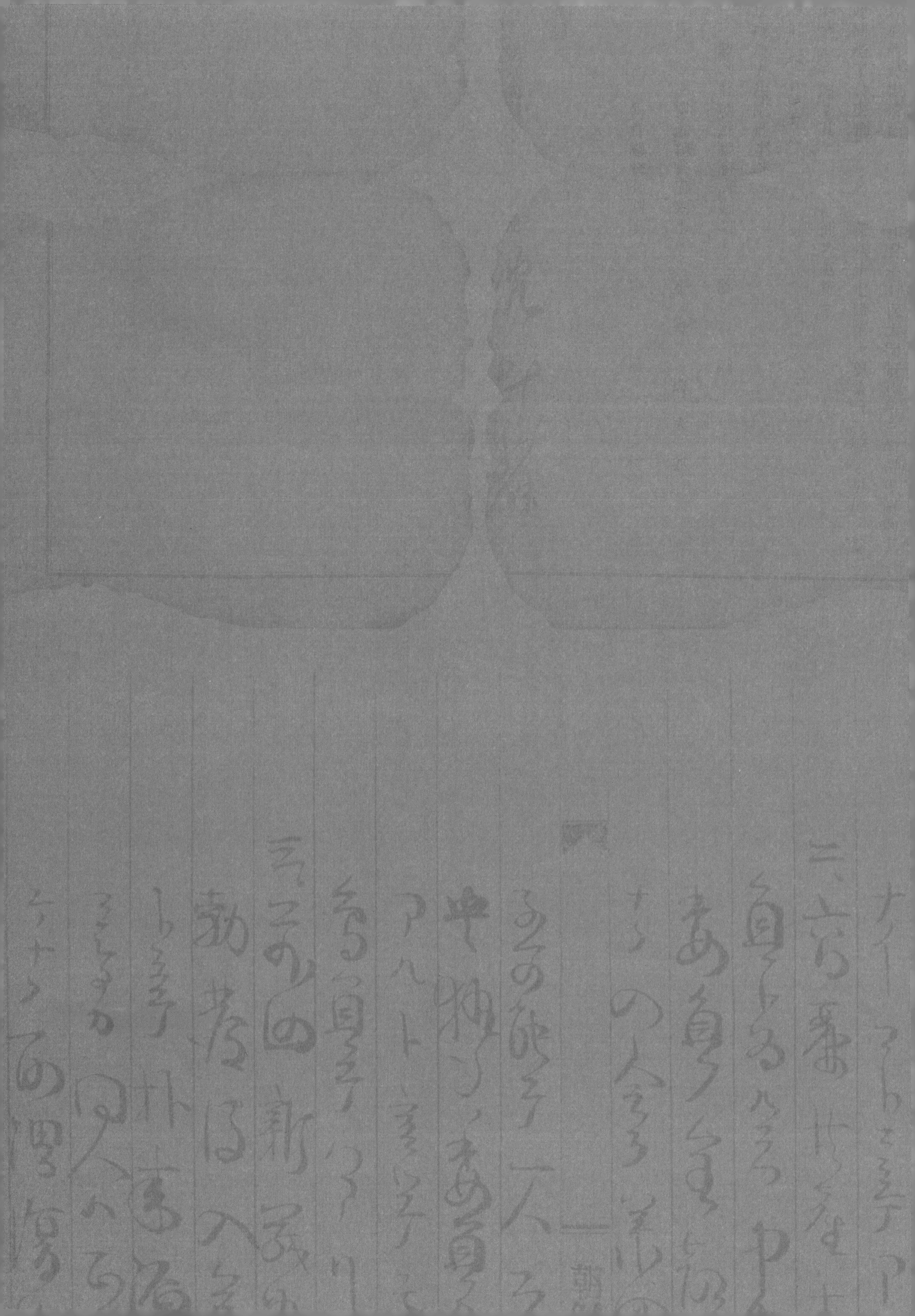

신문 · 공판조서 및 판결문

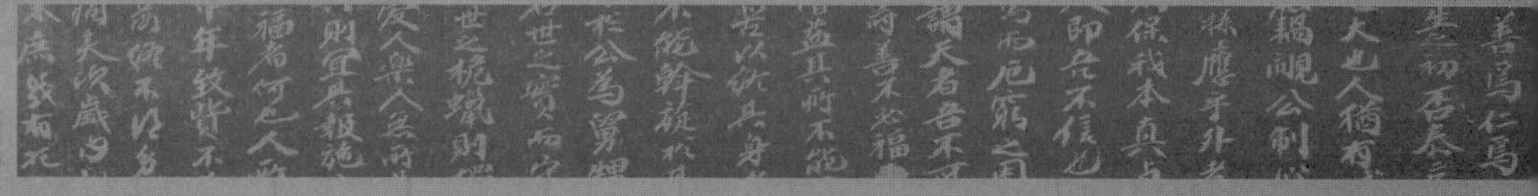

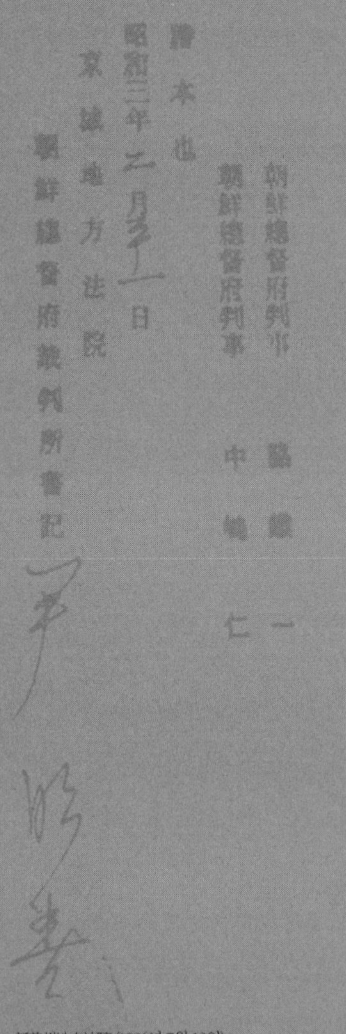

朝鮮總督府判事 脇鐵一

朝鮮總督府判事 中嶋仁

右謄本也

昭和三年二月十一日

京城地方法院

朝鮮總督府裁判所書記

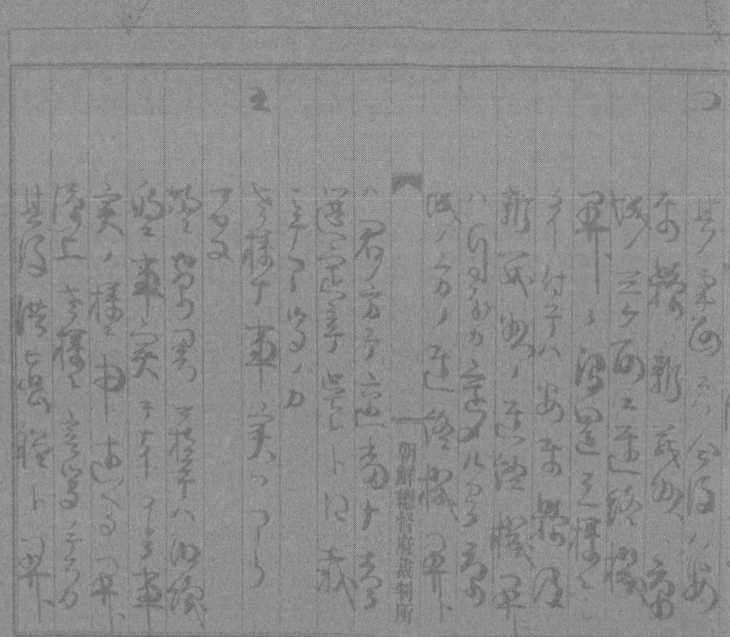

2636

朝鮮總督府裁判所

- 新義州地方法院 (1926년 7월 12일)
- 李鳳洙(치안유지법위반) 興南 7 · 5 제1사건 : 치안유지법위반 피의사건 (1926년 8월 16일)
- 李鳳洙(치안유지법위반) 興南 7 · 5 제1사건 : 치안유지법위반 피의사건 (1926년 8월 17일)
- 鄭晋武 외 22명(치안유지법위반) 조선공산당 재건투쟁 협의사건 : 치안유지법위반 피의사건 (1926년 8월 30일)
- 鄭晋武 외 22명(치안유지법 위반) 조선공산당 재건투쟁 협의사건 : 치안유지법위반 피의사건 (1926년 9월 1일)
- 鄭晋武 외 22명(치안유지법 위반) 조선공산당 재건투쟁 협의사건 : 치안유지법위반 피의사건 (1926년 9월 15일)
- 被告人 訊問調書 (1926년 10월 7일)
- 被告人 訊問調書(第二回) (1926년 10월 8일)
- 被告人 訊問調書(第三回) (1926년 10월 11일)
- 被告人 訊問調書(第四回) (1927년 3월 5일)
- 被告人 訊問調書(第五回) (1927년 3월 7일)
- 被告人 訊問調書(第六回) (1927년 3월 8일)
- 京城地方法院刑事部 (1927년 6월 28일)
- 更新決 (1927년 6월 29일자 소인)
- 高允相 외 100名 (치안유지법위반 등) 공산주의운동 : 치안유지법위반 피의사건 (1927년 9월 29일)
- 高允相 외 100名 (치안유지법위반 등) 공산주의운동 : 치안유지법위반 피의사건 (1927년 9월 30일)
- 高允相 외 100名 (치안유지법위반 등) 공산주의운동 : 치안유지법위반 피의사건 (1927년 10월 2일)
- 高允相 외 100명 (치안유지법위반 등) 공산주의운동 : 치안유지법위반 피의사건 (1927년 10월 18일)
- 高允相 외 100명 (치안유지법위반 등) 공산주의운동 : 치안유지법위반 피의사건 (1927년 10월 20일)
- 高允相 외 100명 (치안유지법위반 등) 공산주의운동 : 치안유지법위반 피의사건 (1927년 10월 22일)
- 판결문 (1928년 2월 13일)
- 신원카드 (1928년 2월 17일)

1926년 7월 12일

新義州地方法院

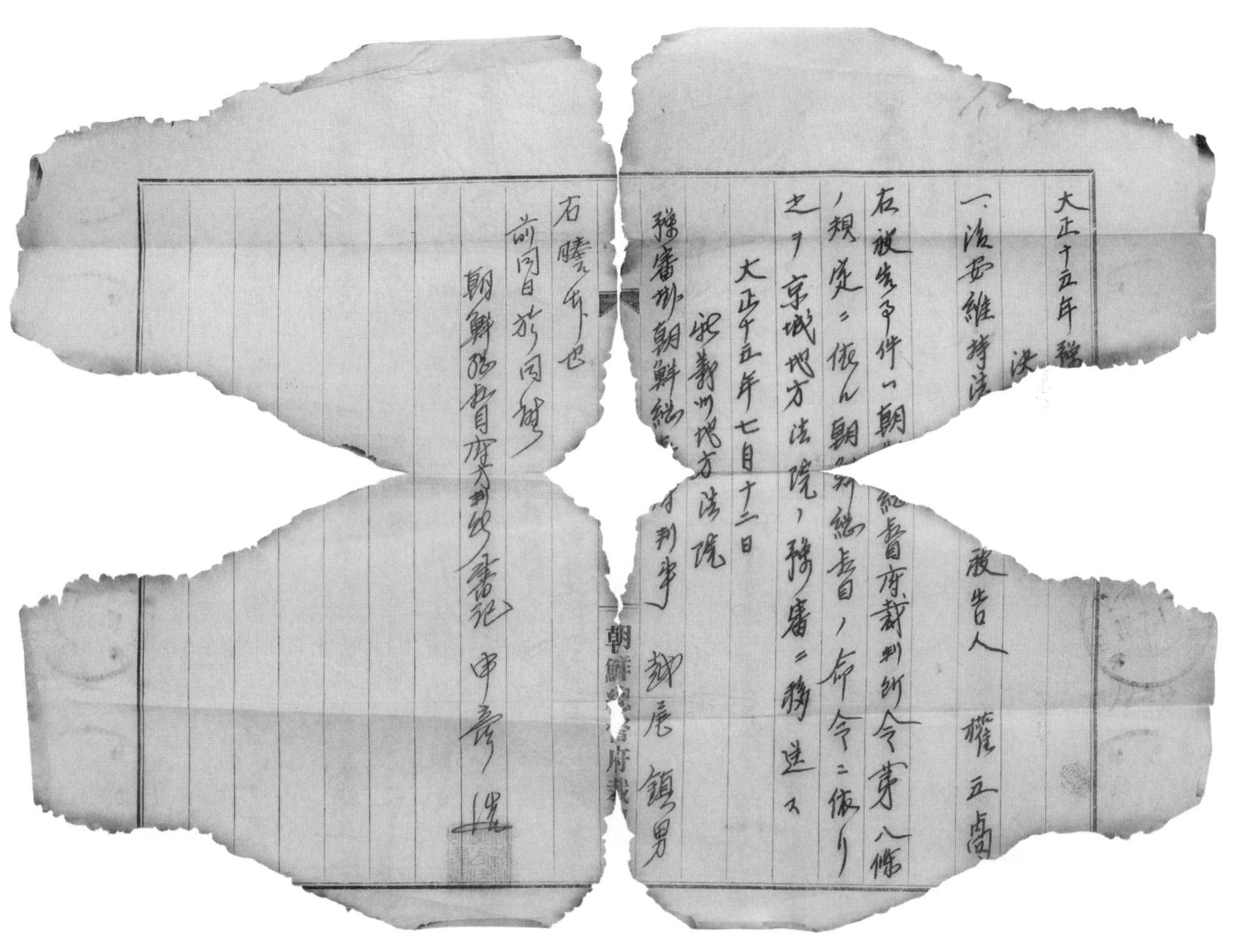

大正十五年豫 決

一、治安維持法 被告人 權五卨

右被告事件ハ朝鮮總督府裁判所令第八條ノ規定ニ依リ朝鮮總督ノ命令ニ依リ之ヲ京城地方法院ノ豫審ニ移送ス

大正十五年七月十二日

新義州地方法院

豫審掛朝鮮總督府判事 越尾鎭男

右謄本也

前同日於同廳

朝鮮總督府裁判所書記 申壽

李鳳洙(치안유지법위반) 興南 7·5 제1사건 : 치안유지법위반 피의사건

하위문서철명 : 검사 신문조서

문서제목 : 피의자 권오설 신문조서(제2회)

저필자 / 신문자 / 조선총독부 검사 中野俊助

작성일 : 1926년 8월 16일

피의자 신문조서

피의자 권오설

위의 사람에 대한 치안유지법위반사건으로 인해 1926년 8월 16일 서대문형무소에서

조선총독부 검사 中野俊助

조선총독부재판소 서기 植山健藏

출석한 위의 검사는 피의자를 신문하였으며, 아래와 같다.

문: 이름 · 연령 · 신분 · 직업 · 주거 및 본적지는 무엇인가?

답: 이름은 권오설, 연령은 29세, 신분은 양반, 직업은 무직, 주거는 현재 서대문형무소에 수감 중, 본적은 경상북도 안동군 풍서면 가곡리 422번지이다.

문: 작위 · 훈장 · 기장을 가지고 연금 · 은급을 받고 또는 공무원직에 있는 자에게 부정을 한 일은 없는가?

답: 없다.

문: 지금까지 형벌에 처해진 적이 있는가?

답: 없다.

이에 검사는 피의사건을 알리고 이 사건에 대하여 진술해야 할 것이 있는지 없는지를 묻자 피의자는 있다는 뜻으로 대답함

문: 피의자는 작년 4월 18일 고려공산청년회를 조직한 일이 있는가?

답: 동지와 함께 조직한 일이 있다.

문: 동지 몇 명이 모여 조직하였는가?

답: 김단야金丹冶 · 김찬金燦 · 박헌영朴憲永 · 임원근林元根 · 홍증식洪增植 · 조이환曺利煥 · 박길양朴吉陽 · 신철수申哲洙 · 장순명張順明 · 독고전獨孤全 · 임형관林亨寬 · 진병기陳秉基 · 김상주金尙珠 등 모두 17명이 부내府內 훈정동薰井洞에 있는 박헌영의 집에서 모여 협의한 끝에 설치한 것이다.

문: 당칙 등도 만들었는가?

답: 당칙은 김단야가 미리 작성한 것을 그 자리에서 낭독하고 그대로 가결하였다.

문: 임원 등은 어떻게 결정하였는가?

답: 발족 당일은 김단야 외 1명을 조직위원으로 내세우고, 그 뒤 위원에서 협의하여 비서 · 조직 · 선전 3부를 두고, 비서부에 박헌영 · 김단야, 조직부에 나와 홍증식, 선전부에 김동근金東根 · 임원근 · 조봉암曺奉岩이 지정되었다. 또한 그 이외 3명의 검사원을 결정했는데 지금 현재 검사원의 이름은 기억나지 않는다.

문: 작년 4월 17일 김두전金枓全 · 유진희兪鎭熙 등이 조선공산당을 조직한 사실을 알고 있는가?

답: 4월 19일 김찬金燦으로부터 4월 17일 조선공산당을 조직하였으니 입당하라는 말을 듣고 곧 입당을 승낙했기 때문에 알고 있다.

문: 조선공산당은 작년 11월경 김약수金若水 외 다수의 간부가 신의주에서 검거되었으므로 책임비서 김재봉金在鳳은 강달영姜達永 · 이준태李準泰 등에게 그 승계 경영을 의뢰한 적이 있는가?

답: 이준태였는지 강달영이었는지는 기억나지 않지만 김재봉으로부터 그러한 이야기가 있어서 우리들이 후보간부로서 당무를 처리하게 되었다는 이야기를 들은 적이 있다.

문: 후보간부란 누구누구인가?

답: 강달영 · 이준태 · 이봉수李鳳洙 · 홍남표洪南杓 · 김철수金錣洙 등이다.

문: 동인同人들이 후보간부 등이 된 것은 언제인가?

답: 그것은 모른다.

문: 동인同人 등은 모두 작년 4월부터 조선공산당에 입당한 자들인가?

답: 그것은 모른다.

문: 작년 4월에 생긴 조선공산당은 일단 해산된 적이 있는가?

답: 해산되었다는 것을 들은 적이 없다. 강달영과 이준태는 신의주에서 당 간부들이 구속되었기 때문에 우리들은 공산주의자로서 또한 후보간부로서 조선공산당을 위해 일하지 않으면 안 된다고 말했다. 이전의 조선공산당이 해산된 것이 아니라 당무를 집행하는 간부가 검거되었기 때문에 이준태 등이 그 대신 간부가 된 것이라고 생각한다.

문: 조선공산당에는 경성부京城府 안에서 1개 내지 9개의 야체이카가 조직되어 있다는 것이 사실인가?

답: 야체이카를 조직했다는 말은 들었지만 그 일은 상세히 모른다.

문: 또한 상해 · 만주 · 동경 · 블라디보스토크 등에 연락기관을 설치한 것이 사실인가?

답: 상해 및 만주에 연락기관을 설치하고, 상해에는 김단야와 조동호趙東祜가, 만주에는 조봉암이 책임자로 지정되었다는 말을 들었지만 그 밖의 정황은 모른다.

문: 또 중앙에는 비서부 · 선전부 · 조직부 등을 두고, 경성부에는 부府의 간부를 두어 중앙과 마찬가지로 비서 · 조직 · 선전 등의 각 부를 설치하여 당무의 집행을 행한 것이 사실인가?

답: 그렇다.

문: 조선공산당의 목적은 무엇인가?

답: 지금의 사회는 빈부의 격차가 심하고 부의 공평한 분배가 결여되었으며, 일부 특수계급만이 행복하고 대다수 무산자는 늘 생활의 불평을 느끼고 있다. 이것은 반드시 자본주의적 경제조직의 결함이다. 그리고 이러한 불합리한 사유재산제도를 부인하고 제국주의를 타파하여 공산주의 사회가 되어 무산계급 독재사회의 출현을 꾀하는 것이 그 목적이다.

문: 고려공산청년회는 무엇인가?

답: 청년회도 동일한 목적 아래 설립된 것이지만, 청년회 쪽은 청년만을 회원으로 삼는다. 이 청년회에서 장래 공산당원이 수양훈련을 실시하고 당원으로서 만족할 만큼의 정도가 되면 공산당에 입당하게 만들기 때문에 어느 정도까지는 청년회는 공산당원의 양성기관이라고도 말할 수 있다. 하지만 그 양성뿐만 아니라 전진 목적을 달성하기 위해 공산주의를 선전하고, 또한 공산당과 서로 제휴하여 그 목적을 관철시키기 위해 노력하고 있다.

문: 고려공산청년회원이면서 조선공산당원을 겸하는 자가 있었는가?

답: 청년회에 있던 자가 공산당에 입당을 승인받으면 공산당 입당 후에도 역시 청년회에도 적을 두기 때문에 그들은 양자를 겸하고 있다.

문: 조선공산당 위원과 고려공산청년회 위원과 서로 만나 협의한 적이 있는가?

답: 특별히 그러한 사실은 없다.

문: 조선공산당은 국제공산당의 승인을 얻었는가?

답: 얻었다. 그것은 금년 3월 상해上海에 있는 김찬金燦이 나에게 전보로 그 취지를 말해 왔다. 그 일은 당시 강달영에게도 즉시 통지해 두었다.

문: 국제공산당으로부터 조선공산당에 돈을 보내온 적이 있는가?

답: 그 사실의 유무는 모른다.

문: 피의자는 김단야로부터 돈을 받은 적이 있는가?

답: 있다. 합계 4,200원을 3회에 걸쳐 받았다.

첫 번째는 작년 12월 29일, 북경北京 평민대학의 학생인 박천朴泉이 경성부京城府 밖 창전리倉前里에서, 김단야가 조선에 있을 수가 없어서 상해로 도피하여 공산주의를 선전할 수 없는 상태가 되어, 남겨둔 돈이 있다면서 조선에서의 공산주의 선전비용으로 사용해 달라고 보내온 2,000원을 전해 받아 가져온 것을 (내가) 받았으며,

두 번째는 금년 5월 중순 무렵 동인同人이, 모스크바의 공산대학생 40명이 매달 받는 수당 가운데 10원씩을 모아둔 것인데 조선 내 공산주의 운동에 사용해 달라며 김단야에게 보내온 것을, 동인同人이 전해달라고 부탁함에 따라 가지고 있었기 때문에 그때 1,200원을 부내府內 계동桂洞에서 받았으며,

세 번째는 금년 4월 중순경, 남경의 금릉대학金陵大學 학생인 김성순金成順이 이전과 마찬가지로 모스크바공산대학 학생이 모은 돈을 김단야에게 보내온 것을, 김단야에게 부탁받고 가져온 것을 부내府內 필운동弼雲洞에서 1,000원을 받았다.

문: 그 돈의 용도는 무엇인가?

답: 지금 일일이 기억나진 않지만 경찰의 첫 취조 때 진술한 적이 있다. 또한 내가 강달영에게 전해준 계산서에 대부분 적혀 있으니 그것을 보기 바란다.

문: 강달영에게 전해준 계산서라는 것이 이것인가?

(증 제9호를 제시함)

답: 그렇다. 이것이 틀림없다.

문: 이 계산서에 따르면 사용한 돈은 합계 3,651원 33전인데, 그렇다면 550원 정도는 남아 있는 게 아닌가?

답: 거기에는 6월 10일 국장國葬 당일 살포하기 위해 인쇄한 선전 전단지 대금으로 450원을 사용한 정황이 기재되어 있지 않다. 그것을 더하면 대충 받은 돈은 모두 다 소비한 것이 된다.

문: 그 돈은 주로 공산주의 선전비로 사용하였는가?

답: 그뿐만이 아니라 대부분 사회운동비로 사용하고, 일부는 나와 동지의 생활비로도 사용했다.

문: 김영희金瑛禧를 알고 있는가?

답: 알고 있다.

문: 동인同人에게 돈 20원을 준 적이 있는가?

답: 있다. 그 이유는 사회운동에 분주하고 있는 여성인데 생활이 매우 궁핍하다는 것을 염창렬廉昌烈에게 듣고 동인同人을 통하여 20원을 보냈다.

문: 동녀同女가 신의주에서 검거된 공산당사건 피고들에게 의식衣食을 차입한 것이 사실인가?

답: 그런 것은 모른다.

문: 동녀도 조선공산당원이 아닌가?

답: 그렇지 않다.

문: 그러나 차입 등을 행한 점으로 봐서는 평상시에 여러 가지 공산당을 위해 돕던 자로 생각되는데 사실인가?

답: 그것은 나로서는 모르는 일이다.

문: 그렇게 동녀가 조선공산당을 위해 여러 가지를 원조하기 때문에 피의자는 동녀에게 20원을 준 것이 아닌가?

답: 그렇지 않다. 동녀는 여자청년동맹 등 사상단체의 간사를 맡고 있으며, 사회주의자다. 나도 여러 가지 사상운동에 관련하고 있는 관계상 궁핍한 상황을 가엾이 여겨 원조한

것에 지나지 않는다.

문: 이들은 모두 공산주의 당원인가?

(이때 본건에 의해 구류 중인 피의자의 이름을 전부 읽어서 들려줌)

답: 그중 강달영姜達永 · 이준태李準泰 두 사람이 공산당원인 것은 알고 있지만 그 밖에는 당원인지 아닌지 잘 모르겠다.

문: 피의자가 권유하여 조선공산당에 가입시킨 자는 없는가?

답: 박민영朴珉瑛 · 이지탁李智鐸 · 김경재金璟載 · 이병립李炳立 · 조두원趙斗元 · 정달헌鄭達憲 · 윤기현尹基賢은 모두 내가 권해 입당시킨 자들이다.

문: 조준기曺俊基 · 설병호薛炳浩 · 이호李浩 · 김연희金演羲 · 조용주趙鏞周 등은 조선공산당원이 아닌가?

답: 모른다.

문: 피의자는 금년 6월 10일 국장에 즈음하여 공산주의를 선전하기 위해 이봉수李鳳洙 · 전덕全德 · 이준태 · 강달영 등과 협의한 적이 있는가?

답: 그런 적은 없다. 다만 나는 국장에 즈음하여 민족운동을 벌이는 자로서 그 일을 이준태 및 강달영에게 이야기한 적은 있다. 그리고 동인同人들이 그 계획에 찬성해 주었으면 좋겠다고는 말했다. 그것은 단지 내가 개인적으로 이야기한 것일 뿐 공산당원으로서 당의 일이라서 행할 생각으로 상담한 것은 아니다.

문: 6월 10일 국장 당일의 소동과 조선공산당과는 관계가 없는가?

답: 그것은 전혀 관계가 없다. 다만 내가 공산당원이기 때문에 그것에 관계되었다고 하는 것에 지나지 않는다.

문: 강달영이 조선공산당에 관계되는 회록 · 일기 등을 암호를 사용하여 적고 있었다는 사실을 알고 있는가?

답: 모른다.

(위의 조서는 이를 공술자에게 읽어서 들려주었음이 틀림이 없다고 말하고 본인이 서명하고 지장을 찍음)

1926년 8월 16일 서대문형무소

공술자 권오설 印

경성지방법원 검사국

조선총독부 검사 中野俊助 印

조선총독부재판소 서기 植山健藏 印

李鳳洙(치안유지법위반) 興南 7 · 5 제1사건 : 치안유지법위반 피의사건

하위문서철명 : 검사 신문조서

문서제목 : 피의자 권오설 신문조서(제2회)

저필자 / 신문자 / 조선총독부 검사 中野俊助

작성일 : 1926년 8월 17일

피의자 신문조서(제2회)

피의자 권오설

위의 사람에 대한 치안유지법위반사건으로 인해 1926년 8월 17일 서대문형무소에서

조선총독부 검사 中野俊助

조선총독부재판소 서기 植山健藏

출석한 위의 검사는 전 회에 이어서 피의자를 신문하였으며, 아래와 같다.

문: 권오설인가?

답: 그렇다.

문: 김영희金瑛禧를 알고 있는가?

답: 알고 있다.

문: 감옥에 들어 온 후 동인同人으로부터 차입을 받은 적이 있는가?

답: 있다.

문: 피의자 이외의 사람들에게도 차입을 한 적이 있었는가?

답: 그것은 모른다.

문: 김영희는 조선공산당원이나 고려공산청년회원 등으로부터 생활비를 보조받아서 생활하고 있었는가?

답: 모른다.

문: 조선공산당에는 모플 조직을 했다는 게 사실인가?

답: 그 조직을 한다는 취지는 이준태李準泰에게 들었다.

문: 김영희金瑛禧는 그 모플의 한 사람이 아닌가?

답: 모른다.

문: 작년 8월경 피의자는 백기호白基浩에게 조선공산당에 입당하라고 권유한 적이 있는가?

답: 입당을 권유했지만 동인同人은 북풍회北風會와 화요회火曜會가 협조해 나가는 것이 아니라면 입당하지 않을 것이며, 그 타협만 이루어지면 입당하겠다고 말했다. 다만 내가 그 이야기를 할 때는 조선공산당이라고 분명히 말하지 않고, 조선에서 공산주의 선전을 하려면 아무래도 이면운동을 하지 않으면 안 되기 때문에 그 이면운동에 참가하라고 말했다.

문: 정우회正友會가 생긴 이후 동인同人은 입당하지 않았는가?

답: 모른다.

문: 강달영姜達永이 쓴 공산당 일기에는 백기호白基浩에 관한 것이 적혀 있었는가?

답: 그것은 나로서는 모른다.

(위의 조서는 이를 공술자에게 읽어주고 설명했음이 틀림이 없다고 말하고 본인이 직접 서명하고 지장을 찍음)

1926년 8월 17일 서대문형무소
공술자 권오설 印
경성지방법원 검사국
조선총독부 검사 中野俊助 印
조선총독부재판소 서기 植山健藏 印

鄭晋武 외 22명(치안유지법위반) 조선공산당 재건투쟁 협의사건 : 치안유지법위반 피의사건

하위문서철명 : 경찰 피의자 신문조서

문서제목 : 의견서

발송자 : 경성 종로경찰서 사법경찰관 조선총독부 경부 三輪和三 郎

수신자 : 경성지방법원 검사국 검사정 조선총독부 검사 長尾戒三

작성일 : 1926년 8월 30일

의견서

본적 경북 안동군 풍서면 가곡리 422번지

거주 서대문형무소

전 조선노동총동맹 상무집행위원

풍산소작인회 집행위원

전 화요회 상무집행위원

혁청당원

풍산청년회원

신흥청년동맹회원

신흥청년사동인

불꽃사동인

무산자동맹회원

전 한양청년연맹 상무집행위원

상민 무직

金亨善 즉 권오설

당 29세

1926년 9월 8일

경성 종로경찰서

사법경찰관

조선총독부 경부 三輪和三郎 印

경성지방법원 검사국

검사정

조선총독부 검사 長尾戒三 귀하

鄭晋武 외 22명(치안유지법위반) 조선공산당 재건투쟁 협의사건 : 치안유지법위반 피의사건

하위문서철명 : 경찰 피의자 신문조서

문서제목 : 권오설 피의자 신문조서

저필자 / 신문자 / 사법경찰관 사무취급 도순사 高木義雄

작성일 : 1926년 9월 1일

피의자 신문조서

피의자 권오설

위의 치안유지법위반 피의사건에 붙여 1926년 9월 1일 서대문형무소에서 사법경찰리 도순사 大森秀雄를 입회시키고 피의자를 신문하였으며, 아래와 같다.

문: 이름, 연령, 신분, 직업, 주거 및 본적지는 무엇인가?

답: 이름 권오설, 연령 당 29세, 신분 양반, 직업 무직, 주거 서대문형무소, 본적 경상북도 안동군 풍서면 가곡동 422번지.

문: 작위 · 훈장 · 기장을 가지고 연금 · 은급을 받고 또는 공무원직에 있는 자에게 부정을 한 일은 없는가?

답: 없다.

문: 지금까지 형사처분, 기소유예 또는 훈계방면을 받은 적이 있는가?

답: 없다.

문: 교육정도 및 종교 · 병역은 어떠한가?

답: 대구공립고등보통학교를 간신히 수학하였다. 종교 · 병역 관계는 없다.

문: 가정 및 생활상황은 어떤가?

답: 가족은 아버지와 어머니 · 아내 · 남동생과 나 5명이고, 자산은 조금도 없다. 소작농이기 때문에 간신히 생활하고 있다.

이에 피의사건을 알리고 그 사건에 대해서 진술해야 함을 묻자 피의자는 아래와 같이 답하였다.

답: 뭐든지 대답하겠다.

문: 청년단체 상황조사표, 직공조사표, 농민노동조합 상황조사표, 시국범생활 상황조사표 등의 인쇄물도 인쇄하였는가?

답: 그것은 내가 원고를 만들어 2월 말경이라고 생각되지만 부내府內 필운동弼雲洞 번지 미상에 은거하던 중 조두원趙斗元에게 작성을 맡겼다. 하지만 조두원이 어디에서 몇 부 정도 작성하였는지는 모른다. 조두원의 이야기로는 김경재金璟載가 친하게 지내는 인쇄소가 있어서 그곳에 맡겼다는 말은 들었지만 결과는 모른다.

문: 앞의 조사표는 조선공산당의 어떠한 필요에서 작성하였는가?

답: 각종 단체, 그 밖의 상황조사는 당의 운동에 있어서 알고 있어야만 하는 가장 필요한 사항이기 때문이다.

문: 그 조사용지는 각 몇 부 정도 예정으로 인쇄하였는가?

답: 각각 1,000부 정도 예정이었다.

(위의 본인에게 읽어서 들려주었음이 틀림이 없다고 진술하고 본인이 서명하고 지장을 찍음)

서대문형무소에서

공술자 권오설 印

1926년 9월 1일

경성 종로경찰서

사법경찰관 사무취급 도순사 高木義雄 印

입회인 사법경찰리 조선총독부 도순사 大森秀雄 印

鄭晋武 외 22명(치안유지법위반) 조선공산당 재건투쟁 협의사건 : 치안유지법위반 피의사건

하위문서철명 : 검사 신문조서

문서제목 : 권오설 피의자 신문조서

저필자 / 신문자 / 조선총독부 검사 中野俊助

작성일 : 1926년 9월 15일

피의자 신문조서

피의자 권오설

위의 사람에 대한 치안유지법위반사건으로 인해 1926년 9월 15일 서대문형무소에서

조선총독부 검사 中野俊助

조선총독부재판소 서기 植山健藏

출석한 위의 검사는 전 회에 이어 피의자를 신문하였으며, 아래와 같다.

문: 이름 · 연령 · 신분 · 직업 · 주거 및 본적지는 무엇인가?

답: 이름 권오설, 나이 29세, 직업 무직, 주거 현재 서대문형무소 수감 중, 본적 경상북도 안동군 풍서면 가곡동 422

문: 작위 · 훈장 · 기장을 가지고 연금 · 은급을 받고 또는 공무원직에 있는 자에게 부정을 한 일은 없는가?

답: 없다.

문: 지금까지 형벌에 처해진 적은 있는가?

답: 없다.

(이에 검사는 피의사건을 알리고 이 사건에 대하여 진술할 것이 있는지 없는지를 묻자 피의자는 있다는 취지를 대답함)

문: 고려공산청년회에서 이와 같은 농민노동조합 상황조사표, 시국범생활 상황조사표, 직공 조사표, 청년단체 상황조사표를 인쇄 배포한 적이 있는가?

(증 4 · 5 · 6 · 7을 제시함)

답: 있다. 다만 그것은 고려공산청년회만을 위해 인쇄한 것이 아니라 표면단체 지도상의 노동총동맹 그 밖에 조선노동당 쪽으로도 참고할 생각으로 내가 그 원고를 작성한 후, 조두원趙斗元에게 그것을 인쇄하여 각 지방단체에 송부하고 정리하라며 전해주었기 때문에 조두원이 인쇄 배포한 것이라고 생각한다.

문: 위의 조사표는 각각 1,000부 정도를 인쇄하였는가?

답: 단체수가 약 1,000개 정도 있기 때문에 그 정도 인쇄한 것으로 생각한다.

문: 금년 봄 무렵 신명준辛命俊 · 김기수金基洙 · 신동호申東浩 3명이 그쪽을 방문한 적이 있는가?

답: 있다.

문: 그때 동인同人 등에게 조선공산당 및 고려공산청년회의 회칙을 건네준 것이 사실인가?

답: 그렇다.

문: 각자에게 한 부씩 건네주었는가?

답: 그것은 기억나지 않는다.

문: 그 회칙 등은 건네줄 때 하나하나 그 증명을 하였는가?

답: 양쪽 모두 3명 앞에서 내가 원하여 의미를 전달했다.

문: 마산공산청년회가 있다는 사실을 알고 있는가?

답: 모른다.

문: 마산에는 고려공산청년회의 야체이카를 조직하고 있다는 게 사실인가?

답: 그것은 모른다. 김상주金尙珠가 동同 청년회원으로 마산에 있었다는 사실만 알고 있다.

문: 황수룡黃守龍 · 김직성金直成 등이 마산에서 조직하고 있던 공산당 및 마산공산청년회를 조선공산당 및 고려공산청년회에 합병한 것을 알고 있는가?

답: 모른다.

공술자 권오설

위의 조서는 이를 공술자에게 읽어서 들려주었더니 틀림이 없다고 말하고 본인이 서명하고

지장을 찍음

1926년 9월 15일 서대문형무소에서

경성지방법원 검사국

조선총독부 검사 中野俊助 印

조선총독부재판소 서기 植山健藏 印

被告人 訊問調書

피고인 권오설

위의 사람에 대한 치안유지법위반 등 피고사건에 대한 1926년 10월 7일 서대문형무소에서

경성지방법원

예심계 조선총독부판사 五井範藏

조선총독부재판소서기 福田淸吉

참석한 위의 판사는 피고인에 대한 신문을 다음과 같이 하였음

문: 씨명 · 연령 · 직업 · 주거 및 본적지는?

답: 씨명은 권오설, 연령은 29세, 직업은 무직, 주거는 경성부 장사동 52번지, 본적은 경상북도 안동군 풍서면 가곡동 422번지.

문: 작위 · 훈장 · 기장이 있고 연금 · 은급을 받거나 또는 공무원의 직에 있는 자인가 아닌가?

답: 없다.

문: 이제까지 형벌에 처해진 적은 없는가?

답: 없다.

(이에 판사는 본건 피고에게 이 사건에 대해 진술할 것이 있나 없나를 묻고 피고인은 신문에 응하여 그때마다 답을 진술한 것임)

문: 피고는 다수의 동지와 함께 집회를 열어서 우리 제국의 국체를 변혁하고 사유재산제도를 부인할 목적으로 고려공산청년회에 비밀결사를 조직하여 그 목적을 관철하기 위해 노력한 사실은 틀림없는가?

답: 그렇다. 틀림없다.

문: 그러면 그 전말을 진술하라.

답: 나 · 김찬金燦 · 김단야金丹冶 · 박헌영朴憲永 등은 1925년 4월 20일경 조선민중운동대

회를 경성에서 개최하게 되어 사회운동자들이 각 지방에서 속속 상경하였기에 그 기회를 이용하여 비밀결사를 조직하기로 하고, 동同 사회운동자 중 사상이 견고한 사람에게 권유하여 4월 18일 오후 1·2시경 경성부 훈정동薰井洞 4번지 박헌영의 집에 모두 17명이 모인 가운데 김단야가 비밀결사를 조직하자고 제의하였다. 이에 만장일치로 찬성함에 따라 곧 제국의 국체를 변혁하고 사유재산제도를 부인할 목적으로 비밀결사를 조직하여 '고려공산청년회'라 명칭하고 비밀부·조직부·선전부의 3부를 설치하고 중앙집행위원 7명을 선임하여 그 부의 사무를 담당하게 했다. 그 후 목적 달성을 위하여 회원을 모집하고, 또 표면으로 공산주의 선전투사를 양성하려고 회원 가운데 인재를 선발하여 러시아 모스크바에 있는 국제공산당이 창설한 그 공산학교에 유학생을 보내기 위해 전력 활약 준비에 게을리 하지 않았다. 그러나 뜻밖에 신의주 경찰서의 탐색으로 갑자기 대다수의 회원이 검거되거나 혹은 국외로 망명하여 염이화廉二和·김동명金東明 2명만이 남게 되어 모처럼 조직한 고려공산청년회도 거의 자멸상태에 빠지게 되었다. 그리하여 염·김 2명이 그 진전을 도모하고자 1925년 12월 10일경, 당시 정달헌鄭達憲이 하숙하고 있던 경기도 고양군高陽郡 연희면延禧面 창천리滄川里의 한 조선인 집으로 김경재金璟載·이병립李炳立·염창렬廉昌烈을 불러 동인同人들에게 고려공산청년회의 비참한 상황을 호소하고, 나는 끝까지 고려공산청년회를 유지하여 이를 발전시키려고 여기에 가맹해서 남몰래 협력해 주기를 간청하였던 바, 그 사람들이 모두 찬성함으로 불가불 중앙집행위원의 후보자로 뽑혀 나는 중앙집행위원으로 활동하기로 했다. 비서부·선전부·조직부의 사무를 관장한 이래 회원을 모집하고, 또 1926년 5월 말일경 곧 부내府內 수창동需昌洞 97번지 조두원趙斗元, 동부同府 필운동弼雲洞 83-2번지의 김윤희金允熙, 동부同府 계동桂洞 임태현林太鉉, 동부同府 현저동峴底洞 지태진池泰鎮, 동부同府 장사동長沙洞 52번지 이수원李壽元 집 등에서 5·6회 중앙집행위원회를 개최하였다. 나와 김경재金璟載·이병립李炳立·염창렬廉昌烈·김동명金東明 등이 참여하여 고려공산청년회의 나아갈 방향을 협의하던 중 또 뜻밖에 종로경찰서에 탐색되어 결국 이번 검거를 보게 되어 지금은 일부만을 건지려고 하는 것이다.

문: 피고 등이 이 비밀결사를 조직한 동기는 무엇인가?

답: 나·박헌영朴憲永·김단야金丹冶·김찬金燦 등은 동同 사회에서 다수 무산계급자로부터 소수 유산계급자들이 고혈을 짜내는 비참한 상황에 빠져 있음을 한탄하여, 반드시

일본 제국주의 아래에서는 사유재산제도를 인정하여 소수의 유산계급자를 옹호함에 따라 현재의 사회제도를 파괴하여 천연채물 · 생산물 자료는 물론 소비재화를 사회 공유로 삼는 공산제도를 펼칠 것을 바라고 있다. 그 일은 어떤 결사를 조직하여 다수 민중이 한 덩어리가 되어 그 일을 하는 것이 필요하지만 지금은 합법적인 결사를 조직하는 것이 도저히 불가능함으로 비밀결사를 조직해서 이를 시행하고자 그 기회를 엿보고 있었다. 먼저 전조선민중운동대회가 경성에서 개최됨에 따라 우리들은 위에서 진술한 바와 같이 집회를 개최하였다. 김단야 등이 현재 사회제도를 통탄하고 결사를 조직하여 다수가 한 단체를 이루어 동同 사회제도를 파괴하여 공유재산 제도를 펴는 것은 우리 사회운동자의 초미의 급무임을 설명하고, 그 조직을 바꾸어 이에 고려공산청년회라는 비밀결사를 조직하게 된 것이다.

문: 조직부 · 선전부 · 비서부에서는 어떤 사무를 담당하며, 중앙집행위원 및 중앙집행위원 후보에 선출되어 그 사무를 맡고 있는 자는 누구인가?

답: 비서부는 일반 사무를 맡는다. 조직부는 사회의 현 상황을 시찰하고 다른 단체에 들어가서 그 단원을 우리 단체에 유인 · 가입케 하는 일을 맡는다. 선전부는 투사의 양성 · 공산주의 선전 출판 등을 맡는다. 전형위원에 추대된 김단야 · 김찬金燦 · 조봉암曺奉岩 3명이 나 · 박헌영朴憲永 · 김단야金丹冶 · 임원근林元根 · 김동명金東明 · 홍증식洪增植 · 조봉암 7명을 중앙집행위원으로 선정하였는데 박헌영 · 김단야는 비서부에, 나와 홍증식은 조직부에, 임원근 · 조봉암 · 김동명은 선전부에서 각각 그 사무를 맡았다. 그러나 앞서 진술했듯이 신의주사건이 일어나 동同 간부가 거의 도주 혹은 검거되었기 때문에 나는 그 자리를 보완할 김경재金璟載 · 이병립李炳立 · 염창렬廉昌烈 · 이지탁李智鐸 · 박민영 5명을 중앙집행위원 후보로 선정하고, 나와 박민영朴珉英이 비서부에, 염창렬 · 이병립은 조직부에, 김경재 · 이지탁은 선전부에서 각 사무를 맡았다.

문: 고려공산청년회에 가맹한 이들이 전前 역원을 통한 사람이 몇 명 있으며, 거기에 가입한 사람은 누구인가?

답: 동同 공산청년회에 가입한 사람은 전후를 통해 약 40명이 넘는다. 김명시金命時 · 이건호李健鎬 · 정경창鄭敬昌 · 고명자高明子 · 김응기金應基 · 최춘택崔春澤 · 김석연金石然 · 조용암曺龍岩 · 정병욱鄭炳旭 · 박지성朴知成 · 박광일朴光一 · 김형관金衡寬 · 권오상權五尙 · 고윤상高允相 · 이영조李永祚 · 정운림鄭雲林 · 장서산張曙山 · 권오직權五稷 · 김일성

金一星 · 강한姜翰 · 장도명張道明 · 김조이金祚伊 · 안상훈安相勳 등은 신의주사건이 일어나기 전에 가입했고, 박헌영 · 이지탁 · 민창식閔昌植 · 박내원朴來源 · 윤기현尹基賢 · 박순병朴舜秉 · 정달헌鄭達憲 · 조두원趙斗元 · 박천朴泉 · 한인갑韓仁甲 · 김대봉金大鳳 · 김성순金成順 · 박광수朴光秀 등은 그 후에 가맹했고, 그 밖에 회원 몇 명은 지금 기억이 없다.

문: 고려공산청년회의 회원명부를 비치하고 있는가?

답: 그런 것은 다른 날 발각될 때를 염려하여 강령도 불문에 부쳤고, 따라서 명부 등은 절대 작성하지 않았다.

문: 고려공산청년회의 강령에 대해 진술하라.

답: 그것은 먼저 동기에서 진술하였듯이 제국의 국체를 변혁하여 사유재산제도를 부인하고 공산제도를 펴는 것에 있다.

문: 고려공산청년회는 본부本部를 어디에 두고, 설치 경비 등은 어떻게 지출하고 있는가?

답: 공산청년회에서 본부는 설치하지 않았고, 때때로 여러 곳에서 개최하였다. 경비는 주의 선전에 다소의 비용이 쓰일 뿐이며 많이 필요할 때는 선전부 회원 중 유지의 성금으로 충당한다.

문: 러시아 모스크바의 공산당학교에 유학생으로 보낸 회원은 몇 명이며, 누구인가?

답: 현재 인원은 20명인데 안상훈 · 김명시 · 김응기 · 정경창 · 최춘택 · 김석연 · 고명자 · 박광일朴光一 · 조용암曺龍岩 · 박지성朴知成 · 정병욱 · 정운림 · 이영조 · 김형관 · 장서산 · 권오직 · 김일성 · 장도명 · 강한 · 김조이가 있다.

문: 그 유학생의 학자금 및 여비 등은 어떻게 지출하는가?

답: 그것은 김단야金丹冶가 국제공산당에 교섭해서 얻어온 것으로 생각되며, 현재 저들 유학생 20명의 여비로서 1,000원의 송금이 있었다.

문: 그 유학생 중 학업을 마치고 귀국하여 주의 선전에 종사하는 자는 누구인가?

답: 저들은 수학 중이어서 아직 귀국하여 주의 선전하는 이는 아무도 없다.

문: 고려공산청년회 창설 회합에 참가한 17명은 누구누구인가?

답: 나 · 박헌영 · 김단야(일명 김태연金泰淵이라 칭함) · 임원근 · 홍증식 · 조이환曺利煥 · 조봉암 · 김동명 · 신철수申哲洙 · 장순명張順明(장수산張山水이라고도 칭함) · 진병기陳秉基 · 안상훈이다.

위의 조서는 이를 공술자에게 읽어 주고 틀림없다는 뜻으로 자필 서명한 것임

공술자 권오설

1926년 10월 7일 동소同所에서

경성지방법원

예심계 조선총독부판사 五井範藏 印

조선총독부재판소서기 福田淸吉 印

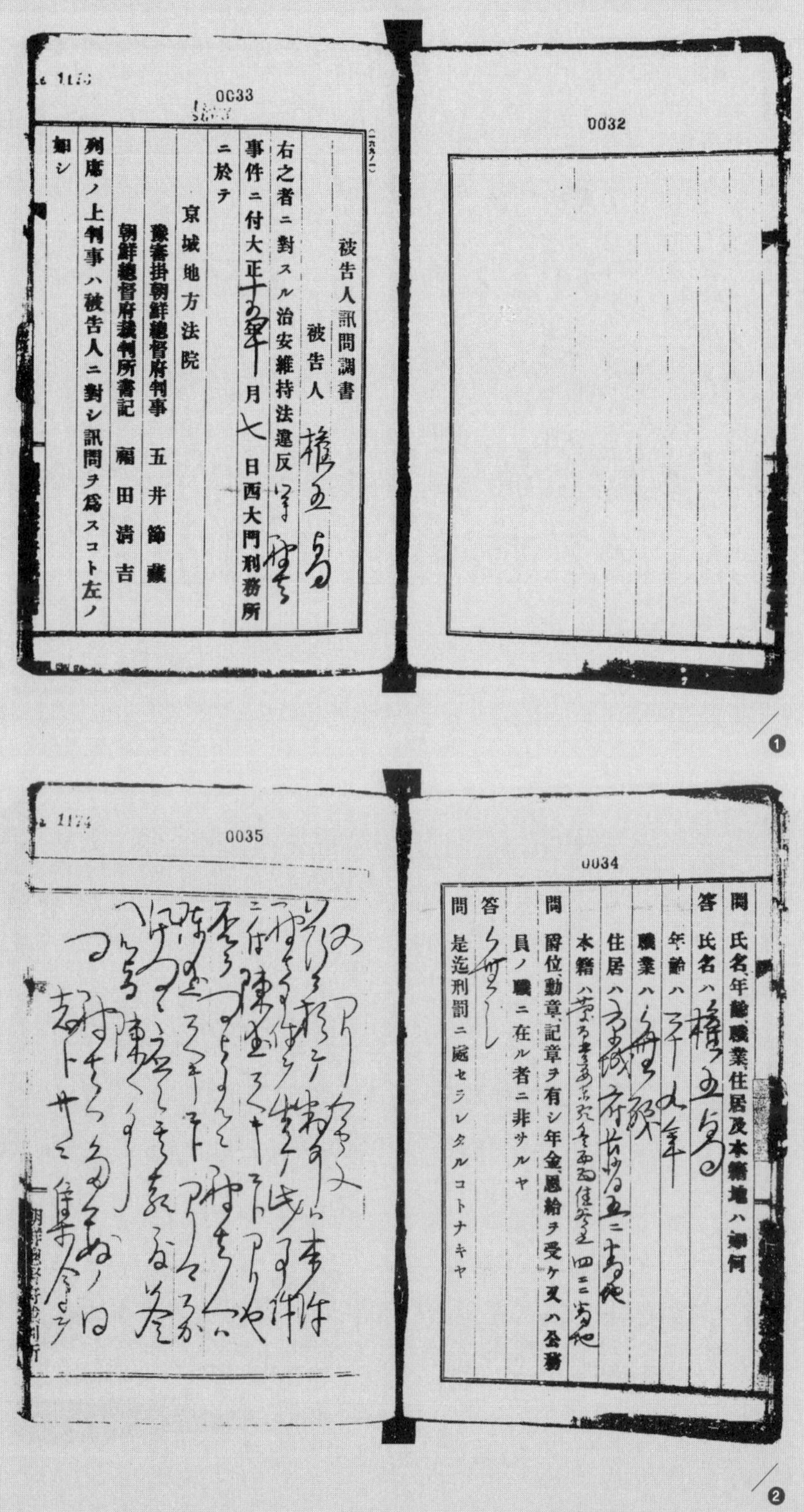

0033

被告人訊問調書

被告人 權五卨

右之者ニ對スル治安維持法違反[illegible]事件ニ付大正十五年十月七日西大門刑務所ニ於テ

京城地方法院

豫審掛朝鮮總督府判事 五井節藏

朝鮮總督府裁判所書記 福田淸吉

列席ノ上判事ハ被告人ニ對シ訊問ヲ爲スコト左ノ如シ

0032

❶

0034

問 氏名年齢職業住居及本籍地ハ如何

答 氏名ハ權五卨
年齢ハ三十九年
職業ハ[illegible]
住居ハ京城府[illegible]
本籍ハ[illegible]

問 爵位、勳章、記章ヲ有シ年金、恩給ヲ受ケ又ハ公務員ノ職ニ在ル者ニ非サルヤ

答 無シ

問 是迄刑罰ニ處セラレタルコトナキヤ

0035

[illegible]

❷

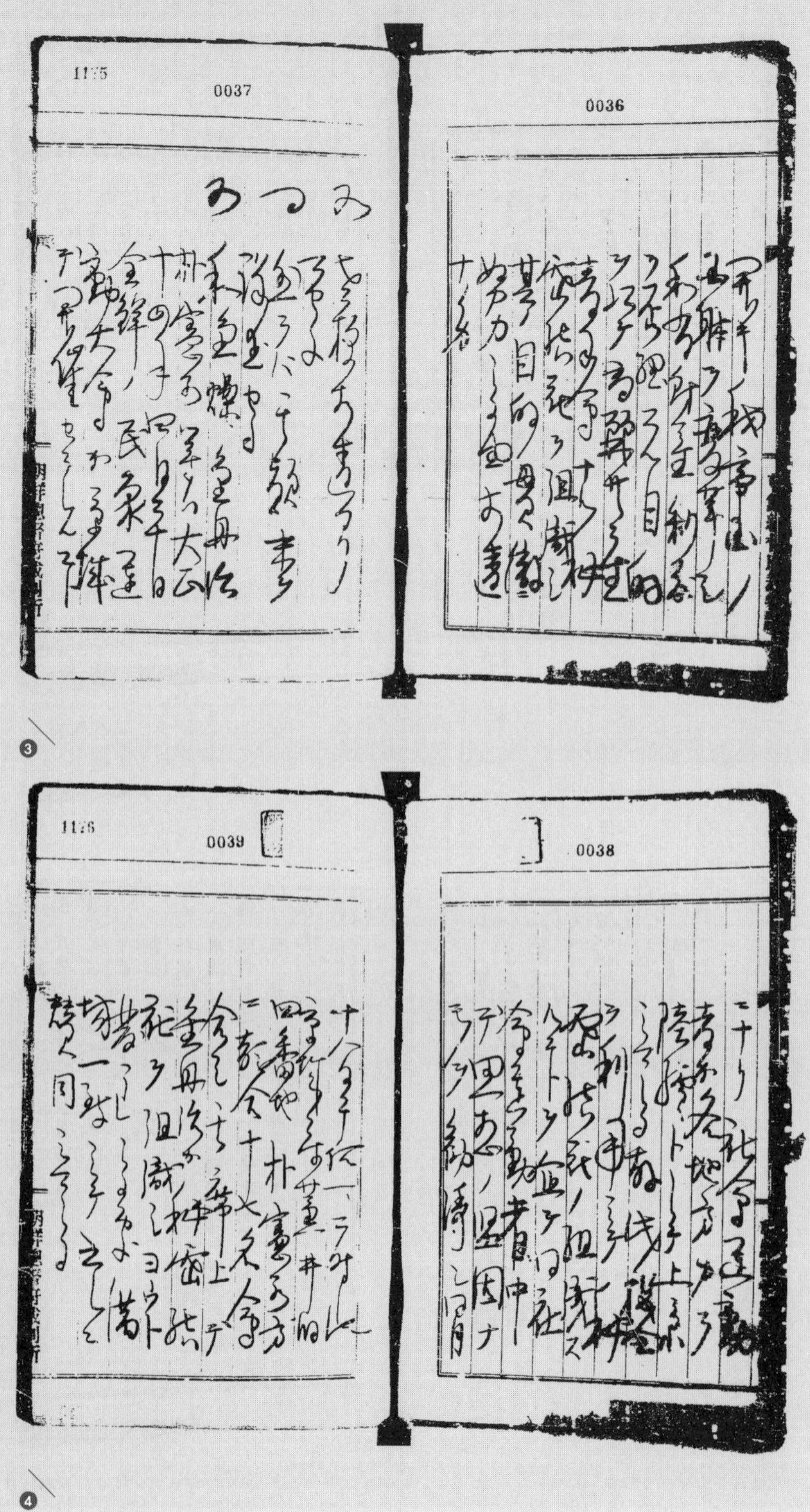

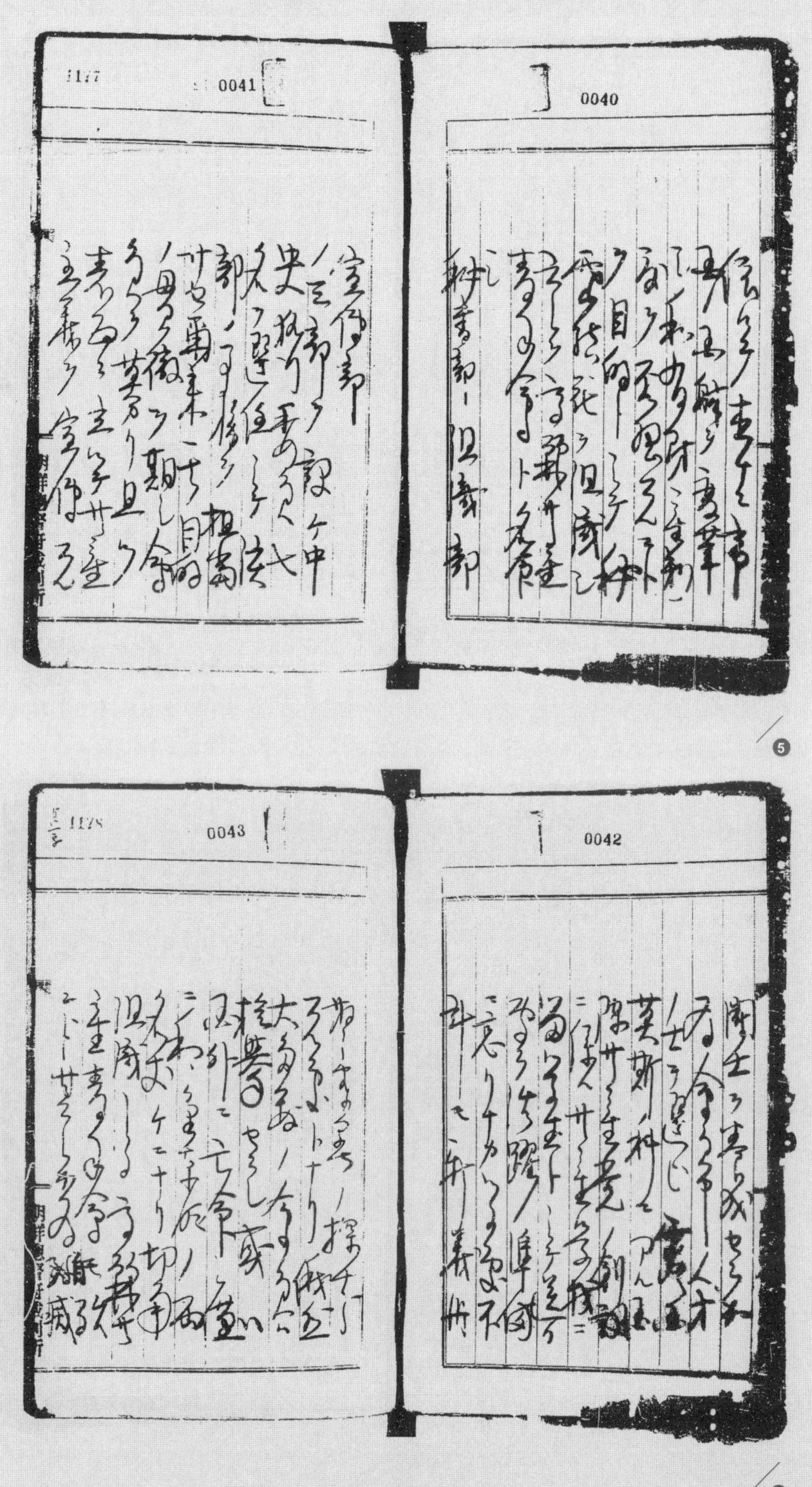

⑤

⑥

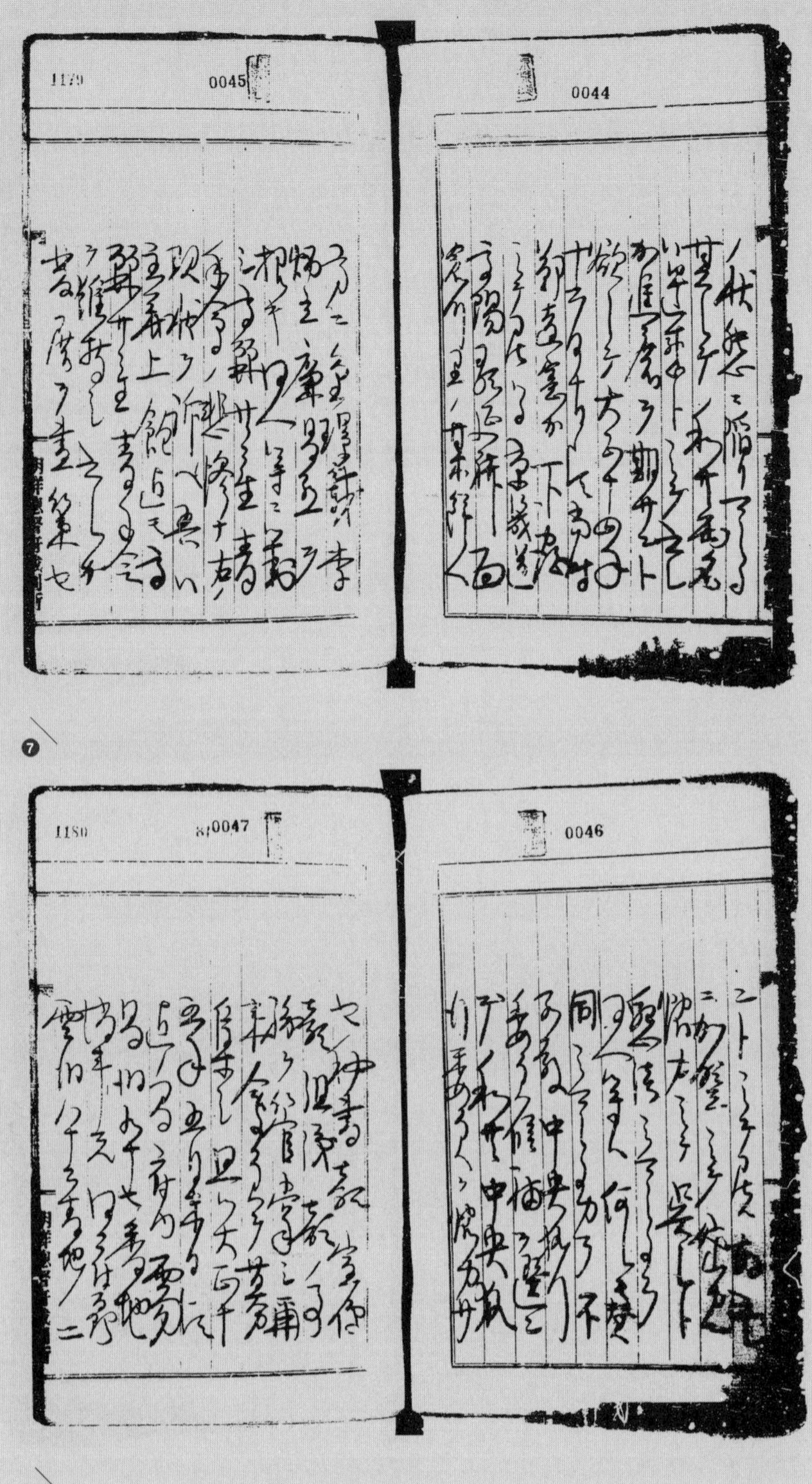

❼

❽

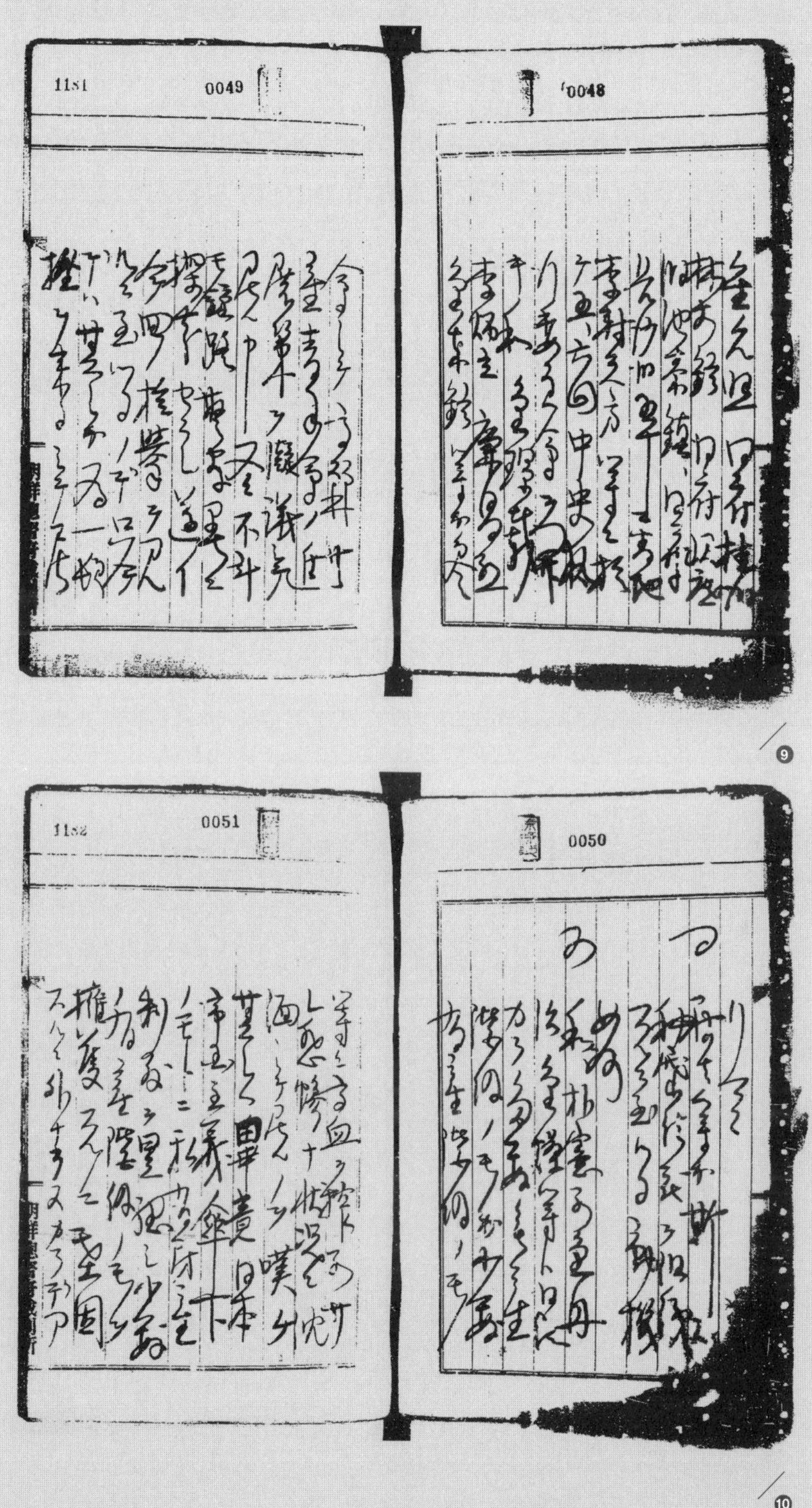

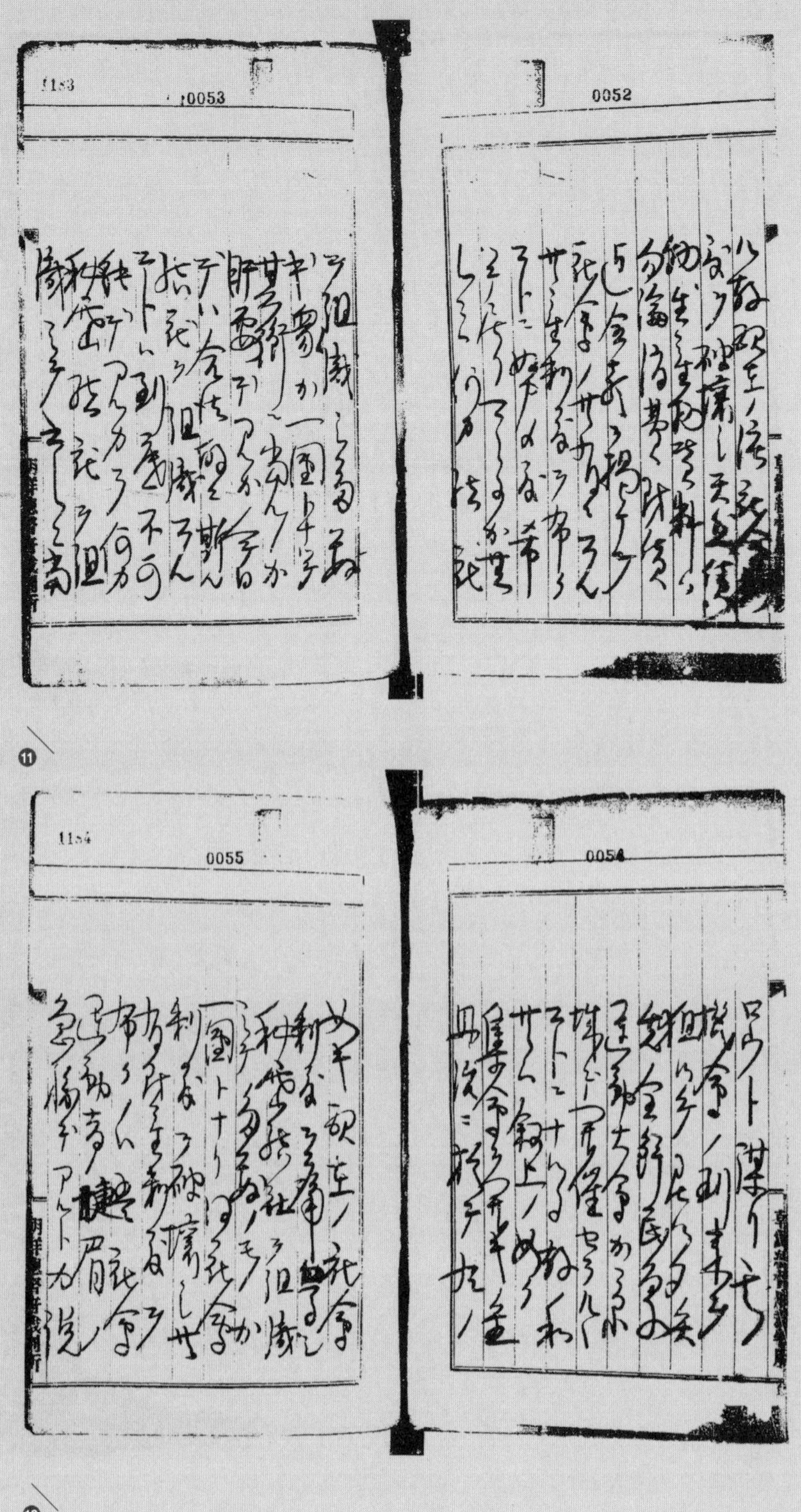

⑪

⑫

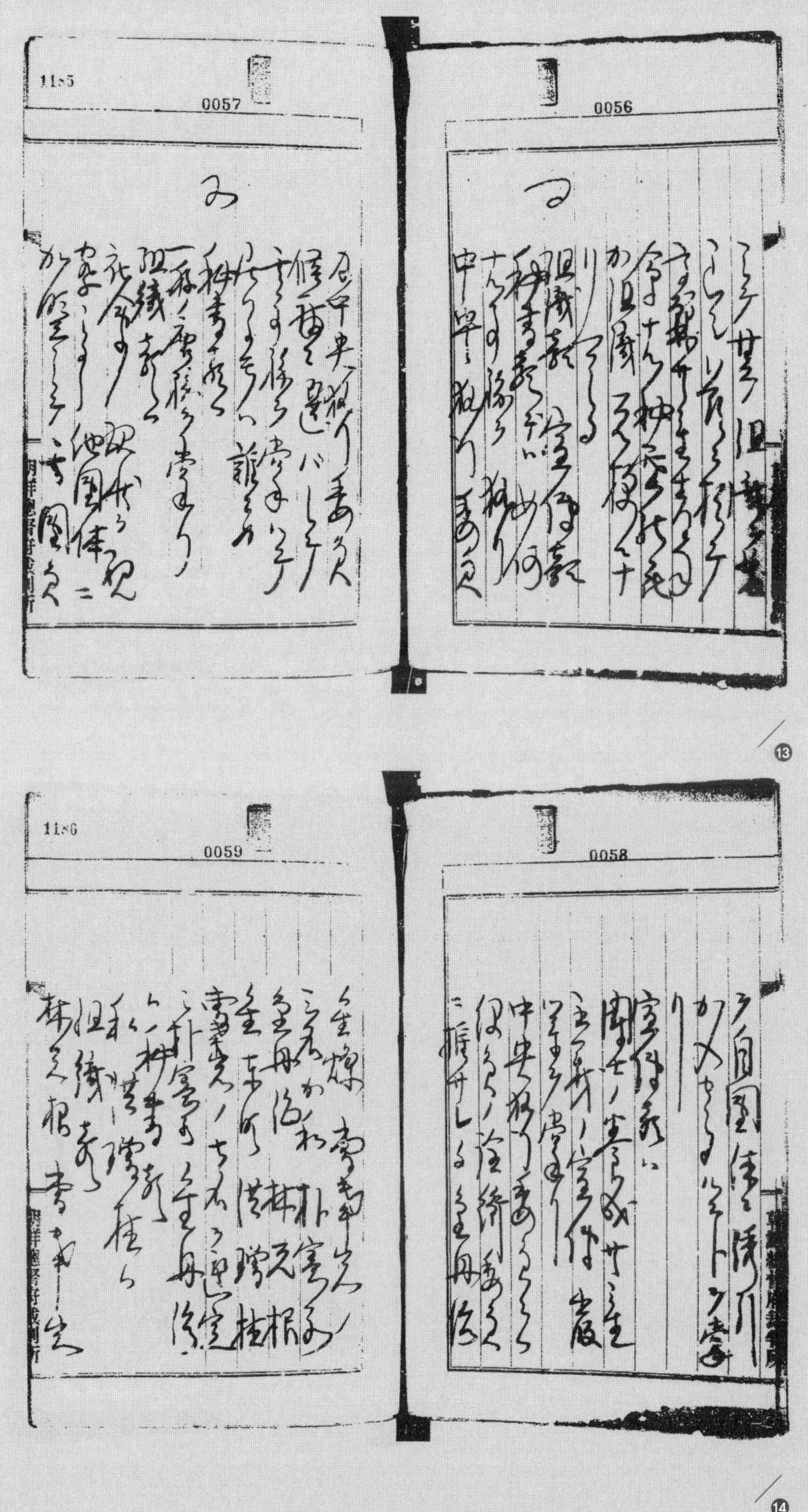

⑬

⑭

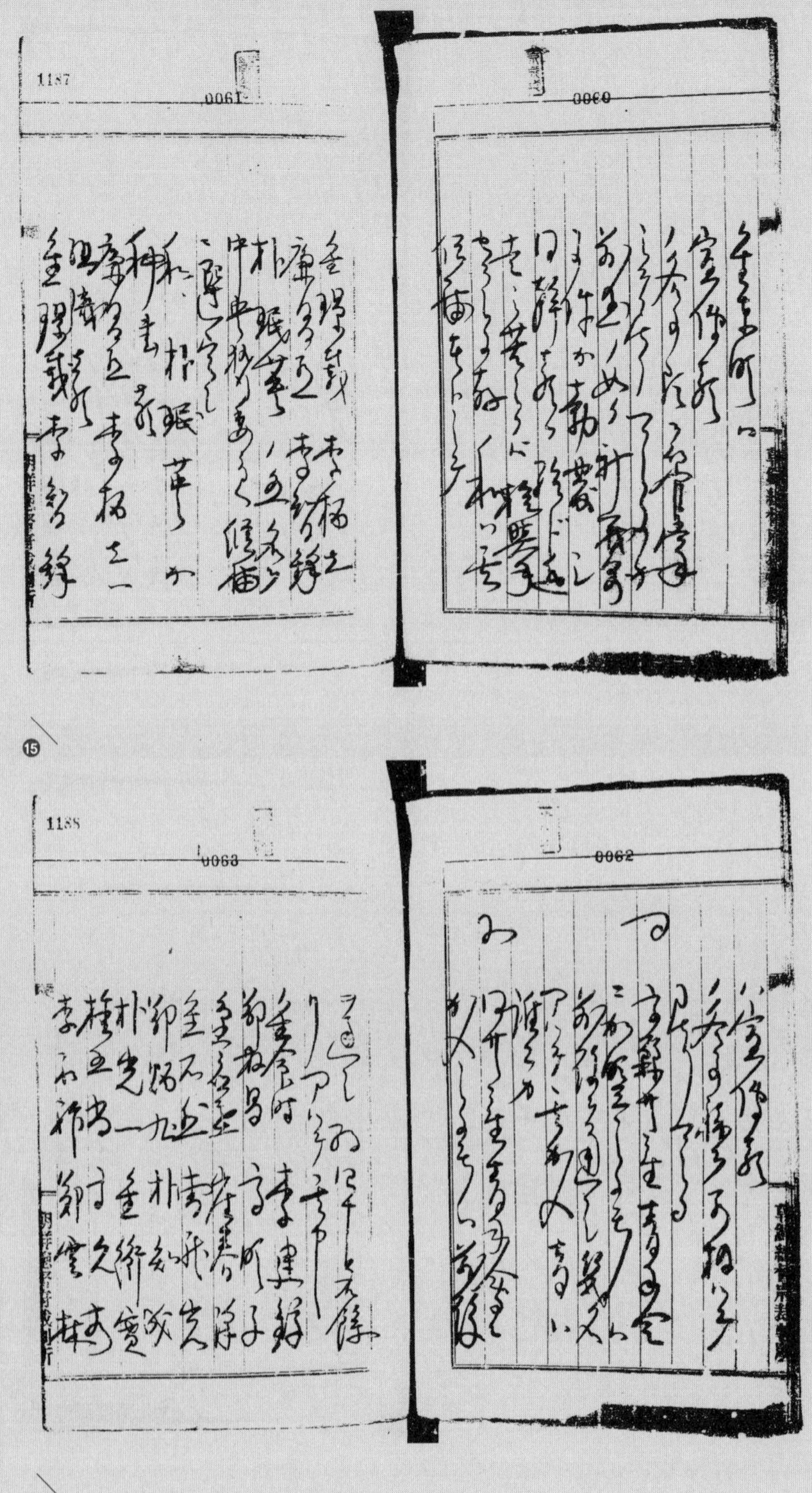

⑮

⑯

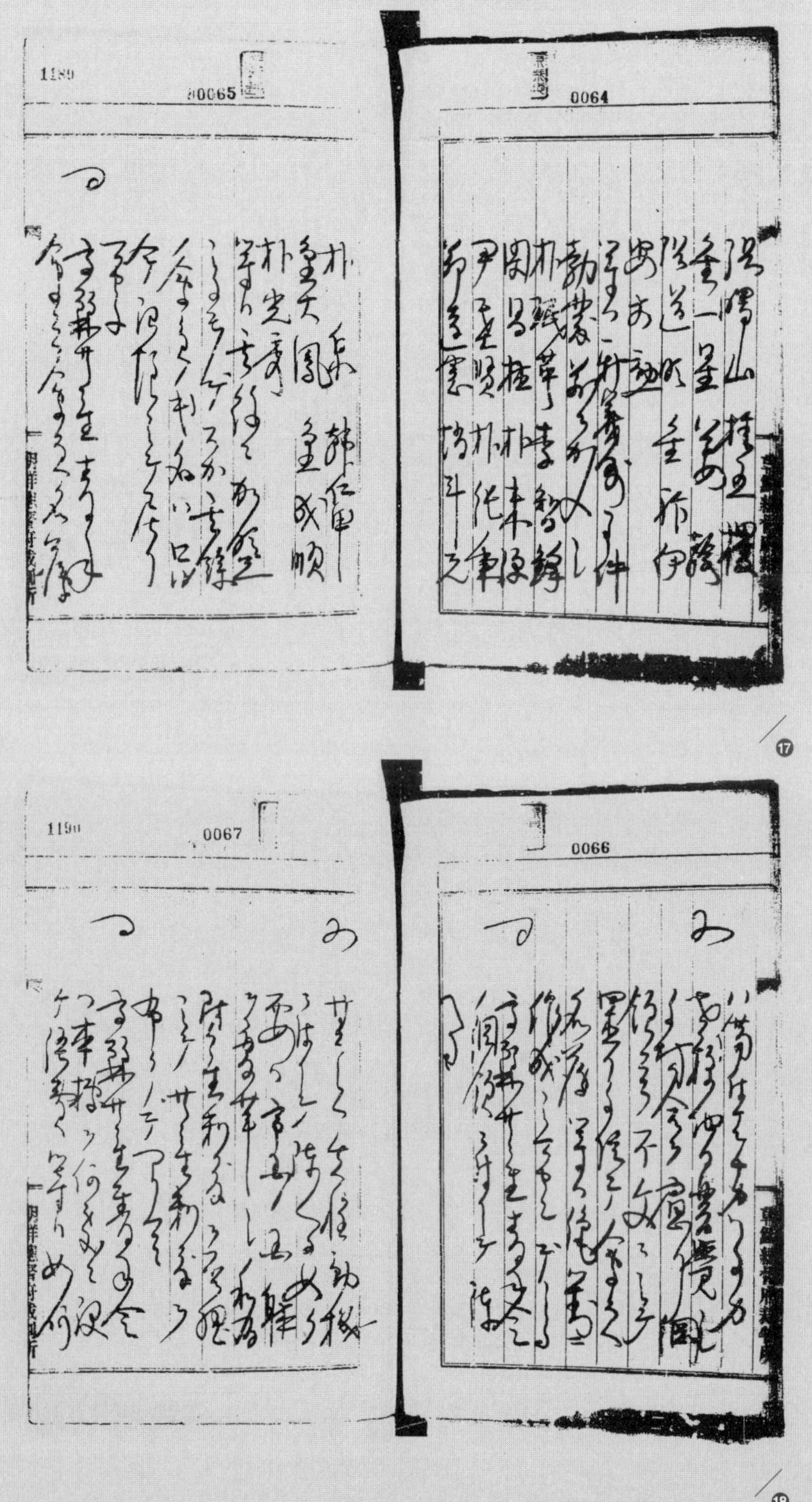

⑰

⑱

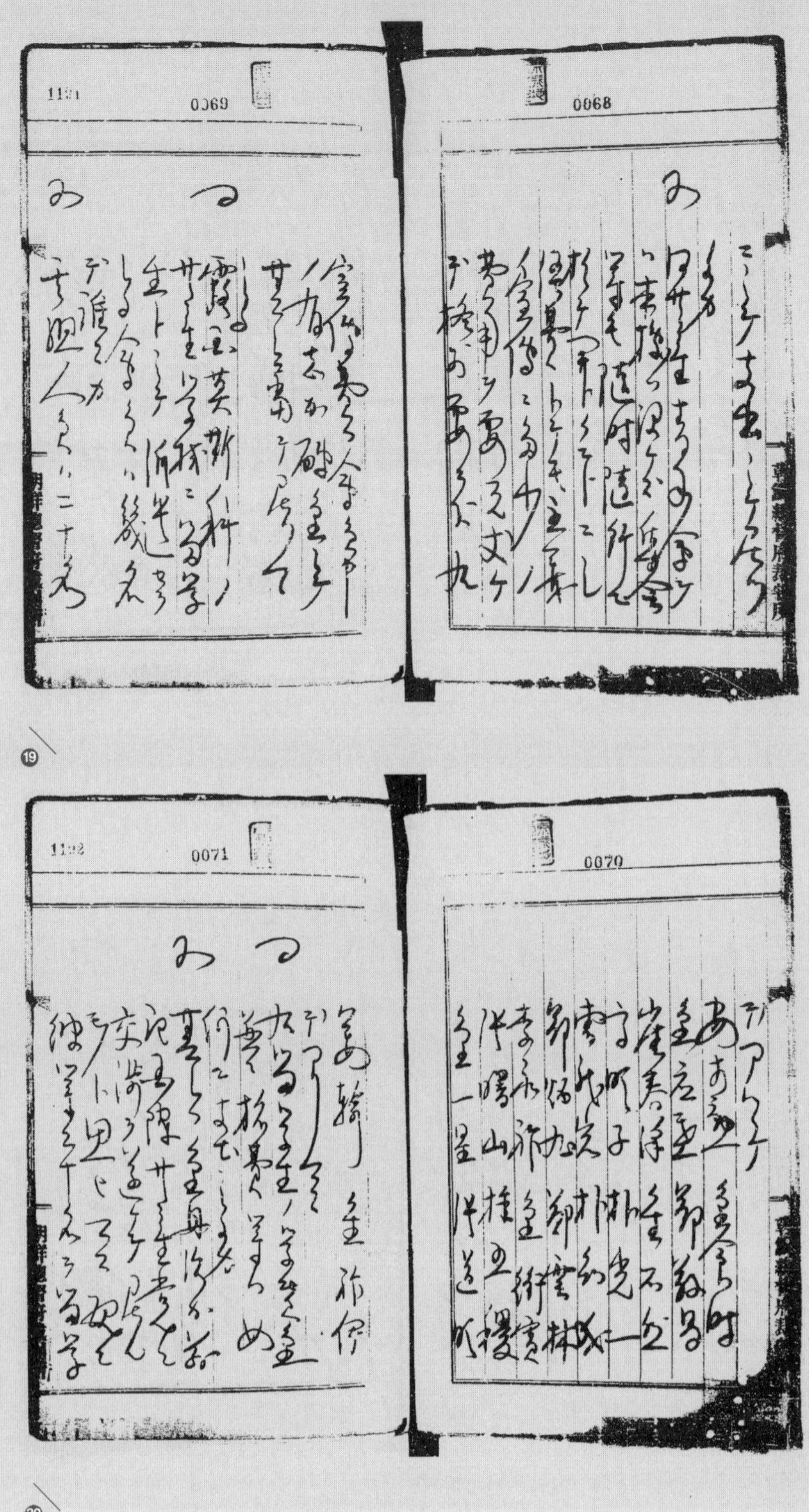

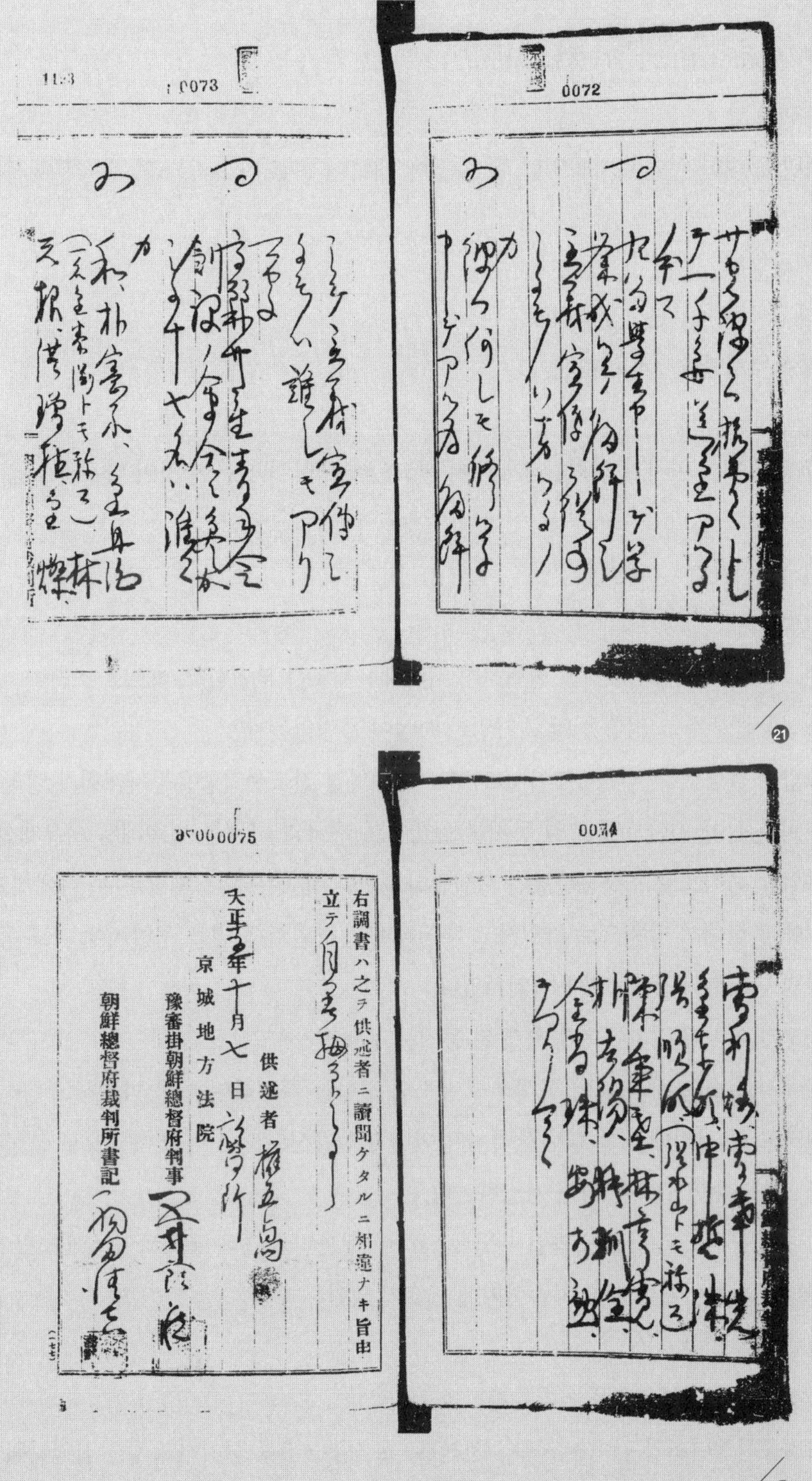
0073

0072

㉑

0075

0074

右調書ハ之ヲ供述者ニ讀聞ケタルニ相違ナキ旨申立テ

供述者

京城地方法院

豫審掛朝鮮總督府判事

朝鮮總督府裁判所書記

㉒

被告人 訊問調書(第二回)

피고인 권오설

위의 사람에 대한 치안유지법위반 등 사건에 대하여 1926년 10월 8일 서대문형무소에서

경성지방법원

예심계 조선총독부판사 五井範藏

조선총독부재판소서기 福田淸吉

열석列席한 위의 판사가 전회前回에 이어 피고인에 대하여 신문한 것이 다음과 같음

문: 권오설인가?

답: 그렇다.

문: 피고는 제국帝國의 국체를 변혁하여 사유재산제도를 부인할 목적으로 조직한 비밀결사 조선공산당에 그 정황을 알고 가입한 사실이 틀림없는가?

답: 그렇다 틀림없다. 김찬金燦이 1925년 4월 19일경 전조선민중운동자대회가 열리는 것을 기회로 삼아 지난 4월 17일 동지를 규합하여 제국의 국체를 변혁해서 사유재산제도를 부인할 목적으로 조선공산당인 비밀결사를 조직하였는데, 그때 김찬은 나에게도 그 조직에 출석해서 당원으로 가입하고 투쟁하자고 하면서 승인을 구하기에 나도 동의하여 창립 당시부터 동당同黨에 가입하였다.

문: 피고가 이 비밀결사에 가입하게 된 동기는 무엇인가?

답: 앞에서 진술한 바와 같이 현대 사회제도의 결함을 주저하여 이를 파괴하고 공산제도를 펴려고 한 것인데 나의 다년간의 숙망이며 조선공산당도 이러한 목적으로 조직된 까닭에 김찬金燦의 권유에 따라 가입하였다.

문: 그 조선공산당은 창립이 과연 재난을 당하여 해산의 운명에 봉착하였는데 강달영姜達永 기타가 번갈아가며 겨우 지속하기에 이르지 않았는가?

답: 그렇지는 않다.

문: 조선공산당 내부조직은 어떠한가?

답: 고려공산청년회와 같이 비서부 · 선전부 · 조직부 3부를 설치하고 중앙집행위원이 동부

同部의 사무를 분담 집행하고 있다.

문: 그 공산당은 누가 조직하였는가? 또 사무는 어느 곳에서 집무하며, 몇 사람의 당원이 옹호하고, 경비 등은 어떻게 지출하고 있는가?

답: 박민영朴珉英·이지탁李智鐸·고윤상高允相·권오상權五尙·염창렬廉昌烈·이병립李炳立·김경재金璟載·박내원朴來源·민창식閔昌植·조두원趙斗元·정달헌鄭達憲·윤기현尹基賢·김대봉金大鳳 등이며, 신의주사건이 일어난 후에 입당한 사람으로 신동호申東浩·김기수金基洙·신명준辛命俊 등이 그 당원인 것으로 알고 있다. 그러나 현재 기밀누설을 염려하여 설사 당원이라 하더라도 간부가 아닌 한, 비밀을 엄수해서 어떤 일이든 절대로 맡기지 않는 것이 통례이므로 그와 같은 일은 단지 한 당원에 불과한 나로서는 잘 알지 못한다.

문: 그러면 피고는 조선공산당의 간부로 선출된 일이 있지 않은가?

답: 그렇다. 나도 1926년 3월 5일경 동同 공산당 중앙집행위원에 선정되어 동同 중앙집행위원인 이봉수李鳳洙와 함께 선전부에 소속되어 그 사무에 종사하였다.

문: 그러면 피고도 모든 사실을 알고 있는 것이 아닌가?

답: 내가 중앙집행위원에 선정된 것은 당원의 수뇌가 거의 신의주경찰서에 검거되거나 혹은 망명한 후라 그 진상을 아는 것이 없고, 특히 나는 관헌의 추적이 엄밀하여 숨어 지냈을 뿐이다. 그러므로 중앙집행위원회가 개최되어도 겨우 2·3회 출석한 정도이기 때문에 선전부 이외에 조직부·비서부 제도가 있어도 중앙집행위원인 강달영姜達永·이준태李準泰는 비서부에 함께 있고, 중앙집행위원인 홍남표洪南杓·전정관全政琯·김철수金鐵洙가 조직부의 각 사무를 종전부터 맡고 있어서 다른 사항은 거의 알지 못한다.

문: 피고가 중앙집행위원회에 출석하였을 때에 무슨 일이 결의되었는가?

답: 당칙의 작성·예산안의 편성 및 동同 당칙안·예산통과 등에 관한 심의를 하였다.

문: 그 당칙 및 예산안 설명서는 그때에 통과되었는가, 아닌가?

(이때에 본 제979호의 증 제8호·제20호 보였음)

답: 그렇다.

문: 그 당칙 및 예산안 설명서는 누구 기안하였는가?

답: 예산안 설명서는 비서부에서 기안하였다. 당칙은 선전부에서 나와 이봉수李鳳洙가 러시아공산당의 당칙 및 영국공산청년회 회칙을 참고하여 기안하였다.

문: 러시아공산당 당칙 및 영국공산청년회 회칙이라는 것이 모두 이것인가?

(이때 제971호와 제3호 및 제27호를 보임)

답: 그렇다.

문: 피고는 러시아공산당과 영국공산청년회의 회칙은 어떻게 입수하였는가?

답: 김대봉金大鳳이 가지고 있기에 그에게서 1부 빌려왔다.

문: 어디에서 자금책을 만나게 되었으며, 36만 3,800원이라는 거액의 예산을 편성하였는가?

답: 조선공산당은 국제공산당에 가입하고 있었기 때문에 동同 공산당으로부터 지급받아 적립해 두었던 것이다.

문: 그 예산액은 국제공산당이 전액을 송금해 왔는가?

답: 그렇지는 않다.

문: 조선공산당은 국제공산당에 언제 가입했는가?

답: 김단야로부터 조두원趙斗元에게 1926년 3월 초에 조선공산당이 국제공산당으로부터 가입 승인을 얻으려는 통지가 있었기에 그 후의 일이라 생각된다.

문: 김단야는 국제공산당인가? 조선공산당인가? 어떤 관계가 있어서 이 같은 전화를 쳐 왔는가?

답: 김단야도 확실히 김찬의 권유에 의해 조선공산당에 가입해 있었기에 이런 통지가 있었다고 생각된다.

답: 국제공산당은 전 세계 각국의 공산주의 단체를 규합하여 한 단체를 만들어 세계의 유산계급과 투쟁한다는 취지 아래 조직된 것이다. 그러므로 가맹하면 선전비 기타 비용을 지급받을 뿐만 아니라 만사에 편의를 얻게 됨으로써 영국 · 미국을 비롯하여 그 밖에 세계 각국의 공산주의 단체가 자진해서 가맹하게 되는 까닭에 조선공산당도 그를 본받아 가맹하게 된 것이다.

문: 고려공산청년회 및 조선공산당에 가입할 때는 어떻게 하는가?

답: 양쪽 다 후보기간으로 일정한 기간을 둔다. 그 기간에는 희망자를 후보자라 부르며, 여러 차례 시련試鍊을 거친 후 중앙집행위원 2명 혹은 3명이 당원의 자격이 있다고 인정하여 추천하면 비서부에서 채택해서 희망자 본인에게 가입허가 통지를 보내게 되니 이에 비로소 그 사람은 당원이 되는 것이다.

문: 이봉수李鳳洙가 김단야와 신의주에서 만나 논의하고 그로부터 운동비를 받아 고향에

돌아온 것이 아닌가?

답: 그렇다. 김단야가 1926년 4월 하순경 서면書面으로 조선공산당의 어떤 간부든지 신의주에서 면담하자고 제의하였기에 이준태와 협의하여 이봉수를 파견하여 김단야와 회담하게 하였는데 이봉수가 간청하니 김단야가 운동비로 동인同人에게 200원을 건네준 것이다.

문: 그러면 박민영朴珉英·이지탁李智鐸·염창렬廉昌烈·이병립李炳立·김경재金璟載·박내원朴來源·민창식閔昌植·조두원趙斗元·정달헌鄭達憲·윤기현尹基賢·김대봉金大鳳·고윤상高允相·권오상權五尙·신동호申東浩·김기수金基洙·신명준辛命俊 등이 조선공산당원이란 것을 어떻게 알았는가?

답: 신동호申東浩·김기수金基洙·신명준辛命俊이 당원이 된 것은 전정관全政琯으로부터 들은 것이고, 그 나머지 사람은 내가 이준태李準泰와 함께 당원자격을 갖추었다고 추천한 결과 입당된 것이라 생각한다.

이상의 조서는 이를 공술자에게 읽어주고 틀림없다는 의미로 서명 날인하게 하였다.

공술자 권오설 무인
1926년 10월 8일
경성지방법원
예심계 조선총독부판사 五井範藏 印
조선총독부재판소서기 福田淸吉 印

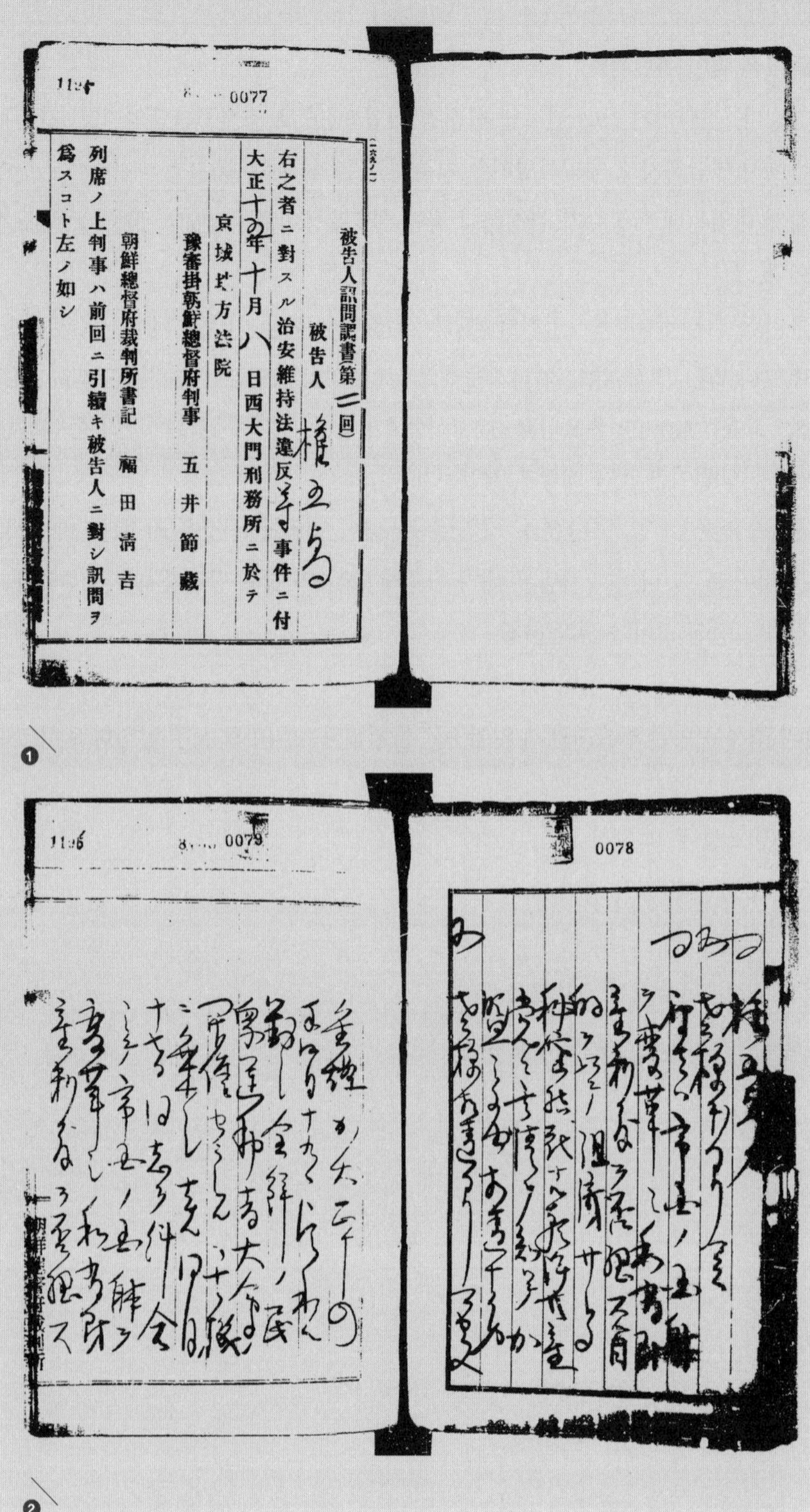

被告人訊問調書第二回

被告人 權五卨

右之者ニ對スル治安維持法違反等事件ニ付

大正十五年十月八日西大門刑務所ニ於テ

京城地方法院

豫審掛朝鮮總督府判事 五井節藏

朝鮮總督府裁判所書記 福田清吉

列席ノ上判事ハ前回ニ引續キ被告人ニ對シ訊問ヲ爲スコト左ノ如シ

❶

❷

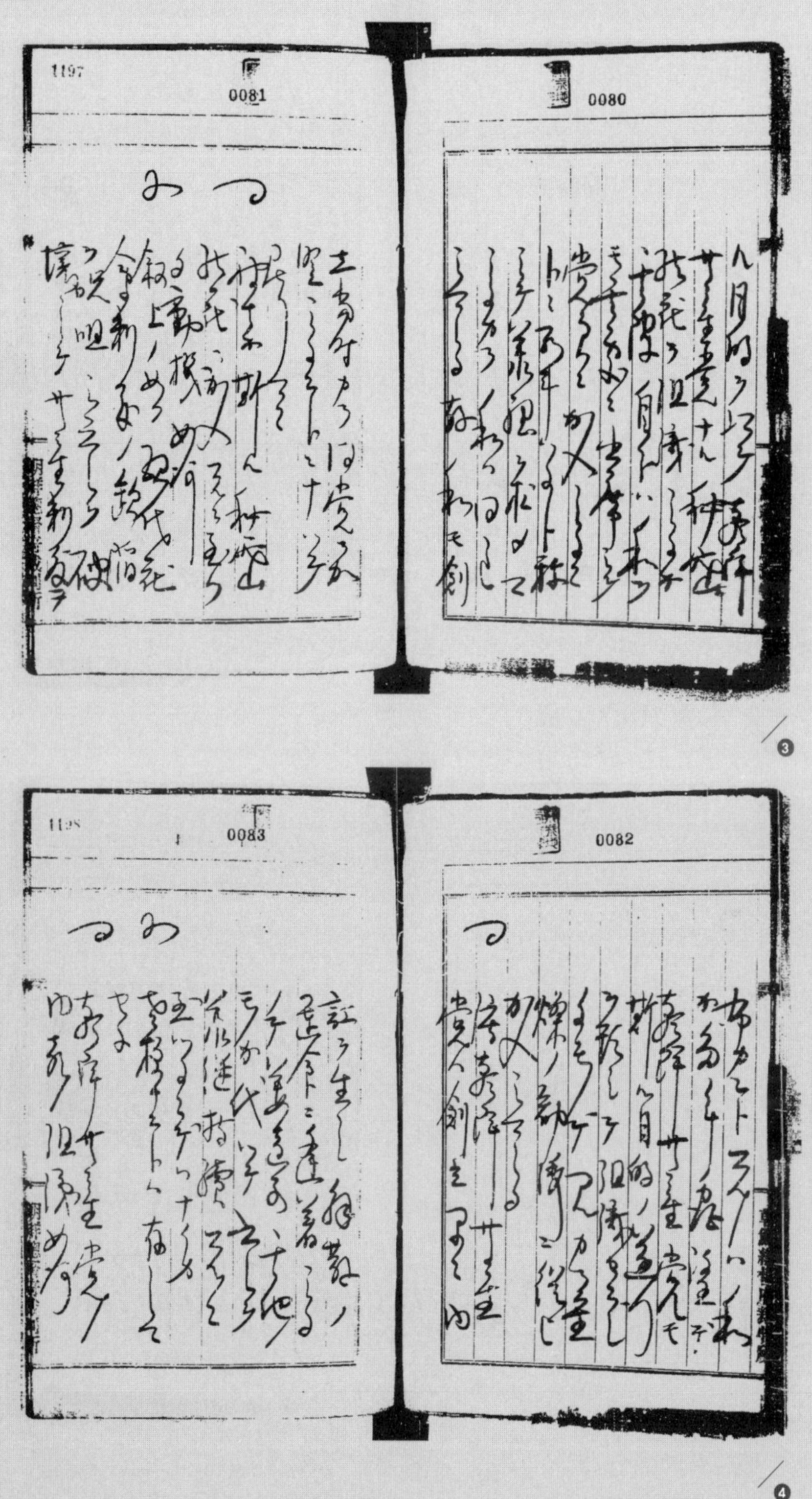

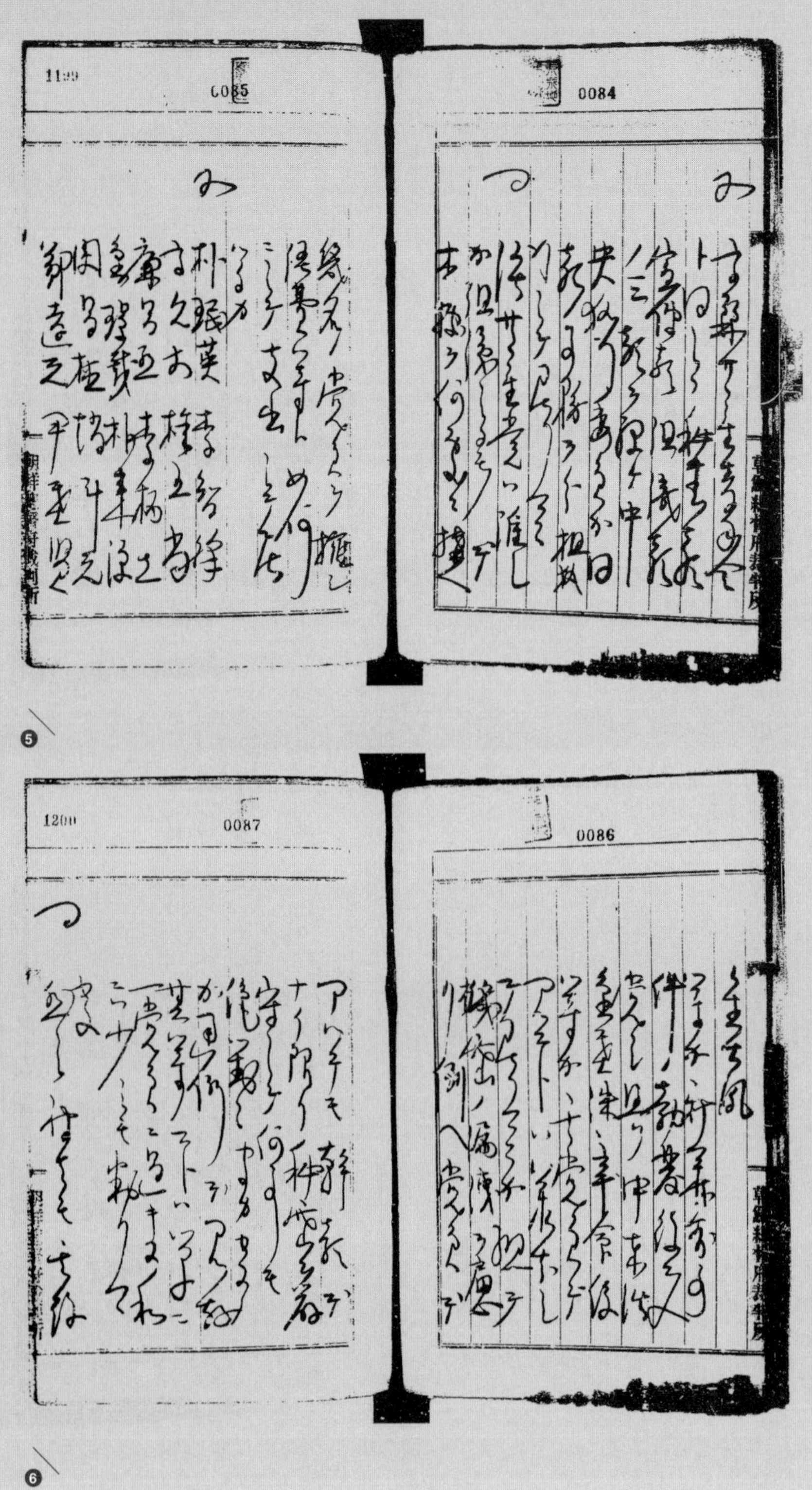

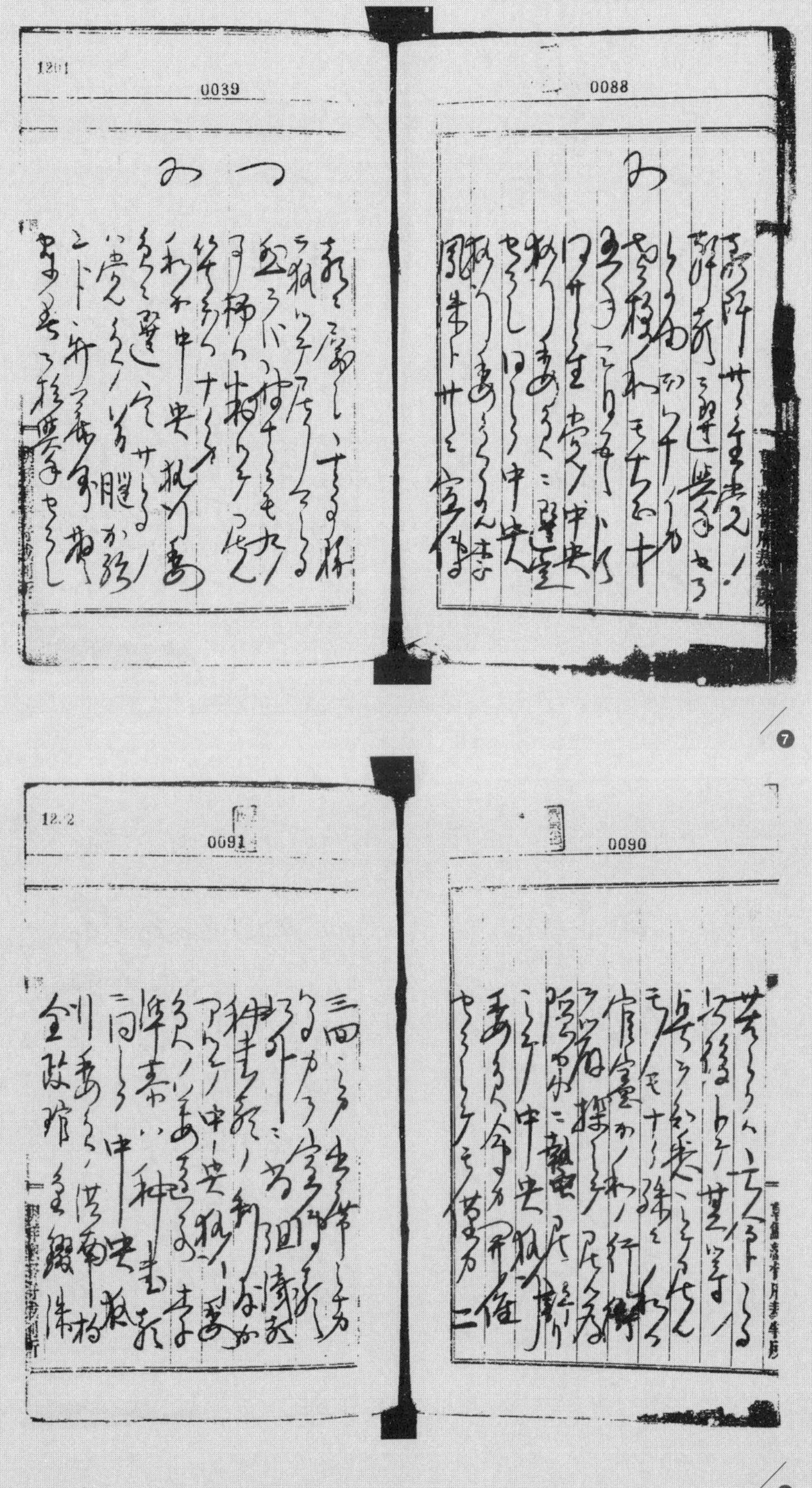

7

8

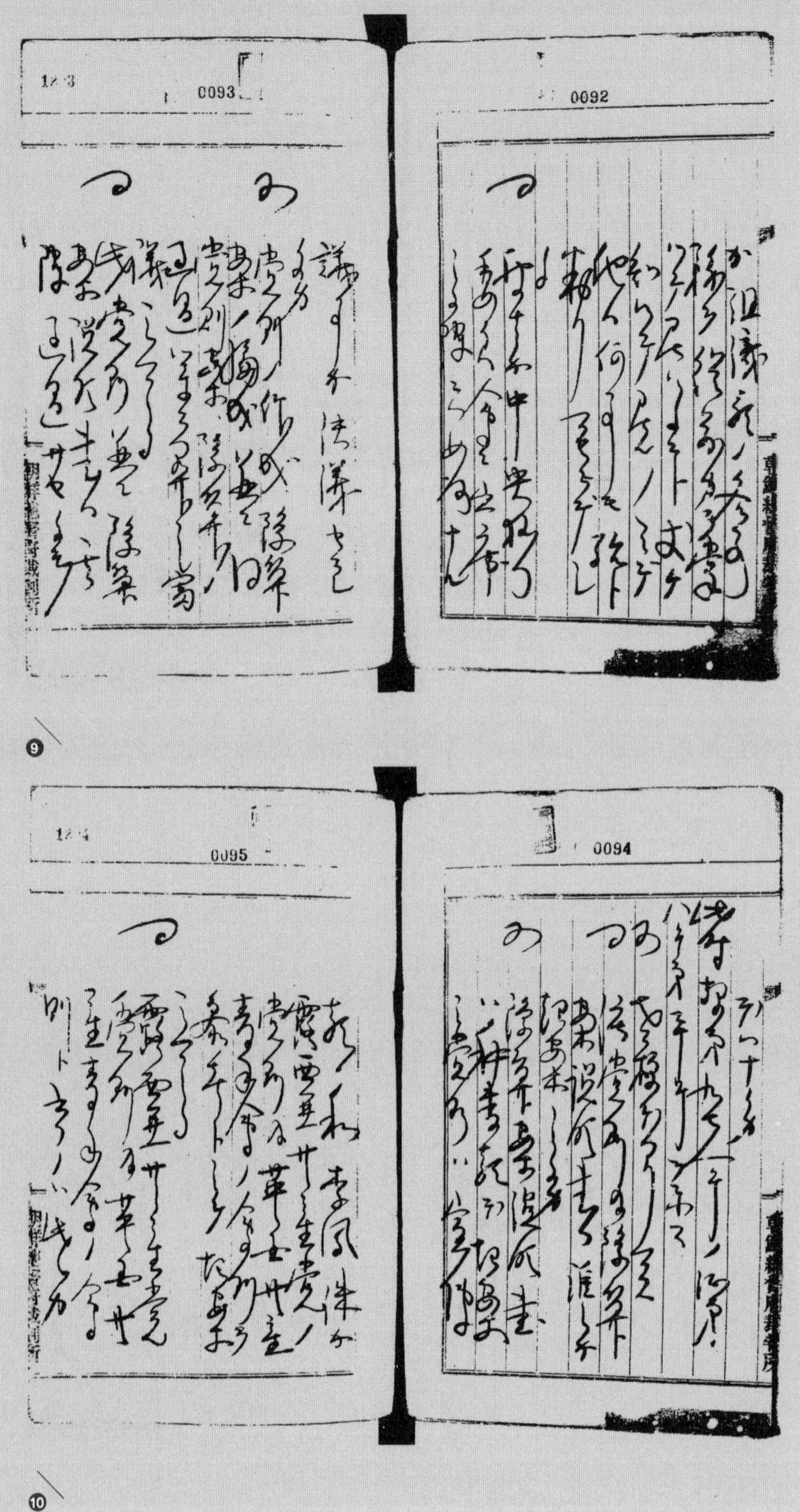

⑨

⑩

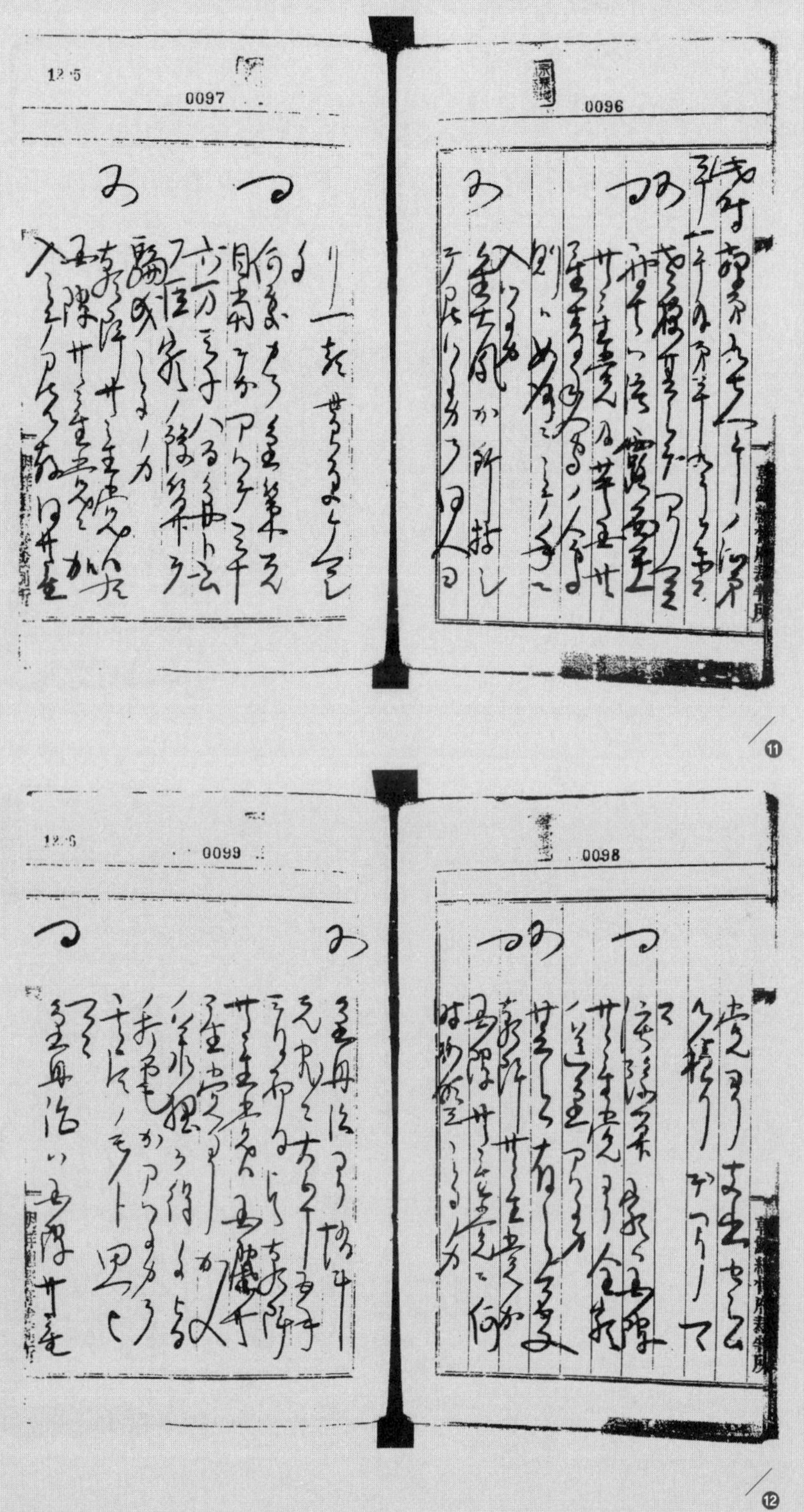
12·5
0097
0096
⑪
12·5
0099
0098
⑫

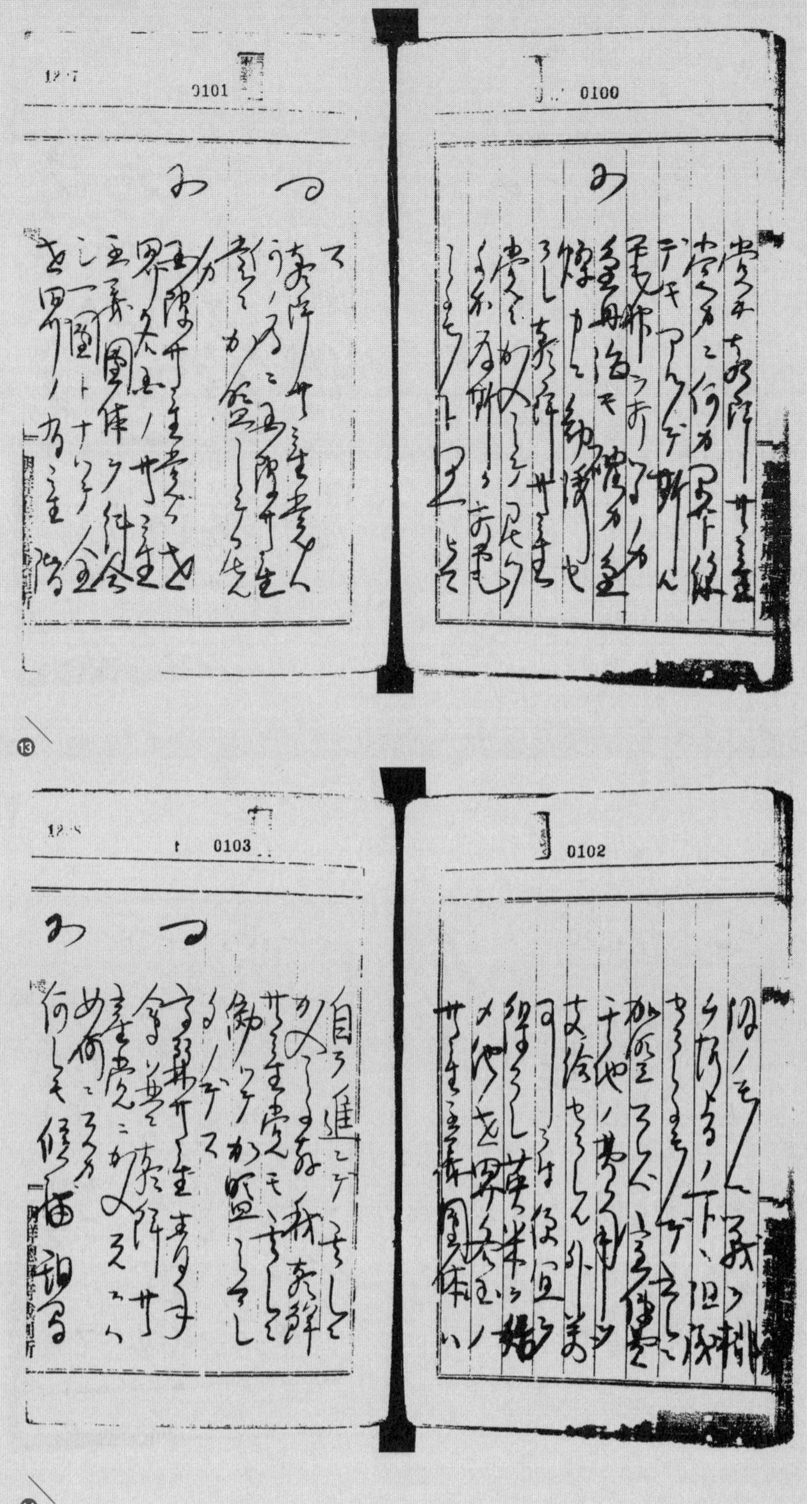

⑬

⑭

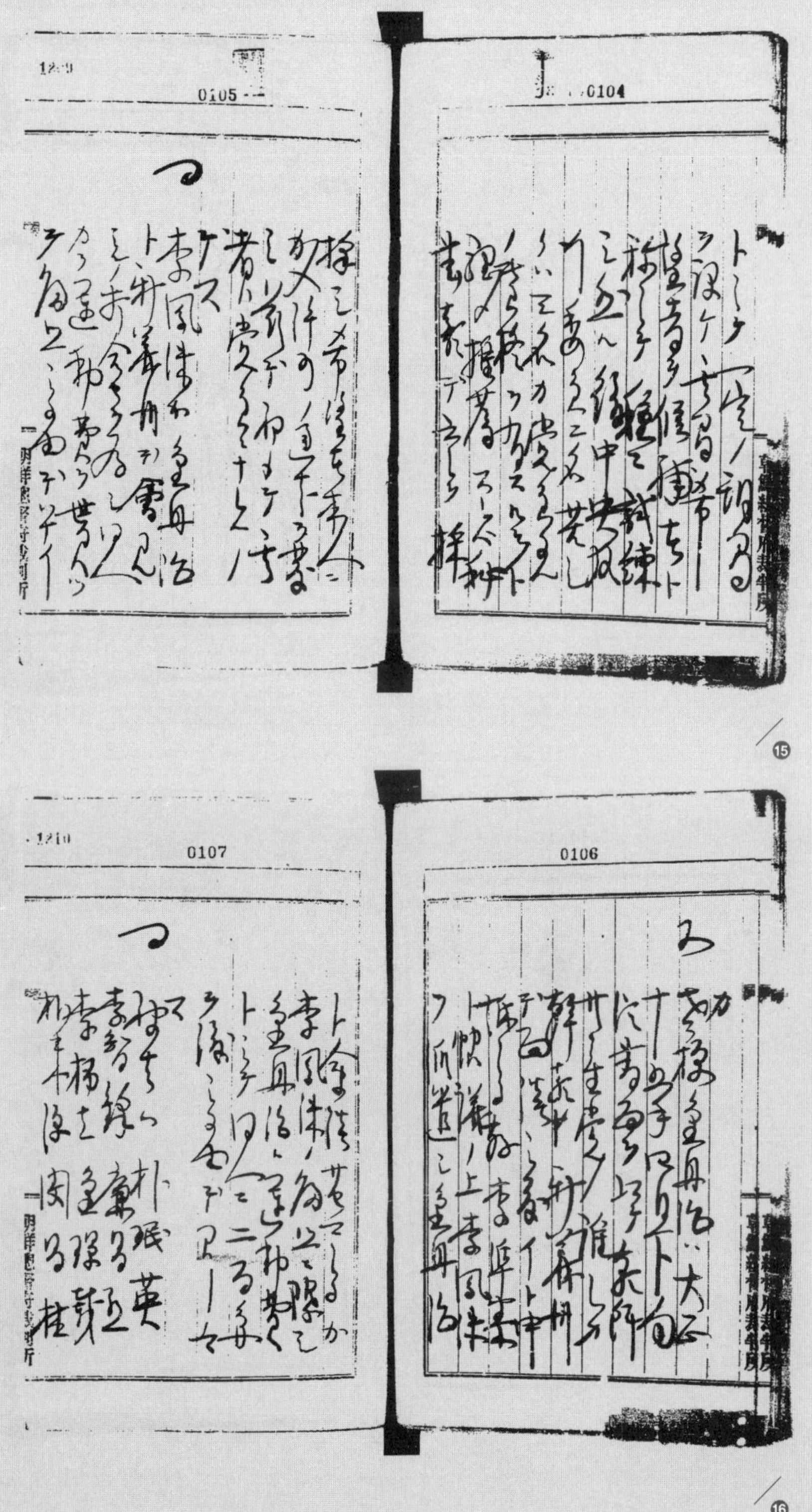

⑮

⑯

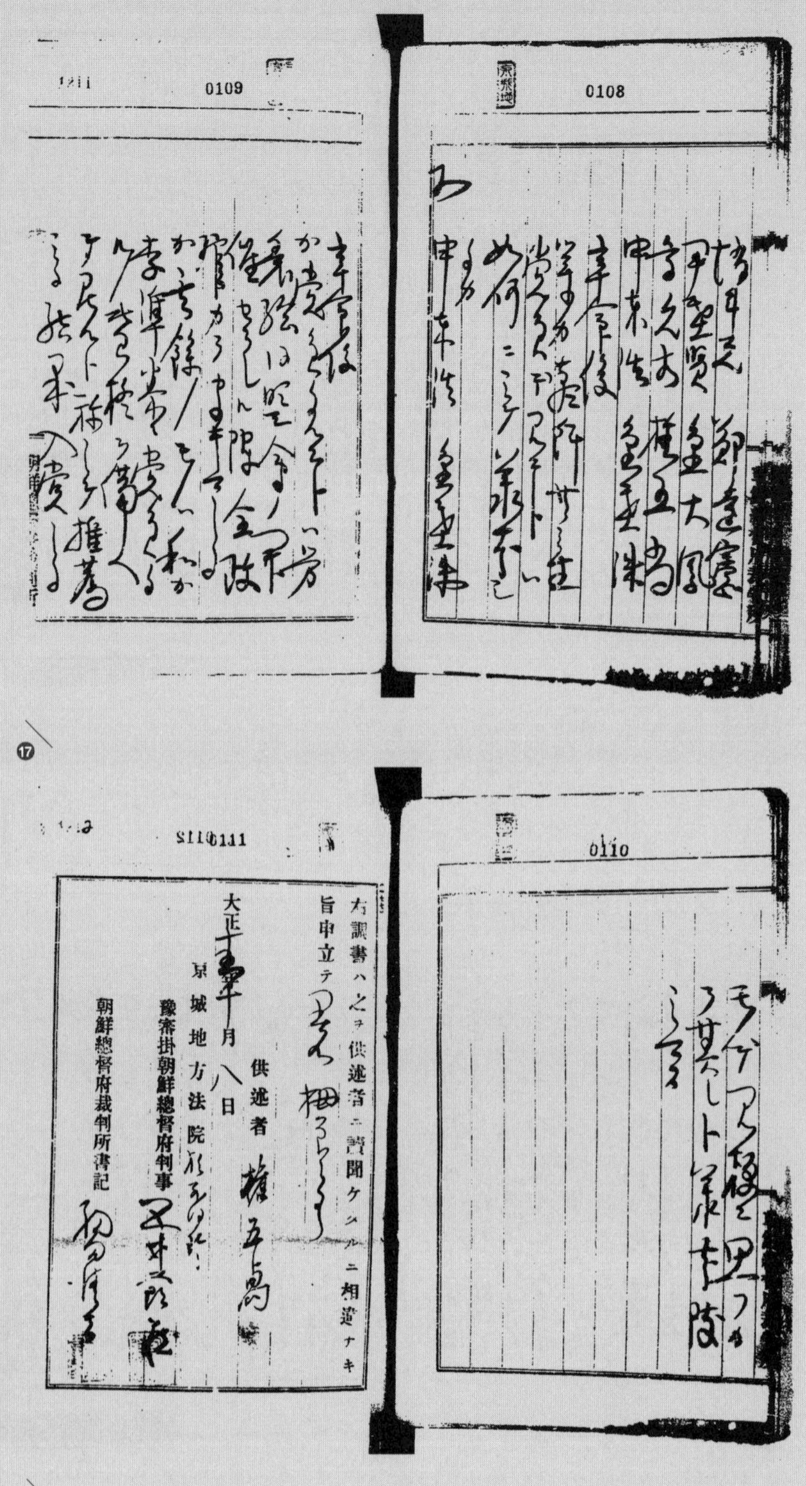
0109

0108

⑰

0111

0110

右調書ハ之ヲ供述者ニ讀聞ケタルニ相違ナキ旨申立テ署名拇印シタリ

供述者 權五卨

大正十二年十月八日

京城地方法院

豫審掛朝鮮總督府判事

朝鮮總督府裁判所書記

⑱

被告人 訊問調書(第三回)

피고인 권오설

위의 사람에 대한 치안유지법위반 등 사건에 대해 1926년 10월 11일 서대문형무소에서

경성지방법원

예심계 조선총독부판사 五井範藏

조선총독부재판소서기 福田淸吉

열석列席한 위의 판사가 전회前回에 이어 피고인에 대한 신문한 내용이 아래와 같음

문: 권오설인가?

답: 그렇다.

문: 피고는 김태연과 공모하여 이왕전하의 장례를 기회로 삼아 조선을 제국의 굴레에서 벗어나게 하기 위하여 각자 불온문서를 인쇄해서 배포해 치안을 방해하려는 목적으로 5종의 불온문서를 작성하고, 박내원朴來源의 말에 따르면 동인同人 및 민창식閔昌植 · 양재식楊在植 · 이용재李用宰로 하여금 인쇄하게 하였지만 결국 살포를 못한 것이 틀림없는가?

답: 그렇다. 틀림없다.

문: 그러면 그 전말을 상세히 진술하라.

답: 이왕전하의 흉거가 발표됨에 조선민 모두가 통곡하고 비통한 마음을 드러내며 이왕전하의 붕어를 애도할 뿐만 아니라 조선인으로서 조선의 독립을 갈망한 나머지 망국의 비분에 피눈물을 흘리고 있는 것으로 추측하였다. 우리들 공산주의자도 조선이 독립하면 일본의 제국주의도 그 영역領域에서 망할 것이고 따라서 우리들 공산주의자의 희망의 일단도 달성하게 될 것이며, 또 공산주의 선전도 쉬워질 것이라 추측하였다. 조선독립을 간절히 바라는 것은 한 조선 사람으로 당연한 것이라 여겨 민중이 동요하고 있는 이 기회를 이용해 불온문서를 인쇄 살포하여 한 조선인이 가지고 있는 사상을 고조시켜 독립운동을 일으키려고 계획을 세웠다. 이준태李準泰 · 박민영朴珉英 · 이지탁李智鐸 · 이병립李炳立 · 김경재金璟載 · 염창렬廉昌烈 · 조두원趙斗元 등과 함께 타협하되 만일 일이

발각되더라도 책임은 내가 지고, 한마디도 하지 않을 것에 찬동하여 달라고 하였다. 모두 동의해서 나에게 일임함에 따라 나는 1926년 5월 15일부터 장사동 52번지 이수원李壽元의 집에서 4종의 불온문서 원고를 작성하였다. 그 후 민창식·박내원에게 협조를 토로하며 인쇄를 재촉하였던 바, 민창식은 명쾌한 답이 없었으나 박내원은 곧 승낙하였다. 나는 박내원에게 그곳에서 불온문서 원고와 임금 450원을 넘겨주고 각각 모두 2만 매씩을 인쇄해 줄 것을 부탁했다. 그 나머지는 강달영姜達永이 한 통의 서면을 가지고 와서 김단야金丹冶가 이런 서면을 부쳐왔으니 나에게 책임지고 활약해 달라고 하였다. 그 서면을 후에 펴보니 '대한독립운동자여 단결하라' 고 하였다. 그것을 보고 불온문서 원고라고 생각되어 박내원朴來源에게 그것도 2만 매 인쇄하라 하였다. 박내원은 민창식·이용재李用宰·양재식楊在植과 협조하여 동월同月 28일경 직접 2만매를 인쇄하였고, 김단야가 화물인환증을 부쳐 불온문서를 보냈지만 관헌에게 탐지되어 끝내 그 목적을 달성하지 못하게 된 것이다.

문: 피고가 박내원에게 인쇄시킨 불온문서라 하는 것은 이것이 아닌가?

(이때에 본 제792호의 證 제2호부터 제6호까지를 보였음)

답: 그렇다. 박내원이 인쇄를 완성할 즈음 각 종류별로 모두 1매씩을 나에게 가지고 왔기에 나도 열독하였으나 틀린 것은 없었다.

문: 김단야金丹冶가 화물인환증을 송부하였다는 불온문서라는 것은 이것이 아닌가?

(이때 본 제792호의 증 제24호를 보였음)

답: 그렇다. 그것이 크게 틀린 것 없다. 나는 김성순金成順이 러시아 모스크바의 공산학교에 유학 중 조선인학생이 고려공산청년회를 위하여 갹출한 돈을 동同 공산당청년회에 가지고 왔다가 중국으로 돌아갈 즈음, 김단야金丹冶에게 금회 이왕전하의 국장에 즈음하여 조선독립운동을 하려는 까닭에 그에 관한 불온문서를 작성하고 또 비용금 1,000원을 조달하고자 한 사람을 파견하였다. (나는) 가명을 홍일헌洪一憲이라 하고, 조선일보사 홍덕유洪悳裕에게 보내 달라고 부탁했기 때문에 김단야는 화물인환증을 부친 홍덕유洪悳裕에 송부하였고, 강달영姜達永의 손을 거쳐 나는 그것을 교부받고, 그 뜻을 전달하였다.

문: 그 화물인환증이라 것은 이것인가?

(이때에 본 제792호의 證 제19호를 보였음)

답: 그렇다. 그것이다.

문: 그런데 경찰에서 김단야金丹冶를 조사한 것에 의하면 1926년 5월 2 · 3일경 중국에 건너가서 안동현의 교외에서 동인同人과 만나 이왕전하의 국장을 기회로 김단야는 불온문서를 조선 밖에서 인쇄하여 돈 1,000원과 함께 전했는데 또 조선 내에서도 불온문서를 인쇄한 것이 있으니 함께 살포해서 조선의 독립운동을 일으키자고 의논하여 그렇게 하자 하였다는데 어떤가?

답: 그렇다. 모두가 틀림이 없으나 관헌이 엄중하게 나의 소재를 수사하는 즈음이라 나의 여행이 절대로 불가능하게 된 것이다.

문: 피고는 홍덕유에게 김단야가 앞서 말한 것처럼 불온문서를 보내 달라고 요구한 적이 있었는가?

답: 그렇다. 당시 동인同人에게 앞서 진술한 전말을 말하고, 김단야에게 송부는 내가 숨어 있는 집 부내 장사동 52번지 이수원李壽元 집으로 직송해 달라고 하였고 수원에게도 일러두었다.

문: 이상 불온문서는 어느 곳에서 어떻게 살포할 계획이었나?

답: 당초는 앞에 진술한 불온문서 전부를 반으로 나누어 그 하나는 조선전도(단 경성은 제외)에 철도편으로 경의선방면 · 경부선방면 · 호남선방면 · 경원선방면 4구로 나누어 박내원을 경부선과 호남선의 중심점인 대전에, 민창식을 경의선의 중심점인 평양과 아울러 경원선의 중심점인 원산으로 파견하여 그곳을 근거로 해서 국장전 즉 1926년 6월 8일 경부터 개벽 · 신민 · 신여성 등 잡지 중에 불온문서를 몇 장씩 삽입하여 자기 지방의 각 청년단 · 관청 · 학교 등에 우송하게 하였다. 나머지 반은 박내원 · 민창식 기타 업무에 종사하는 사람들에게 부내府內에서 상점의 광고처럼 꾸며서 총독부 · 재판소 · 도청 · 군청 · 학교 등에 얼마를 우송하고, 또 약간은 종로통의 옷집에서 배포하고, 나머지는 6월 10일 나도 나가서 동인同人 등과 협의해 군중들에게 살포하며 만세를 높이 부를 것을 예정하였다. 그런데 김단야金丹冶가 불온문서만을 보내왔기 때문에 급히 예정을 변경해서 각 지방에 배포하기로 한 계획을 중지하고, 모두 경성부내에서 위에서 진술한 곳에 살포하기로 하였지만 내가 6월 7일 검거되었기 때문에 그림의 떡으로 돌아갔다.

一. 경부선 방면

충청북도 청주

충청남도 대전 · 공주

경상북도 대구 · 안동 · 상주 · 영천 · 포항

경상남도 부산 · 진주 · 마산 · 고성 · 하동

一. 호남선 방면

전라남도 광주 · 순천 · 광양 · 목포

전라북도 전주 · 정읍 · 군산

一. 경의선 방면

경기도 개성 · 안성 · 인천 · 강화

황해도 황주 · 해주 · 재령

평안남도 안주 · 평양

평안북도 신의주 · 선천

一. 경원선 방면

강원도 춘천 · 강릉 · 양양

함경남도 함흥 · 정평 · 영흥 · 원산 · 홍원 · 북청

함경북도 청지 · 논성 · 나남

문: 그러면 이 건에 관해 위에 진술함과 같이 상세한 연락으로써 박내원 · 민창식, 기타 업무에 종사하는 양재식 · 이용재 등과 직접 협의하였는가?

답: 그렇지 않다. 나는 다만 박내원과 위와 같이 협의하였을 뿐이다.

문: 그러면 앞에 말한 폭거를 일으킬 때 이준태 · 박민영 등은 조선공산당원 혹은 고려공산청년회의 간부에게 위에 말한 바와 같이 동의를 구하기 위해 어떻게 했는가?

답: 나는 조선공산당이나 고려공산청년회의 중앙집행위원으로 일하던 관계로 이러한 기획을 단독으로 결행함이 온당하지 않아 보였기 때문에 조선공산당과 고려공산청년회의 기획으로 집행할 심산으로 쌍방 간부의 동의를 구하게 된 것이다.

문: 그러면 동同 간부 등은 동의를 함에 있어 미리 각각 중앙위원회라도 개최하여 결의를 하는 것인가?

답: 고려공산청년회에서는 나의 집에서 중앙집행위원회를 열어 거기에 참석한 간부 박민

영, 기타의 사람이 모두 양해를 해주었지만 조선공산당 쪽은 이준태가 간부 일동의 찬동을 얻어왔기 때문에 그것을 얻은 것에 대해서는 중앙집행위원회를 열었는지 혹은 각 간부가 일일이 어찌 마무리하였는지는 알지 못한다.

문: 그러면 박내원에게 건네준 50원이라는 돈은 어떻게 조달하였는가?

답: 러시아 모스크바의 공산학교에서 유학하는 조선인학생 40명이 3개월간 각 10원씩을 갹출해 1천원을 모아 고려공산청년회원 김성순金成順 편으로 기증한 그 금액 중에서 지출하였다.

문: 그런데 경찰조사는 김단야가 빌린 돈 중에서 지출했다고 하니 어찌하여 다른가?

답: 경찰에서 진술한 것이 틀린 것이 아니라 그가 김성순의 이름을 감추기 위해서 거짓으로 한 말이다.

문: 이 금전 지불액은 모두가 강달영에게 보냈다는 것은 크게 어긋남이 없는가?

(이때 본 제978호의 증 제97호를 보였음)

답: 그렇다. 크게 어긋남이 없다.

문: 그러면 그 금전지불 부분은 어떻게 지출하였는가?

답: 공산당에 470원, 김대봉金大鳳에게 100원, 김찬金燦에게 176원 33전, 김동명金東明에게 150원, 김동명 · 나 · 정달헌鄭達憲의 밥값으로 260원, 박민영에게 80원, 송임送任에 40원, 신흥청년동맹 · 한양청년동맹에 100원, 신년간담회에 20원을 지출했으나 금전지불 부분은 기재에 오기가 있어 3,081원 33전을 지출한 것으로 되어 있다.

문: 그 돈의 출처를 진술하라.

답: 김단야가 중국 동양혁명회에 고려공산청년회가 신의주사건이 일어난 후 매우 곤궁한 실정임을 호소하고 구제를 청하였다. 동同 혁명회에서 20원을 기증하여 1925년 12월 20일 회원 박천朴泉을 소개하여 그 금액을 보내고 또 앞서 공산학교의 조선인유학생이 1,200원을 갹출해서 1926년 1월 15일경 회원인 박천朴泉을 통해서 고려공산청년회에 그 돈을 기증한 까닭에 위의 돈을 받아서 지출하였다.

문: 그러면 이상의 세 번의 돈 잔금 합계 611원 68전의 용도는 어떻게 썼느냐?

답: 그 잔금 중에서 조두원趙斗元 · 한인갑韓仁甲 · 정달헌 · 김대봉 · 윤기현尹基賢을 러시아 모스크바 공산학교에 1926년 5월 초하룻날 유학 보낼 때의 여비로 합계 250원, 김경재金璟載의 간청에 의해 조선공사에 기부하기로 한 100원과 이수원李壽元이 부내 장사동

52번지에 점포를 열 때 70원을 지출하고, 그 나머지는 경찰에 탐수探收될 때 90원, 그 이외는 내가 개인적인 용도에 사용하였다.

문: 고려공산청년회 · 조선공산당이 어찌하여 조두원 등 5명을 유학생으로 보냈는가?

답: 그것은 나와 강달영이 협의하여 각자 동인同人 등을 자기 당원으로 삼자, 쌍방에서 파견했다.

문: 고려공산청년회에 기증한 돈은 조선공산당 쪽에서도 부분으로 있는 것인데 없는 이유는 무엇인가?

답: 고려공산청년회의 다수 회원이 조선공산당에 입당해 있는데 그중에서 혹은 공산당의 간부로 근무하고 있는 관계로 대단히 친밀한 사이라 동同 공산당은 재원이 없어서 곤란할 때도 있었기에 융통하였을 것이다.

문: 그러면 경력을 진술하라.

답: 나는 안동의 사립동화학교를 졸업하고 대구고등보통학교, 경성중앙고등보통학교에 입학했다가 어찌할 수 없어서 중도 퇴학을 하고, 1918년 10월경에 전라남도 도청 직원으로 6개월간 근무하다가 경성으로 올라왔다. 1923년 봄 후로 고향에 내려가서 풍산학술강습회 · 풍서학술강습회 · 일직학술강습회 등에서 교편을 잡고 있다가 사회제도의 불평등을 통감하여 안동청년회 · 안동노동구제회 · 풍산청년회 · 풍산소작인회 · 안동화요회에 가입해 사회운동의 지도에 물든 이래 상경해서 조선노농총동맹 · 신흥청년회동맹 · 한양청년회동맹 · 화요회에 가입해서 점차 깊이 들어가 오늘에 이르렀다.

위의 조서는 이를 공술자에게 읽어 주고 틀림없다는 의미로 서명 무인한 것임

공술자 권오설

1926년 10월 11일

경성지방법원

예심계 조선총독부 판사 五井範藏

조선총독부재판소 서기 福田淸吉

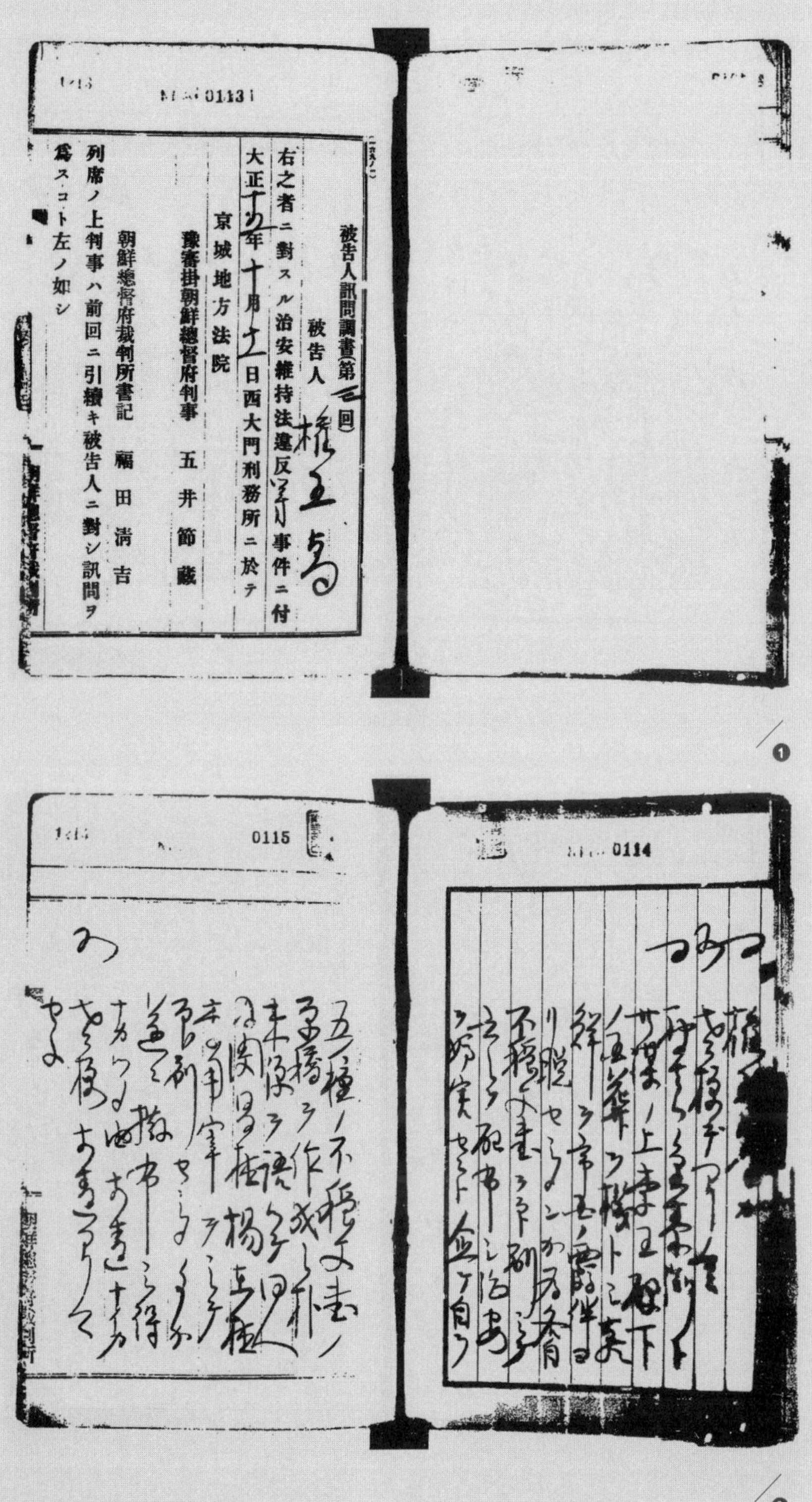

被告人訊問調書（第二回）

被告人 權五卨

右之者ニ對スル治安維持法違反等事件ニ付

大正十五年十月十一日西大門刑務所ニ於テ

京城地方法院

豫審掛朝鮮總督府判事 五井節藏

朝鮮總督府裁判所書記 福田淸吉

列席ノ上判事ハ前回ニ引續キ被告人ニ對シ訊問ヲ

爲スコト左ノ如シ

①

②

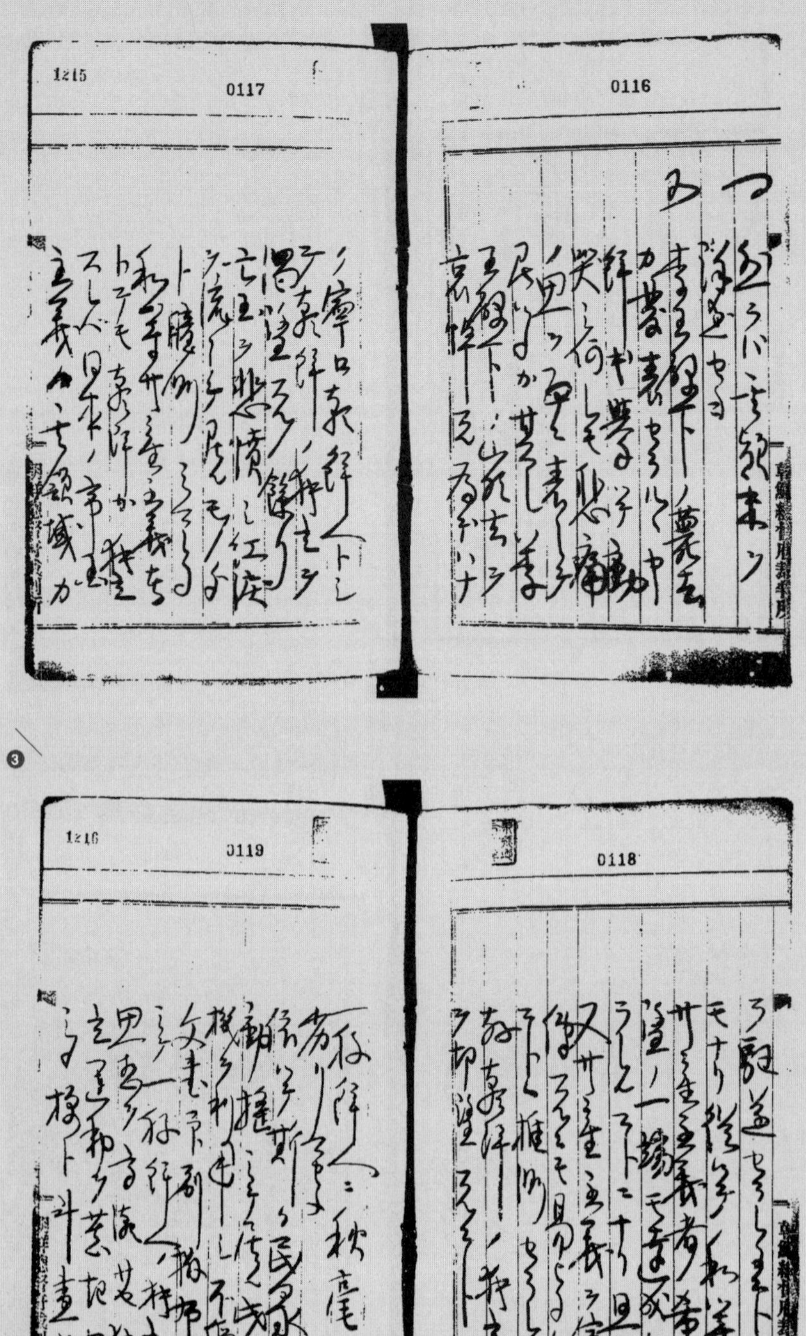

❸

❹

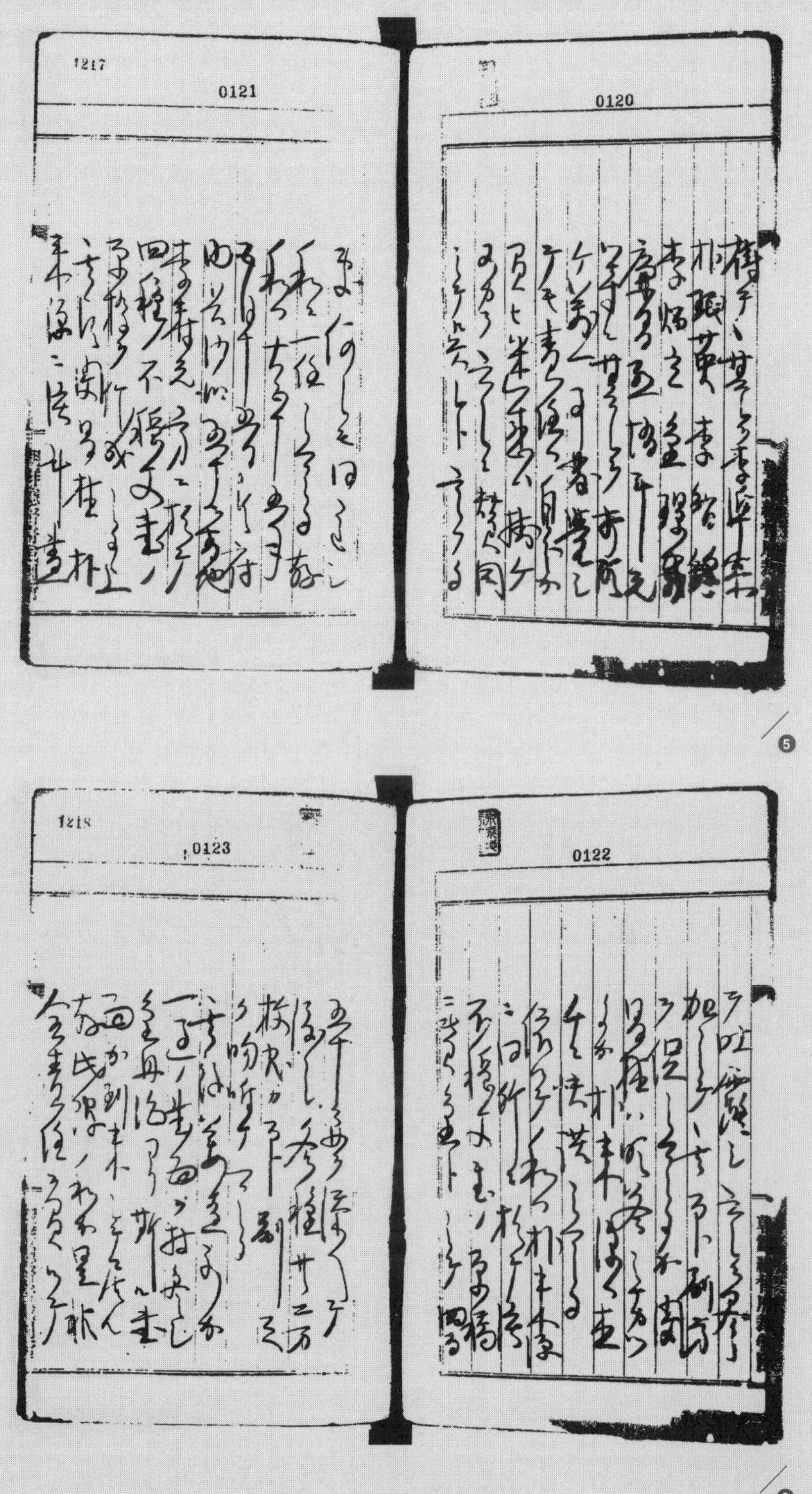

5

6

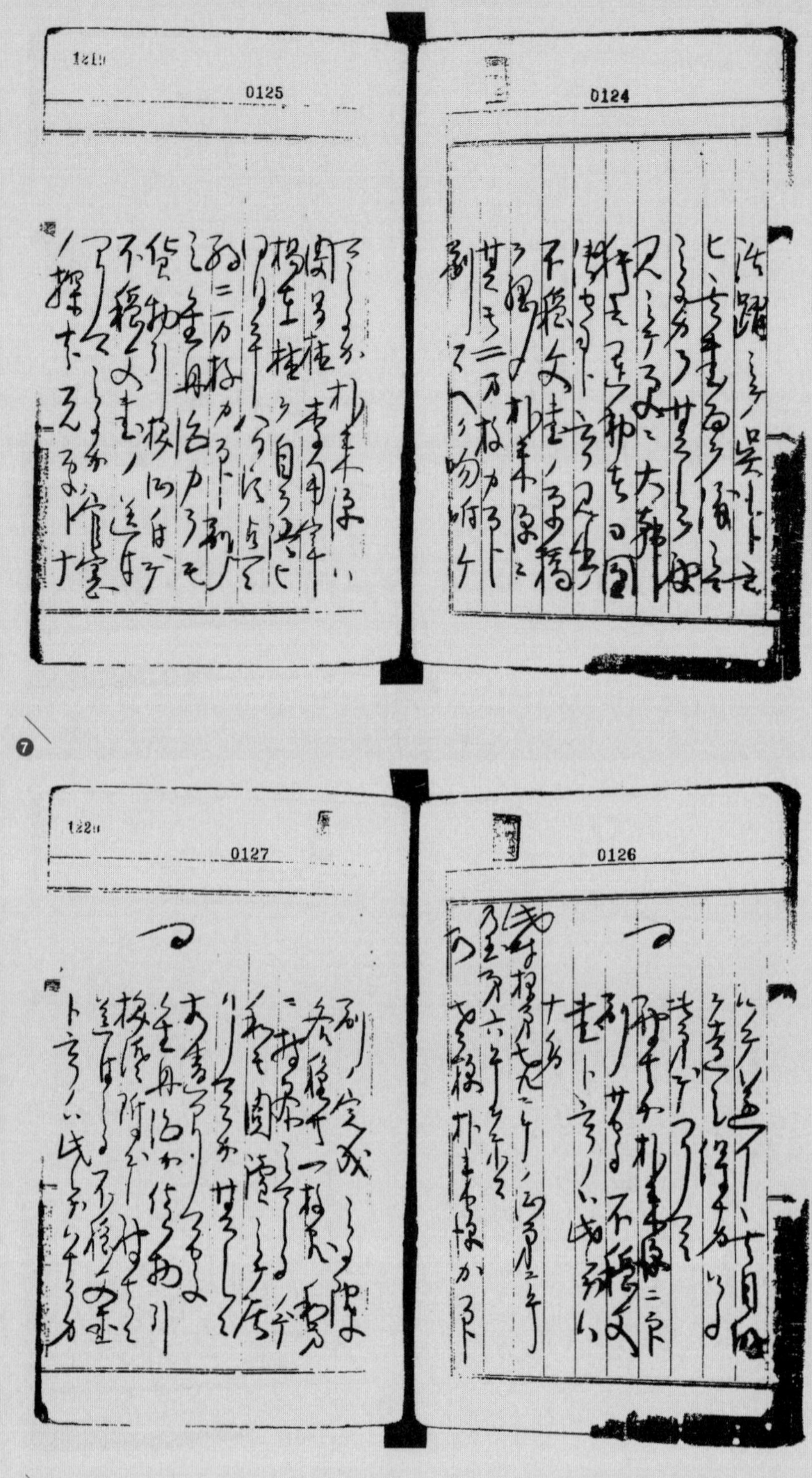

❼

❽

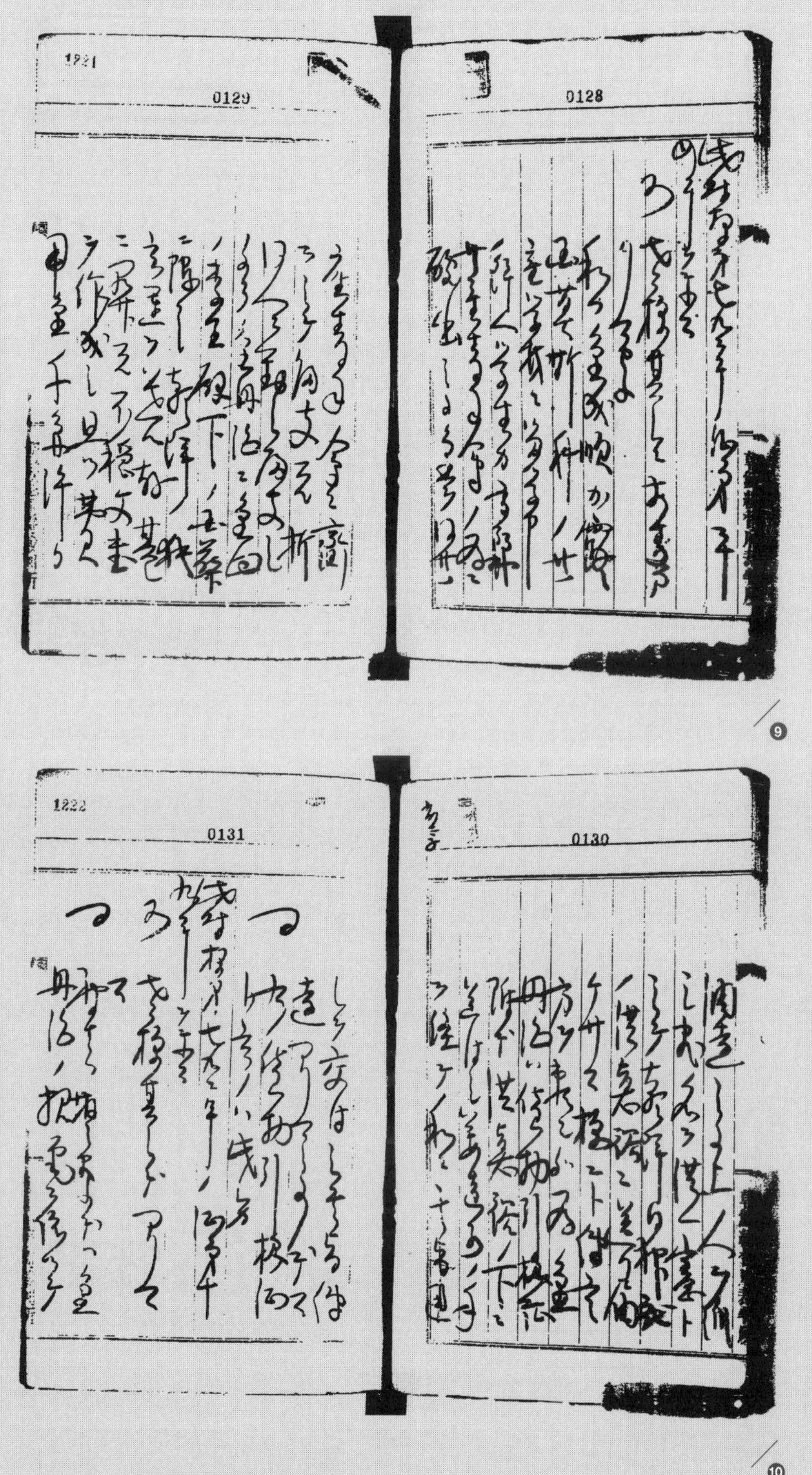
1221 0129 0128

⑨

1222 0131 0130

⑩

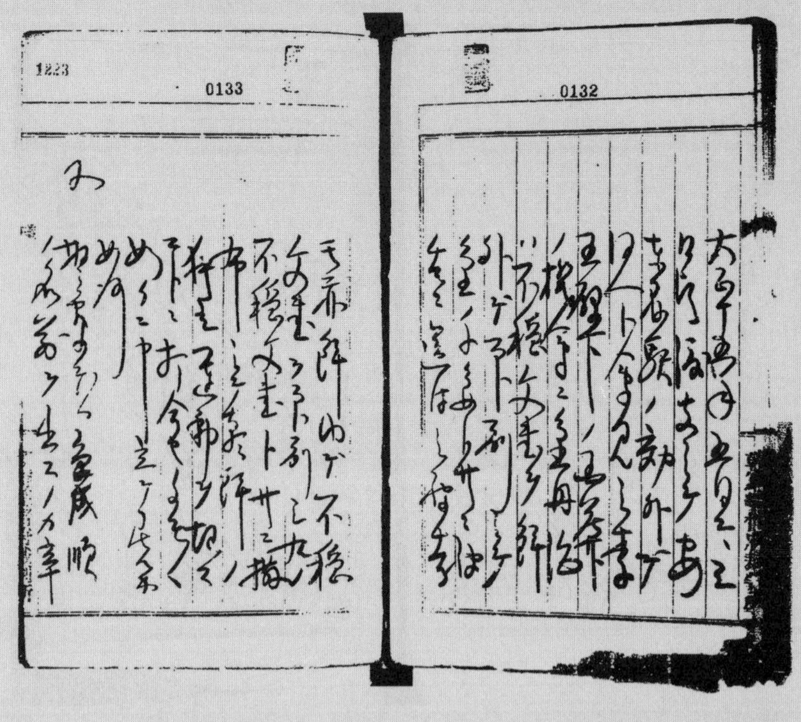

⑪

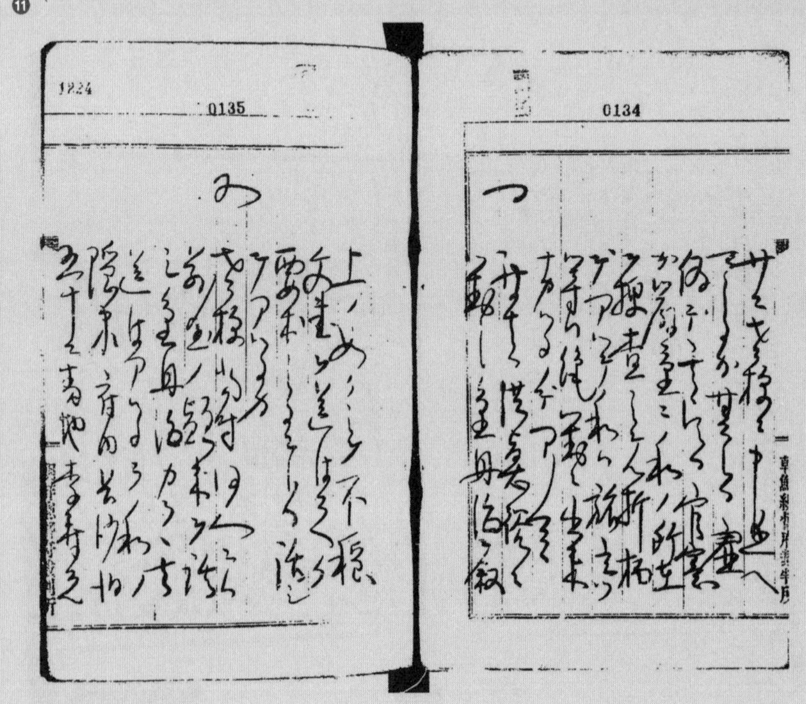

⑫

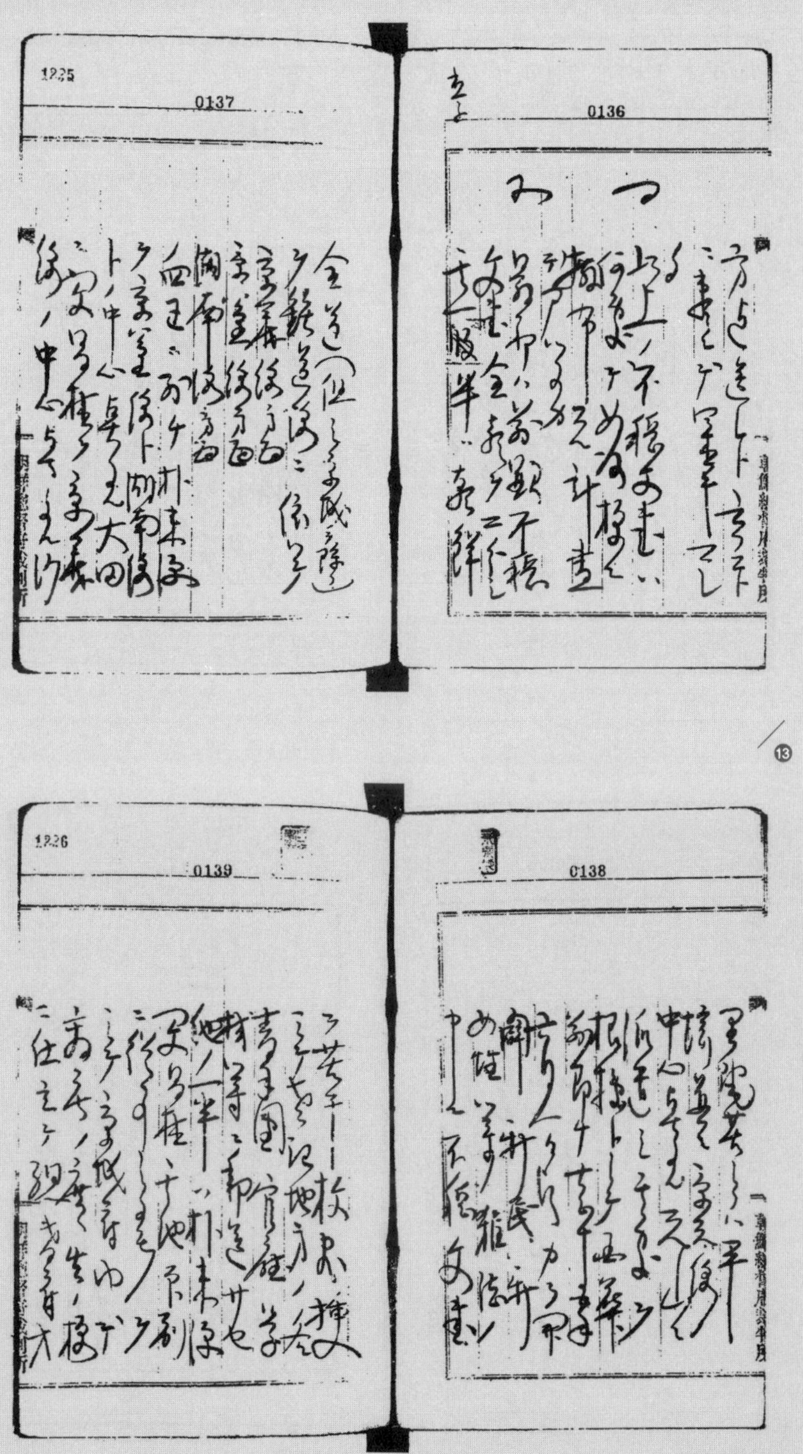

⑬

⑭

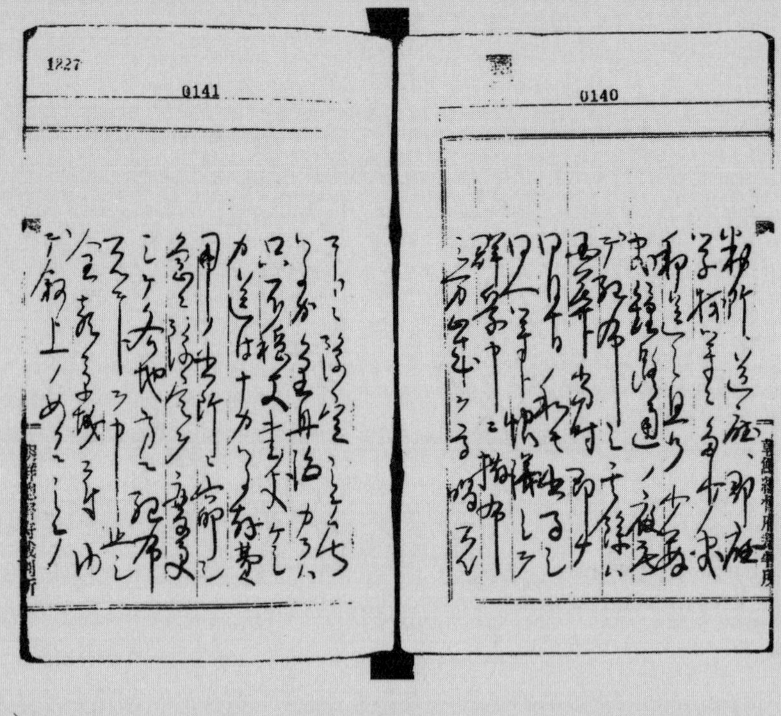
1827
0141
0140

⑮

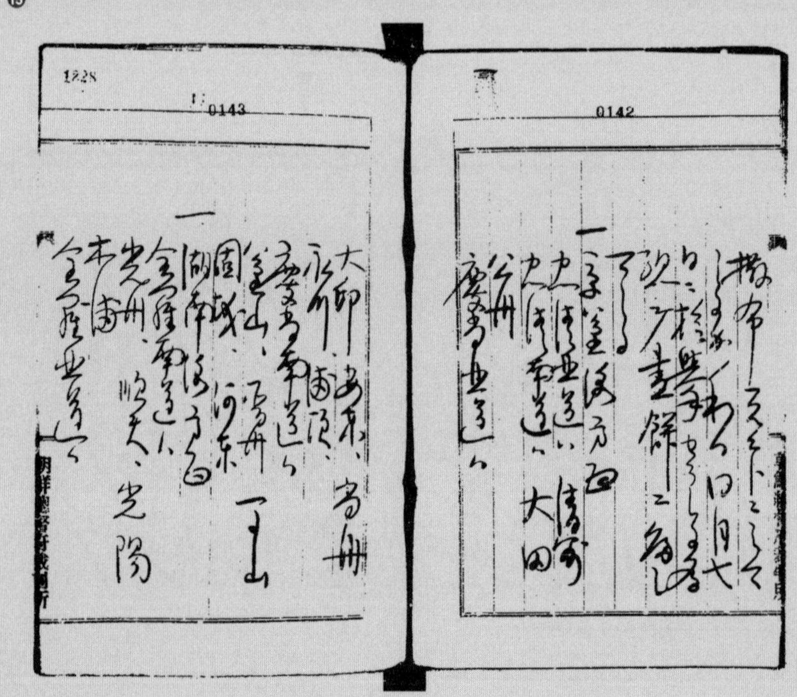
1828
0143
0142

⑯

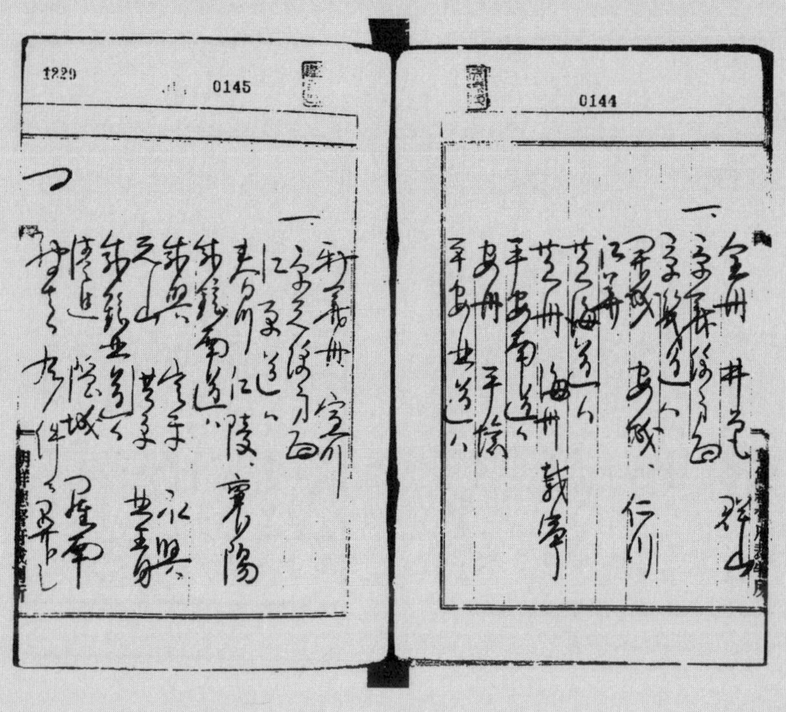

⑰

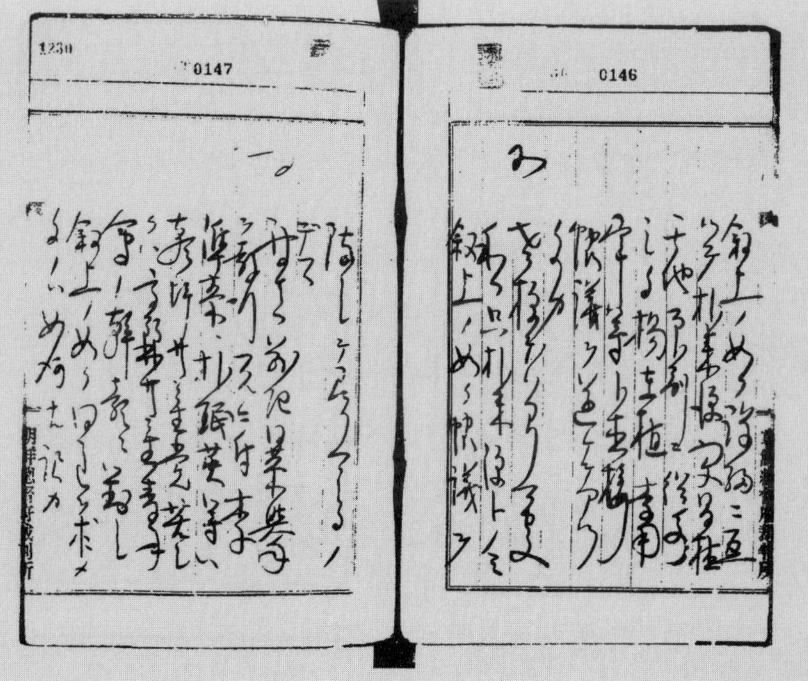

⑱

1231 0149 0148

⑲

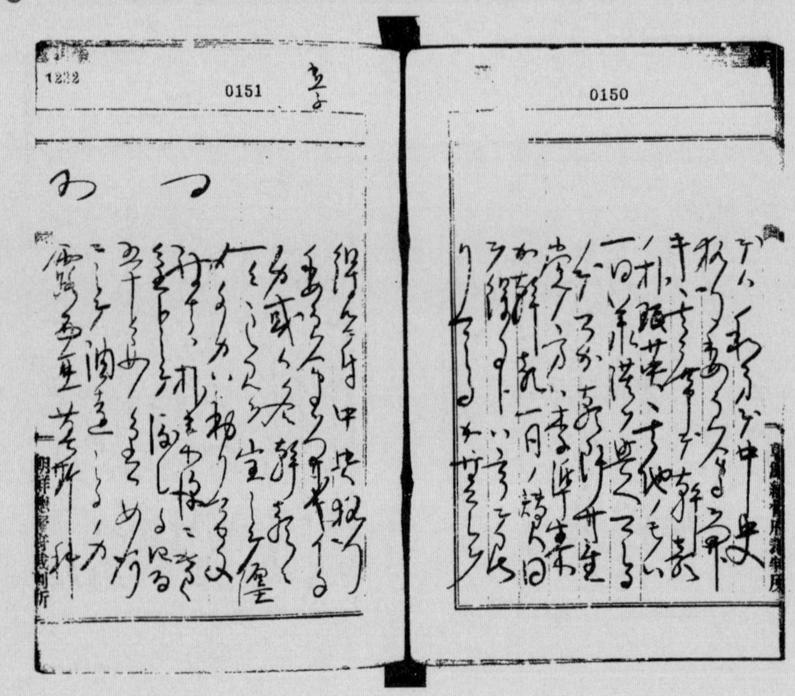

1232 0151 0150

⑳

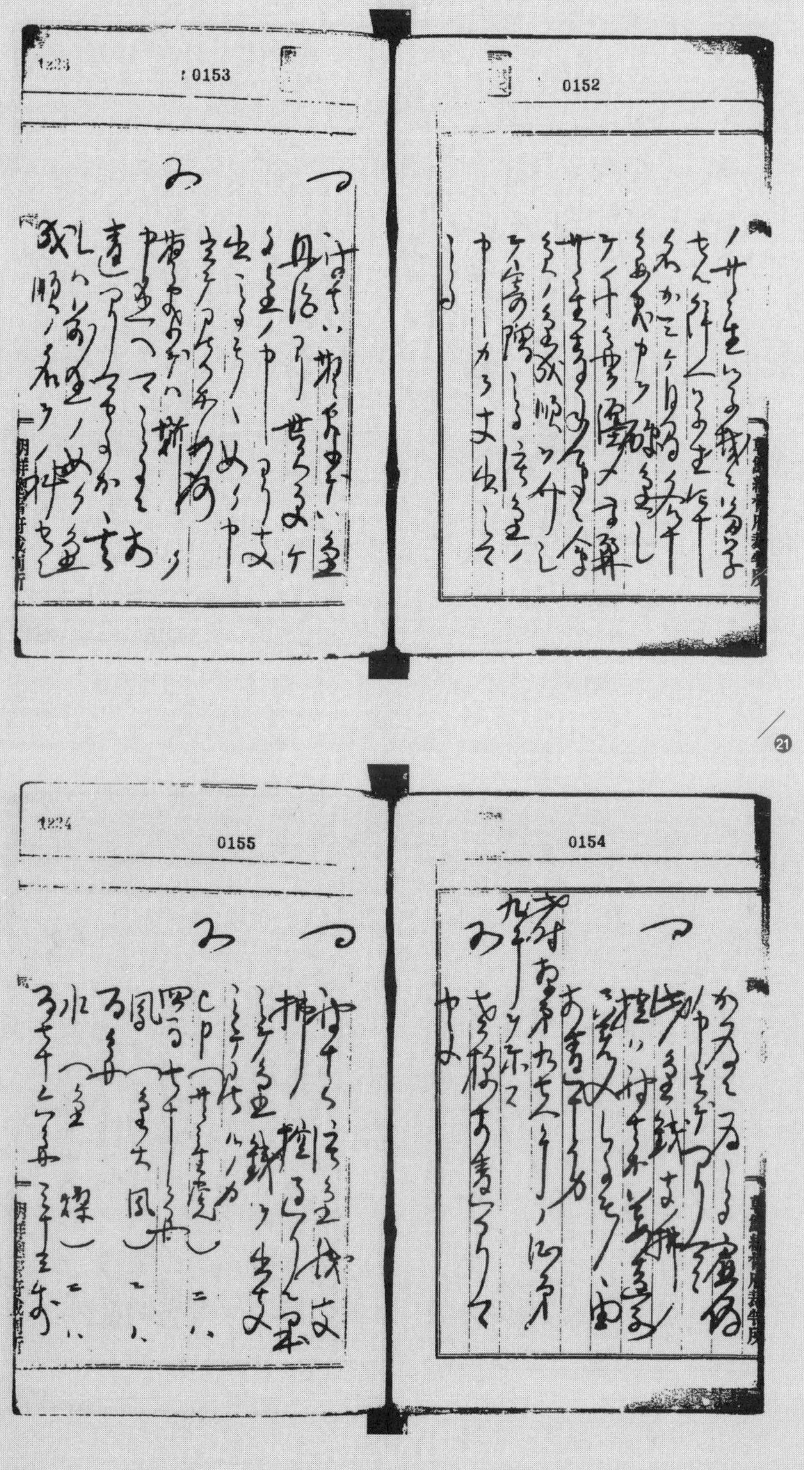

㉑

㉒

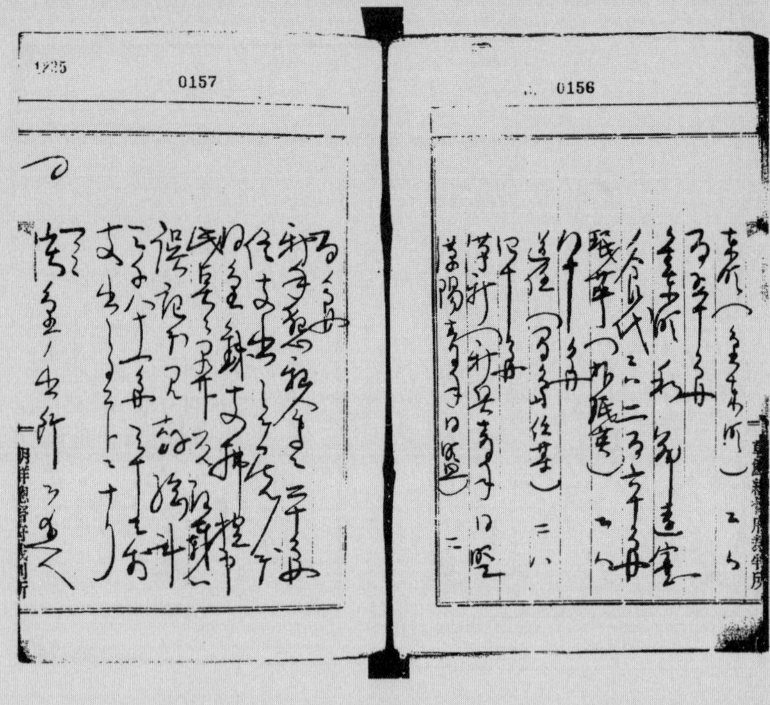

㉓

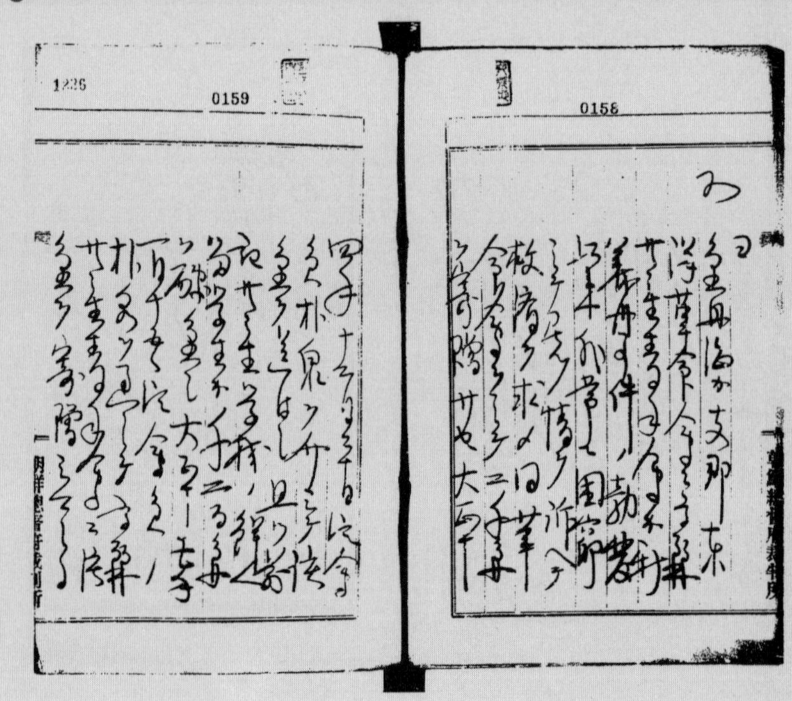

㉔

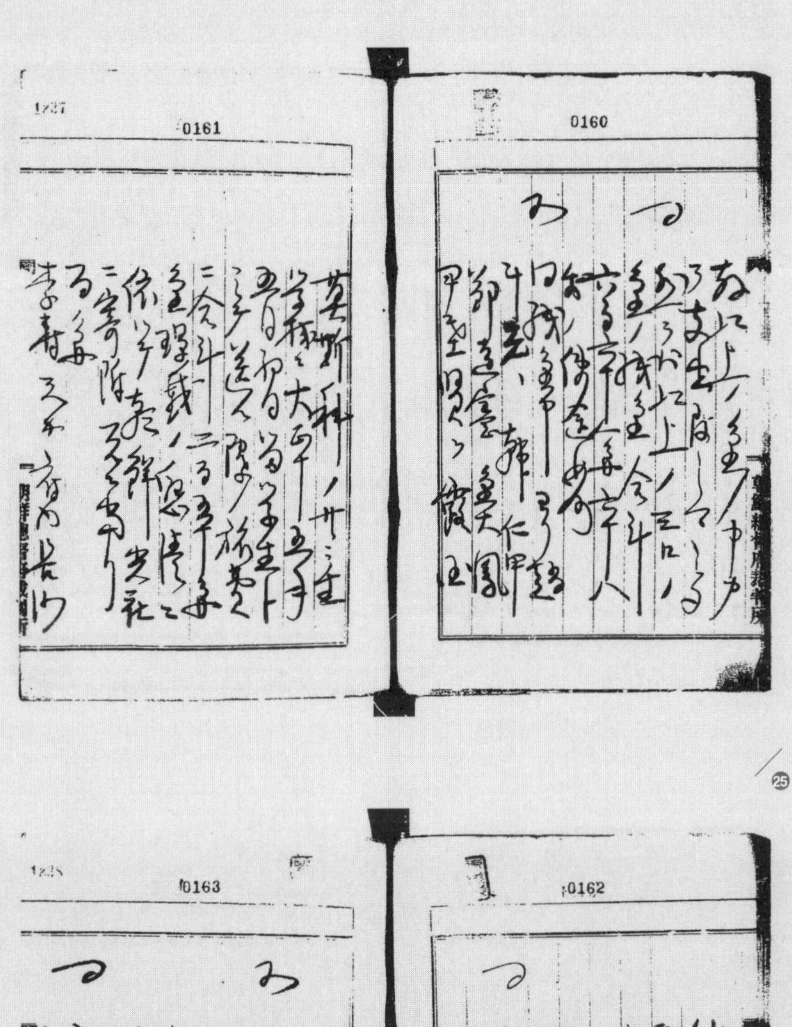

0161

0160

㉕

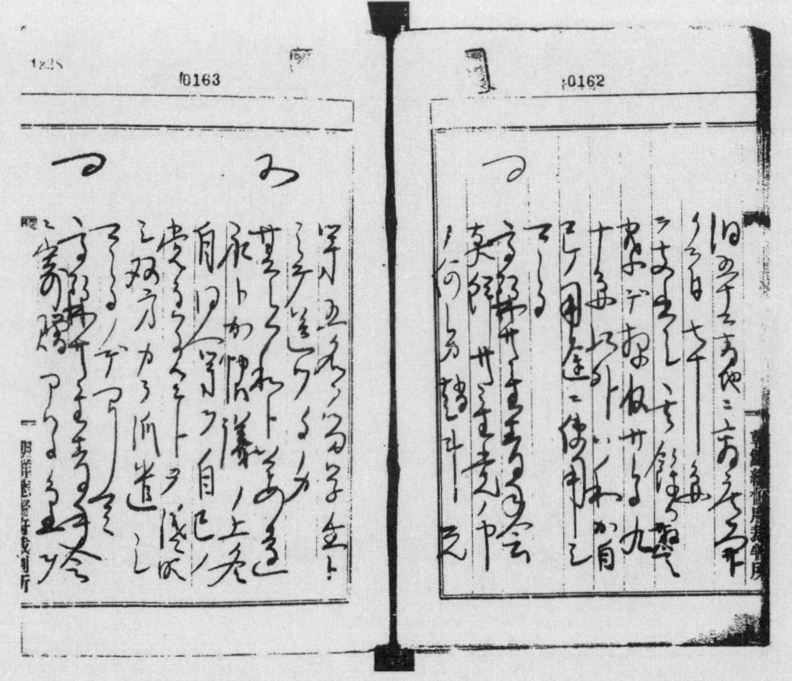

0163

0162

㉖

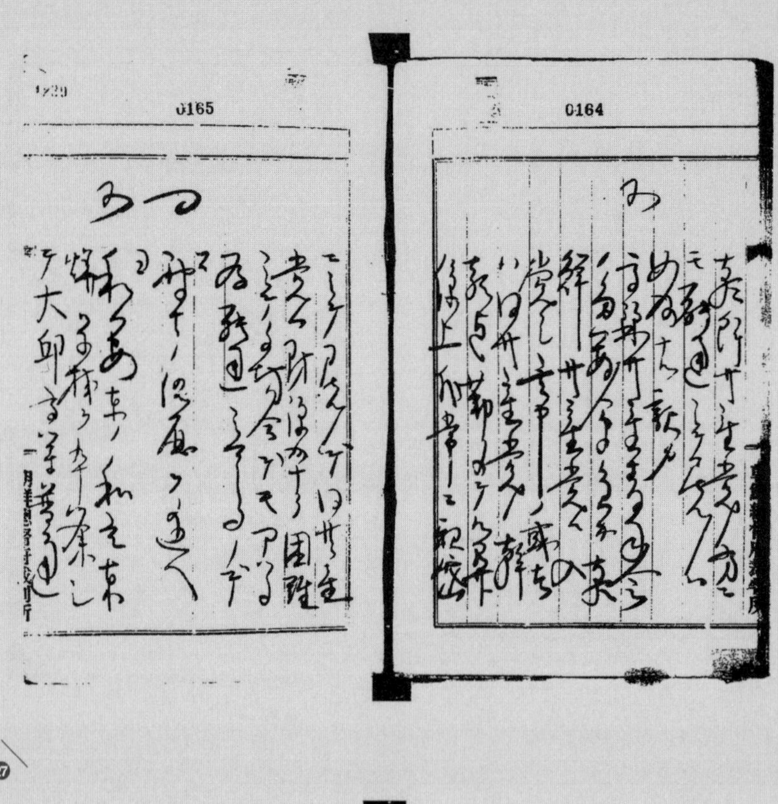

1239

0165

0164

㉗

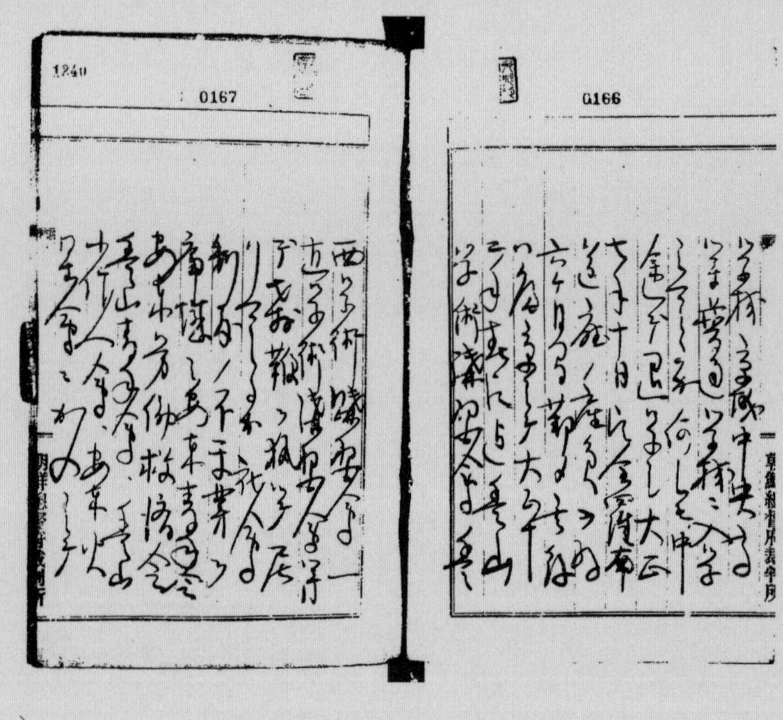

1240

0167

0166

㉘

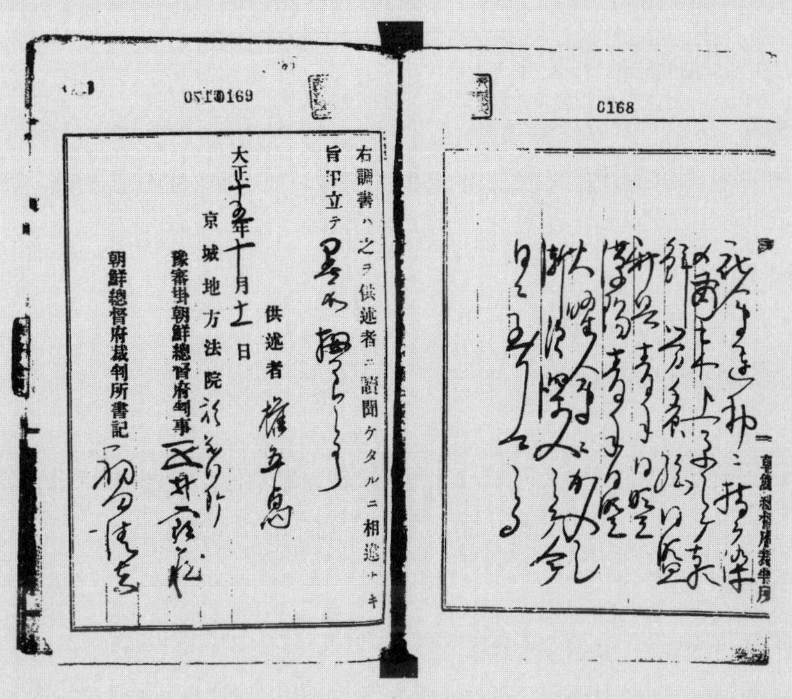
0170 0169

右調書ハ之ヲ供述者ニ讀聞ケタルニ相違ナキ旨申立テ署名拇印シタリ

供述者 權五卨

大正十五年十一月十一日

京城地方法院ニ於テ

豫審掛朝鮮總督府判事

朝鮮總督府裁判所書記

0168

㉙

被告人 訊問調書(第四回)

피고인 권오설

위의 사람에 대한 치안유지법위반 등 사건에 대해 1927년 3월 5일 서대문형무소에서

경성지방법원

예심계 조선총독부판사 五井節藏

조선총독부재판소서기 福田淸吉

열석列席의 위의 판사는 전회前回에 이어 피고인에게 대해 신문을 한 것이 아래와 같음

문: 권오설인가?

답: 그렇다.

문: 장순명張順明 · 박길양朴吉陽 · 박헌영朴憲永 등은 김단야金丹冶가 고려공산청년회의 석상에서 낭독한 강령의 취지대로 공산주의를 선전하고 조선공산당 제도를 실현시키기 위해 공산청년회를 조직한 일이 있는가?

답: 그렇지 않다. 조선에 공산제도를 실현시키고 또 조선을 제국식민지로부터 해방시키기 위하여 공산청년회를 조직한 취지였던 것으로 생각된다.

문: 그 강령은 누가 작성했는가?

답: 그것은 김단야가 혼자서 작성한 것이다.

문: 그 강령은 지금 누가 보관하고 있는가?

답: 김단야가 당시 보관하고 있었는데 그 후에 어떻게 된 것인지 모른다.

문: 박헌영 · 임원근林元根은 역원으로 전형위원에 선정된 이가 조봉암曺奉岩 · 홍증식洪增植 · 박헌영 3명이라는데 어떠한가?

답: 그렇지 않다. 나는 김단야 · 김찬金燦 · 조봉암 3명인 것으로 기억한다.

문: 임원근(신의주예심조사) · 박헌영 등은 김찬이 중앙집행위원이고, 김동명金東明은 검사위원, 박헌영은 비서부, 홍증식은 조사부, 임원근은 교양부, 김단야(김태연金泰淵)는 연락부, 조봉암은 국제부의 사무를 각각 담당하였다는데 어떠한가?

답: 동인同人 등이 진술한 바와 같고 김찬은 중앙집행위원이나 김동명 · 임형관林亨寬 · 조

이환曺利煥이 검사위원이라는 것은 모른다. 그러나 부문은 내가 전회 진술한 바와 같이 비서부 · 조직부 · 선전부의 3부문만이 설정된 것이 아니고 비서 중에는 책임비서 · 국제책임자 · 연락책임자, 조직부 중에는 조사책임자, 선전부 중에는 교양책임자 · 출판책임자를 두고 책임비서에는 박헌영, 국제책임자에는 조봉암, 연락책임자에는 김단야, 조직책임자에는 나, 조사책임자에는 홍증식, 교양책임자에는 임원근, 출판책임자에는 김찬이 선정된 것이다.

문: 그 책임자 직책을 아울러 진술하라.

답: 책임비서는 고려공산청년회의 대표자로서 일반의 사무, 국제책임자는 우리 공산청년회가 대표자로서 국제공산청년회에 파견시켜 두 청년회 간에서 여러 가지 협정, 연락책임자는 국제공산청년회와 우리 공산청년회와 상통 · 연락, 조직책임자는 다른 단체회원을 우리 공산청년회에 유인 가맹, 조사책임자는 사회현상의 시찰, 교양책임자는 투사의 양성, 공산주의의 선전, 출판책임자는 우리 공산청년회에서 발간한 것을 출판할 일을 맡는다.

문: 김광金光 · 정경창鄭敬昌도 고려공산청년회 조직의 회합에 참석한 일 있는가? 없는가?

답: 김광의 별명은 김동명이라 하는데 그 회합에 참석한 일이 없으며, 정경창은 잠깐 있었으나 지금은 기억이 없다.

문: 박헌영은 동회同會 회합에 참석한 총수가 18명이라 하였는데 독고전獨孤佺은 그곳에 참가한 일이 있는가? 없는가?

답: 동인同人이 진술한 바와 같이 독고전은 그곳에 열석하지 않았으나 총 17명이 있었는데 전회에 진술한 바와 같다.

문: 피고는 전회에 독고전도 동同 회합에 참가했다고 진술하였는데 어떤가?

답: 내가 잘못 그렇게 진술한 것이다.

문: 그러면 독고전이 고려공산청년회에 가입한 것은 틀림이 없는가?

답: 그 사람은 가입한 일이 없다.

문: 독고전이 러시아에 파견된 유학생이라며 평소 고려공산청년회를 위하여 진력했다는데 어떠한가?

답: 나는 비서부 간부가 아니라서 그런 일은 모르겠으나 독고전은 30세 이상이라 연령상 입회할 수 없을 것이다.

문: 이것은 러시아 모스크바 공산학교에 유학생으로 파견된 명부가 아닌가?

(이때에 본 제891호를 보였음)

답: 그렇다.

문: 동同 명부에 의하면 파견된 총수가 21명인데 이건호李健鎬도 그중에 가입되어 있다. 어떠한가?

답: 그렇다. 그대로이다. 김조이金祚伊는 무슨 이유인지 상해로 가고 모스크바에는 없었기 때문에 나는 전회前回에 20명만을 진술했다.

문: 그 명부에 고명자高明子 · 김조이金祚伊 · 김응기金應基 · 권오직權五稷 · 장서성張曙星 · 최춘택崔春澤 · 정경창鄭敬昌 등이 1924년 중에 고려공산청년회의 후보회원으로 기재되어 있으니 동同 공산청년회는 1924년 중에 창설하여 이런 일을 한 것이라 생각되는데 어떠한가?

답: 그렇지 않다. 후보기간도 두지 않고 곧 정회원이 되면 국제공산청년회에서 체재体裁가 나쁜 까닭에 다시 이에 기재된 것이다.

문: 이 기재를 한 사람은 누구인가?

답: 박헌영과 나, 두 명이다.

문: 고려공산청년회는 회원 김상주金尙珠도 러시아 모스크바 공산학교의 유학생으로 파견한 것이 아닌가?

답: 그렇다. 내가 투사양성을 위해 경남 양산군 통도사에서 그 사람을 상경시켜 우리 공산청년회의 유학생으로 모스크바 학교에 파견하였다. 그러나 동인同人은 그 실상, 신의주에서 경찰관이 괴상히 여겨 고향으로 돌려보내는 바람에 목적 달성을 이루지 못하였다.

문: 유학생의 여비는 조봉암이 러시아 모스크바 공산청년회로부터 지출한 것이라고 듣지 않았는가?

답: 나는 먼저 진술한 바와 같이 피신하고 있는지라 잘 모르겠다.

문: 그러면 고려공산청년회는 국제공산당청년회에 가맹하고 있는데 틀림없는가?

답: 회원 조봉암이 우리 공산청년회 대표로서 가맹의 승인을 얻으려고 국제공산청년회에 파견하였으나 승인을 얻었다는 통보를 받지 못했기 때문에 가입되지 않았는지 확실히 가입되어 있는지 잘 모르겠다.

문: 유학생을 파견하고 남은 여비를 지출하고 있는 이상, 가맹의 승인을 얻었다 해도 틀리

지 않다고 생각함이 어떠한가?

답: 우리 공산청년회에서는 유학생 비용을 조달하는 등은 하지 않음으로 조봉암曺奉岩이 먼저 공술한 바와 같이 지출한 것이라고 추정하기 어렵지 않으나 국제공산청년회에 가맹승인은 1년이나 2년마다 개최하는 대회에서 정하는 것이므로 승인을 얻었다는 통보가 없어도 확실히 가입했다고 단언한다.

문: 이는 영국공산청년회의 회칙이 고려공산청년회 회칙이라 하여도 되지 않은가?

(이때 본 제293호의 증 제10호 및 상 제978의 증 제2호를 보였음)

답: 그렇다. 크게 다르지 않다.

문: 동同 회칙은 누가 어느 때 어느 곳에서 무엇을 참작해서 제정하였는가?

답: 내가 1926년 3월 중순경 당시 경성부 장사동의 학무국장 이진호李軫鎬 집 한 칸에서 영국공산청년회 회칙 및 시베리아 공산당의 당칙을 참조해서 그 회칙을 제정하였다.

문: 그러면 피고가 조선공산당 당칙을 제정할 당시 참고로 한 영국공산청년회의 회칙이라 이르는 것은 실은 고려공산청년회 회칙인 것인가?

답: 그렇지는 않다. 지난 회 보여주던 영국공산청년회의 회칙을 참조하여 조선공산당 당칙을 만들었음은 틀림이 없다.

문: 그러면 참고로 삼은 영국공산청년회 회칙 및 러시아공산당 당칙은 어떻게 구했으며, 현재 누구 손에 있는가?

답: 내가 김대봉金大鳳으로부터 입수하였으나 참작한 뒤에 태웠다.

문: 고려공산청년회 회칙이라 부른 것과 다른 것은 무엇인가?

답: 고려공산청년회 회칙이라 이름한 것은 관헌의 눈에 띌 경우 우리 공산청년회의 존재가 폭로될까 우려해서다.

문: 고려공산청년회에 입회한 이는 모두 이 회칙을 제정한 뒤에 여기에 준하여 입회하였는가?

답: 내가 회칙을 제정하기 전에도 일정한 후보를 기간을 정하여 그 기간 동안 '후보회원' 이라 하고, 인물을 조사해서 적격자라 인정될 때 회원 2명이 보증하면 비서부에서 그들을 허용하여 내정하였다. 그러나 창립 시기는 과연 과도기이므로 연령 제한 이외에는 회칙의 규칙은 전연 준거치 않고, 회원 각자가 공산주의자를 물색해서 입회를 권고하고, 그 사람이 동의하면 곧 회원으로 하고 그 뜻을 비서부에 통보하여 둔다.

위의 조서는 이를 공술자에게 읽어 주고 상위 없다는 뜻으로 서명 무인

공술자 권오설

1927년 3월 5일

경성지방법원

예심계 조선총독부판사 五井範藏

조선총독부재판소서기 福田清吉

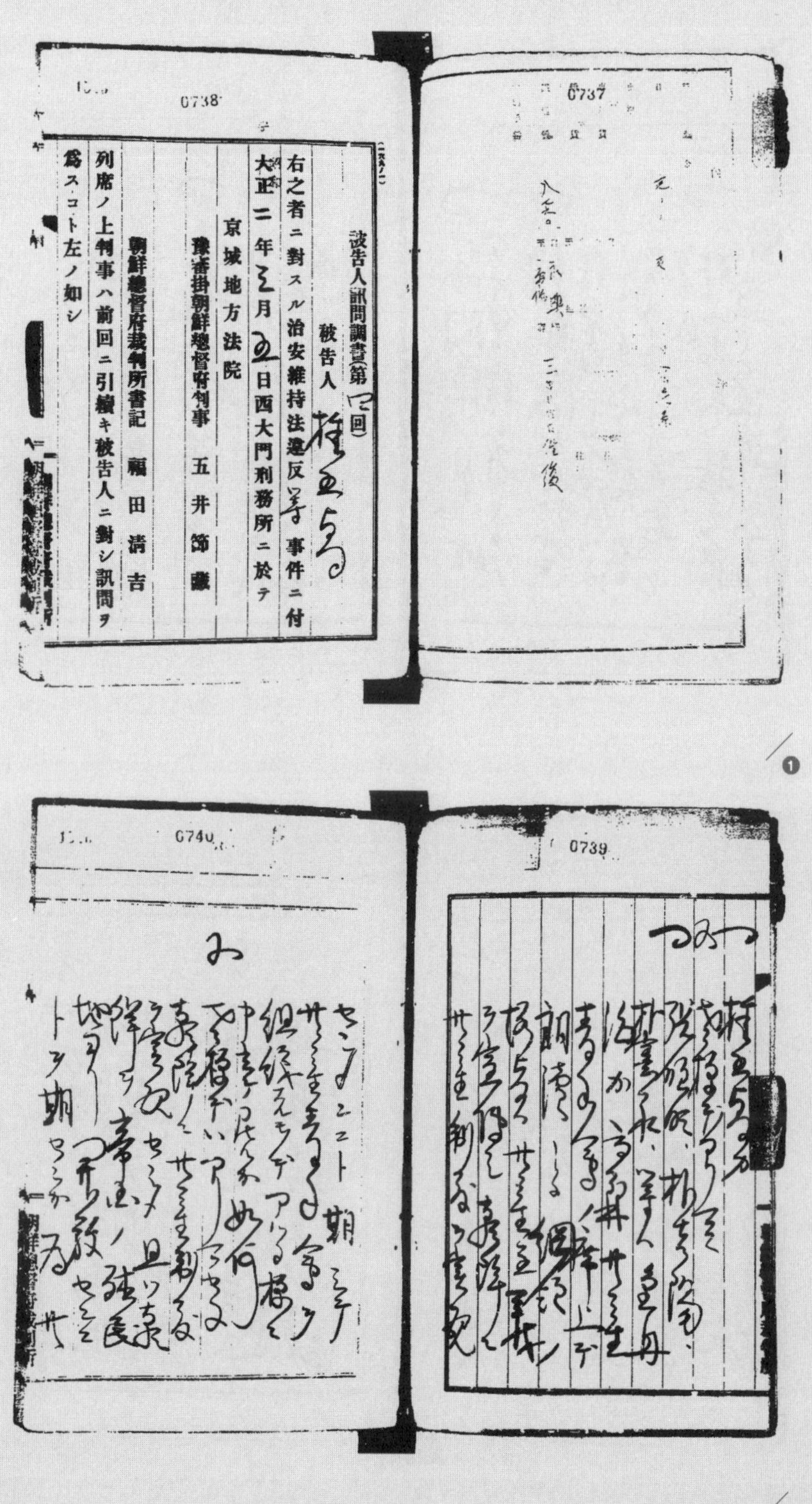
被告人訊問調書（第　回）

被告人　權五卨

右之者ニ對スル治安維持法違反等事件ニ付大正二年三月五日西大門刑務所ニ於テ

京城地方法院

豫審掛朝鮮總督府判事　五井節藏

朝鮮總督府裁判所書記　福田淸吉

列席ノ上判事ハ前回ニ引續キ被告人ニ對シ訊問ヲ爲スコト左ノ如シ

❶

❷

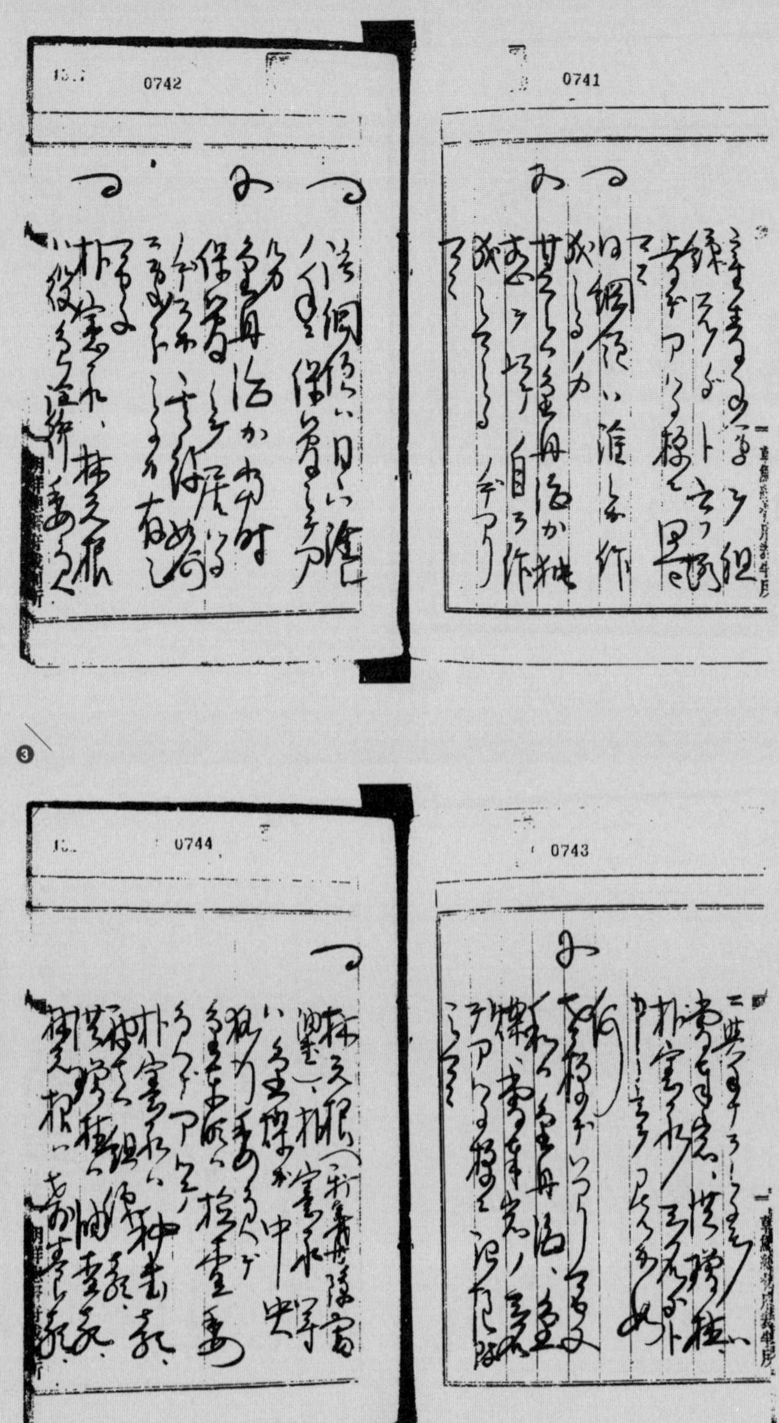

③

④

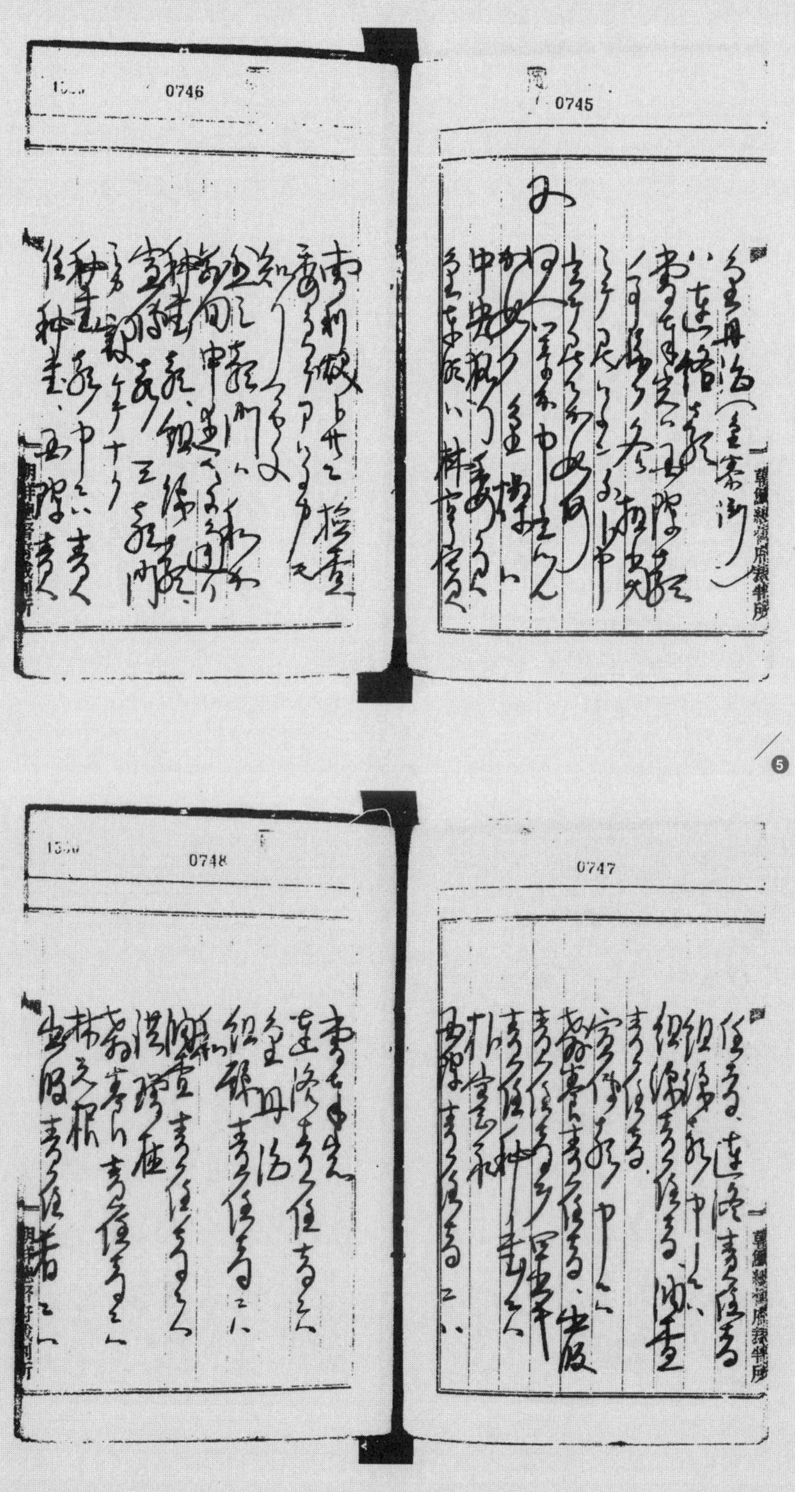

5

6

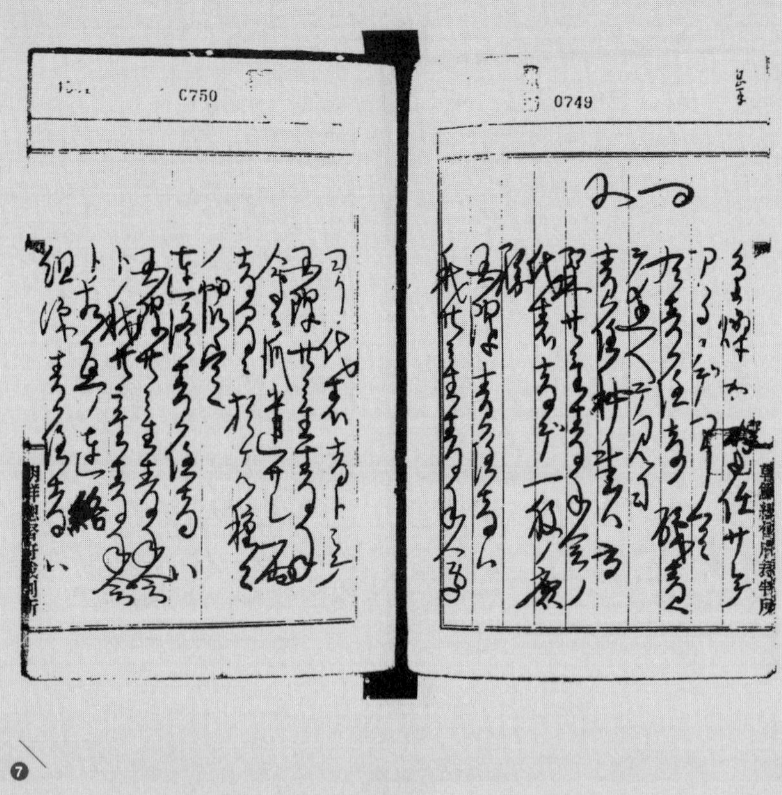

⑦

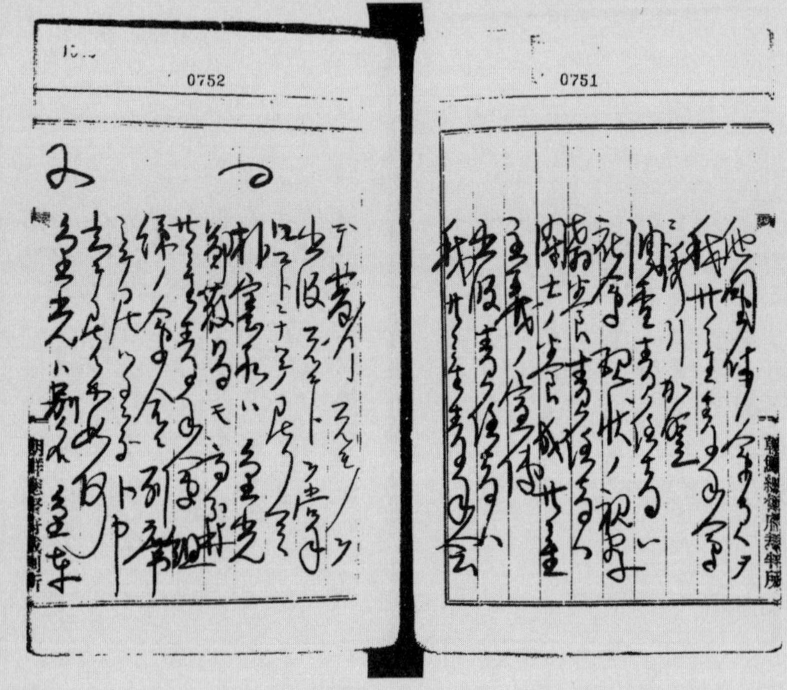

⑧

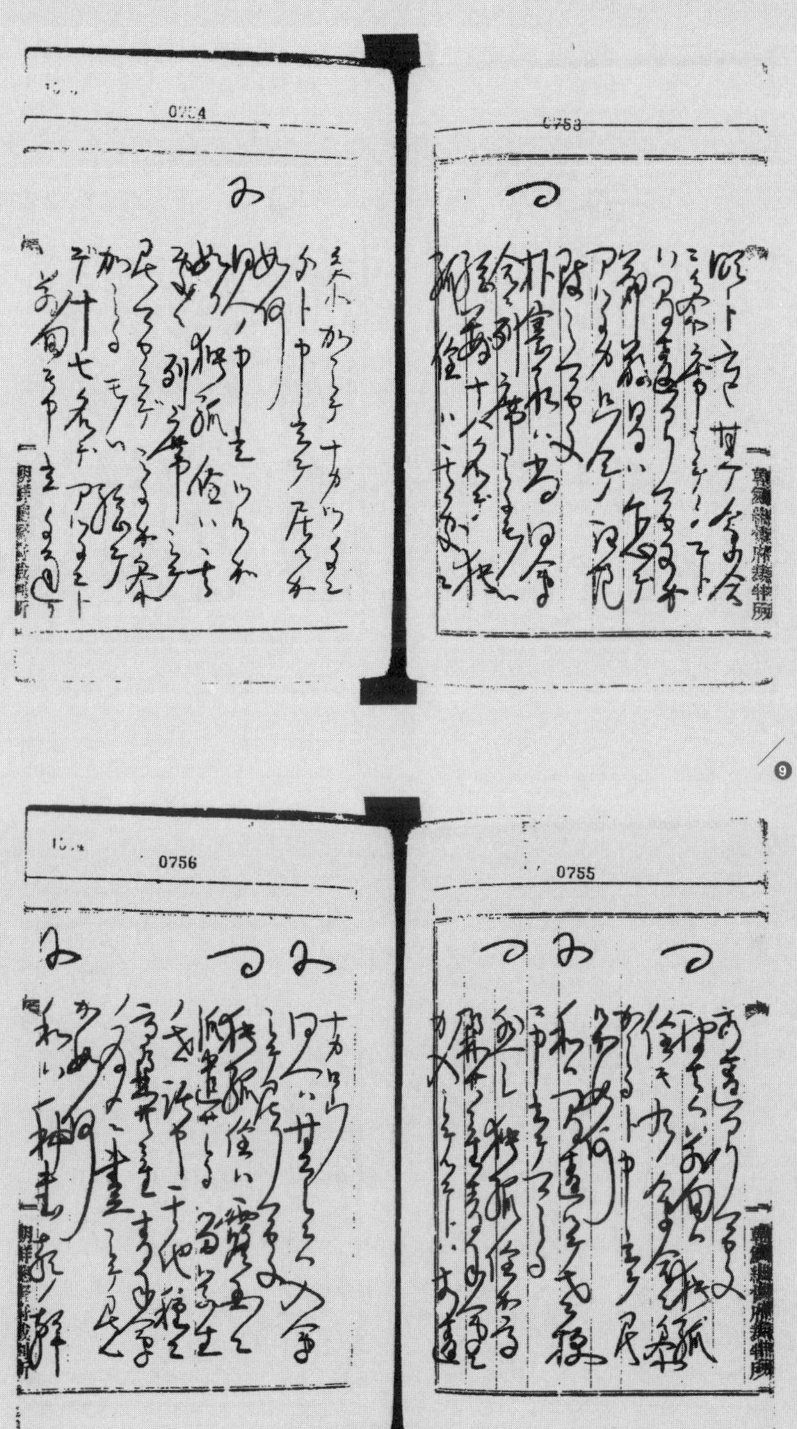

⑨

⑩

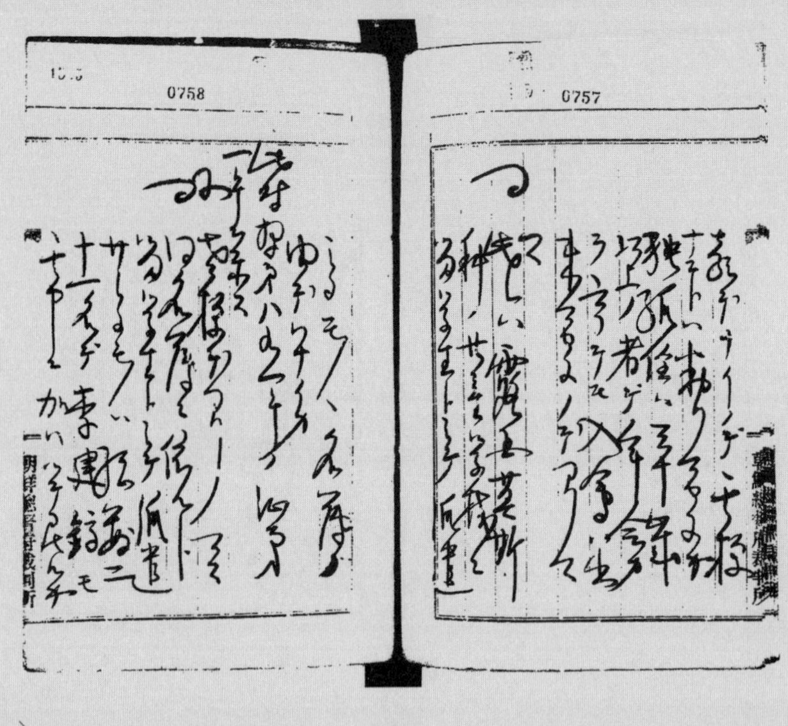

⑪

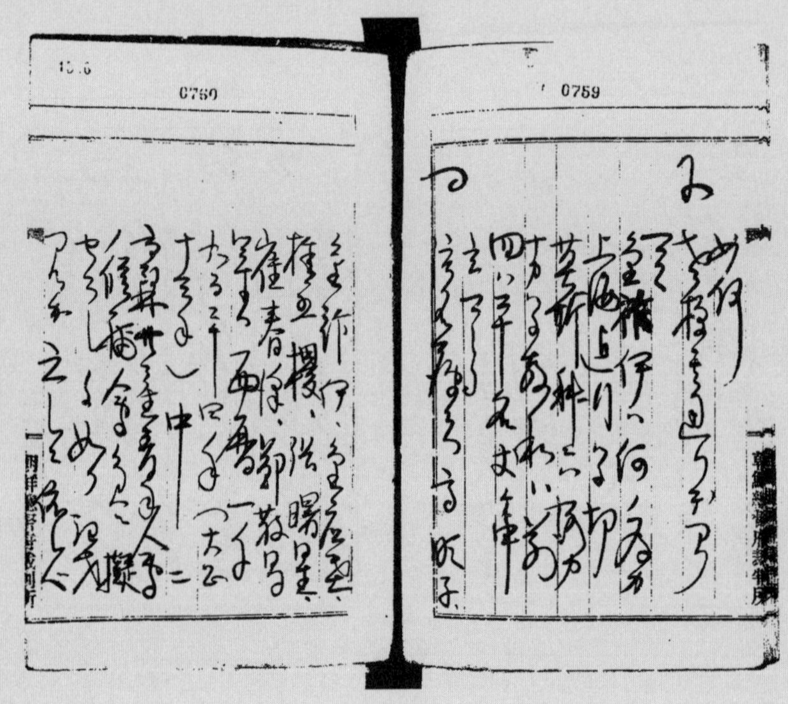

⑫

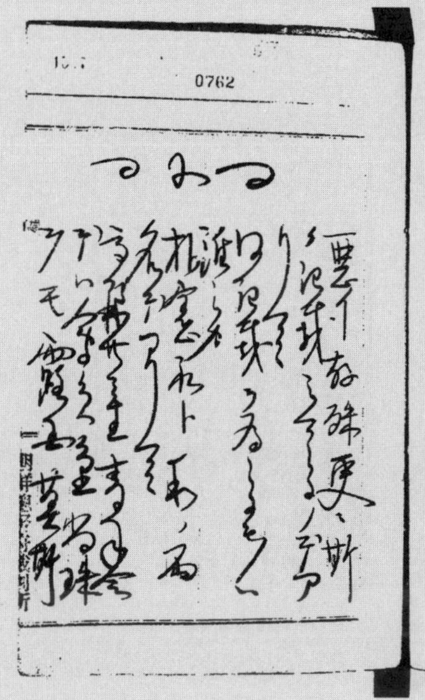

0762

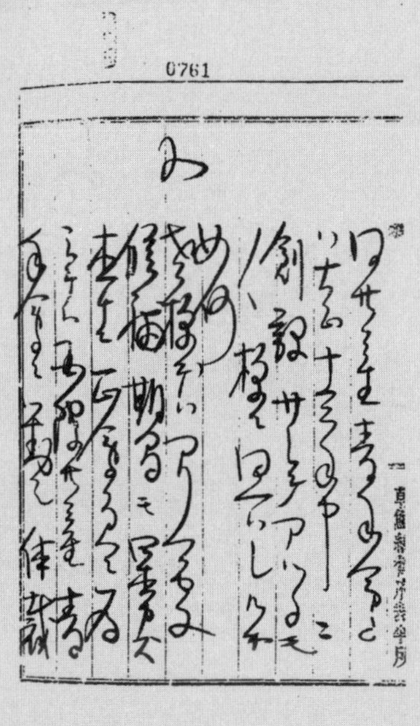

0761

⑬

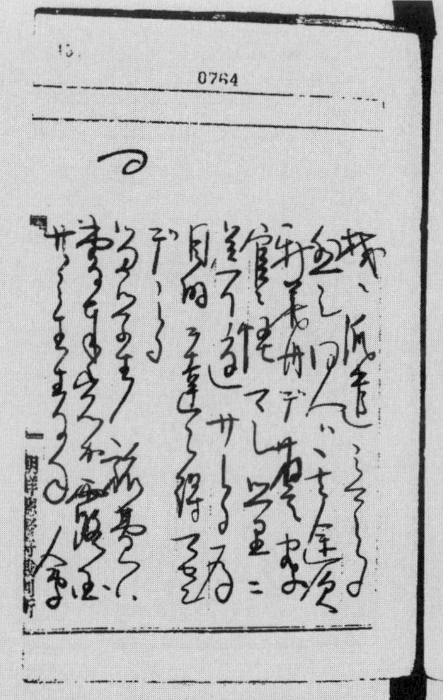

0764

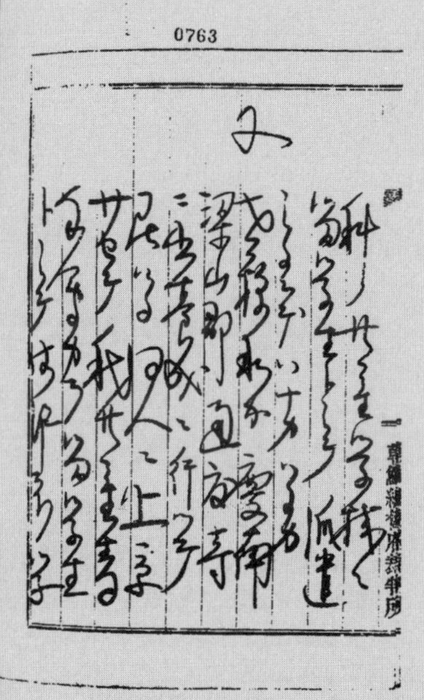

0763

⑭

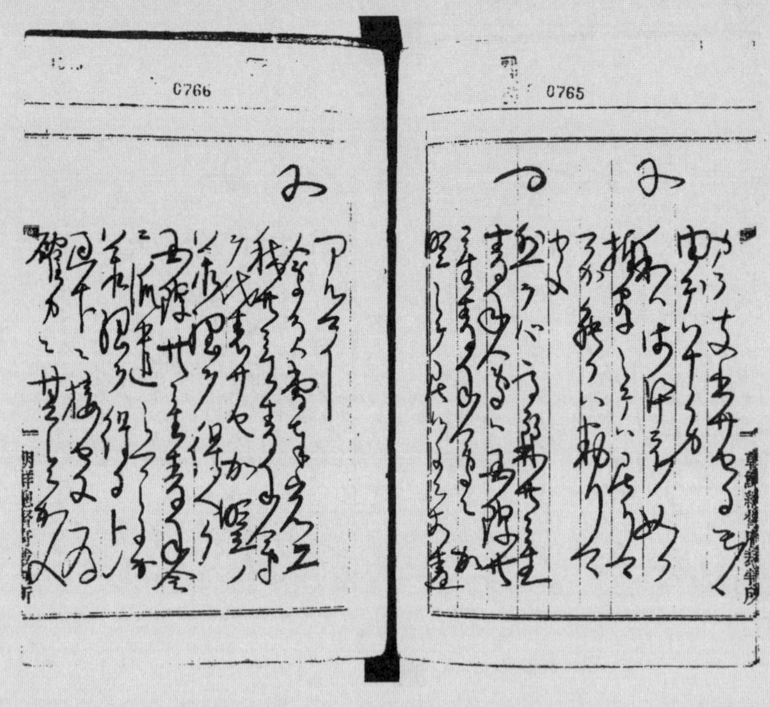

⑮

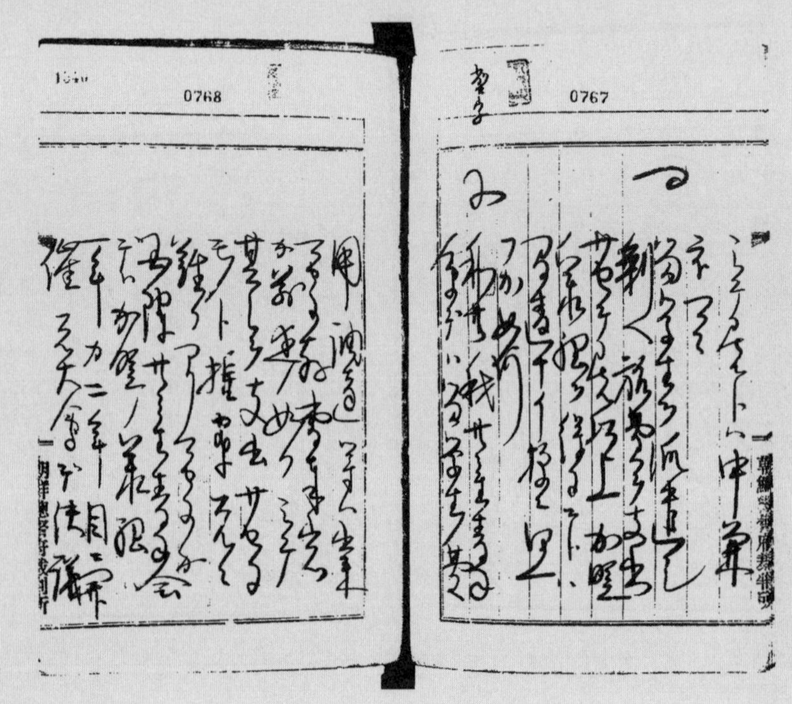

⑯

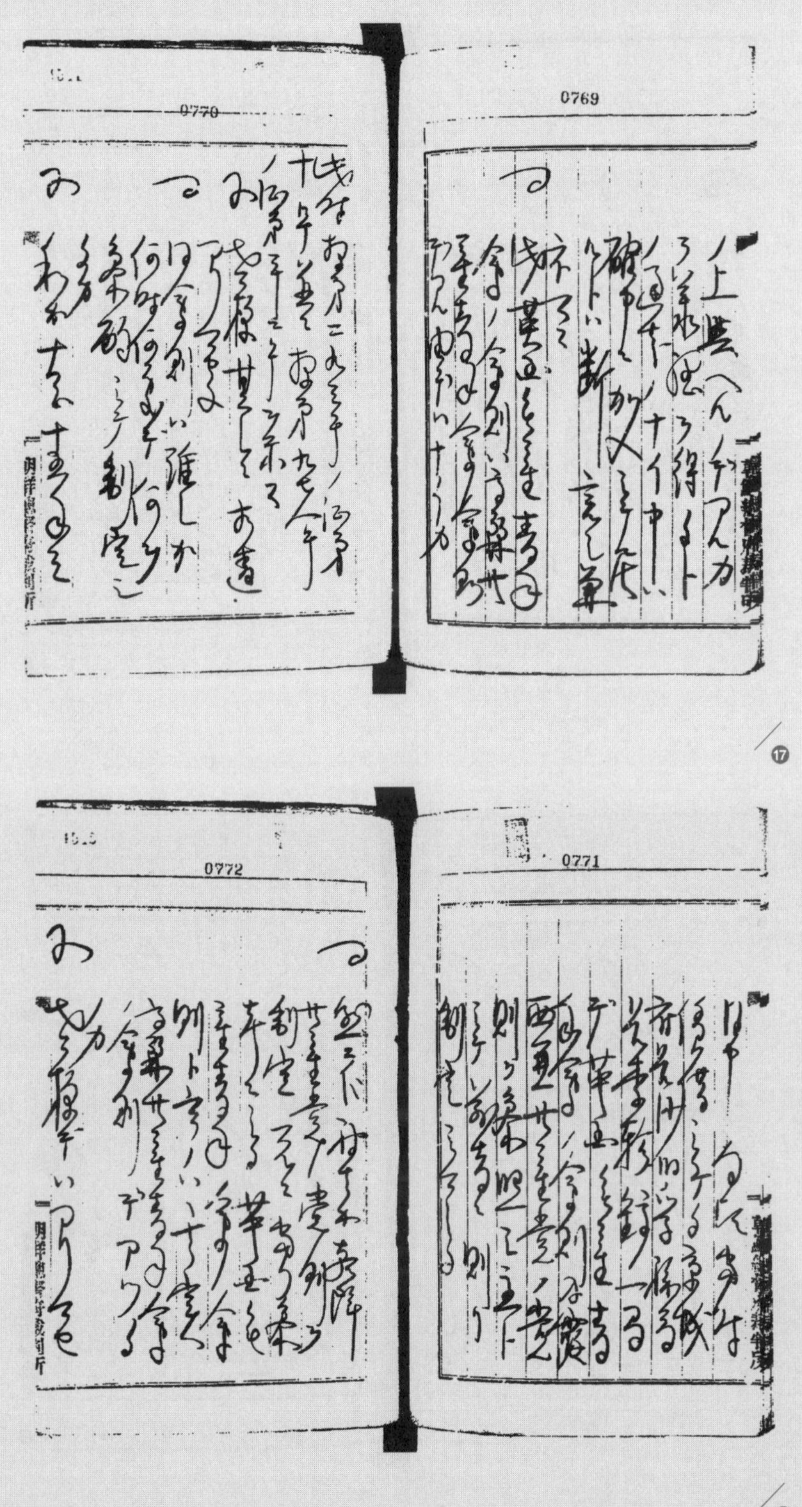

17

18

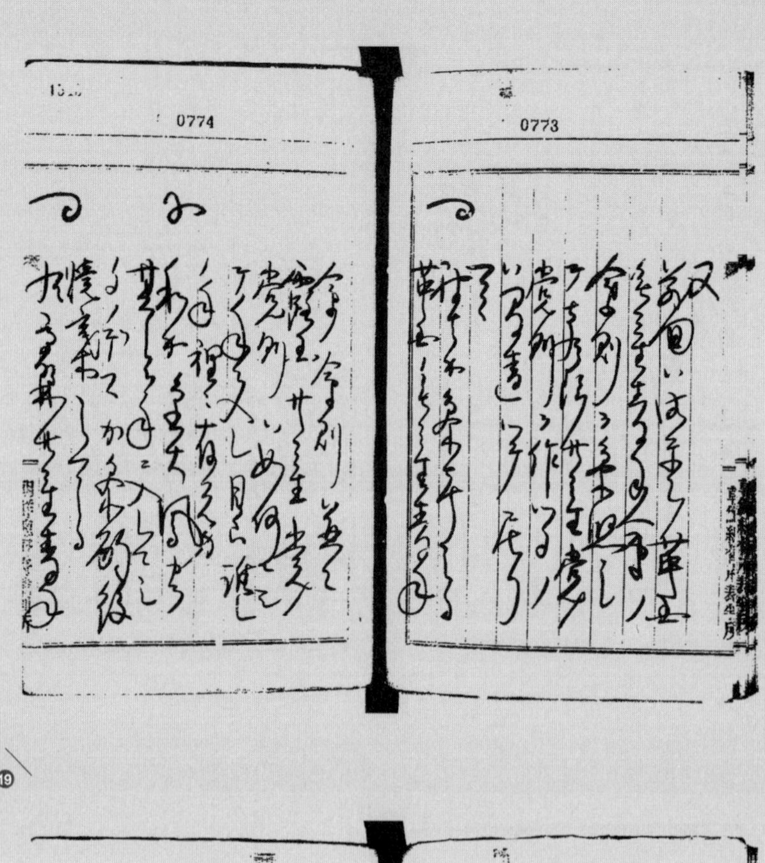

19

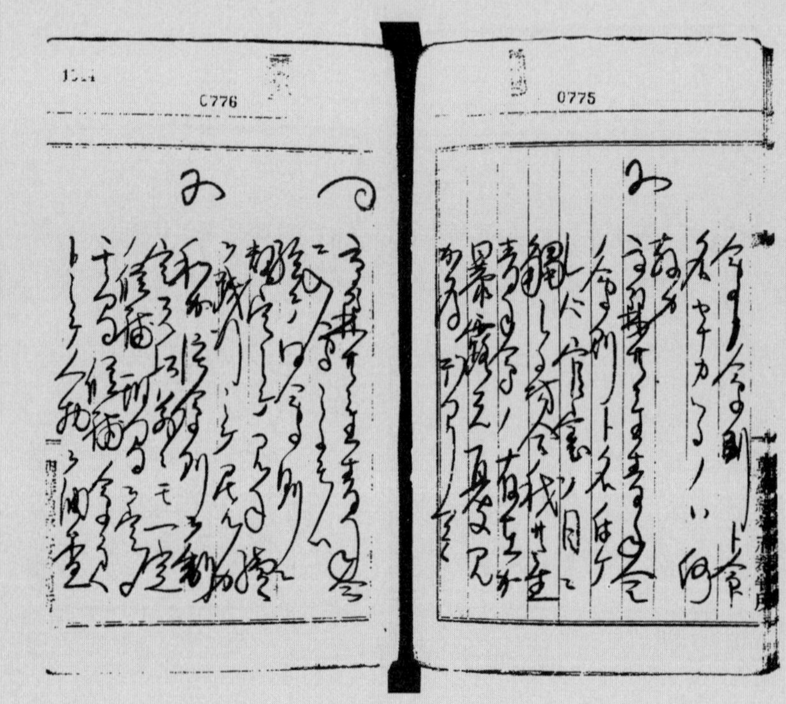

20

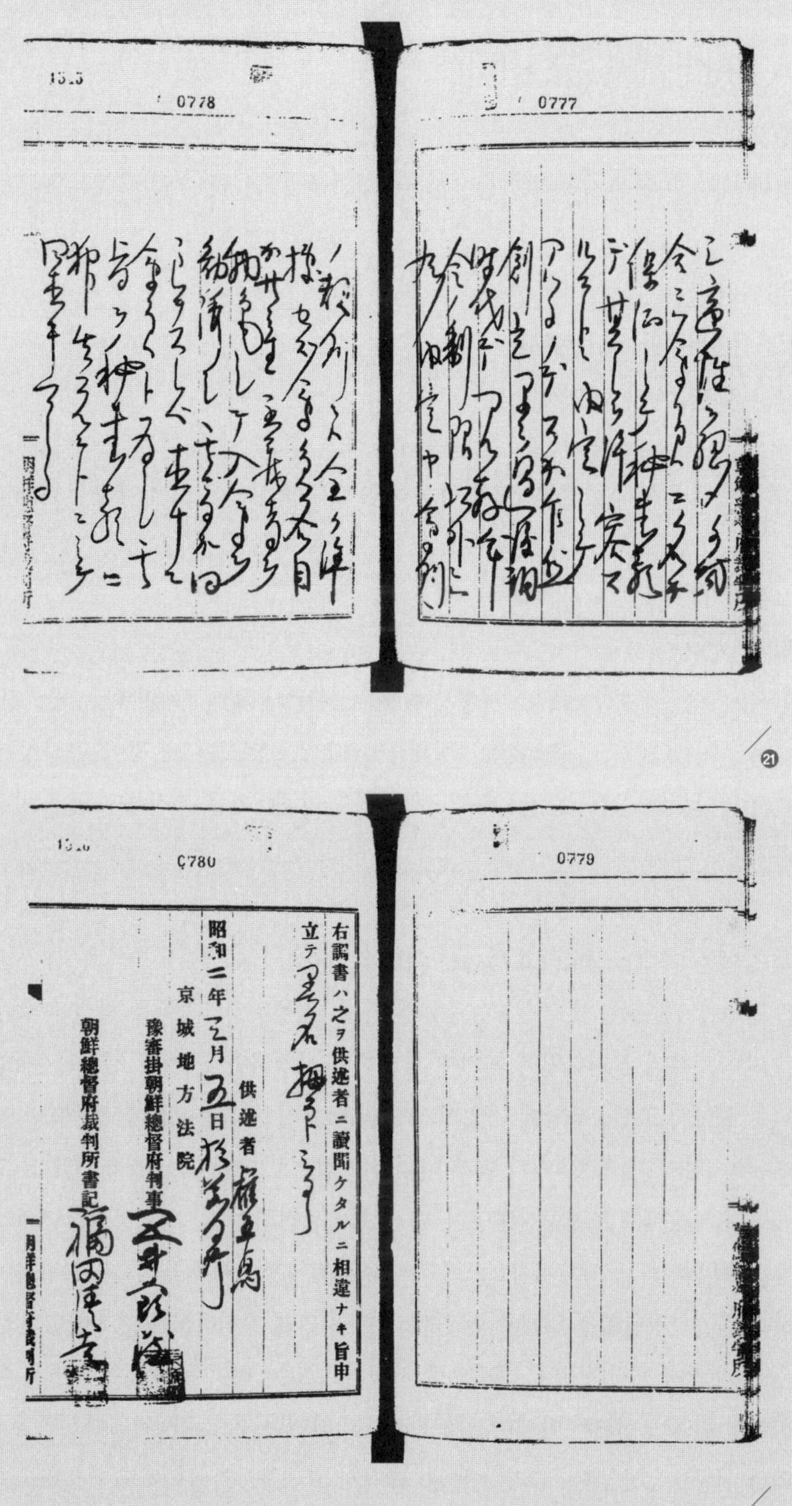
0778
0777

㉑

0780
0779

右調書ハ之ヲ供述者ニ讀聞ケタルニ相違ナキ旨申
立テ署名拇印シタリ
供述者
昭和二年三月五日
京城地方法院
豫審掛朝鮮總督府判事
朝鮮總督府裁判所書記

㉒

被告人 訊問調書(第五回)

피고인 권오설

위의 사람에 대한 치안유지법위반 등 사건에 대한 1927년 3월 7일 서대문형무소에서

경성지방법원

예심계 조선총독부판사 五井節藏

조선총독부재판소서기 福田淸吉

열석列席의 위의 판사가 전회前回에 이어 피고인에 대해 신문한 것이 아래와 같음

문: 권오설인가?

답: 그렇다.

문: 최안섭崔安燮·김재중金載中·정홍모鄭洪模·신동호申東浩·최일봉崔一峯·정순제鄭順悌·허영수許永壽·정순화鄭順和·정태중鄭泰重·노상렬盧相烈 등이 공산청년회에 가입한 전라남도의 광주·순천·구례·광양에도 야체이카를 조직하고 있는 이유는 무엇인가?

답: 나는 그런 일은 모두 모른다.

문: 저들 중에는 이같이 진술하고 있음은 어쩐 일인가?

답: 1926년 5년 3월 하순경 조선노농총동맹 가맹, 집행위원간담회를 경성에서 개최할 때 각 지방으로부터 집행위원이 거기에 참가하려 상경하였다. 이때 전정관全政琯에게 집행위원 중에서 조선공산당에 가입시켜 면담을 요청하여 전정관이 신동호申東浩·신명준辛命俊·김기수金基洙 3인과 함께 나의 전셋집으로 함께 와서 소개하였다. 그래서 나는 동인同人 등에게 조선공산당당칙, 공산주의 선전의 방침, 영국공산청년회의 회칙(그 고려공산청년회 회칙) 야체이카·프락치의 조직원칙 각 1매씩을 주고, 귀향하여 조선공산당 고려공산청년회를 위해 이런 등에 기하여 크게 진력하도록 간청하였던 바 동인同人 등은 흔쾌히 허락하였다. 그러므로 저들의 보고는 받지 못하였으나 필시 이들이 협력하여 회원을 모집해서 야체이카를 조직하고 있었던 것으로 생각된다.

문: 그러니 신동호·신명준·김기수 등은 그 당시 고려공산청년회에도 가입하고 있었음은

틀림없는지?

답: 신명준 · 김기수는 연령상으로 보아 회원이 되었을 것이나 앞에 진술한 조선공산당 당칙에 규정되어 있음과 같이 고려공산청년회와 동同 공산당과는 주의 목적이 같은 까닭에 서로 협력하여 목적을 달성하기 위해 형제의 우교를 맺고, 연배의 관계상 조선공산당을 형으로 해서 내내 그 공산당원이면 자연 고려공산청년회의 야체이카도 조직할 수 있다. 그러므로 신동호는 연령이 34세 미만이기에 자연히 고려공산청년회원이 되었고, 신명준 · 김기수 등은 협력해서 위에 말한 바와 같이 활동하고 있는 줄로 생각한다.

문: 황수룡黃守龍 · 김직성金直成 · 김형선金炯善 · 강송록姜宋錄 · 김상주金尙珠 · 윤윤삼尹允三(일명 윤렬尹烈이라 칭함) · 김용찬金容贊 · 이봉수李鳳洙 · 김명시金命時 · 김제선金濟善 등도 고려공산청년회에 가입해서 경남의 마산에서 그 야체이카를 조직한 일이 없는가?

답: 그런 일은 나는 모른다.

문: 저들 가운데 이와 같은 진술이 있었을 것 아닌가?

답: 나는 고려공산청년회 창립 당시 회원인 김상주金尙珠에게 마산에서 회원을 모집하여 우리 공산청년회 야체이카를 조직할 것을 위임하고 돌아왔기 때문에 동인同人이 저들을 회원으로 해서, 공산청년회 마산 야체이카를 조직하고 있었으리라 생각된다.

문: 피고는 전남 및 경남으로부터 이러한 전말의 보고를 접했다고 해도 틀리지 않는다고 생각하는데 어떤가?

답: 그렇지 않다. 나는 김상주金尙珠가 1925년 10월 하순경 유학생으로 러시아 모스크바에 파견될 때 마산 고려공산청년회의 야체이카가 조직되었다고 말하는 이가 있었으나 상세한 것은 뒤에 듣기로 하고 그냥 두었다. 그러나 그 뒤 김상주는 관헌에 검거되었기 때문에 결국 확실히 듣지 못했고, 전남 방면의 일도 6개월이 지나도 아무 소식이 없기에 신동호 등에게 서면을 보내어 알아볼 생각이었으나 뜻밖에 이왕전하가 훙거하였기에 국장을 기하여 불온의 거사 계획에 고심하다가 체포를 당하였으므로 이제는 그것도 안 된 것이다.

문: 피고가 1925년 12월 10일경 정달헌鄭達憲의 하숙집에 회합해서 고려공산청년회를 진전시키려고 협의를 할 때 김경재金璟載도 그 자리에 참석한 것은 틀림없는가?

답: 그렇다. 틀림없다.

문: 김경재 · 염창렬廉昌烈 · 김찬재金璨載는 그 회합에 참가한 일이 없는가?

답: 그렇지 않다. 동인同人이 말하는 것은 틀리다.

문: 김경재는 자기는 어떤 간부에 선정되었는지 모른다고 하던데 어찌된 일인가?

답: 그렇지 않다. 동인同人이 이지탁李智鐸과 함께 선전부 사무를 담당한 일을 충분히 알고 있다.

문: 고려공산청년회 및 조선공산당은 어느 것이든 제국의 국체를 변혁하여 사유재산제도를 부인할 목적으로 조직된 것임은 틀림없는가?

답: 그렇다. 틀림없다.

문: 그들이 가입시킨 자 중에도 사유재산제도를 부인하고 공유재산제도의 실현을 도모하는 일을 목적으로 하여 조직한 것이라 믿는 자도 있음은 어쩐 일인가?

답: 어쨌든 우리 조선인의 손으로 조선공산제도 국가를 건설해서 이를 통치하려는 것이므로 이를 달성하기 위해 조선을 일본 제국주의 식민지로부터 이탈시키는 것이 당연하며, 따라서 제국의 국체를 변혁시킬 목적의 하나가 된다고 생각된다.

문: 고려공산청년회가 조직되는 자리에서 회원 일동이 그 목적에 대해 협의한 것인가?

답: 그 자리에서는 특별히 그 목적에 대하여 협의하지 못하였다. 그러나 참여자는 어쨌든 공산주의자뿐이고 또 김단야金丹冶가 낭독한 강령에 의하여 그 취지가 전달되었고, 일동은 그 강령을 낭독할 즈음 모두 찬성하고 있었으므로 이심전심으로 협의한 것과 같다고 생각하였다.

문: 고려공산청년회 및 조선공산당에 가입한 이는 모두 그 목적을 알고 있는가?

답: 그렇다. 모두들 알고 있다.

문: 그러면 거기에 가입한 자 중에서 목적을 알지 못한다고 하는 것은 어쩐 일인가?

답: 그렇지 않다. 고려공산청년회에도 조선공산당에도 가입을 권유할 때는 반드시 목적을 모른다든지 또 목적도 모르고 가맹한 자는 없다고 생각된다.

문: 목적을 알지 못하고 그 권유받는 사람이 권유를 거절한 경우 그 존재가 외부에 폭로될 우려는 없는가?

답: 그런 우려는 없다. 그 권유자가 공산주의자인가 아닌가를 확실히 한 후에 가맹시킬 것이지, 아닌지를 조사하고, 함부로 권유하지 않기 때문에 그럴 우려는 없을 것이다.

문: 고려공산청년회에서는 공산주의 선전을 위해 조선 각도에 도연맹, 각 군에 군연맹을 조직하려는 것은 아닌가?

답: 그런 일은 없다. 우리는 조선 각 도 · 군에 사회운동의 표면단체가 얼마나 있는지 연락을 하고 있지 않기에 이를 통괄하려고 시험하고 있다.

문: 그러나 이와 같은 진술이 있는 것은 어쩐 일인가?

답: 그렇게 말하고 있다면 심한 오해다. 표면운동 단체는 합법적 조직을 하고 있는 까닭에 우리는 이면운동 단체를 선전기관으로 하는 것은 절대로 이룰 수 없다. 더욱이 우리 공산청년회원 및 공산당원은 표면운동 단체에 가맹해서 그 회원 중에 공산주의자를 물색해서 우리는 일시에 가입시키려고 노력한다.

문: 김경재는 피고에게 조선지광사에 100원을 기부하자고 한 일은 없는가?

답: 내가 전회 진술함과 같이 기부하자는 말을 했다는 것은 오해다. 내가 돈이 궁해서 동인同人에게 차수한 관계로 해서 100원을 건네준 일은 있다.

문: 박민영朴珉英이 피고에게 여러 번에 걸쳐 금품공급을 했기 때문에 궁하여 20원 정도 신청하였다고 하던데 어떻게 된 일인가?

답: 그렇지 않다. 동인의 진술은 틀린다.

문: 이재익李在益은 피고에게 돈을 빌려 간 것이라 진술하니 어찌된 일인가?

답: 그런 일 없다. 동인의 진술은 잘못이다.

문: 이재익李在益도 조선공산당에 입당하였는가, 아닌가?

답: 동인同人은 사회운동에 종사한 사람이 아니니 역시 당원이 아니다.

문: 피고는 백기호白基浩에게 거듭 고려공산청년회에 대해 말하고 조선공산당에 가입하라고 권유를 했다고 한다.

답: 내가 1925년 가을에 그 지방의 운동단체 상황을 시찰할 목적으로 각지를 순회할 때 백기호白基浩의 향리에서 동인同人에게 고려공산청년회에 입회할 것을 권유했는데 동인同人은 북풍회와 화요회가 파적투쟁을 거행하고자 입회하겠다고 말만 하고 행동하지 않았다.

문: 피고가 백기호白基浩에게 가입 권유를 시도해 본 것은 1925년 12월 30일경이고, 1926년 2월 중순경이 두 번째인데, 그때 민창식閔昌植도 그 자리에 동참하고 있었음이 틀림없겠지?

답: 나는 먼저 말한 바와 같이 1925년 가을에 한 번 권유하였을 뿐이다.

문: 그러면 백기호에게 위의 권유를 시험해 볼 즈음 신의주경찰서에서 검거되었을 때 동인

同人이 이면운동 단체라고만 한 것은 명확하게 고려공산청년회라고 하지 않았던 것 아닌가?

답: 그렇지는 않다. 내가 권유한 때는 신의주경찰서가 아직 검거에 착수하기 이전이었다.

문: 피고는 강균환姜均煥에게 조선공산당에 입당하도록 권유한 일은 없었는가?

답: 나는 은신 중이라서 스스로가 타인의 입당을 권유할 수 없었던 까닭에 대정 15년 2월 말경 이준태李準泰가 권유했다.

문: 이준태李準泰와 피고가 말한 바와 같이 저들을 자기의 당원될 자격자라며 추천한 일은 없는가 있는가?

답: 그러한 일은 없다. 동인同人의 진술이 틀린 것이다.

문: 다만 염창렬廉昌烈 · 이지탁李智鐸 같은 이는 김창준의 권유로 입당시켰다고 진술함은 어째서인가?

답: 이준태李準泰가 스스로 권유했으며 혹은 사람을 시켜서 하려 했는지는 모른다. 나는 이준태가 위에서 말한 것처럼 저들을 추천하여 입당을 권유한 결과 가입한 것이 틀림없다고 생각한다.

문: 피고는 이상훈李相薰에게 경성에 나가서 운동하라고 권유한 일은 없는가?

답: 내가 1925년 가을경 지방단체 상황 시찰로 각지를 순회할 때 이상훈李相薰의 향리에서 동인同人에게 고려공산청년회에 입회할 것을 권유한 일은 있었으나 그와 같은 권유는 기억이 없다.

문: 이상훈李相薰은 직접 입회를 허락하던가?

답: 동인同人은 가정의 사정상 입회를 허락할 수 없다고 하면서 처음에는 않았는데, 내가 그것은 옳지 않다고 권유하고 그 수속을 하여 두었다고 하니, 동인同人은 묵묵히 있기에 나는 그 묵묵함을 입회를 승낙한 것으로 생각하며 입회시켰다.

문: 저들과 조선공산당의 간부를 의논하고 있는 이봉수李鳳洙는 별명別名이 무엇이며, 어떤 신문사 기자라 하였는가?

답: 동인은 일명 이철李哲이라고 하며, 동아일보사 기자로 일했던 일은 있다.

문: 피고는 이준태李準泰로부터 돈 20원을 빌려 온 일은 없는가?

답: 그렇다. 빌려 온 일 있다.

문: 그러면 이봉수李鳳洙가 신의주에서 김단야金丹冶와 면담할 즈음 동인同人으로부터 채어

왔다고 하던데 한 번의 안면도 없는가?
답: 나는 그 출처에 대해서는 알지 못한다.

위의 조서는 이를 공술자에게 읽어 주고 틀림없다는 의미로 서명 무인함

공술자 권오설

1927년 3월 7일

경성지방법원

예심계 조선총독부판사 五井範藏

조선총독부재판소 서기 福田清吉

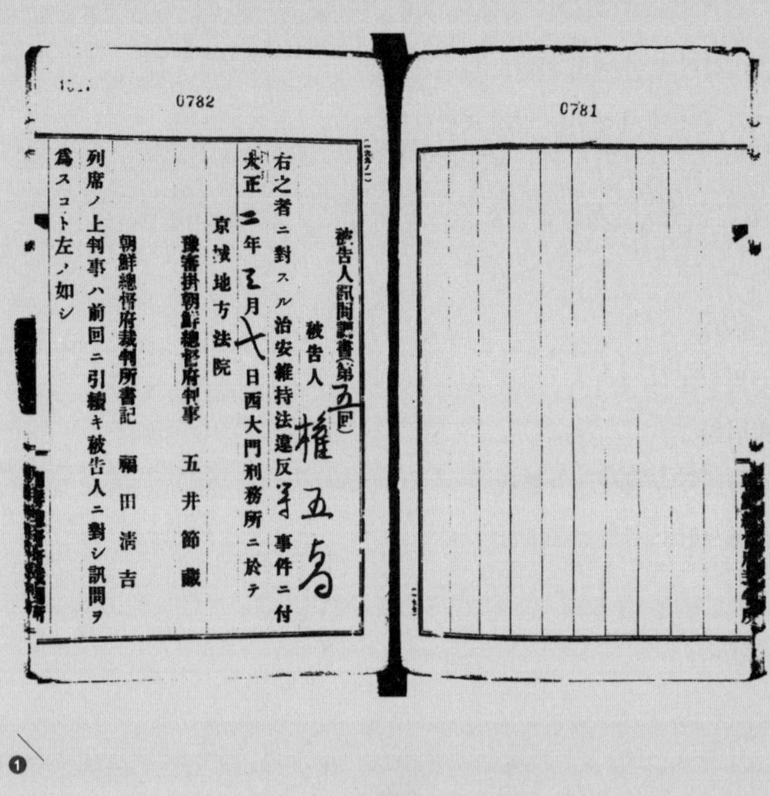
0782

0781

被告人訊問調書（第五回）

被告人　權五卨

右之者ニ對スル治安維持法違反等事件ニ付

大正二年三月七日西大門刑務所ニ於テ

京城地方法院

豫審掛朝鮮總督府判事　五井節藏

朝鮮總督府裁判所書記　福田満吉

列席ノ上判事ハ前回ニ引續キ被告人ニ對シ訊問ヲ

為スコト左ノ如シ

❶

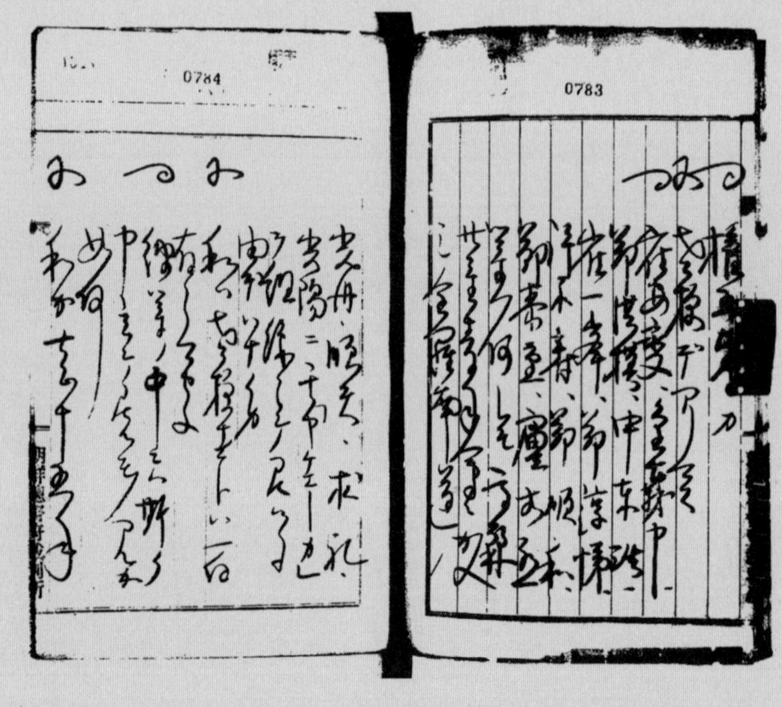
0784

0783

❷

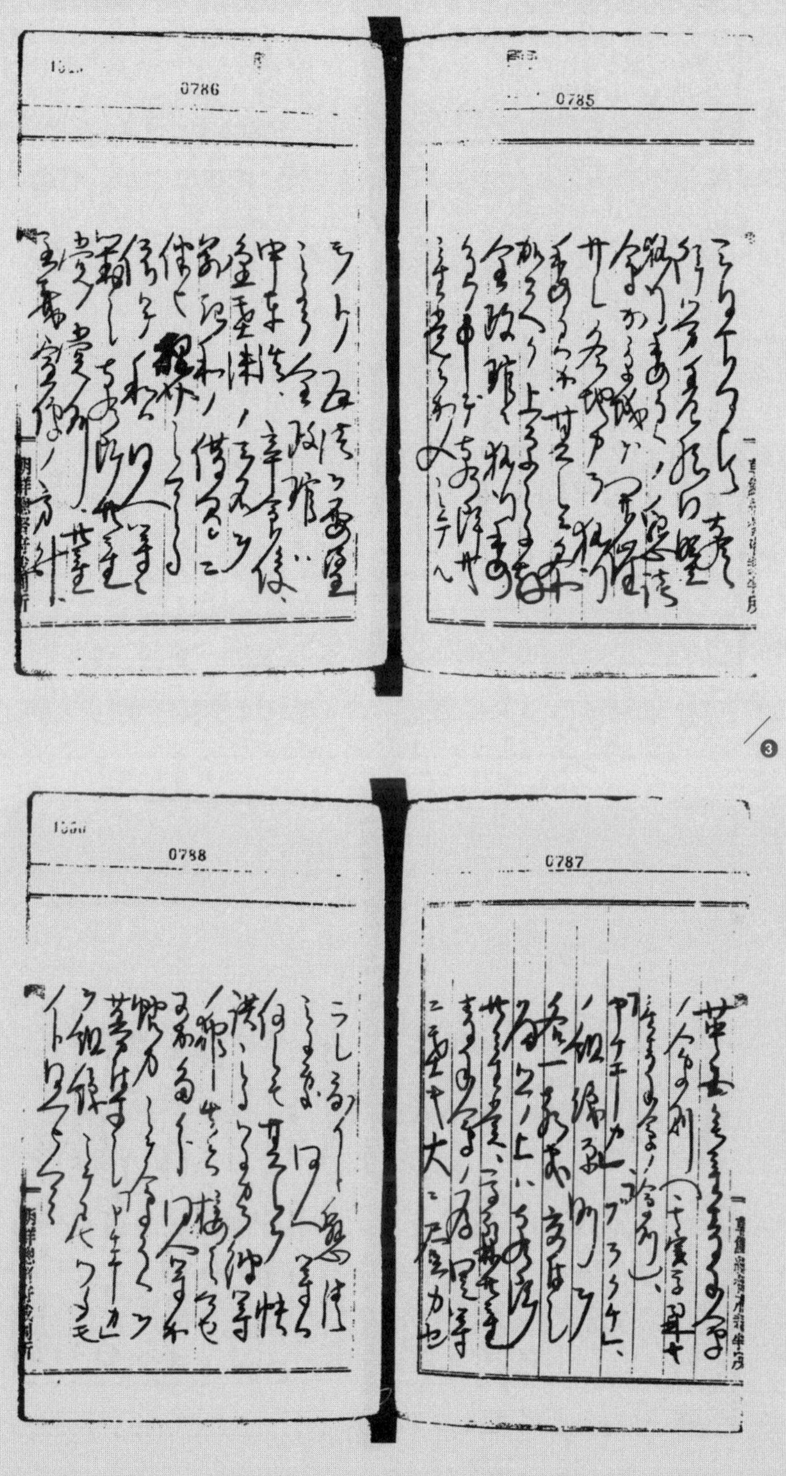

③

④

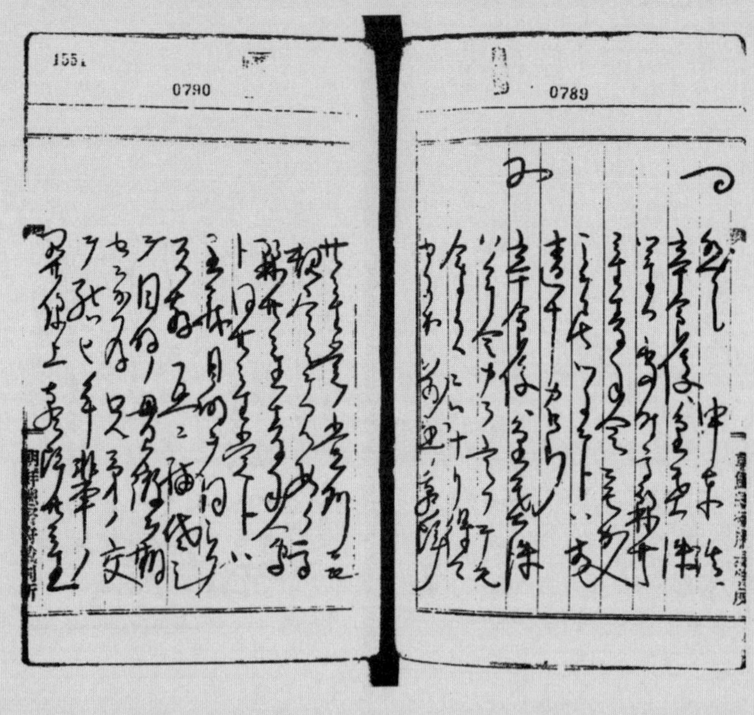

❺

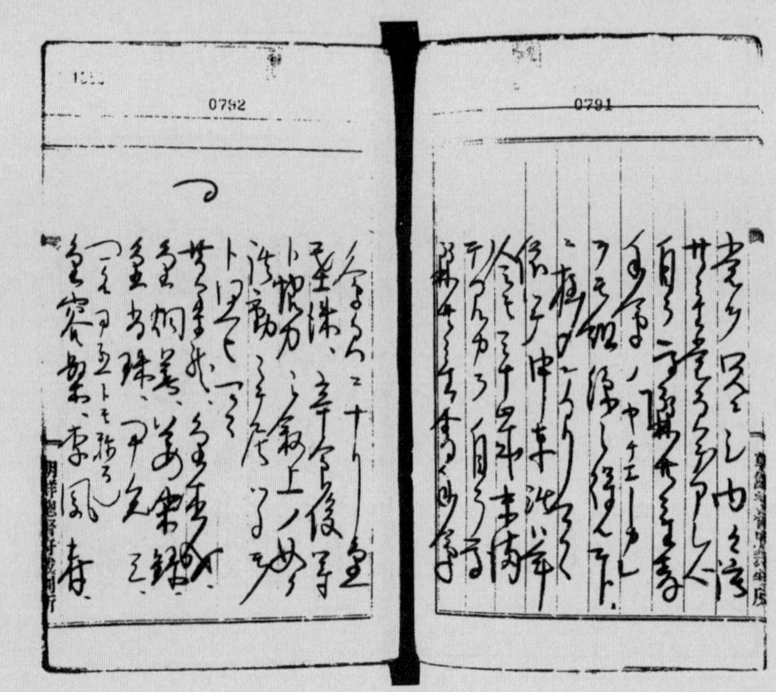

❻

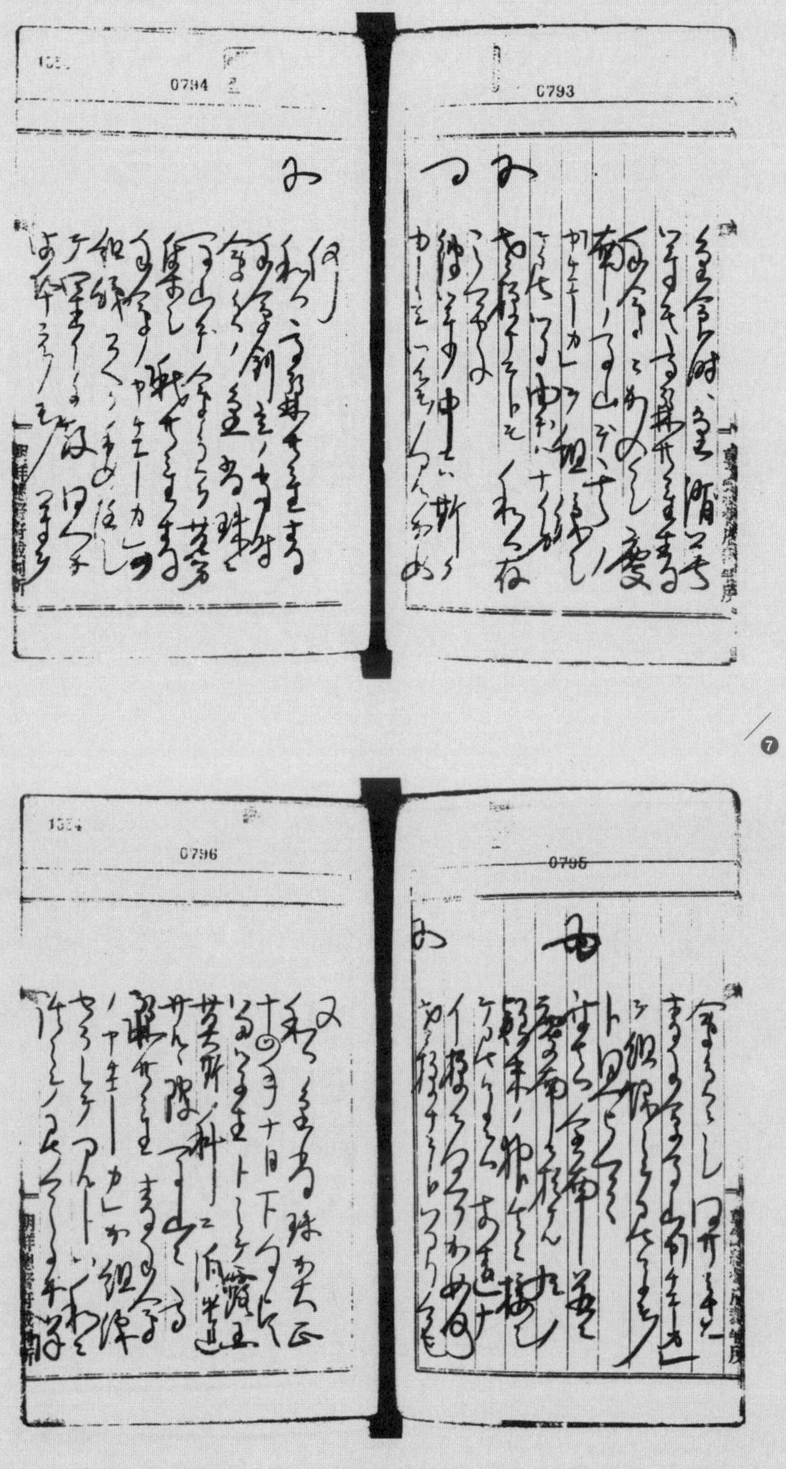
0794

0793

⑦

0796

0795

⑧

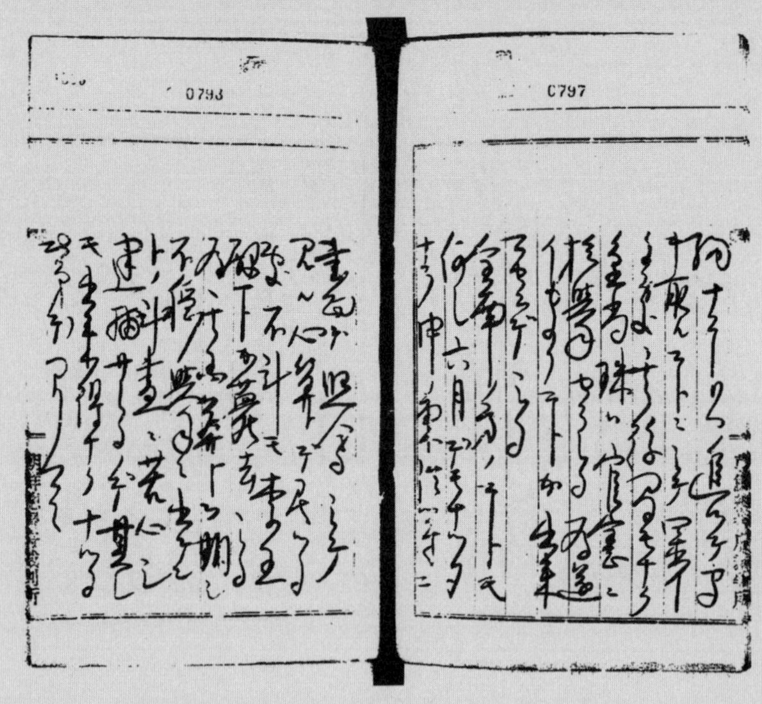

⑨

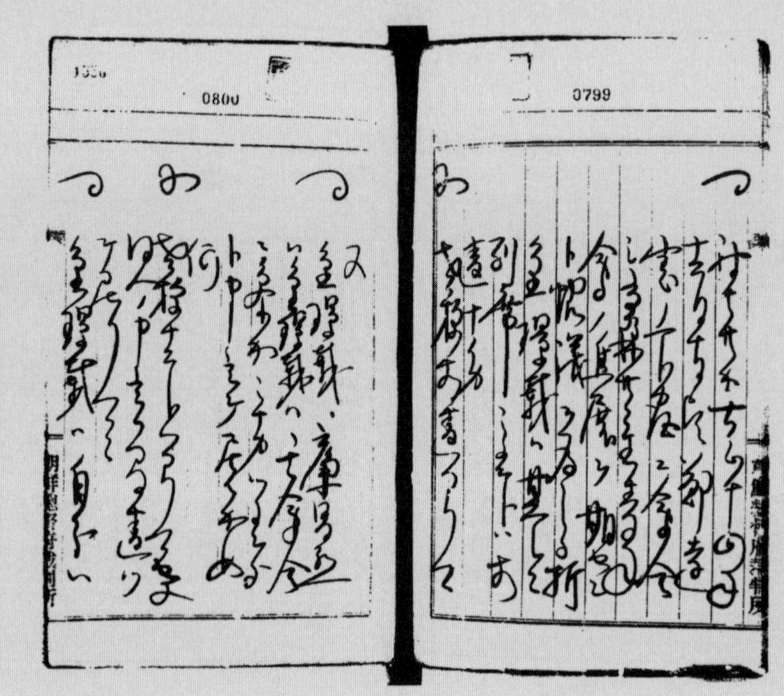

⑩

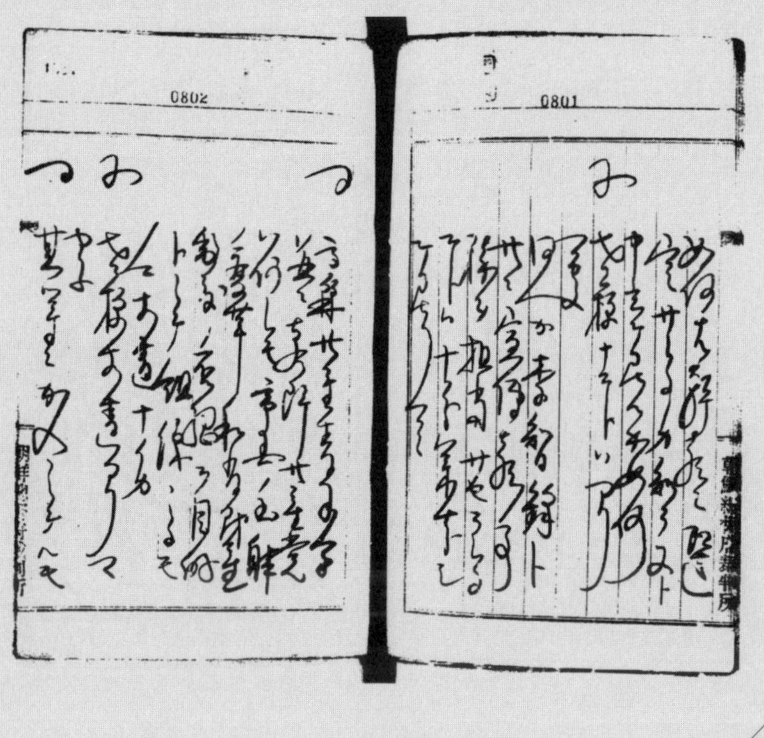

⑪

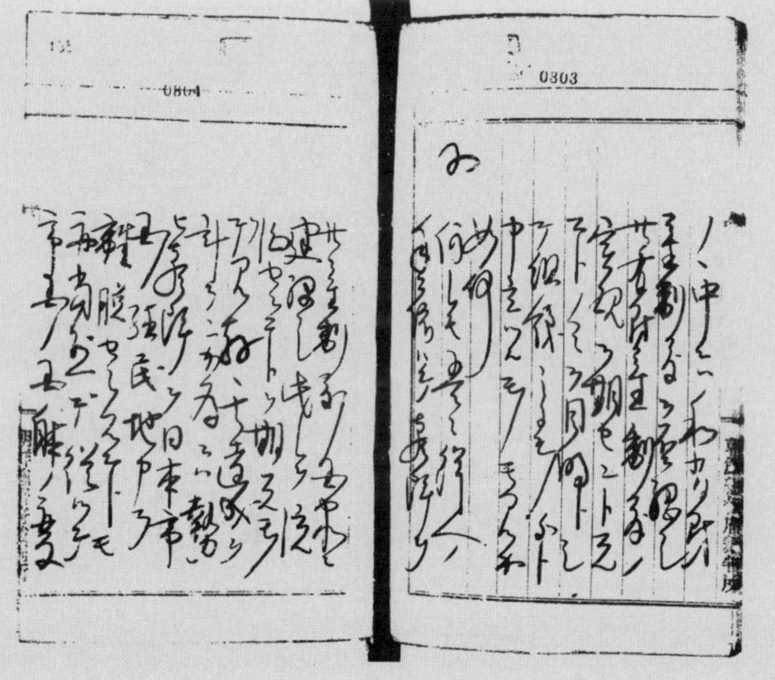

⑫

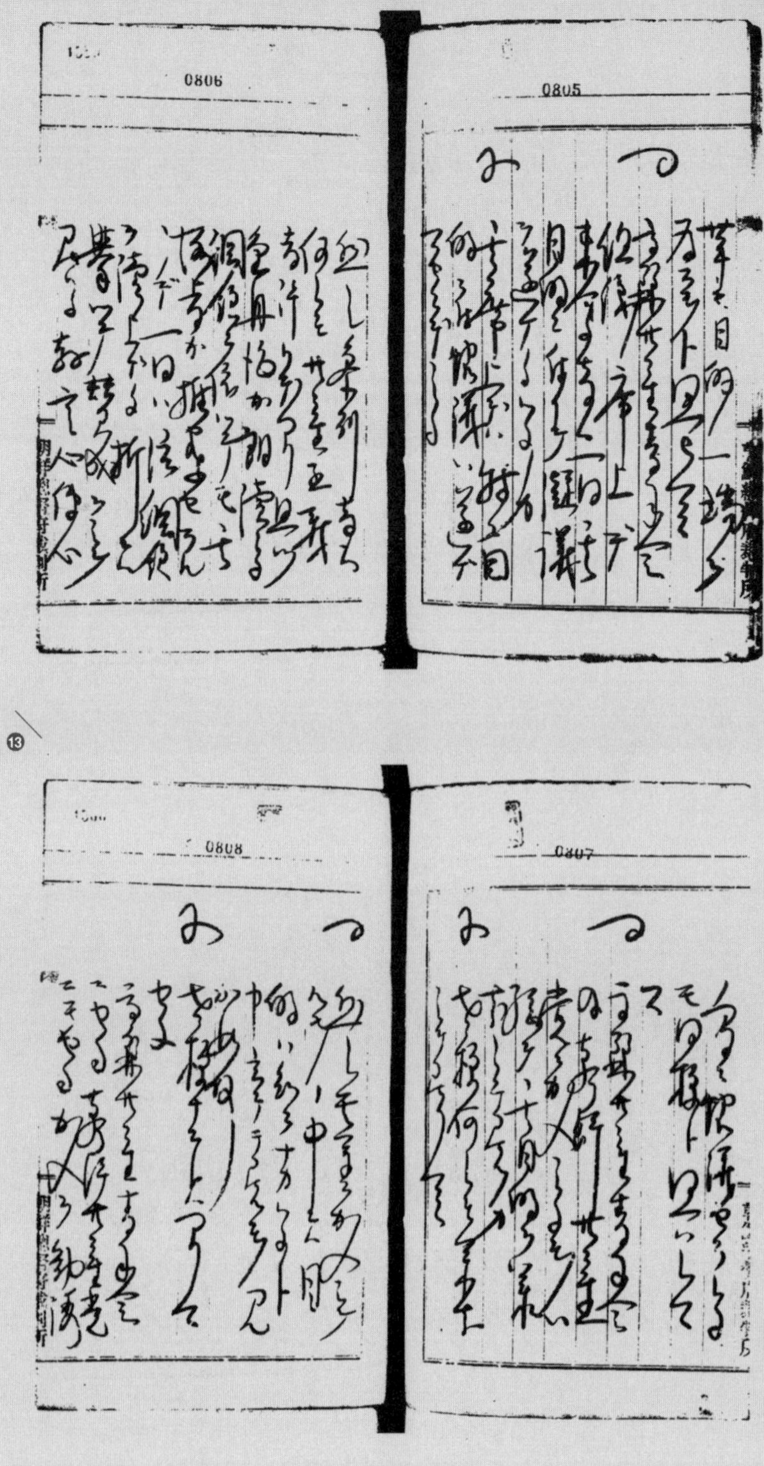

⓭

⓮

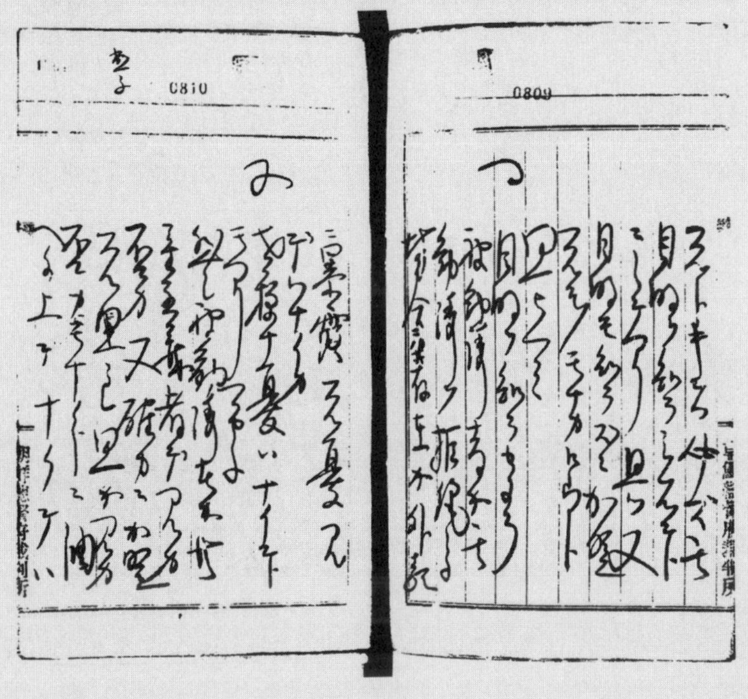

⑮

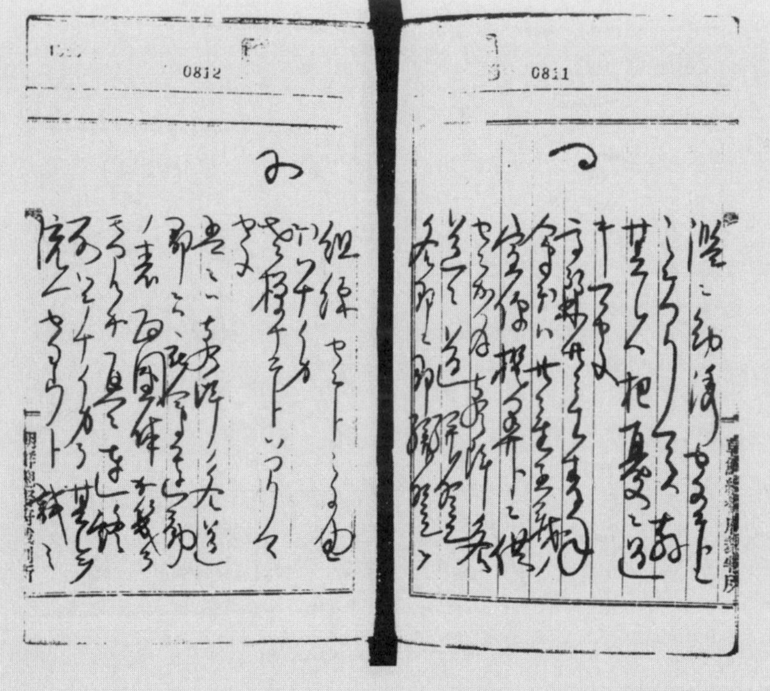

⑯

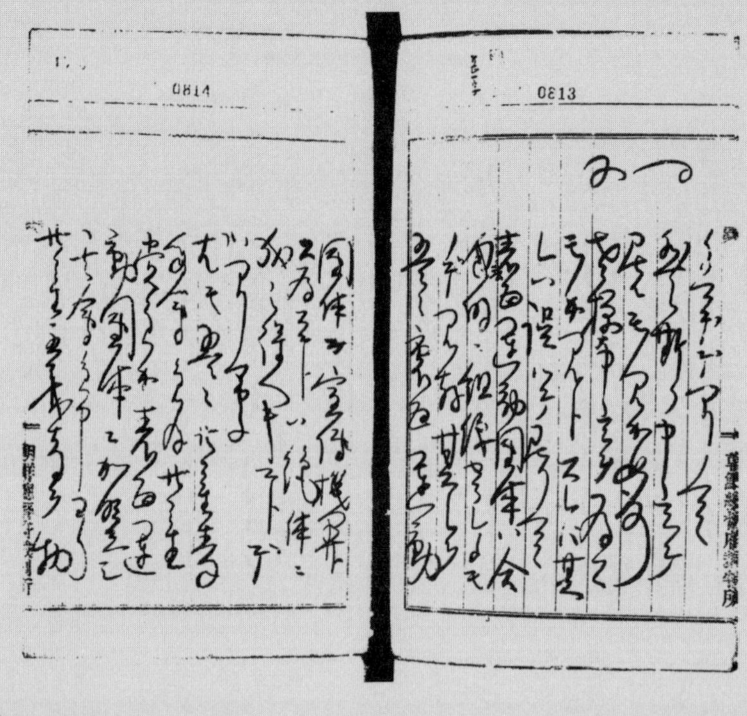

⑰

⑱

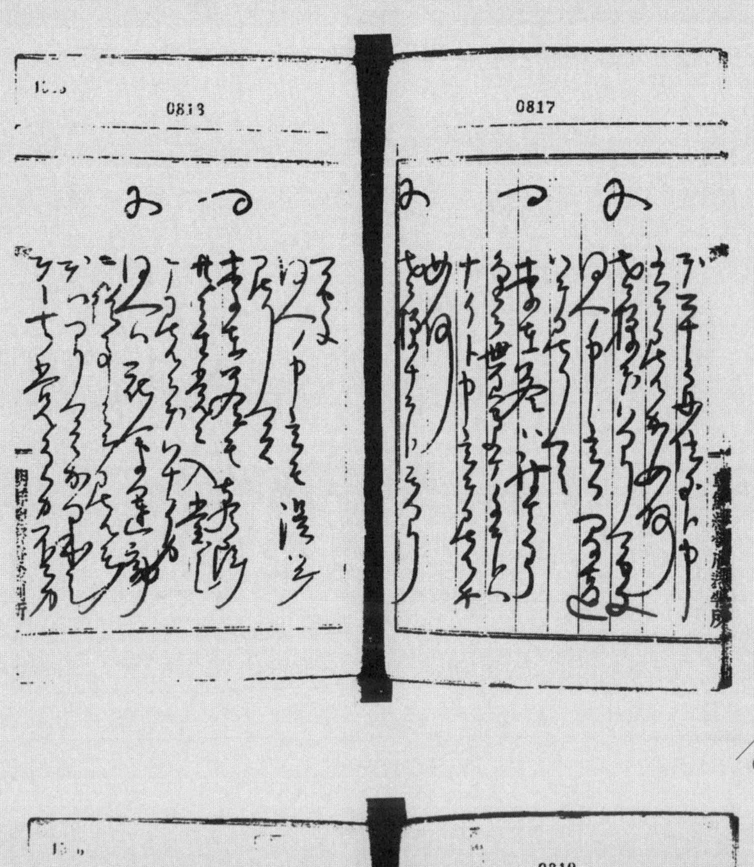

⑲

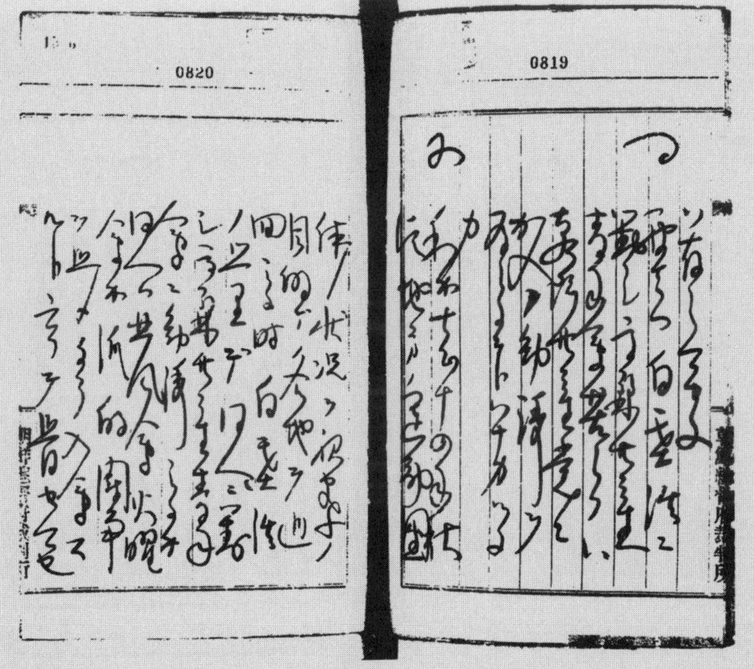

⑳

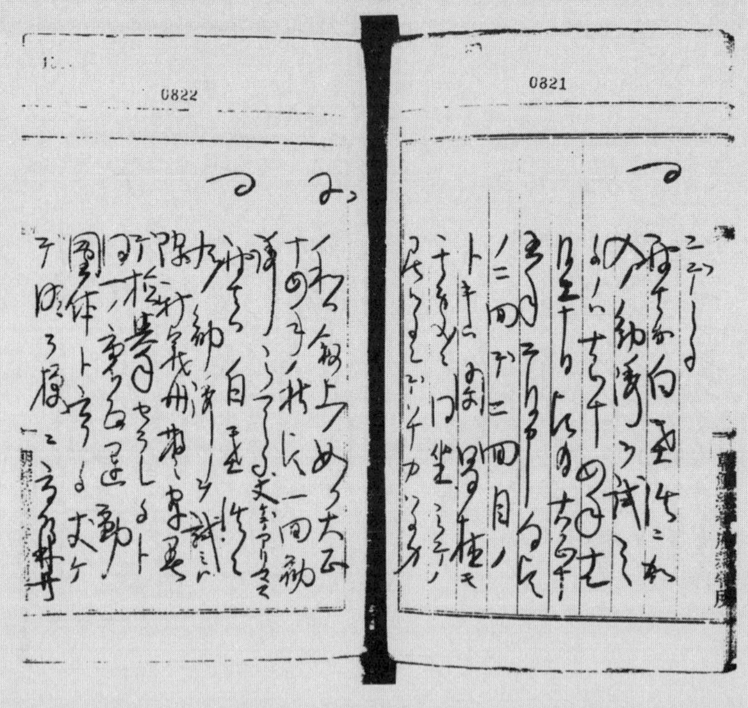

㉑

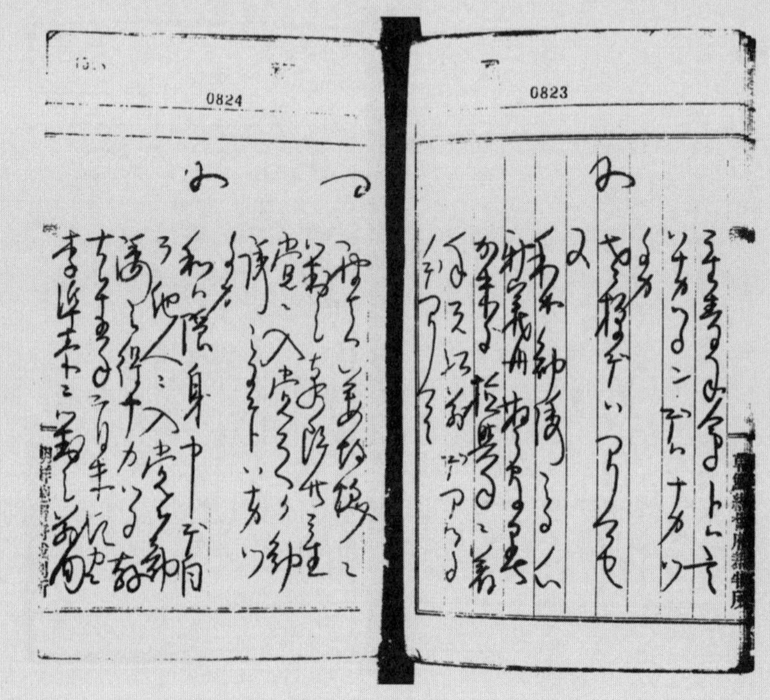

㉒

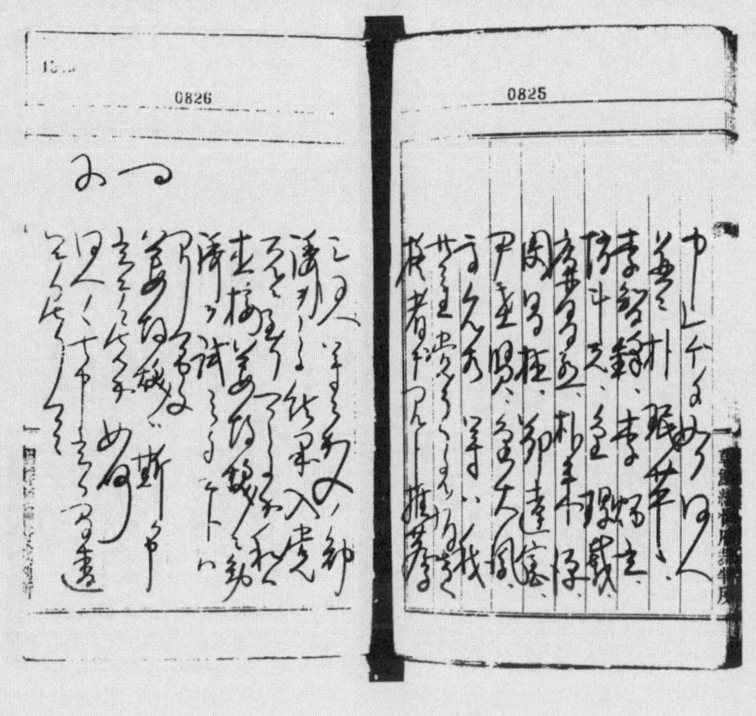

㉓

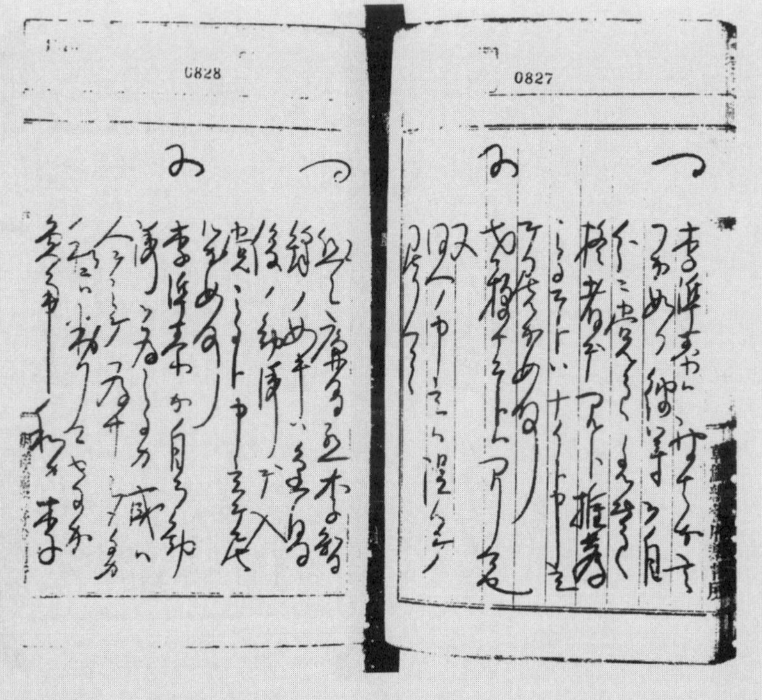

㉔

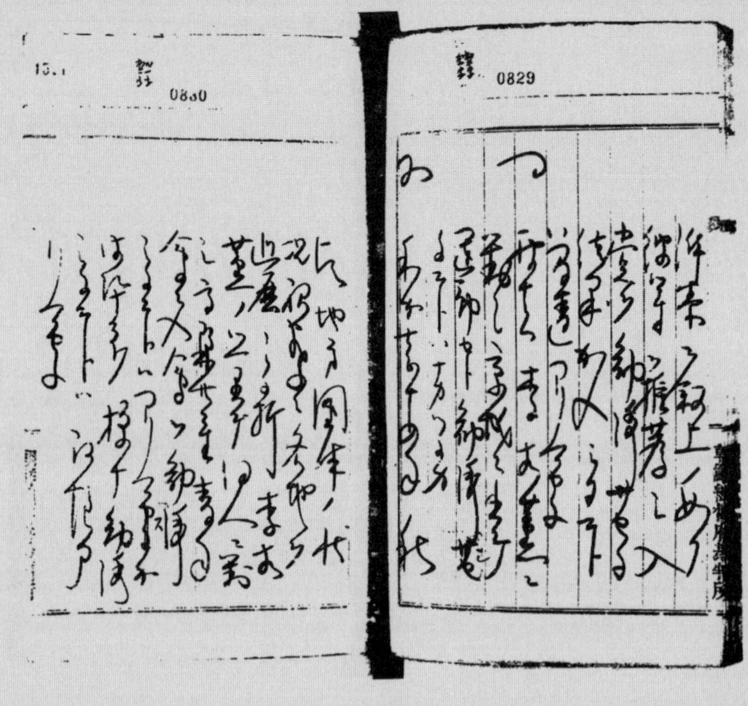

㉕

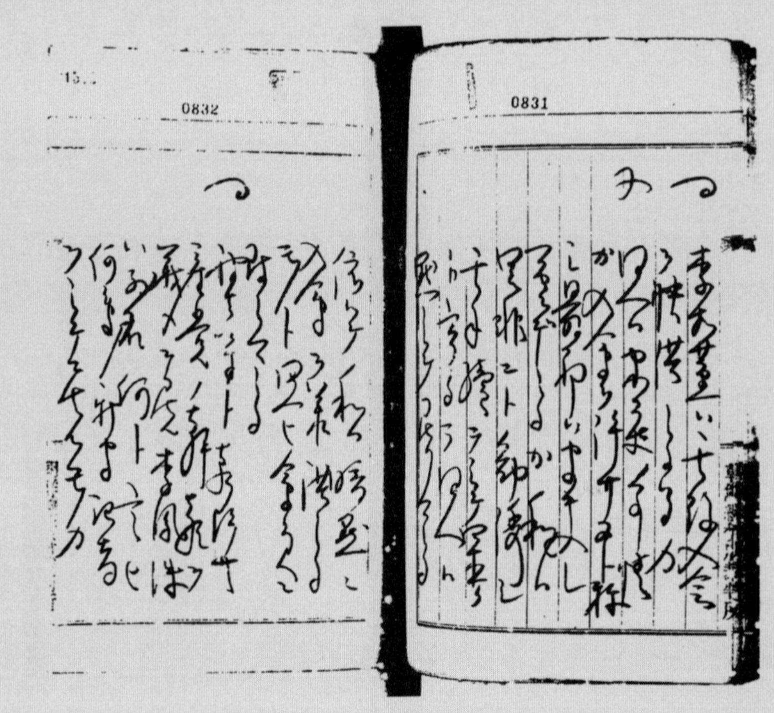

㉖

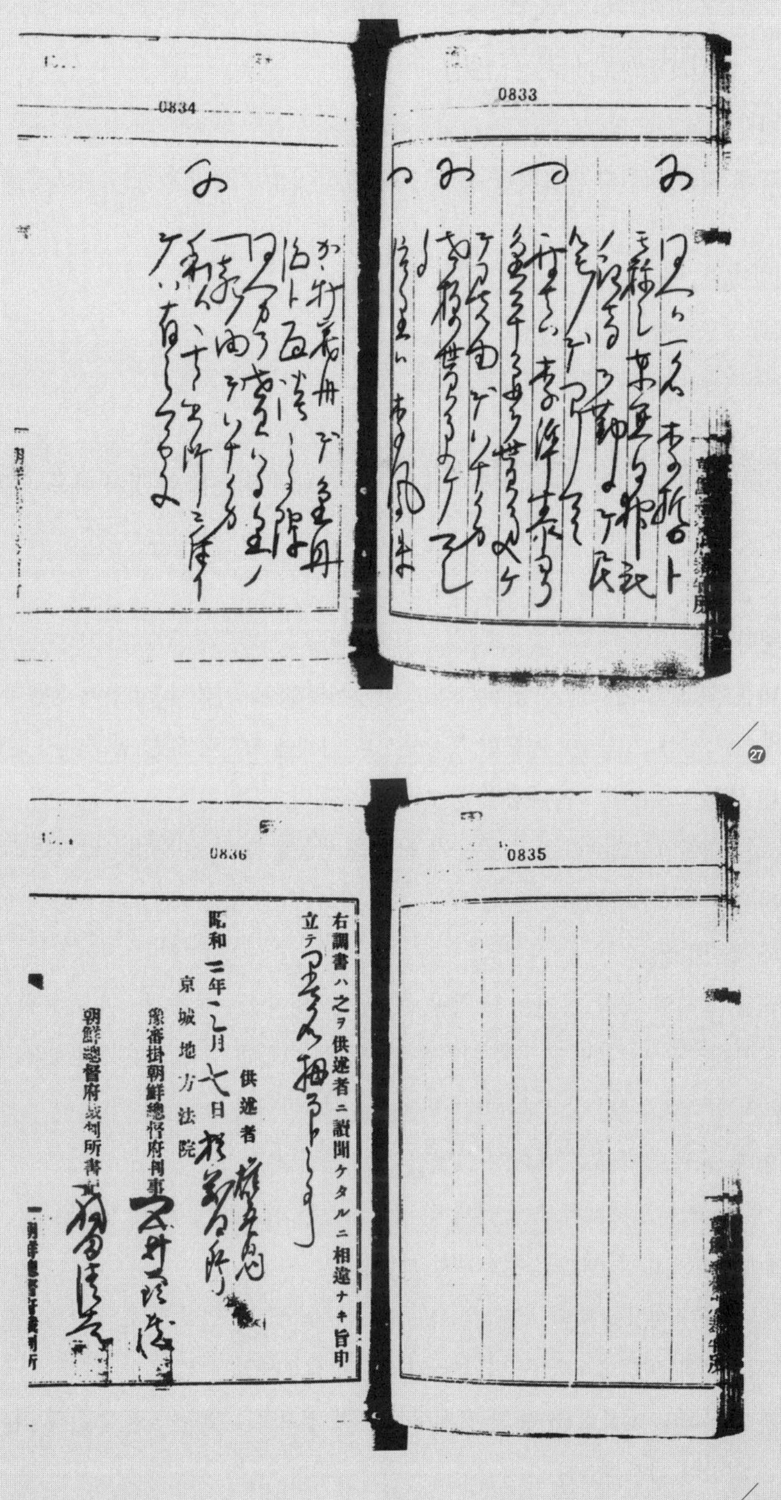

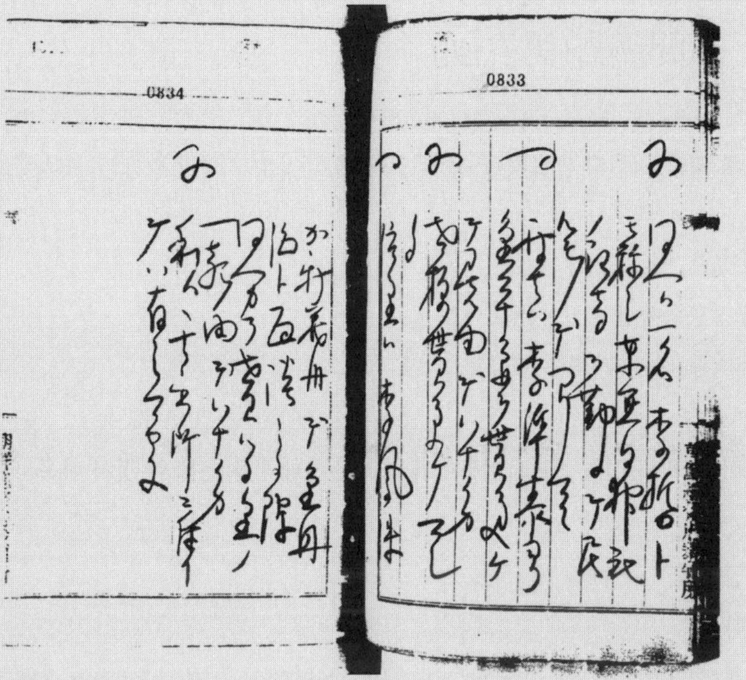
0833

0834

㉗

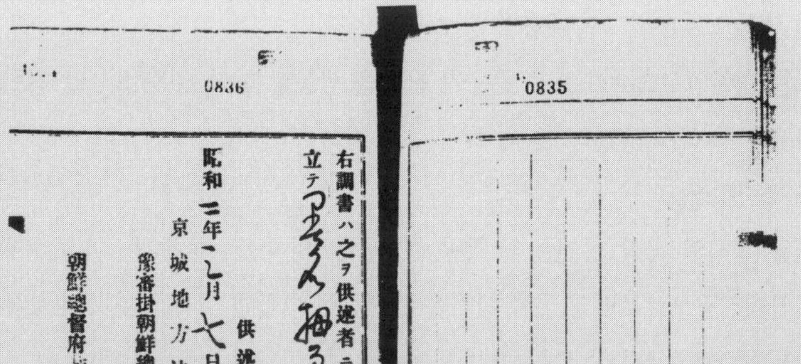
0835

0836

右調書ハ之ヲ供述者ニ讀聞ケタルニ相違ナキ旨申立テ

供述者

昭和二年二月七日

京城地方法院

豫審掛朝鮮總督府判事

朝鮮總督府裁判所書記

㉘

被告人 訊問調書(第六回)

피고인 권오설

위의 사람에 대한 치안유지법위반 등 사건에 대하여 1927년 3월 8일 서대문형무소에서

경성지방법원

예심계 조선총독부판사 五井範藏

조선총독부재판소 서기 福田淸吉

열석列席한 위의 판사가 전회前回에 이어 피고인에 대해 신문을 한 것이 다음과 같음

문: 권오설인가?

답: 그렇다.

문: 박내원朴來源이 피고와 민창식閔昌植 · 양재식楊在植 · 이용재李用宰와 상통하여 이태왕 전하의 국장에 즈음하여 배포할 불온문서의 인쇄에 종사한 일을 통보하지 않았던가?

답: 그런 사람으로부터 그런 내용을 통보받은 일 없다.

문: 피고는 대한임시정부라는 그 문구가 군중을 선동할 힘이 부족하다 말하며 그것을 사용하지 않도록 하지 않았는가?

답: 그와 틀림없다.

문: 이태왕 전하의 국장 당일은 박내원 · 민창식 · 양재식 · 이용재 · 피고가 학생 · 구두직공 · 인쇄직공으로부터 확실한 인물을 선택하여 그들과 일동 협력하여 불온문서를 장렬葬烈의 연도沿道에서 살포撒布한 계획을 한 것이 아닌가?

답: 그렇다. 묻는 말과 같은 계획이 있었던 것은 틀림없다.

문: 이 야체이카 · 프락치의 조직 인쇄 및 당규정신은 피고가 제정한 것 아닌가?

(이때에 상 제971호 증 제22호 제26호를 보였음)

답: 그렇다 내가 제정할 때다.

문: 피고는 언제, 어디에서 무슨 법칙에 의거하여 제정하였는가?

답: 내가 학무국장 이진호李軫鎬의 집에서 차용한 것으로 1926년 3월 초순경 러시아공산당칙에 의하여 제정하였다.

문: 프락치라는 것은 국어로 번역하면 무엇인가?

답: 그것은 정책적 집회가 된다.

문: 조선공산당 당칙, 고려공산청년회의 회칙(표면 영국공산청년회 회칙으로 제목된 것)은 무엇이든지 중앙집행위원회를 개최하여 자당의 당칙 즉 자회의 회칙이라 하여 결의하는 것인가?

답: 조선공산당 당칙은 중앙집행위원회를 개최하여 결의를 거쳐서 그 당칙을 정하였지만 고려공산청년회 회칙은 그 제정 당시에 중앙집행위원에서 미리 토의를 마친 관계상 그럴 필요도 없었으므로 위원회를 거치지 않아도 되었다.

문: 고려공산청년회 및 조선공산당에서는 언제나 중앙집행위원회를 개최하여 이태왕 전하의 국장에 즈음하여 피고로 하여 조선독립에 관한 불온한 문서를 인쇄 배포함에 따라 그 독립운동을 하기로 결의한 것은 틀림없는가?

답: 나는 개인의 자격으로 이태왕 전하의 국장에 즈음하여, 신문함과 같이 불온행동을 가르치기로 기도하였던 바 고려공산청년회 회칙 및 조선공산당 당칙에 이르기를 가입한 자는 단독행동을 하는 것은 절대로 금지되어 있는 관계상 나는 그런 행동에 대해서 쌍방의 중앙집행위원으로부터 그 양해를 얻을 필요가 있었기 때문에 고려공산청년회에서는 그 위원회의 자리에서 양해를 구하려고 이준태李準泰의 의견을 종합해서 중앙집행위원의 양해를 얻어 행하고 있다.

문: 피고가 전 회에는 이같이 말하지 않았음은 무엇 때문인가?

답: 내가 전회 그같이 말한 것은 잘못된 진술이다.

문: 그러면 조훈趙勳에게 발송하라고 한 서면은 모두 그것을 번역한 것인가? 거기에 의하면 고려공산청년회 및 조선공산당에서 각각 중앙집행위원회를 개최하여 이루어진 것인데, 위와 같이 한다면 결의한 일을 명확하게 알 것인데 그렇지 않은가?

(이때 본 제4호의 증 제44호 5장 제45호 제53호(229장~231장 · 227장) 각각 해당 부분을 보였음)

답: 그들의 기재는 대체적으로 사실이나 내가 단독결행했다는 것은 틀림없다.

문: 피고가 말하는 공산제도라는 것은 어떻게 옛 제도를 의미한 것인가?

답: 그 제도는 개연하면 생산기관 · 천연물 · 생산물 등 모두 사회공유로 하고 개인의 사유를 인정하지 않고 생산물을 사회가 각각 평등으로 분배하는 제도로 하자는 것이 아닌가?

문: 김항준金恒俊 · 김경호金璟儫 · 조동호趙東祜도 고려공산청년회에 가입했음은 틀림없는가?

답: 나는 동인同人 등과는 일면식도 없고 과연 회원인지 아닌지는 알지 못한다.

문: 이는 강달영姜達永이 쓴 회록일지에 상세히 있으나 그들의 기재가 없으니 진실이 틀림 없는가?

(이때 본 제4호의 증 제2호~제4호를 보였음)

답: 경찰관헌이 나의 행방을 엄중히 수사하기에 나는 중앙집행위원회에도 출석하지 않은 터라 그 기록을 보지 못하였기에 전부가 진실인지 아닌지를 알지 못한다.

證 제2호의 회록(70~80) 역문 (6~14장) 사이의 기사 중 예산의 편성 3월 11일 구연흠집에서 중앙간부회를 개최할 즈음에 이극광(一명은 이삼보)의 출당 · 공산청년회대회 개최 · 김철수金錣洙 동지의 보고 · 상해입당문제 · 이동광의 문제결정 · 여운형呂運亨의 취급주의 · 당대회문제 · 박내원朴來源이 책임지고 있는 야체이카의 배속에 관한 건

證 제3호 일지(16~19) 역문 (23장의 이면~25장의 표면), 3월 24일 중앙위원회(21~23장), 4월 1일의 중앙집행위원회 각 결의에 관한 건은 사실이 틀림없다.

문: 김영희金瑛禧도 조선공산당에 가입하고 있지 않은가?

답: 그 일은 나는 모른다.

문: 피고는 김영희金瑛禧와 사귄 일이 없는가?

답: 그런 일은 없다. 나와 같이 사회표면운동 단체에 종사하고 있는 관계상 1925년 봄에 처음 만났고, 그 이후 교제를 한 일은 없다.

문: 피고의 공술에 의하면 피고는 치안유지법 및 출판법을 범한 혐의를 충분이 알고 마음을 고칠 의사는 없는가?

답: 어느 것도 없다.

위의 조서는 이를 공술자에게 읽어 주고 다름이 없다는 뜻으로 서명 무인한 것임

공술자 권오설 무인

1927년 3월 8일

경성지방법원

예심계 조선총독부판사 五井範藏 印

조선총독부재판소서기 福田淸吉 印

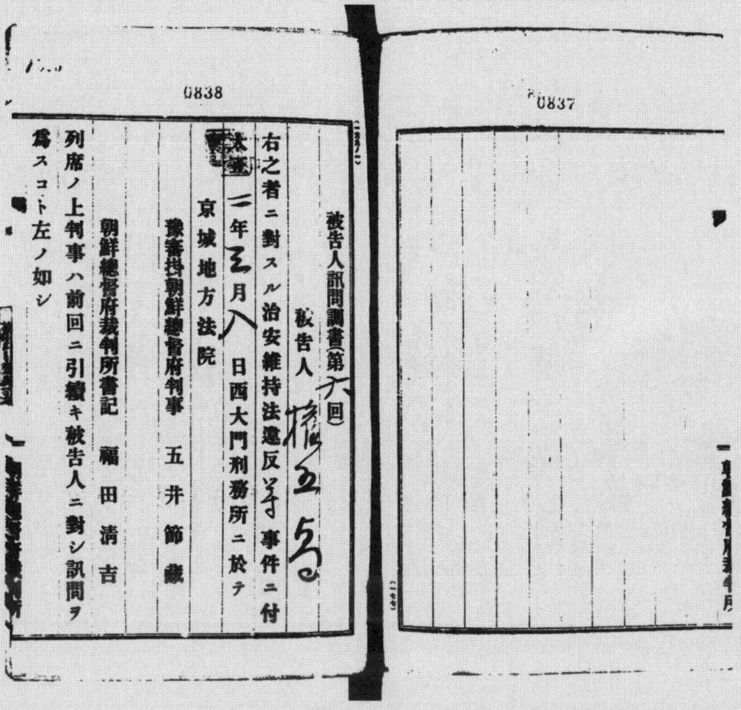
0838

0837

被告人訊問調書(第六回)

被告人 權五高

右之者ニ對スル治安維持法違反等事件ニ付

大正二年五月八日西大門刑務所ニ於テ

京城地方法院

豫審掛朝鮮總督府判事 五井節藏

朝鮮總督府裁判所書記 福田淸吉

列席ノ上判事ハ前回ニ引續キ被告人ニ對シ訊問ヲ爲スコト左ノ如シ

❶

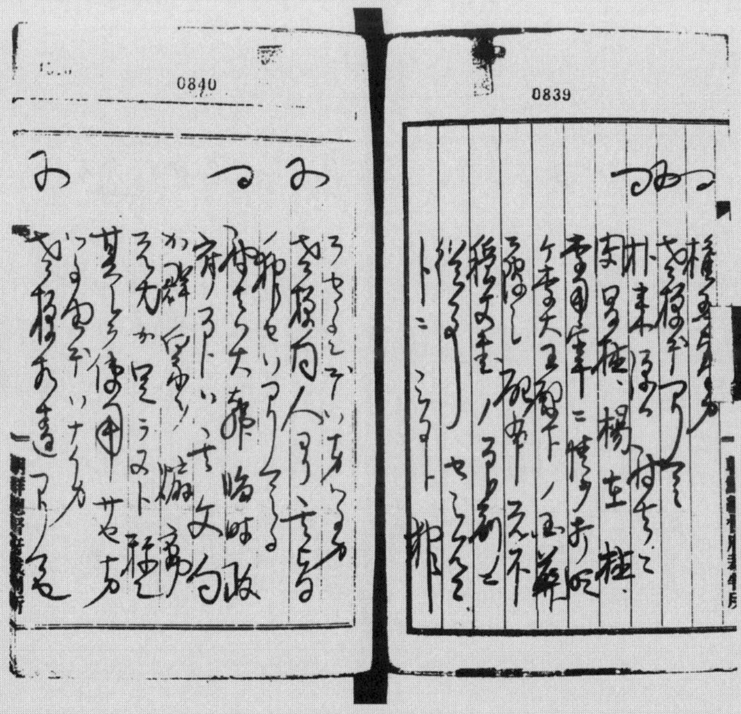
0840

0839

❷

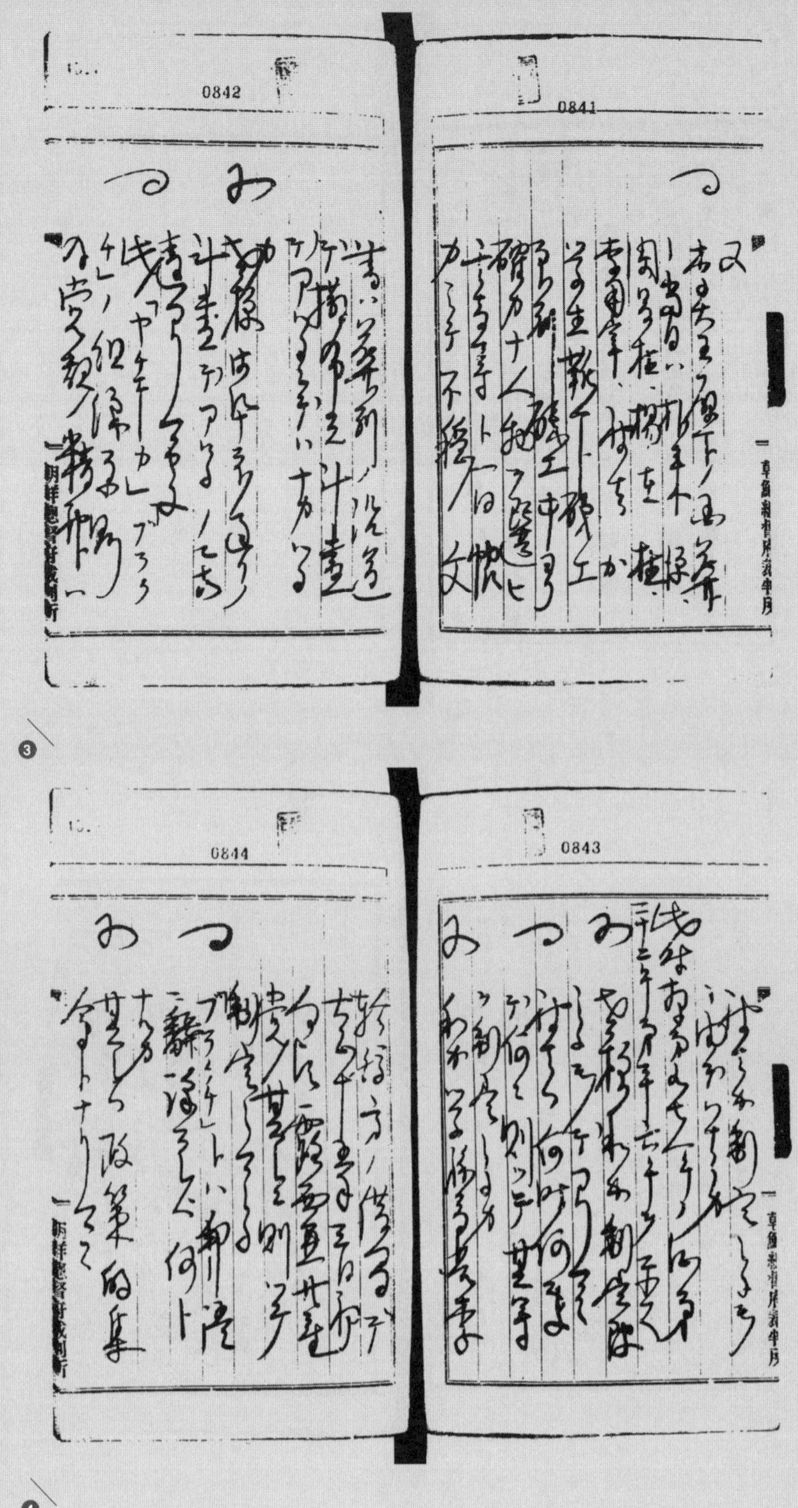

③

④

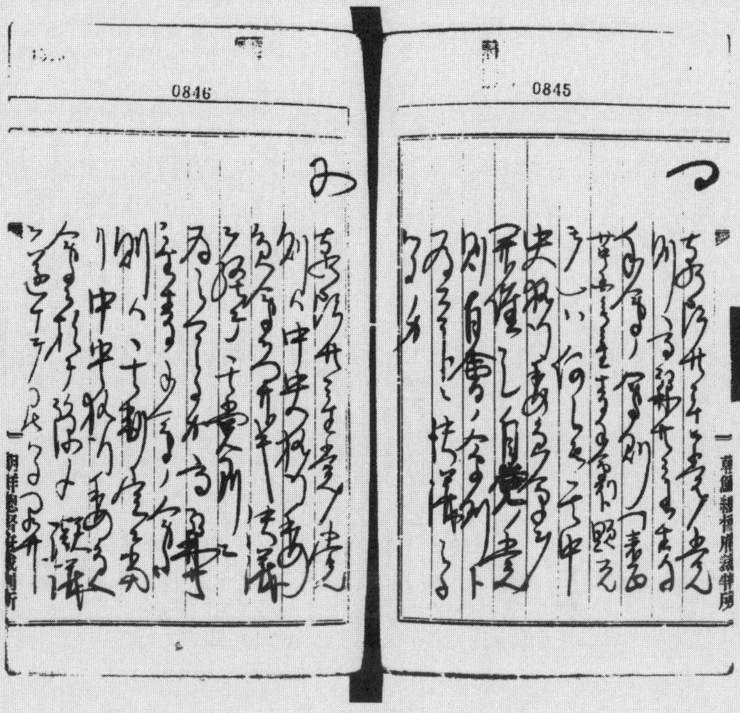
0846
0845

⑤

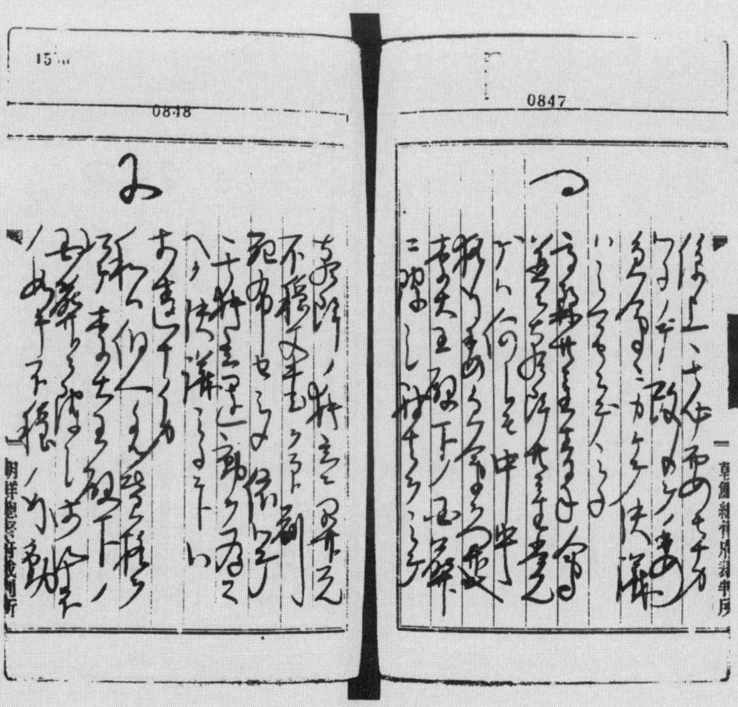
0848
0847

⑥

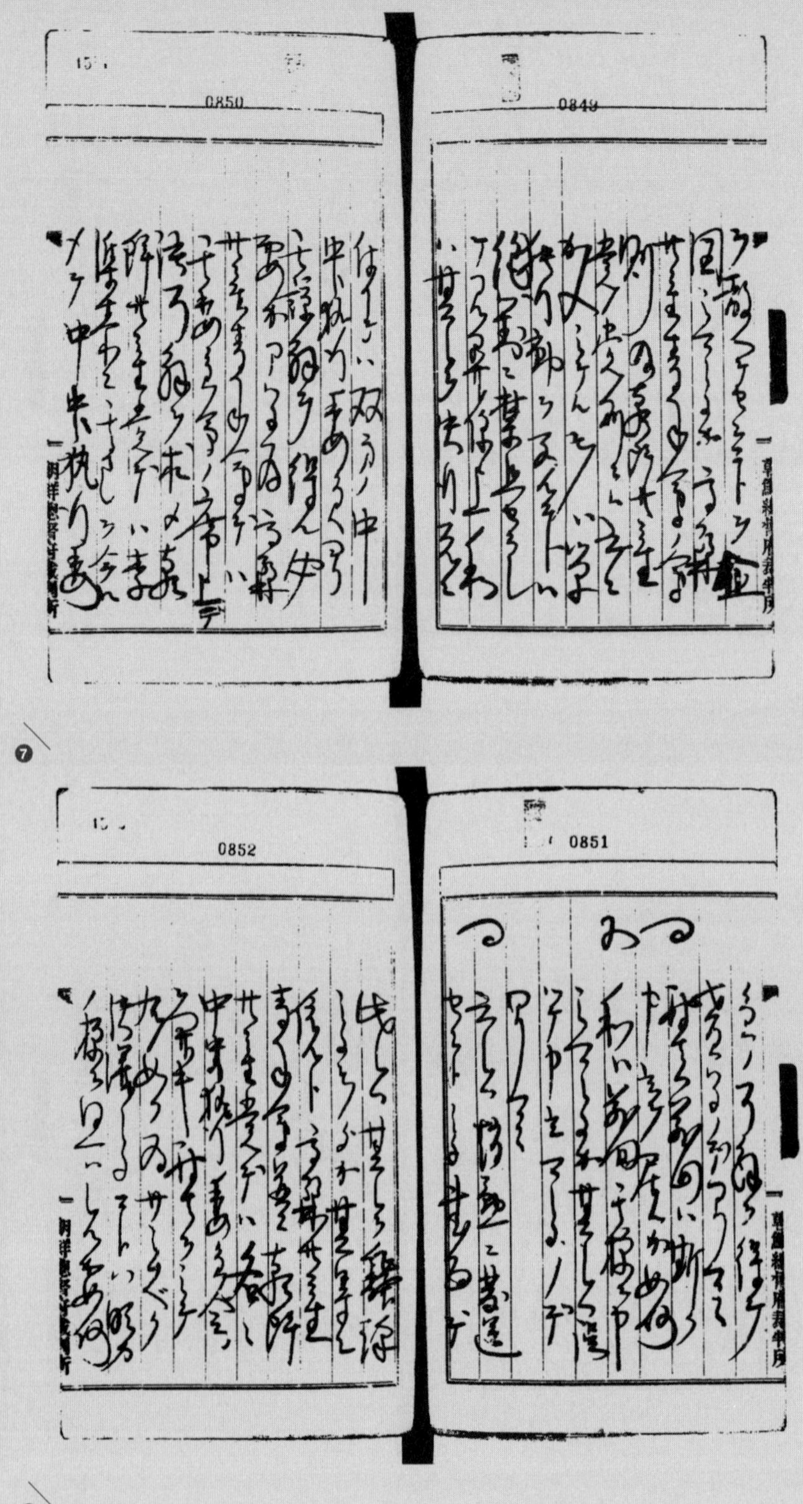

0850 0849

❼

0852 0851

❽

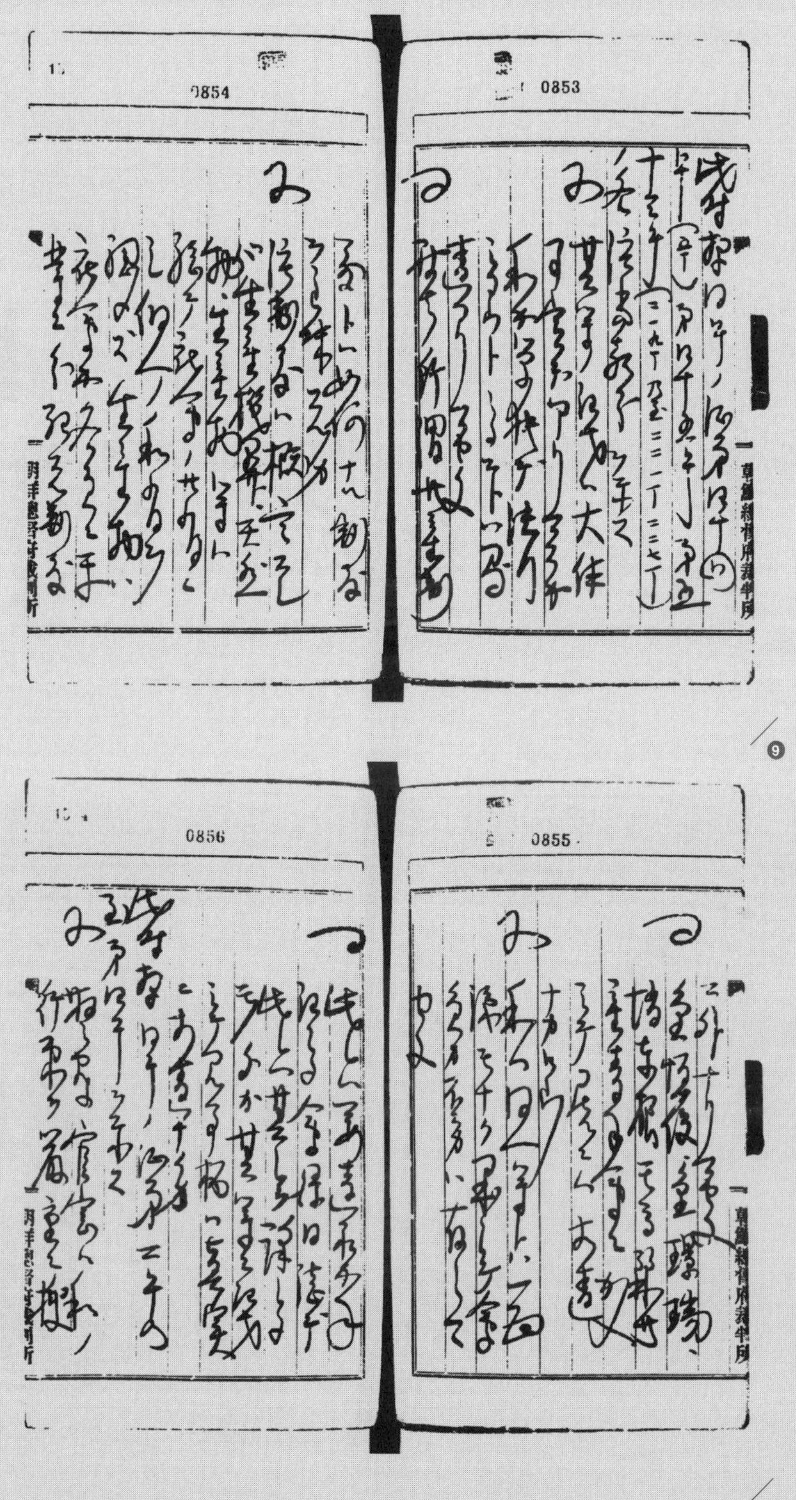

⑨

⑩

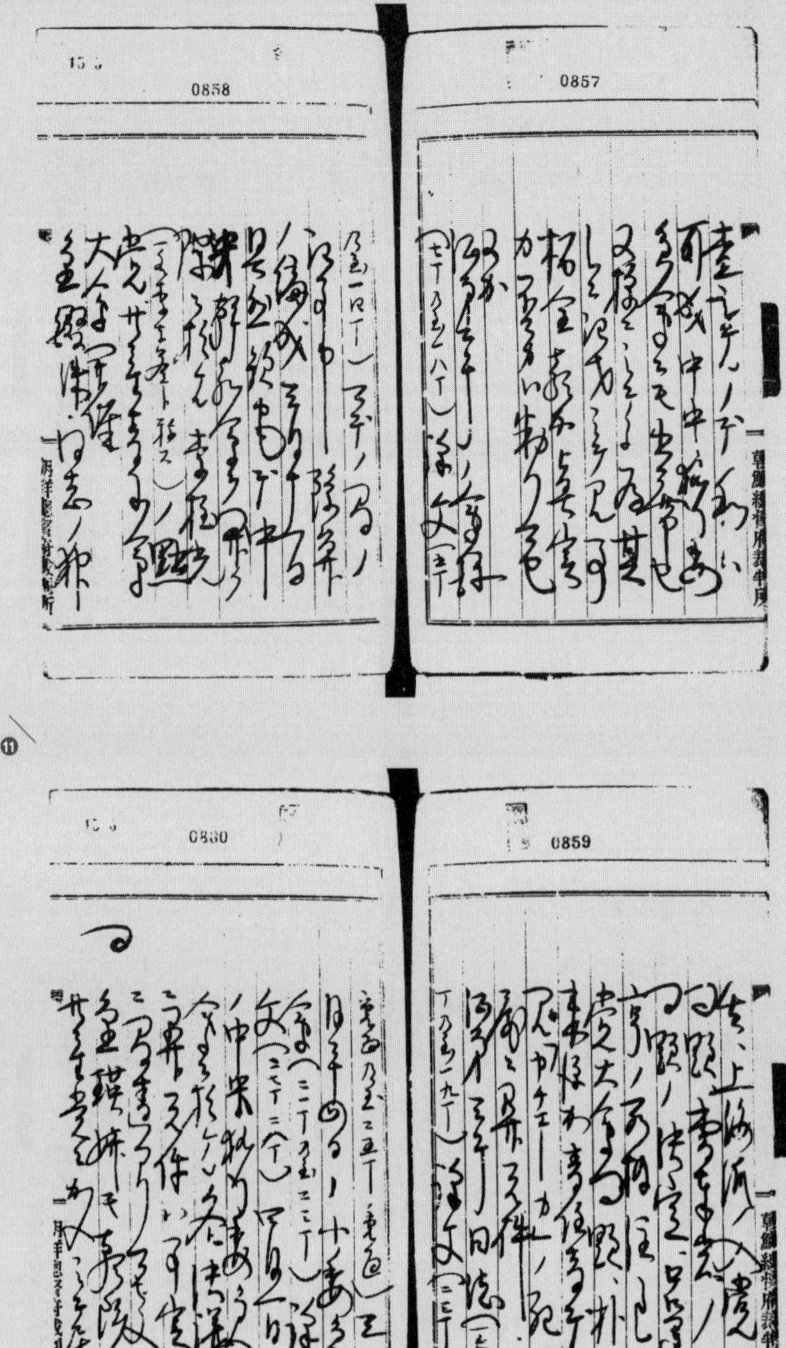

⑫

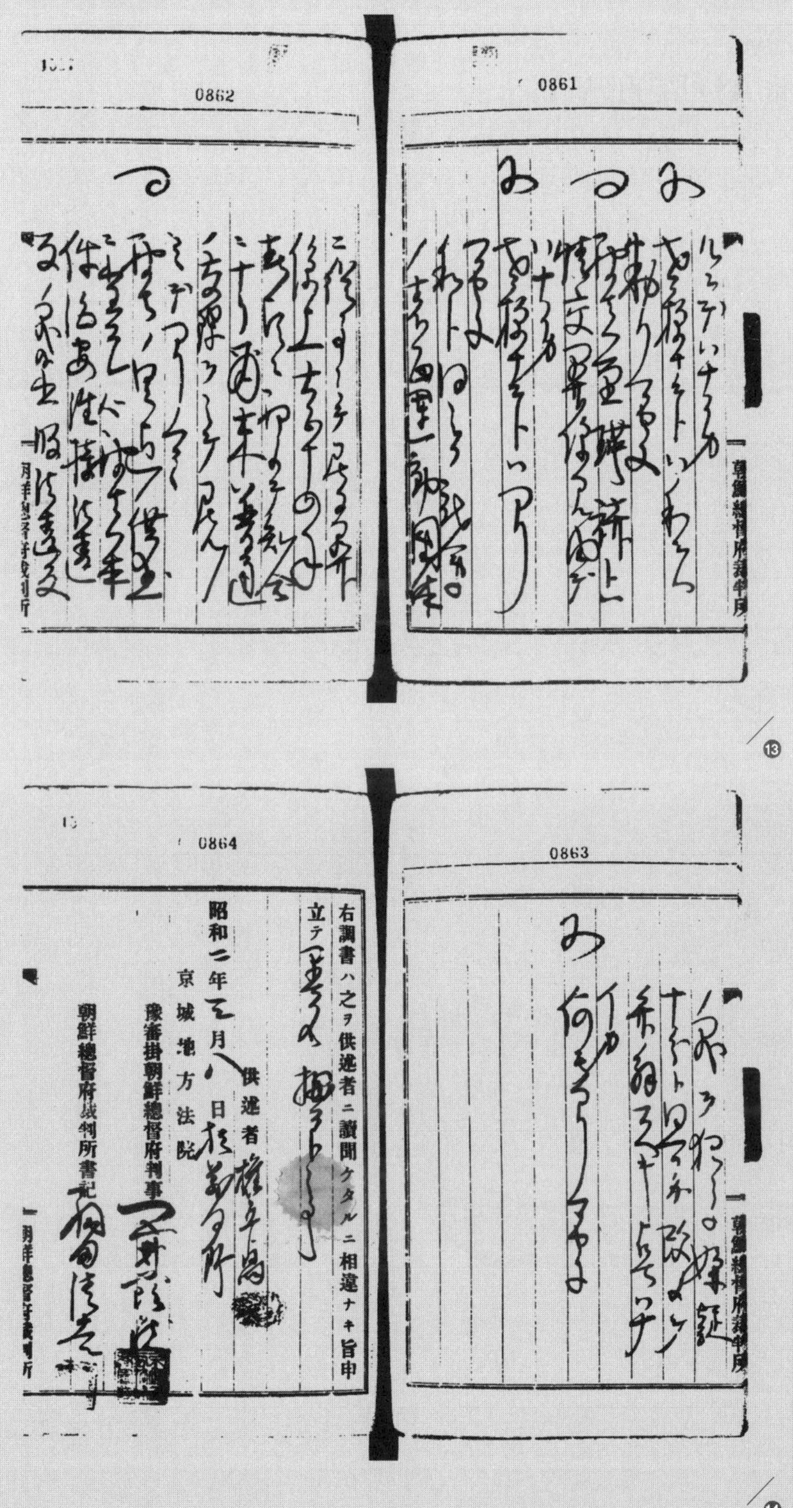
0862
0861
⑬
0864
右調書ハ之ヲ供述者ニ讀聞ケタルニ相違ナキ旨申立テ
昭和二年　月　日
供述者
京城地方法院
豫審掛朝鮮總督府判事
朝鮮總督府裁判所書記
0863
⑭

1927년 6월 28일

京城地方法院刑事部

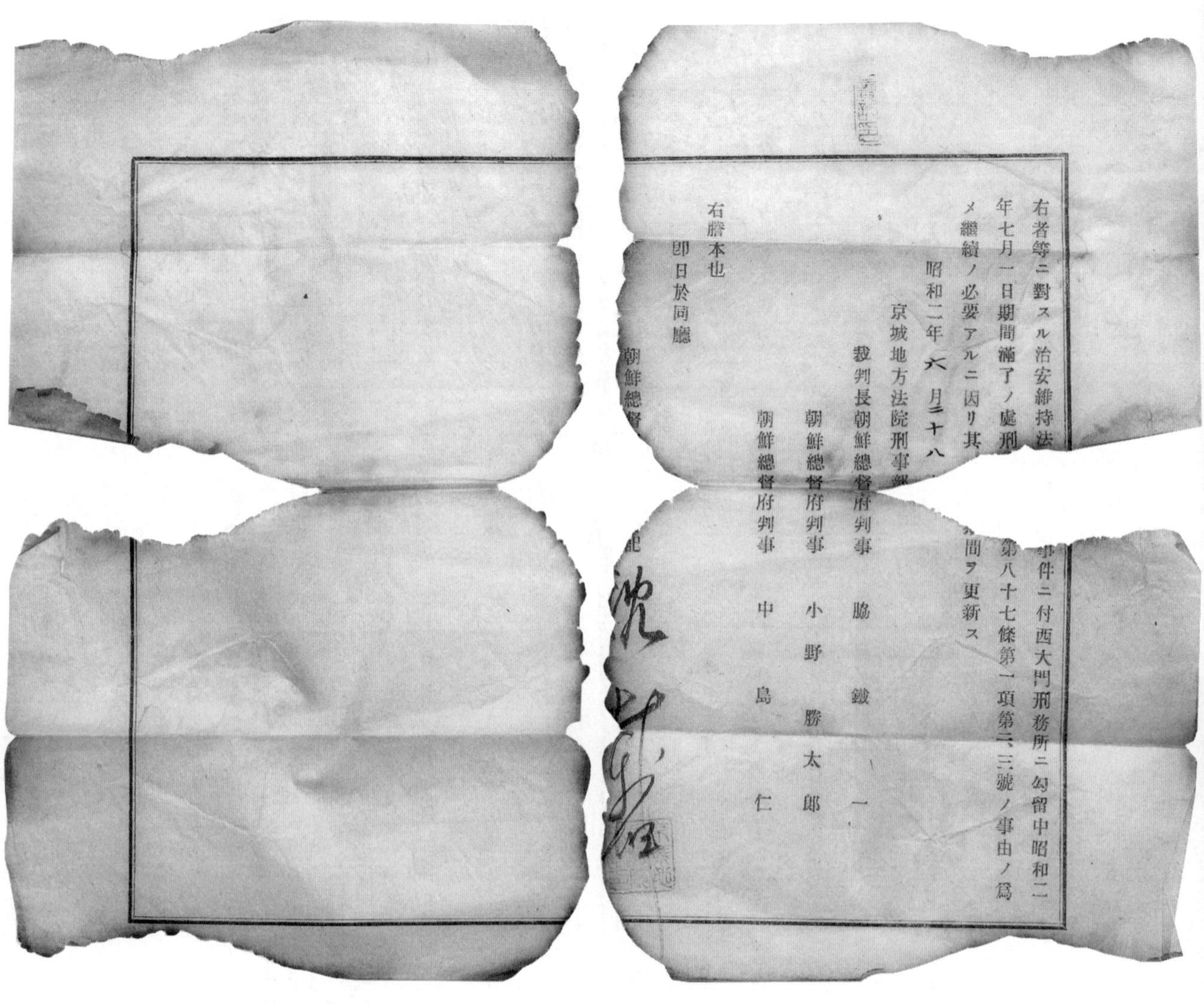

右者等ニ對スル治安維持法[illegible]事件ニ付西大門刑務所ニ勾留中昭和二年七月一日期間滿了ノ處刑[illegible]第八十七條第一項第二、三號ノ事由ノ爲メ繼續ノ必要アルニ因リ其[illegible]間ヲ更新ス

昭和二年六月二十八[illegible]

京城地方法院刑事部

裁判長朝鮮總督府判事　脇　鐵　一

朝鮮總督府判事　小　野　勝　太　郎

朝鮮總督府判事　中　島　仁

右謄本也

即日於同廳

朝鮮總督[illegible]記

1927년 6월 29일자 소인

更新決

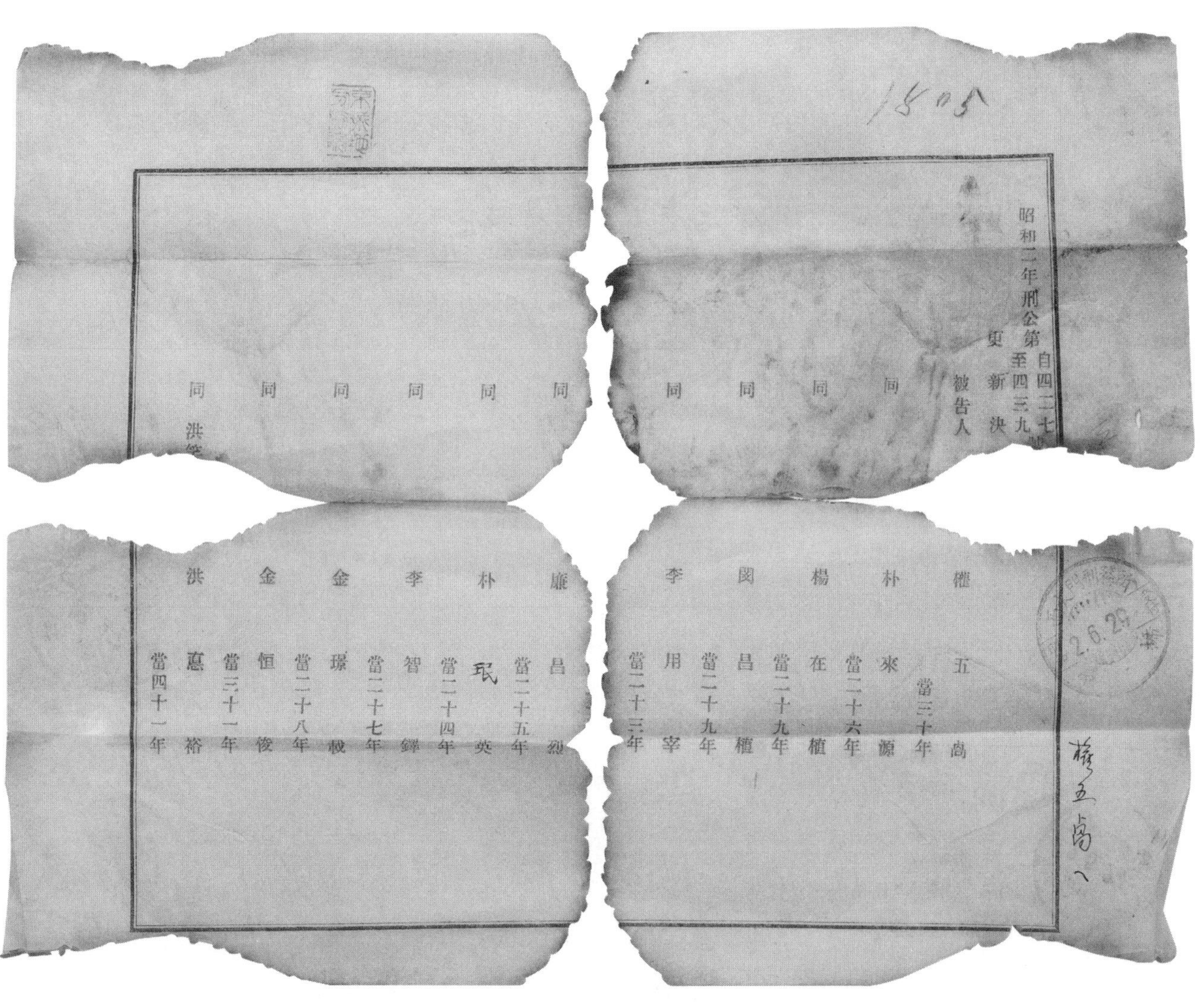

昭和二年刑公第自四二七至四三九

更新決

被告人 權五卨 當三十年
同 朴來源 當二十六年
同 楊在植 當二十九年
同 閔昌植 當二十九年
同 李用宰 當二十三年
同 廉昌烈 當二十五年
同 朴珉英 當二十四年
同 李智鐸 當二十七年
同 金璟載 當二十八年
同 金恒俊 當三十一年
同 洪悳裕 當四十一年

高允相 외 100名(치안유지법위반 등)
공산주의운동 : 치안유지법위반 피의사건

하위문서철명 : 지방법원 공판조서

문서제목 : 갱신결정[권오설 외 11명]

문서번호 : 1927년 형공刑公 제427 ~ 439호

저필자/신문자 경성지방법원 형사부 재판장 조선총독부 판사 矢本正平 · 脇鐵一 · 中島仁

작성일 : 1927년 9월 29일

1927년 형공刑公 제427~439호

갱신결정

피고인 권오설 당 30세

同 박내원朴來源 당 26세

同 양재식楊在植 당 29세

同 민창식閔昌植 당 29세

同 이용재李用宰 당 23세

同 백명천白明天 당 32세

同 염창렬廉昌烈 당 25세

同 박민영朴珉英 당 24세

同 이지탁李智鐸 당 27세

同 김경재金璟載 당 28세

同 김항준金恒俊 당 31세

同 홍소죽洪笑竹 즉 홍덕유洪悳裕 당 41세

위의 사람들에 대한 치안유지법 1919년 법제 제7호의 위반 피고사건에 대하여 서대문형무소에 구류 중 1927년 9월 1일 기간 만료되었는데, 형사소송법 제87조 제1항 제2 · 3호의 사유로 인해 계속할 필요가 있으므로 그 구류기간을 갱신함

1927년 9월 29일

경성지방법원 형사부

재판장 조선총독부 판사 矢本正平 印

조선총독부 판사 脇鐵一 印

조선총독부 판사 中島仁 印

高允相 외 100名(치안유지법위반 등)
공산주의운동 : 치안유지법위반 피의사건

하위문서철명 : 지방법원 공판조서

문서제목 : 송달증서[권오설]

문서번호 : 1927년 형刑 제427호, 439호

발송자 : 경성지방법원

수신자 : 서대문형무소

작성일 : 1927년 9월 30일

송달증서

1927년 형刑 제427호, 439호

송달서류의 표시 : 권오설 외 11명 치안유지법위반 1919년 법제 제7호의 위반 피고사건 구류기간 갱신결정등본 피고 권오설에게 교부하는 부분

송달을 받아야 할 자의 표시 : 서대문형무소장

만일 수취인의 서명 날인이 불가능하거나 거절할 때 또는 수취하지 않을 때는

그 사유 : 서대문형무소장 대리 간수장 渡邊福藏 印

송달 년 · 월 · 일 · 시 : 1927년 9월 30일 오후 5시 40분

송달장소 : 경성부京城府 서대문형무소

친족, 고용인, 영업사용인, 대필대리인 회사의 수장 등에게 송달할 때 또는 경찰사무를 취급하는 관서 등에 예치할 때는 그 사유 : 송달받을 자의 부재로 인해 그곳의 숙직원에게 송달함

위와 같이 취급됨

1927년 9월 30일

경성지방법원 집달리 사무취급대리

張仁宅 印

高允相 외 100명(치안유지법위반 등)
공산주의운동 : 치안유지법위반 피의사건

하위문서철명 : 지방법원 공판조서

문서제목 : 出頭受書[권오설 외 100명]

문서번호 : 1927년 형공刑公 제429~439호

발송자 : 변호인 李升雨 · 許憲 · 李仁 · 韓相億

수신자 : 경성지방법원 형사부

작성일 : 1927년 10월 2일

出頭受書

기록호 1927년 형공刑公 제429~439호

피고인 권오설 외 100명

사건명 치안유지법위반 등

출두 기일 1927년 9월 4일 오전 9시 정도

출두 장소 경성지방법원

위의 기일에 출두해야 함

1927년 9월 2일

위의 피고 변호인 李升雨 印

同 許憲 印

同 李仁 印

同 韓相億 印

경성지방법원 형사부 재중

高允相 외 100명(치안유지법위반 등)
공산주의운동 : 치안유지법위반 피의사건

하위문서철명 : 지방법원 공판조서

문서제목 : 高允相 외 91명 공판조서(제15회)

저필자/신문자 조선총독부재판소 서기 吉岩正隆/경성지방법원 형사부 재판장 조선총독부 판사 矢本正平

작성일 : 1927년 10월 18일

공판조서(제15회)

高允相 외 91명에 대한 치안유지법위반 등 피고사건으로 인해 1927년 9월 18일 오전 10시 경성지방법원 비공개 법정에서

재판장

조선총독부 판사 矢本正平

조선총독부 판사 脇鐵一

조선총독부 판사 中島仁

조선총독부재판소 서기 吉岩正隆

출석

조선총독부 검사 中野俊助 입회 속행 변론을 폄

피고인 등은 신체의 구속을 받는 일 없이 출두함

변호인

古屋貞雄 · 金炳魯 · 韓相億 · 許憲 · 權承烈 · 李昌輝 · 金泰榮 · 李仁 · 韓國鍾 · 金瓚泳 · 姜世馨 · 金用茂 · 崔鎭 각각 출두함

그 이외의 변호인 등은 출두하지 않음

재판장은 피고인 등의 사람이 틀림이 없음을 확인함

재판장은 피고인 권오설에게 공소사실을 알림

문: 본건에 대해 앞서 진술할 것이 있는가?

답: 사실이 조금 다르다.

문: 전과는 없는가?

답: 없다.

문: 피고는 일명 권태석權泰錫이라고 하는가?

답: 그렇게는 말하지 않는다.

문: 권태석이라는 것은 피고의 아명이 아닌가?

답: 그렇지 않다.

문: 피고는 박철희朴哲熙 · 김삼수金三洙 · 권일權一 · 홍일헌洪一憲이라는 가명을 사용하고 있었는가?

답: 그렇다.

문: 자산은 어떤가?

답: 없다.

문: 교육 정도는 어떠한가?

답: 8살 때부터 13살 때까지 서당에서 한문을 배우고, 13살 때 안동에 있는 사립동화학교東樺學校에 입학하여 16살에 이 학교를 졸업한 후, 17살 때부터 19살 때까지 대구고등보통학교에 2년간 통학하였다. 그후 경성중앙고등보통학교로 전학하여 2학기 동안 다녔으나 돈이 없어 중도에 퇴학하였다.

문: 종교는 무엇인가?

답: 16살 때부터 22살 때까지는 그리스도교를 믿었지만 지금은 무교다.

문: 경력은 어떠한가?

답: 1918년 10월경 전라남도청의 고용인으로 약 6개월간 근무하고, 그 뒤에는 귀향하여 1923년 봄 무렵 풍산학술강습회 · 풍서학술강습회 및 일직학습강습회 등에서 교편을 잡았다.

문: 피고는 본건 외에 사상단체에 관련되어 있는가?

답: 그렇다. 안동청년회 · 안동노동구제회 · 풍산청년회 · 풍산소작인회 · 조선노농총동맹 · 신흥청년동맹 · 한양청년동맹 및 화요회에 각각 가입하고, 이전에는 한양청년동맹 · 화요회의 각 집행위원이었으나 지금은 조선노농총동맹의 집행위원만을 하고 있으며, 그 이외에는 평회원이다.

문: 1925년 4월 17일 경성부 황금정黃金町 1번지 중국요리점 아서원雅敘園에서 같은 피고 김재봉金在鳳 외 십여 명이 모여 조선공산당이라 칭하고 비밀결사를 조직한 사실을 알고 있는가?

답: 알고 있다.

문: 1925년 4월 19일 김단야金丹冶·김찬金燦으로부터 같은 달 19일 조선공산당이 생겼으니 거기에 입당하라는 권유를 받은 적이 있는가?

답: 그렇다.

문: 피고는 당원 예심판사에게는 권유받은 것처럼 진술하였는데 사실인가?

답: 사실은 김찬金燦에게 권유받은 것은 분명하지만, 김단야金丹冶에게서는 권유받았는지 어떤지 확실하게 기억나지 않는다.

문: 김찬에게 어떻게 입당하라고 권유받았는가?

답: 김찬은 조선청년총동맹, 나는 조선노동총동맹의 각 집행위원이었는데 사상단체의 언론집회에 대한 관헌의 압박이 심하여 그 대책으로 늘 동인同人과 이야기를 나누었다. 1925년 4월 경성에서 전조선민중운동가대회를 열게 되어 준비하던 어느 날 김찬이 나를 방문하여 "우리들은 예전부터 어떻게 하면 현재보다 더 행복한 생활을 할 수 있을까 하는 것을 연구하기 위해 며칠 전 모임 하나를 만들었으니 자네도 이에 찬동해 준다면 내가 그 모임의 창립자 쪽에 자네의 찬성 뜻을 전하겠다"고 말하기에 나는 물론 찬성이라고 말했다. 그때 "조선공산당을 조직했으니 거기에 입당하라"고는 말하지 않았다. 며칠 앞서 조직한 하나의 모임이라는 것이 동同 공산당을 의미했던 것이다.

문: 그런데 피고는 당원 예심판사에게는 김찬이 동지를 규합하여 제국의 국체를 변혁하고 사유재산제도를 부인할 목적으로 조선공산당인 비밀결사를 조직하였으니 자네도 거기에 입당하라는 권유를 하였다고 진술하였는데 사실인가?

답: 김찬은 그렇게는 말하지 않았다. 예심과정에서도 나는 지금 말한 대로 사실을 제기했으나 예심판사는 나의 진술을 받아들이지 않았고, 신의주에서 검거된 동지가 지금 말한 대로 진술하고 있다고 하기에, 어쩔 수 없이 묻는 대로 대답했던 것이다.

문: 1925년 12월 중, 김재봉金在鳳 등이 예전에 조직한 조선공산당이 신의주에서 검거되어 당원 대부분은 사방으로 흩어지고 슬픈 처지에 빠져 있어서 강달영姜達永·이준

태李準泰 등이 김재봉의 뜻을 받아들여 만회에 힘쓴 것이 사실인가?

답: 그런 것은 모른다.

문: 그런데 피고는 검사에게 이준태인지 강달영 등이 신의주에서 검거되어 당원의 다수가 사방으로 흩어졌기 때문에 당으로서의 활동을 계속할 수 없게 되었으므로 우리들이 그것을 책임지고 떠맡게 되어 이준태 · 강달영 · 김철수金錣洙 · 홍남표洪南杓 등이 후보간부가 되었다고 진술하였는데 사실인가?

답: 검사에게 그런 진술을 했는지 안 했는지 기억나진 않지만 그러한 사실은 없다. 다만 이준태가 "사회운동의 장래는 파란을 일으키지 않고 어떻게 해서라도 순조롭게 해서 민족의 행복을 꾀하고자 하는 목적 아래 당을 조직하였으나, 이른바 신의주사건으로 인해 검거된 회원의 대부분은 뿔뿔이 흩어져 전멸했으니 우리들이 그와 같은 당을 만들어 동지를 규합하고, 그 목적을 위해 노력하고자 한다"는 말을 1926년 2월 말인가 3월 초쯤에 들었다.

문: 또한 피고는 검사에게 김재봉 등이 예전에 조직한 조선공산당은 신의주사건으로 말미암아 해산된 것이 아니라, 동同 공산당의 간부에게 부탁받은 결과 이준태 등이 그 간부가 되어 동同 공산당을 넘겨받은 것처럼 진술하였는데 사실인가?

답: 검사에게 그렇게 말한 적은 없다. 또 사실도 그렇지 않다. 이준태나 김재봉 등이 조직한 조선공산당은 신의주사건 때문에 전멸되었다고 하기에 그대로 방치해 둘 수는 없으니 그것을 우리 손으로 부활시키게 되었다고 진술했다. 또한 부활이라는 뜻은 원래 있었던 것과 동일한 것이 생겨났다는 의미가 아니며, 또 새롭게 생겨났다는 의미도 아니다. 마치 지진으로 일어난 재해 뒤에 동경의 부활이나 그리스도교의 부활과 동일한 의미다. 강달영은 새로 만들었다고 하고 이준태는 신의주사건 전의 조선공산당을 승계했다고 하는 것도 사실 그것은 견해의 차이라고 생각한다.

문: 피고는 조선공산당의 중앙집행위원으로 추천된 것 같은데 언제 어떻게 동同 위원에 천거되었는지 그 전말을 진술하라.

답: 그런 사실은 없다. 중앙집행위원이 되기 위해서는 당 대회에서 선거된 자가 아니면 안 된다. 그와 같은 사실이 없는 내가 동同 위원으로 천거될 리가 없다. 또한 1926년 3월 20일경 강달영 쪽에서 이준태 등과 회합하여 조선공산당 부활에 대해 협의한 적이 있다. 예심조정에서도 강달영이 쓴 서류에서 많이 제시하였지만 그중에 김재봉

등이 조직한 공산당을 물려받았다는 사실은 조금도 기재되어 있지 않다. 만약 동同당을 물려받은 것이라면 뭔가 넘겨받은 서류라도 있겠지만 그렇지 않은 것만을 보더라도 물려받은 것이 아니라 부활시킨 것으로 판단된다고 생각한다.

문: 동同 피고 이준태 · 김철수 · 강달영, 동아일보의 이봉수李鳳洙 · 홍남표 · 전정관全政琯 및 피고 7명이 조선공산당 중앙집행위원이 되어 각 위원의 부서를 정한 사실은 없는가?

답: 그 가운데 동아일보의 이봉수는 조선공산당과는 전혀 관계가 없다. 그 밖의 사람들이 강달영 집에 집합하여 동同 공산당 부활의 준비에 관해 협의했지만 누가 무엇을 할 것인지 구체적으로 정하지 않으면 일이 생각처럼 되지 않는다기에 전덕全德 · 홍남표 · 김철수 등은 신문에 난 참고가 될 만한 기사를 오리거나 총독부의 통계 등의 조사를 하는 것을 강달영 · 이준태는 사회운동가 또는 우리들과 동일한 목적을 가지고 일하는 사람의 수가 몇 명 정도 있는지를 조사하는 것을, 나는 뭔가 일정한 규칙이 필요하기 때문에 기안을 맡기로 했다. 또한 1925년 여름 나카니시中西某라는 일본인 주의자가 입경할 때 동인同人의 초대회 석상에서 처음으로 앞의 이봉수와 서로 알게 되었다. 그때 동인同人은 누구였는지 이름은 모르겠지만 화요회火曜會는 헛되이 파쟁을 한다는 식으로 말하기에 나는 화가 나서 동인同人의 넥타이를 잡고 그 무례함을 나무란 적이 있다. 유진희兪鎭熙 등이 그것을 보고 있었다. 그래서 이봉수와 종래에 감정적으로 좋지 않은 사이였기 때문에 이준태가 이봉수를 우리들의 동지로 받아들이자고 말했지만, 나는 비밀결사이기 때문에 우리들과 감정상 서로 맞지 않는 자를 동료로 받아들이면 비밀이 유지되기 어려우니 동인同人을 받아들이는 것은 절대 불가하다고 반대하였다. 그래서 끝내 동인同人을 동료로 가입시키지 않기로 했다. 심문과정에서 다른 피고들은 그렇게 말한다면서 나의 변론을 들어주지 않기에 할 수 없이 묻는 대로 대답하였다.

문: 피고는 경찰 이래 예심과정에 이르기까지 조선공산당의 간부에 이봉수라는 자가 있다고 진술하였는데 이는 동아일보사의 이봉수를 말하는 것인가?

답: 그렇다.

문: 이자가 그 이봉수인가?

(이때 이봉수를 가리킴)

답: 그렇다.

문: 피고는 당원 예심판사에게 자신은 1926년 3월 5일경 조선공산당 중앙집행위원으로 천거되어 역시 이봉수와 선전부에 속했으며, 여러 차례 중앙집행위원회를 열었으나 자신은 두세 번 거기에 출석하였다. 그 외 비서부 · 조직부 제도가 있어서 비서부에 강달영 · 이준태, 조직부에 홍남표 · 전정관 · 김철수 등이 배속되어 사무를 보고, 또 중앙집행위원으로는 당측이 작성한 예산안 편성 및 동同 당칙 안의 통과 등을 심의하고 있었다고 말했는데 사실인가?

답: 그렇게 말했으나, 그러한 사실은 없다. 경찰이 나와 이봉수李鳳洙가 선전부에 속해 있을 것이라고 주장하기에 할 수 없이 대체로 그렇게 말했기 때문에 심문과정에서도 그렇게 진술했다. 장래 조선공산당이 완전히 부활하게 되면 비서부 · 조직부 · 선전부 등을 설치하려는 희망을 가지고 있었던 것이다. 강달영 · 이준태가 우리들과 동일한 목적을 위하여 노력하는 자가 몇 명 정도 있는지 조사하기로 되어 있었는데 그것은 원래 비서부에서 담당해야 할 일이기에 동인同人 등을 비서부로 돌리고, 홍남표 · 전덕 · 김철수 등은 각종 통계 등을 조사하기로 되어 있었는데 그것은 원래 조직부가 담당해야 할 일이기 때문에 동인同人 등을 조직부에 배정했으며, 선전부는 주의의 선전에 관한 문서기안 등을 담당하기 때문에 나와 이봉수를 선전부라고 거짓을 말하게 되었다. 또한 내가 당칙을 기안하는 것에 관해, 이준태 · 강달영 등은 비밀결사기 때문에 당칙을 만들면 발각된다고 옳지 않다고 말했다. 나는 당칙이 없으면 일을 행하는 데 불편하다고 주장했으나 모두 찬성해 주지 않았다. 조금 전 당칙의 기안을 부탁받은 것처럼 제기했지만 그것은 착오이고, 실은 나는 나 혼자서라도 당칙을 만들어 보겠다는 말을 하고 기안을 강달영에게 보여주었더니 동인同人은 이와 같은 성가신 일은 불필요하다고 말했다. 나는 애써 만들어 본 것인 만큼 자세히 봐 달라고 말하고 동인同人에게 그 초안을 건네주었다. 조선공산당 부활 후 대회의 결의를 거치지 않으면 당칙이 되지 않는 것이다. 요컨대 내가 기초한 당칙 안은 아직 대회의 결의를 거치지 않았기 때문에 단순히 나 개인의 의견을 적어 본 것에 지나지 않는다.

문: 이것은 피고와 이봉수가 만든 것이 아닌가?

(이때 압수 제978호의 증 제29호의 1부터 10을 제시함)

답: 그것은 나 혼자서 쓴 당칙 초안으로 이봉수와는 전혀 관계가 없다.

문: 위의 당칙 안은 언제 어디에서 기초하였는가?

답: 날짜는 기억나지 않지만 1926년 3월 중 경성부京城府 장사동長沙洞에 있는 학무국장 이진호李軫鎬 집에서 썼다.

문: 기초하는 데 뭔가 참고로 한 것이 있는가?

답: 러시아공산당의 당칙 및 영국무산청년회의 회칙을 참조하였다.

문: 위의 러시아공산당의 당칙이라는 것이 이것인가?

(이때 압수 제978호의 증 제29호를 제시함)

답: 그렇다.

문: 위의 증 제29호는 고려공산청년회의 회칙인데 그것을 영국무산청년회의 회칙이라고 한 것이 아닌가?

답: 그렇지 않다. 러시아공산당의 당칙은 급진적인 것이고 영국무산청년회의 회칙은 점진적인 것으로, 둘 모두 한쪽으로 너무 치우쳐 있기 때문에 양자를 절충시킨 것을 만들기 위해 둘 모두를 참조했던 것이다. 그를 통해 보더라도 우리들이 부활시키고자 하는 조선공산당은 러시아공산당과 같은 것이 아니라는 것을 알 수 있을 것이라고 생각한다.

문: 그런데 피고는 당원 예심판사에게는 증 제21호의 1에서 10까지의 당칙안은 이봉수와 함께 만든 것이라고 진술하였는데 사실인가?

답: 그렇게 말한 적이 없다.

문: 위의 증 제21호, 제29호는 어떻게 입수하였는가?

답: 그것은 대단한 독서가인 김대봉金大鳳이라는 동지가 가지고 있던 것을 내가 받았던 것이다.

문: 조선공산당에서는 예산안 · 예산안 청구서 및 예산안 설명서 등을 만든 것이 사실인가?

답: 그런 이야기를 들었다.

문: 그리고 그것을 국제공산당에 보낸 사실이 있는가?

답: 그런 사실은 모른다. 신의주사건이 발각된 뒤 동지가 뿔뿔이 흩어져 세력이 쇠퇴해졌기 때문에 동지를 규합하지 않으면 안 된다고 생각하였다. 이에 관해 김단야에게 어떻게 하면 좋을지 편지를 보냈다. 그랬더니 동인同人은 동지들에게 조선공산당이

국제공산당과 연락을 취할 수 있는 것처럼 가장하는 것이 어떤가라는 말을 했다. 나는 동지를 속이는 것은 도덕상 바람직하지 않다고 여겼지만 조선공산당 부활을 위해서라면 어쩔 수 없는 일이라고 생각하고, 강달영에게는 "동지들에게 국제공산당에 가입되어 있는 것처럼 가장하기 위해 예산과 관련된 서류를 만드는 것이 어떤가"라고 말한 적이 있다.

문: 이것은 어떻게 된 것인가?

(이때 압수 제978호의 증 제8호를 제시함)

답: 모른다. 오늘 처음 보는 것이다.

문: 그리고 경성부에 1개 내지 9개의 야체이카와 5개의 프락치를 설치한 것이 사실인가?

답: 모른다.

문: 피고는 경성부의 제6 야체이카에 속하는 한편 프락치의 학생부에 속해 있는 것이 아닌가?

답: 그런 사실 없다.

문: 하지만 피고는 경찰에게는 그렇게 진술하지 않았는가?

답: 그런 진술을 한 적이 없다.

문: 야체이카 및 프락치 조직 및 직책은 무엇인가?

답: 그것은 모두 압수당한 서류에 쓰여 있는 대로 틀림이 없다.

문: 그러면 여기에 쓰여 있는 대로인가?

(이때 압수 제978호의 제22호의 1에서 7까지를 제시함)

답: 그렇다.

문: 위의 증거 제22호의 1에서 7까지는 피고가 쓴 것인가?

답: 그렇다.

문: 이것은 어떻게 된 것인가?

(이때 압수 제1,134호의 증 제2호, 제14호, 제23호, 제24호를 제시함)

답: 증 제23호는 야체이카의 조직원칙이고, 그 외에는 프락치의 조직원칙을 쓴 것이다.

문: 언제 쓴 것인가?

답: 날짜는 기억나지 않지만 1926년 3월 중에 썼다.

문: 이것은 어떻게 된 것인가?

(이때 압수 제978호의 증 제26호를 제시함)

답: 그것도 지금 제시한 각 서류와 함께 만든 것이다.

문: 피고는 압수 제978호의 증 제20호는 중앙집행위원회의 결의를 거치지 않았다고 말했는데, 당원 예심판사의 제6회 신문 때는 동同 위원회의 결의를 거친 것처럼 진술하지 않았는가?

답: 그런 말을 한 적이 없다. 사실은 조금 전에 말한 대로다. 애써 만든 것을 나 혼자 가지고 있어봐야 소용이 없기 때문에 강달영姜達永과 이준태李準泰에게 그것을 보여준 적이 있을 뿐이다. 가령 중앙집행위원회의 결의를 거쳤다고 하더라도 당 대회의 결의가 없는 이상 당칙이라고 말할 수 없다.

문: 조선공산당 기관은 조금 전에 제시한 당칙에 적혀 있는 대로인가?

답: 거기에 적혀 있는 기관은 내가 아무렇게나 써본 것으로 그런 기관이 있었던 것은 아니다.

문: 경성부京成府에 간부를 설치하였는가?

답: 모른다.

문: 조선공산당은 1. 동경東京에 일본부 2. 상해上海에 상해부 3. 만주滿洲에 만주부 4. 블라디보스토크에 연해주부를 설치하였는가?

답: 그런 사실 없다. 단 조선공산당이 장래 완전히 부활하게 되면 그렇게 하려고 생각은 하고 있었다.

문: 그 후 만주부를 만주총국으로 개칭한 것이 사실인가?

답: 모른다.

문: 피고는 검사에게 상해 및 만주에 연락기관을 설치하여 상해에는 김단야 · 조동호趙東祜, 만주에는 조봉암曺奉岩이 책임자로서 지정되었다고 진술하지 않았는가?

답: 그렇게 말한 적이 없다.

문: 이것은 어떻게 된 것인지 알고 있는가?

(이때 압수 제987호의 증 제2, 제3, 제4 및 제53호를 제시함)

답: 모른다.

문: 하지만 피고는 당원 예심판사의 제6회 신문 때에는 위의 증 제2호의 회록 번역문 중

一. 예산의 편성

一. 이재익李在益의 출당

一. 공산청년회대회 개최

一. 김철수金錣洙 동지의 보고

一. 상해파上海派의 입당문제

一. 조봉암曺奉岩의 문제결정

一. 여운형呂運亨의 취급주의

一. 당대회 문제

一. 박내원朴來源이 책임자인 야체이카의 배속에 관한 건

중 제3호의 일지 및 번역문 중

一. 중앙집행위원회에 있어서 각 결의에 관한 건은 사실임이 틀림없다고 진술하였는데 사실인가?

답: 경찰취조에서부터 예심과정에 이르기까지 그렇게 묻는 대로 대답했다.

문: 왜 묻는 대로 대답하였는가?

답: 경찰에서 처음에 내가 거짓말을 제기했더니 조사관이 매우 흡족해하며 칭찬을 해주었다. 그 후 진실을 제기했더니 조사관은 거짓말하지 말라고 하며 종래와는 달리 독방에다 가두고 학대했다. 그래서 경찰이라는 곳은 진실을 말하면 믿어주는 곳이 아니라 뭐든지 아무렇게나 말하면 믿어주는 곳이라고 생각했기 때문에 물을 때마다 거짓말을 했던 것이다. 또한 검사 및 예심판사에게는 경찰에서 진술한 대로 말하지 않으면 심리도 길어지는데다가 경찰에서도 참혹한 꼴을 당할지도 모른다는 생각에 묻는 대로 대답했다.

문: 또한 조선공산당은 경상남도 · 전라남도에 도간부를 설치하였는가?

답: 모른다.

문: 조선공산당의 입당수속은 어떠한가?

답: 입당수속에 있어서 결정된 사실은 없다. 그러나 장래 조선공산당이 완전히 부활하면

입당수속은 엄중하게 할 생각이었다. 예를 들어 신청자가 입당을 원하면 나는 신청자가 우리와 함께 일할 자격이 있는지 없는지를 확인하기 위해 서로 의견을 교환하고, 6개월 또는 1년간 신청자의 거동을 감시한 후 우리와 함께 일할 자격이 있다고 인정되면 강달영 · 이준태 등에게 신청자는 당원이 되기에 충분한 인물이라고 추천하고, 동인同人 등은 다시 신청자의 거동을 일정 기간 감시하고 난 후 결과가 내가 추천한 대로라면 동인同人 등은 신청자에게 당원이 되기에 충분하다는 뜻을 통지하여, 신청자가 그것을 승낙하면 신청자는 당 대회에 출석할 수 있게 되고, 대회에서 신청자가 당원인 것을 전회의 만장일치로 인정할 때 비로소 당원이 되게 할 생각이었다.

문: 피고는 타인에게 조선공산당의 입당을 권유한 사실이 있는가?

답: 그런 사실 없다.

문: 피고는 이준태에게 그들은 당원이 될 자격자라고 추천한 사실이 있는가?

답: 있다.

문: 그들은 대체 누구인가?

답: 권오상權五尙 · 문상직文相直 · 강균환姜均煥 · 염창렬廉昌烈 · 박민영朴珉英 · 이지탁李智鐸 · 이병립李炳立 등이다.

문: 하지만 피고는 당원 예심판사에게는 이준태에게 박민영 · 이지탁 · 이병립 · 조두원趙斗元 · 김경재金璟載 · 염창렬 · 박내원朴來源 · 민창식閔昌植 · 정달헌鄭達憲 · 윤기현尹基賢 · 김대봉金大鳳 · 고윤상高允相 등은 공산당원이 될 유자격자라고 추천했다고 진술하였는데 사실인가?

답: 예심과정에서 그렇게 말했더라도 그것은 착오이며, 사실은 지금 이야기한 권오상 외 6명뿐이다.

문: 하지만 이준태는 피고로부터 그러한 추천을 받은 사실이 없다고 진술하였는데 왜인가?

답: 동인同人의 진술은 잘못된 것이다. 어쨌든 나는 이준태에게 권오상權五尙 외 6명은 당원이 될 자격이 있다고 추천한 것은 사실과 다르지 않다.

문: 강균환은 피고로부터 공산당에 가입할 것을 권유받았다고 말하고 있는데 사실인가?

답: 동인同人이 왜 그런 말을 했는지는 모르겠지만 그런 사실이 없다.

문: 또한 권오상은 1925년 4월경, 피고로부터 이면운동에 가입하라는 권유를 받았다고

말했는데 사실인가?

답: 동인同人도 왜 그런 말을 했는지는 모르겠지만 그런 사실이 없다.

문: 조선공산당원은 누구누구인가?

답: 모른다.

문: 피고는 검사에게는 자신의 권유로 박민영 · 이지탁 · 김경재 · 이병립 · 조두원 · 정달헌 · 윤기현 등을 공산당에 가입시킨 것처럼 말하였는데 사실인가?

답: 그 말도 착오며 그런 사실이 없다.

문: 피고는 당원 예심판사의 제2회 신문 때 박민영 · 이지탁 · 고윤상高允相 · 염창렬 · 이병립 · 김경재 · 박내원 · 민창식 · 조두원 · 정달헌 · 윤기현 · 김재봉金在鳳 · 신동호申東浩 · 김기수金基洙 · 신명준辛命俊 등이 조선공산당인 것처럼 말하였는데 사실인가?

답: 그런 말은 했지만, 모두 거짓말이다. 예심과정에서 최초의 사실대로 말했더니 거짓말 하지 말라며 윽박지르고, 마지못해 거짓을 말하면 오히려 칭찬을 해주면서, "강달영 등은 모두 자백했으니 너도 자백해라, 그렇지 않으면 취조가 3년 내지 5년 정도 걸릴 것이라"고 말하기에, 나는 나 한 사람의 일이라면 상관없지만 한 사람을 위해 다른 많은 피고에게 폐를 끼치게 되면 안 된다는 생각에 할 수 없이 묻는 대로 대답했다.

문: 또한 염창렬 · 이지탁 등은 김창준金昌俊의 권유로 조선공산당에 입당했다고 말하고 있는데 사실인가?

답: 그 공산당은 다시 부활하지 않으므로 그런 사실이 있을 리가 없다.

문: 조선공산당의 경비는 어떻게 할 생각이었나?

답: 만일 공산당이 부활했을 때에는 각 당원으로부터 10전 정도씩 내게 하도록 한다는 이야기까지 있었지만 결정한 사실은 없다.

문: 조선공산당은 국제공산당에 예산 36만 3,800원을 청구하고 일부 승인받은 사실이 있는가?

답: 그런 사실은 없다.

문: 피고는 조선공산당의 회계를 담당하고 있었던 것이 아닌가?

답: 그런 사실이 없다.

문: 이것은 어떻게 된 것인가?

(이때 압수 제978호의 증 제9호를 제시함)

답: 그것은 강달영의 요구에 따라 내가 쓴 것이다.

문: 위의 증거 제9호에 기재되어 있는 돈의 용도는 사실대로 기재한 것인가?

답: 그렇다.

문: 하지만 위의 증거 제9호에 적혀 있는 자 중 돈을 받은 적이 없다는 자가 있는데 왜인가?

답: 왜 돈을 받은 적이 없다고 말하는지는 모르겠다.

문: 위의 증거 제9호에 기재되어 있는 돈은 국제공산당으로부터 받은 돈이 아닌가?

답: 그렇지 않다. 그것은 상세하게 말하지 않으면 잘 모른다. 신의주사건으로 검거된 1925년 11월 22일 아침, 내가 박헌영朴憲永 집으로 갔기 때문에 나는 일단 체포되었지만 즉시 풀려났다. 그때 김단야는 나에게 자네는 이대로 조선에 머물러 있어 달라고 하고, 동인同人은 만주로 망명했다. 같은 해 12월 20일경, 박천朴泉이라는 자가 찾아와서 "김단야로부터 자네에게 전해 달라는 부탁을 받았다"고 하며 나에게 2,000원을 건네주었으므로, "이것이 도대체 어떻게 된 돈인가"하고 물었더니, 남경이나 북경 등에 있는 동양혁명회로부터 나온 돈이라고 말했다. 또 작년 1월 하순경, 역시 박천이 러시아 공산대학에서 유학하고 있는 약 40명의 조선학생들이 매월 학자금 가운데 10원씩을 조선인의 생활향상을 꾀하기 위해 사용할 목적으로 모은 돈이라고 하며 1,500원을 가져왔다. 그리고 동同 학생들에게는 시베리아에 있는 조선인들이 학자금을 주고 있다는 것을 조봉암으로부터 들었다. 또한 작년 중 김성순金成順이라는 자가 내방하여 남경의 금릉대학金陵大學에 유학하고 있는 조선인 학생들이 매월 학자금 가운데 10원씩 모은 돈이라고 하며, 1,200원 중 200원은 자신이 오는 여비로 사용했다며 1,000원을 건네주었다. 그 외 홍남표洪南杓로부터 300원 차입하고 이것저것 400~500원 정도의 돈을 증 제9호에 기재되어 있는 대로 지출하였다.

문: 국제공산당에 가입하지 않아도 돈을 받을 수 있는가?

답: 모른다.

문: 조선공산당은 국제공산당의 승인을 얻었는가?

답: 그런 사실 없다.

문: 하지만 피고는 당원 예심판사에게는 "김단야로부터 조두원 앞으로 1926년 3월초경 조선공산당이 국제공산당으로부터 가입 승인을 받았다는 취지의 전보를 보낸 일이 있었다"고 진술하였는데, 사실인가?

답: 그런 사실이 없다. 동지를 규합하기 위한 목적으로 강달영에게 국제공산당의 승인을 얻은 것처럼 가장하기 위해 예산에 관한 서류를 만들자고 말했기 때문에 그렇게 거짓말로 진술했던 것이다.

문: 또한 피고는 경찰에서 제1회 신문 때도 그렇게 진술하고 있었을 뿐만 아니라 검사에게는 조선공산당은 국제공산당의 승인을 얻었다는 뜻을 상해의 김찬으로부터 전보가 왔다고 말했는데 사실인가?

답: 어쨌든 그런 사실은 없다. 경찰에서도 검사에게도 묻는 대로 대답하였다.

문: 국제공산당의 강령은 무엇인가?

답: 모른다.

문: 조선공산당에는 모플을 설치하여 그 간부가 임명되었다는데 사실인가?

답: 모른다.

문: 1925년 4월 중 김단야의 통지에 따르면 이준태와 상담하여 이봉수를 신의주로 보내어 김단야와 회견하게 한 사실이 있는가?

답: 그런 사실이 없다.

문: 그런데 피고는 예심과정에서 그런 사실이 있었던 것처럼 진술하였는데 사실인가?

답: 예심과정에서 그런 말을 한 기억이 없다.

문: 박헌영·김찬·조봉암 등과 함께 1925년 4월 경성에서 전조선민중운동가대회가 개최된다고 하니 그것을 기회 삼아 사회운동을 하기 위한 비밀결사를 조직하려고 계획한 사실이 있는가?

답: 현재 조선인의 생활은 사회로부터 매우 압박받고 있기 때문에 어떻게 해서든 좋은 방법을 강구하지 않으면 안 된다고 동인同人 등과 상담한 적이 있다.

문: 그 결과 1925년 4월 18일 오후, 경성부京城府 훈정동薰井洞에 있는 박헌영朴憲永 집에서 박헌영·김찬金燦·조봉암曺奉岩·피고 이외의 다수가 회합하여 고려공산청년회를 조직한 것이 사실인가?

답: 그렇다.

문: 그때 회합한 자는 누구누구인가?

답: 모두 합해서 17명으로 나 이외에 김찬 · 김단야 · 박헌영 · 조봉암 · 홍증식洪增植 · 임원근林元根 · 신철수申哲洙 · 장순명張順明 · 김상주金尙珠 · 진병기陳秉基 · 임형관林亨寬 · 조이환曺利煥 · 김동명金東明 · 박길양朴吉陽 · 안상훈安相勳 등은 기억하고 있지만 그 외 1명의 이름은 기억나지 않는다.

문: 모두 합해서 17명이 아니라 18명이 아니었나?

답: 아니다. 17명이었다.

문: 정경창鄭敬昌도 회합에 온 것이 아니었나?

답: 모른다.

문: 박헌영은 정경창도 회합에 참가했다고 진술했는데 사실인가?

답: 모른다.

문: 그 석상에서 김단야가 강령을 낭독했다는데 사실인가?

답: 그렇지 않다. 김단야는 취지를 쓴 것을 낭독했다. 또 강령이 정해진 적은 없다.

문: 하지만 피고는 당원 예심판사의 제4회 신문 때는 그 석상에서 김단야가 낭독한 강령 내용이 "조선에 공산제도를 실현시킴과 동시에 조선을 제국의 식민지로부터 해방시킬 것을 기약하기 위해 공산청년회를 조직한다"라고 하는 취지였던 것으로 생각하며, 또한 그 강령은 동인同人이 만든 것이라고 말했는데 사실인가?

답: 그렇게 진술했더라도 이는 거짓말이다. 예심판사는 "'공산' 이라는 문자가 사용되고 있기 때문에 조선에 공산제도의 실현을 목적으로 삼은 것일 것이다. 그렇게 되면 조선은 제국의 속박으로부터 벗어나게 되는 것이 아닌가"라고 하기에 나는 그것은 그럴지도 모른다고 말했을 뿐이다. 고려공산청년회는 현재의 총독정치가 모든 면에 많은 결함이 있어서 우리 조선인의 생활이 매우 압박을 받고 있기 때문에 좀 더 나은 생활을 할 수 있도록 만들기 위해 교양단체로 조직한 것이다. 따라서 그런 강령이 있을 리가 없다. 또한 예심판사는 "공산제도라는 것은 천연물 · 생산기관 · 생산물 등을 사회 공유로 삼고 사회가 생산물 천연물을 각 회원에게 공평하게 분배하는 제도가 아닌가" 하고 모든 피고에게 천편일률적으로 신문하고 있는 것 같다. 최초 예심판사는 나를 신문할 때는 공산주의 등에 관해 깊이 연구하지 않은 것 같았으며, '대체 치안유지법의 근본정신은 무엇인가' 라고 혼잣말을 하며 옆에 있는 책을 펼쳐 보고

있었다. 그 책 안에 천연물 · 생산기관 · 생산물 등의 문구가 쓰여 있는 것을 나는 본 적이 있다.

문: 또한 피고는 신의주 예심판사에게는 당시 박헌영 집에 회합에 참가한 자는 모두 합해서 18명이며, 그 석상에서 김단야가 강령을 낭독하였다고 말하였는데 사실인가?

답: 조금 다르다. 18명은 착오이며 사실은 17명이다. 그 석상에서 김단야가 우리 조선인이 현재보다 나은 안락한 생활을 할 수 있게 하고 싶다는 취지로 쓴 것을 낭독했다고 말한 것일 뿐 그렇게 진술하지 않았다.

문: 누구의 발의로 고려공산청년회라고 명명하였는가?

답: 잘 기억나진 않지만 아마도 김단야의 발의였던 것으로 생각한다.

문: 고려공산청년회는 피고와 김찬 · 김단야 · 조봉암 4명이 발기하여 조직하였는가?

답: 나와 위의 사람들이 특별히 발기하여 조직한 것은 아니다.

문: 하지만 박헌영은 피고와 지금 말한 4명이 발기인이라고 진술하였는데 왜인가?

답: 동인同人이 왜 그런 진술을 했는지는 모르겠다. 동지는 누구나 우리 조선인이 어떻게 해서든 더 나은 안락한 생활을 할 수 있게 되기를 희망하고 있다.

문: 또한 그 석상에서 박헌영 · 조봉암 · 홍증식 3명을 간부의 전형위원으로 천거하였는가?

답: 그 자리에서 임원의 전형위원을 천거한 것은 틀림없다. 동同 위원으로는 김찬 · 김단야 · 조봉암 3명인 것으로 생각한다. 예심종결결정서에 따르면 질문한 3명이 전형위원으로 천거된 것처럼 되어 있지만, 누구누구였는지 확실한 기억은 없다. 홍증식은 동同 위원에 아무래도 포함되어 있지 않았던 것으로 생각된다.

문: 박헌영 · 임원근 등은 홍증식도 전형위원으로 천거된 것처럼 진술하고 있는데 사실인가?

답: 확실한 기억이 나지 않는다.

문: 그리고 위의 전형위원은 그 자리에서 중앙집행위원에는 박헌영 · 신철수 · 홍증식 · 조봉암 · 김찬 · 김단야 · 피고 7명을, 검사위원에는 조이환 · 임형관 · 김동명 3명을 각각 선임하였는가?

답: 중앙집행위원 쪽은 질문한 대로이지만 검사위원 쪽은 누가 선임되었는지 몰랐다. 예심종결결정서를 보니 질문한 것처럼 되어 있기에 비로소 알게 되었다.

문: 또한 그 자리에서 고려공산청년회의 직제 회칙 및 강령 등의 제정을 중앙집행위원에게 일임하고 해산한 것이 사실인가?

답: 그렇다.

문: 그 후 중앙집행위원은 위원회를 개최하여

一. 비서부

一. 조직부

一. 선전부를 설치하고 부서를 결정한 사실이 있는가?

답: 그렇다.

문: 그것은 언제 일인가?

답: 언제였는지 시일은 기억나지 않는다.

문: 어떻게 부서를 정했는가?

답: 비서부에 박헌영 · 김단야 · 조봉암, 조직부에 홍증식 · 나, 선전부에 신철수 · 김찬 등이 각각 배속되었다.

문: 비서부 안에는 책임비서 · 국제책임자 · 연락책임자가 있으며, 책임비서는 고려공산청년회의 대표자로 일반 서민을 담당하고 거기에는 박헌영이 선임되었으며, 국제책임자는 고려공산청년회로부터 대표자로서 국제공산청년회에 파견되어 양자 간에 여러 가지 협정을 맡게 되고 거기에는 조봉암이 선임되었으며, 연락책임자는 고려공산청년회와 국제공산청년회와의 상호 연락을 맡고 거기에는 김단야가 선임되었는가?

답: 그렇다.

문: 조직부 안에는 조직책임자 · 조사책임자가 있고, 조직책임자는 다른 단체의 회원을 고려공산청년회로 유인하여 가입시키는 임무를 맡고 거기에는 피고가 선임되었으며, 조사책임자는 사회현상의 시찰을 담당하고 거기에는 홍증식이 선임되었는가?

답: 그렇다.

문: 선전부에 교양책임자와 출판책임자를 두고, 교양책임자는 투사의 양성과 공산주의의 선전을 담당하고 거기에는 임원근이, 출판책임자는 고려공산청년회에서 발행하는 출판에 관한 것을 담당하고 거기에는 김찬이 각각 선임되었는가?

답: 조금 다르다. 교양책임자인 임원근은 예심과정에서는 그렇게 말했지만 잘못된 것이며, 그것은 신철수였다. 그 외에는 질문한 바와 같이 틀림없다.

문: 신의주사건으로 고려공산청년회의 간부가 검거되었기 때문에 그 이외의 사람이 대신 간부가 된 것이 사실인가?

답: 그런 사실은 없다.

문: 다시 말해서 간부후보가 생긴 것은 아닌가?

답: 그것은 간부후보가 아니라, 고려공산청년회의 부활에 힘쓰는 동지다. 또한 간부후보가 되기 위해서는 대회의 결의를 거치지 않으면 안 된다.

문: 그 동지란 누구누구인가?

답: 박민영 · 이지탁 · 김경재 · 이병립 · 염창렬 · 나 6명이다.

문: 김동명은 아닌가?

답: 동인同人은 당시에 없었기 때문에 그 대신 박민영을 포함시킨 것이다.

문: 피고는 1925년 12월 하순경, 정달헌이 하숙하는 고양군高陽郡 연희면 延禧面 창천리 滄川里의 모 조선인 집으로 김경재 · 염창렬 · 이병립 3명을 불러들여 고려공산청년회의 유지에 관해 협의하고, 그 결과 위의 3명을 중앙집행위원 후보로 선임한 사실이 있는가?

답: 예심과정에서 그렇게 말했지만 그것은 잘못이며, 사실은 그것과 조금 다르다. 염창렬 · 이병립 2명에게 고려공산청년회가 전멸했으니 부활시키자고 이야기한 사실이 있지만, 김경재에게는 이야기한 사실이 없다.

문: 피고는 검사에게는 1925년 12월 중순경, 김경재 · 이병립 · 염창렬 3명을 자신이 추천하고, 이지탁은 김동명이 추천하여 회원에 가입시켰으며, 당시 집행위원으로 경성에 남아 있던 자는 자신과 김동명金東明뿐이었기 때문에 훗날 집행위원이 귀경할 때까지 염창렬 · 이병립 · 이지탁 · 김경재를 후보간부로 선임하고, 그 후 김동명이 상해로 도주하였기 때문에 박민영을 회원에 포함시켜 후보간부로 했다고 말했는데 사실인가?

답: 1925년 11월 29일경, 경찰의 손길이 자신의 신변에 미칠 것 같았으므로 서대문 밖에서 연희전문학교 쪽으로 도망쳤는데, 미리 서로 알고 지내던 같은 학교 학생인 정달헌을 만나 동인同人의 하숙(연희면 창천리)에 가서 그곳에서 김동명을 만나 동인同人에게 고려공산청년회가 전멸하여 부활시키지 않으면 안 되는데 함께 일을 하기 위해서는 누가 좋을지 물었더니 김경재 · 이병립 등이 괜찮을 것이라 말했다. 김경재는

사람이 너무 좋은 나머지 지나치게 친절하기 때문에 부적당하며, 이병립·염창렬 등이 좋을 것이라는 말을 하기에 동인同人 등에게 그 사실을 이야기했더니 승낙하고 가담하였다. 1926년 1, 2월경 김동명이 이지탁도 괜찮다는 말을 하기에 동인同人을 가입시키고, 김동명은 자신이 추천하여 박민영을 가입시켰다. 또 같은 해 3월경 부내府內 필운동弼雲洞에 있는 나의 숙소에서 김경재에게 말하여 동인同人을 마지막으로 가입시켰다. 검사에게 어떻게 말했는지 기억나지 않는다.

문: 그것은 모두 7명이 아니었나?

답: 아니다. 6명이다. 단 김동명을 포함시키면 7명이 된다.

문: 그리고 피고 등 위의 6명은 부서를 정했는가?

답: 그렇다. 예심과정에서도 그렇게 말했지만 위의 사람들은 실제 일은 조금도 보지 않고 나 혼자서 모든 일을 하고 있다. 그것은 피고들에게 물어보면 사실을 알게 될 것이라고 생각한다.

문: 1925년 12월 10일 이후 부내府內 수창동需昌洞 97번지 조두원 집과 그 밖의 곳에서 자주 고려공산청년회의 중앙집행위원회를 개최하고, 영국무산청년회의 회칙이라는 제목을 붙이고 고려공산청년회의 회칙을 만들었다고 했는데 사실인가?

답: 그런 사실이 없다.

문: 그런데 피고는 당원 예심판사에게는 1926년 3월 중순경, 부내府內 장사동에 있는 학무국장인 이진호 집의 한 방에서 영국무산청년회의 회칙 및 러시아공산당의 당칙을 참조하여 주로 영국무산청년회칙에 준거하여 고려공산청년회의 회칙을 제정하였다고 말했는데 사실인가?

답: 예심과정에서 그렇게 말했지만 그것은 거짓말이다. 영국무산청년회 회칙 및 러시아공산당 회칙은 매우 조직적으로 완성되어 있기 때문에 장래 고려공산청년회가 완전히 부활되면 동同 회칙은 그것을 참조하여 제정한다는 희망만 가지고 있었다.

문: 이것이 고려공산청년회의 회칙이 아닌가?

(이때 압수 제978호의 증 제29호를 제시함)

답: 그렇지 않다. 그것은 조선공산당 회칙을 만들 때 그 참고로 한 것이다.

문: 그렇다면 이것이 고려공산청년회의 회칙이 아닌가?

(이때 압수 제1261호의 증 제1호 및 압수 제1134호의 증 제10호, 제12호, 제20호를 제시함)

답: 그렇지 않다. 장래 고려공산청년회 회칙을 만들 때 참고하기 위해 내가 쓴 영국무산청년회 회칙에 지나지 않는다. 경찰에서는 일이 발각되는 것을 피하기 위해 '고려공산'이라고 하지 않고, '영국무산'이라 했다고 말했지만, 조선공산당 당칙을 작성할 때에는 분명히 조선공산당 회칙이라고 되어 있기 때문에 고려공산청년회 회칙에 한해 특별히 고려공산을 영국공산이라고 할 필요가 없었다. 그 때문에 늘 관헌으로부터 엄중한 단속을 받았다.

문: 그런데 피고 가운데 위의 압수 제978호의 증 제29호, 압수 1261호의 증 제1호 및 압수 제1134호의 증 제10호, 제12호, 제20호는 고려공산청년회의 회칙인데 일의 발각을 피하기 위하여 이것에다가 영국공산청년회의 회칙이라고 했다고 진술한 자가 있는데 어찌된 것인가?

답: 왜 그런 진술을 했는지는 모르겠지만 어쨌든 사실은 지금 말한 대로 틀림이 없다.

문: 고려공산청년회의 중앙집행위원회는 몇 번 개최되었나?

답: 모른다.

문: 동同 위원회에서는 어떤 것을 결의했는지도 모르는가?

답: 그것도 모른다.

문: 고려공산청년회의 입회수속은 어떠한가?

답: 신의주사건 발각 전에는 비밀결사였기 때문에 입당에 관해서는 장래 본인이 주장자가 될 수 있는 소질이 있는지 없는지, 가족상의 일 등에 관해 몇 달 동안 엄중하게 조사 및 감시하고, 그 결과 교양시키기에 충분한 자라고 인정되어 그 뜻을 중앙집행위원회에 추천하면, 동同 위원은 다시 계속하여 본인이 감시한 결과가 추천한 자의 신청과 일치하면 본인에게 입회자격이 있다는 취지를 통지한다. 그 뒤 본인이 이에 대해 승낙하면, 중앙집행위원회가 그것을 승인하게 되고 비로소 회원이 될 수 있는 것이다. 신의주사건 발각 후에 있어서의 행동은 부활 준비에 지나지 않기 때문에 입회문제는 발생하지 않는다.

문: 이전의 입회에 따른 연령에는 제한이 없었는가?

답: 30세 이하인 자로 한정되어 있다.

문: 피고는 당원 예심판사의 제4회 신문 때 고려공산청년회는 창립하자마자 과도기시대였기 때문에 연령의 제한 이외에는 내규나 회칙에는 전혀 준거하지 않고 회원 각자

가 공산주의자를 찾아 입회를 권하고 그 사람이 동의하면 즉시 회원으로 만들고 그 취지를 비서부에 보고하기로 정해 두었다고 말했는데 사실인가?

답: 그런 간편한 입회수속도 있었다.

문: 고려공산청년회의 회원은 누구누구인가?

답: 약 50명 정도로 그 가운데 모스크바의 공산대학에 19명이 입학하였다. 김조이金祚伊는 상해로 갔지만 동녀同女는 회원이 아니다. 신의주사건 전의 회원 가운데 이름을 기억하고 있는 사람은 김명시金命時 · 고명자高明子 · 권오직權五稷 · 장서성張曙星 · 김일성金一星 · 정경창 · 조용암曺龍岩 · 장도명張道明 · 강한姜翰 · 박지성朴知成 · 박광일朴光一 · 김석연金石然 · 김응기金應基 · 정운림鄭雲林 · 박헌영 · 임원근 · 홍증식 · 장순명 · 박길양 · 진병기 · 김상주 · 안상훈 · 조봉암 · 김찬 · 임형관 · 조이환 · 신철수 · 김동명 등이다. 정달헌 · 조두원 · 한인갑韓仁甲 · 김대봉 · 박민영 · 이지탁 · 김경재 · 이병립 · 염창렬 · 권오상 · 박내원 등은 신의주사건이 발각된 뒤, 내가 이야기하여 가입시킨 사람들이다.

문: 피고 이상훈李相薰에게 1926년 4월경, 고향에서 고려공산청년회의 입회를 권유한 사실이 있는가?

답: 있다. 다만 그것은 1926년 4월경이 아니라 1925년 가을 무렵이었다.

문: 그때의 전말을 진술하라.

답: 이상훈과 나는 예전부터 친하게 지내던 사이이다. 1925년 가을 무렵 내가 대구에 갔을 때 동인同人이 나를 찾아 왔기에 그때 동인同人에게 고려공산청년회에 관해 이야기하고 입회하기를 권유했더니 동인同人은 자신에게는 10살 정도 되는 아이가 있고, 그 아이가 중학교라도 졸업을 하여 독립해서 생활할 수 있게 되면 비밀운동에 가입해도 되는지 그때까지는 가입할 수 없다고 말했다. 나는 동인同人과 헤어질 때 자네는 어떻게 해서라도 회원으로 가입시킬 것이라고 말했지만 동인同人은 입을 다물고 있었다.

문: 피고는 1925년 중 모스크바의 공산대학에 학생을 파견한 사실이 있는가?

답: 그렇다.

문: 그 경과는 어떠한가?

답: 1925년 6 · 7월경 조봉암이 "학자금을 보낼 테니 모스크바의 공산대학에 유학시킬

학생을 파견하라"고 하며 1,000원을 보내왔기에 나는 그 학생을 추천하고 각자에게 여비를 주어 먼저 상해로 보내기로 했다. 부산에서 본토로 건너가 나가사키에서 배로 상해로 향하는 것과 신의주 안동현安東縣을 거쳐 기차로 상해로 향하는 것 2개의 대열로 나누어 경성에서 출발시켰다.

문: 그 가운데 신의주에서 배로 상해로 갔던 자가 있는 건 아닌가?

답: 실제로는 몇 군데를 거쳐 상해로 갔는지 모른다.

문: 그때 파견한 학생이 안상훈 · 김명시 · 김응기 · 정경창 · 최춘택崔春澤 · 김석연 · 고명자 · 박광일 · 조용암 · 박지성 · 정병욱鄭炳旭 · 정운림 · 이영조 · 김형관金衡寬 · 장서산張曙山 · 권오직 · 김일성 · 장도명 · 강한 · 김조이 등 20명인가?

답: 그때 파견한 학생은 김조이를 제외한 위의 19명이다. 예심과정에서는 김조이도 그때 유학생으로서 파견한 것처럼 말했는데 그것은 착오다.

문: 위의 19명의 유학생 가운데 여자도 있는가?

답: 그렇다. 김명시와 고명자 2명이 여자다.

문: 위의 19명의 유학생은 주로 피고가 추천하여 파견하였는가?

답: 그런 자와 그렇지 않은 자가 있다.

문: 위 유학생 가운데 김명시 · 고명자 · 김응기 · 정경창 · 권오직 5명이 피고가 추천한 자들인가?

답: 그렇다.

문: 그때 파견한 유학생은 여기에 적혀 있는 자들인가?

(이때 압수 제981호의 증 제1호를 제시함)

답: 그렇다.

문: 위의 증 제1호 가운데 김일성 · 강한 · 최춘택 · 정병욱 · 박광일 · 김석연 · 장도명 7명의 이력은 피고가 쓴 것인가?

답: 그렇다.

문: 김상주金尙珠를 공산대학에 파견한 사실이 있는가?

답: 있다.

문: 그것은 언제인가?

답: 시기는 기억나지 않는다.

문: 김상주는 공산대학에 유학하기 위해 모스크바를 향해 출발했지만 신의주까지 가서 돌아왔다고 하는데 사실인가?

답: 그렇다. 동인同人은 신의주에서 경찰에 검속되는 한편, 모스크바는 기후가 나쁘고 자신의 건강도 좋지 않아서 돌아온 것이다.

문: 위의 증 제1호 중 피고가 쓴 7명의 이력 이외에는 박헌영이 썼는가?

답: 그렇다.

문: 1926년 7월 중 모스크바의 공산대학에 유학 중인 학생 15 · 6명을 불러 모아 동인同人 등은 크게 활동을 할 예정이었는데 사실인가?

답: 그런 사실은 없다. 그것은 경찰에서 거짓으로 진술하고 칭찬을 들었을 때 한 말이다.

문: 또한 불러 모은 위의 학생들을 경성부 및 전 조선의 각 도에 한 명씩 배치할 예정이었다는데 사실인가?

답: 예심과정에서는 그렇게 말했지만 그것은 거짓이며, 그런 사실은 전혀 없다.

문: 공산대학에 파견한 유학생의 여비는 러시아 공산청년회로부터 받았는가?

답: 그렇지 않다. 처음에 나는 '조봉암은 원래 돈이 없는 자이므로, 그가 러시아에 있는 까닭에, 유학생을 파견시키라고 동인同人이 보낸 돈은 러시아 공산청년회로부터 받은 돈일 것'이라고 생각하고 있었다. 그런데 1925년 12월경 동인同人은 앞서 유학생 파견 때문에 보낸 돈이 시베리아에 있는 한족공산청년회로부터 받은 돈이라고 통지했다. 다른 사람은 러시아공산당청년회로부터 받은 돈인 것으로 생각하고 있을 것이라고 여겨진다.

문: 하지만 피고는 당원 예심판사에게는 위 유학생의 학비는 조봉암에게서 받은 돈이라고 진술했는데 사실인가 ?

답: 예심과정에서는 그 일뿐만이 아니라 그 이외에도 거짓말을 많이 하였다. 1926년 3월경, 예심판사에게 거짓으로 진술하였기에 정정하고 싶다는 말을 했더니 동同 판사는 이제 와서 그런 말을 해도 어쩔 수 없으며, 공판에 사건이 회부되더라도 예심과정에서 말한 것처럼 진술하지 않으면 3년 내지 5년 정도 징역을 살게 될 것이며, 또한 사면에도 회부되지 않게 된다고 해서 마지못해 그대로 한 것이다. 사실은 지금 말한 대로 틀림이 없다.

문: 피고는 러시아에는 국제공산청년회가 있는 것처럼 진술했는데 그것은 러시아의 국

제청년공산동맹을 말하는 것이 아닌가?

답: 모르지만 회합을 동맹이라고 해석하는 경우도 있고, 동맹을 회합이라고 해석하는 경우도 있다.

재판장은 오늘은 이 정도에서 심리를 (다음에) 속행續行할 것을 선언하고, 차회 기일을 오는 10월 20일 오전 10시로 지정한 후 관계인에게 출두를 명함

본건은 조선총독부재판소 통역생 植山健藏의 통역으로 이를 행함

1927년 10월 18일

경성지방법원 형사부

조선총독부재판소 서기 吉岩正隆

재판장 조선총독부 판사 矢本正平

（一九〇一）

公判調書（第一五回）

高允相外九十五名ニ對スル治安維持法違反被告事件ニ付昭和二年十月十八日午前十時京城地方法院ノ不公開シタル法廷ニ於テ

裁判長朝鮮總督府判事 矢本正平

朝鮮總督府判事 脇鐵一

朝鮮總督府判事 中村[illegible]仁

朝鮮總督府裁判所書記 吉岡正隆

列席

朝鮮總督府檢事 中野俊助 立會

續行辯論ヲ公開ス

被告人ハ身體ノ拘束ヲ受クルコトナクシテ出頭シタリ

辯護人 古屋貞雄、金炳魯

韓相億 許憲

權承烈 李昌輝

金泰榮、李仁

韓國鍾、金瓚泳

姜世馨、金用茂

崔鎮

❶

其ノ他ノ辯護人 [illegible]

[illegible]

❷

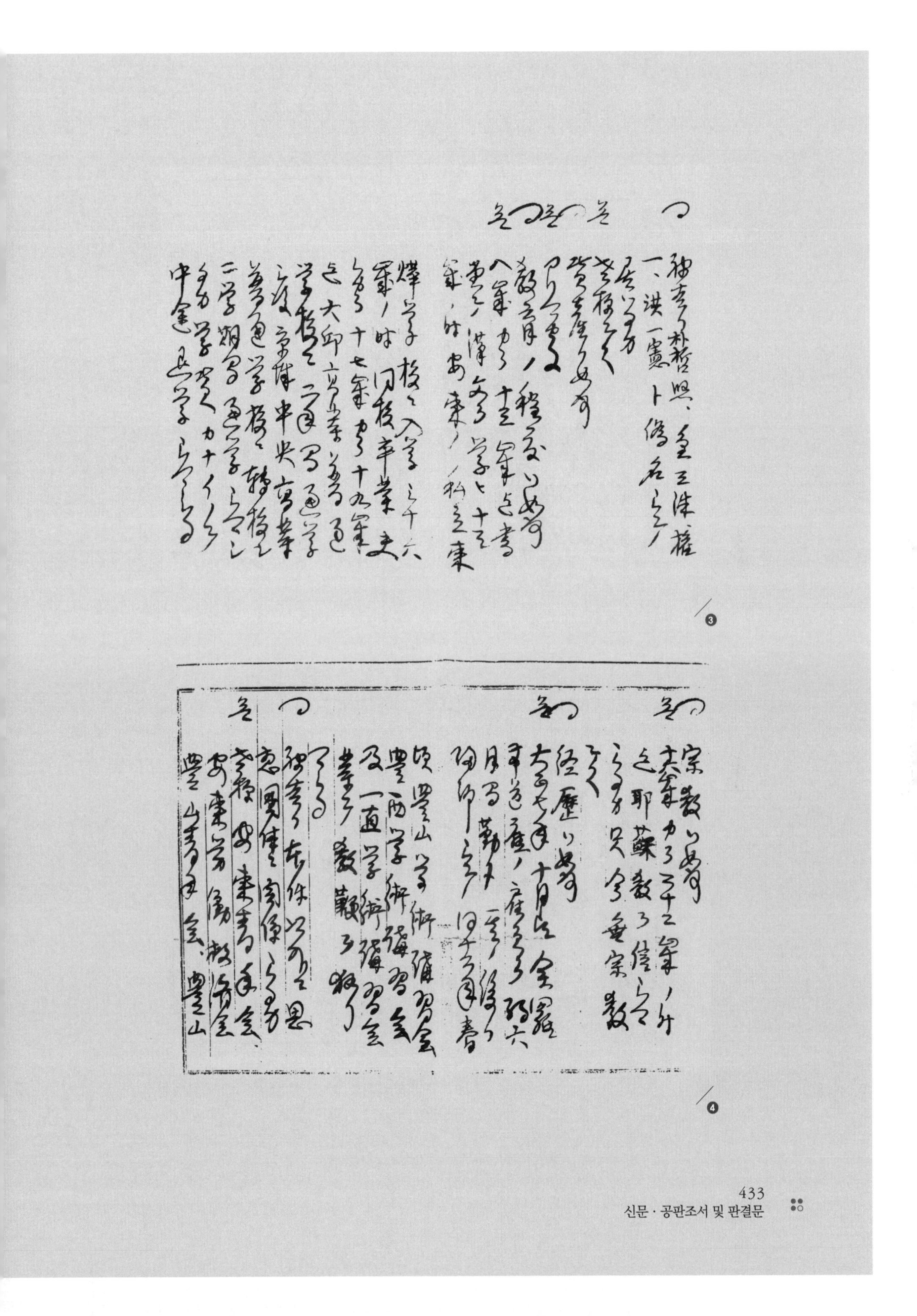

被告人朴哲煕、金三洙、權
一、洪一憲ト偽名シ
[illegible]

③

宗教ハ如何
[illegible]
経歴ハ如何
[illegible]

④

❺

❻

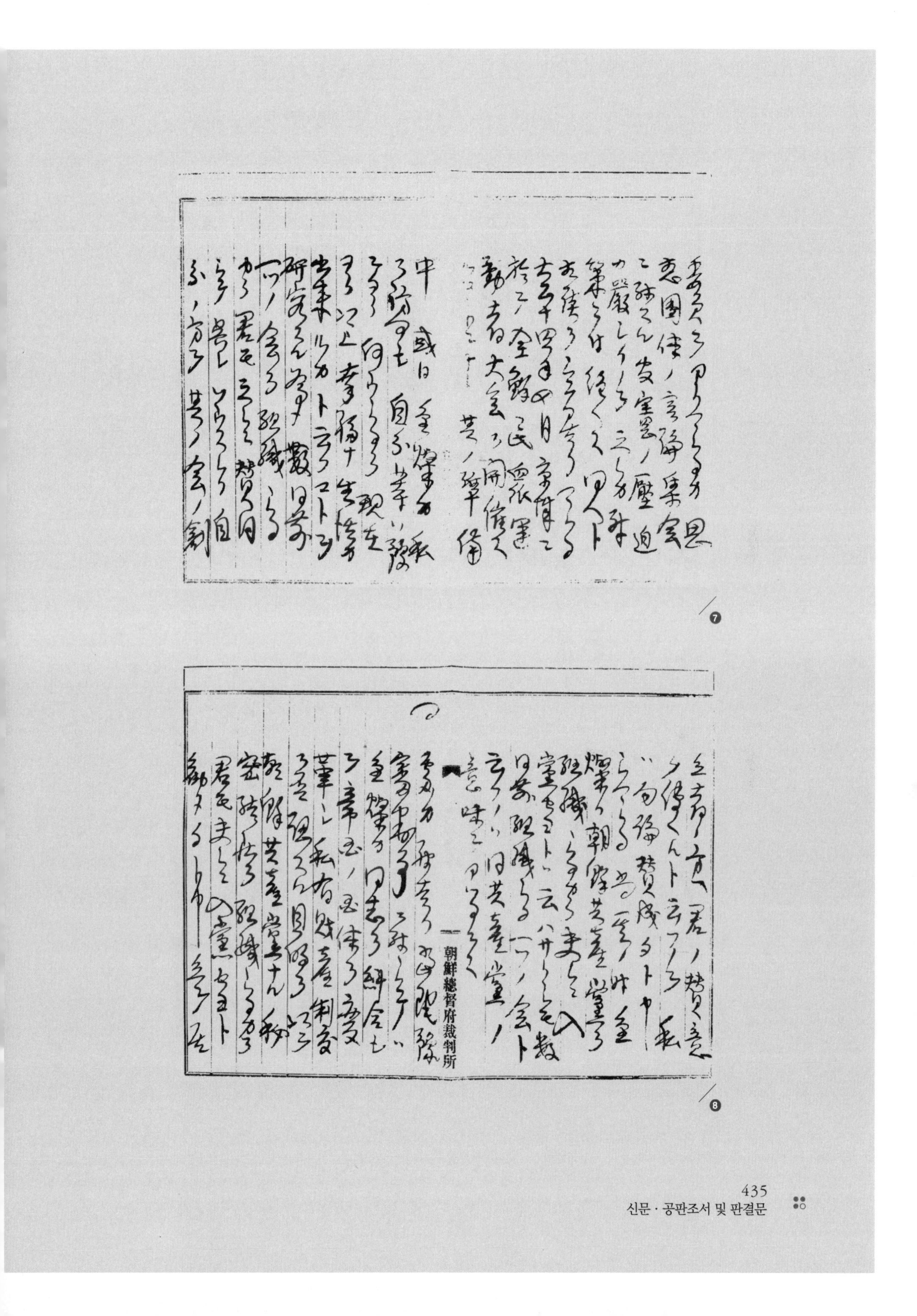

⑦

朝鮮總督府裁判所

⑧

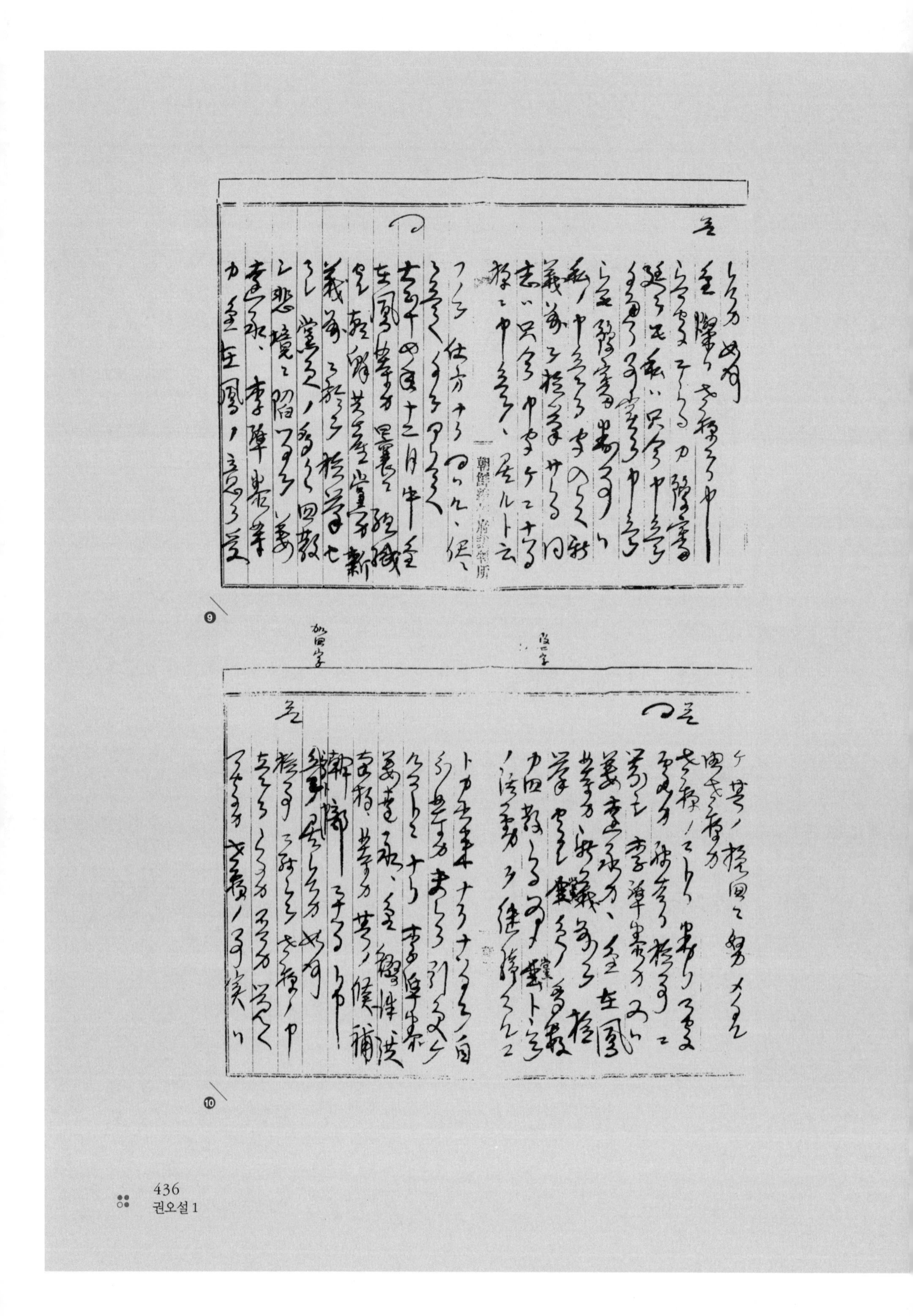

⑨

⑩

[illegible]

⑪

[illegible]

⑫

⑬

⑭

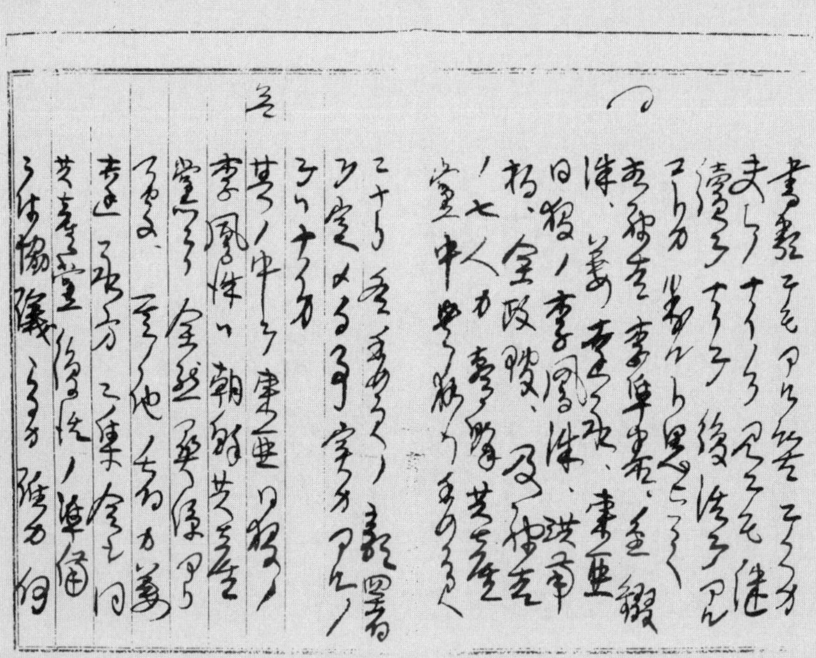

⑮

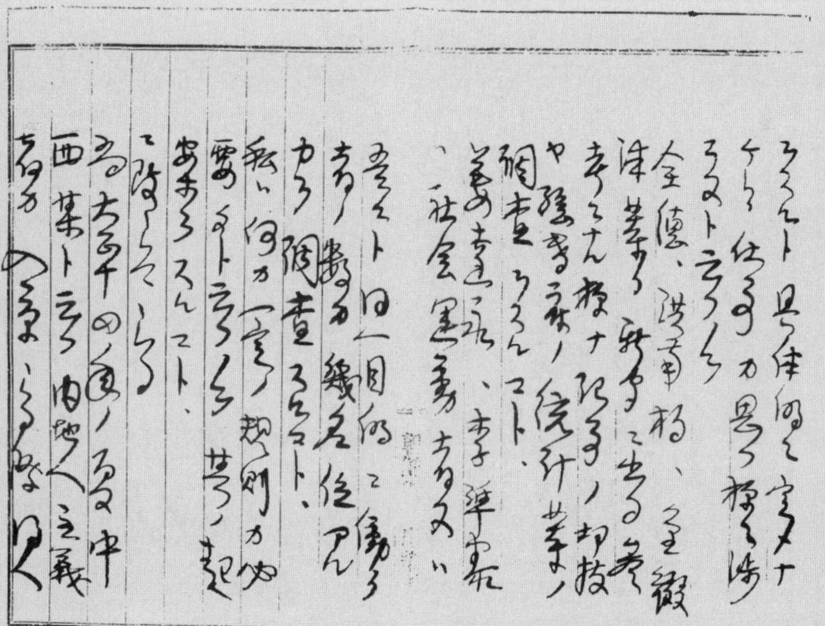

⑯

ノ招待会ノ席上ニ
於テ初メテ李鳳洙ト
知合ニナリマシタ 其ノ時
同人ハ従来アリマシタ各会ハ
新ラシク出来タ火曜会ハ
従来ノ派争ヲ超越スルト云
フ様ナコトヲ申シテ居リ
タ私ハ確ニ記憶シテ居リ
同人ノ「ネクタイ」ヲ捕
ヘ其ノ不熟会ヲ結ンダ
コトカアリマス 会話ハ旧
其者来テ居リマシタ
アリマス 尤モ其ノ関係ハ
李鳳洙トハ従来感
情ノ関係ハ面白クナイ為
拐テアリマシタガ李準
此者ハ李鳳洙ト
ノ仲間ニ入リ派ノ弟分
アリマシタ 私ハ秘密
結社アリマシタ表ニト

⑰

感情上相当ニ接ナ
青年ノ仲間ニ入リ同志ナル
密ナ係リトナリマシタ
人ノコトハ絶対ニ秘密ノ
同一ノ立場ニ立ツト反対党
結ンダ同人ハ仲間ニ加ハ
ルコトヲ許サレマシタ
ヲ従ヘテ他ノ者モ共ニ於
シテ居リマシタ 私ハ是ニ
中モ私ノ秘密ヲ知ル
ノデアリマス 私ハ
方ナク思ハレマシテ
マシタ 李準ハ来
秘密ニ家ニ行キ
要シテ至ルト同志
共ニ居タ 李鳳洙
鳳洙トハ云フ
中ニ入リマシタ
ハ東亜日報社ノ李鳳
洙ノ弟ナリ

⑱

⑲

朝鮮總督府裁判所

⑳

朝鮮總督府裁判所

㉑

朝鮮總督府裁判所

㉒

朝鮮總督府裁判所

㉓

朝鮮總督府裁判所

㉔

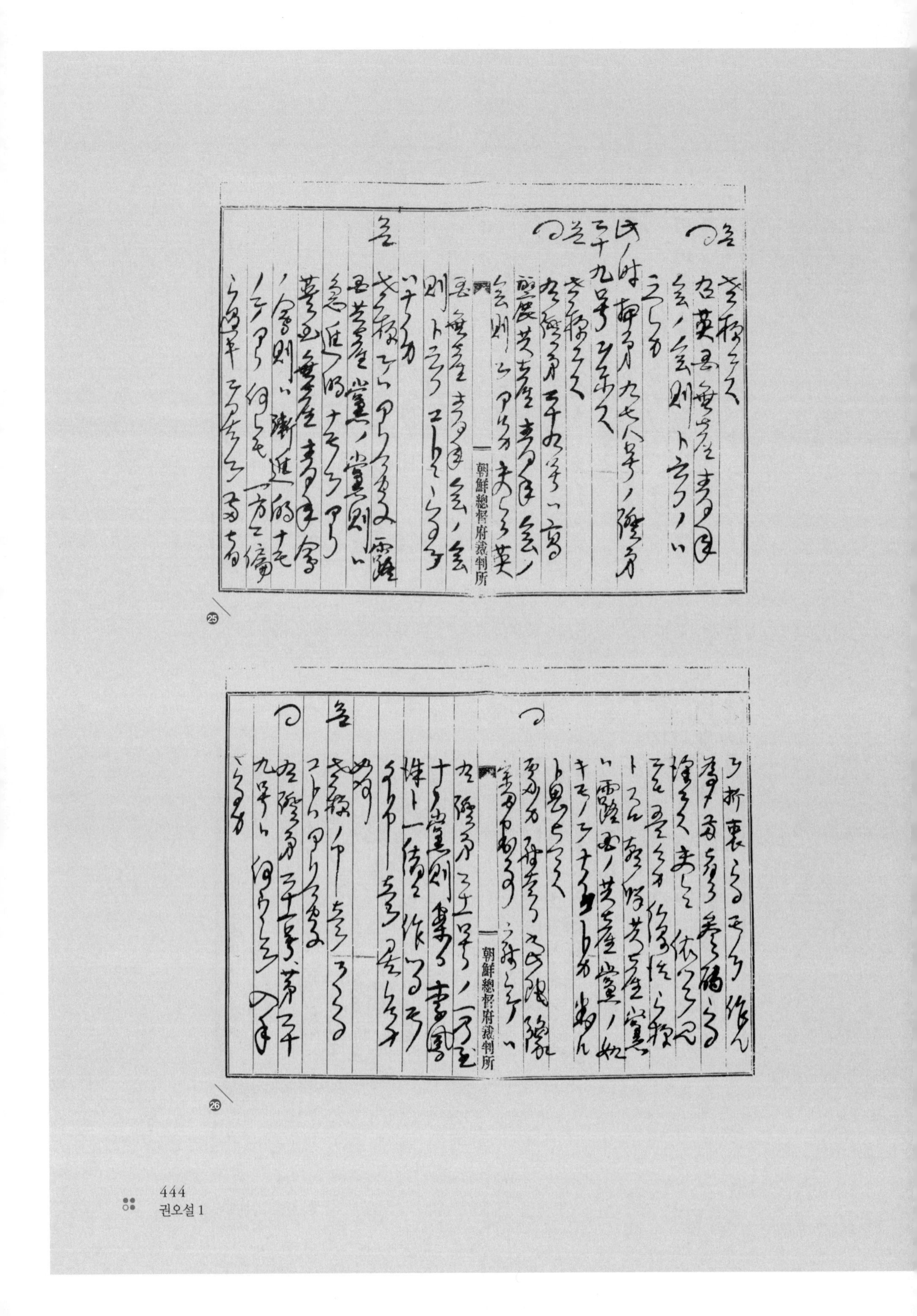

朝鮮總督府裁判所

㉕

朝鮮總督府裁判所

㉖

朝鮮總督府裁判所

㉗

朝鮮總督府裁判所

㉘

㉙

朝鮮總督府裁判所

[illegible]

㉚

朝鮮總督府裁判所

[illegible]

[illegible]

㉛

[illegible]

朝鮮總督府裁判所

㉜

問 朝鮮共産黨ノ機関
ハ如何ニ稱スルカ又黨則
ニ書イテアルノカ
答 黨則ニ書イテアル機関ハ
秘書部、組織部ニ書イテアリ
マスモ其ノ外ニ機関
カアルコトハアリマセヌ
宣傳部 宣傳部
ヲ設ケタリ
問 [illegible]
答 朝鮮共産黨々則ニハ
一、東京 日本部
二、上海 上海部
三、滿洲 滿洲部
四、浦潮 浦潮部
ヲ設置シテアリマス
答 右部ノ事實ハアリマセヌ
又總部朝鮮共産黨員
條件[illegible]
[illegible]共ノ様ニシテ居ル

朝鮮總督府裁判所

㉝

問 [illegible]
答 [illegible]滿洲部ヲ組織
[illegible]
[illegible]
[illegible]上海ニ
上海滿洲ノ機関ヲ設ケ
上海ニ[illegible]
[illegible]、
問 [illegible]曹奉岩カ
[illegible]者ト[illegible]
[illegible]ト[illegible]
[illegible]
答 [illegible]
[illegible]
問 [illegible]
[illegible]
[illegible]
[illegible]
[illegible]

㉞

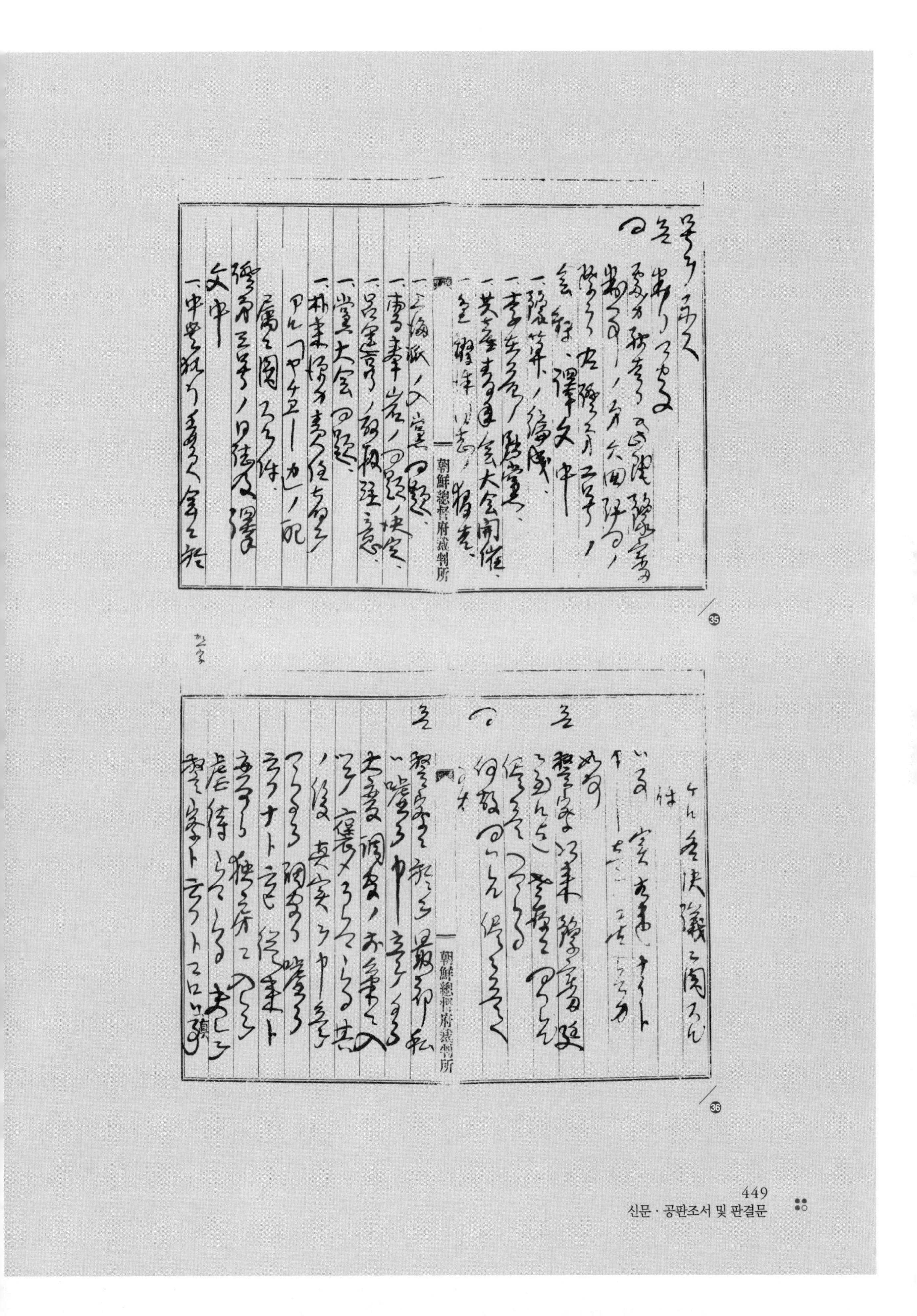

左ノ事項ヲ[illegible]

答 其ノ[illegible]ニ付テハ

[illegible]

[illegible]

[illegible]

一、[illegible]ノ[illegible]、

一、李[illegible]ノ[illegible]、

一、[illegible]大会開催、

一、[illegible]ノ[illegible]、

朝鮮總督府裁判所

一、公債紙ノ[illegible]問題、

一、李承晩ノ問題ノ決定、

一、呂運亨ノ[illegible]、

一、當面大会ノ問題、

一、[illegible]

アルコトヤ[illegible]ノ[illegible]

屬スル問題ニ付

[illegible]

文中

一、[illegible]

㉟

今ハ其決議ニ関スル件

[illegible]

[illegible]

答 [illegible]

[illegible]

問 [illegible]

答 [illegible]

朝鮮總督府裁判所

[illegible]最初[illegible]

[illegible]

[illegible]

[illegible]

[illegible]

[illegible]

[illegible]

[illegible]

㊱

加一字

朝鮮總督府裁判所

㊲

朝鮮總督府裁判所

㊳

朝鮮總督府裁判所

㊴

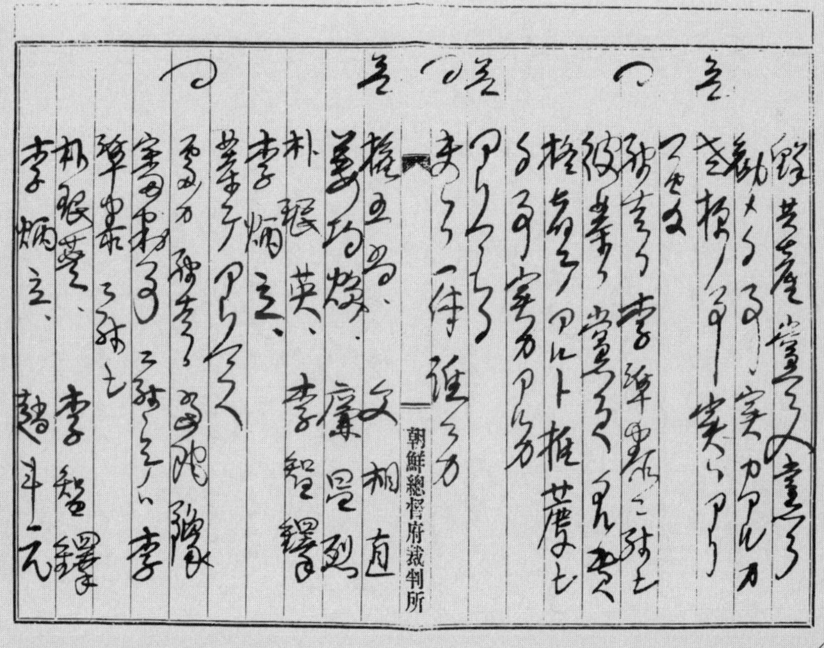
朝鮮總督府裁判所

㊵

金燦載、廉昌烈
朴来源、閔昌植
鄭達憲、尹基賢
金大用、高允相

41

42

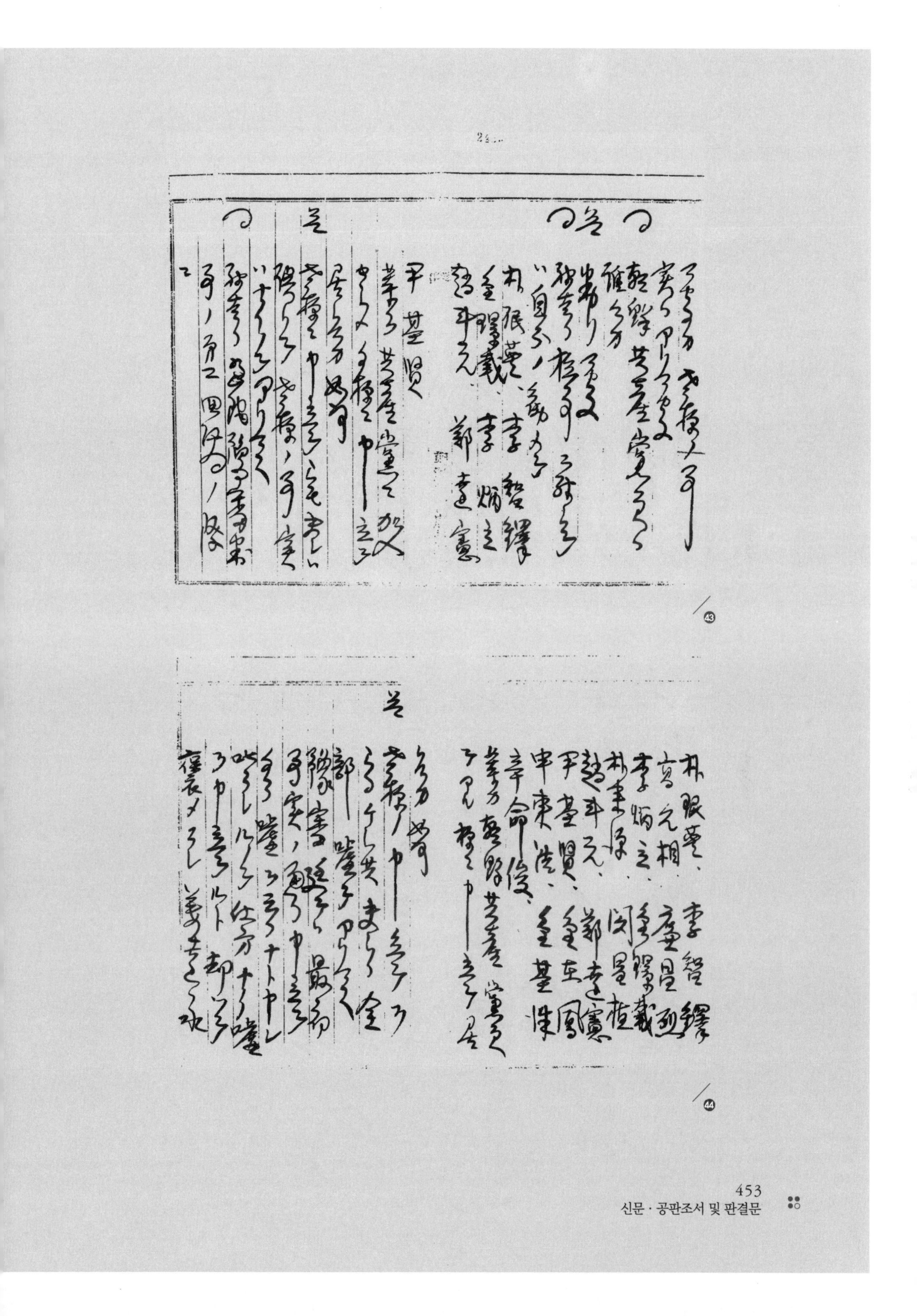

43

44

其事ノ全部ハ自白モ
シタルカ自白セル ソノ
セシト取調ヘタルニ金ヲ
正直ニ語レト掛カル程ニナ
ルトヤラソウシテ私ハ
自分一人ノコトナラ構ハ
ナイケレトモ自分ハツマリ
ダメ他ノ大勢ノ同志ヘ
ヘ迷惑ヲ掛ケルコトニ
ナリテハ気ノ毒ト云フ事

仕方ナク申上候
候ヘハ迄事ニ有之
候
問 金玉均 李鍾
其ハ金玉均後ノ事
又館野其党ノ[illegible]
云ハトヤ云フ
答 其党ハ後
後ニナルヤ否ヤ 其様

⑮

ノ事實ノ有無如何
答
館野其党ノ後黨
ソレラヲ大事ヘ置キ
其ハ其党ナルカ後黨タ
後ニ其心事大黨トヲ
ハ十分ニ後世サヘ
コトニ依リ其ヲ後ニ決
ヘアリツヽアル取扱メ
ヲシタル事實アリシヤ
問
答
又
館野其党ハ其ヨリ陸
其党ヲ取リテ算
三十六年三千八百余
ヲ隣リモ一説ニ拠
サル事實ナルカ
答
答候ノ事ハ実ナリ
問
ソ後事
陸其野其党ノ党
ノ会計扱ヲ担当シ

⑯

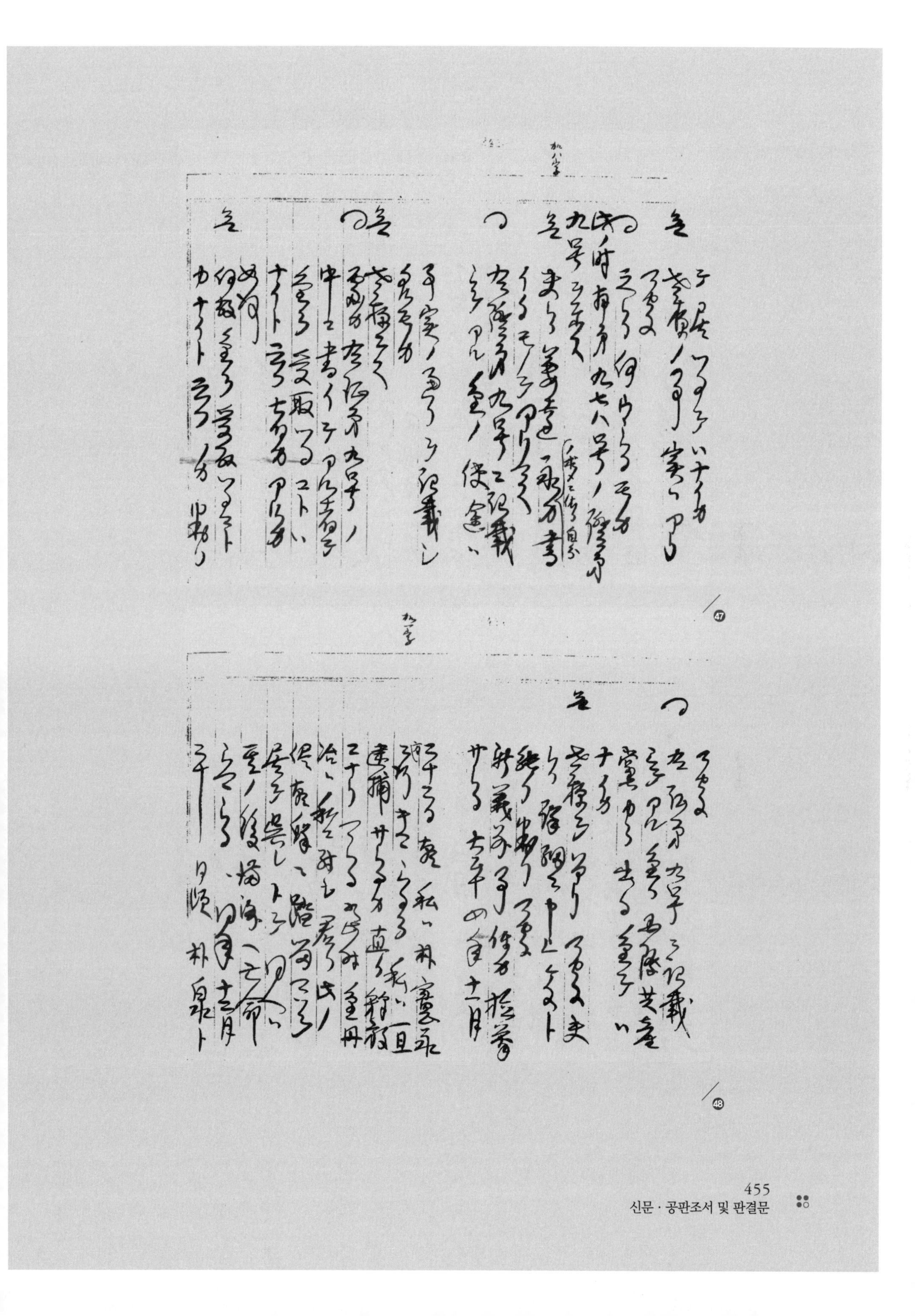

㊼

㊽

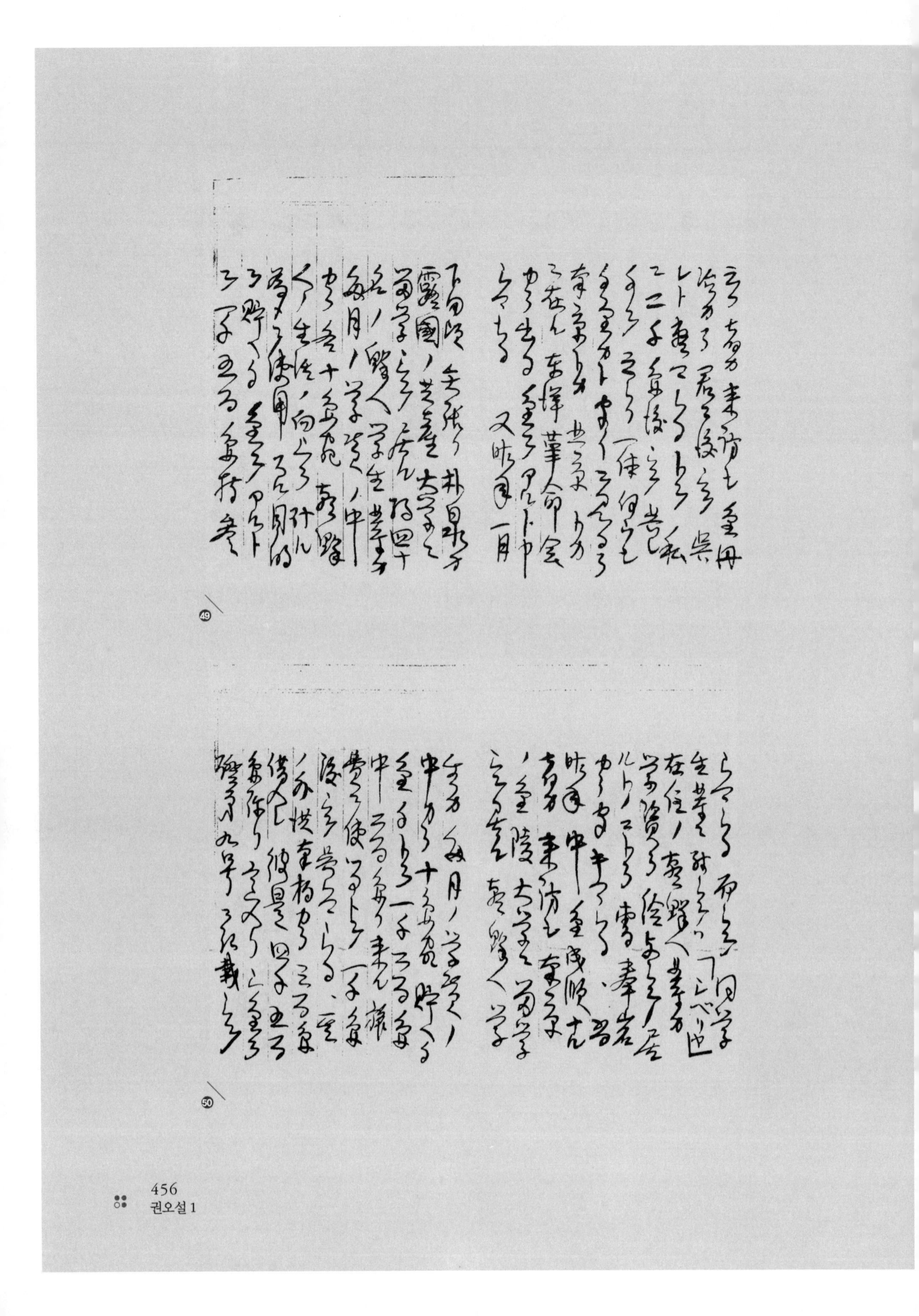

㊾

㊿

51

52

問 アリタルカ李雲泰ハモ
於テ之レヲ知ラサルヤ
促シテ言ヘバヨロシ
國際共産黨ノ綱領
ニ依リ
答 出來マセヌ
問 朝鮮共産黨ニ「モツプ
ル」ヲ設ケ其ノ幹部
カ任命サレタル事實アル
カ
答 其様カ

答 出來マセヌ
問 大正十四年四月中
金丹冶カ手ノ通知
ニ依リ李準泰ト共
陰ニ李鳳洙ヲ推[illegible]
義務ニ選ハレモ金丹
冶ト會ハサリシ爲
實カアリタルカ
答 其様ノ事實アリマセ
ヌ

53

問 而シテ李鳳洙ハ
金丹冶ヨリ受取
リタル事實アリ
マシタカ
答 其様ノ事實アリマセ
ヌ
問 高麗共産[illegible]延
ニ[illegible]ノ事實カ
アル[illegible]中
[illegible]ヌ
答 [illegible]ノ中
[illegible]アリ
マセヌ
問 林憲永、金燦、曹奉
岩等ト大正十四年四
月[illegible]ニ於テ金燦
民衆運動者大會カ
開催サレルト之ノ史
ニ機關ニ社會運
動ニ關スル秘密

54

55

56

無之候ニ付申上兼候
居候ハ分明致サス
答 逃亡者判リ申サス
衆ノ常ニ言ヒシ金玉均洪英植
問 閔泳翊朝鮮ノ独立ニ関シテ
アルカ参与セシカ
答 参与致シアリシハ金玉均
洪英植ノ趣意ヲ承リ居ル
朴泳孝閔泳翊ノ如キハ
アラズ是レ閔泳翊ノ取扱ヒ
ナリシコトハナカリシ
アラス
問 右ノ外ニ関係シタ陰謀
宴会ノ席ニテノ事四国間
問ノ際ニ其ノ座上ニ
テ金玉均洪英植閔泳翊
ヲ明記シテ其ノ内
容レタ一ト云フ英國ニ往キ
割合ヲ寛大ニセントシ且
事件ヲ常ニ國ノ独立

⑰

[illegible]

地ヲ開發セシコトヲ期セ
シカ為メ其ノ後当国ノ
云フ政權ヲ握ルノ目ト
云フ趣意ナル様
思ヒ為ス衆ノ閔泳翊ノ
問 ノ作リアルアルト
申上ク居ラス
答 参与セシカ申上兼
キテ嘆ノアラス
陰謀書類ハ其産
トシテ文字カ
アルモ其事件ニ其産
割合ノ寛大ヲ目的
トスルノミアラサル
ルト朝鮮ハ常ニ國ノ
覇絆ヲ脱スルコトニ
ナルナラナイトテ云ノミ
私ハ未タ参与致シ候
云フトモ申上ル事ニ
アラス 御聞キ置キ下サル

⑱

2455

爾来其生産事業会ハ現
在ノ経済組織ニ依リ多クノ欠陥
方面ニモ多クノ貧乏野人ノ
カアリ益々貧富ノ懸隔ノ
生活ハ非常ニ圧迫
セラレテ居ル故ニ
ソレガ生活ノ出来ル様
ニスル目的デアル其ノ発
展ヲ図リ併セテ其ノ
識セシメテ居ル
様ノ個人ノ財産ヲ
ナクシテ
陰謀シテ居ル
制度トシテ天然物
生産機関、生産物
ハ共同ノ共有ニシ
カ生産物天然物
ニシテ手業ヲ
制度ニシテ

⑲

2456

律ニ触レルト云フ様
事ハ最初陰謀セン
為メニハ私ハ知ツテ居ル
時ハ其生産主義ヲ
付テハ深ク研究シテ
居リマス一般的ナ
経済組織ノ根本精神
ハ何カナト独居シテ
例ヘ左リモ書物ヲ閲シ
テ居リマシタ其
ノ書物ノ中ニハ天然
物、生産機関、生産
物共産ノ文句ノ書イテ
アリマシタガ私ハ見テ
アリマセヌ
為ニ新主義
審問ヲ受ケ
当時
十八条ノ第一

⑳

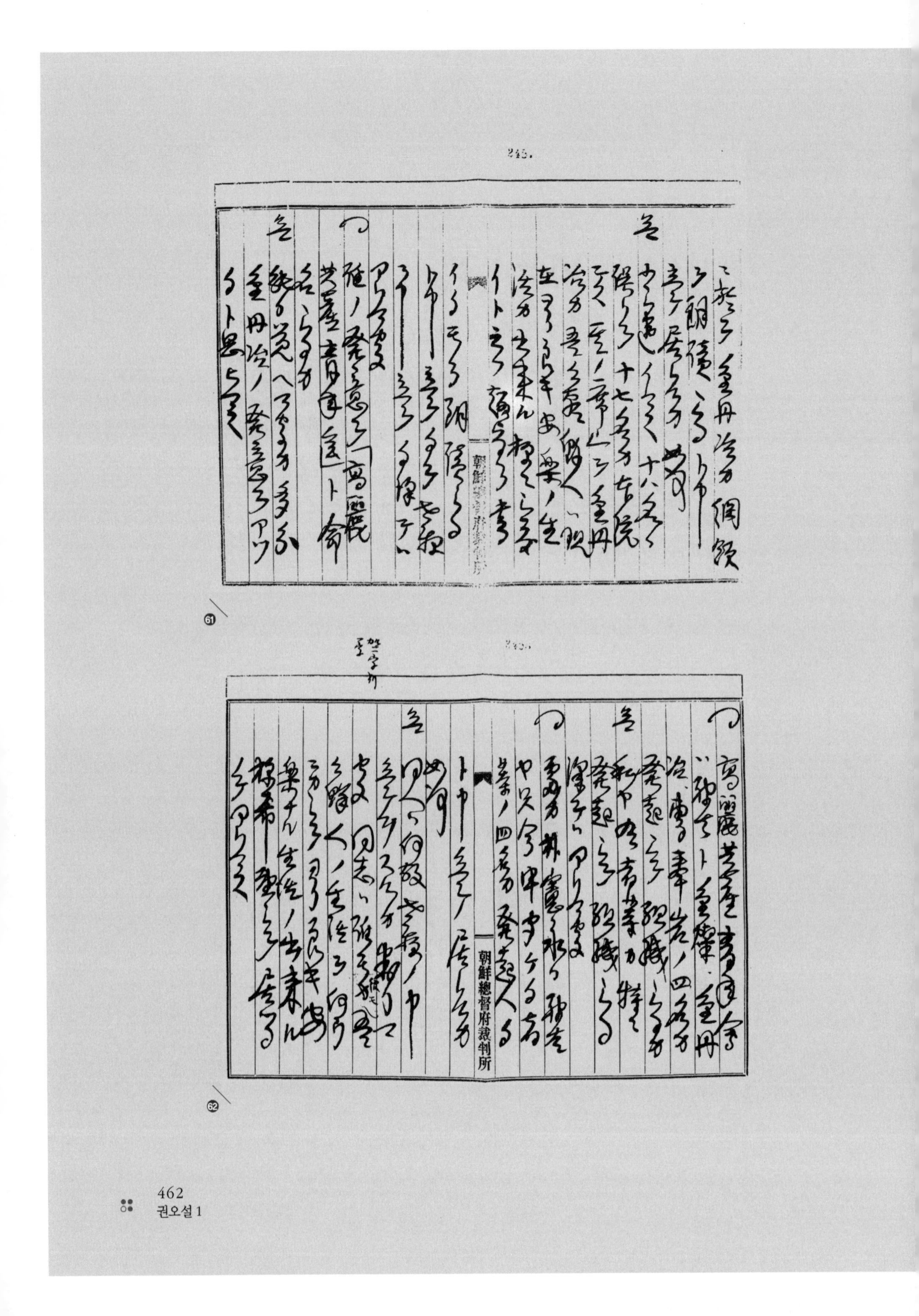

245.

[illegible]

朝鮮總督府裁判所

61

246.

[illegible]

朝鮮總督府裁判所

62

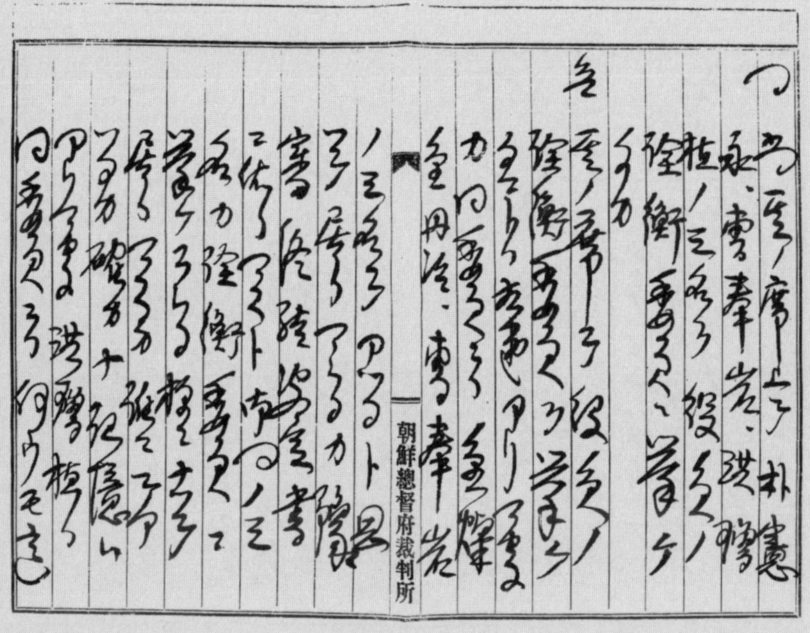
朝鮮總督府裁判所

63

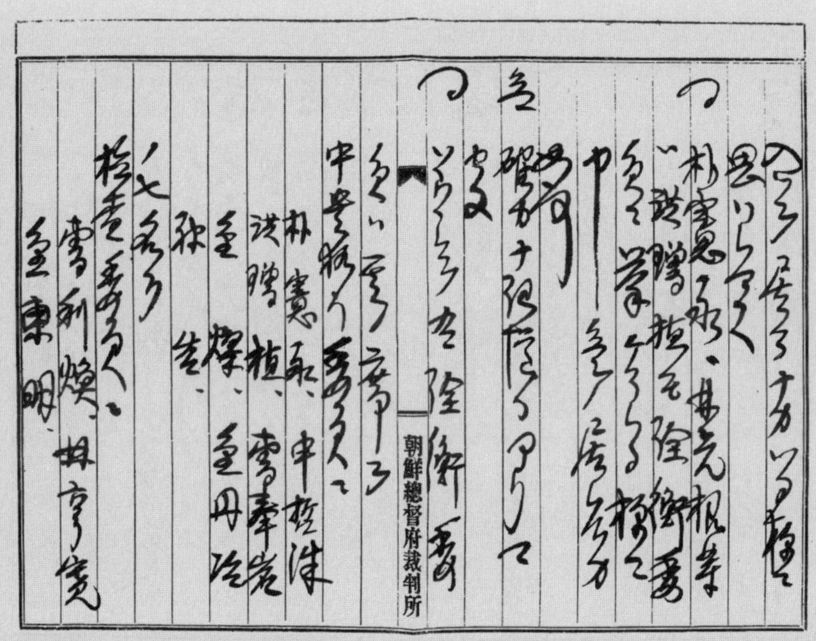
朝鮮總督府裁判所

64

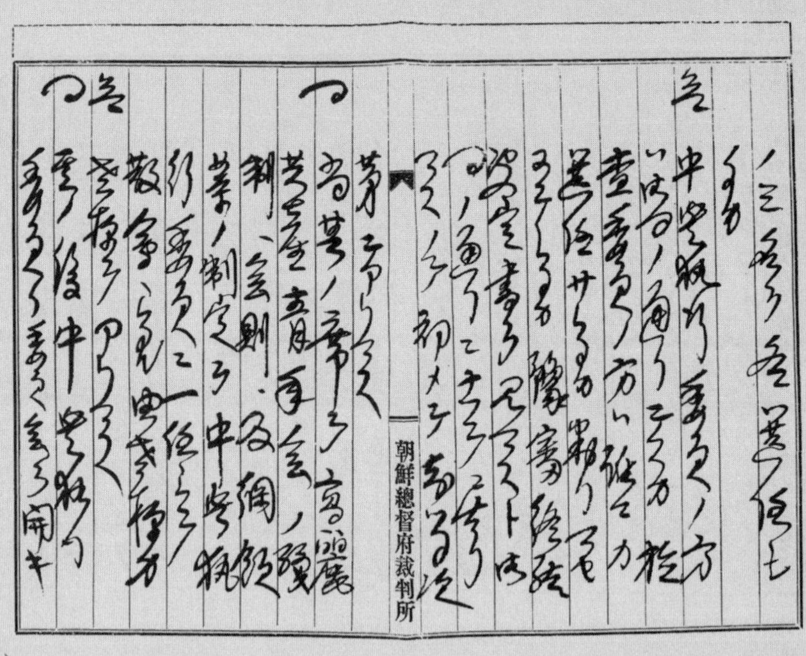
朝鮮總督府裁判所

65

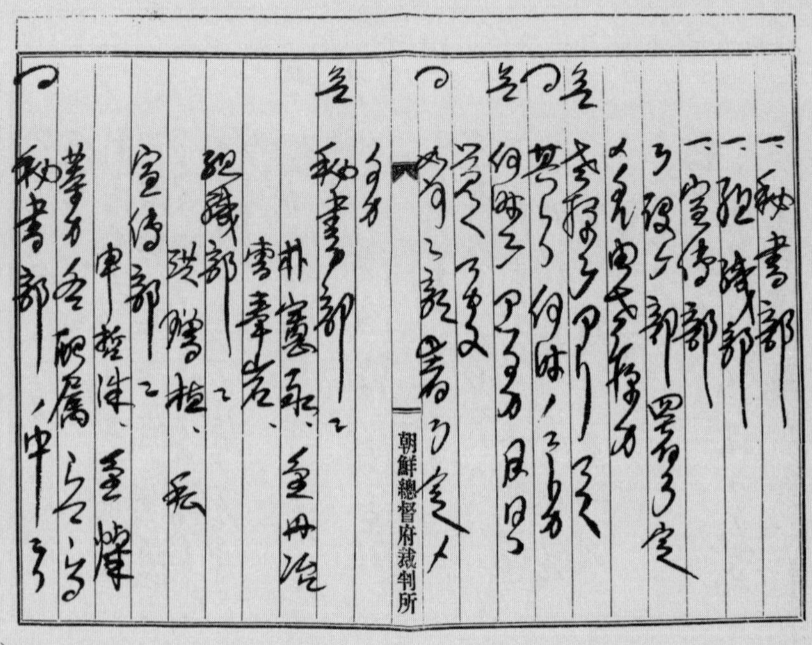
朝鮮總督府裁判所

66

責任秘書、平隊責
任者、連隊責任者
カアリ
責任秘書ハ高麗
共産青年会ノ代
表者デ一般ノ庶務
ヲ掌リテ居リマス 朴憲
永カ其ノ任ヲナシ
平隊責任者ハ高麗
共産青年会ヲ
代表者トシテ平隊
共産青年会ニ派
遣サレ同青年会ニ於
ケル種々ノ協定ニ
参与シテ居リマス 曹奉
岩カ其ノ任ヲナシ
連隊責任者ハ高
麗共産青年会ト
ト平隊共産青年
年会トノ連絡ノ

朝鮮總督府裁判所

任ニ当リテ居リマス 金
丹冶カ其ノ任ヲナシ
テ居リマスカ
答
総務部アリマス
組織部ノ中ニモ組
織責任者、調査責任
者カアリ
組織責任者ハ他団
体ノ会員ヲ高麗
共産青年会ニ勧
誘加盟ノ任ニ当リ
居リマス [illegible]カ其
ノ任ヲナシ
調査責任者ハ社
会ノ現状ノ視察
ヲ掌リテ居リマス 洪
増植カ其ノ任ヲナシ
テ居リマスカ
答
宣伝部アリマス
宣伝部ノ中ニモ色

朝鮮總督府裁判所

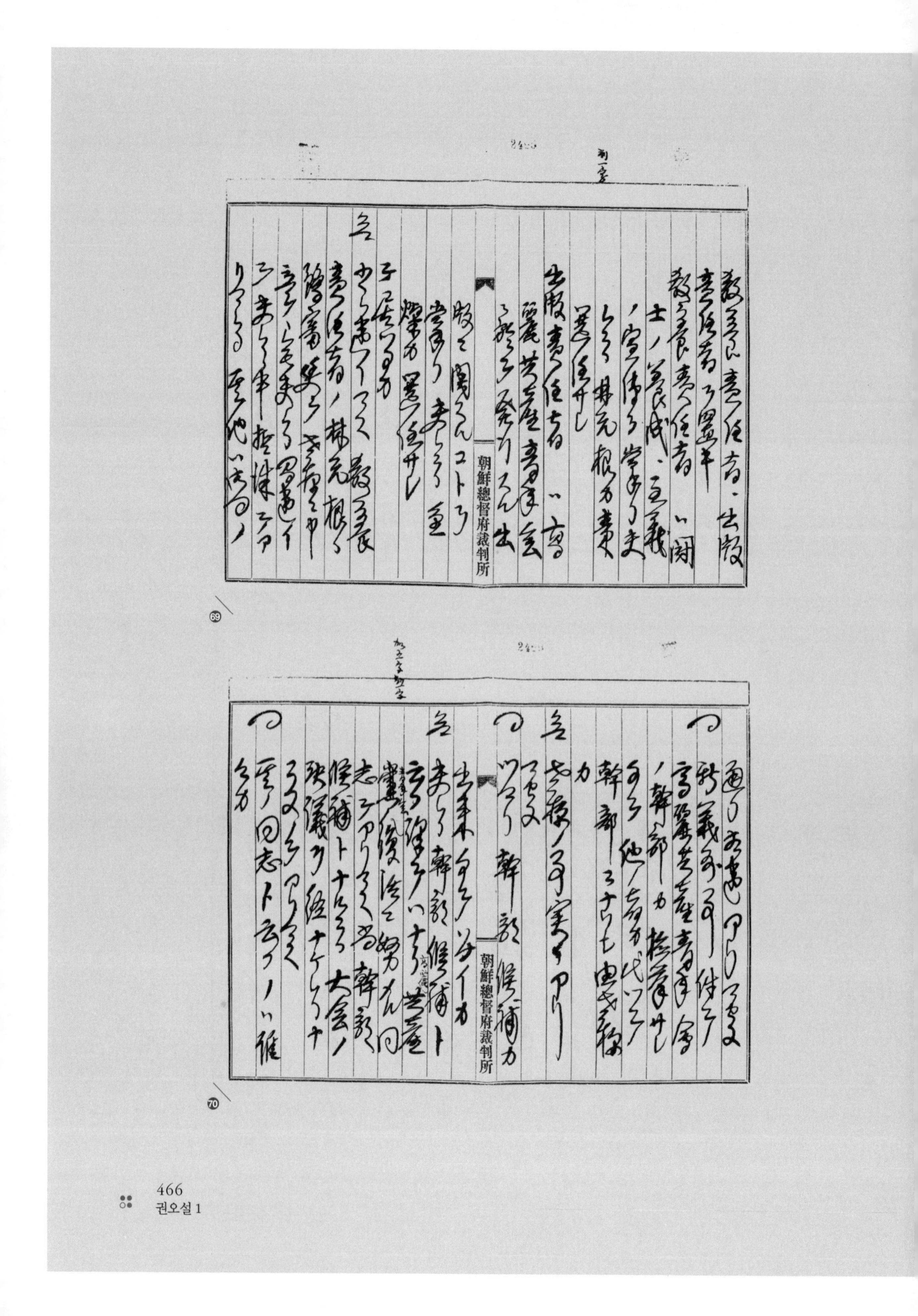

⑲

朝鮮總督府裁判所

[illegible]

⑳

朝鮮總督府裁判所

[illegible]

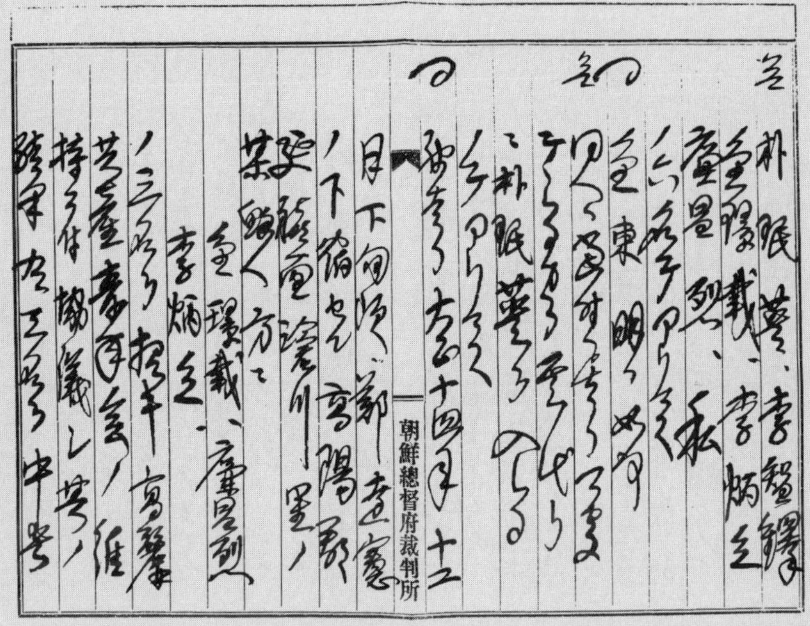
朝鮮總督府裁判所

71

朝鮮總督府裁判所

72

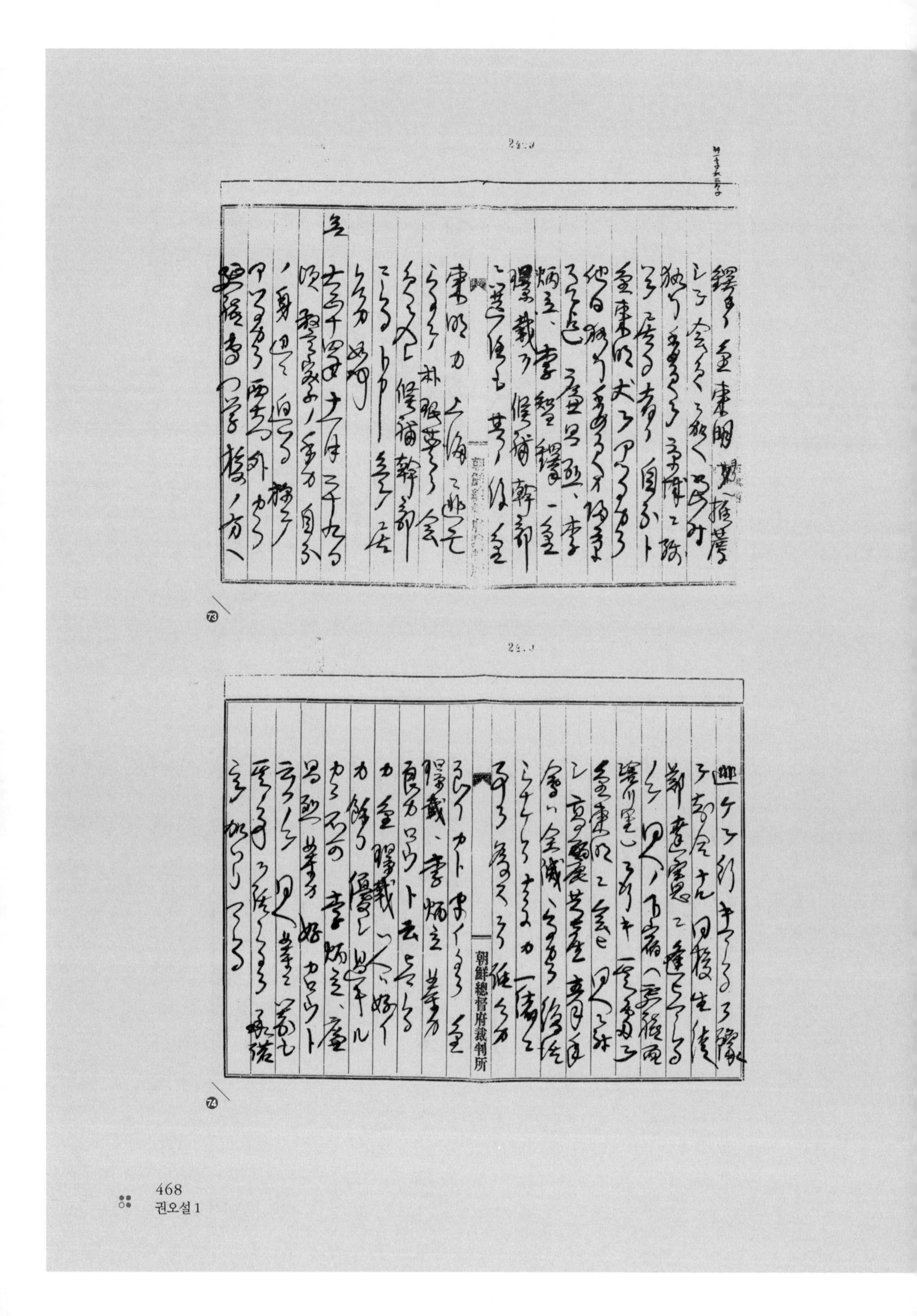

73

朝鮮總督府裁判所

74

朝鮮總督府法院

75

76

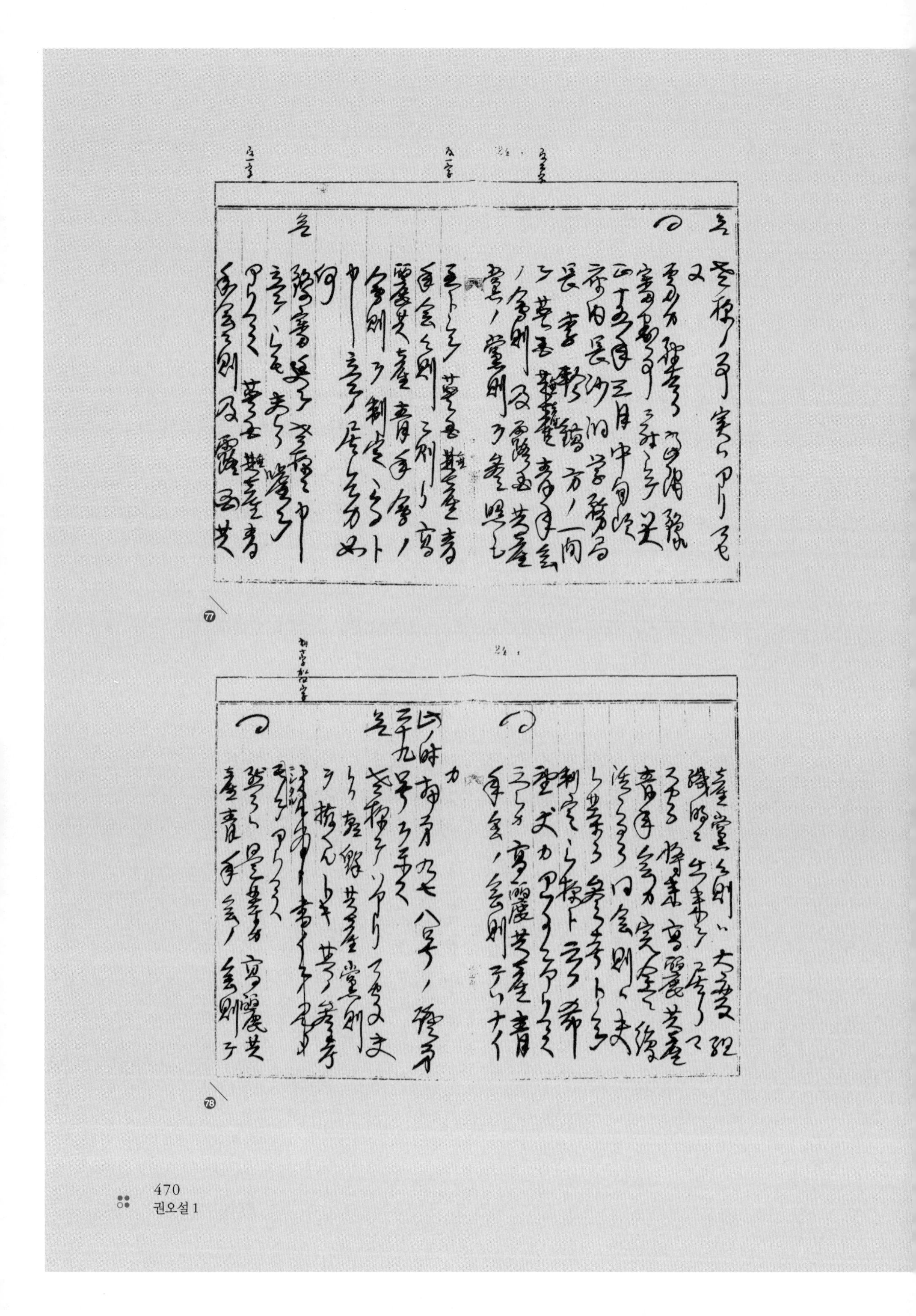

⑰

⑱

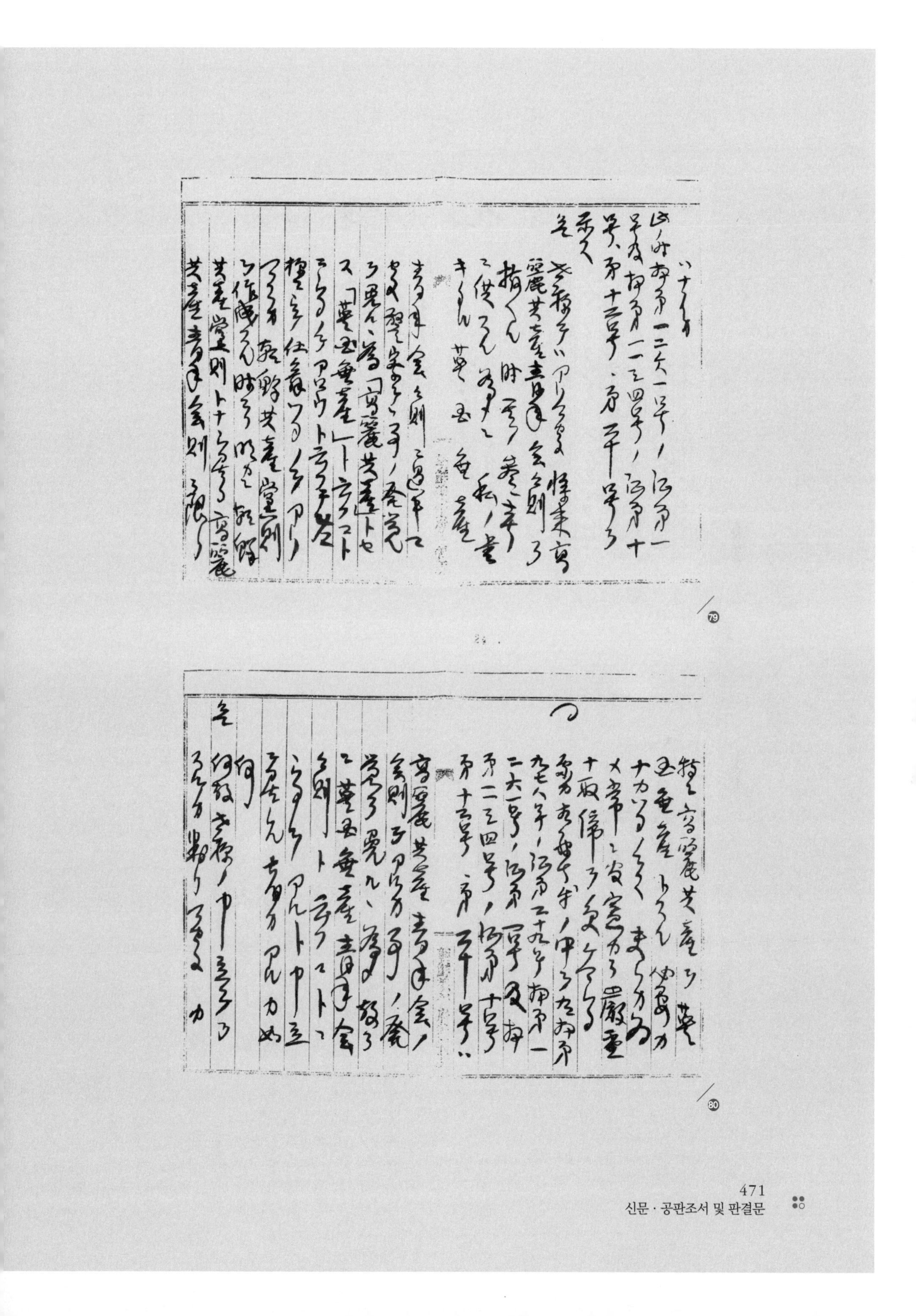

[illegible]

79

[illegible]

80

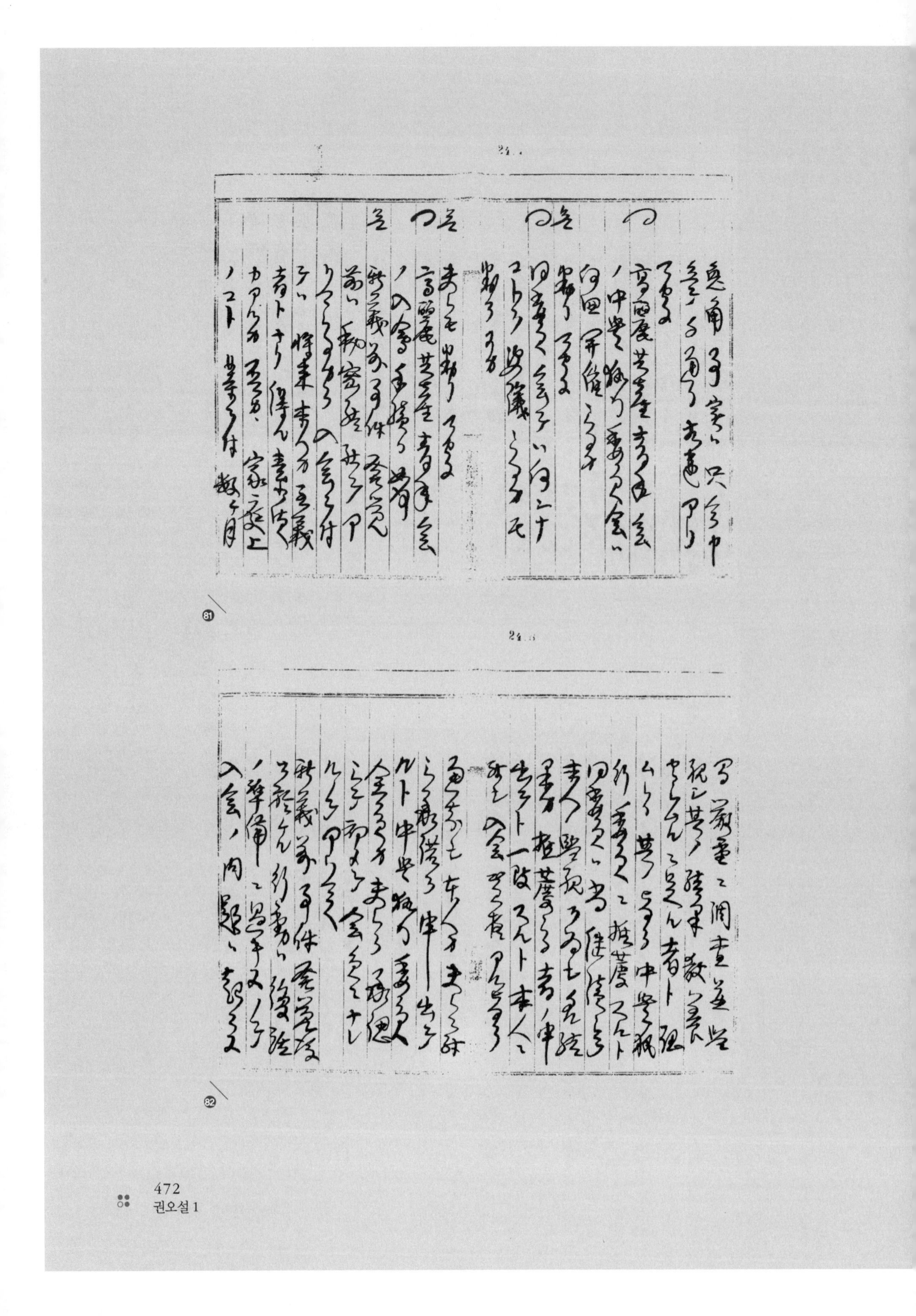

24

81

24

82

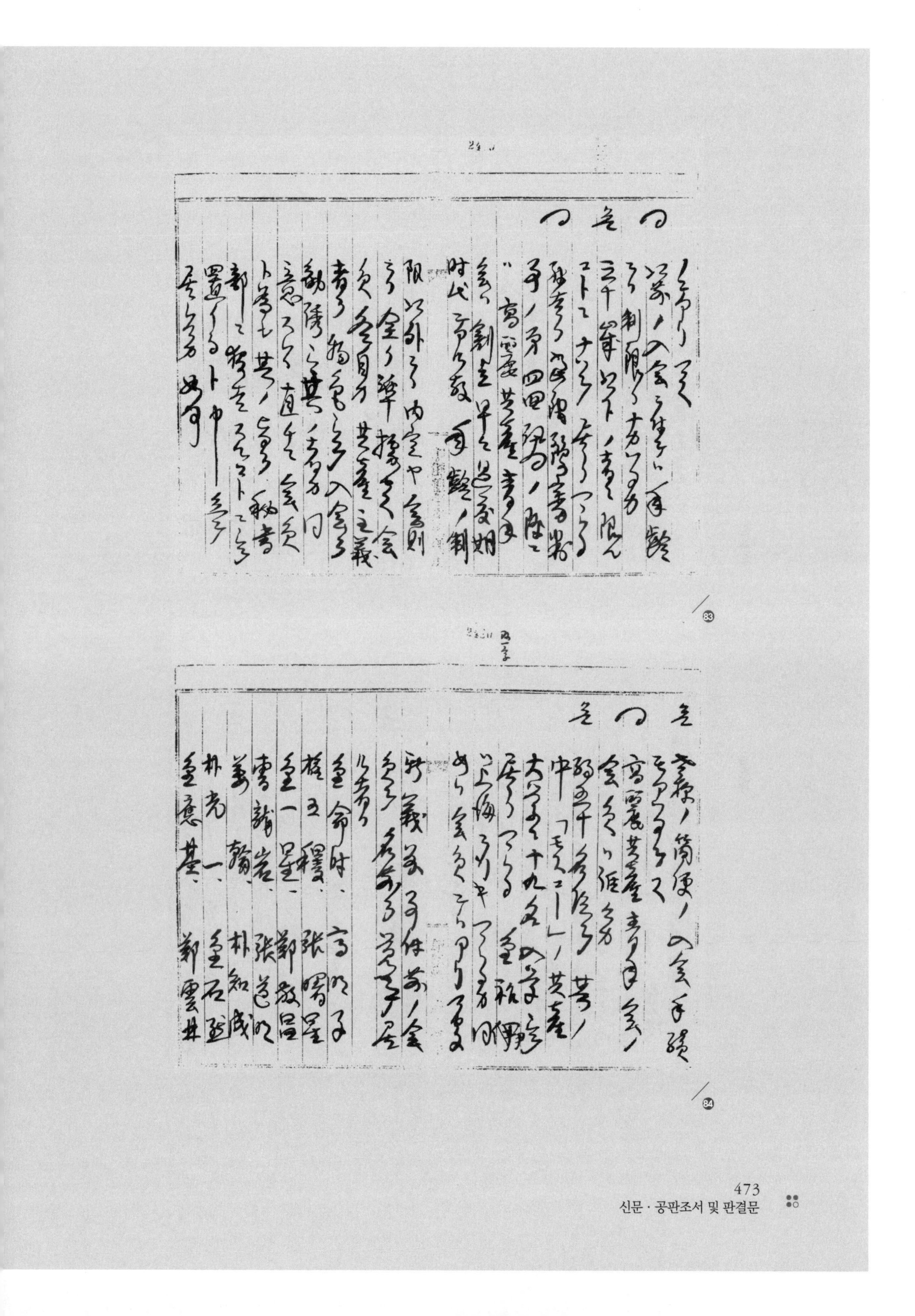

83

84

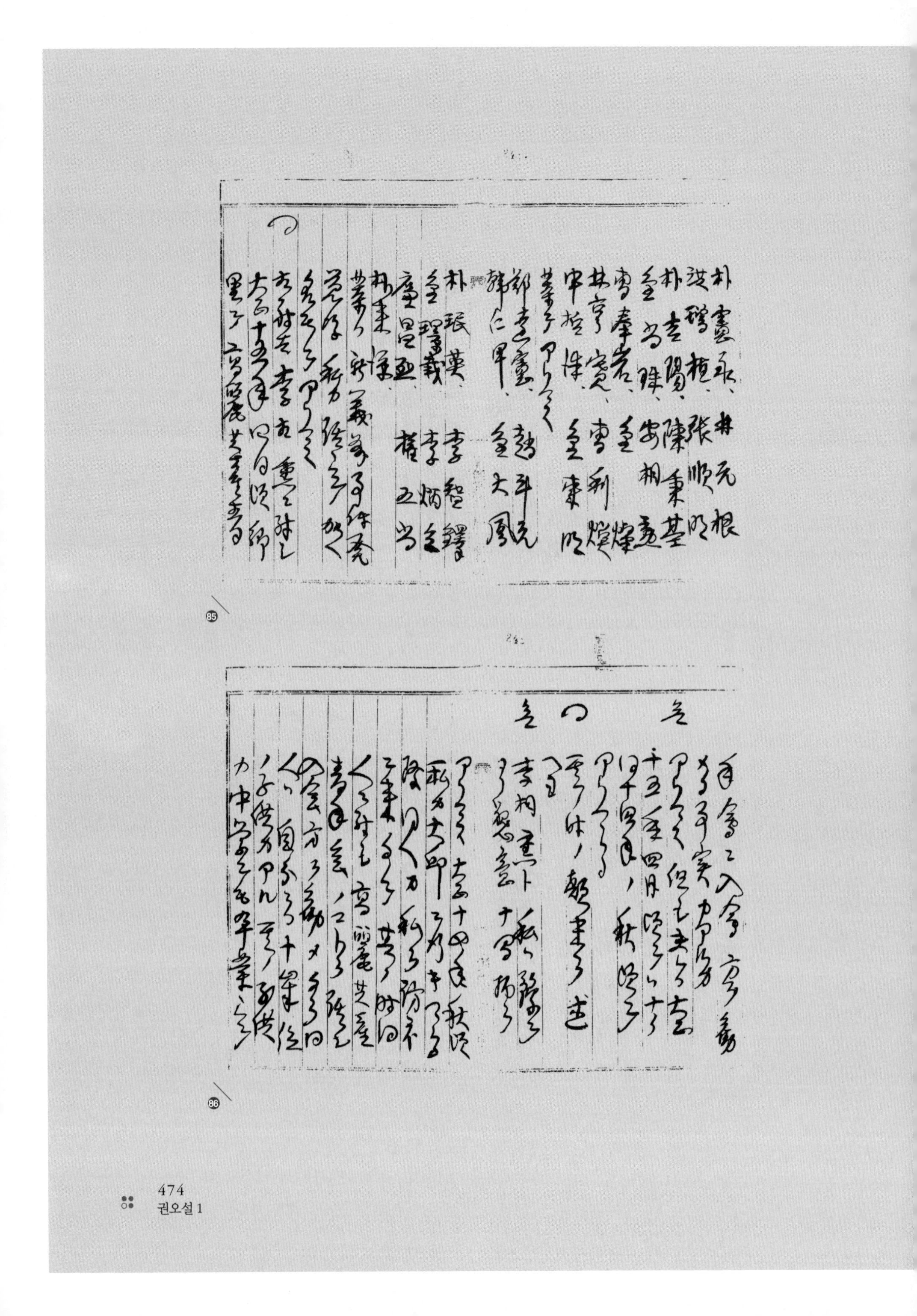

85

86

独立ヲ為ス為メ尽力セン来ル様ニナリタル秘密運動ニ加ハル事ヲ約シタルカ夫レニハ加ハラン様ニテハ行カヌト申シマシタカ私ハ同人ト別レテ時君ハ何カアリマシタラ含メテ置クスルト云ヒマシタカ同人ハ黙ッテ居リマシタ

問 被告ハ大正十四年中莫斯科ノ共産大学ニ学生トシテ派遣セラレタル事アルカ

答 左様アリマス

問 其ノ経過ヲ述ヘヨ

答 大正十四年六、七月頃露西亜ニ密行シ莫斯科ノ学資力ニ依テ共産大学ニ莫斯科ノ学生

87

セシ学生トシテ派遣セラレ来ル事トナリマシタノデ私ハ其ノ学生トナル推薦ヲ受ケ自ラ旅費ヲ給与セラレ一先ツ上海ニ赴キ、ソレヨリ釜山カラ汽船ニ乗リ長崎カラ乗船シテ上海ニ向ヒ其ノト新義州カラ安東県ヲ経テ汽車デ上海ニ

向ヒマシタノデアリマス

問 京城ヲ出発セルハ其ノ中新義州ヨリ船ニテ上海ニ行キタルカ何月何日頃ナリシカ

答 京城ハ何月何日、何月何日ニ出テ上海ニ行キマシタ

問 其ノ時派遣セラレタル学生

88

⑧⑨

⑨⑩

問 右[illegible]一年中金一[illegible]、姜[illegible]、崔[illegible]、鄭[illegible]旭、朴[illegible]一、金[illegible]、張[illegible]明ノ七名ノ履歴ヲ誰カ書イタルカ

答 [illegible]

問 [illegible]

答 [illegible]

問 アリマス[illegible]

答 [illegible]カ

問 [illegible]

答 [illegible]

91

[illegible]

問 [illegible]七名ノ履歴[illegible]朴[illegible]カ書イタルカ

答 [illegible]書イタノテアリマス

問 [illegible]十[illegible]年七月中[illegible]

答 [illegible]

92

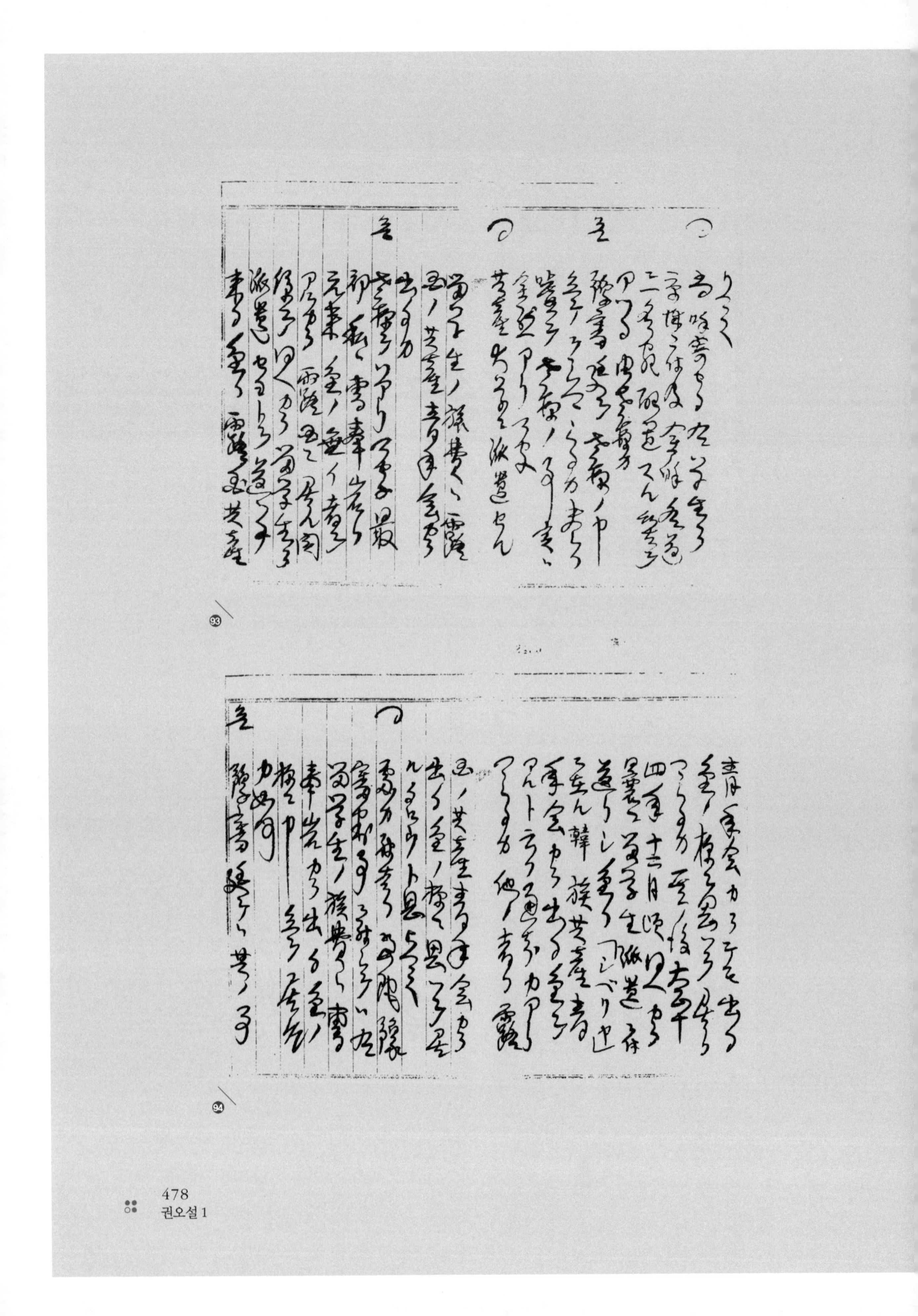

93

94

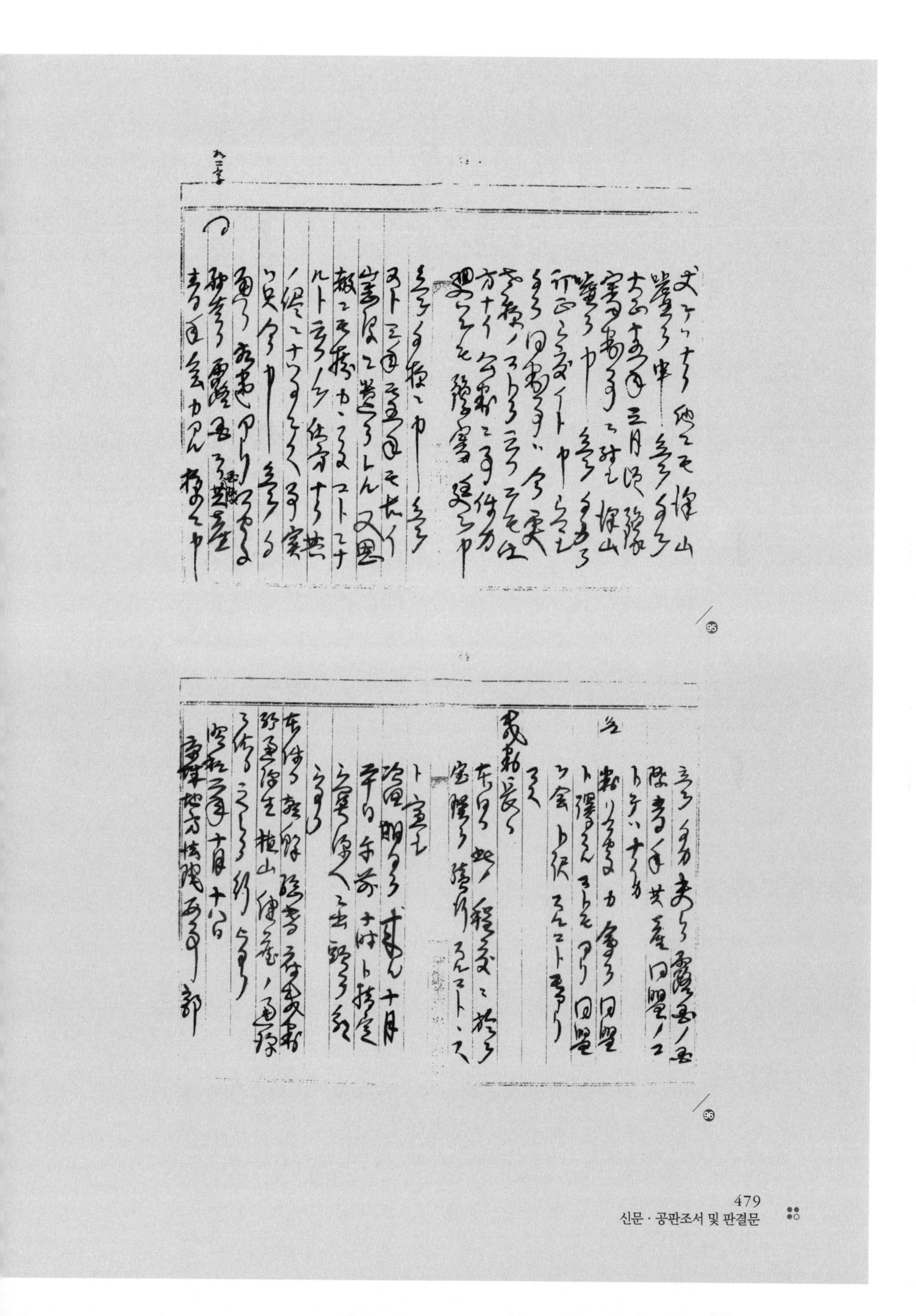

95

96

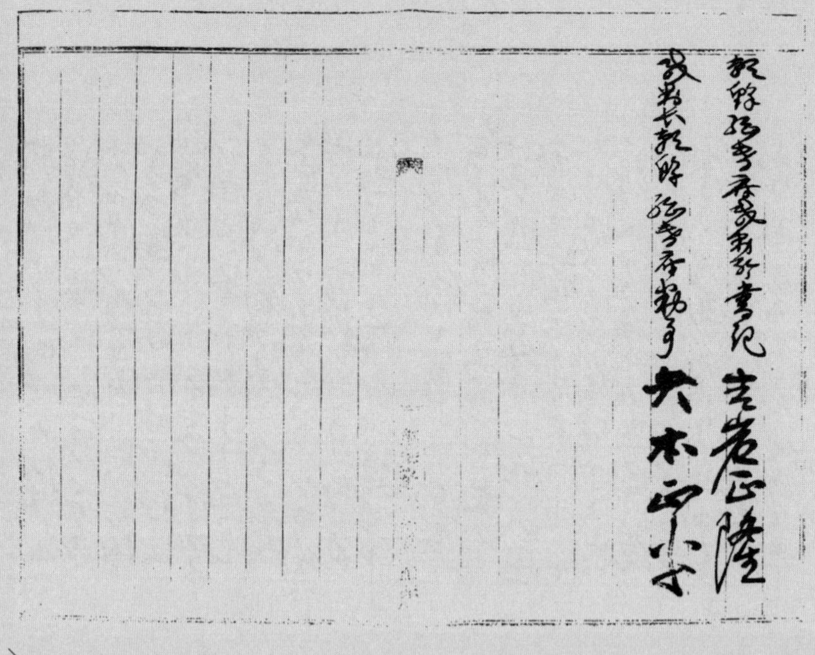

97

高允相 외 100명(치안유지법위반 등) 공산주의운동 : 치안유지법위반 피의사건

하위 문서철명: 지방법원 판사조서

문서제목 高允相 외 91명 공판조서(제16회)

저필자 / 심문자 조선총독부재판소 서기 松澤尙三 /

경성지방법원 형사부 재판장 조선총독부 판사 矢本正平

작성일 1927년 10월 20일

공판조서(제16회)

高允相 외 91명에 대한 치안유지법위반 등 피고사건으로 인해 1926년 10월 20일 오전 10시 경성지방법원의 비공개 법정에서

재판장

조선총독부 판사 矢本正平

조선총독부 판사 脇鐵一

조선총독부 판사 中島仁

조선총독부재판소 서기 松澤尙三

출석

조선총독부 검사 中野俊助 입회 속행 변론을 개최하여 피고인 등은 신체의 구속을 받는 일 없이 출두하였으며, 피고인 李敏行은 출두하지 않음

변호인

古屋貞雄 · 李仁 · 李升雨 · 李昌輝 · 金用茂 · 金炳魯 · 權承烈 · 許憲 · 崔鎭 · 韓相億 · 鄭求瑛 · 韓國鍾 · 金泰榮 · 姜世馨 · 加藤貫一 각각 출두함

그 외의 변호인 등은 출두하지 않음

재판장은 피고인이 틀림없음을 확인한 후

전 회에 이어 심리를 한다는 취지를 고지하고

피고인 이민행李敏行은 병으로 출두하지 않았기 때문에 同人에 대한 부분은 분리하여 심리한다는 취지를 선포함

피고 권오설은 전 회의 공술에서 그 불충분한 점을 보충하겠다고 신청함

재판장은 피고 권오설에게

문: 어떤 점을 보충하겠다는 것인가?

답: 첫째, 지난번에 고려공산청년회의 입회에 관해서는 복잡한 수속에 따르지 않고 행하는 일도 있는 것처럼 진술하였다. 그러나 그것은 그때 질문한 바와 같이 창립하자마자 과도기였으므로 이런저런 이유에 의하지 않았으며, 전 회에도 말한 것처럼 조봉암曺奉岩이 모스크바의 공산학교에 학생을 20명만 보내라고 말했다. 보낼 학생은 고려공산청년회원으로 충당하려고 했으나 거기에는 적당한 회원이 없었다. 그래서 회원이 아닌 자를 복잡한 수속을 거치지 않고 입회시킨 뒤 고려공산청년회원 자격으로 모스크바에 보냈다. 그 이외에는 복잡한 수속을 거치지 않으면 입회시키지 않기로 정하고 있었다.

둘째, 고려공산청년회원이 되기 위해서는 중앙집행위원 전부가 이의 없이 전원 승인하지 않으면 불가능하며, 한두 사람의 중앙집행위원이 회원이라고 말해도 그것은 회원이 아니다.

셋째, 전 회 신의주사건 발발 후 입회한 자로서 박내원朴來源을 천거했지만 동인同人은 정식회원이 아니라 소위 부활 준비를 위해 내가 권유하여 참가시킨 자다.

넷째, 고려공산청년회 중앙집행위원회 후보에 관해서는 그들과 일당으로 회합하고 자리를 함께하여 협의한 사실은 없으며, 당시 나는 숨어서 살고 있을 때였으므로 가끔씩 따로 만나 이야기했다. 그리고 그들의 부서 같은 것도 정식으로 결정하여 정한 것이 아니라, 내가 누구는 어떤 일을 해달라고 말하는 식으로 부탁했을 뿐이다.

다섯째, 공산학교 학생으로 보낸 자 가운데 김석연金石然·박광일朴光一은 사실은 고려공산청년회원이 아니다. 박광일은 이전부터 외국에 살았으며, 누군가의 소개로 보내졌고, 김석연金石然은 동아일보의 신문배달부로 어떻게든 공부하고 싶다고 앞서부터 말하기에 이것을 좋은 기회라고 보고 보내기로 한 자로서 위의 두 사람은 예외다. 그 뒤 조봉암이 보내온 서면에 따르면, 위의 두 사람 모두 입학하지 못했으므로 동인同人 등은 고려공산청년회와 아무런 관계가 없다.

문: 고려공산청년회는 러시아의 국제공산청년회 이를테면 국제공산청년동맹의 승인을 받았는가?

답: 그런 적은 없다.

문: 김단야金丹冶로부터 그와 같은 통지가 온 적이 없는가?

답: 없다.

문: 그러나 김단야는 상해에서 고려공산청년회가 국제공산청년회의 승인을 받는 임무를 맡고 있었던 것이 아닌가?

답: 그런 적은 없다.

문: 그런데 피고는 경찰서 제14회 신문 때 김단야는 상해에 있으며 고려공산청년회가 국제공산청년회의 승인을 받는 연락기관이 된 것처럼 진술하지 않았나?

답: 경찰서에서는 사실이 아닌 것도 시인하고, 예를 들면 영국무산청년회 회칙을 고려공산청년회 회칙이라고 말한 바와 같이 적당히 얼버무린 엉터리 진술이 많기 때문에 그것도 그와 같은 공술의 일종이다.

문: 피고는 경찰서 제14회 신문 때 김단야로부터 고려공산청년회가 국제공산청년회의 승인을 얻었다고 말하는 것을 들은 것처럼 진술하지 않았나?

답: 그런 공술을 한 기억은 없다. 또 그런 사실도 없다.

문: 피고는 공산주의에 동감하는가?

답: 배고플 때 먹고 추울 때 입을 수 있으면 좋겠다고 생각하고 그러한 경지를 목적으로 한 공산주의는 좋은 것이므로 동감한다.

문: 피고는 그 공산주의를 무엇을 통해 연구하였는가?

답: 나는 조금도 이렇다 할 경력도 학식도 없기 때문에 특별히 연구한 것은 없다. 다만 자연스럽게 몇 가지 연구를 했을 뿐이다.

문: 언제부터 연구를 시작하였는가?

답: 22 · 3세경부터다.

문: 공산주의에 관한 서적 등을 읽은 적이 있는가?

답: 읽은 적도 있다. 그러나 서적을 봤다는 것은 거기에 적혀 있는 것을 이해해야 하는 것인데 나는 별로 알지 못한다.

문: 그 공산주의에 동감하기에 이른 동기는 무엇인가?

답: 나는 17 · 8세부터 22세 무렵까지는 그리스도교를 믿고 있었지만 뒤에는 믿지 않게 되었다. 이치를 깨닫는 과정이라고 현혹되었지만 그것은 진정한 진리를 가르치는 것이라

고는 생각되지 않는다. 이것은 다만 기도하며 자비를 바랄 뿐 어떻게 생활해야 하는지의 문제에 관해서는 조금도 해결하지 못했다.

요컨대 사람은 모름지기 먹는다고 하는 것이 첫 번째로 해결해야 할 중요한 과제다. 그리스도는 원래 자비를 진리로 삼고 있지만 그것은 무엇을 먹고 무엇을 입는가 하는 것은 조금도 설명하고 있지 않다.

신자는 아침저녁 기도하는 일이 하늘의 이치와 진리를 깨닫는 과정이라고 현혹되어 있지만, 그러한 종교의 가르침은 허위다. 따라서 나는 어떻게 하면 좀 더 잘 먹고 입을 수 있을까 하는 문제를 해결하기 위해 노력하지 않으면 안 된다고 생각하고, 그 뒤에 그리스도교를 믿지 않게 되었다. 그리고 또 한 가지 이유는 진리를 깨달은 사람은 지식층을 형성하여 스스로 어떻게 살아갈 것인가의 문제를 판결하지 않고, 그것은 탄광에서 일하는 인부나 벼농사를 짓는 농부에 의해 발휘된다.

"새벽에 도道를 들으면 저녁에 죽어도 좋다"라는 말도 있다. 하지만 그것은 먹는 것을 망각한 말이다. 인간에게 있어서 가장 중요한 문제는 먹는 것이며, 그것이 인생의 근본 문제다. 따라서 이러한 점을 언급하지 않는 허위종교는 자연스럽게 파괴되어야 할 운명에 놓여 있으며 또 파괴하지 않으면 안 된다. 이러한 이유로 나는 그리스도교를 믿지 않게 되었다.

우리 집은 선조 때부터 한학자 집안이었으며 가난했다. 그리고 돈이 있는 자는 학식이 없어도 존경을 받고, 돈이 없는 자는 아무리 학식을 갖추고 있어도 존경받지 못하는 불합리한 상태다. 그리고 내가 21·2살 무렵 나의 고향 근처에 고바야시小林平二郎라는 지주가 있었는데 그는 3년 전에 불과 2,000~3,000원의 돈을 가지고 이주해 와, 그것을 자본으로 고리대금을 하였다. 그로 말미암아 고향사람들 가운데 상당한 괴로움을 겪은 사람도 있다. 그자는 3년 사이에 약 500마지기 토지를 소유하는 지주가 되었다.

진술한 위와 같은 일은 분명히 현대 사회제도의 결함 때문이라고 통감하였다. 나는 이와 같은 사정으로 인해 공산주의에 공감하게 되었다.

문: 조선공산당과 고려공산청년회를 조직한 동기는 무엇인가?

답: 조선공산당 조직의 목적은 예심종결 판정서에 기재된 것과는 매우 다르다. 그래서 그 공산당을 조직하기에 이른 동기의 개요를 진술하게 해준다면 스스로 그 목적으로 하는 점도 판명될 것이라고 생각한다.

일반적으로 어느 나라를 불문하고 국민은 그 국가의 정치에 의해 살아가게 되고 그 선악에 의해 국민생활이 안정적인지 어떤지 결정되어야 하는 것이다.

나를 포함한 조선인이 조선총독부 통치하에서 생활의 안정을 얻을 수 없다는 것은 현시 조선사회의 상태를 보면 누구나 알 수 있을 것이며, 이와 같은 생활의 불안정은 현 총독부 통치의 결함에 기인하는 것이 아니고 무엇이겠는가?

데라우치寺內 · 하세가와長谷川 · 미나미南 총독은 군벌정치를 행하고 그것을 대신한 현 사이토齊藤 총독 또한 해군군인이지만 문화정치인지 뭔지를 말하며 정장차림을 하고 있고, 이와 같은 총독에 의해 통치되고 있다는 것을 커다란 행복인 것처럼 말하는 사람도 있다. 그러나 그것이 과연 틀림이 없는 것인가? 이전의 두 총독은 무단정치라고 말하므로 그 출처가 분명하지만, 사이토齊藤 총독은 격식 차린 정장차림으로 다수의 비밀순사를 인솔하고 다니기 때문에 왔는지 갔는지도 모른다.

그리고 경찰 측면을 보면, 각 지방에 필요 이상으로 많은 수의 경찰관을 주재시키고, 이 경찰관 포위 안에서 어떻게 언론 · 집회 등의 자유가 압박당하고 있는지 일례를 들자면, 1924년 봄 경성에서 조선노농총동맹이 조직되었는데 그 창립총회에서 해산을 명받았기에 그 다음날 나 이외의 5명이 애써 성립시킨 조직을 이대로 유야무야 매장하고 매우 유감이라는 이야기를 하기 위해 모인 것을 죄로 여겨 구류 20일에 처해지고 까닭 없이 구속을 당한 적도 있다.

또 경성청년연맹의 회합에서 음악을 틀지 않고 식사式辭를 말했다는 이유로 해산을 명받은 적도 있으며, 또한 1925년 봄 민중운동가대회를 하게 되어 그 준비를 완전하게 갖추어 놓은 회합 전날 밤 10시경에 이르러 조봉암과 나를 경찰서로 불러들여 그 집회를 금지시켰는데 이와 같이 조선에서 언론 · 집회 · 출판 등의 자유는 극단적으로 제한되고 종교 또한 총독정치 구가의 연설회 이외는 대부분 완전히 금지되는 실정이다.

첫째, 경찰관은 원래 인민의 보호를 직무로 하고 있는데 사실은 이와는 반대로 인민의 자유를 빼앗고 인민을 죽이는 결과가 되고 있다.

또한 술집 여자 같은 경우에는 순사의 정교를 거절하면 영업을 계속할 수 없게 한다는 이야기도 듣기에 이르러 그 횡포에 놀라울 따름이며, 북쪽은 신의주 남쪽은 부산에서 경찰관이 망을 보고 조선 전역을 경찰관에 의해 포위되어 마치 조선은 커다란 감옥과 같은 모습을 갖추고 있는 한편, 일반 민중은 먹으려고 하여도 먹지 못하고 입으려고 하여도 입을 옷이 없는 비참한 상태다.

다음으로 산업 측면에서 보면, 조선인의 파산에 관해 한마디 하겠다.

당국은 조선의 산업은 발전하고 민둥산이 푸르게 되고 논밭이 많아졌다고 주창하고 있다. 하지만 그 토지는 조선인의 손에 두지 않고 동양척식회사나 일본인 고리대금의 손으로 넘겨져 회사는 더욱더 이것을 일본인의 이민에 불하하고, 조선인의 식료食料를 빼앗고 자금을 모두 잃게 만들어 버렸다.

실제로 황해도 재령載寧 평야는 모두 동양척식회사의 소유가 되었는데, 원래 이 평야는 그 지방농민의 손으로 개척한 것으로 그것을 구 한국정부가 소유하고 있다가 동양척식회사의 손에 옮겨가기에 이르게 된 것이다. 그리고 이 평야는 '넘치는 땅' 이라고 일컬어지고 있다. 그 지방의 주민이 그 평야에서 먹거나 입고도 남을 정도로 비옥한 곳이기에 그렇게들 말하고 있다. 일단 이것이 동양척식회사의 손에 들어감과 동시에 일본인 부락이 계속 생겨나 조선인은 오래 살던 정든 땅에서 쫓겨나 다른 곳으로 이주하지 않으면 안 되는 비참한 상태가 되었다.

그리고 농부를 위해 설치된 군농회 같은 것도 조금도 농민을 위한 시설은 하지 않고 일본 상인의 의뢰를 받아 그 생산품을 가공하기만 했다.

상업 측면을 보면, 각 철도역 구내의 매점은 모두 일본인에 의해 독점되고 또한 시가지의 번화한 장소는 모두 일본인 상인에게 점령되어, 조선인은 시외 또는 시의 한쪽 구석으로 쫓겨나 있는 실정이다. 이는 산업상태에서 보면 조선인의 파산이다.

다음으로 교육 측면에서 보면, 몇 해 전 일본인 교원들만 모아놓고 비밀리에 강연회를 가진 적이 있어서 나는 그때 일본 옷을 입고 일본인을 가장하여 몰래 방청하였다. 그 연제가 '식민지에 있어서의 교육의 방침' 이라는 것이었다. 도덕교육은 맹자의 가르침을 주로 시키고, 지식교육은 일본인 초등학교와 동일한 방침에 따르지 말고, 또한 졸업 후에는 가능한 한 상급학교에 진학하지 않도록 하고, 체육은 될 수 있으면 정적인 운동을 선택하고 모험적인 운동을 피하라는 것이었다. 그것은 결국 자유인을 양성하는 것이 아니라 노예를 양성하는 것에 지나지 않는다.

또한 생활사정 등을 달리하는 초등학교 학생을 일본인 교원이 교육하고 있으며, 그 교육 용어로 일본어를 사용하고, 조선어를 사용하면 벌을 받게 되고, 지능이 낮은 자도 일본어가 가능한 자는 우수한 자라고 칭찬을 받는다. 또 초등학생은 그 수를 줄이기 위해 대부분 부유한 자만 입학하고 다수의 빈곤자는 입학하지 못하는 실정이며, 이렇게 하여 조선인을 무지한 문맹자로 만들려는 교육이라면 그 불합리함을 주장하지 않을 수 없다. 또 중학교는 말할 필요도 없으며, 대학교 역시 최근에 간신히 조선에 설치되었지만 그것이 결코 조선인 자제의 교양목적이 아니라는 것은 그 입학생의 4분의 3이 일본인이라는 사실만 보더라도 명백하다.

서술한 바와 같이 총독정치에는 많은 결함이 있고 그것은 현재 조선의 실제를 보면 누구나 이것을 부정할 수 없다는 것이다. 그리고 조선 총독정치는 사기정책으로 일관되며 면 · 군 · 도 그 이외의 모든 관공서는 모두 이 사기정책에 의해 움직이고 있는 것이다.

이렇게 하여 조선인을 파멸로 이끄는 것이라면, 특별히 조선인이라는 이유로 말이나 소와 같은 자유로운 생활마저 불가능하다는 것은, 어떠한 이유로도 살아가기 힘든 나머지 우리들로 하여금 살려 달라고 외치지 않을 수 없게 만든다.

이미 진술한 것처럼 조선총독부의 결함으로 말미암아 조선공산당이라는 비밀결사를 만들게 된 것이다. 그 목적은 의식을 자유롭게 하고 편안한 생활을 하는 것에 있지만, 그 목적에 관해서는 확실히 결정한 적은 없다.

최근 일본 본토에서도 노동농민당과 같은 무산정당이 출현한 것은 대단히 의미가 크다. 우리들은 이러한 정당의 준비 작업으로 조선공산당을 조직한 것이다. 물론 현 정치조직을 파괴하고 공산주의를 행하는 것을 목적으로 이를 행한 것은 아니다.

그리고 이것을 비밀결사로 만든 이유는 전술한 바와 같이 현 조선당국의 언론 · 집회 · 출판 등에 관한 압박이 심하여 비밀결사가 아니면 조직하는 것이 불가능하기 때문이다. 어쩔 수 없이 자연스럽게 이렇게 된 것이며, 원칙대로라면 당당하고 공공연한 회합을 조직할 수 없다.

또 그 명칭을 조선공산당이라고 한 것은 특별히 어떤 의미가 있는 것이 아니라 조선인의 지나치게 극심한 이 생활고를 표현하기에 미온적인 용어보다는 '공산'이라고 하는 강력한 여운을 가진 문자를 사용하는 것이 좋을 것으로 생각되어 이렇게 되었으며, 그것이 물론 현 정치를 파괴하는 것의 상징은 아니다.

조선공산당이 러시아공산당과 연락하는 것이 좋다고 생각하는 것에 관해 말한다. 러시아는 그 뒤 약간의 사유재산제도를 인정하게 되고 그 결과 일본과 러시아가 조약을 체결하고 대사를 교환하고 밀접한 관계에 이르게 되었다. 이처럼 조선공산당도 일본노동

농민당과 제휴하고 싶지만 비밀결사를 위해 그것이 불가능하다. 중국은 현재와 같은 상태로는 문제가 되지 않으며, 결국 러시아의 공산당과라도 제휴하지 않으면 안 되는 상태에 놓여 있다. 때문에 나는 그것과 연락하는 것이 좋을 것이라는 나 개인적인 의견을 가지고 있다.

다음으로 고려공산청년회는 청년의 교양을 목적으로 조직된 것이다.

문: 그러나 피고는 당원 예심판사 제1회 신문 때, "고려공산청년회 조직의 동기로, 피고 박헌영朴憲永·김단야·김찬金燦 등은 평소에 다수의 무산계급이 소수의 유산계급 등에게 수익이나 재산을 착취당해 비참한 상황에 빠져 있는 것을 한탄하고, 그것은 필경 일본제국주의의 산하에서 사유재산제도를 시인하고, 소수의 유산계급을 옹호하는 데 기인하는 것일 뿐이기 때문에, 현재의 사회제도를 파괴하고 천연화물·생산물 자료는 물론 소비재화까지 모든 것을 거두어 사회의 공유로 삼는 공산제도를 퍼뜨리는 데 힘쓰고 있었는데, 그러기 위해서는 뭔가 결사를 조직하여 다수의 민중이 하나가 되는 것이 매우 중요하지만 합법적인 결사를 조직하는 것이 도저히 불가능하기 때문에 뭔가 비밀결사를 조직하여 이를 도모하고 그 기회가 오기를 노리고 있던 그때, 마침 전 조선 민중운동가대회가 북경에서 개최되게 되었으므로 우리들은 서술한 바와 같이 집회를 열고 김단야에게 위와 같은 현 사회제도를 사정없이 비난하고 비밀결사를 조직하여 다수의 사람이 하나가 되어 동同 사회제도를 파괴하고 공유재산제도를 알리는 것은 우리 사회운동가의 초미의 급무라고 역설하고 그 조직을 발휘하여 이에 고려공산청년회의 비밀결사를 조직하기에 이르렀다"고 진술하지 않았는가?

답: 예심에서는 "공산주의란 무엇인가"라는 질문을 받고 여러 가지 대답을 중복한 결과, 그것을 종합하여 그렇게 된 것인지는 모르겠지만, 고려공산청년회 및 조선공산당 조직의 동기는 지금 진술한 것이 사실이다. 예심판사가 사회운동에 관해 질문한 뒤 나의 대답을 듣고 나더니 "그것은 국체를 변혁시키는 것이 아니군"이라는 등의 말을 하기에 단편적으로 그러한 의미에 관한 것을 진술했는지는 모르겠지만, 그것은 진정한 동기는 아니다. 그 예심판사의 신문 중 "오늘날의 사회가 자본주의 사회인가?"라고 묻기에 그렇다고 대답하고, "그것은 봉건시대부터 생겨난 것으로 앞으로도 계속 진척해 나갈 것이며, 그 결과 어떤 사회가 출현하게 되느냐 하면 그것은 빈부의 격차가 없는 사회일 것으로 확신한다"고 말했다. 예심판사가 "그런 사회는 조선에만 출현하는가?"라고 묻기에, 나는 일

본도 마찬가지가 될 것이라고 말했다. 그랬더니 '그렇다면 국체가 변혁되는 것이 아니군' 이라고 말했다.

그리고 '조선의 독립을 희망하는가?' 라는 질문에 희망한다고 말한 적이 있어서, 혹시 그것 때문에 국체변혁의 의사가 있는 것으로 보였을지도 모른다.

문: 하지만 피고는 당원 예심 제5회 신문 때 고려공산청년회 및 조선공산당은 모두 제국의 국체변혁, 사유재산제도의 부인을 목적으로 조직한 것이라고 진술하지 않았는가?

답: 그렇게 기재되어 있는지는 모르겠지만 그것은 잘못된 것이다. 나는 법률에 어둡고 어떤 점이 치안유지법에 저촉되는지는 모르겠지만 경찰서로부터 검사국에 이르기까지 조선공산당 또는 고려공산청년회라고 하니까 공산주의의 실현을 기대한다고 인정받아 왔다. 하지만 나는 진정한 공산주의가 어떤 것인지조차 잘 모르고 있다. 예심에서도 그에 관해 종종 논의했는데, 판사는 피고 등은 공산주의에 관한 연구도 충분히 되어 있지 않다는 말을 했다. 나는 치안유지법에 저촉되는 것이 그러한 것을 생각한 것만으로도 해당이 되는지 안 되는지는 모르겠다. 예심판사와 같이 공산주의를 충분히 연구하고 있다면 우리들과 마찬가지로 취조를 받아야만 하는 피고의 지위에 있는 것이 아니냐고 말한 적도 있다.

문: 조선공산당 및 고려공산청년회에 들어오는 자에게는 그 목적을 고지하는가?

답: 그런 일은 없다.

예심종결 결정서에는 조선공산당과 고려공산청년회가 똑같이 조선을 제국의 굴레로부터 벗어나게 하고, 오직 조선에서 사유재산제도를 부인하고 공산제도를 실현시키는 것을 목적으로 하는 것처럼 기재되어 있다. 하지만 과연 양자의 목적이 위와 같이 합치된다면 이것을 특별히 달리 조직할 필요가 없다. 고려공산청년회는 교양단체로서 조선공산당과 그 목적을 달리하고 있다. 이 결정서에 기재된 것은 죄가 없는 것을 있는 것처럼 하기 위해서라고 생각한다. 또 조선공산당에 관해서는 그 목적을 정한 사실은 없다.

내가 작성한 조선공산당 측 초안 제3조 2에 따르면 "본 당은 강령의 주지를 관철하는 것을 목적으로 한다"라고 되어 있으므로 특별히 강령이 제정되어 있어야 하겠지만 그것은 아직도 정해져 있지 않다. 강달영姜達永의 일지 등에도 있는 바와 같이, 내가 강령 · 당칙을 작성하게 되어 있었기 때문에 나는 러시아공산당의 당칙 및 영국노동당의 규칙 등을 참고하여 강달영이 말하는 바와 같이 어느 쪽에도 치우치지 않는 공평한 강령을 작성하고자 생각하고 있었다. 이는 아직도 완성되지 않았다. 따라서 목적도 정하지 않았으므로 이를 고지할 수도 없었다. 그러므로 내 나름대로 목적을 생각하였고, 따라서 어떤 사람은 공평하다고 말하고 또는 사회운동 단체의 정리라고도 말한다. 또 나는 앞에서 말했듯이 좀 더 잘 입고 잘 먹기 위함이라고 말하기도 하고, 일정하지 않다.

문: 하지만 피고는 예심 제5회 신문 때 고려공산청년회이든 조선공산당이든 가입을 권유할 때는 반드시 그 목적을 알리기로 정했으며, 게다가 목적도 모르고 가맹하는 자는 없다고 말했다. 또 피권유자가 공산주의자인지 아닌지, 가맹할 의사가 있는지 없는지도 충분히 조사한 후가 아니면 무턱대고 권유하지 않기로 정했다고 진술하지 않았는가?

답: 그것은 "강령이 있으면"이라는 문장이 빠져 있다. 강령이 있으면 그와 같이 되겠지만 그것이 없기 때문에 목적도 정해져 있지 않다. 예심판사는 '펜'으로 쓴 것을 자문자답하여 서기에게 쓰게 하므로, 예를 들어 "강령이 있으면"이라는 것을 빠뜨리고 읽는 것을 듣고 내가 그것을 정정하려고 생각했다. 하지만 판사도 나와 마찬가지로 신경질적인 것 같기에 그러한 것을 말해서 화나게 하면 안 된다고 생각하여 공판과정에서 진술하기로 마음먹고 입을 다물었다. 그 밖의 공술에서도 이와 마찬가지인 경우가 많이 있다. 그리고 하는 김에 잠시 진술하겠다. 이 금전 지불사본(압수 제978호의 증 제9호를 가리킴)은 1926년 8·9월경 요시노吉野 경부보가 가지고 온 것으로 이 서면 중 김영희에게 20원을 건네준 것으로 적혀 있다. 그것은 염창렬廉昌烈이 와서 김영희金瑛禧가 매우 곤란하다는 말을 하기에 동인同人에게 주라고 10원을 건네주고, 뒤에 또 10원을 건넸다. 그리고 동同 증거에는 '권오설의 정부 김영희金瑛禧'로 적혀 있지만, 사실 나와 동인同人과는 조금도 친밀한 관계가 아니다. 그것은 경찰서에서 마음대로 그렇게 만들어 놓고 그 뒤 일이 있을 때마다 호색한이라는 말을 하고, 또 예심에서도 "너는 호색한이다. 누구누구와도 관계하였다"라는 등의 말을 했다. 또한 "너는 공산주의를 위해 일한다고 말하면서 4000~5000원의 돈을 여자를 위해 소비하고 있는 것은 아닌가"라는 등의 말을 들었으며, 또 경찰서에서는 "강달영의 일지에 계동桂洞에 있는 너의 은신처에서 집회한 것으로 기재되어 있는데 그곳은 너의 여자의 집일 것이다"라고 말하는 것을 들었다. 나는 그러한 사실무근 때문에 혼자서 상심하여 울었다. 그리고 그러한 것을 떠올리면 동지의 얼굴을 더럽히게 되는 일이라고 생각하여 죽음을 결심한 적도 몇 번이나 있었지만, 나의 공술이 다수의 피고와 관계가 있기 때문에 그렇게 하지 못하고 살아가고 있다.

이처럼 경찰서 및 예심은 음험한 방법으로 조서 등을 작성한 것으로, 원래 본 사건은 치안유지법에 조금도 저촉되지 않음에도 불구하고 억지로 만들어 낸 것이다.

문: 군연맹 및 도연맹이 조직되어 있는 곳이 있는가?

답: 있다.

문: 몇 개 있는가?

답: 기억하고 있지 않다.

문: 1925년 8월 중 김단야 · 박헌영 · 임원근林元根 등과 한양청년연맹을 조직한 것이 사실인가?

답: 그렇다. 틀림이 없다.

문: 어떤 목적으로 조직하였는가?

답: 경성부京城府 내의 청년단체가 교양단체라면 함께하는 것이 좋겠다는 생각에서 조직하였다.

문: 조선공산당 및 고려공산청년회에서 각지에 군연맹 · 도연맹을 조직하고, 피고 등 동지가 거기에 들어가 내부에서 각종 단체를 공산주의화할 목적이 아니었나?

답: 그럴 생각은 없었다. 그것은 일전에 누차 진술한 바와 같이 현 총독정치의 결함이 극심하기 때문에 그것을 최소화하여 좀 더 나은 생활을 하기 위해 정당 조직의 준비단체로서 조선공산당을 조직했던 것이다.

문: 피고는 신의주 예심 제2회 신문 때 신의주사건이 일어날 당시 군연맹은 30개 정도, 그 후 오늘날에는 50개 정도 조직되어 있다. 안동 · 상주 · 대구 · 울산 · 김해의 각 군연맹은 자신이 편지 또는 직접 그 수뇌자에게 권유하여 조직한 것이다. 종래와 같이 각지에 각 청년단체가 산재하여 서로 당파적인 분쟁에 몰두하면 순수주의자가 나타나지 않으므로, 청년단체를 묶어 그 운동을 통일시키면 자연히 순수주의자도 나타나게 될 것이라고 생각했다. 그래서 군동맹을 조직하였다. 그리고 군연맹과 합친다는 취지에서 경상남도 · 함경남도에서 도연맹을 조직한 것으로 진술했는데 사실인가?

답: 그렇게 진술한 것으로 생각한다. 하지만 주의자 운운하는 말은 하지 않았다. 우리들도 사회운동 분자기 때문에 그런 생각도 가지고 있다고 진술했을 뿐이다.

문: 조선공산당과 고려공산청년회와의 관계는 무엇인가?

답: 아무런 관계가 없다.

문: 고려공산청년회의 간부가 조선공산당의 간부가 되게 되어 있는 것이 아닌가?

답: 그런 일은 없다.

문: 하지만 조선공산당의 당칙에는 그와 같이 규정되어 있는 것이 사실인가?

답: 그것은 나 개인적으로 작성한 초안이며, 그것을 당칙으로 한다고 해도 당 대회를 통과하지 않으면 아무런 효력이 발생하지 않는다.

문: 하지만 피고는 신의주 예심 제3회 신문 때 고려공산청년회는 조선공산당원을 양성하는 기관이며, 청년회원이 양성되면 비서부에서 책임을 지고 당원에 가입시키기 때문에, 조선공산당과 고려공산청년회와는 밀접한 관계가 있으며 양자의 비서부는 늘 연락을 취하고 있다고 진술하지 않았는가?

답: 그것은 조선공산당은 직접 투쟁단체이고, 고려공산청년회는 교양단체이기 때문에 상식적으로 생각해서 그렇게 진술했던 것이다. 하지만 그것이 양자 간부가 동일하다는 해석은 아니다.

문: 조선공산당원 가운데 고려공산청년회원인 자는 없는가?

답: 그런 것은 모른다.

원래 고려공산청년회원이면서 조선공산당원을 겸하는 것은 불가능한 일이다. 박내원은 고려공산청년회원이라 말했지만, 또 다른 사람이 그를 조선공산당원이라고 말했기 때문에 양자를 겸하게 된 것이다. 하지만 그것은 부활 준비 중에 양쪽의 사람이 부족하기 때문에 생긴 일이며, 이러한 경우가 그 밖에도 있었는지는 모르겠지만 기억나지 않는다.

문: 피고는 김단야 · 박내원 · 민창식閔昌植 · 양재식楊在植 · 이용재李用宰 등과 공모하여 1926년 6월 10일 이왕李王 전하의 국장國葬을 기회 삼아 조선을 제국의 굴레에서 벗어나게 하기 위해 불온문서를 인쇄하여 살포하고 독립운동을 한 적이 있는가?

답: 국장을 계기로 김단야 등과 협의한 후 독립운동을 감행한 것에 관해서는 사실이 무척 잘못되어 있다. 우선 그것에 관해서는 김단야와 상담한 일은 절대로 없다. 그것은 신의주사건 발생 후 불온문서를 압수당해 내가 숨겨두고 있던 것이 아니라는 것을 말하기 위해 북만주 등에 갔다던가, 그곳에서 김단야를 만났다고 말하여 틀림없이 김단야와 관계가 있는 것처럼 무책임하게 말을 했기 때문에 그렇게 되었겠지만, 동인同人과는 전혀 관계가 없으며 또 이용재 · 백명천白明天에게도 그 사실에 관해 이야기한 적이 없다. 선전문서에는 독립이라든가 국권의 회복 등과 같은 문구를 사용했기 때문에 틀림없이 독

립운동인 것처럼 보이지만 사실은 그렇지 않다. 우리 조선인들이 어떻게 하면 좀 더 나은 생활을 할 수 있을지 또 보다 나은 생활을 하고 싶다는 염원으로 그러한 심정을 쓴 것일 뿐이다. 그것을 다수의 민중에게 알리기 위해서는 국장으로 다수의 민중이 집합했을 때 살포하는 것이 좋다고 생각하게 된 것이다.

문: 그 불온문서의 인쇄와 살포계획은 조선공산 및 고려공산청년회의 간부가 간부회를 열어 그 결과 이것을 피고에게 일임한 것이 아닌가?

답: 그런 사실은 없다.

문: 피고가 이러한 계획을 하게 된 동기는 무엇인가?

답: 원래 독립에 관해서는 제국의 자본주의제도가 붕괴되지 않는 이상 결코 그것이 실현되지 않을 것이라는 정도는 학식이 모자라는 나로서도 알고 있는 것이기 때문에 그러한 운동 등을 할 리가 없다. 그것은 이를테면 현 총독정치의 결함 때문에 우리 조선인들의 생활이 얼마나 비참한 것인지를 일반 민중에게 알리기 위해서일 뿐이다. 조선 총독정치는 앞에서도 진술한 것처럼 여러 가지 결함이 있고 산업 · 교육문제 등에 관해 민중에게 알리고 싶다고 생각하고 있었지만 언론 · 집회 등의 자유가 심하게 압박당하고 있었기 때문에 그럴 기회가 없었다. 마침 이왕 전하가 훙거하여 전 조선의 민중이 모두 모여 통곡하고, 신문에는 전하가 효성스럽다거나 또는 현명한 임금이었다고 찬양했다. 그러나 나는 일찍이 전하가 효성스럽다거나 현명한 임금이라는 이야기를 들어 본 적이 없었다. 그런데 이렇게 조선의 민중이 모두 통곡을 하는 것은 무엇 때문이겠는가. 그것은 이왕 전하의 사망 자체를 슬퍼하는 것이 아니라 조선인의 생활이 궁핍해지고 앞으로 점점 더 비참해져 간다는, 그 비통한 생각이 때마침 전하의 사망을 계기로 소리 높여 울기에 이르렀던 것이다. 하지만 오로지 울기만 하는 것만으로는 조금도 생활향상에 영향을 미치지 못하므로, 나는 이처럼 비참한 상태가 총독정치의 결함 때문이라는 사실을 일반에게 알리고, 또 좀 더 나은 생활로 나아가는 것을 고려하는 것이 헛되이 울기보다 의의가 있는 것이라 생각하여 그러한 계획을 세웠던 것이다.

그리고 선전문에 있는 것처럼 '조선인의 교육은 조선인 본위로, 산업은 조선인 본위로'라고 한 것은 앞서 진술한 것처럼 총독정치의 결함을 일반 민중에게 알리고 각성을 재촉하기 위함이다. 목표는 독립으로 했지만 나는 독립 그 자체를 바라는 것이 아니며 또 그것이 실현되어야 하는 것이라고 생각하고 있었던 것도 아니다. 이러한 산업 · 교육을

'조선인 본위로' 라고 말하는 것은 독립운동가의 입장에서 보면 이상하게 느껴지겠지만 나는 오직 그것들을 조선인 본위로 하고, 조선인으로 하여금 보다 나은 생활을 하게 하고 싶다는 염원에서 했던 것이다.

문: 그런데 피고는 당원 예심 제3회 신문 때 "조선이 독립하면 일본제국주의는 그 영역에서 구축되고, 따라서 우리들 공산주의자의 희망의 하나도 이루어지는 것이며, 또한 공산주의를 선전하는 일도 쉬워진다는 것을 예측할 수 있다. 그렇기 때문에 조선의 독립을 갈망하는 것은 일반 조선인에게 조금도 뒤지지 않는다. 이처럼 민중이 동요하고 있는 기회를 이용하여 불온문서를 인쇄 살포하여 일반 조선인의 독립운동을 고조시켜 독립운동을 일으키려고 계획하였다"고 진술한 일이 있는가?

답: 경찰서에서도 예심에서도 허위로 진술을 하면 흡족해하고, 진실된 공술을 하면 거짓말한다고 하기에 아무렇게나 말했다.

문: 또한 피고는 그때 그 계획을 이준태李準泰·박민영朴珉英·이지탁李智鐸·이병립李炳立·김경재金璟載·염창렬廉昌烈·조두원趙斗元 등에게 숨김없이 이야기하고 그 찬동을 얻어 위의 계획에 관해서는 조선공산당 및 고려공산청년회와 관계있는 것처럼 진술한 일이 있는가?

답: 그렇게 진술한 기억은 없다.

문: 이것(압수 제978호의 증 제 44, 45)은 강달영姜達永이 인정한 것으로, 이것(동호同號의 증 제53호)은 그것을 해석한 것인데, 이에 따르면 불온문서의 인쇄살포에 관한 계획에 관해서는 조선공산당 및 고려공산청년회와 관계가 있는 것처럼 보이는데 어떤가?

(이때 압수 제978호의 증제 44·45·53호를 제시함)

답: 그런 사실이 없다. 이것은 강달영姜達永이 아무렇게나 쓴 것이라고 생각한다. 강달영은 가난하고 장남과 아내 셋이서 살고 있는데 장남은 아프고 아내도 병약하다. 내가 그와 함께 머문 적이 있는데 한밤중에 눈을 뜨고 일어나 아이의 이름을 부르기에 어쩐지 이상하게 생각되어 어떻게 된 일인지 물어봤더니, 아무래도 머리상태가 이상하니 어쩔 수 없이 공산당 부활 등과 관계되는 일은 일절 그만두겠다는 등의 말을 했다. 이렇게 머리상태가 이상할 때 쓴 것이기 때문에 모두 엉터리라고 생각한다.

문: 또한 피고는 당원 예심 제3회 신문 때 "나는 조선공산당 및 고려공산청년회의 중앙집행위원을 맡고 있어서, 이 계획을 단독으로 집행하는 것은 온당하지 않으므로 조선공산당

및 고려공산청년회의 계획으로서 감행할 심산으로 양쪽 간부의 동의를 구했다"고 진술했는데 사실인가?

답: 조서에는 어떻게 기재되어 있는지 모르겠지만, 그것은 사실과 다르다. 나는 조선공산당과 관련이 있기 때문에 이 계획을 나 혼자서 멋대로 해서는 안 된다고 생각했다. 모두의 의견을 듣고자 이준태李準泰를 만났을 때 나의 계획을 털어 놓았더니 그는 특별히 찬성한다고 분명하게 말하지 않기에, 나는 홍남표洪南杓 · 김철수金錣洙를 만나면 그 일을 이야기하고 의견을 물어보라고 부탁했다. 그 후 이준태를 만났을 때 동인同人은 "홍남표 등에게 이야기했더니 그것 자체가 좋지 않다는 것이 아니라 지금 조선공산당원의 부활이라는 큰 일이 있으니 이때 다른 곳에 힘을 쏟기보다는 부활 사업 쪽에 전력을 기울이는 것이 좋다는 의견이었다"고 말했다.

내가 "이렇게 좋은 기회에 조선총독정치의 결함을 전 민중에게 알리고 뒷날 정치적으로 일할 때를 준비하는 것이 좋다고 생각한다"고 말했더니, 이준태는 "그럼 마음대로 하라"고 말했다. 그리고 고려공산청년회 측의 박민영인가 이지탁인가에게도 이준태에게 말한 것과 마찬가지로 나의 계획을 이야기하고 내가 단독으로 집행하겠다는 사실을 말해 두었다.

문: 김단야가 상해로 도주한 후 피고인과 동인同人과의 연락은 어떤 방법으로 하였는가?

답: 나의 은신처에서 직접 김단야에게 편지를 보내고 동인同人에게서도 직접 나의 은신처로 통신이 왔다.

문: 그게 아니라 정달헌鄭達憲 또는 조두원趙斗元 앞으로 통신을 교환했던 건 아닌가?

답: 동인同人 등의 거처에 있을 때는 공공연히 나의 이름을 사용하지 않고 그들의 이름을 사용하였다.

문: 1926년 4월 또는 5월 초 무렵 김성순金成順이 김단야의 심부름으로 편지를 가지고 온 적이 있는가?

답: 그런 적이 있었다.

문: 그것이 며칠인가?

답: 기억나지 않는다.

문: 그 편지에 "안동현安東縣 · 신의주新義州 · 경성京城 세 곳에 연락기관을 설치하고자 한다. 그러니 안동현과 신의주 쪽의 연락기관은 자신이 정할 테니, 경성 쪽 연락기관은 자

네 쪽에서 적당한 자를 선정해 달라"고 적혀 있었는가?

답: 그런 사실이 없다. 경찰서에서는 조직적으로 사실이 아닌 것을 사실인 것처럼 진술한 때문에 그렇게 말했지만, 그 뒤 홍덕유洪悳裕와 관계되는 것이 드러났기 때문에 그 관계를 분명하게 하기 위해 그렇게 거짓으로 말했던 것이다. 이를테면 김단야와 독립운동을 했다고 진술했으므로 그것을 사실인 것처럼 생각하도록 만들기 위해 그렇게 말한 것이다.

문: 그 결과 안동현의 연락기관을 구 시가 170번지 중국인 왕서정王瑞亭, 신의주의 연락기관은 평북도원平北道院 내內 김항준金恒俊, 경성의 연락기관은 조선일보사 홍덕유洪悳裕로 정하였는가?

답: 그런 사실이 없다.

문: 1926년 4월 중순경, 김단야의 심부름으로 김성순金成順이 동인同人의 서면을 지참하고 왔는가?

답: 김단야와 협의하여 독립운동을 한 것처럼 말했기 때문에 여러 가지 적당한 것을 진술했는데 그것은 사실이 아니다.

문: 그 김성순이 두 번째로 김단야의 서신을 가지고 왔을 때, 피고는 동인同人에게 "김단야 앞으로 6월 10일 국장을 기회 삼아 선전문을 뿌리고 만세운동을 일으킬 예정이며, 그것에 관해서는 조선 내에서 비밀문서를 인쇄하게 되면 관헌에 발각될 위험에 있으니 별도로 상해에서 선전문을 인쇄하여 송부해 달라. 또 돈도 부족하니 1,000원 정도 보내달라"는 답장을 의뢰하였는가?

답: 그런 사실이 없다.

문: 그때 김성순으로부터 돈 800원가량을 받은 일이 있는가?

답: 그렇다. 받았다.

문: 그것은 김단야로부터 불온문서의 인쇄, 살포비용으로 보내온 것인가?

답: 그것은 이전에 진술한 유학생으로부터 보내온 것이다.

문: 그러나 피고는 당원 예심 제3회 신문 때 위의 800원을 수령한 것을 제외하고, 그 이외의 사실을 그렇게 진술하였는데 사실인가?

답: 그것은 김성순의 이름을 숨기기 위해 그렇게 진술한 것이다.

문: 피고는 그 불온문서의 인쇄, 살포계획에 관해 조두원에게 상담한 적이 있는가?

답: 내가 조두원 집에서 그에게 그 계획을 말하면서 동참하는 것이 어떠냐고 말하는데, 경북 사건을 취조하기 위해 형사가 와서 협성학교의 선생이 없는지 물었다. 그때 조두원은 도망가 버리고 그 뒤로는 이야기한 적도 없고 또 만난 적도 없다.

문: 그러나 피고는 검사국에서 김단야가 조두원에게 보내는 글이 피고가 있는 곳으로 와서 돈을 변통하여 보내고 또 선전문도 상해에서 인쇄하여 송부한 것처럼 진술하지 않았나?

답: 불온문서의 화물상환증이 왔으므로 그런 관계가 있는 것처럼 거짓으로 진술한 것이다.

문: 피고는 그 불온문서의 인쇄 일을 민창식 · 박내원에게 사정을 털어놓고 의뢰하지 않았는가?

답: 민창식에게 그 계획을 이야기했더니 동인同人은 찬성하지 않을 기미를 보였다. 그래서 "자네는 찬성하지 않을 것 같으니까 박내원에게 이야기해 보고 싶으니 동인同人을 불러 달라"고 부탁했다. 그 결과 박내원이 왔으므로 나는 동인에게 "조선 총독정치에는 큰 결함이 있다는 것을 일반 민중에게 알리기 위해 부르짖자. 그 방법으로는 금후의 국장을 기회 삼아 그와 관련된 문서를 인쇄, 살포하자"고 말했더니 동인은 즉석에서 이것을 승낙했다. 그래서 인쇄를 전부 동인에게 맡겼다.

문: 그 결과 박내원이 민창식을 설득하여 그 계획에 가담시킨 것이 아닌가?

답: 박내원이 어떻게 했는지 그에 관한 것은 모른다.

문: 피고는 검사국에서 박내원 · 민창식에게 국장 당일을 기회 삼아 선전문을 살포하고 만세운동을 일으키고 싶다고 말한 것으로 진술하였는데 그러한가?

답: 민창식에게는 앞서 말한 것처럼 한 번 이야기했을 뿐 뒤에 이야기한 적은 없다. 박내원과는 앞서처럼 이야기했다. 그러나 그 문서에 독립운동 등이라고 되어 있지만 결코 그런 뜻은 없으며 그와 같은 이야기를 하지도 않았다.

문: 박내원에게 불온문서의 인쇄 쪽을 의뢰했을 때 그 비용으로 어느 정도를 건네주었는가?

답: 기억하고 있지 않다.

문: 피고는 예심에서는 박내원이 승낙했기 때문에 450원을 주었다고 진술했는데 사실인가?

답: 금액은 거의 기억나지 않지만 전해준 것은 틀림이 없다.

문: 피고는 1925년 5월 15일경, 경성부京城府 장사동長沙洞 52번지 이수원李壽元 집에서 격고문이라는 제목으로 "우리들은 이미 민족적 및 국제적 평화를 위해 1919년 3월 1일로

써 대한독립을 선언하고, 우리의 역사적 복수주의를 뒤엎는 데 있는 것이 아니라 장차 우리의 상실된 국권을 회복하는 데 있으며, 일본의 전 민중에게 적대하는 데 있는 것이 아니라 다만 이 일본통치로부터 벗어나는 데 있으며, 우리의 독립선언은 실로 정의의 결정이자 평화의 표상이며 운운…… 형제 · 자매여 신속하게 나아가 투쟁하라. 그리고 완전한 독립의 회복을 기약하라. 운운……" 대한독립만세라는 제목으로 "조선은 조선인의 조선이며, 흉악한 총독정치의 굴레에서 벗어나라, 구미호와 같은 일본인을 조선의 영역 내에서 몰아내자" '조선인 교육은 조선인 본위로' 라는 제목으로 "보통학교 용어를 조선어로, 보통학교장을 조선인으로 운운…… 대학은 조선인을 중심으로 하라 운운……", '산업은 조선인 본위로' 라는 제목으로 "동양척식회사를 철폐하라, 일본 식민제도를 철폐하라 운운……" 등의 불온문서 원고를 작성하였는가?

답: 그렇다.

문: 그것은 본인 스스로 창작하였는가? 아니면 원고와 같은 것을 보고 썼는가?

답: 내가 스스로 창작한 것이다.

문: 또한 피고는 '대한독립운동가도 단결하라' 는 제목으로 "납세를 일체 중지하라, 일본물자를 배척하라, 조선인 관리는 모두 퇴직하라, 일본인 공장의 직공은 총파업하라, 일본인 지주에게 소작료를 납입하지 말라 운운…… 수감된 혁명수를 석방하라 운운……" 등의 불온문서 원고도 작성하였는가?

답: 그렇다.

문: 그것은 언제 작성하였는가?

답: 날짜는 명확하게 기억하지 않지만, 위의 불온문서 원고를 작성하고 난 후 5 · 60일 지나 역시 전술한 이수원 집에서 작성하였다. 앞서 진술한 불온문서를 작성한 후 김단야가 김찬 이름으로 쓴 강달영 앞으로 보내온 서신에 '대한독립운동가여 단결하라' 이하의 문서가 있었다. 그래서 나는 이것도 인쇄 · 살포하려고 생각하고 앞서 말한 것처럼 그 원고를 작성했던 것이다.

김단야와 불온문서의 관계는 그뿐이며, '통곡하며 따르는 민중에게 격문을 돌린다' 라는 제목의 불온문서는 나에게는 사전에 아무런 상담 없이 김단야 쪽에서 만들어 보내온 것이다.

문: 피고는 예심(경성京城) 제3회 신문 때 강달영이 김단야가 보낸 서면을 지참했기 때문에

그것을 펼쳐보고 다시금 '대한독립운동가여 단결하라' 라는 제목을 붙인 불온문서 원고를 작성했다고 진술하였는데 사실인가?

답: 그것은 전술한 서신에 관한 것이다.

문: 위의 5종류의 불온문서 인쇄에 관해서는 관할 관청의 허가를 받았는가?

답: 받지 않았다.

문: 피고는 박내원에게 그 불온서적의 인쇄를 어느 정도 의뢰하였는가?

답: 가능한 한 많이 인쇄해 달라고 의뢰하였다.

문: 피고는 당원 예심에서는 최초 22만 장 인쇄를 의뢰하였다고 진술하였는데 사실인가?

답: 그렇게 말하지는 않았다. 그것은 예심판사가 그렇게 말했던 것이다.

문: 그 후 전술한 '대한독립운동가여 단결하라' 는 불온문서 2만 장의 인쇄를 명하였는가?

답: 어느 정도 인쇄하라고 명령했는지는 기억하지 않지만, 나도 사회운동과 관계있는 자다. 이상 앞에서도 진술한 바와 같이 일본의 자본주의가 붕괴되지 않는 이상, 조선의 독립이 실현되지 않을 것이라는 정도는 충분히 알고 있었기 때문에 이제 와서 독립운동 등을 하려고 결코 생각하고 있지 않다.

이번의 이른바 불온문서 인쇄 · 살포 계획은 '교육을 조선인 본위로', '산업을 조선인 본위로' 하게 해주었으면 하는 생각에서 한 것이며, 단 그것에 관한 것을 쓴 것만으로는 부족하기 때문에 거기에 힘을 실어 줄 의의를 부여하기 위해 나는 조선인으로서 당연히 외쳐야 할 만한 것을 말할 정도의 자유는 인정되어야 하며, 그로 인해 법률에 저촉될 리가 없으며 또한 죄가 있어서 벌을 받아야 할 일은 아니라고 믿고 있다.

예전 농민은 관리의 가렴주구苛斂誅求로 고통을 받았지만, 그래도 현재의 총독정치보다는 낫다고 생각하는 것은 지금의 총독정치의 결함이 얼마나 극심한지 미루어 짐작할 수 있으리라 생각한다.

현재의 조선인 된 우리가 자유롭게 말할 수가 있고 자유롭게 입고 먹을 수가 있다면 그 생활은 늘 즐거울 것이며, 결코 이와 같이 소리 높여 외칠 일은 없을 것이다.

또한 조선인 순사 간수는 완전히 일본인이 되었다고 생각하고 있었다. 그런데 지난번 종로경찰서에 구속되어 유치장에 있을 때 바깥 광장에서 순사가 교련을 하고 있었는데 그때 일본인 순사에게는 '무슨 무슨 순사' 라고 부르면서, 조선인 순사에게는 경칭을 붙이지 않고 이름만을 부르고 순사라는 호칭을 붙이지 않았다. 이러한 한 가지를 보더라도 일본인이 조선인을 얼마나 차별대우하고 있는지 알 것이다.

문: 박내원은 피고의 의뢰를 받아 민창식 · 양재식 · 이용재 · 백명천에게 그 사정을 털어놓고 서로 협력하여 그 불온문서를 인쇄하게 된 것인가?

답: 그러한 일은 하지 않았다. 경찰서에서 형무소로 이송될 때 동인同人 등도 체포되어 있다는 사실을 알고, 처음으로 관계가 있다는 것을 알았다.

문: 그러나 피고는 당원 예심에서 박내원이 피고에게 그렇게 보고를 한 것처럼 진술하였는데 사실인가?

답: 그렇게 진술한 적이 있는지는 모르겠지만, 그것은 사실이 아니다.

재판장은

오늘은 이 정도에서 심리를 (다음에) 속행續行한다는 것을 선언하고, 차회 기일을 오는 10월 22일 오전 10시로 지정하고 관계인에게 출두를 명함

본건은 조선총독부재판소 통역생 植山健藏의 통역에 의해 이를 행함

1929년 10월 20일

경성지방법원 형사부

조선총독부재판소 서기 松澤尙三 印

재판장 조선총독부 판사 矢本正平 印

25

(一九〇ノ一)

公判調書（第一六回）

高允相外九十九人ニ對スル治安維持法違反被告事件ニ付昭和二年十月二十日午前十時京城地方法院ノ公開シタル法廷ニ於テ

裁判長朝鮮總督府判事 矢本正平

朝鮮總督府判事 脇鐵一

朝鮮總督府判事 中島仁

朝鮮總督府裁判所書記 松澤[illegible]

列席

朝鮮總督府檢事 中野俊助

朝鮮總督府裁判所 立會

[illegible]續行シ公判ヲ公開ス

被告人ハ身體ノ拘束ヲ受クルコトナクシテ出頭シタリ

[illegible]

[illegible] 李[illegible]

李[illegible] 李[illegible]

[illegible]

[illegible]

[illegible]

[illegible]

25

加藤[illegible]

其他弁護人[illegible]

[illegible]

朝鮮總督府裁判所

[illegible]

一、[illegible]

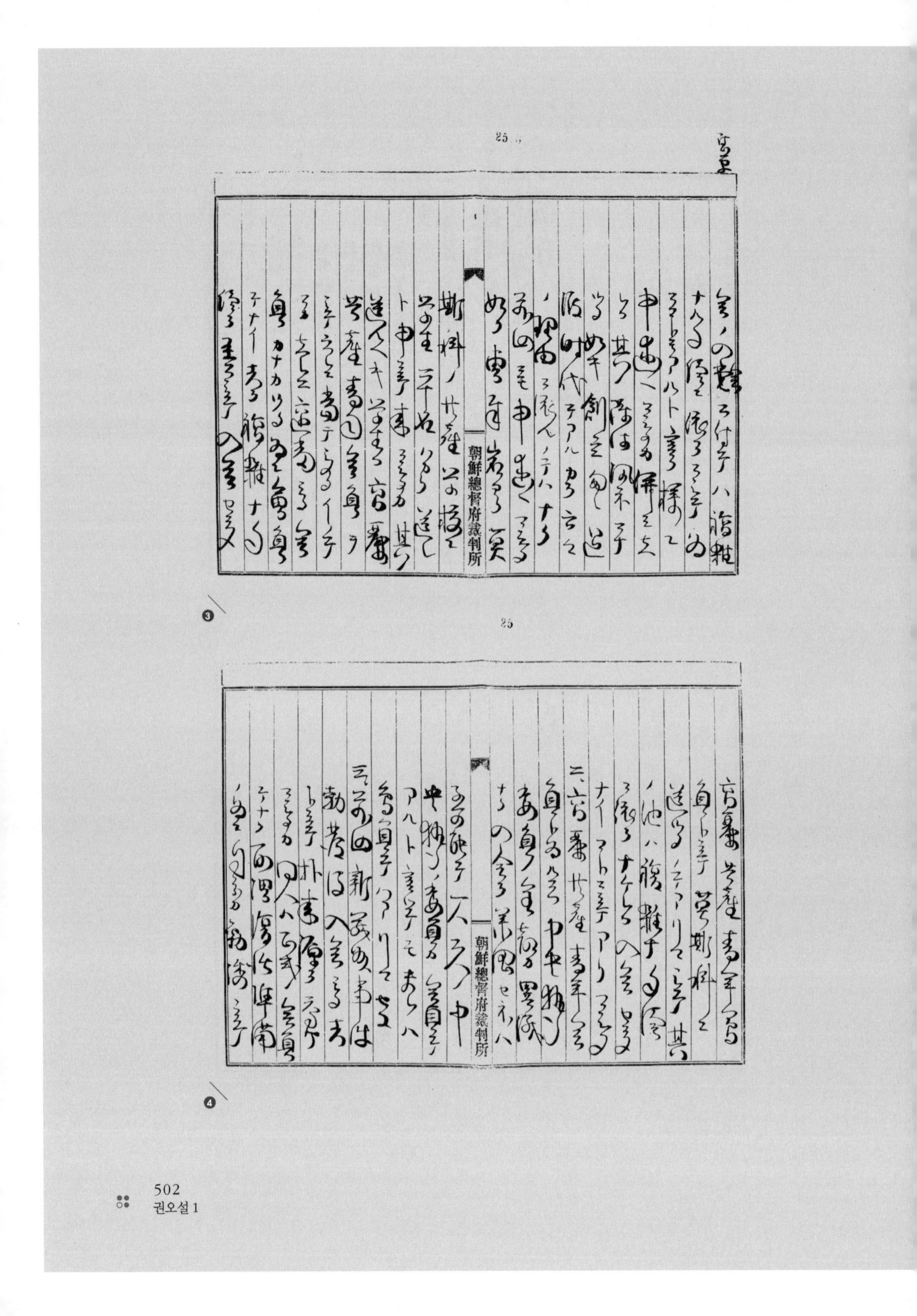

25

朝鮮總督府裁判所

❸

25

朝鮮總督府裁判所

❹

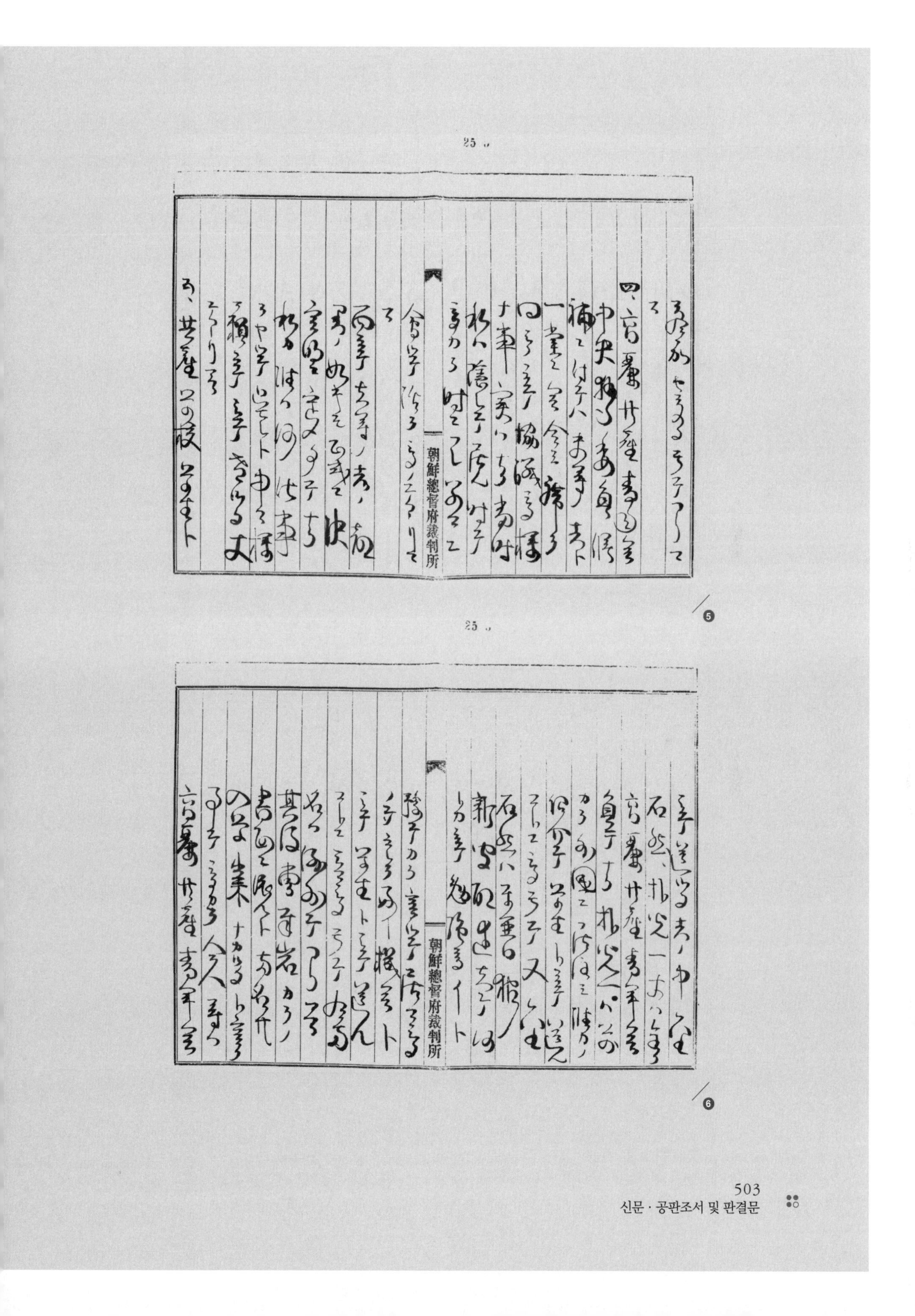

25

朝鮮總督府裁判所

[illegible]

⑤

25

朝鮮總督府裁判所

[illegible]

⑥

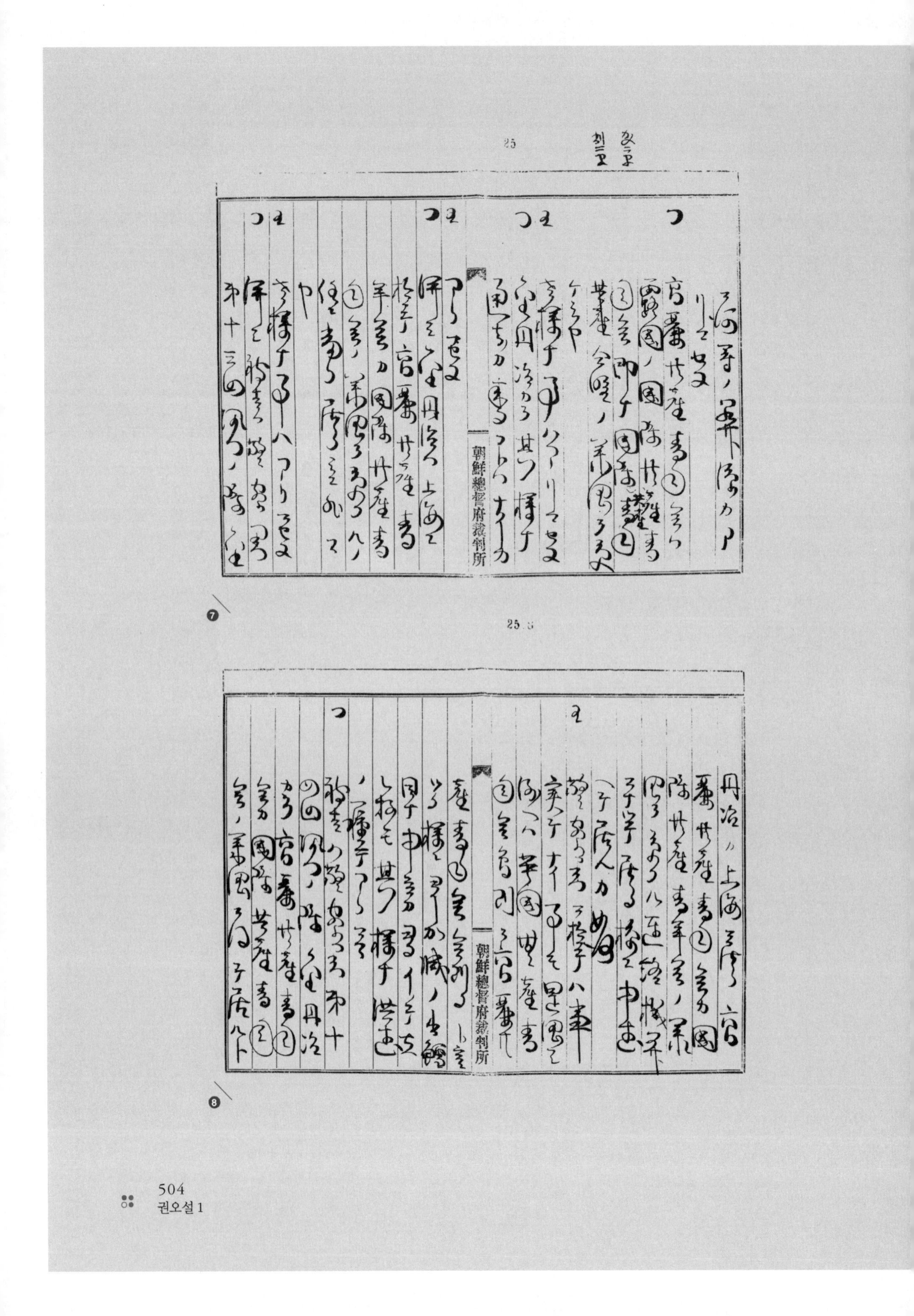

25

朝鮮總督府裁判所

❼

25.6

朝鮮總督府裁判所

❽

2559

[illegible]

朝鮮總督府裁判所

⑨

2560

[illegible]

朝鮮總督府裁判所

⑩

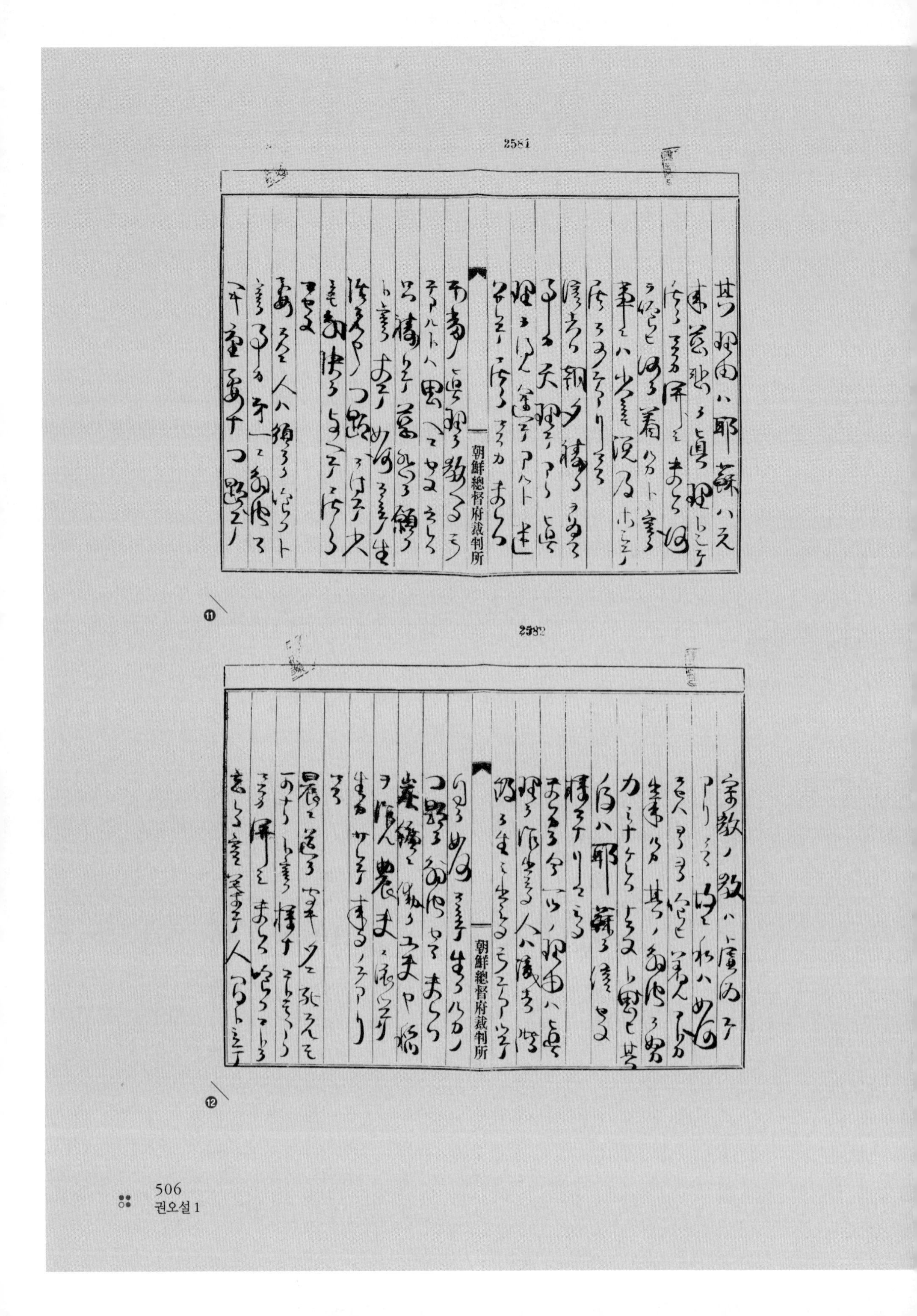

[illegible]

朝鮮總督府裁判所

⑪

[illegible]

朝鮮總督府裁判所

⑫

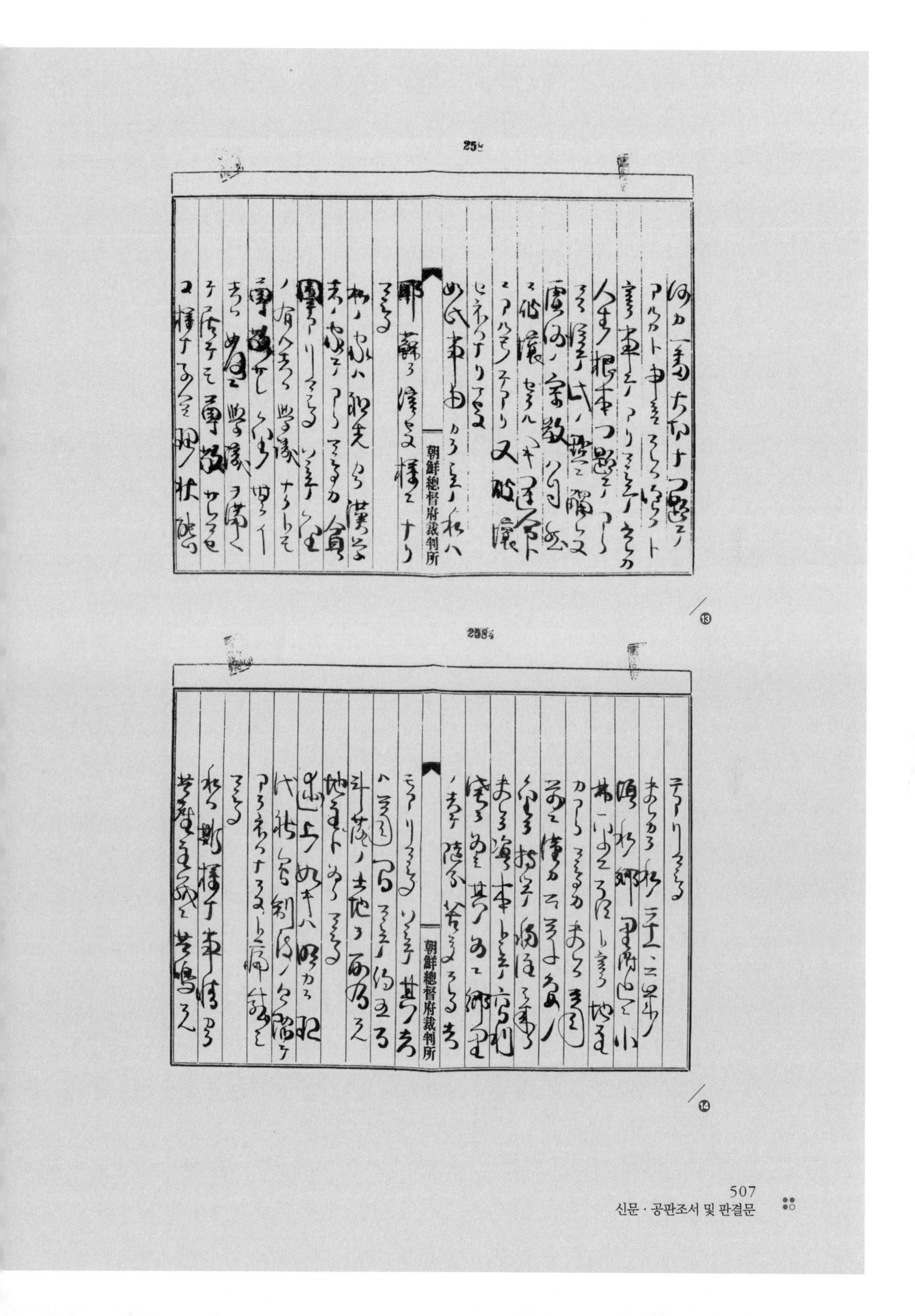

258?

朝鮮總督府裁判所

[illegible]

⑬

2584

朝鮮總督府裁判所

[illegible]

⑭

2585

朝鮮總督府裁判所

⑮

2586

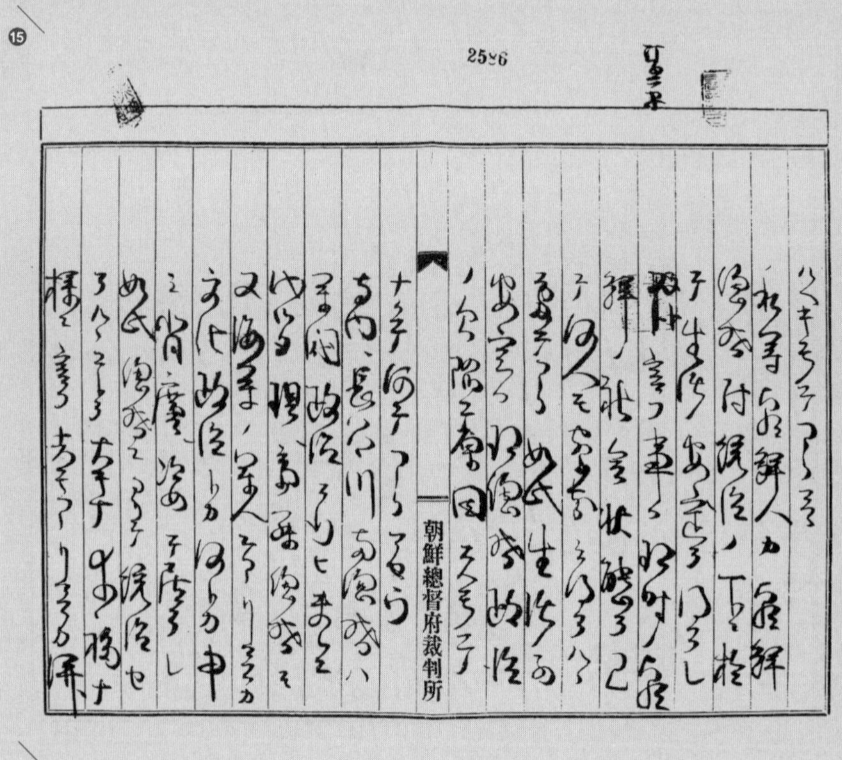

朝鮮總督府裁判所

⑯

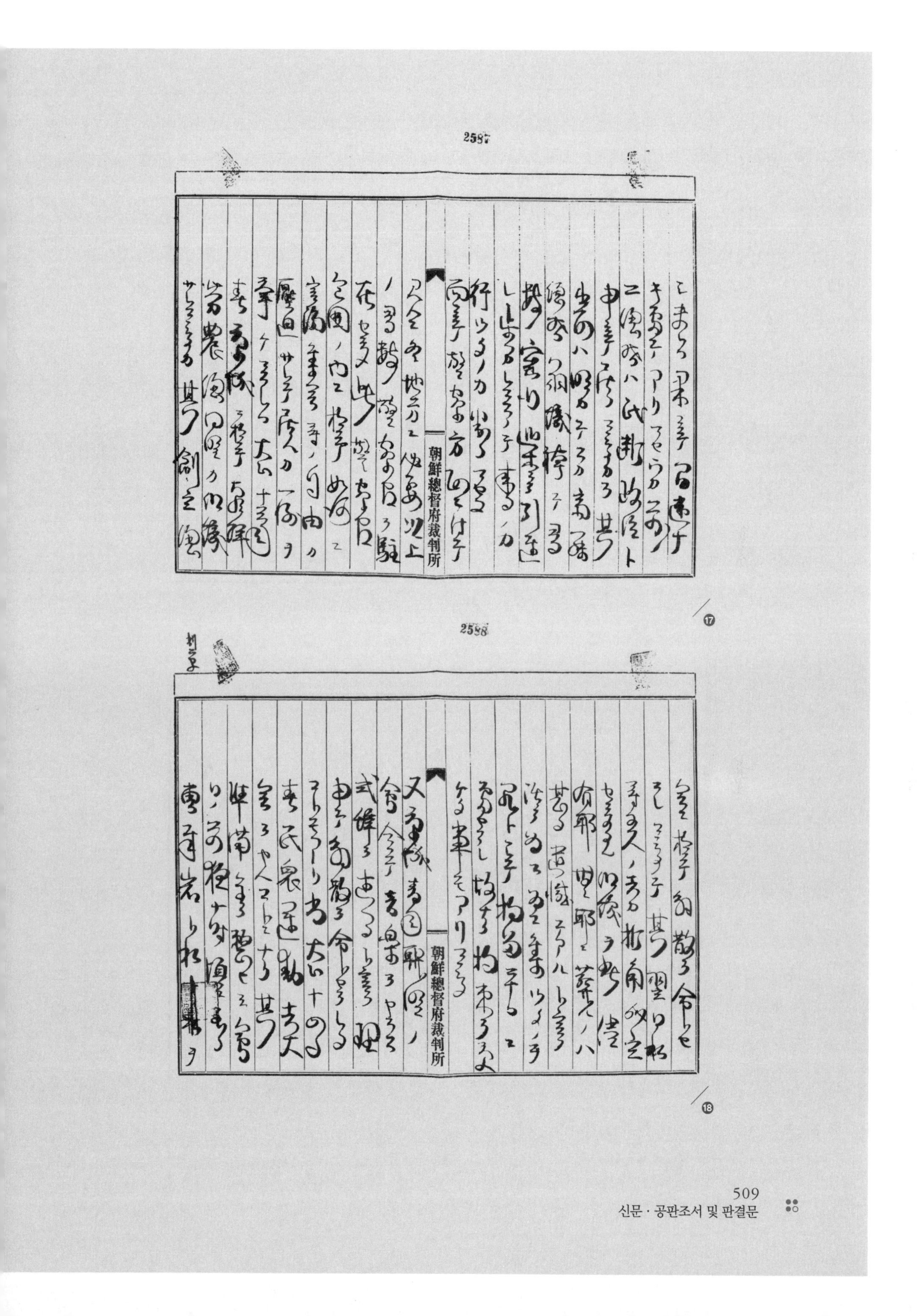

2587

朝鮮總督府裁判所

[illegible]

⑰

2588

朝鮮總督府裁判所

[illegible]

⑱

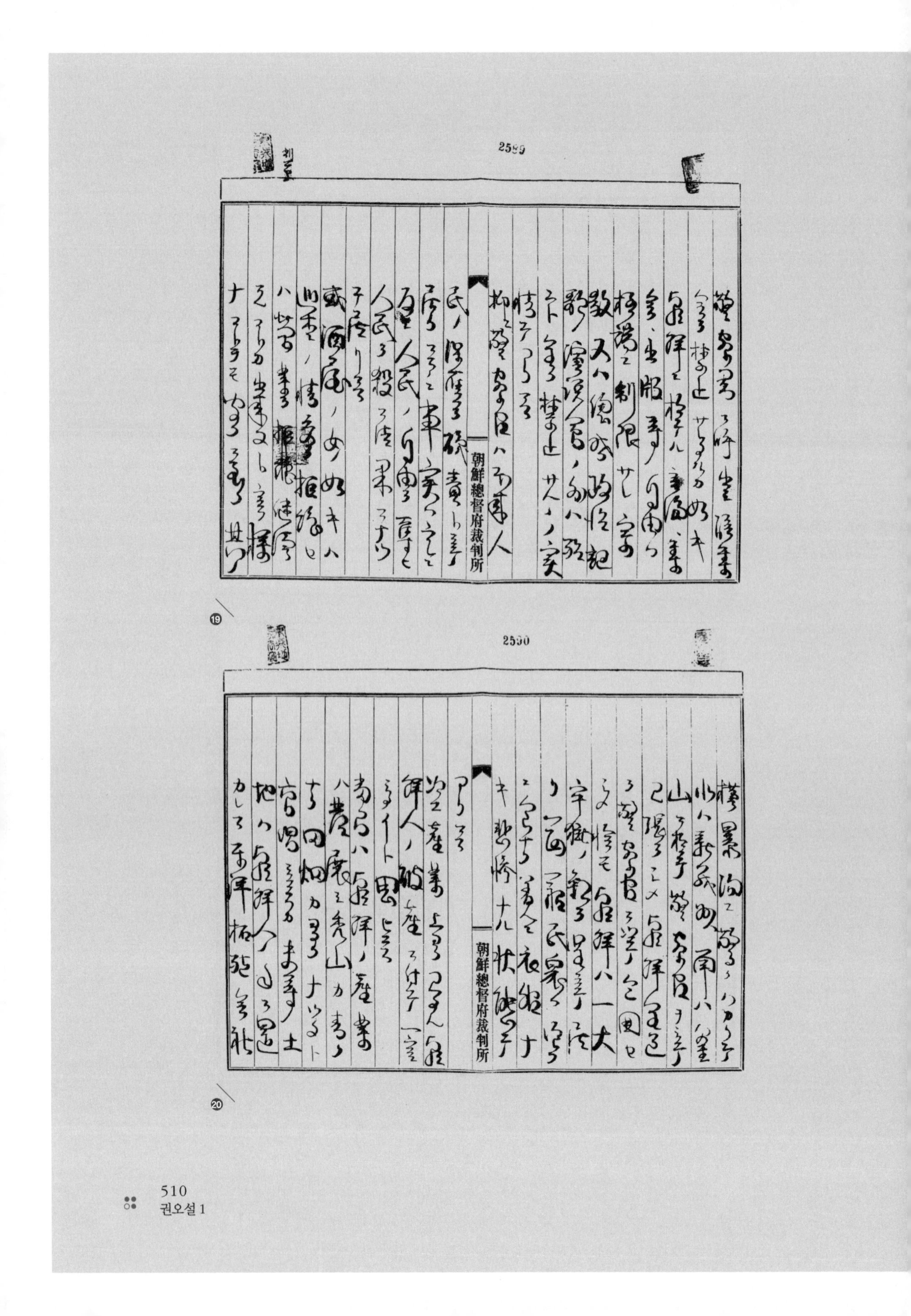

2589

朝鮮總督府裁判所

[illegible]

19

2590

朝鮮總督府裁判所

[illegible]

20

2591

[illegible]

朝鮮總督府裁判所

㉑

2592

[illegible]

朝鮮總督府裁判所

㉒

2593

[illegible]

朝鮮總督府裁判所

㉓

2594

[illegible]

朝鮮總督府裁判所

㉔

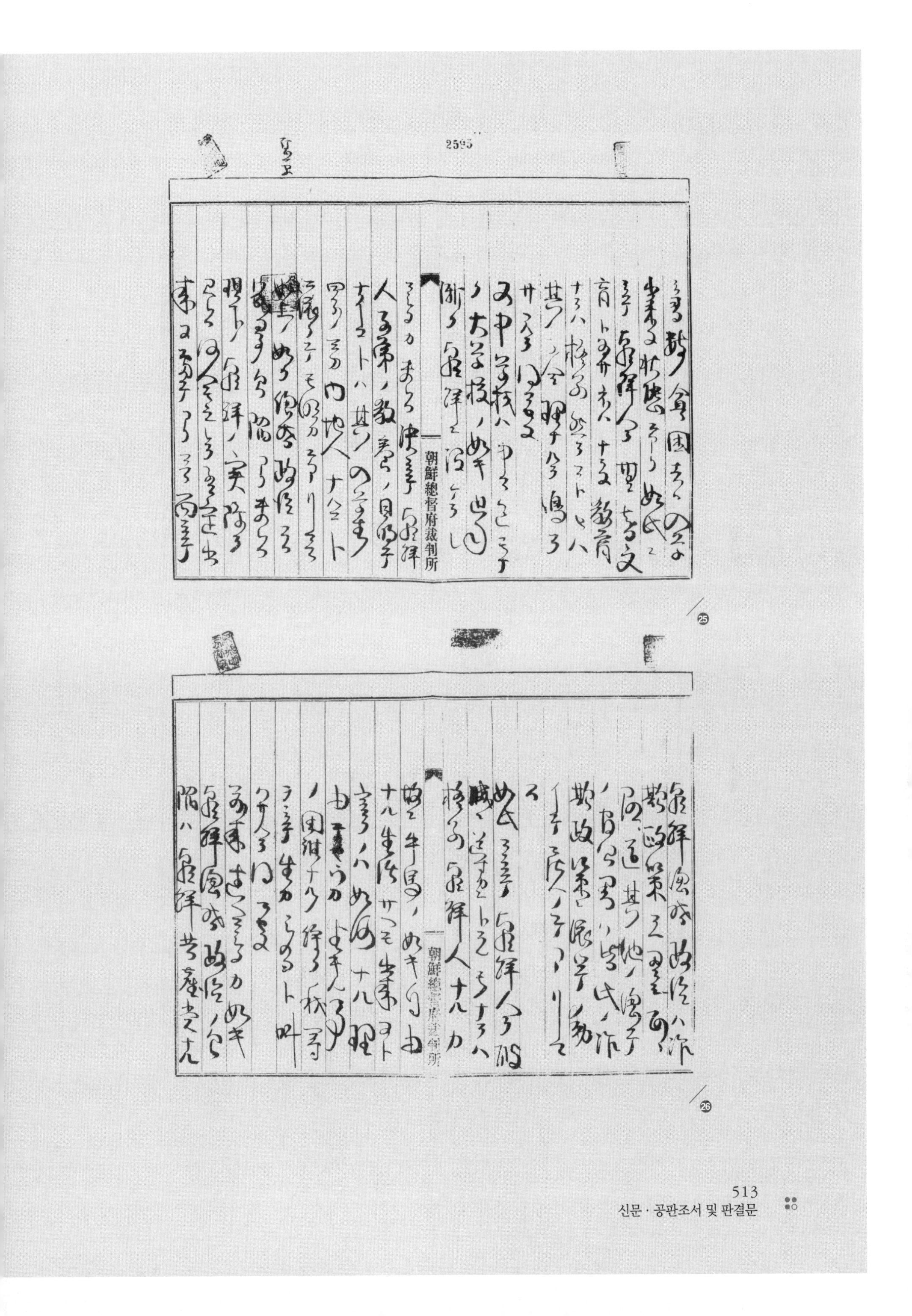

2595

朝鮮總督府裁判所

[illegible]

25

朝鮮總督府裁判所

[illegible]

26

2597

朝鮮總督府裁判所

27

2598

朝鮮總督府裁判所

28

2599

朝鮮總督府裁判所

[illegible]

29

2600

朝鮮總督府裁判所

[illegible]

30

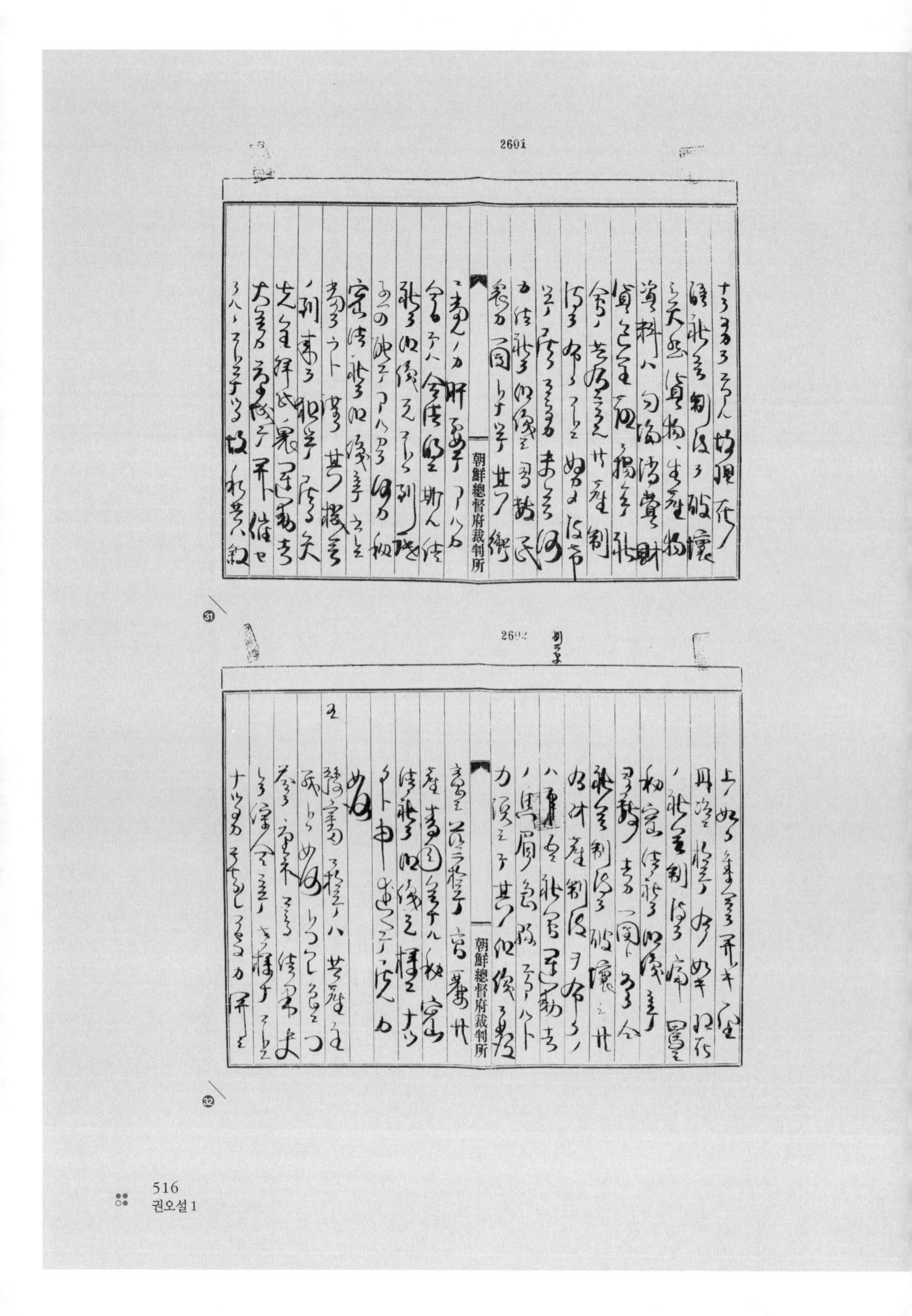

2601

朝鮮總督府裁判所

[illegible]

㉛

2602

朝鮮總督府裁判所

[illegible]

㉜

2693

朝鮮總督府裁判所

[illegible]

33

2694

朝鮮總督府裁判所

[illegible]

34

2605

朝鮮總督府裁判所

35

2606

朝鮮總督府裁判所

36

2607

朝鮮總督府裁判所

[illegible]

37

2608

朝鮮總督府裁判所

[illegible]

38

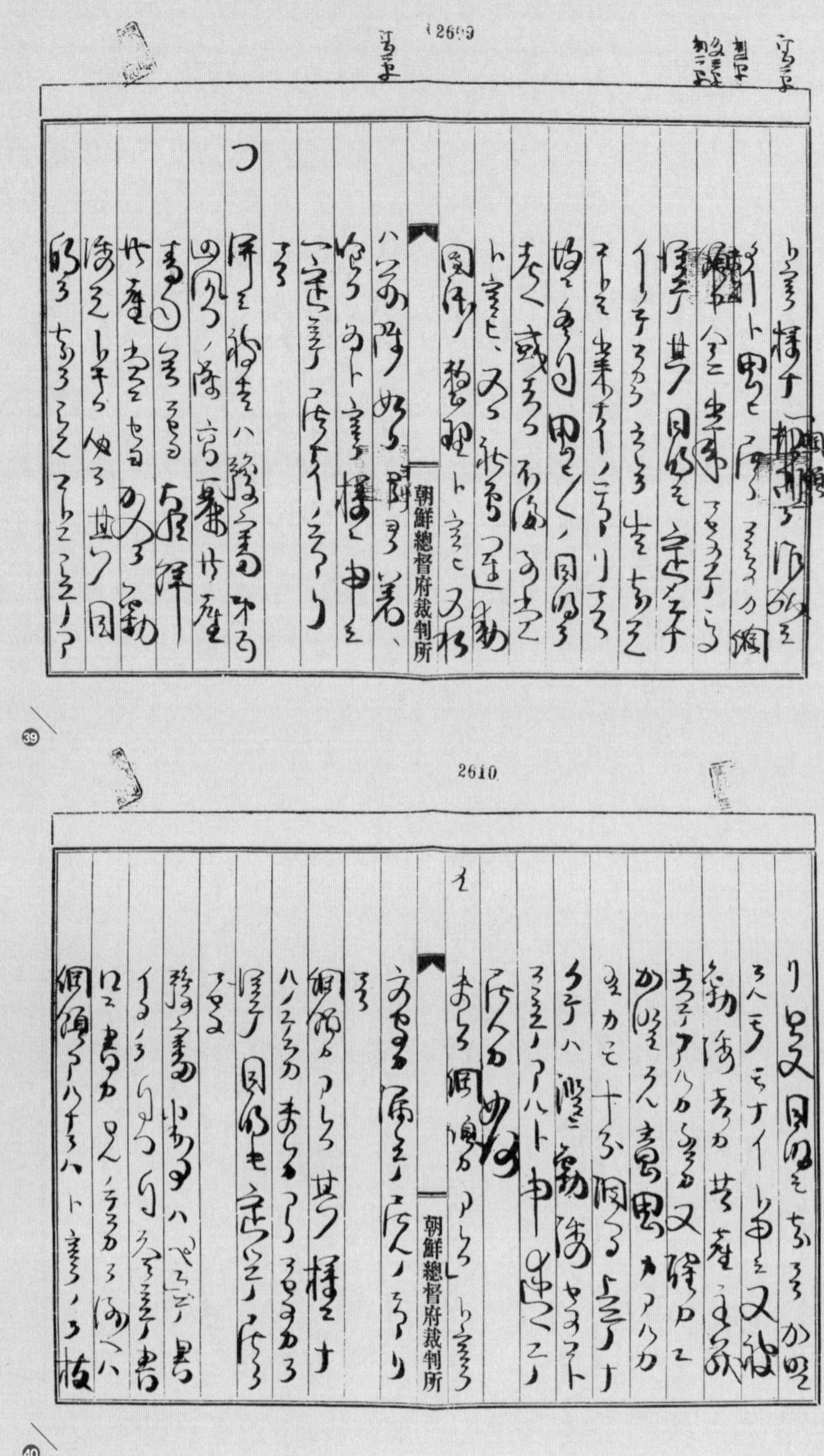

2609

朝鮮總督府裁判所

39

2610

朝鮮總督府裁判所

40

2611

朝鮮總督府裁判所

41

2612

朝鮮總督府裁判所

42

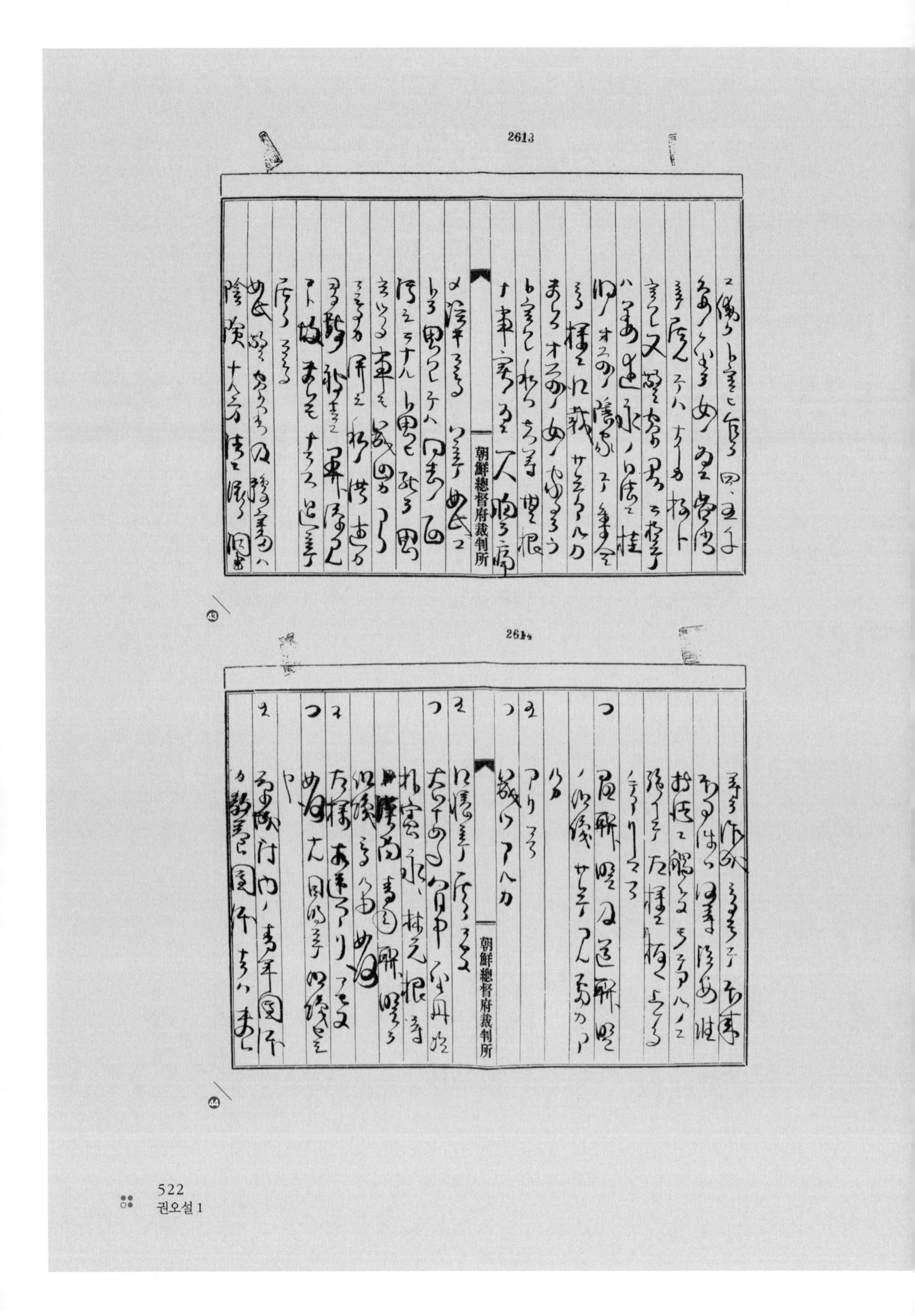

2613

朝鮮總督府裁判所

43

2614

朝鮮總督府裁判所

44

2615

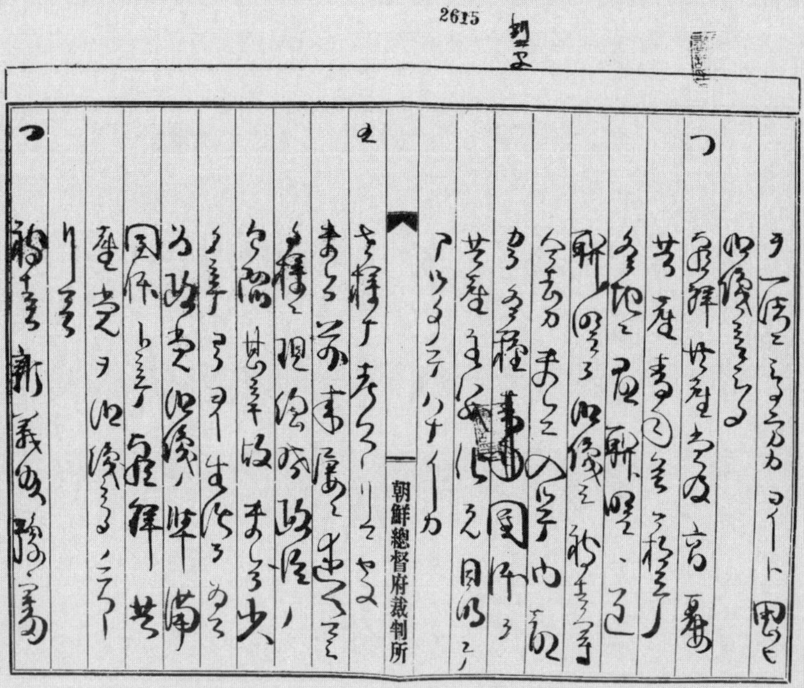
朝鮮總督府裁制所

45

2616

朝鮮總督府裁制所

46

261.

朝鮮總督府裁判所

47

2618

朝鮮總督府裁判所

48

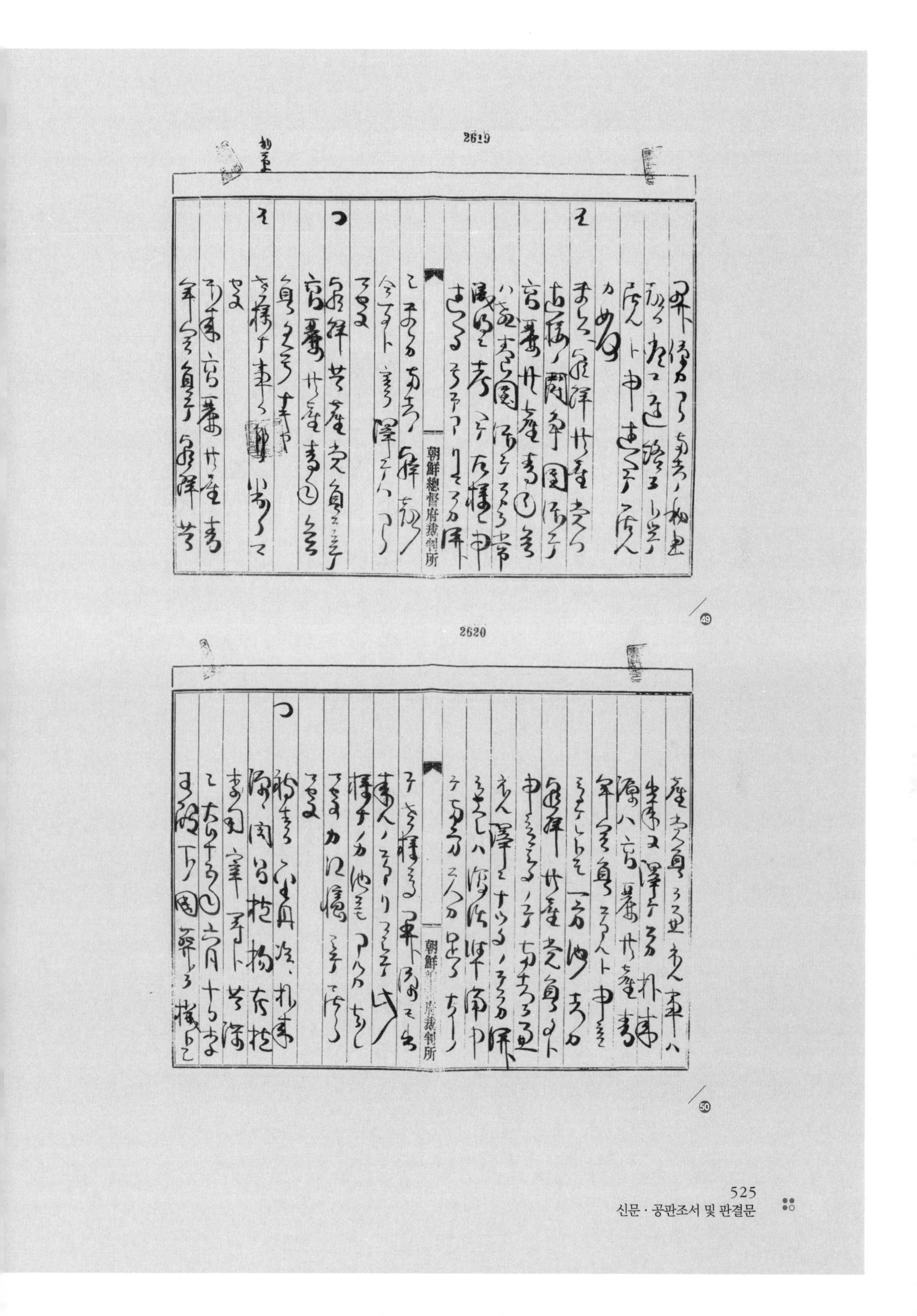

2619

朝鮮總督府裁判所

49

2620

朝鮮總督府裁判所

50

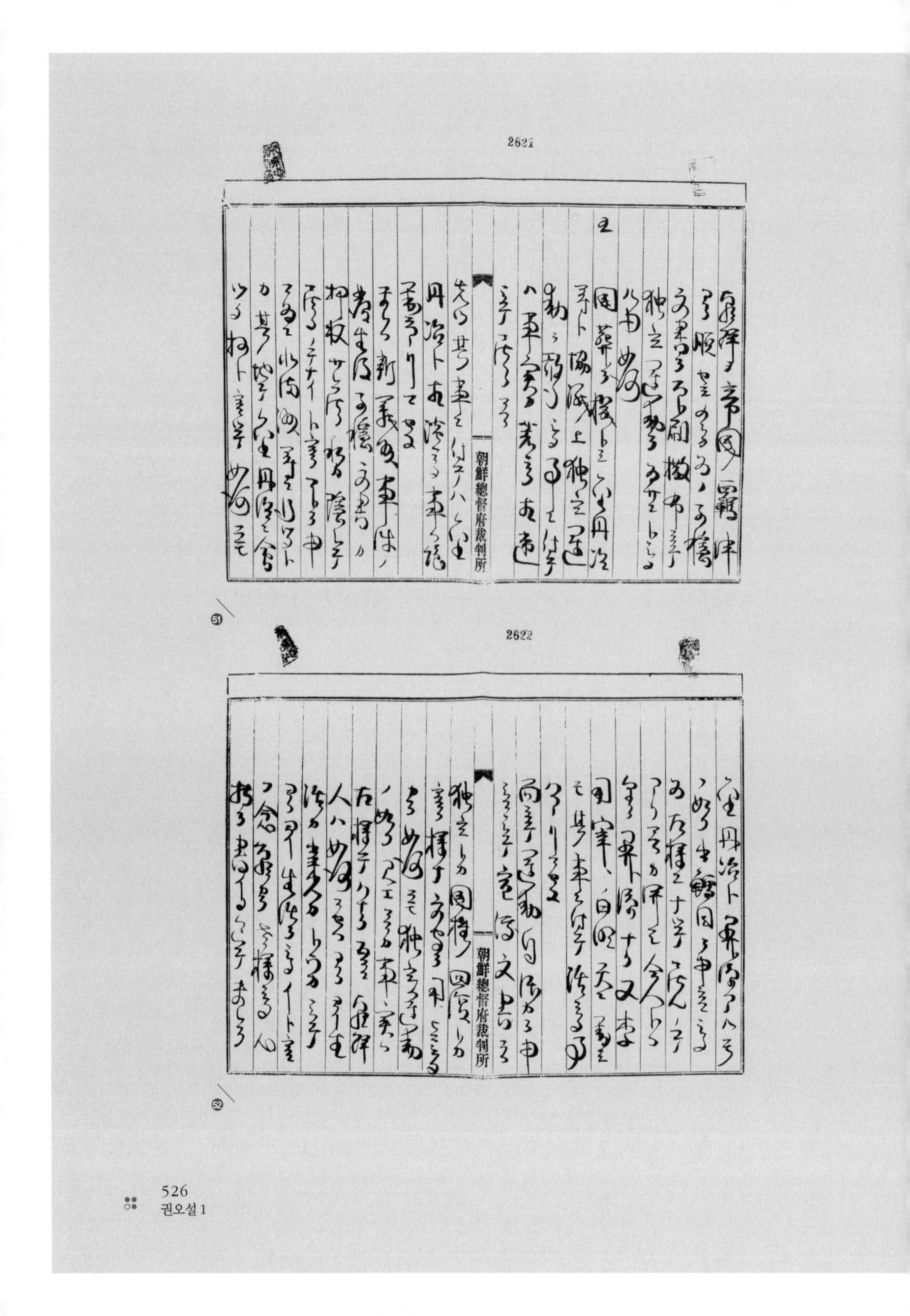

2621

朝鮮總督府裁判所

㉛

2622

朝鮮總督府裁判所

㉜

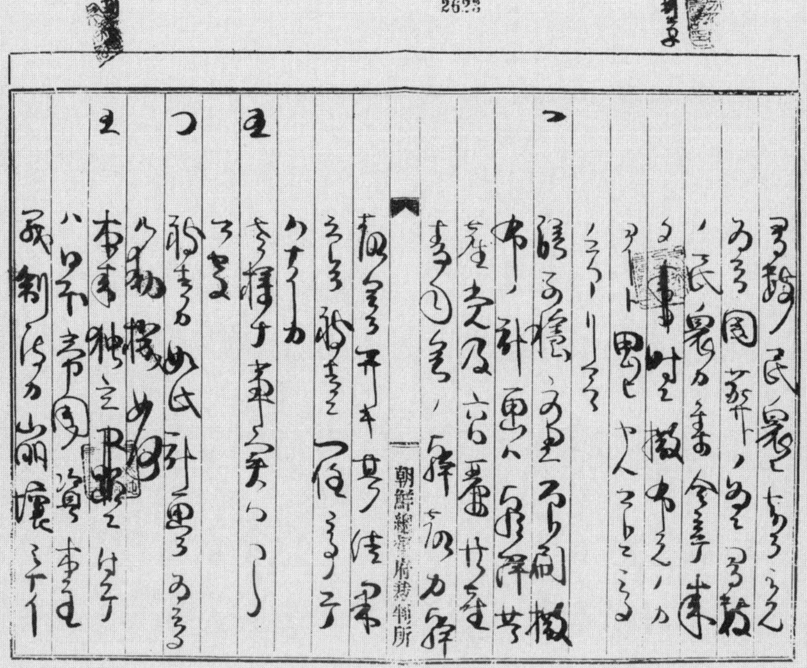
2623

朝鮮總督府裁判所

53

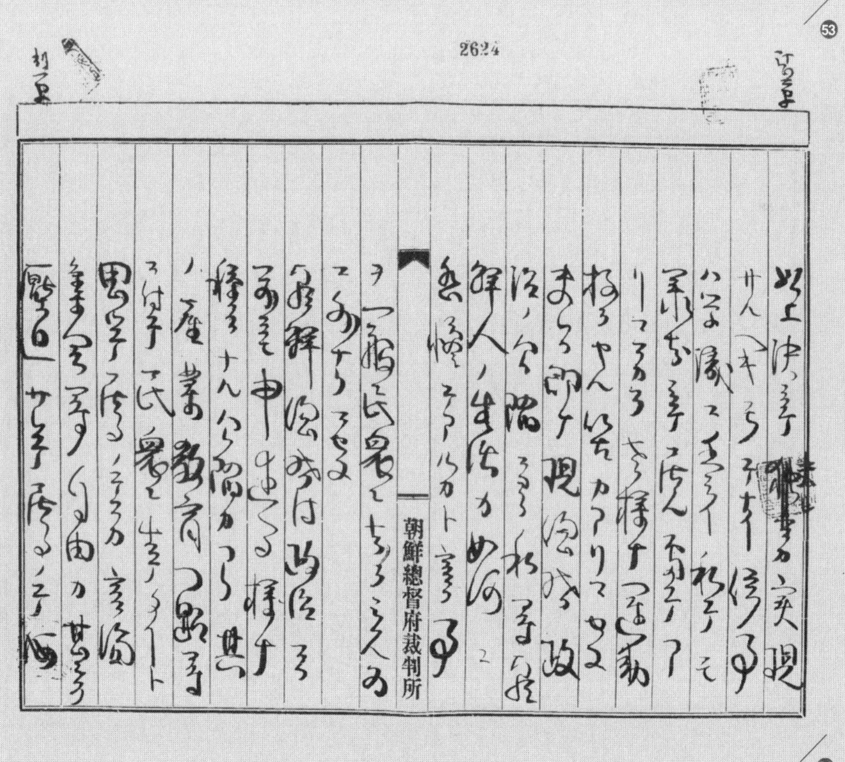
2624

朝鮮總督府裁判所

54

2625

朝鮮總督府裁判所

[illegible]

55

2626

朝鮮總督府裁判所

[illegible]

56

2627

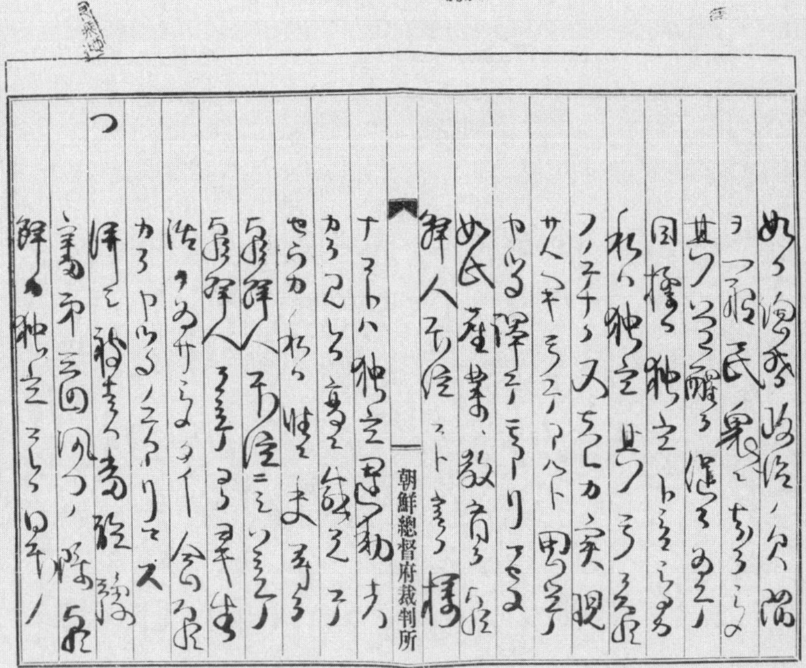
朝鮮總督府裁判所

57

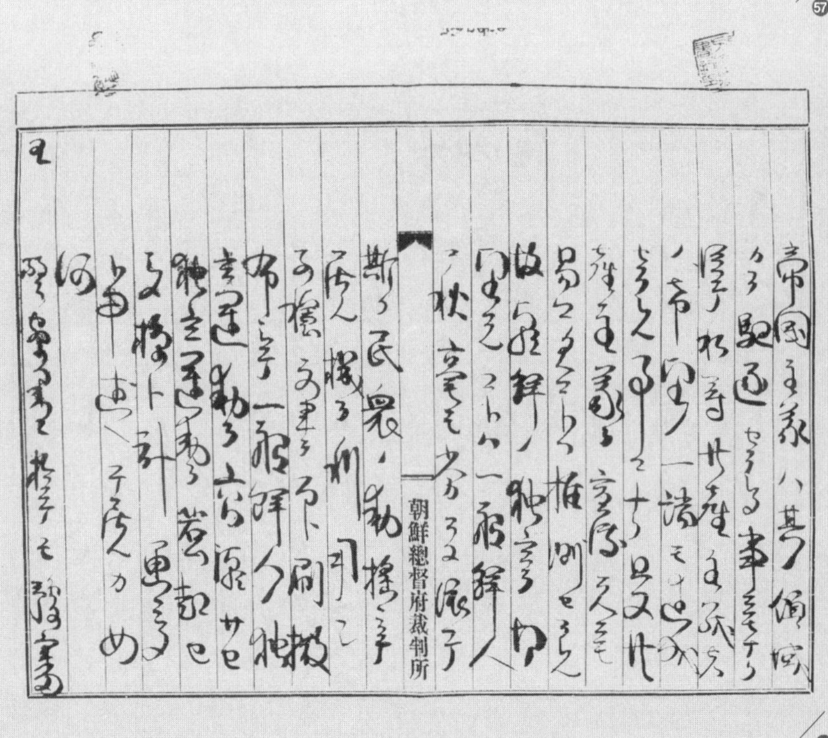
朝鮮總督府裁判所

58

2629

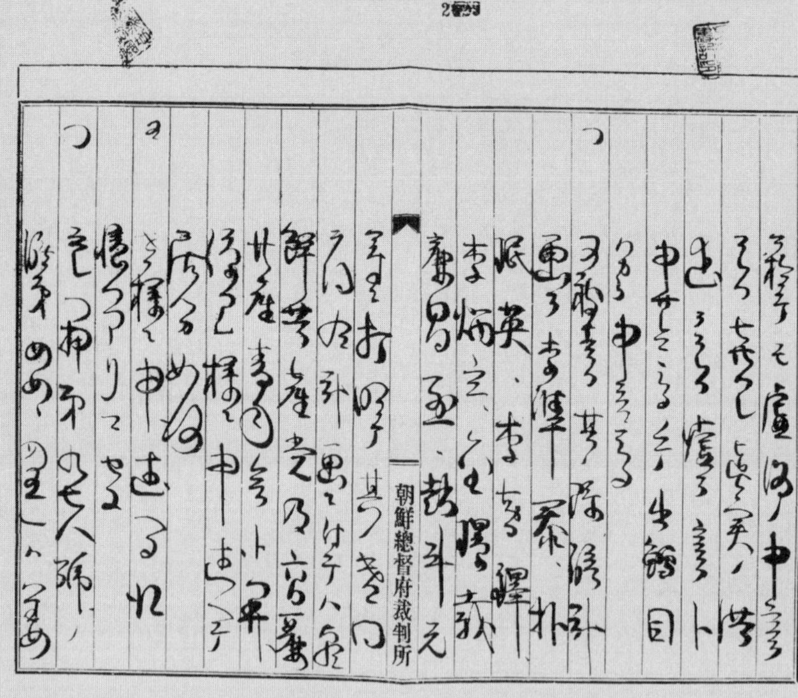

朝鮮總督府裁判所

59

2630

朝鮮總督府裁判所

60

2631

朝鮮總督府裁判所

61

2632

朝鮮總督府裁判所

62

2633

朝鮮總督府裁判所

63

2634

朝鮮總督府裁判所

64

2635

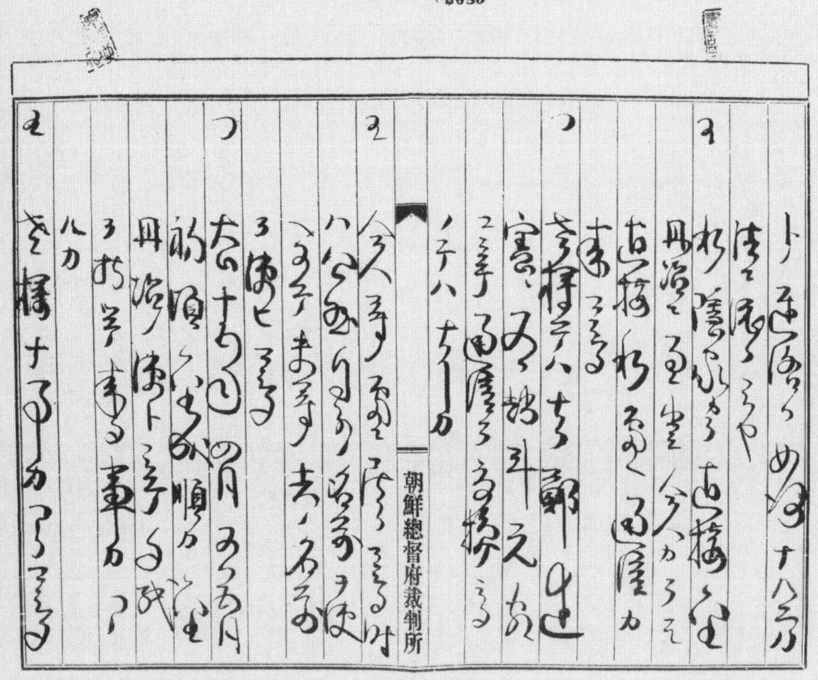
朝鮮總督府裁判所

65

2636

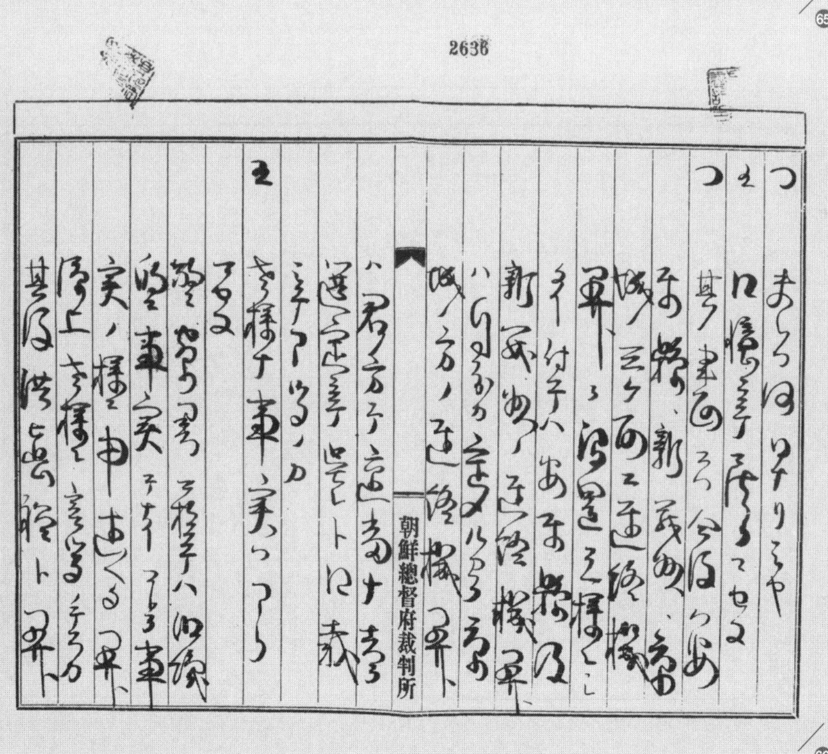
朝鮮總督府裁判所

66

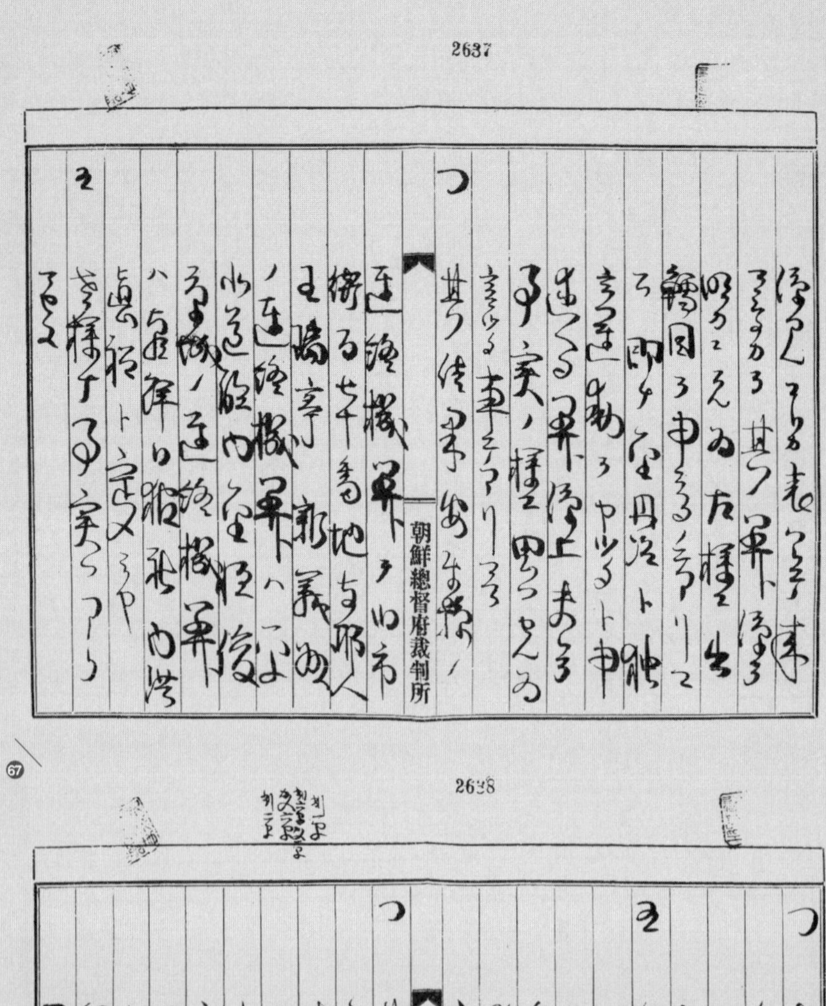
2637

朝鮮總督府裁判所

67

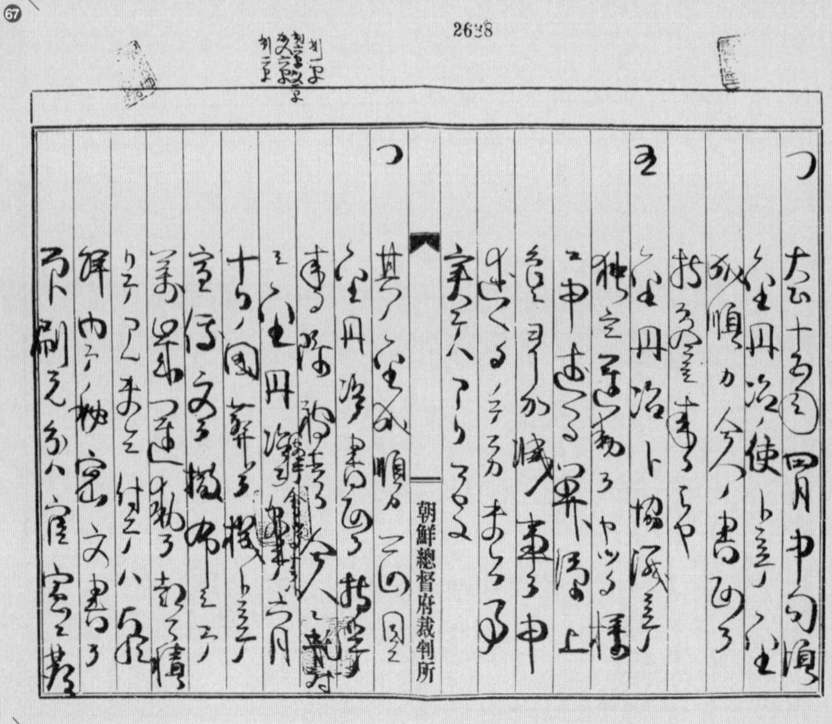
2638

朝鮮總督府裁判所

68

2639

朝鮮總督府裁判所

69

2640

朝鮮總督府裁判所

70

2641

朝鮮總督府裁判所

71

2642

朝鮮總督府裁判所

72

2643

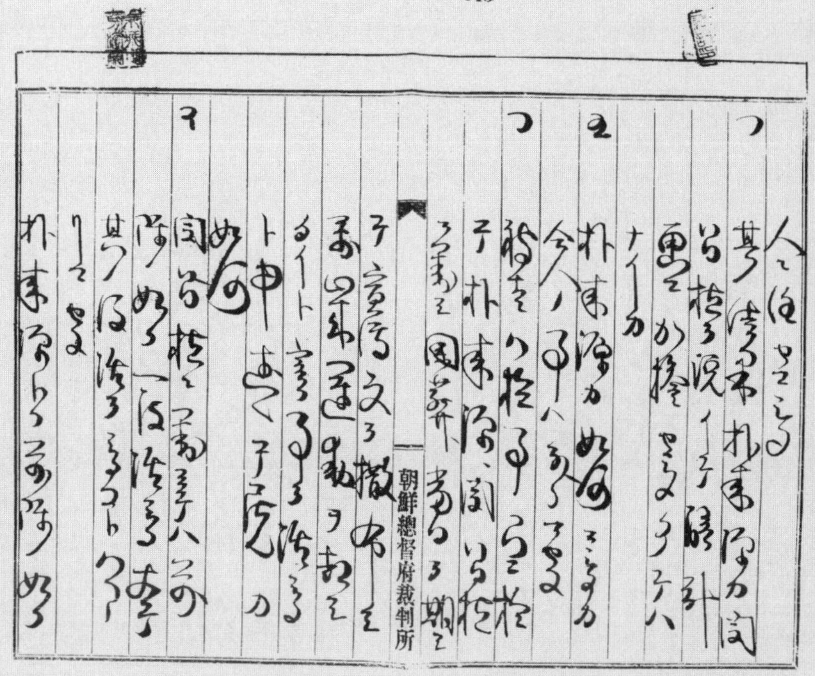

朝鮮總督府裁判所

73

2644

朝鮮總督府裁判所

74

2645

者ハ頃日京城付近ニ於テ
同月十五日頃右李東煥
方ニ於テ檄文ト
題シ「吾等ハ階級民族
的及国際的ノ[illegible]ハ
一千九百十九年三月一日
以テ大韓独立宣
言ヲ為シ吾等ハ[illegible]
[illegible]
[illegible]将来吾人ハ
喪失シタル国権ヲ恢復シ
[illegible]
民衆ヲ[illegible]
[illegible]
[illegible]
[illegible]
[illegible]
[illegible]

朝鮮總督府裁判所

75

2646

完全ナル独立ノ恢復ヲ
期セヨ」ト大韓独立
万歳ト題シ「朝鮮
ハ朝鮮人ノ朝鮮ナリ
横暴ナル総督政治ノ
羈絆ヲ脱セヨ[illegible]
[illegible]ノ如キ某人ハ朝鮮
ノ領域内ヨリ駆逐セヨ」
朝鮮人ヨ教育ハ朝鮮
人本位ニ」ト題シ「吾等ハ
[illegible]朝鮮ノ
[illegible]朝鮮
鮮人ニ大学ハ朝鮮
人ノ手中ニ」[illegible]
業ヲ朝鮮人本位ニト
題シ「東洋拓殖会社
ヲ撤廃セヨ日本移
民制ヲ撤廃セヨ
等ノ不穏文書ノ[illegible]
作成シ[illegible]

朝鮮總督府裁判所

76

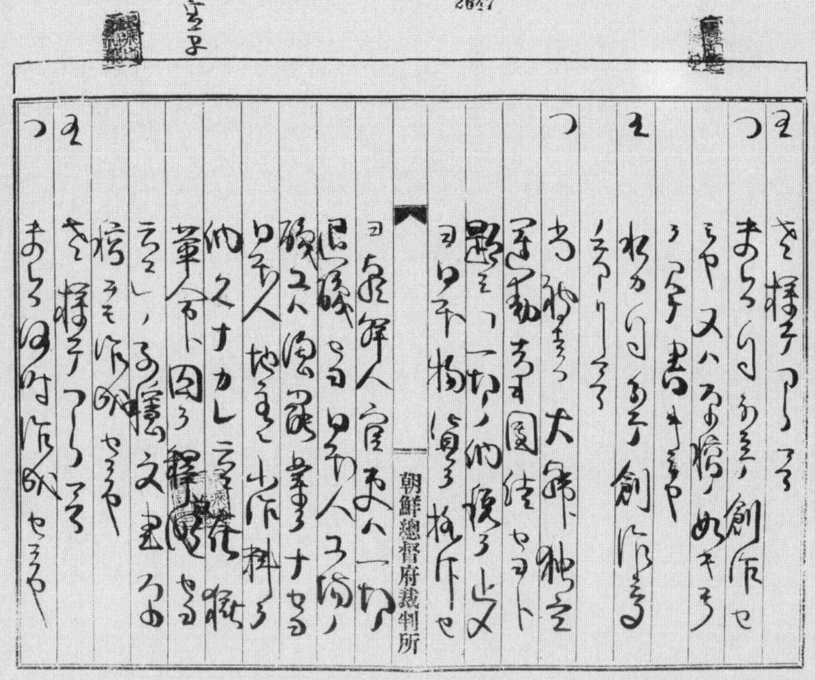

77

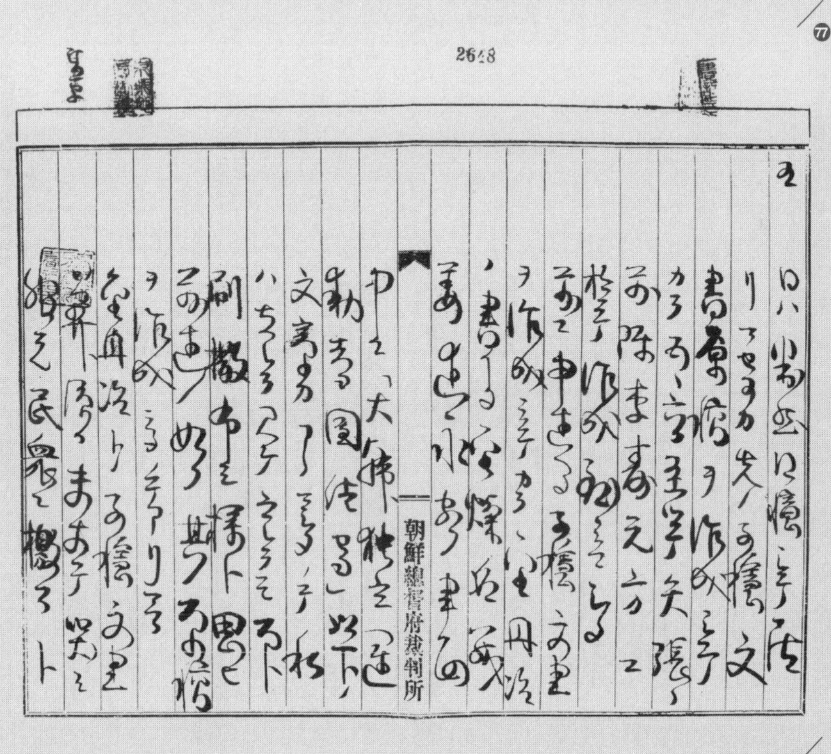

78

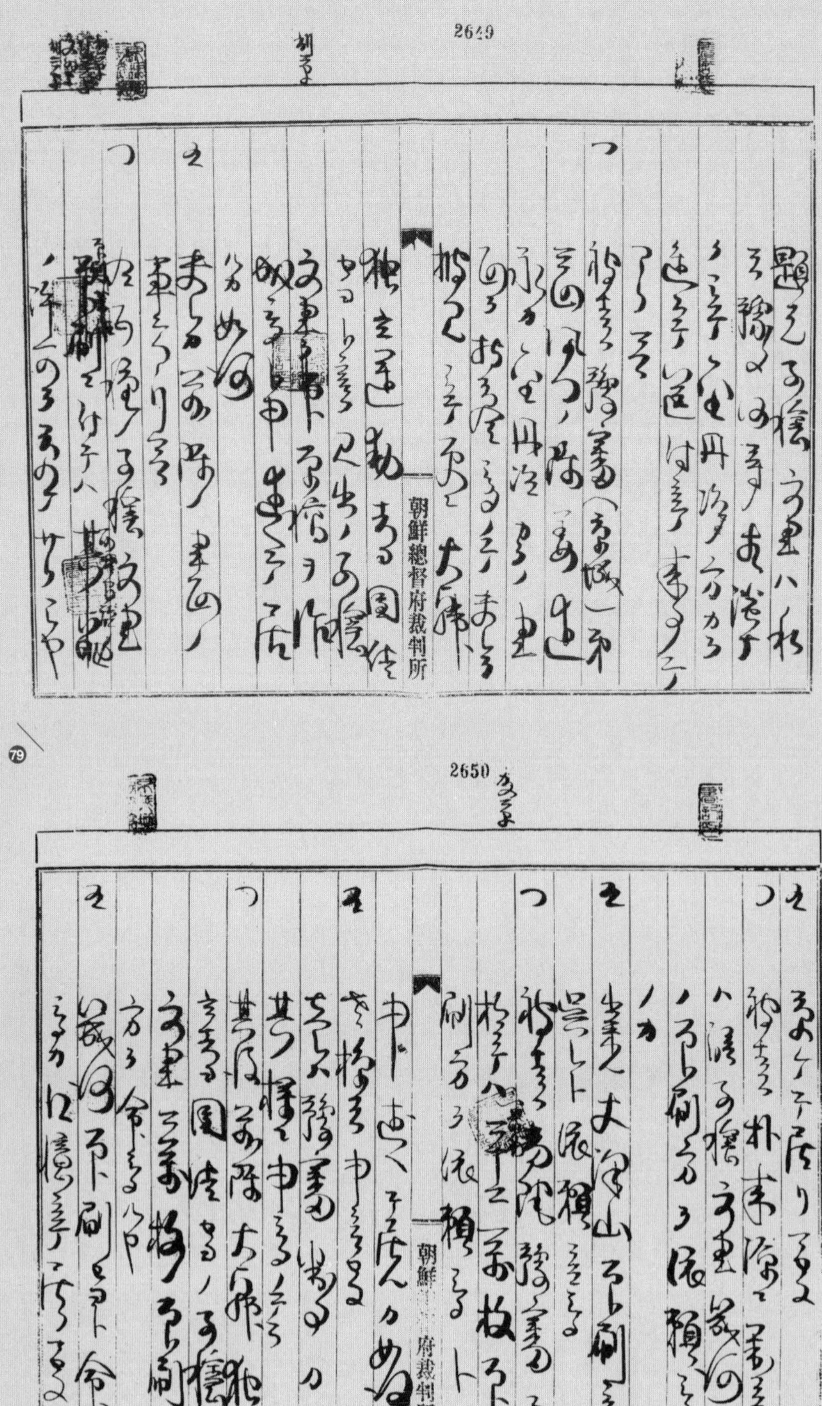
2649

朝鮮總督府裁判所

⑲

2650

朝鮮總督府裁判所

⑳

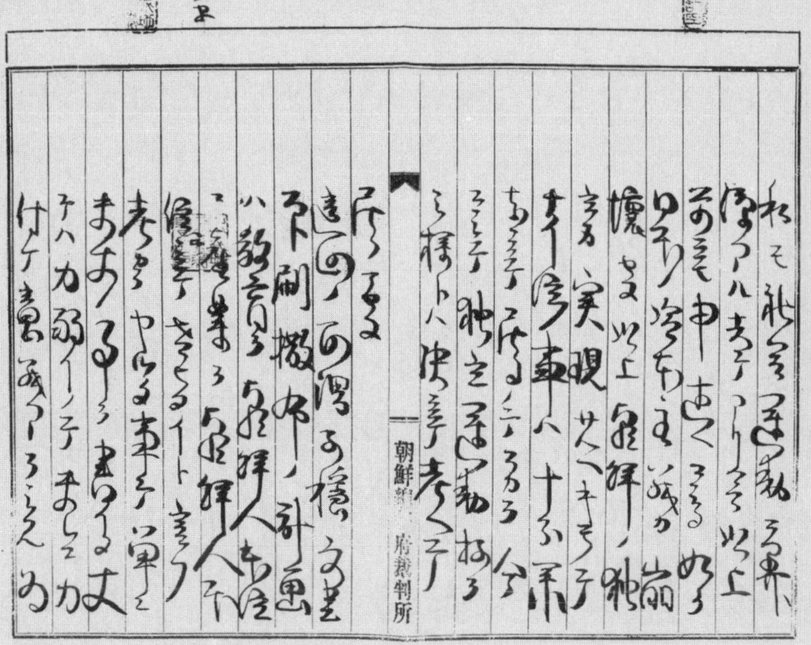
265

朝鮮總督府裁判所

81

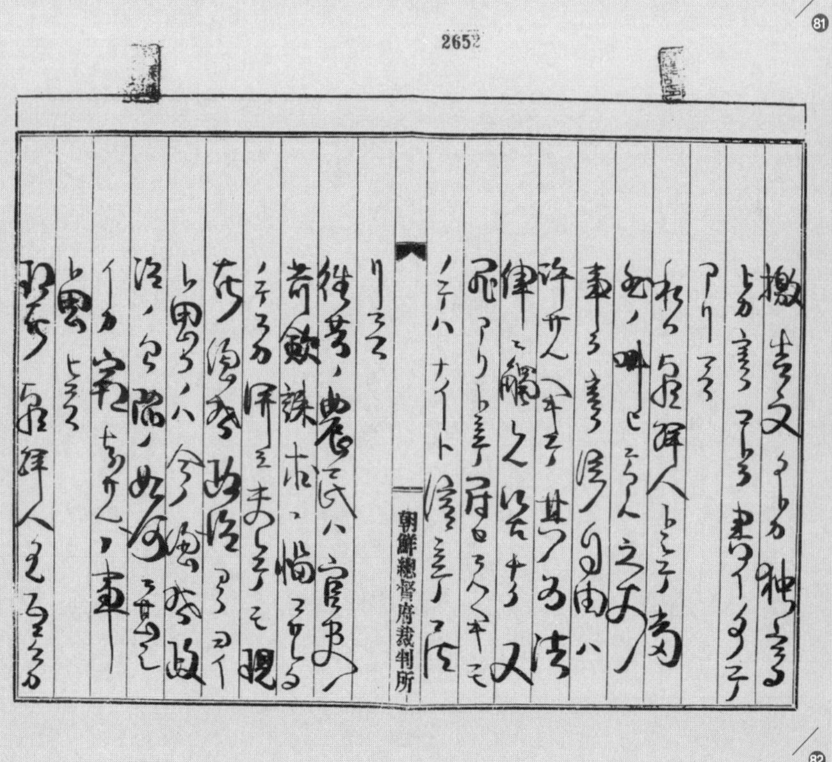
2652

朝鮮總督府裁判所

82

2653

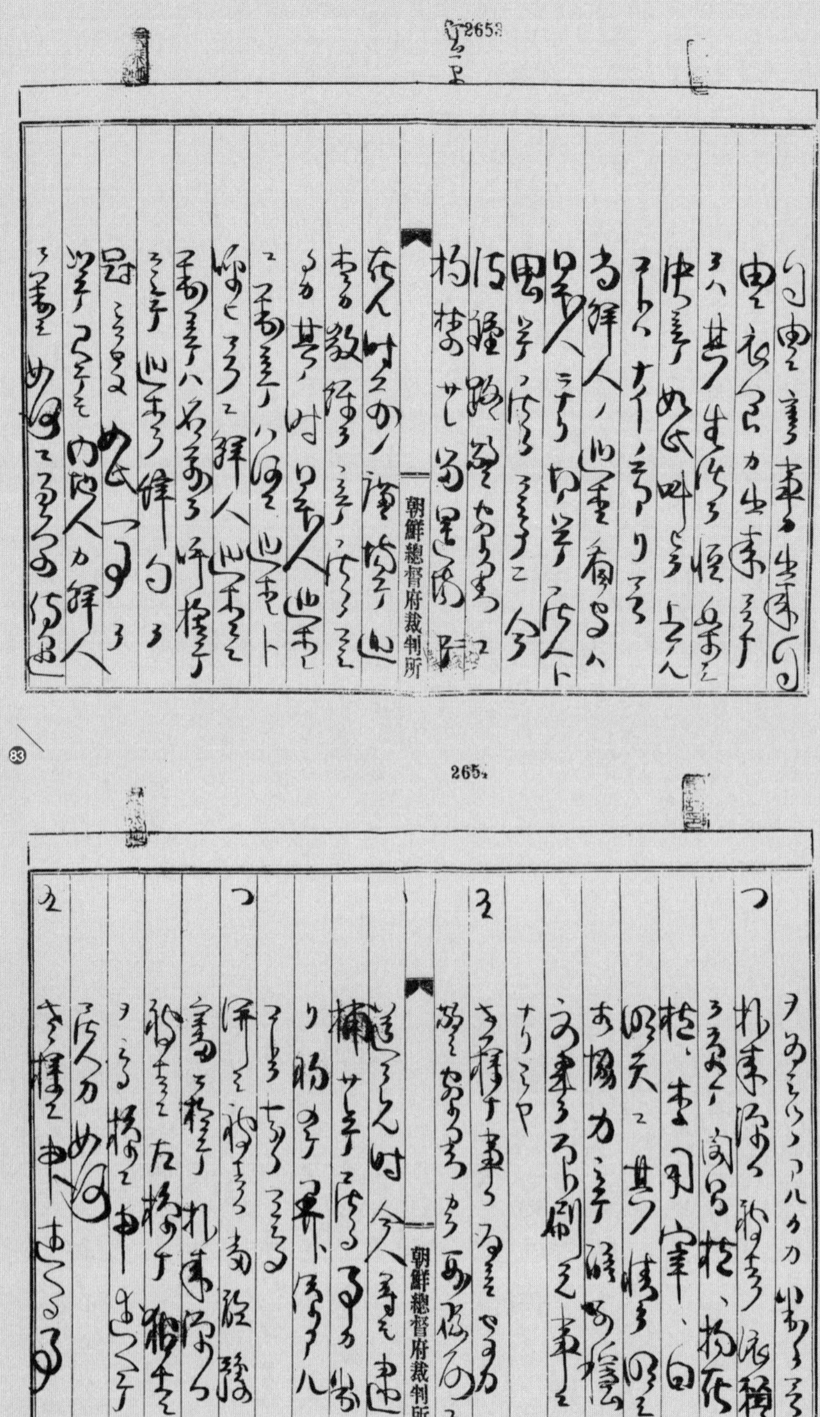
朝鮮總督府裁判所

83

2654

朝鮮總督府裁判所

84

265

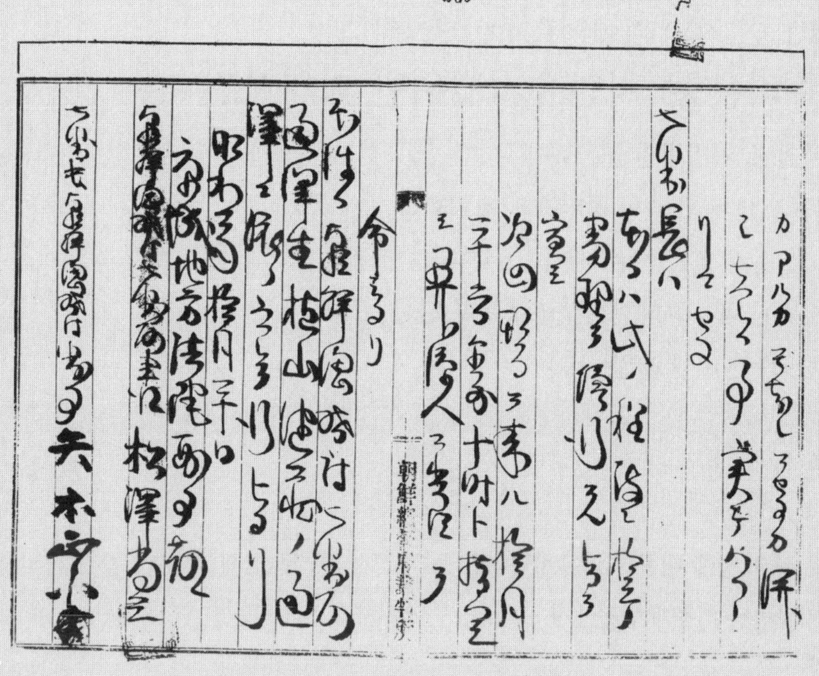

85

高允相 외 100명(치안유지법위반 등)
공산주의운동: 치안유지법위반 피의사건

하위문서철명: 지방법원 공판조서

문서제목: 高允相 외 91명 공판조서(제17회)

저필자 / 신문자 조선총독부재판소 서기 吉岩正隆 /

경성지방법원 형사부 재판장 조선총독부 판사 矢本正平

작성인: 1927년 10월 22일

공판조서(제17회)

高允相 외 91명에 대한 치안유지법위반 등 피고사건으로 인해 1927년 10월 22일 오전 10시 경성지방법원 비공개 법정에서

재판장

조선총독부 판사 矢本正平

조선총독부 판사 脇鐵一

조선총독부 판사 中島仁

조선총독부재판소 서기 吉岩正隆

출석

조선총독부 검사 中野俊助 입회 속행 변론을 펼치고, 피고인 등은 신체의 구속을 받는 일 없이 출두함

변호인

古屋貞雄 · 金炳魯 · 加藤貫一 · 許憲 · 李仁 · 權承烈 · 金泰榮 · 韓國鍾 · 韓相億 · 姜世馨 · 李昌輝 각각 출두

그 이외의 변호인 등은 출두하지 않음

재판장은 피고인 등이 틀림이 없다는 사실을 확인함

피고인 권오설은 전 회의 신청에 정정보충이 있어서 아래와 같이 진술함

전회 군 · 도연맹에 관해 진술한 것은 청년연맹 쪽이다. 그쪽은 청년운동의 신장에 힘을 쏟았기 때문에 공산주의적인 일이 아니었다. 또한 김찬 명의의 편지를 김단야의 손을 거쳐 받았

던 것처럼 진술하였으나 그것은 착오이며, 김단야에게서 온 편지를 직접 동인同人에게 받고 그 후 대한독립을 운운하는 격고문을 만들었기 때문에 나중에 강달영에게 그 사실을 이야기한 적이 있다.

임원근이 고려공산청년회의 중앙집행위원이 된 사실은 전혀 없다. 경찰에서 조사받은 이후 동인이 동同 위원이 된 것처럼 말했지만 그것은 신철수申哲洙의 착오다. 또 신철수는 1925년 4월 8일 중앙집행위원에는 선임되었지만 동인은 같은 해 4월 소위 적기赤旗사건으로 검거되었기 때문에 중앙집행위원의 업무를 전혀 본 일이 없을 뿐만 아니라 아마 중앙집행위원에 선임된 사실조차도 모를 것이라고 생각한다.

재판장이 피고인 권오설에게

문: 피고는 같은 피고 박내원에게 불온서적의 인쇄를 의뢰하고 동인은 같은 피고 민창식·양재식·이용재·백명천 등과 함께 1926년 5월 17일부터 같은 달 31일 사이에 경성부京城府 안국동安國洞 36번지 백명천의 셋집과 안국동 26번지 민창식閔昌植 쪽에서 인쇄기계와 다른 기구를 사용하여

1. '격고문' 이라는 제목을 붙인 것 1만 2,000장
2. '대한독립만세' 라는 제목을 붙인 것 2만 장
3. '조선인 교육은 조선인 본위로 하라' 는 제목을 붙인 것 6,000장
4. '산업은 조선인 본위로 하라' 는 제목을 붙인 것 6,000장
5. '대한독립운동가여 단결하라' 라는 제목을 붙인 것 8,000장

합계 5만 2,000장의 불온문서를 인쇄한 것이 사실인가?

답: 나는 박내원에게 위의 문서의 원고를 건네주고 그 인쇄 쪽을 의뢰한 사실은 있지만 동인同人이 언제 어디에서 누구와 어떻게 어느 정도의 문서를 인쇄하였는지 그 후의 일은 모른다.

문: 백명천은 박내원의 의뢰로 위의 불온문서에 날인해야 할 '대한독립당大韓獨立黨 인印' 및 '대한임시정부大韓臨時政府 인印' 이라고 새긴 인장 각각 한 개를 조각한 것이 사실인가?

답: 나는 박내원에게 위의 2종류의 인장을 만들도록 부탁한 사실은 있지만, 동인이 그것을 누구에게 의뢰하여 조각했는지는 모른다.

문: 피고는 박내원에게 '대한임시정부 인印' 은 군중을 선동하는 데는 효과가 적으니 사용하지 말라고 하고 '대한독립당 인印' 을 위의 격고문의 약 반수에 날인한 일이 있는가?

답: 조금 다르다. '대한임시정부 인印' 을 사용하지 않은 이유는 그렇지 않다. 동인同印을 사용하면 조선을 제국의 굴레로부터 벗어나게 하려는 것처럼 여겨져 일이 발각되는 경우 법제 위반으로 추궁당할 우려가 있었기 때문에 그 사용을 그만두었던 것이다. '대한독립당 인印' 이라면 다만 조선인이 총독정치에 불만을 품고 있는 것처럼 여겨질 것이라 생각했기 때문에 그쪽을 위의 격고문에 날인했던 것이다. 그 이외에는 신문한 바와 다르지 않다.

문: 피고는 당원 예심판사의 제4회 신문 때 그렇게 진술하고 있을 뿐만 아니라 또한 검사에게는 박내원에게 위의 5종류의 불온문서 인쇄를 의뢰하고 그 결과 동인이 민창식 · 이용재 · 백명천 등에게 부탁하여 그 문서를 인쇄한 것처럼 신청하였는데 사실인가?

답: 예심과정에서도 지금 진술한 대로 말했더니 예심판사는 '대한임시정부 인印' 은 민중을 선동하는 데 효과가 적기 때문에 '대한독립당 인印' 을 사용했을 것이라고 말하며 힐문하기에 어쩔 수 없이 묻는 대로 대답하였다. 검사 신문에서는 검사가 박내원에게 인쇄를 의뢰했으니 그자가 양재식 · 이용재 · 백명천 · 민창식 등과 함께 인쇄한 사실을 네가 모를 리가 없다고 힐문하여 인쇄를 박내원에게 의뢰한 사실이 있고 대단한 일도 아니라고 생각했으므로 묻는 대로 대답했던 것이다.

문: 위의 불온문서의 격고문이 이것인가?

(이때 압수 제792호의 증 제1, 2호를 제시함)

답: 그렇다. 그것은 지금 현재보다 나은 총독정치의 실현을 희망하는 목적으로 만든 것이다.

문: '대한독립만세' 라는 위의 불온문서는 이것인가?

(이때 압수 제792호의 증 제3호를 제시함)

답: 그렇다.

문: '조선인 교육은 조선인 본위로 하라' 및 '산업은 조선인 본위로 하라' 라는 위의 불온문서는 이것들인가?

(이때 압수 제792호의 증 제4, 5호를 제시함)

답: 그렇다.

문: 이것이 위의 '대한독립운동가여 단결하라' 라는 문서인가?

(이때 압수 제792호의 증 제6호를 제시함)

답: 그렇다. 그것은 김단야金丹冶로부터 온 편지를 본 후 그렇게 썼으며, 그것은 일반 민중을 감격시켜 인기를 모으기 위해 그와 같이 문구를 나열했지만, 목적은 현재보다 나은 총독정치의 실현을 희망한 것이다.

문: 피고는 김단야와의 약속에 따라 1926년 6월 초 무렵 김항준金恒俊의 손을 거쳐 '통곡하며 따르는 민중에게 격문을 돌리자' 라는 제목을 붙인 불온문서를 피고에게 보내온 것이 사실인가?

답: 그렇다.

문: 그전 6월 3일 김항준이 상경하여 같은 피고 홍덕유洪悳裕에게 위의 불온문서의 화물상환증을 건네주고 이것을 피고에게 전해달라고 부탁한 사실이 있는가?

답: 그렇지만 당시 김항준이 경성에 왔는지 안 왔는지는 모른다.

문: 피고는 위의 화물상환증을 강달영으로부터 받은 것이 아닌가?

답: 그렇지 않다. 위의 화물상환증은 같은 피고 홍덕유가 부내府內의 장사동長沙洞 당시 나의 숙소로 가지고 와서 건네주었다.

문: 그런데 피고는 당원 예심판사의 제3회 신문 때는 동同 화물상환증은 김단야가 홍덕유에게 보내고 피고는 강달영에게 그것을 받은 것처럼 진술하지 않았나?

답: 예심조정에서 그렇게 말하였지만 그것은 잘못된 것이며, 사실은 지금 말한 대로 틀림이 없다.

문: 이것이 화물상환증인가?

(이때 압수 제792호의 증 제19호를 제시함)

답: 그렇다.

문: 위의 '통곡하며 따르는 민중에게 격문을 돌리자' 라는 제목의 불온문서라는 것이 이것인가?

(이때 압수 제792호의 증 제24호를 제시함)

답: 그렇다.

문: 이것을 알고 있는가?

(이때 압수 제792호의 증 제18호를 제시함)

답: 알고 있다.

문: 위의 증 제18호는 같은 피고 백명천이 조각한 것이 아닌가?

답: 나는 박내원에게 그러한 인장을 만들어 달라고 부탁은 했지만, 실제 누가 조각했는지는 모른다.

문: 위의 다섯 종류의 불온문서를 어떻게 살포할 예정이었나?

답: 일일이 기억나지 않는다.

문: 위의 다섯 종류의 불온문서를 모아서 이것을 둘로 나누어 그 2분의 1을 전 조선을 철도선에 따라

1. 호남선
2. 경부선
3. 경원선
4. 경의선

네 방면으로 나누고 피고 박내원은 호남선, 경부선 방면의 중심지인 대전, 피고 민창식은 경의선 방면의 중심지인 사리원 또는 평양 및 경원선 방면의 중심지인 원산에 잠복하고, 전라남도의 광주 · 목포 · 순천, 전라북도의 전주 · 군산 · 정읍, 경상남도의 진주 · 부산 · 마산 · 하동, 경상북도의 대구 · 안동 · 상주 · 영주 · 포항, 충청북도의 청주 · 충주, 충청남도의 공주 · 대전, 경기도의 인천 · 개성, 황해도의 해주 · 사리원 · 재령, 평안남도의 평양 · 안주, 평안북도의 신의주 · 선천, 함경남도의 함흥 · 홍원 · 영흥 · 북청, 함경북도의 청진 · 나남, 은성의 도청, 그 이외의 시설, 청년단체에서 개벽 · 신여성 · 신민 등의 각종 잡지 안에 몇 장씩 밀봉하여 우송 배포하고 남은 반 가운데 몇몇 장은 박내원 · 양재식 · 민창식 · 이용재 등에게 상점의 광고 우편에 끼워 넣어 총독부 · 재판소 · 경기도청 그 외의 시설에 배포하고 나머지 대부분은 1926년 6월 10일 이왕李王 전하의 국장 때 피고는 박내원 · 민창식 · 이용재 · 양재식 등과 함께 학생 · 양말공장 직공 · 인쇄공장 직공을 사주하고 서로 호응하여 장례행렬이 통과하는 도로연변에서 군중 속에 살포하고 일제히 조선의 독립만세를 소리 높여 외칠 계획이 아니었는가?

답: 그것은 나 개인적인 계획이었다. 그것에 관해 민창식 · 이용재 · 양재식 등과 상담한 사실은 없다. 박내원에게 위의 계획을 이야기한 사실은 있지만 동인과 상담한 것은 아니다.

문: 위 계획의 자금 등으로 외부에서 4,600원 정도의 돈이 들어오고 그것을 입수 제978호

의 증 제9호에 적힌 대로 사용하였는가?

답: 그렇다. 증 제9호에 적혀 있는 것은 내가 멋대로 사용한 것이다. 강달영에게 건넨 돈은 거기에는 적혀 있지 않다.

문: 피고는 김경재에게 돈을 건넨 것 같은데 그것은 어떤 돈인가?

답: 동인에게는 예전에 100원을 빌렸기 때문에 그 빚을 변제한 것이다.

문: 박민영에게는 돈을 얼마나 주었는가?

답: 동인에게는 20원을 주었다.

문: 이재익李在益에게도 돈을 주었는가?

답: 그렇다. 동인에게 20원을 주었다.

문: 그런데 이재익은 그러한 돈을 받은 적이 없다고 말했는데 어찌된 일인가?

답: 동인이 왜 그런 말을 했는지 모르겠다.

문: 이재익에게는 왜 돈을 주었는가?

답: 동인이 감옥에서 나온 지 얼마 안 되어 돈에 쪼들리고 있었기 때문에 딱하여 주었다.

문: 그것은 언제 일인가?

답: 시기는 기억나지 않는다.

문: 요컨대 외부로부터 4,200원만 들어왔나?

답: 그렇다. 김단야로부터 4,200원만 들어왔다.

문: 위의 불온문서의 인쇄 등에 압수 제978호의 증 제9호에 기재되어 있는 바와 같이 4,200원을 사용하였는가?

답: 모두 4,500원 정도 사용하고 50원을 압수당했다. 또한 6월 6일 홍남표로부터 돈을 빌려 박내원에게 위의 문서를 만드는 비용으로 줄 예정이었기 때문에 홍남표가 나에게 돈을 가져다주기로 약속을 했다. 그날 천도교회당에서 동지가 경찰에게 체포되었다는 말을 듣고 나의 신변도 위험해져 도망치려고 생각했지만, 박내원에게 자금을 건네주기로 약속을 했으므로 그대로 도망을 치는 것은 나로서는 마음이 괴로워서 종일 홍남표가 오기를 기다렸는데 결국 동인은 오지 않았다. 그로 말미암아 나는 다음날인 7일 경찰에게 체포되었다.

문: 그리고 김단야로부터 보내져 온 돈의 대부분은 위의 불온문서의 인쇄 및 그 외 운동비로 쓰고, 일부분은 피고와 그 외 동지들의 생활비로 사용하였는가?

답: 그렇다.

문: 피고가 압수당했다고 말하는 돈은 일본은행 10원권 1장, 조선은행 10원권 8장으로 그것이 이것인가?

(이때 압수 제792호의 증 제24호, 21호를 제시함)

답: 그렇다.

문: 위의 각각의 불온문서 살포계획의 실행이 불가능하게 된 이유는 무엇인가?

답: 내가 체포되었기 때문에 불가능으로 끝났던 것이다.

문: 그런 것이 아니라 김단야로부터 약속한 1,000원이 빨리 송금되어 오지 않았기 때문이 아닌가?

답: 그렇지 않다. 경찰에서는 그렇게 말했지만 그것은 완전히 엉터리다.

문: 이것은 어떻게 된 일인지 알고 있는가?

(이때 압수 제792호의 증 제7호 내지 제17호 및 제25호를 제시함)

답: 모두 모른다.

문: 이것들은 피고가 원고를 작성하여 조두원에게 부탁하여 인쇄해 받은 것인가?

(이때 압수 제1,134호의 증 제4 내지 제7을 제시함)

답: 그렇다.

문: 1926년 봄 무렵 신명준辛命俊 · 김기수金基洙 · 신동호申東浩 등이 피고 쪽으로 왔을 때 피고는 동인 등에게 조선공산당의 당칙 및 영국공산청년회의 회칙을 각각 한 부씩 건넨 사실이 있는가?

답: 조선공산당칙은 내가 만든 초안이다. 그것은 질문한 대로 틀림이 없다.

문: 그때 피고는 동인 등에게 그것을 낭독하고 취지를 설명해 준 일이 있는가?

답: 나는 편지로 김기수에게 상경할 때는 지방의 동지를 데리고 방문하라고 부탁해 둔 결과, 어느 날 동인이 내가 장사동長沙洞의 이진호李軫鎬의 셋집에 있을 때 신명준 · 신동호 두 사람을 동반하고 왔다. 그래서 나는 그때 동인 등에게 "조선공산당 및 고려공산청년회는 신의주사건으로 전멸했기 때문에 조선공산당은 정치적 결사로 하고 고려공산청년회 쪽은 그 교양단체로서 모두 부활시키고 싶다"고 말하고 조선공산당칙의 초안을 동인 등에게 보여주었다. 또한 영국공산청년회칙은 매우 잘 완성되어 있으니 장래 고려공산청년회가 부활하면 표면단체로 하고 이와 같은 회칙으로 할 생각이니 잘 연구해 두

기를 바란다고 말하고 그것들을 각각 한 부씩 동인 등에게 건네주었다. 또한 후일 대회를 개최할 때는 통지할 테니 상경하라는 말을 했더니 동인 등은 웃으며 분명한 대답을 하지 않았다.

문: 같은 피고 황수룡黃守龍 등은 1924년 8월 5일 마산공산청년회를 조직하였는가? 1926년 8월 5일 김상주金尙珠의 발의로 고려공산청년회와 합병하고 마산공산청년회는 고려공산청년회의 마산 야체이카로 만들었다고 했는데 사실인가?

답: 그런 사실이 없다.

문: 피고는 김상주에게 고려공산청년회 창립 당시 마산에 가서 회원을 모집하고 동同 청년회의 야체이카를 조직하도록 부탁해 둔 사실이 있는가?

답: 고려공산청년회 창립 당시 동인에게 마산에 가서 회원을 모집해 달라고 부탁한 사실이 있을 뿐 야체이카에 관한 이야기를 한 적은 없다.

문: 1925년 10월 하순경, 김상주가 러시아 모스크바에 유학생으로 파견할 때 동인으로부터 마산에 고려공산청년회의 야체이카가 조직되어 있다는 말을 들었는가?

답: 그런 것을 들은 적이 없다.

문: 그런데 피고는 당원 예심판사의 제5회 신문 때에는 그러한 사실이 있다고 진술하지 않았는가?

답: 그러한 말을 한 기억이 없다. 당시 김상주를 만났지만 그와 같은 이야기는 없었다. 또한 마산공산청년회가 고려공산청년회에 합병한 사실이 있으면 당연히 그것을 알 것이다. 나는 처음부터 조직부에 있어서 모든 것을 나 혼자서 만들었던 것이다. 황수룡 등이 합병한 것처럼 신청했는지는 모르겠지만 그것은 거짓말이며 그런 사실이 없다.

권오설은 보충할 것이 있다고 하며 아래와 같이 진술하였다.

一. 요컨대 조선공산당의 부활은 현재의 총독정치의 많은 결함을 줄이는 동시에 장래 공산당인 정치결사(정당)를 조직하는 준비로서 강달영姜達永 · 이준태李準泰 · 홍남표洪南杓 · 전정관全政琯 · 김철수金錣洙 등과 일을 함께했던 것이다.

一. 고려공산청년회에 박민영朴珉英 · 이지탁李智鐸 · 김경재金璟載 · 이병립李炳立 · 염창렬廉昌烈 등이 관계하고 나와 일을 함께한 것처럼 되어 있지만 그것은 거짓말이며, 나는 모든 일을 독단적으로 했다. 그것으로 인해 내가 흉악하다고 염창렬에게 비난받은 적도 있었다.

一. 민창식閔昌植은 고려공산청년회와는 전혀 관계가 없다.

一. 이왕李王 전하의 국장 당시의 문서인쇄 · 살포계획은 나의 개인적인 계획이며, 조선공산당(부활 중)이나 고려공산청년회의 그 무엇과도 관계가 없다.

一. 나는 본건 중 출판법만은 위반했다고 생각하지만 그 이외의 행위는 범죄가 되지 않는다고 생각한다. 또한 법률은 사회의 진화에 앞서서 진화하는 것이 아니라 사회의 진화에 수반하여 진화하는 것이라고 생각하기 때문에, 우리 사회운동가를 극단적으로 압박하는 것은 이를테면 사회진화의 촉진을 저해하는 것이 된다. 그것을 단속하는 치안유지법은 고금을 통해 볼 수 없는 악법이라고 생각하며 우리들은 이러한 악법이 하루라도 빨리 철폐되기를 희망한다.

재판장은 변호인 김병로金炳魯의 질문에 따라 피고인 권오설에게

문: 경찰에서 고문당한 사실이 있는가? 있다면 그 상세한 내용 및 예심판사의 신문조서에는 임의로 서명하고 지장을 찍었는지 아닌지를 진술하라.

답: 경찰에서 취조를 받은 것은 때마침 여름이었는데 처음에는 학대당하지 않았지만 일주일 정도 지난 후 모든 것을 숨김없이 말하라며 둥근 의자를 넘어뜨려 그 위에 나를 앉혔다. 그때 요시노吉野 경부보가 나의 무릎 끝을 발로 차는 바람에 나는 앞으로 쓰러져 앞니를 부딪쳤다. 그 이후에는 앞니가 덜그럭거리며 움직여 바람이 스치면 고통스럽다. 그 후 왠지는 모르겠지만 동대문경찰서로 연행되었을 때였다. 아무리 기다려도 저녁밥을 주지 않아서 요구를 했더니 종로경찰서에서 가지고 올 때까지는 주지 말라는 말을 하니 줄 수 없다고 하여 결국 다음날까지 음식을 먹지 못했다. 다음날 요시노 경부보가 와서 또 나를 종로경찰서로 데리고 돌아가 계단 위 동쪽 끝 방에서 창문 유리를 신문지로 가려 거리에서 실내가 보이지 않도록 한 뒤, 또 둥근 의자를 옆으로 넘어뜨려 나를 그 위에 앉히고 양손을 목 뒤로 접고 끈으로 동여매었다. 그리고서 요시노 경부보 외 5 · 6명의 경관이 각자 죽도로 나를 마구 때렸다. 이어서 앉아 있는 다리의 안쪽에 각목 2개를 끼우고 하루 밤낮을 계속 고문당했다. 다음날 각목 1개는 빼냈지만, 그것으로 인해 상반신이 붓고, 다리가 마비되어 접었다 펴는 것이 부자유스럽게 되고, 머리가 휘청거려 잠을 잘 수가 없었다. 그러자 "책임자도 별 수 없군"이라던가 뭔가를 말하며 또 때렸다. 그리고서 또 다리에 이전과 마찬가지로 각목을 끼우고 그것이 이틀 밤낮 계속되

었다. 그리고 나서 고등과의 아랫방에 집어넣고 일주일 정도 가두어 두었다. 또 손가락 사이에 부채를 끼우고 양쪽에서 쥐었는데, 그것은 맞는 것보다 더 고통스러웠다.

그런 고문을 받았기 때문에 경찰에서는 묻는 대로 거의 엉터리만 말했다. 마지막으로 검사과정, 예심과정에 가도 경찰에서 말한 대로 진술하라고 말했다.

신문과정에서는 나이든 검사가 매우 격앙하여 신문하기에, 참혹한 꼴을 당하면 손해를 볼 것이라고 생각하여 묻는 대로 대답했다.

예심판사는 나를 조금 신문한 후 조서에 서명한 후 지장을 찍게 하고, 재차 신문을 시작하고 종이에 펜으로 써서 그것을 서기에게 쓰게 하였다. 그중에 잘못된 것이 있어서 고치고 싶다고 말하자, 판사는 화를 내며 "굳이 정정하고자 한다면 일일이 정정하는데 5년 내지 10년이 걸릴 것이라"고 말을 하기에 어쩔 수 없이 묻는 대로 대답하였다.

판사가 종이에 쓴 것을 보여주거나 읽어준 적은 없다. 제대로 된 조서를 보여주거나 읽어서 들려준 적은 한 번도 없다. 금년이 되고 난 후 예심판사에게 잘못된 것이 있으니 정정했으면 한다고 말했더니 동同 판사는 이제 와서 그런 것을 말하면 사면에 회부될 것도 회부되지 않게 된다는 말을 하며 받아들여 주지 않기에 모든 것을 공판에서 진술할 생각이었다.

또한 강달영은 아이와 병든 아내가 있는데다가 동인도 건강이 악화된 상태라 내가 이야기했을 때는 그러한 사정으로 자신은 사회운동 등에는 관계하고 싶지 않다고 말했지만 나는 어쨌든 부활할 때까지 힘써주기를 바란다고 간원했다. 당시 동인은 머리가 정상적인 상태가 아니었기 때문에 일지 등에 적혀 있는 것은 전부 엉터리다.

재판장은 변호인 후루야古屋貞雄의 질문에 따라 피고인 권오설에게

문: 야체이카 및 프락치의 조직직책 등은 책에 의해 만든 것인가?

답: 장래 조선공산당이 부활했을 때는 그렇게 할 생각이었다. 그 조직원칙은 김대봉金大鳳에게 있던 것을 받아서 한국어로 번역하여 강달영에게 보여주었더니 찬성을 했다. 그러나 그것을 그대로 실시한 사실은 없다.

문: 부활대회를 개최하였는가?

답: 1926년 5월 20일 개최할 예정이었으나 이왕 전하의 국장 때문에 연기되었다. 결국 동지

가 검거되어 그대로 실시되지 못했다.

문: 박내원朴來源에게는 부활준비위원을 권유하였는가? 혹은 부활 후 당원으로 할 생각이 었는가?

답: 동인同人에게는 대회에 출석해 달라고 권유했다.

재판장은 변호인 후루야古屋貞雄의 질문에 따라 피고인 권오설에게

문: 여기에 적혀 있는 돈을 건넨 자는 이름이 부호로 되어 있는데 그것은 일지에 쓰인 대로 틀림이 없는가?

(이때 압수 제978호의 증 제9호를 제시함)

답: 그중에서 이극광李極光에게 80원을 준 것으로 되어 있지만 그것은 잘못된 것이며, 그 80원은 동인에게 건네준 20원과 박광수朴光秀에게 건네준 60원을 합한 것이다. 여성동우회에 50원을 건네준 것으로 적혀 있는 것도 잘 기억나지 않는다. 400원은 김동명金東明에게 건네준 것인지 아닌지 기억나지 않는다. 40원, 문서라고 적혀 있는 것은 문시철文時鐵 · 구철서具哲書 두 사람의 결혼비용으로 준 것이다. 30원, 도임道任이라는 것은 도간부의 임명비가 아니라 그것은 간도間島의 임명순林明順에게 준 돈이다. 45원을 과학연구회科學硏究會에 보낸 것으로 되어 있지만 그것은 그곳의 학생인 정달헌鄭達憲에게 준 돈이다. 30원, 출판은 국장 당시 살포할 예정이었던 문서인쇄 등의 비용으로 보낸 돈이며 그 이외에는 거기에 적혀 있는 대로 틀림이 없다.

재판장 검사의 질문에 따라 피고인 권오설에게

문: 그것은 어떤 목적으로 썼는가?

(이때 압수 제978호의 증 제26호를 제시함)

답: 혁명이나 파괴라고 하는 것은 마치 총독부의 신청사가 생겨난 것과 같은 것으로 사회는 늘 파괴에서 건설로 바뀌어 가는 것이다. 악인이 선인으로 바뀌고 낡은 옷을 벗어버리고 새 옷을 입는 것과 같은 것으로 사회진화에 필요한 것이라고 생각한다. 위의 증 제26호의 당의 정신도 그러한 심정을 쓴 것이다. 또 그것을 강달영에게 보여준 적이 있는지

없는지는 기억나지 않는다.

문: 그러니까 위의 '당의 정신'은 압수 제978호의 증 제20호의 당칙의 정신을 설명한 것인가?

답: 그렇지 않다.

문: 그렇기는 하지만 당칙 및 당의 정신의 각 내용은 모두 야체이카 및 프락치 각 내용과 부합되고 '당의 정신'은 조선공산당의 당규黨規인 것처럼 생각되는데 맞는가?

답: 그렇지 않다. 그것은 검사의 오해라고 생각한다.

재판장은 피고인 박내원朴來源에게 공소사실을 알림

문: 본건에 관해 앞서 진술할 것이 있는가?

답: 사실이 조금 잘못되어 있다.

문: 전과가 있는가?

답: 없다.

문: 피고의 경력은 어떠한가?

답: 경성의 보성초등학교를 졸업하고 종로기독교청년회에서 약 2년간 영어를 배우고 그 후에는 인쇄직공을 하며 살아가고 있었다.

문: 본건 이외에는 사회운동 및 사상단체 등에 관련한 적이 있는가?

답: 조선노동총동맹 · 경성노동연맹 · 조선인쇄직공조합연맹 · 경성인쇄직공조합 · 경성인쇄직공청년동맹 · 천도교청년동맹 · 정우회 · 신흥청년동맹 등에 가입되어 있다.

문: 그 밖에 또한 한양청년연맹 · 돈화청년회敦化青年會 · 화요회火曜會 · 화화사동인火花社同人 · 종우사동인鍾友社同人 · 신흥청년사동인 · 조선기근구제회 및 무산자동맹 등에도 가입되어 있는 것이 아닌가?

답: 거기에는 가입되어 있지 않다.

문: 그런데 피고는 예심판사에게는 그러한 단체에 가입되어 있는 것처럼 진술하지 않았는가?

답: 그것은 착오다.

문: 김찬金燦으로부터 권유를 받고 입당했을 때 조선공산당의 목적을 들었는가?

답: 노동자의 생활 향상을 꾀하기 위해 조직한 것이기는 하지만 표면운동을 하는 것은 아니라고 말했을 뿐 상세한 것은 모른다.

문: 김찬으로부터 입당을 권유받은 장소는 어디인가?

답: 잘 기억나지 않지만, 부내府內 파고다공원 뒤의 길에서 동인을 만났을 때 권유받았다.

문: 그때 김찬은 피고에게 갑자기 입당을 권유하였는가?

답: 그렇다.

문: 경성에는 1개 내지 9개의 야체이카가 있고, 피고는 그 제6야체이카에 배속되어 책임자가 되었는데, 그 후 배속이 변경되어 제5야체이카에 속해 그 책임자가 되었는데 사실인가?

답: 그런 일은 전혀 모른다.

문: 또한 경성에는 5개의 프락치를 설치하고 피고는 그 노농부에 속해 있었는데 사실인가?

답: 나는 프락치라는 것이 어떤 것인지 모른다. 경찰에서 강달영이 쓴 것이라고 제시한 문서 안에 내 이름이 쓰여 있었는데 어떻게 된 사정인지 모른다.

문: 그런데 피고는 예심판사의 제2회 신문 때는 자신은 이준태와 동일한 프락치에 속해 있다고 진술하지 않았는가?

답: 그런 진술을 한 적이 없다.

문: 이것은(증 제2, 3호) 강달영이 쓴 것이고 이것은(증 제53호) 그 번역문인데, 이것(증 제2, 3호)에 따르면 지금 말한 바와 같이 야체이카 프락치에 배속되어 책임자(야체이카)가 된 것처럼 적혀 있는데 사실인가?

(이때 압수 제978호의 증 제2, 제3 및 제53호를 제시함)

답: 야체이카 쪽은 실은 소속되어 있었던 적이 있지만, 프락치 쪽은 전혀 모른다.

문: 피고는 같은 피고 이은식李殷植을 권유하여 조선공산당에 입당시킨 적이 있는가?

답: 그렇다. 김찬이 신의주사건으로 조선공산당이 전멸했기 때문에 우리 자신의 손으로 만회하지 않으면 안된다. 자네는 야체이카에 소속되어 있는 권오설 · 이준태 · 김유성金有聲 · 이은식李殷植 등이 당원이 될 희망이 있기 때문에 입당 쪽을 권유해 달라고 부탁하기에 이준태 · 김유성 · 이은식 등에게 입당을 권유한 사실이 있다. 권오설은 당시 달아나고 없었다.

문: 이은식에게는 언제 어디에서 입당을 권유하였는가?

답: 1926년 3월 말인가 4월 초순경이었던 것으로 생각한다. 동대문 밖의 내 집에서 권유했지만 동당同黨의 목적을 알리지 않았다.

문: 피고는 예심판사의 제2회 신문 때는 자신이 이은식에게 입당을 권유했을 때 조선공산

당의 목적은 사유재산제도를 부인하고, 우리 조선을 우리들 손으로 공산적 국가를 건설하는 것을 기약하는 것이라고 말했다고 진술하지 않았나?

답: 예심과정에서 그렇게 진술한 적이 없다.

문: 1925년 4월 20일경 김동명金東明에게 권유받아 고려공산청년회에 가입한 사실이 있는가?

답: 그 무렵 동인同人으로부터 화요회관에서 그러한 권유는 받았지만 그때 나는 입회여부에 관해 분명한 대답을 하지 않았다. 또한 내가 공산주의에 관해 생각하게 된 것도 그 무렵부터였다.

문: 피고는 예심판사의 제1회 신문 때는 자신은 4월 20일경 김동명으로부터 고려공산청년회는 제국의 국체를 변혁시키고 사유재산제도를 부인할 목적으로 조직된 비밀결사이며, 입회 권유를 받고 입회한 것처럼 말하지 않았는가?

답: 예심과정에서는 동인으로부터 입회를 권유받았을 뿐이라고 말했으며, 그렇게 말하지는 않았다. 어쨌든 사실은 지금 말한 대로 틀림이 없다.

문: 1925년 5월경, 박헌영朴憲永에게 부탁받고 강균환姜均煥에게 유학생으로서 모스크바의 공산대학에 유학하라고 권유한 것이 사실인가?

답: 박헌영으로부터 그렇게 부탁받은 사실은 있지만, 강균환에게 그렇게 유학을 권유한 사실은 없다.

문: 강균환은 고려공산청년회의 회원인가?

답: 그렇지 않다.

문: 그런데 피고는 예심판사에게는 지금 말해준 대로 신청하지 않았는가?

답: 예심과정에서도 지금 말한 대로 진술했다. 질문한 것처럼 진술을 한 적은 없다.

문: 고려공산청년회 회원 가운데 누군가 알고 있는 자가 있는가?

답: 없다.

문: 조선공산당원 가운데 알고 있는 자가 있는가?

답: 권오설 · 이준태 · 이은식 세 명만 알고 있다.

문: 피고는 공산주의에 동감하고 있는가?

답: 나는 대단한 학문을 한 적도 그런 것을 연구한 적도 없기 때문에 동감하는지 하지 않는지 모른다.

문: 신사상에 관해 연구한 적도 생각한 적도 없는가?

답: 없다.

문: 조선공산당 및 고려공산청년회의 각각의 목적은 무엇인가?

답: 조선공산당은 노동자의 생활의 향상을, 고려공산청년회는 교양단체라는 것은 알고 있지만 상세히는 모른다.

문: 그런데 피고는 예심판사에게는 "모두 제국의 국체를 변혁시키고 사유재산제도를 부인하는 것을 목적으로 하는 것이다. 그리고 공산제도는 천연물 생산기관, 생산물을 사회의 공유로 하여 사회가 이것을 각자에게 공평하게 분배하는 제도다"라고 진술하지 않았나?

답: 조선공산당, 고려공산청년회의 각각의 목적은 예심에서도 지금 말한 대로 진술했다. 그렇게 진술한 기억은 없다. 공산제도에 관해서는 예심판사가 그렇지 않은가라는 말을 하기에 그럴지도 모른다고 말을 했을 뿐이다. 또한 동同 판사가 가령 조선에서만 공산제도가 실시된다면 어떻게 될 것인지 묻기에 "일본의 정치에서 벗어나게 되겠지요"라고 말했더니 그것이 곧 국체의 변혁이라고 말을 하기에 억지 문답을 한 적이 있다.

문: 또한 피고는 예심판사에게 조선공산당 및 고려공산청년회에 가입하기에 이른 동기에 관해 상세하게 진술하고 있는데 그것은 그대로 틀림이 없는가?

답: 조선공산당에는 김찬에게 권유받아 입당한 것이며, 그 이외에 동기라고 진술한 것은 없다. 고려공산청년회 쪽은 입회한 것이 아니기 때문에 동기도 없다.

문: 이충모李忠模가 피고와 이준태에게 조선공산당은 화요회火曜會계의 사람이 조직했다고 하는데, 정우회正友會 회원 가운데 동同 공산당에 가입되어 있는 자는 누구인지 들은 적이 있는가?

답: 들은 적이 없다.

문: 1925년 12월 하순경, 이충모의 자택으로 피고와 이준태 두 명이 초대받았을 때 조선공산당에 관해 뭔가 이야기가 없었나?

답: 조금 다르다. 1926년 1월경, 이충모 집에 갔을 때 동인이 "신의주사건으로 화요회원이 검거된 것이 아닐까?"라는 말은 했지만, 나는 화요회원이 아니라서 모른다고 대답한 적이 있다.

문: 그런데 피고는 예심판사에게는 1925년 12월 하순경 자신과 이준태가 이충모로부터 만찬에 초대받아 갔을 때 동인은 자신들에게 조선공산당은 현재 당원이 검거되었기 때문에 슬픈 처지에 빠져 있을 때니 우리들은 서로 조선노동총동맹 가운데 중앙집행위원의

지위에 있으니 지방단체와 연락을 취하여 그중에서 조선공산당에 가입되어 있는 자를 찾아서 그들과 협력하여 만회책을 강구하자는 말을 했다고 진술하지 않았는가?

답: 당시 조선노동총동맹이 슬픈 처지에 빠져 있었기 때문에 그 만회에 관한 것으로 담합한 적은 있지만 이충모로부터 그러한 이야기는 없었다. 예심에서 그렇게 진술한 적은 없다. 또한 당시 이충모 집에서 돌아올 때 이준태에게 이충모가 조선공산당원인지 물었더니 동인은 나에게는 당원인지 아닌지 모른다고 말했다.

재판장은 오늘은 이 정도에서 심리를 (다음에) 속행續行한다고 선언하고, 차회 기일을 오는 10월 25일 오전 10시로 지정하고 관계인에게 출석을 명함

본건은 조선총독부재판소 통역생 우에야마植山健藏의 통역으로 이를 행함

1927년 10월 22일

경성지방법원 형사부

조선총독부재판소 서기 吉岩正隆 印

재판장 조선총독부 판사 矢本正平 印

❶

(一九〇一)

公判調書(第一回)

高允相外四十七名ニ對スル治安維持法違反 被告
事件ニ付昭和七年十月二十日午前十時京城地方法
院ノ公開シタル法廷ニ於テ

裁判長朝鮮總督府判事 矢本正平
朝鮮總督府判事 脇鉄一
朝鮮總督府判事 中島仁
朝鮮總督府裁判所書記 [illegible]

列席
朝鮮總督府檢事 中野俊助 立會

被告事件ニ付審理ヲ公開ス
被告人ハ身體ノ拘束ヲ受クルコトナクシテ出頭シタリ
辯護人
[illegible]

朝鮮總督府裁判所

❷

[illegible]

朝鮮總督府裁判所

朝鮮總督府裁判所

③

朝鮮總督府裁判所

④

印刷機械並ニ他ヲ使
用シ
一、「檄告文」ト題スルモノ
一万二千枚、
二、「大韓独立万歳」ト
題スルモノ二万枚、
三、「朝鮮人教育ニ朝鮮
人ヲ絶ヘセヨ」ト題
スルモノ六千枚
四、「産業ヲ起セ朝鮮人ヨ
絶ヘセヨ」ト題スルモノ
六千枚
五、「大韓独立運動者
団結セヨ」ト題ス
ルモノ八千枚
合計五萬二千枚ノ不
穏文書ヲ印刷シ
ル中[illegible]方
答
私ハ朴来源ニ対シ右
文書ノ[illegible]ヲ[illegible]共

⑤

ノ印刷方ヲ依頼シ
タルハ実デアリマス
同人ハ何処ニ於テ何時
頃ニ何程ノ幾何
ノ文書ヲ印刷シタカ
其後ノ事ハ知リマ
セヌ
問 自分ハ朴来源ニ
依頼シテ右不穏
文書ヲ[illegible]スル[illegible]
「大韓独立党ノ印」
及「大韓臨時政府ノ印」ト刻セル印章
各一個彫刻シタル由
答 左様デス
私ハ朴来源ニ対シ右
二種ノ印章ヲ作ル
様ニ依頼シマシタガ
同人ハ何処ニテ誰
ニ彫刻セシメタルカ

⑥

2129

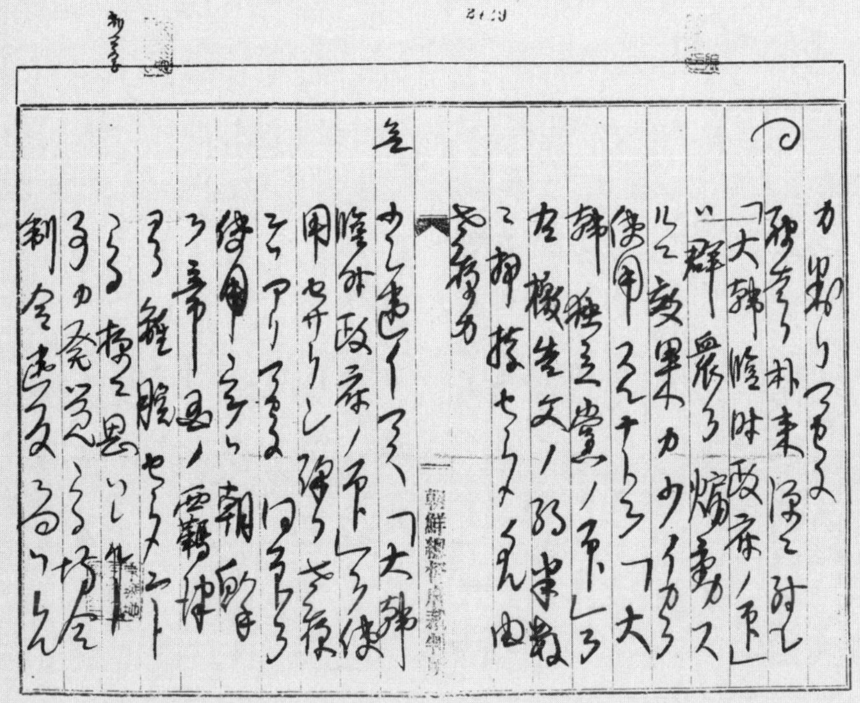

朝鮮總督府裁判所

7

2130

朝鮮總督府裁判所

8

2731

問 同日権、李用宰、白明天、等ト共ニ諺文書ヲ印刷シタル檄ハ申シ合セシタノカ

答 檄書ノ送リ先ハ只今申上ケタ通リテ申上ケ、ニハ檄書ハ印刷シタ時ハ「大韓臨時政府ノ下」ハ民衆ヲ煽動スル結果カナイカラ「大韓独立宣言ノ下ニ使用スルノテアルト云フ檄書ヲ主ニ作ルコトニナル様ニ成ツタ、権カ案ニ権カ朴来源ニ印刷ヲ依頼シタ、朴ハ権、李用宰、白明天、等ト印刷シタカ私ハ知ラヌ

朝鮮總督府裁判所

2732

ハナイト思ヒマシテ印刷ヲ朴来源ニ依頼シタモノデアリマス大体ソウデナイト思ヒマス

問 此ノ紙ニ書イテアルノヲ見タコトガアルカ

右不穏文書ノ「檄告文」ト云フノハ此ノ附第七九二号ノ證第一、二号デアルカ

答 左様デアリマス、大体現在ノ臨時政府ノ宣言ノ朝鮮ノ目的ニ於テ書イタモノデアリマス

問 「大韓独立万歳」ト云フ右不穏文書ハ之ニ此ノ附第七九二号ノ證第三号デアルカ

答 左様デアリマス

朝鮮總督府裁判所

2123

問
「殺人放火ヲ教唆セヨ」「殺
人放火ヲ[illegible]セヨ」並「暴
動ヲ[illegible]殺人放火セヨ」
セヨ」ト云フ如キ不穏文
書ヲ書イタ事ガアルカ
此ノ時押第七九二号ノ證第八
四、五、六号ヲ示ス
答 左様デアリマス
問 之ラハ「大韓独立
軍[illegible]国権回復セヨ」
ト云フ文書ガ
此ノ時押第七九二号ノ證第八
六号ヲ示ス
答 左様デアリマス 其レハ
金丹冶[illegible]書イテ来タ
[illegible]左様ニ
[illegible]一般民
衆ヲ感激サセ人気
ヲ集メル[illegible]左様ノ
文句ヲ[illegible]

朝鮮總督府裁判所

⑪

2123

目的ハ現在[illegible]
朝鮮独立ノ実現ヲ
希望シテ居リマス
[illegible]金丹冶トノ
関係[illegible]
[illegible]六月頃[illegible]
[illegible]ノ[illegible]
「[illegible]民血[illegible]、
[illegible]」ト題スル不
穏文書ヲ[illegible]
問 答
[illegible]
[illegible]
[illegible]不
穏文[illegible]
[illegible]
[illegible]
答

朝鮮總督府裁判所

⑫

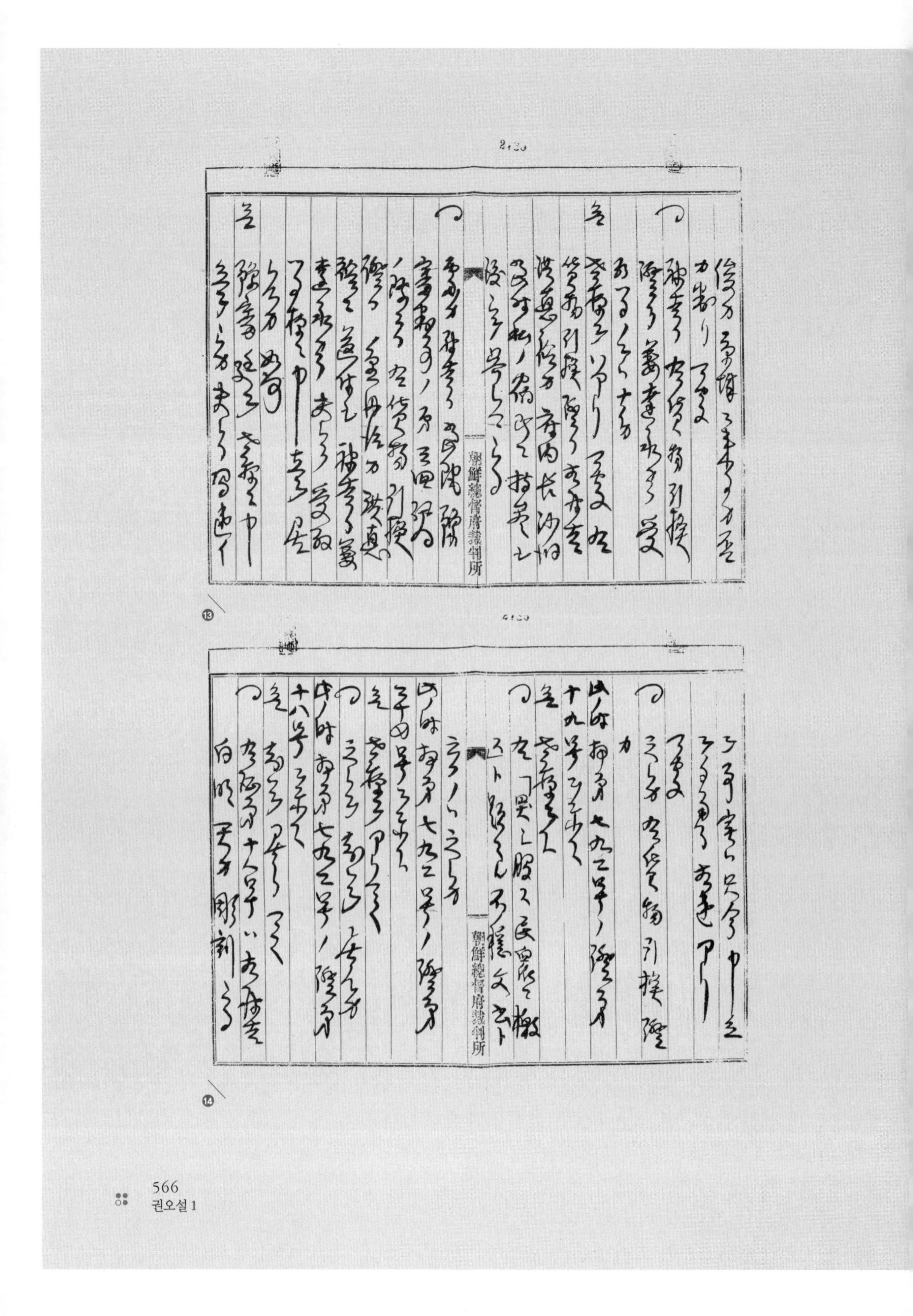

朝鮮總督府裁判所

⑬

朝鮮總督府裁判所

⑭

2.2.

答 [illegible]

問 [illegible] 書 [illegible]

答 [illegible]

問 [illegible] 書

[illegible]

一 湖南線

二 京釜線

三 京元線

四 京義線

一 四方面ニ分チ [illegible]

來ル者 湖南線、京 [illegible]

朝鮮總督府裁判所

⑮

2.23

全羅 方面ノ中 [illegible]

大田、[illegible]

一 京義線方面ノ中

[illegible] 線

平壤 [illegible] 線

方面ノ中 [illegible] 元山

一 潛伏シ

全羅南道ノ

光州、木浦、[illegible]

全羅北道ノ

全州、群山、井邑

慶尚南道ノ

晉州、金山、馬山

河東、

慶尚北道ノ

大邱、安東、尚州

永川、浦項、

忠清北道ノ

清州、忠州

忠清南道ノ

朝鮮總督府裁判所

⑯

公州、大田
京畿道ノ仁川、開城、
黃海道ノ載寧、沙里院
平安南道ノ平壤、安州
平安北道ノ新義州、宣川

朝鮮總督府用紙

咸鏡南道ノ咸興、洪原、永興
北青
咸鏡北道ノ清津、四隆(?)、會寧
城津
[illegible]
[illegible]

⑰

ヲ若干枚發見押收シ殘 [illegible]

朝鮮總督府用紙

⑱

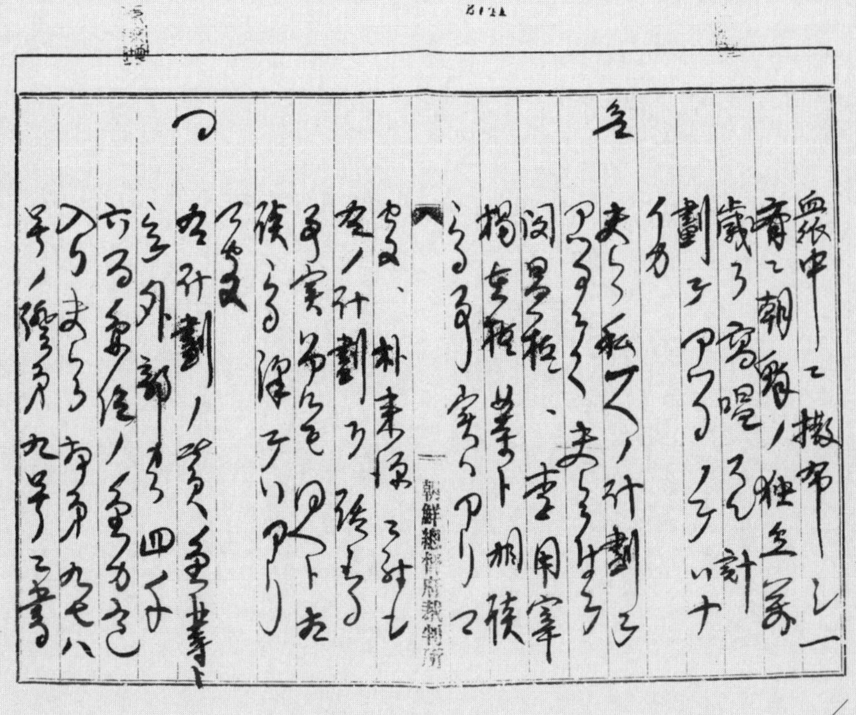

朝鮮總督府裁判所

⑲

朝鮮總督府裁判所

⑳

朝鮮總督府裁判所

[illegible]

㉑

朝鮮總督府裁判所

[illegible]

㉒

朝鮮總督府裁判所

㉓

朝鮮總督府裁判所

㉔

朝鮮總督府裁判所

㉕

朝鮮總督府裁判所

㉖

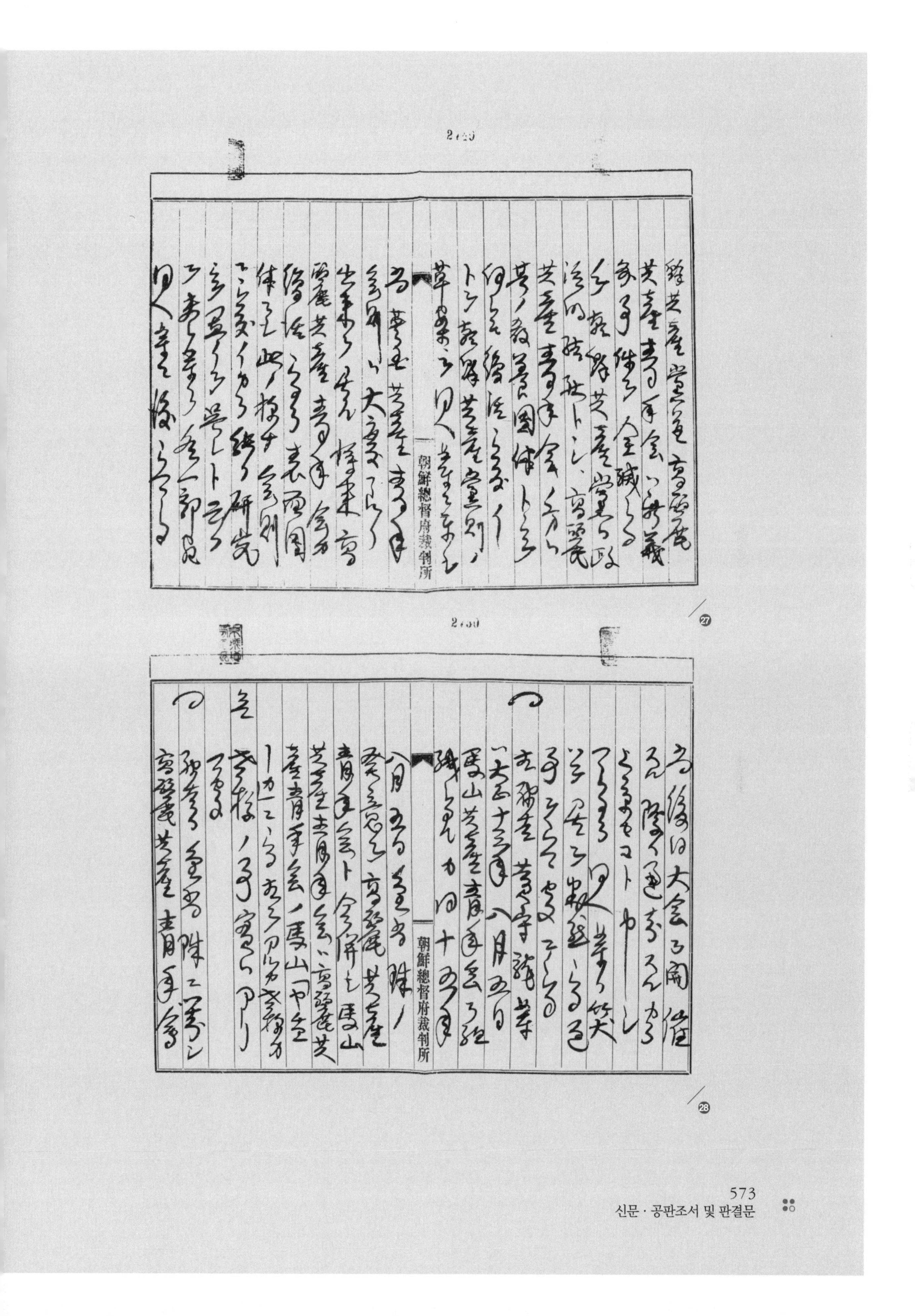

2729

朝鮮總督府裁判所

27

2730

朝鮮總督府裁判所

28

朝鮮總督府裁判所

㉙

273

朝鮮總督府裁判所

㉚

[illegible]
事實ハ全然ナイノデ
アリマス
權五卨ハ補充[illegible]トアリ
トテ此ノ通リ陳述シマス
一、[illegible]高麗共産
黨ノ組織[illegible]下ノ
組織[illegible]ノ幾多ノ
[illegible]且將來
共産黨[illegible]組織
[illegible]幹部トシ
テ[illegible]
[illegible]
[illegible]アリマス
一、高麗共産黨[illegible]
ニ朴[illegible]李[illegible]
[illegible]
[illegible]私
ト[illegible]

朝鮮總督府裁判所

31

[illegible]
テ私ガ[illegible]
[illegible]
私ガ[illegible]
[illegible]
トアリマシタ
一、[illegible]高麗共産黨
[illegible]金[illegible]
[illegible]
一、[illegible]
ノ文書[illegible]割ハ
私個人トシテノ[illegible]
[illegible]共産黨(組織中)
高麗共産黨[illegible]
ノ[illegible]關係[illegible]
リマス
一、私ハ[illegible]
[illegible]ト思ヒマス
ノ他ノ[illegible]
[illegible]

朝鮮總督府裁判所

32

従テ社会ノ変化ニ伴ヒ
テ[illegible]化スルモノナリ
社会ノ変化ニ伴ヒテ
変化スルモノナリト思フ
故ニ吾々ハ社会[illegible]
吾々ハ極端ニ圧迫ス
ルコトハ即チ社会変化
ノ促進ヲ阻害スルコ
トニナル 吾々ハ取締
マル治安維持法ハ

朝鮮總督府裁判所

吾々ハ絶対ニ悪法ナリ
ト思フ[illegible]悪
法ノ一日モ早ク撤廃
サレンコトヲ希望シテ
居ル
又、
[illegible]
[illegible]
[illegible]
問 [illegible]持ツテ居ルカ
答 [illegible]アルトセハ

㉝

其ノ[illegible]
[illegible]書[illegible]
[illegible]
[illegible]
[illegible]
[illegible]
[illegible]最[illegible]
[illegible]一
[illegible]
[illegible]

朝鮮總督府裁判所

[illegible]
[illegible]
[illegible]
[illegible]
[illegible]
[illegible]
[illegible]
[illegible]
[illegible]

㉞

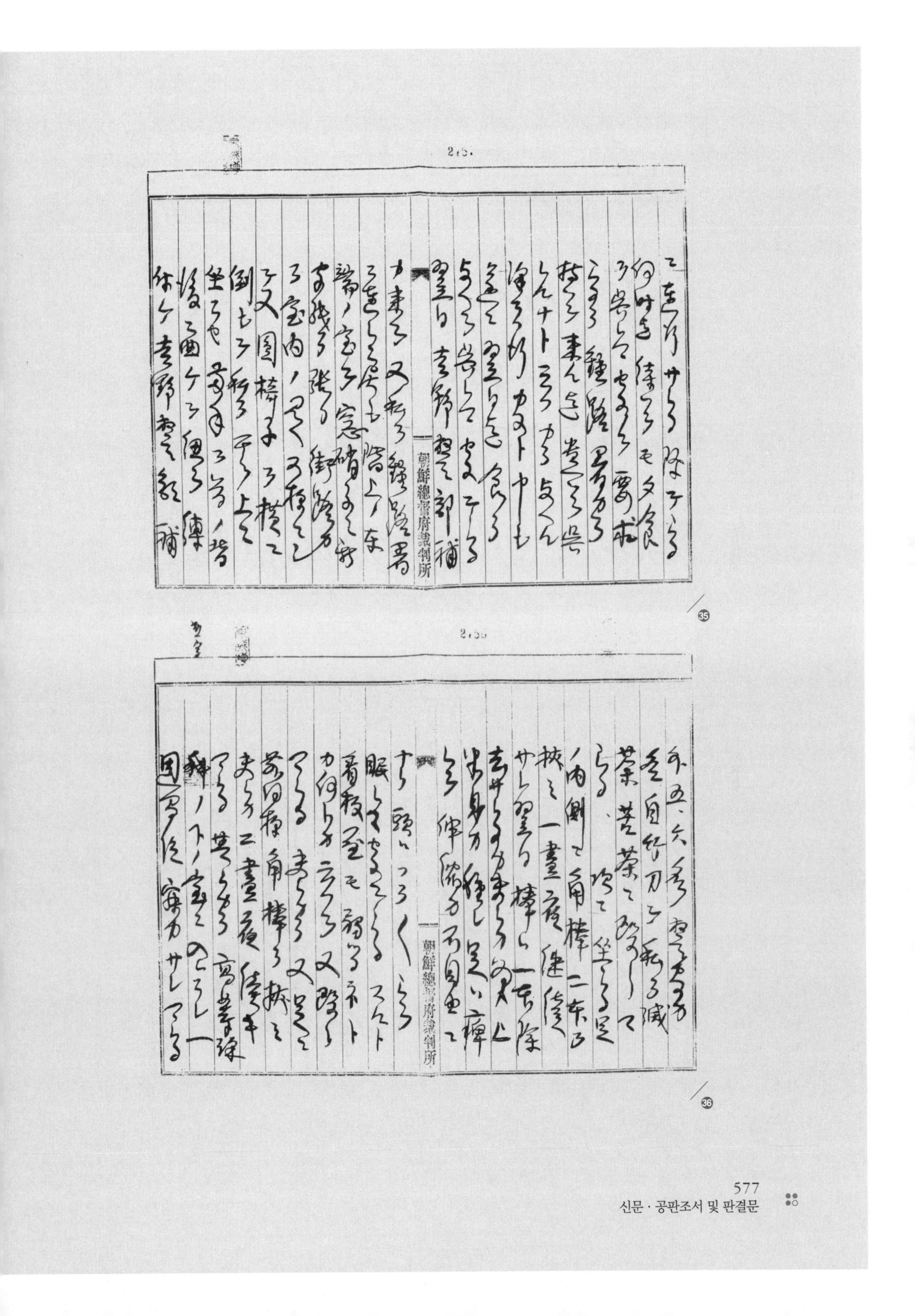

2·5

[illegible]

朝鮮總督府裁判所

35

2·5

[illegible]

朝鮮總督府裁判所

36

問 其ハ罪ニ出来ルカ
答 様デス 為 其ノ罪扇
動シ 民衆ヲ煽動シ
ノ鐵百回ト ナリ 騒キ
アルカ 又 其ノ罪ニ扇
動シ 秘ニ 印刷シテ 頒布シ
リマスルカ 交ス 騒キ
ルモ 其ノ論ニアル
外部ノ 援助ヲ 受ケルノ
ニ 出来マセヌ 依

朝鮮總督府裁判所

ニ 騒ト 出頭 目的ナ
アルカ 又 ハ 様ニ
延ヘ 騒擾 延テ 様
ニ 無罪ヤ 申シ マス
ヤウナ コトヲ 申シマス
様ナ 延シテ 其 様ニ力
大衆 目的 ニ 依リ
アル 騒キ 同シ 無罪
ニテ 民衆 アルト 思ヒ

アリマシタ 同人ハ 係ニ送
ヘマシタ
騒擾 檄文ヲ 印刷スル事ハ 私ガ
引受ケマシタ 同書ニ
罫紙ヲ 購入シテ 其レモ 再
ビ印刷シテ 頒布 ヘシ
ト書イテ 交付シマシタ 書類
ニ 書中ニ 一枚 中
ニ 書キ 置ルト 言フ 同人
ニ 何等 不正 依テ

朝鮮總督府裁判所

トカ 云フ 印刷 物ヲ
ニ 騒擾 取扱 何等
ニ 其レ 印刷スルト 印刷
印ハ 一ツモ 何等 ニ 印刷
ニテ 居 モ 騒擾 言フ 頒布
ト云フモ 仕方ナシ 同
ニ 依テ 言フ ヘキ、
印刷物 力 残シ 書イテ
ニ 為サレテ 隠 デス
ニ 無カル コトハ アリマス

朝鮮總督府裁判所

39

朝鮮總督府裁判所

40

朝鮮總督府裁判所

41

朝鮮總督府裁判所

42

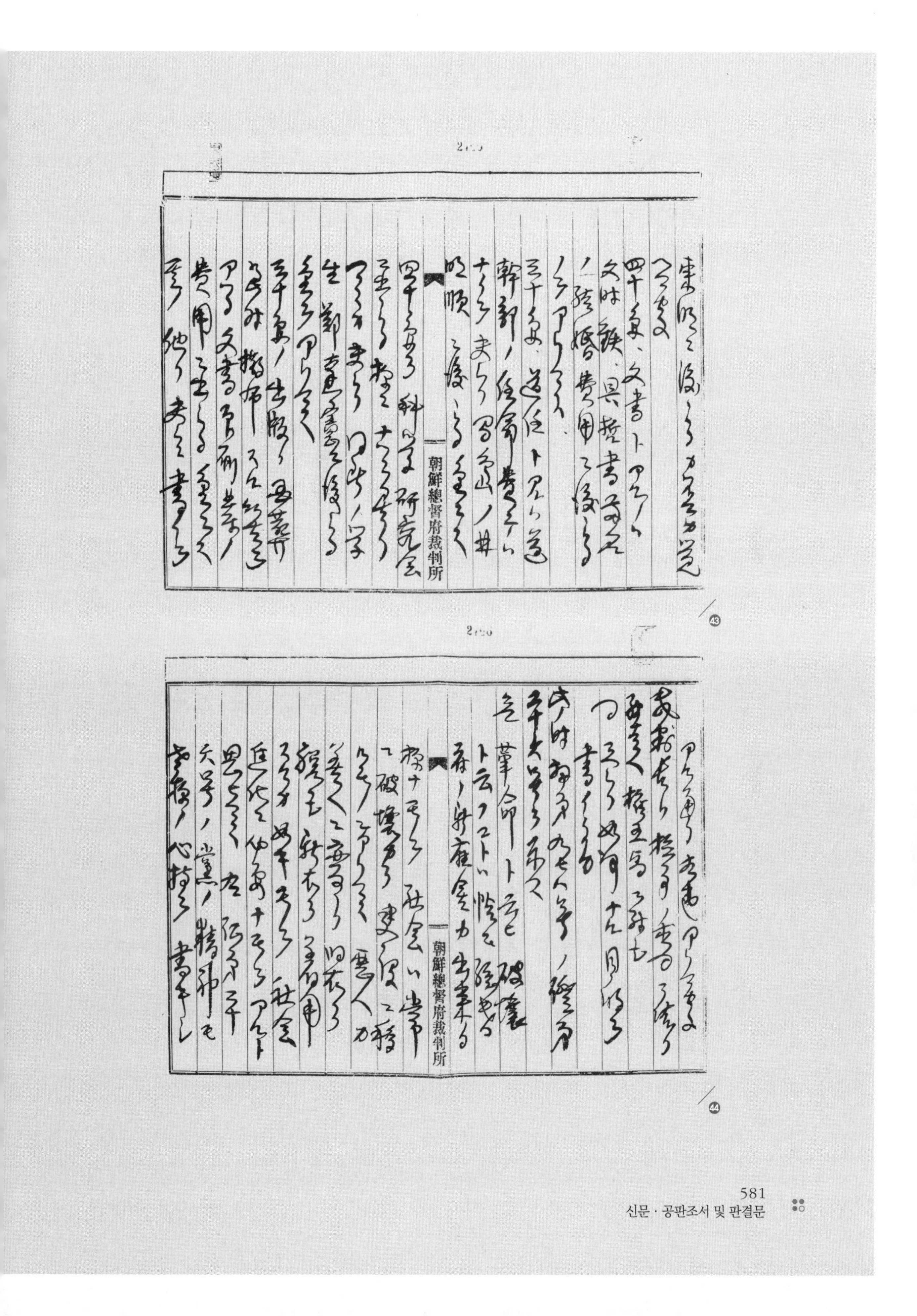

2150

[illegible]

朝鮮總督府裁判所

43

2156

[illegible]

朝鮮總督府裁判所

44

2‥5

[illegible]

朝鮮總督府裁判所

45

2‥6

[illegible]

朝鮮總督府裁判所

46

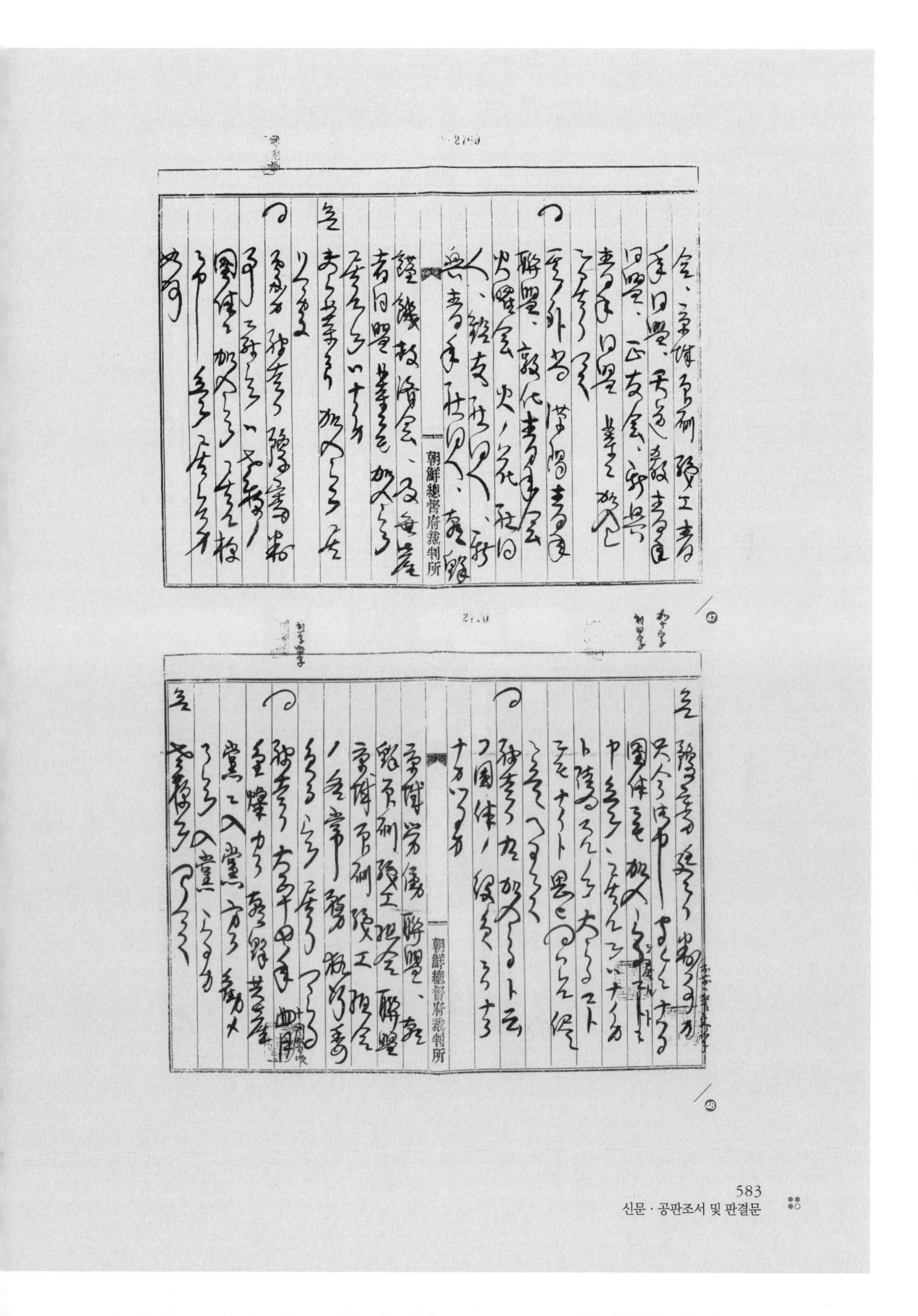

朝鮮總督府裁判所

47

朝鮮總督府裁判所

48

㊾

問 被告ハ孫秀ヲ推薦シタル以上ハ

ニハ李準泰ト共ニ運動ヲ

ヲシテ入黨セシメ推薦シ

タル事ハ左様ナルガ如

何

答 左様ナ事ハアリマセヌ

答 金燦カ運動シテ居ル

問 入黨シタル際高麗共産

黨ノ目的ハ何カ

ナカ

答 労働者ノ生活ノ向上

ヲ計リ経済的

シテアルカ共産主義

運動ヲナスコトデアル

ナルコトハ綱領ノコト

問 金燦ハ共産黨ノ運動

シテ居ルガ増加シテ居ル

答 「パコダ」公園裏ノ路

朝鮮總督府裁判所

㊿

上ニ因ミテ先達テル際

運動スルモノ

其ノ時火曜会ニ推薦シ

実際ハ火曜会ノ為メ運動スル

ノカ

答 左様ナ事ハアリマセヌ

問 共産黨ニ一九二五年九月「ヤ

チエーカ」ヲ組織シ

其ノ一月頃「ヤチエーカ」ニ

入黨シ同志トシテ

ナルニ付テ更ニ一月五

「ヤチエーカ」ニ属シ其

ノ責任者ナル者ヲ

カ

答 其様ナコトハ一向知リ

マセヌ

問 同志ト五月ノ「プ

ロ・チエ」ヲ組織シ

其ノ労農部ニ属

朝鮮總督府裁判所

答
其ノ居ル間李鍾一ガ
私ニ「プラクチ」トハ何
ニナルカ判リマセヌト聞キ
マシタカラ其ノ意味ヲ書イ
テクレト申シマシタラ文
書デ申シ私ノ名前ヲ
カキマシテアリマシタガ
何ナル程カ判リマセヌ
其ノ時鍾一ハ隠語ヲ用ヒ
テ其ノ事ニ付キテノ答
ヲ自分ハ李鍾一ト
同一「プラクチ」ニ属シテ
居ルト申シテ居ル
ソウカ如何
答
其ノ中ニハ書イテアルコトニ
トハ思ヒマセヌ
問
其レハ（隠語ニテ、三字）ニテ
書イテアル
其レハ（隠語三字）ニテ其
ノ隠語ヲ用ヒテ居ル其レハ（隠語

朝鮮總督府裁判所

51

二、三字）ニ依ルト只今申
シタル様ニ「ヤチエーカ」
「プラクチ」ニ所属シテ
居ル様書（ヤチエーカ）ニ
ナシテ居ル様ニ書イテ
アリマス如何
此ノ時押収第九七八号ノ隠語書ニ
示シ、又隠語三字ヲ示ス
答
「ヤチエーカ」ノ方ハ実ハ
居ル居ルコトカアリ
マスカ「プラクチ」ノ方ハ
全然判リマセヌ
問
被告ハ共産党員李穀植
ト親シク交際シ共産党
党ニ入リ党員トシテ居ル由
如何
答
党員トシテハ今迄何モシマセヌ
義務ヲ負ヒ活動シタ事ハ
共産党員トシテ全然アリマ
セヌ 自分ハ李鍾一ノ為メニ

朝鮮總督府裁判所

52

⑤③

[illegible] 君ハ
「ヤチエーイ」[illegible]
権五卨、李準泰、金
有声、李毅植 [illegible]
黨員 [illegible]
カラ入黨ヲ勧メタノ
[illegible]
ニ李準泰、金有声
李毅植 [illegible] 入
黨ヲ勧メタル事実

朝鮮總督府裁判所

カ [illegible] 権五卨ハ [illegible]
時 [illegible]
ラル
問 李毅植ニハ何
時何 [illegible] 入黨ヲ勧
メタカ
答 大正十五年三月末カ四
月ノ初頃デアルト思
ヒマス 東大門外ノ私方
[illegible] 勧メタ [illegible] 同

⑤④

問 [illegible]
ノ [illegible]
自分カ李毅植ニ [illegible]
入黨ヲ勧誘シタル [illegible]
[illegible] 共産黨ノ [illegible]
ハ私有財産制度
ヲ否認シ共産 [illegible]
ヲ [illegible] 共産
[illegible] 変 [illegible]
ト [illegible] アルト

朝鮮總督府裁判所

中 [illegible] 中 [illegible]
[illegible]
答 [illegible] 権ノ中
[illegible] アリテ
[illegible]
問 大正十四年四月十日
頃 [illegible] 勧誘
サレ [illegible] 共産青
年会ニ入会シタル
[illegible]

27

[illegible]

朝鮮總督府裁判所

55

2

[illegible]

朝鮮總督府裁判所

56

朝鮮總督府裁判所

57

朝鮮總督府裁判所

58

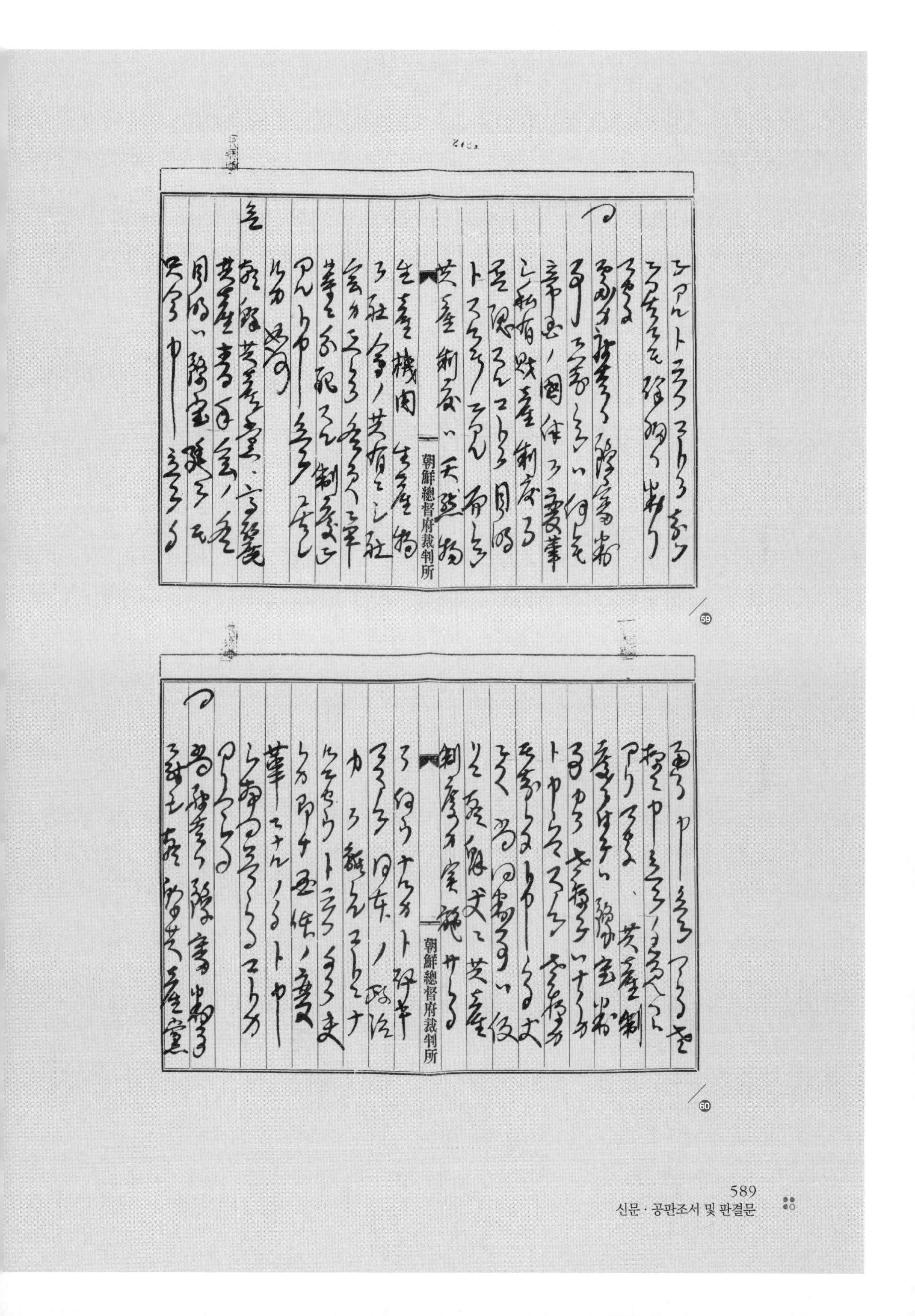

朝鮮總督府裁判所

59

朝鮮總督府裁判所

60

61

朝鮮總督府裁判所

62

朝鮮總督府裁判所

朝鮮總督府裁判所

63

朝鮮總督府裁判所

64

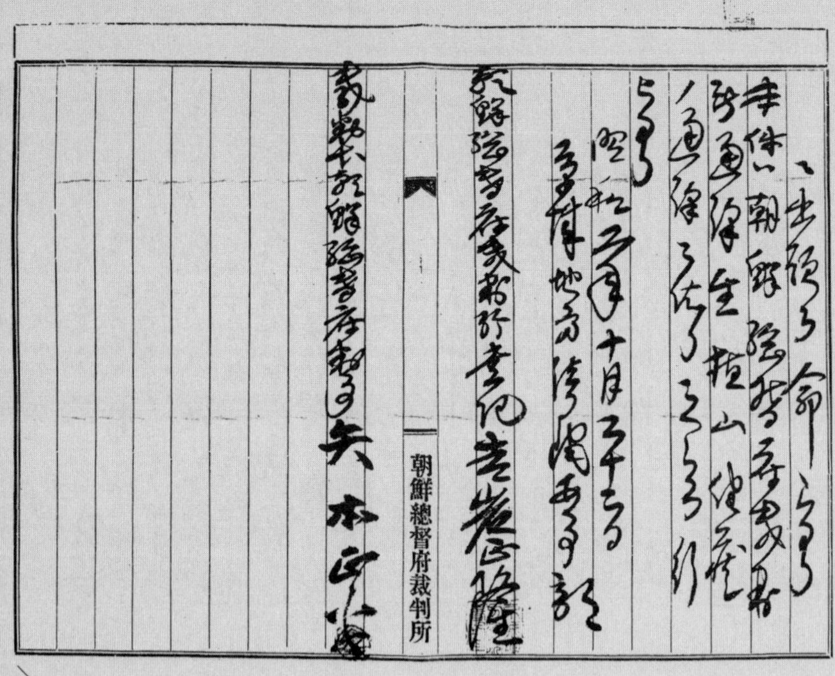
朝鮮總督府裁判所

⑥⑤

판결문判決文

1927년 형공刑公 제427~429호, 형공 제1059~1087호

판결判決

경기도京畿道 경성부京城府 장사동長沙同 52번지 거주

무직

홍일헌洪一憲, 박철희朴喆熙, 김삼수金三洙, 권일權一, 즉 권오설權五卨

당 31세

위의 피고 권오설 · 박내원朴來源 · 양재식楊在植 · 민창식閔昌植 · 이용재李用宰 · 백명천白明天에 대한 치안유지법 및 출판법위반, 피고 홍덕유洪悳裕에 대한 치안유지법위반과 명예훼손, 기타 피고들에 대한 각 치안유지법위반 피고사건에 대해 조선총독부 검사 중야준조中野俊助 관여, 병합併合 심리하여 판결한 것이 다음과 같다.

주문主文

피고 김재봉金在鳳 · 강달영姜達永을 각 징역 6년에, 피고 권오설을 징역 5년에 (중략) 각 처한다.

이유理由

피고들은 일찍부터 사회운동에 참가하여 그 대부분은 본래 공산주의에 공명共鳴되거나 혹은 조선민족주의자에서 공산주의자로 전화轉化한 자다. 모두 두루 우리 조선 현대 사회제도에 대해 정밀하게 살피거나 연구하지 않고, 헛되이 민족적 편견에 사로잡혀 겨우 한쪽 끝만을 부정적으로 살펴서, "그 사회조직에 심대한 결함이 있어서 점차 필연적으로 조선 무산대중의 자멸을 부를 것"이라고 그릇 판단하였다. 종전從前의 이른바 조선민족 해방운동에 의지해서는 도저히 그 뜻하는 목적을 달성할 수 없음을 깨달았기 때문에, 차라리 순수한 이 민족해방운동에 대립하여 조선민족 해방관념에 공산주의 사상을 혼화混和시킨 일종의 공산주의운동을 하느니만 못하다고 하여 다음 1, 2의 범행을 한 자로서

第2 (一) 피고 권오설 · 홍증식洪增植은 박헌영朴憲永 · 조봉암曺奉岩 · 김단야金丹冶(일명 김태연金泰淵) · 김찬金燦 등과 앞의 전조선민중운동자대회를 위해 조선 각 지역에서 경성으로 사회운동자들이 상경한 것을 기회로 삼아 1924년 8월경 이후 계획해 왔던 비밀결사를 조직할 것을 밀의하였다. 박헌영 · 조봉암 · 김단야 등이 주로 알선한 결과 피고 권오설 · 홍증식 · 임원근林元根 · 임형관林亨寬 · 김상주金尙珠 · 신철수申哲洙 · 장순명張順明 · 진병기陳秉基는 박헌영 · 조이환曺利煥 · 박길양朴吉陽 · 김단야 · 김찬 · 조봉암 · 정경창鄭敬昌 · 안상훈安相勳 · 김동명金東明(일명 김광金光) 등과 함께 1925년 4월 18일 오후 7시경 경성부 훈정동薰井洞 4번지 박헌영 집에 모였다. 여기에서 사유재산제도를 부인하고, 공산주의 선전과 투사의 교양에 힘써 조선에 공산제도를 실현시키고자 먼저 박헌영은 모인 사람 모두에게 이제부터 공산청년회 조직에 착수해야 한다고 했다. 이어 조봉암은 사회자가 말한 동同 청년회 창설의 필요를 설명했다. 여기에 김단야는 넓게 회원을 모집 · 교양하여 공산주의 선전에 노력하고, 공산제도 사회를 실현시키기 위해 동同 청년회를 조직하자는 내용의 강령을 낭독하였다. 모두 여기에 찬성하고, 일종의 교양기관으로서 조봉암의 발의에 따라 고려공산청년회라 이름 붙인 비밀결사를 조직하였다. 피고 홍증식 및 박헌영 · 조봉암 3명을 역원役員의 전형위원으로 뽑고, 동同 위원으로 피고 권오설 · 홍증식 · 신철수 및 박헌영 · 조봉암 · 김찬 · 김단야 7명을 중앙집행위원에, 피고 임형관 및 조이환 · 김동명 3명을 검사위원에 선임하였다. 동同 중앙집행위원들에게 그 청년회의 직제와 회칙의 제정 등 일체를 맡겼다. 신철수가 4월 20일 이른바 적기사건赤旗事件으로 붙잡혔기 때문에 피고 임원근을 그 후임으로 중앙집행위원에 선정하였다. 동同 중앙집행위원들은 1925년 5월 초순경 박헌영 집에 모여 동同 집행위원회를 개최하였다. 비서부 · 조사부 · 조직부 · 교양부 · 연락부 · 국제부를 설치하고, 각자의 담당업무를 정하였다. 회원의 연령은 30세 이하로 제한하고, 곧 모집에 힘썼다. 이에 피고 염창렬廉昌烈은 1925년 4월 중 경성부 관수동觀水洞 신흥청년동맹新興靑年同盟 사무소에서 조봉암으로부터, 피고 이병립李炳立은 4월 하순경 경성부 낙원동樂園洞 여성동우회사무소에서 동시에 조봉암으로부터, 피고 김경재金璟載는 1925년 7월 초순경 경성부 관철동貫鐵洞 허헌許憲 집에서 피고 임원근으로부터 각각 권유받아 모두 그 정황을 잘 알면서 고려공산청년회에 가입하였다. 한편 간부들은 조봉암을 러시아 모스크바로 파견하여 국제공산청년회 가맹을 교섭하도록 하였는데, 그 후 중국 상해에서 돌아온 조봉암으로부터 학생을 모스크바에 유학시켜야 한다는 내용의 통보를 받고, 동인同人이 학생 파견비 1,850원을 보내왔기에 피고 권오설·임형근은 박헌영 등과 협의하였다. 협의 끝에 공산운동의 전위투사前衛鬪士를 양성하기 위해 1925년 9월 중부터 1925년 11월 초순경 사이에 여러 차례에 걸쳐 회원 안상훈·김명시金命時(여자)·김응기金應基·정경창·최춘택崔春澤·고명자高明子(여자)·조용암曺龍岩·박지성朴知成·정병욱鄭炳旭·정운림鄭雲林·이영조李永祚·김형관金衡寬·장서산張曙山·권오직權五稷·김일성金一星·장도명張道明·강한姜翰 등 17명을 중국 안동현, 혹은 문사門司, 또는 장기長崎에서 승선乘船시켜 상해를 경유하여 모스크바 공산학교에 입학시켰다. 또 군연맹郡聯盟을 조직하고, 이어 도연맹道聯盟 조직에 착수하였다. 여기에 동지를 가입시켜 더욱더 공산운동을 진전시킬 계획을 세워 활동하던 중, 뜻밖에도 간부 대부분이 검거되었다. 이후 비약적으로 약화되었기 때문에 이를 우려하여 11월 29일경 경기도 고양군高陽郡 연희면延禧面 창천리滄川里에 있는 동지 정달헌鄭達憲의 하숙실에서 김동명과 그 선후책善後策을 논의한 끝에 12월 10일 피고 염창렬·이병립에게 동同 청년회의 현황을 알리고, 함께 활동할 것을 권유하여 동同 피고 등을 중앙집행위원후보로 선출하였다. 피고 이지탁李智鐸은 1925년 12월 하순 혹은 1926년 1월 초순 경성부 내자동內資洞 김동명의 은닉처에서 동인同人의 권유를 받고 정황을 알면서 고려공산청년회에 가입하였으며, 동시에 중앙집행위원후보로 임명되었다. 피고 박민영朴珉英은 1926년 3월 초순경 경성부 필운동弼雲洞 정달헌 집에서 피고 권오설의 권유에 따라 그 정황을 잘 알면서 동회同會에 가입하였고, 마찬가지로 중앙집행위원후보가 되었다. 피고 김경재 또한 동월同月 하순경 피고 권오설에 의해 동同 집행위원후보에 선임되었다. 각기 그때마다 동同 위원 후보들의 관장 사무를 정하였다. 1926년 5월 하순경까지의 사이에 경성부 수창동需昌洞 97번지 조두원趙斗元 집, 기타 장소에서 여러 차례 중앙집행위원회를 개최하고, 고려공산청년회의 발전책을 연구 중에 일이 발견되었다.

第3 (一) 피고 권오설은 고故 이왕 전하의 훙거薨去 당시 이미 공산운동자와 조선민족주의자들 사이의 상호 제휴를 책동하고자 하는 방향으로 흘러가자, 이에 김단야와 함께 논의한 끝에 장래 신속하게 동同 민족주의들과의 제휴를 실현하고, 더욱더 공산운동을 발전시키기 위해 이왕 전하의 국장을 기회로 삼아 불온문서를 인쇄 살포해서 이른바 조선독립운동을 하고자 기획했다. 1926년 5월 10일경 경성부 장사동 52번지 이수원李壽元 집에서 피고 박내원에게 그 정황을 알리고 여기에 가담시켰다. 동 피고는 5월 14일경 경성부 안국동安國洞 26번지 피고 민창식 집에 이르러 동인同人을 설득하여 그 기획에 참가시켰다. 또 당시 피고 양재식 · 이용재 등에게 불온문서를 인쇄 살포해서 조선독립운동을 하려는 정황을 알려 여기에 가담시키고, 이를 피고 권오설에게 알렸다. 권오설은 출판에 있어 관할 관청의 허가를 받지 않고 5월 15일경, 이수원의 집에서 '격고문檄告文' 이라는 제목으로 "우리들은 이미 민족적 및 국제적 평화를 위해 1919년 3월 1일 대한독립을 선언했다. 우리는 역사적 복수주의復讎主義를 반복하려는 것이 아니라 장래 우리가 잃어버린 국권을 회복하려는 것에 있고, 일본의 전 민중에게 적대하려는 것이 아니라 단지 일본의 통치를 벗으려는 데 있다. 우리의 독립선언은 실로 정의의 결정結晶이며 평화의 표상이다. 형제여, 자매여, 속히 나아가 싸워서 완전한 독립의 회복을 기하자"고 운운하고, '대한독립만세' 라는 제목으로 "조선은 조선인의 조선이다. 횡포한 총독정치의 굴레를 벗어나 일본인을 조선인의 영역에서 쫓아내자"고 운운, '조선인 교육은 조선인 본위로' 라는 제목으로 "보통학교 용어를 조선어로, 보통학교장은 조선인으로, 대학大學은 조선인을 중심으로" 라고 운운, '산업은 조선인 본위로' 라는 제목으로 "동양척식회사를 철폐하자. 일본 이민제도를 철폐하자"고 운운한 불온문서 원고를 작성하였다. 이어 5, 6일후 같은 장소에서 김단야의 통신문을 참조하여 '대한독립운동자여 단결하라' 는 제목으로 "일체의 납세를 중지하자. 일본 물화物貨를 배척하자. 조선인 관리는 일체 퇴직하고, 일본인 공장의 직공은 총파업하자. 일본인 지주에게 소작료를 납부하지 말자. 옥에 갇힌 혁명자를 석방하자"고 운운云云한 불온문서 원고를 작성하였다. 피고 박내원은 피고 권오설로부터 그 인쇄자금을 받아 피고 민창식 · 양재식 · 백명천 등과 함께 인쇄기 대소大小 2종, 활자, 용지, 기타 필요품(압수 제792호의 제9~16호, 제25호는 그 일부임)을 구입 준비하였다. 그 후 피고 박내원 · 민창식 · 양재식 3명은 5월 17일 이후, 피고 이용재는 동월 21일 이후, 모두 동월 24일까지 경성부 안국동安國洞 36번지 피고 백명천의 셋집에서, 이어 25일부터 5월 하순경까지는 피고 민창식의 집에서 동同 피고들 4명이 함께 소형인쇄기, 기타 앞서 언급한 필요품(앞서 기록한 제9~15호는 그 일부, 제14호는 활자를 용해溶解한 것)을 사용하여 앞서 언급한 '격고문' 1만 2,000

매(압수 제792호의 제1 · 2호), '대한독립만세' 2만 매(동 제3호)(이상의 2종은 백명천의 셋집에서 인쇄한 것), '조선인 교육은 조선인 본위로' 와 '산업은 조선인 본위로' 각 6,000매(동 4~5호), '대한독립운동자여 단결하라' 8,000매(동 제6호)를 각 인쇄하였다. 피고 백명천이 인쇄한 대한독립당의 인장印章을 동同 '격고문' 의 약 반수에 찍었다. 그 격고문의 살포 방법으로 동同 문서와 김단야가 송부해 온 '통곡하며 엎드린 민중에게 격檄한다' 는 제목으로 "이조李朝 최후의 군주 이척李拓은 지난 4월 25일 영면했다. 우리는 이 때를 이용하여 일본제국주의를 벗어날 투쟁력을 뿌리내리자. 아울러 일보一步일지라도 그 축출을 목표로 투쟁을 시작하자. 우는 민중이여 하나로 단결하여 혁명단체의 깃발 아래 모이자. 통곡하며 엎드린 충성과 의분을 다해 우리의 개방투쟁을 받들어 일본 제국주의를 박멸하자" 고 운운한 불온문서(압수 제792호의 제24호)를 합하여 피고 민창식을 경의선京義線 중심지 사리원沙里院 혹은 평양과 경원선京元線 중심지 원산元山에 파견하여 도청 · 기타 관아 청년단체에게 개벽開闢 · 신여성新女性 · 신민新民 등의 각 잡지 속에 몇 장씩 끼워 넣어 배부하도록 하고, 나머지 반 가운데 얼마는 피고 박내원 · 민창식 · 이용재 · 양재식에게 상점의 광고우편으로 꾸며 총독부 · 재판소 · 경기도청, 기타 경성부내의 관아에 우송 배포하기로 하였다. 기타 반은 1926년 6월 10일의 국장 때에 피고 권오설 · 박내원 · 민창식 · 이용재 · 양재식이 학생 · 양말직공 및 인쇄직공 등을 사주하여 함께 장례행렬이 지나는 길목에서 군중에게 뿌리고, 일제히 조선독립만세를 외치기로 하였다. 즉 치안을 방해하려고 하였다.

피고 백명천은 피고 박내원 등이 조선독립운동을 획책하고 함부로 불온문서를 인쇄 살포하는 정황을 잘 알면서 동同 피고의 명에 따라 1926년 5월 16일경 경성부내에서 인쇄에 사용할 잉크 2관鑵, 인테르 10본本 및 고무판護謨板 1매를 구입한 다음 6월 22, 23일경 앞에서 언급한 셋집에서 동同 피고의 요청에 따라 대한임시정부의 인장(압수 제792호의 제18호) 및 대한독립당의 인장 각 1개를 조각 교부하였다. 이로써 동 피고들의 독립운동 및 인쇄의 범행을 방조幇助하였다.

(중략)

판시 第2의 (一) 사실 가운데 피고 권오설 · 홍증식 등이 판시判示와 같이 모의한 사실은 오정五井 예심판사의 피고 권오설 제1회 신문조서의 진술기록 및 월미越尾 예심판사의 피고 박헌영 제1 · 4회, 피고 홍증식 제1회 신문조서의 각 진술기록에 의한다. 박헌영 · 조봉암 · 김찬 · 김단야 등이 주로 알선한 사실은 피고 박헌영 제4회, 피고 홍증식 제1회 신문조서의 각 진술기록에 따른다. 각 이를 인정한다. 피고 권오설 외 16명이 판시 일시 · 장소에 모인 사실은 오정五井 예심판사의 동 피고 제1회 신문조서에서 같은 내용의 진술기록 및 동관同官의 피고 박헌영 신문조서의 진술기록과 월미越尾 예심판사의 피고 임원근 제1회, 오정五井 예심판사의 피고 임형관 · 홍증식 · 신철수 · 장도명 · 김상주 · 진병기 신문조서 가운데 모두 "자신이 고려공산청년회 조직자의 일원"이라는 내용의 각 진술기록이 있었음을 종합하여 이를 인정한다. 또 판시 방법에서 고려공산청년회라는 비밀결사를 조직한 사실은 오정 예심판사의 피고 박헌영 · 홍증식 · 권오설(제4회) 신문조서의 각 진술기록에 따른다. 그 조직의 목적도 또한 판시와 같다는 사실은 동관의 피고 권오설 제5회, 피고 임형근 · 홍증식 · 김상주 신문조서의 각 진술기록에 따른다. 판시 3명이 전형위원에 선임된 사실은 동관의 피고 박헌영 신문조서 가운데 같은 내용의 진술기록이 있고, 또 신철수의 당 공정에서의 "박헌영 · 홍증식이 동위원이 되었다"는 내용의 진술에 따른다. 중앙집행위원 7명 및 검사위원 3명이 판시와 같이 선임된 사실은 월미 예심판사의 피고 박헌영 제4회 신문조서에 같은 내용 진술기록에 따른다. 중앙집행위원에 판시와 같이 일체를 위탁했다는 사실은 오정 예심판사의 피고 박헌영 신문조서의 진술기록에 따른다. 각 이를 인정하기에 충분하다. 피고 신철수가 판시 월일月日경 검거된 사실은 동 피고가 당 공정에서 스스로 진술한 내용에 따른다. 피고 임원근이 피고 신철수에 이어 중앙집행위원이 된 사실은 월미 예심판사의 피고 박헌영 제4회 신문조서에 같은 내용 진술기록이 있고, 또 동관의 피고 임원근 1회 신문조서 가운데 "자신은 중앙집행위원으로서 교양부를 담당했다"는 내용의 진술기록이 있어 이에 따른다. 중앙집행위원들이 판시와 같이 그 위원회를 열어 그 부서를 정했다는 사실은 피고 홍증식이 당 공정에서 했던 같은 내용 진술에 따른다. 그 부서는 판시와 같이 6부로 하고, 각자 담임사무를 정했다는 사실은 오정 예심판사의 피고 박헌영, 월미 예심판사의 피고 임원근(제1회) 신문조서에 같은 내용의 각 진술기록이 있어 이에 따른다. 모두 이를 인정한다. 동 회원은 30세 이하의 사람으로 제한하고 그 모집을 했다는 사실은 피고 권오설이 당 공정에서 했던 같은 내용 진술에 따른다. 피고 염창렬이 판시 월일 · 장소에서 조봉암의 권유를 받고 고려공산청년회에 가입한 사실은 동 피고가 당 공정에서 말한 "자신은 판시와 같이 조봉암의 권유를 받았다"는 내용과 오정 예심판사의 피고 염창렬 제1회 신문조서에서 "자신은 조봉암 등의 권유에 따라 고려공산청년회에 가입했다"는 내용의 진술기록이 있어 이에 의한다. 피고 염창렬이 정황을 알고 있었던 점은 동 신문조서 및 동관의 피고 권오설 제5회 신문조서의 진술기록에 따른다. 피고 이병립이 판시와 같이 고려공산청년회에 가입한 사실은 동관의 동 피고 제1회 신문조서에 같은 내용 진술기록이 있어 이에 따른다. 동 피고가 정황을 알고 있었던 점은 동관의 동 피고 제1·2회 신문조서의 각 진술기록에 의한다. 피고 김경재가 판시와 같이 고려공산청년회에 가입한 사실은 동관의 동 피고 제1회 신문조서 가운데 이에 조응하는 진술서가 있음에 따른다. 동 피고가 정황을 알고 있었던 점은 동관의 동 피고 제1·2회, 피고 권오설의 제5회 신문조서의 각 진술기록에 따른다. 피고 김경재가 권오설의 권유에 따라 중앙집행위원후보가 된 사실은 동관의 피고 김경재 제1회 신문조서의 진술서와 동관의 피고 권오설 제1회 신문조서 가운데 '김경재는 중앙집행위원후보' 라는 내용의 진술서가 있어 이에 따른다. 각 이를 인정한다. 또 조봉암을 모스크바에 파견하여 판시 교섭을 한 사실은 동관의 피고 권오설(제4회)·피고 홍증식, 월미예심판사의 피고 임원근 제1회 신문조서의 각 진술기록에 따른다. 학생을 판시와 같이 모스크바 공산학교에 입학시킨 사실은 피고 권오설의 당 공정에서의 진술(제15, 16회 공판조서 참조, 파견비 금액의 점을 제외), 월미 예심판사의 피고 박헌영 제1회(학생수의 점을 제외)·제2·7회, 피고 임원근 제1·4·5회(모두 학생수의 점을 제외), 피고 임형관 제3회 신문조서의 각 진술기록에 따른다. 판시 군연맹 및 도연맹에 관한 점에 대해서는 월미 예심판사의 피고 박헌영 제1·5·6회, 피고 임원근 제4회, 피고 권오설 제2회 신문조서의 각 진술기록에 따른다. 각 이를 인정하기에 충분하다. 피고 권오설이 판시와 같이 김동명과 밀의한 사실은 동 피고의 당 공정에서의 진술에 따른다. 피고 권오설이 판시와 같이 피고 염창렬·이병립을 설득하여 중앙집행위원후보에 선임한 사실은 피고 권오설이 당 공정에서 "자신은 창천리 정달헌 집에서는 피고 염창렬·이병립 2명에게만 그 권유를 해 승낙을 얻었다"는 내용 진술과 오정 예심판사의 피고 권오설·염창렬 각 제1회 신문조서의 진술기록에 따른다. 각 이를 인정하기에 족하다. 또 피고 이지탁이 정황을 알았던 점은 동관의 동 피고 제1·2회, 피고 권오설의 5회 신문조서의 각 진술기록에 의한다. 피고 박민영이 정황을 알았다는 사실을 제외한 판시 사실은 동 피고가 당 공정에서 "자신은 판시 월일·장소에서 피고 권오설에게서 이면裏面운동에 참가해야 한다는 권유를 받았다"는 진술과 검사의 피의자 박민영 신문조서 가운데 "자신은 권오설의 권유에 의해 고려공산청년회에 가입했다" 내용, 검사의 피의자 권오설 제2회 신문조서 가운데 "1926년 3월 김동명이 상해로 도주했기 때문에 자신은 박민영을 추천해서 고려공산청년회에 가입시키고 후보위원으로 삼았다"는 내용의 각 진술기록이 있음에 이에 따른다. 피고 박민영이 정황을 알았던 점은 오정 예심판사의 동 피고 제2회, 피고 권오설 제5회 신문조서의 각 진술기록에 따른다. 모두 이를 인정할 수 있다. 피고 권오설이 처음 중앙집행위원후보들이 각자의 담당사무를 정해 판시와 같이 위원회를 개최하여 고려공산청년회의 발전에 대해 협의하였다는 사실은 동관의 피고 권오설 · 박민영 · 이지탁 각 제1회 신문조서의 진술기록에 따른다. 이는 명백히 인정할 수 있으므로 판시 제2의 (一)의 범행을 인정하기에 충분하다.

(중략)

판시 第3의 (一) 사실 가운데 피고 권오설이 판시와 같이 김단야와 조선독립운동을 할 것을 기획한 사실은 오정 예심판사의 동 피고 제3회, 검사의 피의자 권오설 제2회 신문조서의 각 진술기록과 압수 제978호의 제45호인 통신문의 기록에 따른다. 이를 인정한다. 피고 권오설이 판시와 같이 피고 박내원을 가담시킨 사실은 오정 예심판사의 피고 권오설 제3회, 피고 박내원 제1회 신문조서의 각 진술기록에 따른다. 피고 민창식도 또한 판시와 같이 가입한 사실은 동관의 피고 박내원 · 민창식 각 제1회 신문조서의 진술기록에 따른다. 모두 이를 인정할 수 있다. 피고 권오설이 판시와 같이 불온문서 원고를 작성한 일과 동문서의 인쇄에 대해 허가를 받지 않은 것은 당 공정에서의 동 피고의 같은 내용의 진술 및 피고 박내원의 인쇄에 대한 관할 관청의 허가를 받지 않았다는 내용 진술과 압수 제 792호의 제1~6호의 불온문서의 각 기록에 의해 명백하다. 피고 박내원이 판시와 같이 양재식 · 이용재를 가입시킨 사실은 피고 박내원 · 양재식 · 이용재의 각 제1회, 피고 민창식 제2회 신문조서의 각 진술기록에 따른다. 피고 박내원이 권오설에게 피고 민창식 · 양재식 · 이용재 등의 가입을 알린 사실은 동관의 피고 권오설 제6회 신문조서에 같은 내용의 진술이 있어 이에 따른다. 이를 인정하기에 족하다. 또 피고 박내원이 판시와 같이 인쇄자금을 얻어 그 인쇄 준비를 하고 피고 박내원 · 민창식 · 양재식 · 이용재 등이 판시 인쇄를 했던 사실은 피고 박내원의 당 공정에서 "'격고문' 및 '대한독립만세' 라는 불온문서는 피고 백명천의 셋집에서 인쇄하고, '조선인교육은 조선인 본위로' '산업은 조선인 본위' 및 '대한독립운동자여 단결하라' 는 불온문서는 피고 민창식 집에서 인쇄했다"는 진술과 동관의 피고 박내원 · 민창식 · 양재식 · 이용재 · 백명천 각 제

1회 신문조서의 진술기록에 따른다. 대한독립당의 인장을 판시 격고문에 찍은 사실은 피고 박내원의 당 공정에서의 그 내용 진술과 동관의 피고 민창식 · 양재식 각 제1회 신문조서의 진술기록에 따른다. 또 피고 권오설 · 박내원 등이 판시와 같이 불온문서 살포계획을 한 사실은 동관의 피고 권오설 제3회 · 제6회, 동 박내원 제1회 신문조서의 각 진술기록에 따른다. 각 이를 인정한다. 피고 백명천에 대한 판시 사실은 동 피고의 당 공정에서 "자신은 박내원의 의뢰에 기초하여 판시 물품을 매수하여 넘겨주었다"는 내용의 진술과 동관의 피고 백명천 제1회 신문조서에 같은 내용 진술기록이 있어 이에 따른다. 이를 인정할 수 있음으로 판시 제3의 (一) 범행을 시인하기에 충분하다.

1928년 2월 13일
경성지방법원 형사부
재판장 조선총독부판사 矢本正平

昭和二年刑公第自四二七至四三九號同第一〇五九一〇八七號

判決

京畿道京城府樓下洞百三十五番地 居住

靴職工 高 允 相 當二十八年

同道仁川府外里百四十一番地ノ五 居住

商業 李 承 燁 當二十三年

黃海道載寧郡載寧面日新里五十一番地 居住

無職 李 壽 延 當二十六年

全羅南道順天郡西面李町二百九番地 居住

農業 朴 炳 斗 當四十六年

同道同郡順天面梅谷里 居住

無職 李 昌 洙 當四十三年

同道同郡同面同里 居住

一

❶

七

無職 金 在 鳳 當三十八年

同道同府同洞百八十四番地 居住

朝鮮日報社地方部長 笑竹事 洪 憲 裕 當四十二年

同道同府堅志洞八十八番地 居住

無職 權哲、一烽事 李 準 泰 當三十七年

同道同府長沙洞五十二番地 居住

無職 洪一憲 朴喆[illegible] 金三洙 權一事 權 五 卨 當三十一年

同道同府三角町二十八番地 居住

無職 黃山事 姜 達 永 當四十二年

慶尙北道大邱府德山町九十三番地 居住

無職 申 哲 洙 當二十五年

右被告權五卨、朴來源、楊在植、閔昌植、李用宰、白明天ニ對スル治安維持法及出版法違反被告洪憲裕ニ對スル治安維持法違反並名譽毀損其他ノ被告等ニ對スル各治安維持法違反被告事件ニ付朝鮮總督府檢事中野俊助關與シ併合審理ヲ遂ケ判決スルコト左ノ如シ

主　文

被告金在鳳、姜達永ヲ各懲役六年ニ被告權五卨ヲ懲役五年ニ被告金枓全、兪鎭熙、金尙珠陳秉基、李準泰、洪瑜植ヲ各懲役四年ニ被告全政琯、林元根ヲ各懲役三年六月ニ被告獨孤佺、鄭雲海、李鳳洙(東亞日報社記者一名李哲)朴來源、閔昌植、林亨寬、申哲洙ヲ各懲役三年ニ被告洪悳裕ヲ治安維持法違反ノ點ニ付懲役二年六月ニ大正八年制令第七號違反ノ點ニ付懲役六月ニ被告尹德炳、宋德滿、廉昌烈、朴珉英、李智鐸、金璟載、盧相烈、張順明ヲ各懲役二年六月ニ被告金正奎、魚秀甲、柳淵和、都容浩、李炳立、辛命俊、崔安燮、金明奎ヲ各懲役二年ニ被告朴台弘、朴一秉、金昌俊、具昌會、金有鉉、裵致文、蔡奎恒、鄭晋武、李榮珉、黃守龍、金直成、鄭淳悌、ヲ各懲役一年六月ニ被告李相熏、金東富、李忠模李殷植、高允相、姜均煥、金演義、裵成龍、李承燁、南海龍、愼杓成、趙東爀、李敏行、曺俊基、趙鏞周、權五尙、金完根、吳淇燮、李昌洙、朴炳斗、李濟延、金琪鎬、崔一峰、鄭順和、鄭泰重、許永壽、金載中、鄭洪模、姜宗祿、尹允三、金容粲、李鳳壽、金恒俊ヲ各懲役一年ニ被告白明天ヲ懲役十月ニ被告楊在植、李用宰ヲ各懲役八月ニ各處ス

但被告鄭雲海、李炳立ヲ除ク右被告等ニ對スル未決勾留日數中被告金在鳳、金枓全、兪鎭

八

033 1034

熙、金尙珠、陳秉基、尹德炳、獨孤佺、林元根、林亨寬、洪淳植ニ對シテハ各二百六十日被告朱德滿、申哲洙、張順明ニ對シテハ各三百三十日被告洪憲裕、權五卨、康昌烈、朴來源、朴珉英、李智鎔、閔昌植、金璟載、李榮珉、李昌洙、朴炳斗、楊在植、李用宰、白明天、金恒俊ニ對シテハ各百八十日被告姜達永、李準泰、李鳳洙、（東亞日報社記者）全政琯朴台弘、金正奎、朴一秉、金昌俊、魚秀中、李相熏、金東富、李忠楧、具昌會、李殷植、柳淵相、高允相、姜均煥、金演羲、裵成龍、李承燁、金有聲、裵致文、南海龍、愼杓晟、趙東爀、李敏行、曹俊基、趙鏞周、權五尙、蔡奎恒、都容浩、金明奎ニ對シテハ各百五十日被告吳淇燮ニ對シテハ百四十日被告鄭晋武、辛命俊、金完根、盧相烈、崔安燮、黃守龍金直成、金琪鎬、鄭淳悌、崔一峰、鄭順和、鄭泰重、許永壽、金載中、鄭洪模、姜宗祿、尹允三、金容粲、李鳳壽ニ對シテハ各百三十日被告李壽延ニ對シテハ六十日ヲ各其本刑ニ算入ス

被告楊在植、李用宰ニ對シテハ本判決確定ノ日ヨリ二年間各其ノ刑ノ執行ヲ猶豫ス

押收物件中大正十五年押第七五三號ノ第一號乃至第六號、第九號乃至第十六號、第二〇、二一、二五號ハ被告權五卨、朴來源、閔昌植、楊在植李用宰ニ對シ同第一八號ハ同被告五名及被告白明天ニ對シ同第二四號ハ被告權五卨、朴來源、閔昌植、楊在植、李用宰、金恒俊ニ對シ孰レモ之ヲ沒收ス

被告洪璁裕ニ對スル公訴事實中名譽毀損ノ點ヲ免訴ス

被告李奎宋、李浩、朴泰善、薛炳浩、李奭事、李鳳洙、徐廷禧、文相直、權榮奎、韓廷植裵德秀、彭三辰、金宗信ヲ各無罪トス

理　由

被告等ハ豫テヨリ社會運動ニ參加シ其大半ハ本來共産主義ニ共鳴シ若クハ朝鮮民族主義者ヨリ共産主義者ニ轉化シタル者ナル處孰レモ遍ク我朝鮮現代社會制度ニ付精査考究ヲ爲サス徒ラニ民族的偏見ニ捉ハレ僅カニ其片端ノミヲ邪視シ其社會組織ニ幾多甚大ナル缺陷アリテ漸次必至的ニ朝鮮無産大衆ノ自滅ヲ誘致セシメツツアリト妄斷シ從前ノ所謂朝鮮民族解放運動ニ據リテハ到底其所期ノ目的ヲ達成スルコト能ハサルヲ覺知シタルヨリ寧純粹ノ該民族解放運動ト對應シ朝鮮民族解放觀念ニ共産主義思想ヲ混和セル一種ノ共産主義運動ヲ敢行スルニ如カストシ左記第一、二ノ犯行ヲ爲シタルモノニシテ

第一

(一)　被告金在鳳ハ大正十三年八月中露國ヨリ密ニ使命ヲ帶ヒ入鮮シタル同志鄭在達ヨリ朝鮮ニ共産黨ヲ組織スヘク勸誘ヲ受ケ爾來金燦等ト共ニ其時機ノ到來ヲ待チ居リタル折柄偶

緯、權五尙、李炳立、金有聲ハ前顯「ヤチエーカ」及「プラクチ」ニ被告朴珉英、李智鐸、閔昌植
金昌俊、李敏行、高允相、姜尙煥、趙鏞周ハ同「ヤチエーカ」ニ各隷屬シ被告金昌俊、朴一秉、魚
秀甲、閔昌植、朴來源ハ各其所屬「ヤチエーカ」ノ責任者ト爲リ被告閔昌植ハ京城府執行委員
（府幹部）ニ被告金明奎、朴台弘ハ大正十五年三月二十六日慶尙南道々執行委員ニ被告金正奎
ハ同年四月四日前掲日本部ノ責任秘書ニ各任命セラレ被告辛命俊ハ中東浩、金基洙等ト共
ニ全羅南道々執行委員ト爲リ其委員會ヲ開キ秘書部、教養部、組織部、宣傳部ヲ設置シ各
自ノ管掌事務ヲ定メ光州順天光陽ノ三箇所ニ「ヤチエーカ」ヲ組織シ被告金有聲、曹俊基
崔安[illegible]ハ光州「ヤチエーカ」ニ被告李榮珉、李昌洙、朴炳斗ハ順天「ヤチエーカ」ニ被告鄭晋武
金完根、辛命俊ハ光陽「ヤチエーカ」ニ各配屬シ被告金有聲、李榮珉、鄭晋武ハ各其所屬「ヤ
チエーカ」ノ責任者ト爲リ以テ其目的ノ實行ニ關シ策動シ

第二

（一）被告權五卨、洪璿植ハ朴憲永、曹奉岩、金丹冶（一名金泰淵）金燦等ト前示全鮮民衆
運動者大會ノ爲朝鮮各地ヨリ京城ニ社會運動者等ノ上京スルヲ機トシ大正十三年八月頃以
後劃策シ來リタル秘密結社ヲ組織センコトヲ密議シ朴憲永、曹奉岩、金燦、金丹冶等主ト

シテ其斡旋ヲ為シタル結果被告權五卨、洪瑠植、林元根、林亨寛、金尚珠、申哲洙、張順明、陳秉基ハ朴憲永、曹利煥、朴吉陽、金丹冶、金燦、曹奉岩、鄭敬昌、安相勳、金東明(一名金光)等ト共ニ大正十四年四月十八日午後七時頃京城府薫井洞四番地朴憲永方ニ會合ノ上私有財産制度ヲ否認シ共産主義ノ宣傳並鬪士ノ教養ヲ為シ引イテ朝鮮ニ共産制度ヲ實現セシメンカ為先ツ朴憲永ハ其集會者一同ニ對シ爾今共産青年會ノ組織ニ着手ス可ク挨拶シ次テ曹奉岩ハ其司會者ト為リ同青年會創設ノ必要ヲ説キ更ニ金丹冶ハ廣ク會員ヲ募集教養シ共産主義ノ宣傳ニ努メ共産制度社會ノ實現ヲ期センカ為同青年會ヲ組織スル旨ノ綱領ヲ朗讀スルヤ一同之ニ賛成シ一種ノ教養機關トシテ曹奉岩ノ發議ニ從ヒ高麗共産青年會ト命名セル秘密結社ヲ組織シ被告洪瑠植及朴憲永、曹奉岩ノ三名ヲ役員ノ詮衡委員ニ擧ケ同委員ヲシテ被告權五卨、洪瑠植、申哲洙及朴憲永、曹奉岩、金燦、金丹冶ノ七名ヲ中央執行委員ニ被告林亨寛及曹利煥、金東明ノ三名ヲ檢査委員ニ各選任セシメ同中央執行委員等ニ其青年會ノ職制並細則ノ制定等一切ヲ委託シタルニ被告申哲洙カ同月二十日所謂赤旗事件ニテ檢擧セラレタルヨリ被告林元根ヲ其後任トシテ中央執行委員ニ選定シ同中央執行委員等ハ同年五月初旬頃右朴憲永方ニ參集シ同執行委員會ヲ開キ秘書部、調査部、組織部、教養部、連絡部、國際部ヲ設置シ各自ノ司掌事務ヲ定メ會員ノ年齡ヲ三十歳以下ニ制限シ其募集ニ努メ仍テ被告廉昌烈ハ同年四月中同府觀水洞新興青年同盟事務所ニ於テ曹奉岩ノ、被告李炳立ハ同月下旬頃同府樂園洞女性同友會事務所ニ於テ同シク曹奉岩ノ、被告金尚載ハ同年七月初旬頃同府貫鐵洞許憲方ニ於テ被告林元根ノ各勸誘ヲ受ケ孰レモ其情ヲ悉知シナカラ前掲青年會ニ加入シタルカ一面幹部等ニ於テ曹奉岩ヲ露國莫斯科ニ派遣シ國際共產青年會ニ加盟ノ交渉ヲ爲サシメタルニ其後支那上海ニ歸來セル曹奉岩ヨリ學生ヲ莫斯科ニ留學セシム可キ旨ノ通報ニ接シ同人ヨリ其學生派遣費一千八百五十圓ヲ送付シ來リシヨリ被告權五卨、林元根ハ朴憲永等ト協議ノ末共產運動ノ前衛鬪士ヲ養成センカ爲同年九月中ヨリ同年十一月初旬頃迄ノ間數回ニ亘リ會員安相勳、金命時、女子金應基、鄭敬昌、崔春澤・高明子、(女子)曹龍岩、朴知成、鄭炳旭 鄭雲林、李永祚、金衡寬、張曙山、權五稷、金一星、張道明姜翰等十七名ヲ支那安東縣若クハ門司又ハ長崎ヨリ乘船セシメ上海ヲ經由シ莫斯科ノ共產學校ニ入學セシメ且郡聯盟ヲ組織シ次テ道聯盟ノ組織ニ着手シ之ニ同志ヲ加盟セシメテ益々共產運動ヲ進展セシム可ク策動中端ナクモ幹部ノ大半檢擧セラレ爾後ノ飛躍ニ一大支障ヲ來タシタルヨリ被告權五卨ハ之ヲ憂慮シ同年十一月二十九日頃京畿道高陽郡延禧面滄川里ナル同志鄭達憲ノ下宿屋ニ於テ金東明ト其善後策ヲ凝議ノ上同年十二月十日被告廉昌烈、李炳立ニ對シ同靑年會ノ現況ヲ告ケ共ニ活躍ス可ク勸メ同被告等ヲ中央執行委員候補ニ擧ケ被告李智鎔ハ同年十二月下旬若クハ同十五年一月初旬頃同府內貫洞金東明ノ隱家ニ於テ同人ノ勸誘ヲ受ケ情ヲ知リナカラ同靑年會ニ加入シ同シク中央執行委員候補ニ任命セラレ被告朴珉英ハ同十五年三月初旬頃同府瑞雲洞鄭達憲方ニ於テ被告權五卨ノ勸誘ニ依リ其情ヲ了知シナカラ同會ニ加盟シ同様中央執行委員候補ト爲リ被告金環戴モ亦同月下旬頃被告權五卨ヨリ同執行委員候補ニ選任セラレ各其都度同委員候補等ノ管掌事務ヲ定メ同年五月下旬頃迄ノ間同府需昌洞九十七番地趙斗元方其他ニ於テ數回中央執行委員會ヲ開催シ同靑年會ノ發展策ヲ考究中事發覺シ

(二) 被告朴來源ハ大正十四年四月二十日頃京城府樂園洞火曜會事務所ニ於テ金東明ノ、被告吳淇燮ハ同年十月下旬頃咸鏡南道洪原郡洪原邑內富興旅館ニ於テ金東明ノ、被告盧相烈ハ大正十五年一月十日頃同府八判洞二百四十二番地鮮人下宿屋ニ於テ吳義善ノ、被告閔昌植ハ同年二月初旬頃同府內ニ於テ鄭達憲ノ、被告崔安燮ハ同年三月下旬頃全羅南道光州郡光州面瑞南里申東浩方ニ於テ同人ノ、被告崔一峰ハ同月末日頃同面西光山町光州勞働共

十四年八月五日頃被告黃守龍、金尙珠ハ金炯善ト共ニ右金尙珠方ニ會合シ同人ノ發意ニ應シ協議ノ末前示高麗共產青年會組織ノ目的ヲ知リナカラ之ニ同馬山共產青年會ヲ合併シ名稱ヲ高麗共產青年會馬山「ヤチエーカ」ト改メ馬山第一、二ノ「ヤチエーカ」ヲ設置シ　被告尹九三（一名尹烈）ハ同年九月中同府內ニ於テ被告金尙珠ヨリ、被告金容粲ハ大正十五年一月中旬頃同府萬町金炯善方ニ於テ同人ヨリ、被告李鳳壽ハ同年四月頃同町被告金尙珠方ニ於テ金炯善ヨリ、被告姜宗祿ハ同年六月下旬頃同府石町馬山俱樂部ニ於テ金炯善ヨリ、各勸誘ヲ受ケ孰レモ其情ヲ知リナカラ右高麗共產青年會ニ加入シ被告姜宗祿ハ馬山第一「ヤチエーカ」ニ被告金容粲、李鳳壽、尹九三ハ馬山第二「ヤチエトカ」ニ各隷屬シ

第三

（一）被告權五卨ハ故李王殿下ノ薨去當時既ニ共產運動者ト朝鮮民族主義者等間相互提携策動セントスルノ氣運ニ轉化シツツアリタルニ鑑ミ金丹冶ト共謀ノ上將來迅速ニ同民族主義者等トノ提携ヲ實現セシメ益々共產運動ヲ發展セシメンカ爲同殿下ノ國葬ヲ機トシ不穩文書ヲ印刷頒布シテ所謂朝鮮獨立運動ヲ爲サント企テ大正十五年五月十日頃京城府長沙洞五十二番地李審元方ニ於テ被告朴來源ニ其情ヲ告ケ之ニ加擔セシムルヤ同被告ハ同月十四日

一五

頃同府安國洞二十六番地被告閔昌植方ニ赴キ同人ヲ說得シ其企劃ニ贊加セシメ更ニ當時被告楊在植、李用寧等ニ對シ不穩文書ヲ印刷撒布シテ朝鮮獨立運動ヲ爲スノ情ヲ告ケ之ニ加盟セシメタル上被告權五嵩ニ其旨ヲ告知シ被告權五嵩ハ出版ニ付所轄官廳ノ許可ヲ受ケスシテ同月十五日頃右李寧元方ニ於テ檄告文ト題シ「吾等ハ既ニ民族的及國際的平和ノ爲一千九百十九年三月一日大韓獨立ヲ宣言シタリ吾人ハ歷史的復讎主義ヲ反對セントスルニ非スシテ將ニ吾人ノ喪失セル國權ヲ恢復セントスルニアリ、日本ノ全民衆ニ敵對セントスルニ非ス單ニ是レ日本ノ統治ヲ解脫センカトスルニアリ吾人ノ獨立宣言ハ實ニ正義ノ結晶ニシテ平和ノ表象ナリ、兄弟ヨ姉妹ヨ速ニ進ミ戰ヘ而シテ完全ナル獨立ノ恢復ヲ期セム云々」大韓獨立萬歲ト題シ「朝鮮ハ朝鮮人ノ朝鮮ナリ橫暴ナル總督政治ノ羈絆ヲ脫セヨ日本人ヲ朝鮮ノ領域內ヨリ驅逐セヨ云々」朝鮮人教育ハ朝鮮人本位ニト題シ「普通學校用語ヲ朝鮮語ニ普通學校長ハ朝鮮人ニ大學ハ朝鮮人ヲ中心ニセヨ云々」產業ハ朝鮮人本位ニト題シ「東洋拓殖會社ヲ撤廢セヨ日本移民制度ヲ撤廢セヨ云々」ナル不穩文書ノ原稿ヲ作成シ次テ其ノ五、六日後同所ニ於テ金丹冶ノ通信文ヲ參照シ大韓獨立運動者ヨ團結セヨト題シ「一切ノ納稅ヲ止メヨ、日本物貨ヲ排斥セヨ、朝鮮人官吏ハ一切退職セヨ日本人工場ノ

一五

職工ハ總罷業セヨ、日本人地主ニ小作料ヲ納ムル勿レ在獄革命囚ヲ釋放セヨ云々」ナル不穩文書ノ原稿ヲ作成シ被告朴來源ハ被告權五卨ヨリ其印刷資金ヲ貰受ケ被告閔昌植、楊在植、白明天等ト共ニ印刷機大小二臺、活字、用紙、其他必要品（押收第七九二號ノ第九號乃至一六號第二五號ハ其一部ナリ）ヲ購入準備シタル後被告朴來源、閔昌植、楊在植ノ三名ハ同月十七日以降被告李用宰ハ同月二十一日以後孰レモ同月二十四日迄同府安國洞三十六番地被告白明天ノ借家ニ於テ其翌二十五日ヨリ同月下旬頃迄ノ間前顯被告閔昌植方ニ於テ同被告等四名共同シ小型印刷機其他右必要品（前記第九號乃至第一五號ハ其一部、第一四號ハ活字ヲ溶解シタルモノ）ヲ使用シ擅ニ前掲檄告文一萬二千枚（押收第七九二號ノ第一、二號）大韓獨立萬歲二萬枚（同第三號）（以上ノ二種ハ白明天ノ借家ニテ印刷セルモノ）朝鮮人敎育ハ朝鮮人本位ニ並産業ハ朝鮮人本位ニ各六千枚（同第四、五號）大韓獨立運動者ヨ團結セヨ八千枚（同第六號）ヲ各印刷シ被告白明天ノ彫刻シタル大韓獨立黨ノ印章ヲ同檄告文ノ約半數ニ押捺シ其不穩文書ノ撒布方法トシテ同文書ト金丹冶ノ送付シ來レル哭シ服スル民衆ニ檄スト題シ「李朝最後ノ君主李坧ハ去四月二十五日長逝ス吾人ハ此期ヲ利用シ日本帝國主義ヲ驅逐ス可キ鬪爭力ヲ扶殖シ併セテ一步タリトモ其驅逐ヲ目標トシ鬪爭ヲ始メム泣ク民

一六

⑫

衆ヲ一團ト爲リ革命團体ノ旗下ニ集團セヨ今日哭シ服スル忠誠ト義憤ヲ盡シ吾人ノ開放鬪爭ト揭ケ日本帝國主義ヲ撲滅セム云々」ノ不穩文書（押收第七九二號ノ第二四號）トヲ合シ之ヲ折半シ其半ハ全鮮ヲ鐵道線ニ據リ四分シ被告朴來源ヲ湖南線、京釜線ノ中心地大田ニ被告閔昌植ヲ京義線ノ中心地沙里院若クハ平壤並京元線ノ中心地元山ニ派遣シ道廳其他ノ官衙青年團体ニ對シ開闢、新女性、新民等ノ各雜誌内ニ若干枚宛挿入シテ郵送配付セシムルコト、シ其殘餘ノ一半中若干枚ハ被告朴來源、閔昌植、李用宰、楊在植等ヲシテ商店ノ廣告郵便ニ擬シ總督府、裁判所、京畿道廳 其他京城府内ノ官衙ニ郵送頒布スルコトトシ其他ノ大半ハ同年六月十日ノ國葬ニ際シ被告權五卨、朴來源、閔昌植、李用宰、楊在植カ學生、靴下職工及印刷職工等ヲ使嗾シ共ニ其葬列ノ通過スル沿道ニ於テ群衆中ニ撒布シ一齊ニ朝鮮獨立萬歲ヲ高唱スルコトニ定メ仍テ治安ヲ妨害セムトシ

被告白明天ハ被告朴來源等カ朝鮮獨立運動ヲ劃策シ濫ニ之ニ關スル不穩文書ヲ印刷撒布スルノ情ヲ悉知シナカラ同被告ノ命ニ從ヒ同年五月十六日頃京城府内ニ於テ右印刷ニ使用ス可キインキ二罐インテール十本及謄寫板一枚ヲ買受遣ハシ次テ同月二十二、三日頃前顯借家ニ於テ同被告ノ要請ニ應シ大韓臨時政府ノ印章（押收第七九二號ノ第一八號）及大韓獨立黨

3

⑬

ノ印章各一個ヲ彫刻交付シ以テ同被告等ノ前示獨立運動及印刷ノ犯行ヲ幇助シ

(二) 被告金恒俊ハ前掲哭シ服スル民衆ニ檄スト題スル不穏文書カ李王殿下ノ國葬ニ際シ朝鮮獨立運動ヲ爲ス目的ニテ頒布スルモノナルノ情ヲ知リナカラ大正十五年五月二十七日頃支那安東縣舊市街ニ於テ金丹冶ノ使者金必成ヨリ被告洪憲裕ニ送付方委託セラレ之ヲ受取リ直チニ安東縣堀割南通九丁目一番地三成運送店ニ赴キ古箪笥内ニ隱匿シ其店員姜延天ニ對シ引越荷物ナリト詐稱シ其發覺ヲ虞レ殊更ニ一先平安北道宜川郡宜川邑内(小)運送店扱トシ發送セシメ其後同月三十日頃同人ヲ介シ同運送店ヨリ京城(ヨ)運送店扱トシ轉送セシメ同年六月三日自ラ其貨物引換證ヲ携ヘ上京シ京城府水標町朝鮮日報社ニ到リ被告洪憲裕ニ右發荷ノ顚末ヲ告ケ其引換證ヲ交付シ被告洪憲裕ハ其情ヲ知リナカラ被告金恒俊ヨリ同引換證ヲ受領シ即日同府長沙洞被告權五卨方ニ赴キ之ヲ同人ニ交付シ以テ孰レモ同被告等ノ前示獨立運動ノ犯行ヲ幇助シタリ

而シテ被告金尙珠、陳秉基、權五卨、廉昌烈、朴來源、朴珉英、李智鐸、閔昌植、金璟載李炳立、盧相烈、崔安燮、黃守龍ノ前顯治安維持法違反ノ點被告權五卨ノ不穏文書ノ著作被告朴來源、楊在植、閔昌植、李用宰ノ同文書ノ印刷並被告白明天ノ幇助行爲ハ孰レモ犯判示第二ノ（一）事實中被告權五卨、洪瑠植等カ判示ノ如ク謀議シタルコトハ五井豫審判事ノ被告權五卨第一回訊問調書ノ供述記載及越尾豫審判事ノ被告朴憲永第一、四回、被告洪瑠植第一回訊問調書ノ各供述記載ニ依リ、朴憲永、曹奉岩、金燦、金丹冶等カ主トシテ斡旋シタルコトハ同朴憲永第四回、同洪瑠植第一回訊問調書ノ各供述記載ニ依リ各之ヲ認メ、被告權五卨外十六名カ判示日時場所ニ會合シタルコトハ五井豫審判事ノ同被告第一回訊問調書ニ於ケル同旨ノ供述記載及同官ノ被告朴憲永訊問調書ノ供述記載ト越尾豫審判事ノ被告林元根第一回、五井豫審判事ノ被告林亨寬、洪瑠植、申哲洙、張順明、金尙珠、陳秉基訊問調書中ニ孰レモ自己カ高麗共産青年會組織者ノ一員ナル旨ノ各供述記載アルトヲ綜合シ之ヲ認メ又判示方法ニテ高麗共産青年會ナル秘密結社ヲ組織シタルコトハ五井豫審判事ノ被告朴憲永、洪瑠植、權五卨（第四回）訊問調書ノ各供述記載ニ依リ其組織ノ目的モ亦判示ノ如クナルコトハ同官ノ被告權五卨第五回、同林元根、洪瑠植、金尙珠訊問調書ノ各供述記載ニ依リ判示三名カ詮衡委員ニ選任セラレタルコトハ同官ノ被告朴憲永訊問調書中ニ同一趣旨ノ供述記載アルト被告申哲洙ノ當公廷ニ於ケル朴憲永、洪瑠植カ同委員ナリシ旨ノ供述トニ依リ、中央執行委員七名及檢査委員三名カ判示ノ如ク選任セラレタルコトハ越尾豫

⑮

審判事ノ被告朴憲永第四回訊問調書ニ同旨ノ供述記載アルニ依リ中央執行委員ニ判示ノ如ク一切ヲ委託シタルコトハ五井豫審判事ノ被告朴憲永訊問調書ノ供述記載ニ依リ各之ヲ認ムルニ足リ、被告申哲洙カ判示月日頃檢擧セラレタルコトハ同被告ノ當公廷ニ於ケル其旨ノ自陳ニ依リ被告林元根カ被告申哲洙ニ代リ中央執行委員ト爲リタルコトハ越尾豫審判事ノ被告朴憲永第四回訊問調書ニ同旨ノ供述記載アルト同官ノ被告林元根第一回訊問調書中ニ自分ハ中央執行委員トシテ教養部ヲ擔任シタル趣旨ノ供述記載アルトニ依リ中央執行委員等カ判示ノ如ク其委員會ヲ開キ其部署ヲ定メタルコトハ被告洪璔植ノ當公廷ニ於ケル同旨ノ供述ニ依リ其部署カ判示ノ如ク六部ニシテ各自擔任事務ヲ定メタルコトハ五井豫審判事ノ被告朴憲永、越尾豫審判事ノ被告林元根（第一回）訊問調書ニ同一趣旨ノ各供述記載アルニ依リ孰レモ之ヲ認メ得可ク同會員ハ三十歳以下ノ者ニ制限シ其募集ヲ爲シタルコトハ被告權五卨ノ當公廷ニ於ケル同一趣旨ノ供述ニ依リ明白ニシテ被告廉昌烈カ判示月日場所ニ於テ曹奉岩ノ勸誘ヲ受ケ高麗共產靑年會ニ加入シタルコトハ同被告ノ當公廷ニ於ケル自分ハ判示ノ如ク曹奉岩ノ勸誘ヲ受ケタル旨ノ供述ト五井豫審判事ノ被告廉昌烈第一回訊問調書ニ自分ハ曹奉岩等ノ勸誘ニ依リ同靑年會ニ加入シタル旨ノ供述記載アルニ依リ被告廉昌烈ノ知情ノ點ハ同訊問調書及同官ノ被告權五卨第五回訊問調書ノ各供述記載ニ依リ、被告李炳立カ判示ノ如ク高麗共產青年會ニ加入シタルコトハ同官ノ同被告第一回訊問調書ニ同旨ノ供述記載アルニ依リ同被告ノ知情ノ點ハ同官ノ同被告第一、二回訊問調書ノ各供述記載ニ依リ被告金璟載カ判示ノ如ク高麗共產青年會ニ加入シタルコトハ同官ノ同被告第一回訊問調書中ニ是ニ照應スル供述記載アルニ依リ同被告ノ知情ノ點ハ同官ノ同被告第一、二回、同權五卨第五回訊問調書ノ各供述記載ニ依リ被告金璟載カ權五卨ノ勸メニ從ヒ中央執行委員候補ト爲リタルコトハ同官ノ被告金璟載第一回訊問調書ノ供述記載ト同官ノ被告權五卨第一回訊問調書中ニ金璟載ハ中央執行委員候補ナル旨ノ供述記載アルトニ依リ各之ヲ認メ又曹奉岩ヲ莫斯科ニ派遣シ判示交渉ヲ爲サシメタルコトハ同官ノ被告權五卨（第四回）同洪瑨植、越尾豫審判事ノ被告林元根第一回訊問調書ノ各供述記載ニ依リ學生ヲ判示ノ如ク莫斯科ノ共產學校ニ入學セシメタル事ハ被告權五卨ノ當公廷ニ於ケル供述（第一五、一六回公判調書參照派遣費額ノ點ヲ除ク）越尾豫審判事ノ被告朴憲永第一回（學生ノ數ノ點ヲ除ク）第二、七回同林元根第一、四、五回（孰レモ學生ノ數ノ點ヲ除ク）同林亨寬第三回訊問調書ノ各供述記載ニ依リ判示郡聯盟及道聯盟ニ關スル點ニ付テハ越尾豫審判事ノ被

二九

⑰

告朴憲永第一、五、六回、同林元根第四回、同權五卨第二回訊問調書ノ各供述記載ニ依リ各之ヲ認ムルニ十分ニシテ被告權五卨カ判示ノ如ク金東明ト密議シタルコトハ同被告ノ當公廷ニ於ケル供述ニ依リ被告權五卨カ判示ノ如ク被告廉昌烈、李炳立ヲ說得シ中央執行委員候補ニ選任シタルコトハ被告權五卨ノ當公廷ニ於ケル自分ハ判示洑川里鄭達憲方ニテハ被告廉昌烈、李炳立ノ二名ニ對シテノミ其勸誘ヲ爲シ承諾ヲ得タル旨ノ供述ト五井豫審判事ノ被告權五卨、廉昌烈各第一回訊問調書ノ供述記載トニ依リ各之ヲ認ムルニ足リ又被告李智鐸ノ知情以外ノ判示事實ハ同官ノ同被告及同權五卨各第一回訊問調書ノ供述記載ニ依リ被告李智鐸ノ知情ノ點ハ同官ノ同被告第一、二回同權五卨第五回訊問調書ノ各供述記載ニ依リ被告朴珉英ニ對スル知情ヲ除ク判示事實ハ同被告ノ當公廷ニ於ケル自分ハ判示月日場所ニ於テ被告權五卨ヨリ裏面運動ニ參加スヘク勸誘ヲ受ケタル旨ノ供述ト檢事ノ被疑者朴珉榮訊問調書中ニ自分ハ權五卨ノ勸誘ニ依リ高麗共產青年會ニ加入シタル旨檢事ノ被疑者權五卨第二回訊問調書中ニ大正十五年三月金東明カ上海ニ逃走シタル故自分ハ朴珉英ヲ推薦シ高麗共產青年會員ニ入レ候補幹部ニ爲シタル旨ノ各供述記載アルトニ依リ被告朴珉英ノ知情ノ點ハ五井豫審判事ノ同被告第二回、同權五卨第五回訊問調書ノ各供述記載ニ依リ孰レモ

⑱

之ヲ認メ得ヘク被告權五卨初メ判示中央執行委員候補等カ各自ノ擔任事務ヲ定メ判示ノ如ク委員會ヲ開催シ高麗共產青年會ノ發展ニ付協議シタルコトハ同官ノ被告權五卨、朴珉英李智鐸各第一回訊問調書ノ供述記載ニ依リ之ヲ明認シ得可キカ故ニ判示第二ノ(一)ノ犯行ヲ認定スルニ十分ナリ

判示第二ノ(二)事實中被告吳淇燮ニ對スル知情以外ノ事實ハ五井豫審判事ノ同被告第二回訊問調書中ニ同旨ノ供述記載アルニ依リ同被告知情ノ點ハ同官ノ同被告第一回同權五卨第五回訊問調書ノ各供述記載ニ依リ各之ヲ認メ被告朴來源ニ對スル判示事實ハ同被告ノ當公廷ニ於ケル自分ハ判示月日頃火曜會館ニ於テ金東明ヨリ高麗共產青年會ニ加入スヘク勸誘ヲ受ケタル旨ノ自供ト五井豫審判事ノ同被告第一回訊問調書中ニ判示場所ヲ除ク外同一趣旨ノ供述記載アルニ依リ之ヲ認ムルニ足リ、被告閔昌植カ判示月日鄭達憲ノ勸誘ヲ受ケ高麗共產青年會ニ加入シタルコトハ同官ノ同被告第一回訊問調書ニ同旨ノ供述記載アルニ依リ同被告ノ知情ノ點ハ同官ノ被告權五卨第五回訊問調書ノ供述記載ニ依リ各之ヲ認メ得ヘク被告崔安燮カ判示月日場所ニ於テ申東浩ノ勸誘ニ從ヒ知情ノ上高麗共產青年會ニ加入シタルコトハ同官ノ同被告第一回訊問調書ニ其旨ノ供述記載アルニ依リ被告盧相烈カ判示月日

三〇

355 056

⑲

目的ノ下ニ組織サレシモノニシテ姜宗祿ハ金炳書ノ紹介ニテ同會ニ加入シ馬山第一「ヤチエーカ」ニ屬シタルカ入會勸誘ノ際ニハ必ス其目的ヲ告知スル旨ノ各供述記載等アルニ依リ之ヲ認メ被告尹允三ニ對スル知情及「ヤチエーカ」配屬以外ノ事實ハ同被告ノ當公廷ニ於ケル同旨ノ供述ニ依リ同被告知情及「ヤチエーカ」隷屬ノ點ハ五井豫審判事ノ同被告及被告黃守龍各第一回訊問調書ノ供述記載ニ依リ各之ヲ認メ得ヘク被告金容燦ニ對スル判示事實ハ同官ノ同被告第一回訊問調書中ニ同一趣旨ノ供述記載アルニ依リ之ヲ認ムルニ足リ、被告李鳳壽ニ對スル「ヤチエーカ」隷屬ヲ除ク判示事實ハ同官ノ同被告第一回訊問調書ニ同旨ノ供述記載アルニ依リ同被告「ヤチエーカ」配屬ノ點ハ同官ノ被告尹允三、金容燦各第一回訊問調書ノ供述記載ニ依リ各之ヲ認メ得ヘキヲ以テ叙上ヲ綜合シ判示第二ノ(三)ノ犯罪ヲ認定ス判示第三ノ(一)事實中被告權五卨カ判示ノ如ク金丹冶ト朝鮮獨立運動ヲ爲サンコトヲ企劃シタルコトハ五井豫審判事ノ同被告第三回、檢事ノ被疑者權五卨第二回訊問調書ノ各供述記載ト押收第九七八號ノ四五號ナル通信文ノ記載トニ依リ之ヲ認メ被告權五卨カ判示ノ如ク被告朴來源ヲ加擔セシメタルコトハ五井豫審判事ノ被告權五卨第三回、同朴來源第一回訊問調書ノ各供述記載ニ依リ被告閔昌植モ亦判示ノ如ク加盟シタルコトハ同官ノ被告朴來源、閔昌植、各第一回訊問調書ノ各供述記載ニ依リ孰レモ之ヲ認メ得可ク被告權五卨カ判示ノ如ク不穩文書ノ原稿ヲ著作シタルコト並同文書ノ印刷ニ付許可ヲ受ケサリシコトハ當公廷ニ於ケル同被告ノ同一趣旨ノ自供及被告朴來源ノ其印刷ニ付所轄官廳ノ許可ヲ受ケサリシ旨ノ自陳並押收第七九二號ノ第一號乃至六號ノ不穩文書ノ各記載ニ依リ明白ニシテ被告朴來源カ判示ノ如ク楊在植、李用宰ヲ加盟セシメタルコトハ五井豫審判事ノ被告朴來源、楊在植、李用宰ノ各第一回、同閔昌植第二回訊問調書ノ各供述記載ニ依リ被告朴來源カ權五卨ニ被告閔昌植、楊在植、李用宰等ノ加盟ヲ告ケタルコトハ同官ノ被告權五卨第六回訊問調書ニ同旨ノ供述記載アルニ依リ各之ヲ認ムルニ足リ又被告朴來源カ判示ノ如ク印刷資金ヲ貰受ケ其印刷ノ準備ヲ爲シ被告朴來源、閔昌植、楊在植、李用宰等カ判示印刷ヲ爲シタルコトハ被告朴來源ノ當公廷ニ於ケル檄告文及大韓獨立萬歲ナル不穩文書ハ被告白明天ノ借家ニ於テ印刷シ朝鮮人教育ハ朝鮮人本位ニ、產業ハ朝鮮人本位及大韓獨立運動者ヨ團結セヨ、ナル不穩文書ハ被告閔昌植方ニ於テ印刷シタル旨ノ供述ト同官ノ被告朴來源、閔昌植、楊在植、李用宰、白明天、各第一回訊問調書ノ供述記載ニ依リ大韓獨立黨ノ印章ヲ判示檄告文ニ押捺シタルコトハ被告朴來源ノ當公廷ニ於ケル其旨ノ自供ト同官ノ被告閔昌植、楊在植各第一回訊問調書ノ供述記載ニ依リ又被告權五卨、朴來源等カ判示ノ如ク不穩文書ノ撒布計劃ヲ爲シタルコトハ同官ノ被告權五卨第三回、第六回、同朴來源第一回訊問調書ノ各供述記載ニ依リ各之ヲ認メ被告白明天ニ對スル判示事實ハ同被告ノ當公廷ニ於ケル自分ハ朴來源ノ依賴ニ基キ判示物品ヲ買受ケ遣ハシタル旨ノ供述ト同官ノ被告白明天第一回訊問調書ニ同一趣旨ノ供述記載アルトニ依リ之ヲ認メ得ヘキヲ以テ判示第三ノ(一)ノ犯行ヲ是認スルニ餘アリトス

判示第三ノ(二)事實中被告金恒俊ニ對スル事實ハ五井豫審判事ノ同被告第一回訊問調書ニ不穩文書名及宣川、京城ノ運送店名ヲ除ク外同一趣旨ノ供述記載アルト當公廷ニ於ケル被告洪惠裕ノ金恒俊カ自分ニ對シ金丹冶ヨリ權五卨宛發送シタル宣傳文ノ貨物引換證ヲ交付シ權五卨ニ渡シ吳レト云ヒタル旨、被告權五卨ノ自分ハ洪惠裕ヨリ判示不穩文書ノ貨物引換證ヲ受取リタル旨ノ各供述及檢事ノ被疑者姜延天第二回訊問調書ニ自分ハ金恒俊ノ依賴ヲ受ケ判示方法ニテ荷物ヲ發送シタル旨ノ供述記載アルトニ依リ之ヲ認ムルニ足リ又被告洪惠裕ニ對スル判示事實ハ當公廷ニ於ケル同被告ノ自分ハ大正十五年二月頃被告權五卨ヨリ若シ金丹冶ヨリ書面來ラハ自己ニ渡シ吳レトノ依賴ヲ受ケ居リシカ被告金恒俊カ判示場所ニ

三三

目ノ下ニ金昌元、金洛鳳外二名ハ賭博ヲ業ト爲ス浮浪ノ徒ニシテ賭錢ニ窮迫シタル結果同年四月八日永興郡順寧面豊東里金東吉方ニ於テ李姓洙ノ妻女某ノ簪ヲ脱シ其ノ所持金四十圓ヲ強奪シタル旨ノ虛僞ノ事實ヲ公然摘示發行シ以テ金昌元、金洛鳳ノ名譽ヲ毀損シタリト謂フニ在リテ假リニ右犯行アリトスルモ一新聞記事ニテ被害者四名ノ非行ヲ摘發ニシタルモノニ係ル故牽連一罪ヲ構スルニ過キサルモノト謂フ可ク然ルニ同被告ハ其ノ被害者ノ一人タル金富學ノ告訴ニ基キ大正十五年四月二十九日當法院ニ右事實ニ付名譽毀損ノ公訴ヲ提起セラレタルニ同告訴人ニ於テ其ノ告訴ヲ取消シタル爲メ同年五月十七日當院ニ於テ公訴棄却ノ判決ヲ受ケ同判決確定シタルモノナレハ前示公訴事實ニ付テハ既ニ確定判決ヲ經タルモノナルヲ以テ刑事訴訟法第三百六十三條第一號ニ依リ此ノ點ニ付キ免訴ノ言渡ヲ爲ス可キモノトス

仍テ主文ノ如ク判決ス

昭和三年二月十三日

京城地方法院刑事部

裁判長　朝鮮總督府判事　矢本正平

朝鮮總督府判事 脇鐵一

朝鮮總督府判事 中嶋仁

右謄本也

昭和三年二月二十一日

京城地方法院

朝鮮總督府裁判所書記

三七

962 065

㉔

1928년 2월 17일

신원카드

❶

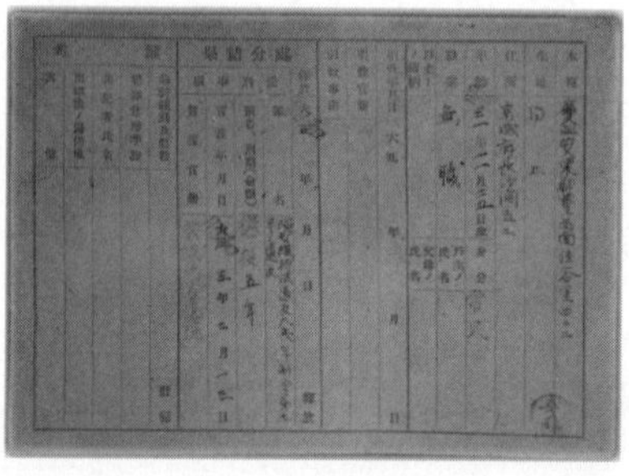

❷

찾아보기

ㄴ

ㄷ

ㅅ

ㅇ

ㅈ

ㅊ

ㅍ

ㅎ

안동독립운동기념관 자료총서 2

권오설 1 – 신문기사와 신문 · 공판조서

◉ 2010년 12월 27일 초판 1쇄 인쇄
◉ 2010년 1월 4일 초판 1쇄 발행
◉ 편집 · 발행: 안동독립운동기념관 학예연구실
우 760-833 경북 안동시 임하면 천전리 240
전화: 054) 823 - 1555
팩스: 054) 823 - 1550
homepage: www.815andong.or.kr
◉ 제작 · 판매: 도서출판 푸른역사
우 110-040 서울시 종로구 통의동 82
전화: 02)720 - 8921(편집부) 02)720 - 8920(영업부)
팩스: 02)720 - 9887
전자우편: 2007history@naver.com
등록: 1997년 2월 14일 제13-483호

ISBN 978-89-94079-18-9 93900
ISBN 978-89-94079-20-2 (전 2권)